G. 1533.⁰
  c.

1531

ÉTAT
DES COURS
DE L'EUROPE
ET
DES PROVINCES DE FRANCE.

AVIS.

LAMY prévient le Public qu'il a actuellement sous presse un Ouvrage très-important, & qui a pour titre :

Chef-d'Œuvres de l'Antiquité sur les beaux Arts, monuments précieux de la Religion des Grecs & des Romains, de leurs loix, de leurs usages, de leurs mœurs, de leurs superstitions & de leurs folies ; tirés des principaux cabinets de l'Europe, & spécialement de celui du baron de Stosch, gravés en taille douce, sur LXX Planches, par Bernard Picart.

Et publiés par M. PONCELIN DE LA-ROCHE-TILHAC, Ecuyer, Conseiller du Roi à la Table de Marbre.

UN VOLUME *in-folio*.

Cet Ouvrage, dans lequel on n'a rien négligé de tout ce qui peut contribuer à la beauté de l'exécution typographique, est distribué en quatre cahiers. Le premier paraîtra dans le cours de Février 1784, & les autres de mois en mois.

On en fait tirer sur grand & petit papier.

Le prix du grand papier sera de 18 liv. le cahier, & celui du petit, de 12 liv. ; le tout pour ceux qui donneront leur soumission avant la fin de Janvier 1784.

La souscription sera rigoureusement fermée le premier Février, & alors le Volume, petit papier, sera de 60 liv., & celui du grand, de 96 liv.

On pourra s'adresser, pour la France, soit à l'AUTEUR, rue Garancieres, soit à M. LAMY, quai des Augustins, & pour l'Allemagne, à la LIBRAIRIE ACADÉMIQUE, à Strasbourg

ÉTAT DES COURS DE L'EUROPE

ET

DES PROVINCES DE FRANCE.

POUR L'ANNÉE M. DCC. LXXXIV.

Publié pour la première fois en 1783.

Par M. PONCELIN DE LA ROCHE-TILHAC, Ecuyer, Conseiller du Roi à la Table de Marbre.

Publico viget ordine.

Prix 5 liv. broché.

A PARIS,

Chez { l'AUTEUR, rue Garancieres.
{ LAMY, Libraire, Quai des Augustins.
{ MÉRIGOT, le jeune, Quai des Augustins.

A *Versailles*, chez BLAISOT, rue Satory.
A *Londres*, chez ELMSLY, Libraire.
A *Lisbonne*, chez Paul MARTIN, Libraire.
A *Genève*, chez NOUFFER, RODON & Compagnie.
A *Manheim*, chez FONTAINE, Libraire.
A *Maestricht*, chez DUFOUR, Libraire.
A *Turin*, chez les freres REYCENDS, Libraires.
A *Gand*, chez GOESSIN, Imprimeur-Libraire de l'Empereur.
A *Hambourg*, chez VIRCHAUX & Compagnie.
A *Leipsick*, chez les héritiers J.-Godef. MULLER.
Et chez les principaux Libraires de l'Europe.

M. DCC. LXXXIV.

Avec Approbation, & Privilége du Roi.

On prie ceux qui auront quelques obſervations à faire tant ſur cet Ouvrage, que ſur l'Almanach Américain, de s'adreſſer, franc de port, à M. DE LA ROCHE-TILLAC, Conſeiller du Roi à la Table de Marbre. On fera ſcrupuleuſement uſage de toutes les inſtructions que l'on recevra, pourvû qu'elles ſoient ſignées par des perſonnes en place, & qu'on ait le ſoin de les faire paſſer à l'Auteur, avant le premier Septembre, époque à laquelle on commencera, tous les ans, l'impreſſion de ces deux Ouvrages.

INTRODUCTION.

L'Accueil favorable que le Public a fait à la premiere édition de cet Ouvrage, malgré les fautes nombreuses qui s'y étaient glissées, nous ont déterminés à multiplier nos efforts pour le porter au degré de perfection & d'utilité dont il peut être susceptible. Si notre travail n'a pas été couronné d'un plein succès, on ne peut, au moins, nous refuser la gloire d'avoir mis en œuvre tout ce qui était en notre pouvoir, pour mériter les suffragres dont on a bien voulu nous honorer.

Quoique nous nous soyons constamment attachés à suivre le plan que nous avons tracé d'abord, nous avons cependant cru devoir lui donner souvent plus de développement, plus d'étendue, qu'il n'en a reçu originairement, & ce que la rapidité avec laquelle nous étions forcés de travailler, l'année derniere, nous avait fait omettre, nous l'avons employé dans cette seconde édition. La marche que nous venons de suivre, surtout à l'égard de la premiere partie, sera celle des années suivantes. Les matériaux qui servent actuellement de base à l'*Etat des Cours*, formeront désormais sa constitution.

Nous ne doutons pas que nos Lecteurs ne voient avec plaisir le tableau des Ducs & Pairs de France, dont nous avons enrichi notre Ouvrage. Les soins qu'on s'est donné en Allemagne, en Angleterre & ailleurs, pour faire connaître la noblesse du pays, ont été pour nous des motifs bien puissans pour nous déterminer à en agir ainsi à l'égard de ces grandes maisons qui forment l'un des principaux appuis de la France, & dont la plupart sont unies par les liens du sang, à un grand nombre de têtes couronnées. Pour rendre cet important article plus piquant, nous espérons, l'année prochaine, donner l'écusson de celles des maisons ducales qui voudront bien faire les frais de la gravure. Nous en agirons ainsi à l'égard des ordres de chevalerie; nous ferons graver toutes les marques caractéristiques qui les distinguent. D'ailleurs, pour ne rien omettre de ce qui peut faire connaître la noblesse de France, nous espérons enrichir, chaque année, cet Ouvrage, d'une partie du Nobiliaire de chaque province, que nous placerons à l'article des Généralités. Nous comptons assez sur la générosité des Maisons nobles, pour espérer qu'elles voudront bien nous adresser leurs mémoires à ce sujet.

La seconde partie de cet Ouvrage est incontestablement la moins parfaite; cependant nous osons assurer qu'elle n'est pas sans mérite. Le tableau complet de la haute magistrature de France, & celui des présidiaux, qui n'a encore été présenté par aucun Ecrivain, suffiraient pour la faire accueillir favorablement. Nous sommes cependant forcés d'avouer qu'il nous manque ici un petit nombre de Présidiaux; on en trouverait la liste entiere, si quelques-uns d'entre eux ne s'étaient dispensés de répondre à la lettre que nous avons pris la liberté de leur écrire. Nous serons vraisemblablement plus heureux l'année prochaine. D'ailleurs notre intention est de faire connaître alors l'époque de l'établissement de chacun de ces Tribunaux, l'étendue de leur territoire, leurs priviléges, leurs usages, leur jurisprudence; & nous invitons dès à présent tous ceux qui s'y intéressent, à nous mettre à portée d'offrir, sur ce sujet, à nos compatriotes, quelque chose digne de fixer leurs regards. Nous recevrons toujours avec reconnoissance les lumieres qu'on voudra nous fournir sur l'objet de notre travail.

Ce que nous disons ici des Présidiaux, doit s'appliquer aux Bureaux des Finances, aux Monnoies, aux maîtrises des Eaux & Forêts, aux Jurisdictions consulaires, aux Amirautés, en un mot, à tous ceux des Tribunaux, à toutes celles des Compagnies, qui contribueront à former notre Ouvrage. Chaque fois qu'on nous fera passer quelque chose d'instructif & de piquant sur leur sujet, nous nous empresserons à en rendre hommage à nos bienfaiteurs, & à en faire part au Public. Un Ouvrage, tel que le nôtre, doit être le dépôt de tout ce qu'il y a de plus intéressant dans la constitution des Corps, tant politiques, que civils ou municipaux.

Déjà toute l'Europe, nous le disons ici avec confiance, toute l'Europe a paru s'empresser à nous soulager, à nous guider dans la carriere pénible & très-dispendieuse, que nous avons embrassée. L'Ouvrage que nous offrons au Public, n'est pas, à proprement parler, le nôtre; c'est celui de la plupart de MM. les Ministres des Couronnes étrangeres en France, de MM. les Ducs & Pairs & des Intendans des Provinces, des Chapitres nobles de l'un & de l'autre sexe, des Cours souveraines de France, des Présidiaux, des Bureaux des Finances, des Grands-Maîtres des Eaux & Forêts; en un mot, le plus grand nombre de personnes auxquelles nous avons pris la liberté de nous adresser, ont généreusement concouru à perfectionner cet Almanach, & à corriger nos erreurs. Quoique de tels procédés soient la suite de cette politesse & de cette urbanité qui regnent parmi toutes les personnes de condition, ou constituées en dignité, nous osons cependant nous flatter que l'utilité du plan que nous avons tracé, n'a pas peu contribué à les déterminer à nous aider ainsi de leurs lumieres.

INTRODUCTION.

De toutes les personnes auxquelles notre Ouvrage pouvait convenir, il n'y avait peut-être que les Négocians qui ne fussent pas à portée d'en retirer une grande utilité. Cette classe respectable de citoyens méritait bien sans doute de fixer nos regards ; c'est ce qui nous a porté à ajouter à notre Ouvrage l'état du change dans les principales Villes de l'Europe. Cet article, déjà indiqué l'année derniere, leur sera d'une utilité d'autant plus grande, qu'ils peuvent compter sur son exactitude.

Notre intention était de nous étendre beaucoup plus que nous le faisons ici, sur les Généralités du Royaume, & déjà la plupart de MM. les Intendans ont eu la bonté de nous envoyer les noms des principaux Officiers de leur département ; mais on nous a fait appercevoir au moment où nous allions imprimer cet article, que le volume était déjà trop considérable ; & nous nous sommes déterminés à en retrancher une partie. Cependant, pour faire connaître notre plan, que nous suivrons vraisemblablement l'année prochaine, nous avons laissé subsister les Généralités de Paris & de Poitiers, telles que nous les avons reçues.

Nous protestons ici pour la derniere fois, que notre intention n'est de blesser ici, ni de compromettre personne. S'il nous est échappé quelques anecdotes fausses, quelques faits inexacts ; si nous n'avons pas assigné à chacun la place qui lui convient, c'est la faute de ceux qui nous ont fait passer leurs mémoires ; nous nous empresserons d'avouer nos erreurs, chaque fois qu'on aura la bonté de nous les faire connaître. Le seul but que nous ayons, en composant cet Ouvrage, est de nous rendre utile à nos semblables. Les loix, l'autorité, les bienséances, les préjugés mêmes, consacrés par une longue habitude, seront toujours pour nous des barrieres respectables que nous ne nous permettrons jamais de franchir.

DISCURSO PRELIMINARIO.

A pesar del numero prodigioso de obras que salen diariamente de la prensa, desde que se inventò la imprimeria, existia una, no tememos de dezirlo, que escazeava en la literatura, y es el retrato periodico de los Estados de Europa, el de sus fuerzas, de su populacion, de sus leyes, y sobre todo, el de los individuos que acuden al movimiento y al apoyo de aquellos grandes instrumentos politicos. El buen acoximiento que todas las Potencias hizieron al primer ensayo que les diriximos el año pasado, es prueva evidente del gusto que causò nuestro proyeto, y quan ventaxosa ha de ser una obra formada baxo el plan que hemos discurrido.

No confiamos aun que esta nueva Edicion alcanze la entidad competente; pero nos lisongeamos se verificarà, à la primera vista, la distancia imponderable que la distingue de la antecedente, y quanto hemos obrado, a fin de conseguirnos de nuevo los sufragios que mereziò del publico el primer ensayo susodicho.

En lo demas mirando de espacio à todas las Naciones de Europa, nada omitimòs para que sean figuradas à lo natural, con la mayor imparcialidad, la decencia y el respecto convenientes à los principios y leyes de cada una, escusando la mas leve ironia. Todos nuestros discursos solemos acompanarlos con la mas pura verdad; apartando por siempre el amargo de la critica, del sarcasmo, y de la satyra.

Sin duda llevaran à bien que cada capitulo se empieze con listas abreviadas, pues el metodo de esta obra impide la cantidad de cosas menores.

Si ubieramos pintado el retrato de las virtudes morales y politicas de dn. Carlos III, sus hazañas, bizarria y magnanimidad, que adornan y favorezen los pueblos que govierna, este motivo seria mas que suficiente para llenar varios libros. Y para que nuestros lectores no carezcan de estas omisiones necesarias, añadiremos, todos los años, cosas nuevas sobre este asunto, lasquales formaran, poco à poco, un compendio de lo que perteneze à España.

DISCORSO PRELIMINARE.

Per grande e prodigioso che sia il numero delle opere che, dopo l'invenzione della stampa, escono continuamente alla luce, una possiam dire che ve ne mancasse alla Republica letteraria, cio è l'Esposizione periodica di tutte le Potenze d'Europa; delle loro forze, popolazione, Leggi, e principalmente una norizia delle persone cospicue, che contribuiscono al movimento, e sostegno di queste gran macchine politiche. Il gradimento universale, che in tutti gli stati incontrò lo sbozzo informe che per la prima volta ne pubblicammo l'anno scorso, prova abbastanza la premura con cui fu accolto il nostro pensiero, e di quanto vantaggio possa essere un'opera formata sul progretto da noi imaginato.

Non siamo però così presontuosi a segno di credere che questa nuova edizione sia giunta a quel grado di perfezione di cui avrebbe potuto esser suscettibile; ma speriamo che una semplice occhiata farà tosto scorgere la grande superiorità che essa ha sull'edizione precedente, e la somma cura con cui ci siamo adoperati di meritare gli applausi che l'indulgenza del publico ha accordati al primo saggio di questa produzione letteraria.

Del resto nel ragguaglio che diamo di tutte le Nazioni dell'Europa ci siamo imposto l'obligo d'osservar la più scrupolosa imparzialità, e pieni di rispetto per i principi e le leggi d'ogni Governo, ci siamo limitati semplicemente a rappresentarli al naturale, senza pretendere di farne la minima critica. La massima che servì sempre di norma à nostri scritti si è quella di mostrati altrettanto premurosi a cercar la verità, quanto di far conoscere la somma avversione che abbiamo per la satira, sarcasmi, e la calunnia.

Potrà forse la maggior parte de' nostri Lettori rimproverarci che non abbiamo se non di leggieri toccato l'articolo dell'Italia: un sì bel Paese meritava davvero d'occupare intieramente la nostra penna: ma se avessimo intrapresso di dipingere tutti i magnifichi monumenti che la capitale del mondo cristiano offre all'avido sguardo de' viaggiatori istrutti, d'esporre tutti gli atti di beneficenza e di bontà del generoso pontifice Pio VI che la governa, di metter in vista tutte le belle produzioni del regno di Napoli; e finalmente di descrivere tutto ciò che i viaggiatori vanno ammirar à Venezia, à Firenze, à Milano, à Genova, e nelle altre Provincie d'Italia, sarebbe questa divenuta una tutt'altr'opera, da quella che ci siamo presentemente proposti di fare. Sarà peraltro la curiosità publica sempre soddisfatta dalle narrazioni interessanti che anderemo introducendo in tutti gli anni susseguenti sopra l'Italia, quali formeranno col tempo una compita serie d'annali di questa ricca Regione, nel cui rispettabil seno ebbe origine la Republica Romana.

VORBERICHT.

So groſs auch die Zahl und Verſchiedenheit der Bücher iſt, welche ſeit Erfindung der Buchdrucker Kunſt erſchienen; ſo vermiſſen wir doch eines welches bishero der Litteratur noch fehlte.

Vergebens haben wir uns bemühet eine periodiſche Schilderung der Europaeiſchen Staaten, ihrer Macht, Bevolckerung, Geſeze und beſonders dererjenigen Perſonen ausfindig zu machen, welche zur Bewegung und Unterhaltung dieſer groſſen politiſchen Maſchinen am meiſten beytragen. Die gute Aufnahme womit alle Machte unſere vor einem Jahr erſchienene obzwar noch ſehr rohe Arbeit würdigten, hat uns thatig überzeugt wie willkommen ſelbigen unſer damals geauſſerter Entwurf einer Erweiterung und Vervollkommung geweſen, und wie nutzbar überhaupt ein Werck ſeyn muſs, welches nach einen ſolchen Plane bearbeitet worden.

Weit entfernt jedoch uns gegenwartig ſchon mit der Hoffnung tauſchen zu wollen als wenn dieſe neue Ausgabe bereits denjenigen Grad der Vollkommenheit erlangt hatte, deſſen dieſer wichtige Gegenſtand fahig iſt, ſchmeicheln wir uns wenigſtens, daſs gleich bey dem erſten Aublick, der weſendliche Unterſchied zwiſchen dieſer und der vorhergehenden eben ſowenig unbemerkt bleiben werde, als man uns die Gerechtigkeit wiederfahren laſſen wird, daſs wir weder Feiſs noch Mühe erſpart haben auch bey ſelbiger den Beyfall zu verdienen mit welchem man unſern erſten Verſuch in dieſem litterariſchen Fache beehret hat.

Ubrigens haben wir es uns, zur unabweichlichen Pflicht gemacht bey Betrachtung und Beurtheilung aller europaiſchen Nationen und unſern darüber verfertigenden Schilderungen, die ſtrengſte Uunpartheylichkeit zur Richtſchnur zu nehmen, und, voll von Ehrfurcht für die Grundſaze und Geſeze einer jeden Regierungsform, begnügen wir uns blos selbige so zu schildern wie sie würklich sind, ohne uns zu unterfangen sie unserer Critik zu unterwerffen, da von jeher der Hauptgrundsaz unserer Schrifften gewesen, eben so viel Eifer nud Sorgfalt in Auffuchung der Wahrheit als Verachtung gegen alle splitterrichterische und verlaumderische Unternehmungen zu zeigen.

Wir bedauern nur dafs die engen Graenzen dieses Wercks, uns nicht erlaubt haben, alles dasjenige auseinanderzusezen was in einem so erleuchteten philosophischen Jahrhundert, wie das gegewartige, in Teutschland vorgehet. Welche weise Verordnungen würden wir nicht haben bemerken konnen, welche eben so nothige als erleuchtete Geseze würden sich unserm forschenden Eifer nicht dargestellt haben, wennwir eine vollstandige Schilderung dieses schonen Theils von Europa der Welt vor Augen legten? Wie grofs würde unser Vergnügen nicht gewesen seyn jene grossen Regierungs Grundsaze genau zu erwagen die Josephs des Zweyten erhabene Weisheit ihm darreicht und welche die Grundfesten seiner Regierung ausmachen. Welche gesunde und zum wahren Wohl abzweckende Anstalten, wie viel wohlthatige Handlungen und welche auffallende Züge der feinsten Politik würden wir nicht den staunenden Augen von ganz Europa haben bemerken machen konnen, wenn es uns anders erlaubt gewesen ware jene unzahlbaren geheimen Triebfedern zu entwiklen welche die Seele des ganzen teutschen Staats-Korpers, der verehrungswürdigsten Verbindung die je gewesen, sind. Wir hoffen dasjenige, was gegenwartig Zeit und Umstande uns nothigen mit Stillschweigen zu übergehen, in in den erstern Ausgaben dieses Wercks nachzutragen und wenn man sich nur anders die Mühe gebenwill uns Schritt für Schrit auf den Wege zu folgen den wir uns selbst vorgeschrieben haben; so wird man leicht gewahr werden dafs in wenig Jahren unser Zustand der Hofe eines der vollstandigsten Wercke Teutscher Jahrbücher seyn wird.

PREFACE.

NOTWITHSTANDING the immense number of Publications, which are continually issuing from the Press, since the invention of Printing, there has halways been a necessity for one, we speak with Confidence, to remedy a Deficiency in a particular Branch of Literature. This was, the periodical Description of all the states of Europe, containing an account of their Forces, of their Population, of their Laws, and more especially of the Persons, who serve to put in motion and to support these great political Machines. The universal reception that was given to the undegested sketch that we published last year sufficiently evinces the eagerness with which our Plan has been received, and the great utility capable of resulting from a work founded on the idea which we have entertained.

We have not the vanity to believe that this new Edition has yet attained to that degree of perfection of which it might be capable; but we can flatter ourselves that even the most cursory attention will manifest, how greatly it is altered from the former, and what efforts we have made to merit the favorable opinion which the Public has been pleased to conceive of the first attempt in his species of literary Productions.

As to the rest, in reviewing all the Nations of Europe, we have esteemed it our Duty to adopt the most rigid Impartiality in our Descriptions; penetrated with respect for the principles and laws of every Government, we have confined ourselves to trace them as they are, without pretending to subject them to criticism. The Maxim, which ever forms the basis of our writings, inspires us with the same degree of ardour in the research of truth, as of abhorrence and aversion for the envenomed shafts of satire, sarcasm and Calumny.

We greatly regret that the Limits of this work have not permitted us to expose in detail all the important objects which England presents to the eyes of the Politician, the man of Letters and the Merchant. What singular circumstances should we not have seen, is we could have related all the Deliberations of the Council at S. James, if the noble and generous soul of George the Third could have appeared in our work, in all lights which appertain to it, is we could possibly have shewed that manly patriotic Eloquence which distingwishes the British Parliament, if, in a word, we could have displayed the Genius, Courage, Disinterestedness & ardent Patriotism, which are the characteristics of the glorious People that inhabit the Britannic Isles?

We hope however to execute in the Editions, which are to come, what we have not been able to accomplish in the present, and our separate annual narrations upon this subject, will in the end, when reünited, be sufficient to constitute a complete Collection of British Annals.

LES

LES QUATRE SAISONS

Le Printems commencera cette année le 19 Mars, à 10 heures 56 minutes du soir.

L'Eté, le 20 Juin, à 8 heures 58 minutes du soir.

L'Automne le 22 Septembre, à 9 heures 7 minutes du matin.

L'Hiver, le 21 Décembre, à 3 heures 22 minutes du soir.

LES SIGNES DU ZODIAQUE.

Le Verseau.	Le Lion.
Les Poissons.	La Vierge.
Le Bélier.	La Balance.
Le Taureau.	Le Scorpion.
Les Gemeaux.	Le Sagittaire.
L'Ecrevisse.	Le Capricorne.

LES QUATRE-TEMS.

Les 3, 5 & 8 Mars.
Les 2, 4 & 5 Juin.
les 15, 17 & 18 Septembre.
Les 15, 17 & 18 Décembre.

COMPUT ECCLÉSIASTIQUE.

Nombre d'or.	18
Epacte,	7
Cycle solaire,	1
Indiction Romaine,	2
Lettre Dominicale,	D. C.

FÊTES MOBILES.

La Septuagésime, le 8 Fév.
Les Cendres, le 25 Février.
Pasques, le 11 Avril.
Les Rogations, les 17, 18 & 19 Mai.
L'Ascension, le 20 Mai.
La Pentecôte, le 30 Mai.
La Trinité, le 6 Juin.
La Fête-Dieu, le 10 Juin.
Le I Dimanche de l'Avent, le 28 Novembre.
De l'Epiphanie à la Septuagésime, 4 Dimanches.
De la Pentecôte à l'Avent, 25 Dimanches.

ÉCLIPSES.

Il y aura cette année quatre Eclipses; deux de Soleil & deux de Lune; il n'y aura de visible à Paris que celle de Lune.

La premiere de Soleil, le 20 Fév. à 8 h. 34 m. du matin; la seconde, le 15 Août, à 12 heures 27 minutes.

La premiere de Lune, le 7 Mars, à 2 heures 27 minutes du matin; la seconde, le 30 Août à 1 heure 32 minutes du soir.

JANVIER.

● *Pleine Lune le* 1.
☾ *Dern. Quart. le* 15.
☉ *Nouv. Lune le* 21.
☽ *Prem. Quart. le* 29.

jeudi   1 La Circoncif.
vend   2 s. Bafile.
fame   3 ste. Genevieve.
Di.   4 s. Rigobert.
lundi   5 s. Simeon.
mard   6 Les Rois.
merc   7 Nôces.
jeu   8 s. Lucien.
vend   9 s. Pierre, Ev.
fame   10 s. Paul, Her.
1 Di. 11 s. Théodofe.
lundi 12 s. Ferjus.
mard   13 s. Hilaire.
merc   14 Nom de J.
jeudi 15 s. Maur.
vend   16 s. Guillaume.
fame   17 s. Antoine.
2 Di. 18 Ch. s. Pierre.
lundi 19 s. Sulpice.
mard   20 S. Séb. s. Fab.
merc   21 ste. Agnès.
jeudi 22 s. Vincent.
vend   23 ste. Emerent.
fame   24 s. Babylas.
3 Di. 25 Conv. s Paul.
lundi 26 ste. Paule.
mard   27 s. Julien.
merc   28 s. Charlemag.
jeudi 29 s. Fr. de Sales.
vend   30 ste. Bathilde.
fame   31 s. Pierre N.

FÉVRIER.

● *Pleine Lune le* 6.
☾ *Dern. Quart. le* 14.
☉ *Nouv. Lune le* 20.
☽ *Prem. Quart. le* 27.

Di.   1 s. Ignace.
lundi   2 *Purification.*
mard   3 s. Blaife.
merc   4 s. Gilbert.
jeudi   5 ste. Agathe.
vend   6 s. Vaaft.
fame   7 s. Romuald.
Di.   8 *Septuagéfime.*
lundi   9 ste. Apolline.
mard   10 ste. Scholaftiq.
merc   11 s. Severin.
jeudi 12 s. Siméon.
vend   13 s. Mélece.
fame   14 s. Valentin.
Di.   15 *Sexagéfime.*
lundi 16 s. Théodule.
mard   17 s. Onéfime
merc   18 s. Gilbert.
jeudi 19 s. Barbat.
vend   20 s. Romuald.
fame   21 s. Laumer.
Di.   22 *Quinquagéfim.*
lundi 23 s Merault.
mard   24 *Mardi-gras.*
merc   25 *Cendres.*
jeudi 26 ste. Ifabelle.
vend   27 ste. Honorine.
fame   28 s. Romain.
1 Di. 29 *Quadragéfime.*

MARS.

🌑 *Pleine Lune le 7.*
☾ *Dern. Quart. le 14.*
☉ *Nouv. Lune le 21.*
☽ *Prem. Quart. le 28.*

lundi 1 s. Aubin.
mard 2 s. Simplic.
merc 3 4 *Temps.*
jeudi 4 s. Casimir.
vend 5 stes. Perp. & F.
same 6 ste. Colette.
2 *Di.* 7 *Reminiscere.*
lundi 8 s. Jean de D.
mard 9 ste. Françoise.
merc 10 s. Euloge.
jeudi 11 s. Léandre.
vend 12 s. Lubin.
same 13 s Longin.
3 *Di.* 14 *Oculi.*
lundi 15 s. Zacharie.
mard 16 s. Abraham.
merc 17 ste. Gertrude.
jeudi 18 s. Eusebe.
vend 19 s. Jol. [*Print.*]
same 20 s. Joachim.
4 *Di.* 21 *Lætare.*
lundi 22 s. Benoît.
mard 23 s. Paul, Evêq.
merc 24 s. Gabriel.
jeudi 25 *Annonciation.*
vend 26 s. Rupert.
same 27 s. Jean, H.
5 *Di.* 28 *la Passion.*
lundi 29 s. Guy.
mard 30 s. Riéule.
merc 31 ste. Balbine.

AVRIL.

🌑 *Pleine Lune le 5.*
☾ *Dern. Quart. le 12.*
☉ *Nouv. Lune le 19.*
☽ *Prem. Quart. le 27.*

jeudi 1 s. Hugues.
vend 2 s. Franç. de P.
same 3 s. Richard.
6 *Di.* 4 *Rameaux.*
lundi 5 s. Vincent.
mard 6 s. Prudence.
merc 7 s. Paterne.
jeudi 8 s. Hégésip.
vend 9 *Vend. S.*
same 10 st. Gaudebert.
Di. 11 *PASQUES.*
lundi 12 s. Jules, P.
mard 13 s. Léon, Pape.
merc 14 s. Druon.
jeudi 15 s. Anicet.
vend 16 s. Tiburce.
same 17 s. Paterne.
1 *Di.* 18 *Quasimodo.*
lundi 19 s. Timon.
mard 20 s. Paphnuce.
merc 21 s. Anselme.
jeudi 22 s. Opportune.
vend 23 s. George.
same 24 s. Robert.
2 *Di.* 25 s. Clet, Pape.
lundi 26 s. Marc. *abst.*
mard 27 s. Policarpe.
merc 28 s. Vital, Mart.
jeudi 29 ste. Cath. de S.
vend 30 s. Eutrope.

MAI.

● *Pleine Lune le* 5.
☾ *Dern. Quart.* 12.
☉ *Nouv. Lune le* 19.
☽ *Prem. Quart. le* 27.

same	1	s. Jacq. s. Phil.
3 Di.	2	s. Athanase.
lundi	3	Inv. de ste. Cr.
mard	4	ste. Monique.
merc	5	C. s. Augustin.
jeudi	6	s. Jean P. L.
vend	7	s. Stanislas.
same	8	Ap. s. Michel.
4 Di.	9	s. Grégoire N.
lundi	10	s. Antonin.
mard	11	s. Mamert.
merc	12	s. Nerée.
jeudi	13	s. Servais.
vend	14	s. Pacôme.
same	15	s. Victorin.
5 Di.	16	s. Honoré.
lundi	17	*Rogations.*
mard	18	40 Martyrs.
merc	19	s. Yves, Pr.
jeudi	20	*Ascension.*
vend	21	ste. Julie.
same	22	s. Gontran.
6 Di.	23	s. Didier, Ev.
lundi	24	ste. Jeanne.
mard	25	s. Urbin.
merc	26	s. Quadrast.
jeudi	27	s. Hillevert.
vend	28	s. Germain.
same	29	Vig. jeûne.
7 Di.	30	*PENTEC.*
lundi	31	ste. Petronille.

JUIN.

● *Pleine Lune le* 3.
☾ *Dern. Quart. le* 10.
☉ *Nouv. Lune le* 17.
☽ *Prem. Quart. le* 25.

mard	1	s. Probat.
merc	2	4 *temps.*
jeudi	3	ste. Clotilde.
vend	4	s. Opat.
same	5	s. Boniface.
1 Di.	6	*La Trinité.*
lundi	7	s. Norbert.
mard	8	s. Medard.
merc	9	s. Liboire.
jeudi	10	*FETE-DIEU.*
vend	11	s. Barnabé.
same	12	s. Bisilide.
2 Di.	13	s. Fargeau.
lundi	14	s. Rufin.
mard	15	s. Fargeau, év.
merc	16	Aurelien.
jeudi	17	*Oct. Fête. D.*
vend	18	ste. Marine.
same	19	ss. Gerv. & Pr.
3 Di.	20	s. Silver. [*Eté.*]
lundi	21	s. Leuf.
mard	22	s. Paulin.
merc	23	Vig. *jeûne.*
jeudi	24	*Nat. de s. J.B.*
vend	25	s. Eloy.
same	26	s. Agoard.
4 Di.	27	s. Irénée.
lundi	28	Vig. *jeûne.*
mard	29	s. *Pierre* s. P.
merc	30	Com. s. Paul.

JUILLET.

● *Pleine Lune le 3.*
☾ *Dern. Quart. le 9.*
☉ *Nouv. Lune le 17.*
☾ *Prem. Quart. le 25.*

jeudi 1. s. Martial.
vend 2 Visit. N. D.
same 3 s. Anatole.
5Di. 4 Tr. s. Martin.
lundi 5 s. Abel.
mard 6 s. Tranquil.
merc 7 s. Thom. Ev.
jeudi 8 s. Thibauld.
vend 9 s. Cyrille.
same 10 7 Freres.
6Di. 11 Tr. s. Benoît.
lundi 12 s. Prix.
mard 13 s. Turiaf.
merc 14 s. Bonaventur.
jeudi 15 s. Henri.
vend 16 N. D. du C.
same 17 s. Alexis.
7Di. 18 s. Clair.
lundi 19 s. Vinc. Paul.
mard 20 ste. Marguer.
merc 21 s. Victor.
jeudi 22 ste. Madelein.
vend 23 s Apollinaire.
same 24 *Jours Canicul.*
8Di. 25 s. Jacq. s. Ch.
lundi 26 Tr. s. Marcel.
mard 27 s. Georges.
merc 28 ste. Anne.
jeudi 29 ste Marthe.
vend 30 s. Abdon.
same 31 s. Germ. Aux.

AOUT.

● *Pleine Lune le 1.*
☾ *Dern. Quart. le 8.*
☉ *Nouv. Lune le 16.*
☽ *Prem. Quart. le 23.*
● *Pleine Lune le 30.*

9Di. 1 s. Pierre ès-li.
lundi 2 s. Etienne P.
mard 3 Inv. s. Etien.
merc 4 s. Dominique.
jeudi 5 s. Yon.
vend 6 Tra. N. Seign.
same 7 s. Gaëtan.
10Di. 8 s. Justin.
lundi 9 s. Domitien.
mard 10 s. Laurent.
merc 11 Susc. ste. Cou.
jeudi 12 ste Claire.
vend 13 s. Hyppolite.
same 14 Vig. *jeûne.*
11D. 15 *ASSOMPT.*
lundi 16 s. Roch.
mard 17 s. Anastase.
merc 18 ste. Helene.
jeudi 19 s. Agapite.
vend 20 s. Bernard.
same 21 s. Privat.
12 D. 22 s. Symphor.
lundi 23 s. Timothée.
mard 24 s. Barthélemi.
merc 25 s. *Louis.*
jeudi 26 *Fin des J. Can.*
vend 27 s. Césaire.
same 28 s. Augustin.
13 D. 29 s. Médéric.
lundi 30 s. Fiacre.
mard 31 s. Ovide.

SEPTEMBRE.

☾ *Dern. Quart. le* 4.
☉ *Nouv. Lune le* 11.
☾ *Prem. Quart. le* 22.
● *Pleine Lune le* 28.

merc 1 s. Leu s. Gilles.
jeudi 2 s. Lazare.
vend 3 s. Grég. Pape.
same 4 ste. Rosalie.
14 D. 5 s. Victorin.
lundi 6 s. Zacharie.
mard 7 s. Cloud.
merc 8 *Nativ. N. D.*
jeudi 9 ste. Reine.
vend 10 s. Nic. Tol.
same 11 s. Patient E.
15 D. 12 s. Raphaël.
lundi 13 s. Maurille.
mard 14 Ex. ste. Croix.
merc 15 s. Nicod.
jeudi 16 s. Th. de V.
vend 17 4 *Temps*.
same 18 s. Cyprien.
16 D. 19 s. Lambert.
lundi 20 s. Eustache.
mard 21 s. Matthieu.
merc 22 s. Maur. [*Aut.*]
jeudi 23 ste. Thecle.
vend 24 s. Andoche.
same 25 s. Firmin.
17 D. 26 ste. Justine.
lundi 27 s. Come, s. D.
mard 28 s. Ceran.
merc 29 s. Michel.
jeudi 30 s. Jérôme.

OCTOBRE.

☾ *Dern. Quart. le* 6.
☉ *Nouv. Lune le* 14.
☽ *Prem. Quart. le* 21.
● *Pleine Lune le* 29.

vend 1 s. Remi.
same 2 l'Ange Gard.
18 D. 3 s. Denis Aréo.
lundi 4 s. François.
mard 5 ste. Aure.
merc 6 ste. Foy.
jeudi 7 s. Serge.
vend 8 ste. Brigide.
same 9 *s. Denis*.
19 D. 10 s. Paulin.
lundi 11 s. Agilbert.
mard 12 s. Venant.
merc 13 s. Geraut.
jeudi 14 s. Caliste.
vend 15 ste. Thérése.
same 16 s. Gal.
20 D. 17 s. Cerboney.
lundi 18 s. Luc, Ev.
mard 19 s. Loup, Ev.
merc 20 s. Caprais.
jeudi 21 ste. Ursule.
vend 22 s. Mellon.
same 23 s. Romain.
21 D. 24 s. Magloir.
lundi 25 s. Cresp. s. C.
mard 26 s. Rustique.
merc 27 s. Caprais.
jeudi 28 s. Sim. s. Jud.
vend 29 s. Narcisse.
same 30 Vig. jeûne.
22 D. 31 s. Quentin.

NOVEMBRE.

☾ *Dern. Quart. le* 5.
☉ *Nouv. Lune le* 12.
☽ *Prem. Quart. le* 20.
● *Pleine Lune le* 26.

lundi   1 T. SAINTS.
mard   2 *Les Trépassés.*
merc   3 s. Marcel.
jeudi   4 s. Charles.
vend   5 s. Hubert.
same   6 s. Léonard
2 *D.*   7 s. Baudin.
lundi   8 stes. Reliques.
mard   9 s. Mathurin.
merc   10 s. Léon I, P.
jeudi   11 s. Martin.
vend   12 s. René.
same   13 s. Brice, Ev.
2 *D.* 14 s. Emilien.
lundi   15 s. Eugene.
mard   16 s. Edme.
merc   17 s. Agnan.
jeudi   18 s. Odon.
vend   19 ste. Elisabeth.
same   20 s. Edmond.
2 *D.* 21 Pr. N. Dame.
lundi   22 ste. Cécile.
mard   23 s. Clément.
merc   24 s. Severin Sol.
jeudi   25 ste. Catherine.
vend   26 ste. Gen. Ard.
same   27 s. Sosthène.
1 *D.* 28 *Avent.*
lundi   29 s. Saturnin.
mard   30 s. André.

DÉCEMBRE.

☽ *Dern. Quart. le* 4.
☉ *N. L.* 24. ☽ *P. Q.* 12.
☾ *Prem. Quart. le* 19.
● *Pleine Lune le* 26.

merc   1 s. Eloy.
jeudi   2 s. Fr. Xavier.
vend   3 ⎫ *Jeûne.*
same   4 ⎭
2 *Di.* 5 s. Sabas.
lundi   6 s. Nicolas.
mard   7 s. Gorgone.
merc   8 *Conc. N. D.*
jeudi   9 s. Melch.
vend   10 ⎫ *Jeûne.*
same   11 ⎭
3 *Di.* 12 s. Valery.
lundi   13 s. Luce, Ev.
mard   14 ste. Adélaïde.
merc   15 4 *Temps.*
jeudi   16 s. Mesmin.
vend   17 s. Adélaïde.
same   18 s. Gatian.
4 *Di.* 19 s. Nemese.
lundi   20 s. Hildebert.
mard   21 s. Th. [*Hiv.*]
merc   22 s. Flavien.
jeudi   23 ste. Victoire.
vend   24 Vig. *jeûne.*
same   25 NOËL.
Dim.   26 s Etienne.
lundi   27 s. Jean, Ev.
mard   28 ss. Innocens.
merc   29 s. Tho. Can.
jeudi   30 s. Roger.
vend   31 s. Silvestre.

ÉTAT.

ÉTAT DES COURS DE L'EUROPE.

TABLEAU DE L'EUROPE.

Étendue. L'Europe, l'une des plus riches & des plus belles parties de la terre, a 1050 lieues de long, de 300 pas géométriques chacune, depuis les extrémités de la province de Dwina en Russie, jusqu'au cap S. Vincent, en Portugal. Sa largeur est de 800 lieues, depuis le cap Matapan, en Morée, jusqu'au Nord-Cap, en Norwège.

Elle a plus de 4500 lieues de côtes sur l'Océan; environ 700 lieues de côtes sur la mer Baltique, & plus de 3000 lieues de côtes sur la mer Méditerranée. Elle contient en tout, avec ses Isles, sans y comprendre les mers, 356000 lieues quarrées.

Gouvernemens. L'Europe est distribuée en diverses régions, dont chacune a son gouvernement particulier. Les unes sont assujetties au gouvernement monarchique; les autres, à l'administration aristocratique; celles-ci, à la démocratie, & celles-là participent à toutes ces formes de gouvernement. Le gouvernement de France, par exemple, est monarchique : celui de Venise est aristocratique; celui de Genève est démocratique, & celui d'Angleterre tient des uns & des autres. Les ligues Suisses ressemblent assez à ces associations Grecques, qui reconnoissoient l'assemblée des amphictions pour leur souverain. Celle de Hollande n'a aucun modèle dans l'antiquité.

Religion. Deux religions principales partagent l'Europe : le mahométisme & le christianisme. Celle-ci est distribuée en diverses branches, dont le catholicisme, le luthéranisme, le calvinisme & l'église anglicane sont les plus considérables. Cette partie du monde, en Pologne, en Bohême & en Hongrie surtout, contient un très-grand nombre de juifs; mais cette nation asiatique, quoique autorisée, en divers endroits, à pratiquer publiquement son culte, est considérée par-tout comme étrangere.

Population. On donne à l'Asie 650 millions d'ames; à l'Afrique, 150; à l'Amérique, 150; & à l'Europe, 137, distribués de cette maniere.

France.	20000000	*Saxe Electorale.*	1700000
Espagne.	10000000	*Baviere.*	1500000
Portugal.	2200000	*Mayence.*	318000
Russie européanne.	16000000	*Elect de Hanovre.*	750000
Pologne.	9000000	*Wurtemberg.*	600000
Grande-Bretagne.	8000000	*Hesse-Cassel.*	300000
Turquie européan.	8000000	*Gotha & Altembourg.*	178000
Hongrie.	4500000	*Duc. de Brunswike.*	166000
Suede.	1800000	*Oldenbourg & Delmenhorst.*	80000
Gallicie & Ludom.	2600000		
Danemarck.	2000000	*Osnabruck.*	116000
Provinces-Unies.	2000000	*Le reste de l'Allem.*	8000000
Suisse.	120000	*Deux Siciles.*	7000000
L'Autriche.	4300000	*Venise.*	3500000
Bohême & Moravie.	4600000	*Etat Ecclésiastique.*	2500000
Au Roi de Prusse. { *Prusse.*	1200000	*Etats Autrichiens en Italie.*	2118000
Silésie-Prussienne.	1400000		
Marche Electorale.	660000	*Sardaigne.*	3184490
Poméranie.	405000	*Gènes.*	2350000
Duché de Magdeb.	234000	*Modène.*	420000
Nouvelle-Marche.	180000	*Lucques.*	110000
Mark & Ravensberg.	178000	*Parme.*	300000
Minden.	164000	*Mantoue.*	170000
Ost-Frise.	103000	*Malte.*	120000
Halberstadt.	100300	*Corse.*	120000

Forces militaires. On présume qu'il y a actuellement en Europe 1375000 soldats, sans compter la Pologne & quelques états d'Allemagne & d'Italie, dont l'état militaire est peu considérable. Ces troupes sont distribuées ainsi.

France.	200000	*Russie.*	300000
Espagne.	100000	*Turquie.*	200000
Portugal.	25000	*Autriche.*	200000

FRANCE.

Prusse.	180000	Provinces-Unies.	50000
Grande-Bretagne.	70000	Saxe Electorale.	23000
Danemarck.	71354	Baviere.	25000
Suede.	50000	Hanovre.	21000
Deux Siciles.	50000		

Revenus. Un calculateur anglais vient de faire le tableau suivant des revenus des principaux états de l'Europe.

	Livres tournois.		Livres tournois.
France.	371250000	Autriche.	157500000
Espagne.	206000000	Prusse.	90000000
Portugal.	140800000	Pologne.	22500000
Angleterre.	337500000	Russie.	112500000
Irlande.	29250000	Suede.	45000000
Sardaigne.	33750000	Danemarck.	45000000
Deux Siciles.	40500000	Hollande.	112500000
Turquie.	200250000		
Total pour ces quinze états.			1890000000

420. FRANCE.

Étendue. La France, royaume que l'on croit communément avoir été fondé, en 420, par Pharamond, comprend trente mille lieues quarrées, de 4688 arpens 82 perches & demie chacune ; ce qui fait 140,664750 arpens de terre. On lui donne 225 lieues de long, depuis les extrémités de la Bretagne, jusqu'à Lauterbourg en Alsace; sa largeur du midi au septentrion, est d'environ 660 lieues, & sa circonférence de 8000.

Population. On porte depuis long-tems la population de la France à 20 millions d'ames, qui occupent 42000 paroisses. Ce royaume a plus de 500 villes murées, dont environ 60 renferment chacune 20000 habitans. Il en comprend 1250 autres de moindre importance, & 2400 bourgs.

Richesses. La France est incontestablement la plus riche & la plus florissante monarchie de l'Europe. On porte les especes monnoiées qui y circulent, à 900 millions, & l'on estime qu'il y a douze à quatorze cents millions en matiere d'or ou d'argent. La nation supporte environ 500 millions de tribut sous différentes dénominations.

Forces. Le gouvernement entretient continuellement 200000

hommes fur pied, & ce nombre prodigieux de troupes double prefque toujours en temps de guerre.

La maifon militaire du roi eft compofée de quatre compagnies de gardes-du-corps, de 367 hommes chacune; d'une compagnie de 100 fuiffes; d'une compagnie des gardes de la porte ordinaires du roi, de 50 hommes; d'une compagnie des gardes de la prévôté de l'hôtel, de 90 hommes; d'une compagnie de gendarmes de la garde du roi, de 200 hommes; d'une compagnie de chevaux légers, auffi de 200 hommes; de 33 compagnies de gardes françaifes, de 110 hommes chacune, dont trois de grenadiers, & de 16 compagnies de gardes fuiffes, de 170 hommes chacune, dont quatre font compofées de grenadiers.

Marine. La marine de France, née fous Louis XIV, eft, depuis quelques années, fur un pied refpectable. Dans la guerre que les Français viennent de foutenir contre l'Angleterre, & qui a été terminée par la paix fignée le 3 Septembre 1783, leur marine était compofée de 80 vaiffeaux de lignes, de 40 frégates, d'un grand nombre de galeres, de chebecks & de plufieurs autres bâtimens armés en guerre.

Conftitution. Le gouvernement français eft purement monarchique. Il fut un tems où les trois états du royaume s'affemblaient, pour ftatuer, de concert avec le roi, fur les principaux intérêts du royaume; mais cet ufage a ceffé. La premiere affemblée des états généraux fut convoquée par Philippe le Bel, le 23 Mars 1301; & ce fut en 1614, qu'ils ceffèrent de paraître en corps. Depuis cette époque, il y a eu quelques affemblées de notables, & particuliérement celle qui fe tint à Paris, au mois de Décembre 1726, où le régent préfida: mais ces affemblées ne doivent être qualifiées que d'états particuliers. Il eft cependant encore des provinces appellées *pays d'état*, qui ont le droit de s'impofer elles-mêmes; mais elles n'en font pas moins foumifes à toutes les loix du gouvernement.

Légiflation. Il n'eft peut-être pas d'état dans l'univers, où le luxe ait été porté fi loin qu'en France. Les richeffes de ce royaume, la multiplicité de fes reffources, l'activité de fon commerce, empêchent que cette profufion ne ruine les familles auffi promptement qu'elle le pourrait faire en tout autre pays. Il fut cependant un tems où elle effraya l'adminiftration, qui fut obligée d'y oppofer un frein par diverfes ordonnances. Une loi fomptuaire de 1294, ordonne que,
» nul prélat, ni baron, tant foient grands, ne pourra avoir ro-
» be pour fon corps de plus de 25 fols tournois, l'aune de Paris:

„ les chevaliers bannerets, de 18 fols l'aune : les équiers, de
„ 15 fols : les fils des comtes, des barons & des bannerets,
„ 16 fols : les clercs, foit de fiecle, foit de religion, de 12 f.
„ 6 den. : les chanoines de l'églife cathédrale, de 15 fols non
„ plus : les équiers qui fe vêtent de leur propre, de 10 fols :
„ enfin, les prêtres, comtes & barons ne pouvaient donner
„ robe à leurs écuyers, de plus de 7 ou 8 fols l'aune. „

 Quelque peu conteufes que fuffent ces robes, le nombre en était limité. Le duc, le comte & le baron ne pouvaient s'en donner que quatre par an, & les femmes autant. Les prélats & les chevaliers étaient reftreints à deux. *Nulle damoifelle, fi elle n'était chatelaine, ou dame de deux milles livres de terre*, ne devait avoir qu'une robe par an.

 Quant à la frugalité de la table, la même loi ajoute, que
„ nul ne donnera au grand mangier que deux mets & un
„ potage au lard, fans fraude ; & au petit mangier, un mets
„ & un entremets ; & s'il eft jeûne, il pourra donner deux
„ potages aux harengs & deux mets ; ou trois mets & un potage „.

 L'ordonnance va encore plus loin ; car, craignant la fraude, & qu'on ne multipliât les mets, fans excéder ce nombre de plats, elle défend d'en mettre plufieurs, ni même plufieurs pieces de gibiers en un feul plat. „ Elle ne mettra en au-
„ cune écuelle, que une maniere de chair, une piece tant
„ feulement, ou une maniere de poiffon ; ni ne fera autre
„ fraude, & fera comptée toute groffe chaire pour mets, & n'en-
„ tendons pas que fromage foit mets, fe il n'eft pas en pâte,
„ ou cuit en yaue. „

Religion. La religion catholique-romaine eft la feule qui, depuis la révocation de l'édit de Nantes, foit reconnue en France.

 Le clergé de ce royaume eft le premier ordre des trois états qui forment la nation. La table fuivante, tirée du grand ouvrage de M. l'abbé d'Expilly, fuffira pour faire connaître le nombre des divers membres qui le compofent, & les revenus qui lui font affectés. On compte en France.

	Revenus.
136 archevêques ou évêques qui jouiffent de	4909000 Liv.
16 maifons, chefs-d'ordres.	1100000
625 abbayes d'hommes en communauté.	5109100
6000 Religieux dans 625 abbayes.	2000000
253 abbayes de filles, peuplées de 10120 ames.	2654000
64 prieurés de filles, qui comprennent 2560 perfonnes.	6800000
23 chapitres de chanoineffes, qui comprennent 600 perfonnes.	350000

	Revenus.
11853 chanoines répandus en 655 chapitres.	8299900 Liv.
13000 personnes occupées au bas chœur.	3900000
5000 enfans de chœur.	1000000
27000 prieurs ou chapelains.	8100000
4000 curés.	40000000
59000 vicaires.	7750000
Total, 169107 personnes attachées à l'église, qui jouissent de	87348100 Liv.

MONNOIES DE FRANCE.

MONNOIES D'OR.

	liv.	sols.	den.		liv.	sols.	den.
Le quadruple	96	0	0.	Le louis.	24	0	0.
Le double louis.	48	0	0.	Le demi-louis.	12	0	0.

MONNOIES D'ARGENT.

	liv.	sols.	den.		liv.	sols.	den.
Le gros écu.	6	0	0.	La piece de	1	4	0.
Le petit écu.	3	0	0.	La piece de	0	12	0.

MONNOIES DE CUIVRE.

	liv.	sols.	den.		liv.	sols.	den.
La piece de	0	2	0.	La piece de	0	0	6.
La piece.	0	1	6.	Le liard.	0	0	3.
La piece de.	0	1	0.	Le denier.	0	0	1.
Le gros sol.	0	1	0.				

Les espèces étrangères n'ont aucun cours en France; on ne les reçoit qu'aux hôtels des monnoies & aux changes. Il faut en excepter les guinées d'Angleterre, qui passent, dans les ports de mer, sur le pied de 24 liv.

Les monnoies de France ont cours, pour le même prix, dans toute la Flandre française. Ici seulement sont les monnoies imaginaires, inconnues dans tout le reste du royaume, telles que le florin & la livre de gros. Le florin se divise en 20 patars, & le patar en 15 deniers. Pour un florin on compte toujours 25 sols de France. L'escalin vaut six patars. La livre de gros vaut six florins, ou 7 liv. 10 sols de France. C'est ainsi que l'on compte à Lille.

La proportion de l'or à l'argent est, en France, comme 1 à $14\frac{118}{913}$.

FRANCE.

On compte dans les opérations de commerce par livres, fols & deniers tournois. L'écu, dont on fe fert dans les changes, a trois livres, 60 fols, ou 720 deniers tournois. Cet écu fe partage encore en 20 fols, à 12 deniers d'or. Un fol d'or comprend trois fols tournois, & un denier d'or, trois deniers tournois.

La France change fur les places fuivantes, &

Donne,	pour recevoir.
Sur Amfterd.. ..1 éc. de 60 f. t.	52 ½ d. de gros de banq. plus ou moins, à 1, 2 & 3 ufances.
Anvers, ... 1 dito. ...	54 d. de g. pl. ou m. a 1g. de ch.
Ausbourg & Nuremberg, 53 f. t. pl. ou m.	1 florin courant.
Bafle, ... 165 éc. de 60 f. t. pl. ou m.	100 rixd. argent de chang.
Bologne, ... 1 dito.	54 bolognini plus ou moins.
Efpagne, .. 78 f. t. pl. ou m	1 piaft. de 8 reaux de pla.
Ou, ... 15 l. t. pl. ou m.	1 doublon de 32 r. de plat. ou de 60 $\frac{4}{17}$ r. de Vell.
Florence, .. 100 éc. de 60 f. t,	48 écus d'or, plus ou moins.
Francfort, . 133 dit. pl. ou m,	100 rixd. courants.
Ou, ... 53 f. pl. ou m.	1 florin courant.
Genève, ... 168 éc. pl. ou m.	100 rixd. courants.
Gênes, ... 96 f. t. pl. ou m.	1 piaft. de 115 f. hors de banq.
Hambourg, .. 1 écu touin..	26 fchil. lubs. plus ou moins.
Ou, ... 184 dit. pl. ou m.	100 rixd. de banq.
Leipfick, ... 133 dit. pl. ou m.	100 rixd. courants.
Lisbonne, .. 1 dito.	460 rais. plus ou moins.
Livourne, .. 97 f. t. pl. ou m.	1 piaft. de 8 reaux.
Londres, ... 1 écu tourn. .	31 den. fter. plus ou moins.
Milan, ... 1 dito.	55 fols imp. plus ou moins.
Naples, ... 142 dit. pl. ou m.	100 ducats.
Novi, ... 320 dit. pl. ou m.	100 écus d'or de marc.
Rome, ... 100 écus tourn..	37 écus d'étemp.
Ou, ... 107 f. t. pl. ou m.	1 écu. monnoie.
St. Gal, ... 1 écu tourn. .	62 kreutzers, efpece, pl. ou m.
Turin, ... 1 dito.	52 f. piémontois, plus ou m.
Venife, ... 100 dito	61 duc. de banq. plus ou m.
Vienne, ... 53 f. t. pl. ou m.	1 florin, argent de caiffe.

En France, les ufances des lettres-de-change d'Efpagne & de Portugal font de 60 jours de date. Celles de toutes les autres places de l'Europe, ne font que de 30 jours de date Il y a dix jours de grace, faus y comprendre le jour de l'échéance ; mais le paiement ou le protêt doit être fait le dixieme jour. Les lettres à vue doivent être payées dans les 24 heures. Les billets & promesses, valeur reçue en marchandises, ont communément un mois de faveur après leur échéance.

MAISON ROYALE.

Louis XVI, né à Versailles 23 Août 1754, nommé duc de Berry, puis Dauphin 30 Décembre 1765, roi de France & de Navarre 10 Mai 1774, sacré & couronné à Rheims 11 Juin 1775, marié 16 Mai 1770, à

Reine. Marie-Ant.-Jos. de Lorraine, archiduchesse d'Autriche, sœur de l'Empereur, née à Vienne 2 Novembre 1755.

Fils. Louis-Jos.-Xav.-François, Dauphin de France, né à Versailles 22 Octobre 1781.

Fille. Marie-Thér.-Char. de France, MADAME, née à Versailles 19. Décembre 1778.

Freres. Louis-Stan.-Xav. de France, comte de Provence, MONSIEUR, né à Versailles 17 Novembre 1755, marié 14 Mai 1771, à

Mar.-Jos.-L. de Savoie, comtesse de Provence, MADAME, née 2 Septembre 1753.

Charles Phil. de France, Comte d'Artois, né à Versailles 9 Octobre 1757, marié 16 Novembre 1773, à

Marie Thér. de Savoie, comtesse d'Artois, née 31 Janvier 1756.

Sœurs. Marie Adél.-Clot.-Xav. de France. Voyez *Savoie*.

Elis. Philip.-Marie-Hélene de France, née à Versailles 3 Mai 1764.

Tantes. Marie-Adél. de France, née à Versailles 23 Mars 1732.

Victoire-Louise-Marie-Thérese de France, née à Versailles 11 Mai 1733.

Louise-Marie de France, née à Versailles 15 Juillet 1737, religieuse Carmélite, 1 Octobre 1771, élue supérieure, 25 Novembre 1773.

Neveux. N. de France, duc d'Angoulême, fils du comte d'Artois, né à Versailles 6 Août 1775, grand-prieur de France, en 1776.

N. de France, duc de Berri, fils du comte d'Artois, né à Versailles 24 Janvier 1778.

Niece. N. de France, fille du comte d'Artois, *Mademoiselle*, née à Versailles 5 Août 1776.

FRANCE.
PRINCES DU SANG.

BRANCHE D'ORLÉANS.

Philippe d'Orléans, duc d'Orléans, né à Versailles 12 Mai 1725, marié 17 Décembre 1743, a Louise-Henriette de Bourbon-Conti, veuf 9 Février 1759.

Fils. Louis-Philip.-Jos. d'Orléans, duc de Chartres, né à S. Cloud 13 Avril 1747, marié 5 Avril 1769, à

Louise-Marie-Adél. de Bourbon, fille de M. le duc de Penthievre, née 13 Mars 1753, *dont*

Petit-fils. N. d'Orléans, duc de Valois, né 6 Octobre 1773.

N. d'Orléans, duc de Montpensier, né 3 Juillet 1775.

N. d'Orléans, comte de Beaujolois, né 7 Octobre 1779.

Petite-fille. N. Mademoiselle de Chartres, née 23 Août 1777.

BRANCHE DE BOURBON-CONDÉ.

Louis-Joseph de Bourbon, prince de Condé, né à Paris 9 Août 1736, marié 3 Mai 1753, à Charlotte-Godefride-Eliz. de Rhoan Soubise, veuf 4 Mars 1760.

Fils. Louis-H.-Jos. de Bourbon-Condé, duc de Bourbon, né 13 Avril 1756, marié 24 Avril 1770, à

Louis.-Marie-Thér. Bathilde d'Orléans, née à S. Cloud 9 Juillet 1750, *dont*

Petit-fils. N. de Bourbon-Condé, duc d'Enghien, né à Chantilly 2 Août 1772.

Fille. Louise-Adél. de Bourbon-Condé, née 5 Octobre 1757.

BRANCHE DE BOURBON-CONTI.

Louis-Fr.-Jos. de Bourbon, prince de Conti, né à Paris 1 Septembre 1734, marié 7 Février 1759, à

Epouse. Fortunée-Marie d'Est, princesse de Conti, née 24 Novembre 1731.

Louis-Jos.-Marie de Bourbon, duc de Penthievre, né à Rambouillet 16 Novembre 1725, marié 29 Décembre 1744, à Marie-Thér.-Félicité d'Est, veuf 30 Avril 1754.

Bru. Marie-Thér.-Louise de Savoie Carignan, née 8 Septembre 1749, mariée 17 Janvier 1767, à Louis-Alex.-Jos.-Stan. de Bourbon, prince de Lamballe, & fils du duc de Penthievre, veuve 6 Mai 1768.

MAISONS DES DUCS ET PAIRS DE FRANCE.

PAIRS ECCLÉSIASTIQUES.

Sommaire. Des six pairs de France, ecclésiastiques, trois sont ducs pairs, & les trois autres, comtes-pairs. Les ducs-pairs sont, l'archevêque de Rheims, l'évêque de Laon & l'évêque de Langres. Les évêques de Beauvais, de Châlons & de Noyon sont comtes-pairs. C'est à l'archevêque duc de Rheims qu'il appartient de sacrer le roi, & dans cette importante cérémonie, l'évêque de Laon porte la sainte ampoule; celui de Langres, le sceptre; celui de Beauvais, le manteau royal; l'évêque de Châlons porte l'anneau, & celui de Noyon se charge du baudrier. Voyez nos *Cérémonies religieuses des peuples du monde*, t. III.

I. REIMS.

Sommaire. Comté connu dès l'an 1057; depuis duché-pairie: on ignore le tems de son érection. La pairie est antérieure au mois de Juillet 1216, & le duché, au mois d'Août 1223.

ALEXANDRE-Angélique de Taleyrand Périgord, né à Paris en 1736, nommé co-adjuteur de l'archevêché de Reims, en 1766, sacré archevêque de Trajanople, 28 Décembre de la même année, abbé de Cercamp, en 1772, archevêque de Reims en 1777.

Armes. De gueules à trois lions d'or armés, lampassés & couronnés d'azur 2 & 1.

II LAON.

Sommaire Duché-pairie, dont l'époque de la création est ignorée.

LOUIS-Hect.-Honoré-Maxime de Sabran, né dans le diocèse de Rietz, 4 Décembre 1739, abbé de Josaphat en 1767, nommé à l'évêché de Nancy, en 1774, sacré évêque de Laon, 16 Avril 1778, grand aumônier de la reine en 1780.

Armes. De gueules au lion d'argent.

III LANGRES.

Sommaire. Duché-pairie, dont l'époque de la création est également ignorée.

CÉSAR Guillaume de la Luzerne, né à Paris en 1738, agent général du clergé de France, en 1765, sacré 30 Septembre 1770, abbé de Bourgueil, 1782.

Armes. D'azur à la croix ancrée d'or, chargée de 5 coquilles de gueules.

FRANCE.

IV. Beauvais.

Sommaire. Comté-pairie, dont on ignore aussi l'époque de la création.

François-Joseph de la Rochefoucauld, né à Angoulême en 1735, sacré 22 Juin 1772.

Armes. Burelé d'argent & d'azur de dix pieces, à trois chevrons de gueules : le premier écimé brochant sur le tout.

V. Chaalons.

Sommaire. Comté-pairie. On ignore le tems de sa création, comme celui des pairies précédentes.

Anne-Antoine-Jules de Clermont Tonnerre, né à Paris, 1 Janvier 1749, sacré 14 Avril 1782, abbé de Moustier-Ender, la même année.

Armes. D'azur à deux clefs d'argent, passées en sautoir, ayant pour cimier la thiarre papale.

VI. Noyon.

Sommaire. Comté pairie, dont l'époque de la création est également ignorée.

Louis Antoine de Grimaldi, des princes de Monaco, né au château de Cagne, Diocèse de Vence, 17 Décembre 1736, sacré évêque du Mans 5 Juillet 1767, nommé à l'évêché de Noyon en 1777, abbé de S. Jean, Diocèse d'Amiens, en 1780.

Armes. Voyez *Valentinois*, art. XXVIII des ducs & pairs.

PAIRS LAICS.

Sommaire. On croit communément que, pour être reçu pair, il faut avoir 25 ans; c'est ce qui paraît avoir été décidé par arrêt du 30 Avril 1643, toutes les chambres du parlement assemblées. Il faut aussi faire profession de la religion catholique.

Au sacre du roi, ces seigneurs, que le procureur-général du parlement de Paris comparait, en 1410, aux électeurs d'Allemagne, remplissent l'une des fonctions de la dignité royale, & ils y représentent, pour ainsi dire, la monarchie. Ils soutiennent tous la couronne du roi, & ils reçoivent le serment que le monarque fait au peuple & à l'église.

Pour marque de leur dignité, les ducs & pairs entourent leur écusson d'un manteau ducal, fourré d'hermine, & armorié sur le repli, l'écu timbré d'une couronne de duc.

I. Uzés.

Sommaire. Erection de la terre d'Uzés en duché-pairie, Janvier

1572, enregistr. au parlement de Paris, & premiere réception ; Mars de la même année. Dévolution du duché-pairie de Montausier par succession féminine, 17 Mai 1690.

Armes. Porte écartelé, au 1 & 4 fascé d'or & de sinople de six pieces, qui est Crussol, parti de Lévi; au 2 & 3 contre-écartelé; au 1 & dernier de Gourdon-Genouillac; au 2 & 3 de Galiot: sur le tout, d'or à trois bandes de gueules, qui est Uzés.

François-Emmanuel, duc d'Uzés, né 1 Janvier 1728, reçu au parlement comme pair, 6 Février 1755, lieutenant-général des armées, 1 Mars 1780, marié 8 Janvier 1753, à

Epouse. Mag.-Jul.-Vict. de Pardaillan de Gondrin, sœur cadette du dernier duc d'Antin, née 20 Mars 1731.

Fils. Marie-Fr. Emmanuel, duc de Crussol, colonel en second du régiment de Berri, cavalerie, né 30 Décembre 1756, marié 8 Avril 1777, à

Amable-Emilie de Châtillon, fille du feu duc de Châtillon, *dont*

Petit-fils. Emmanuel, comte de Crussol, né 16 Nov. 1778.

Théodorit de Crussol d'Uzés, né 12 Mars 1782.

De cette souche se sont séparées, en 1692, la branche de Crussol-Montausier; en 1680, celle de Crussol-Florensac, & en 1657, celle de Crussol S. Sulpice : en 1680, de cette derniere est sortie celle de Crussol d'Amboise. Nous donnerons l'année prochaine, l'état actuel de toutes ces branches.

II. Elbeuf.

Sommaire. Erection du marquisat d'Elbeuf en duché-pair, pour descendans mâles & femelles, avec dérogation à la clause de réunion à la couronne, Novembre 1581, enregistr. & premiere réception, 29 Mars 1582; succession en ligne collatérale, 12 Mai 1748.

Armes. Porte parti de trois coupé d'un; ce qui donne huit quartiers. Au 1 fascé, de Hongrie; au 2, d'Anjou-Sicile; au 3, de Jérusalem; au 4, d'Arragon; au 5, d'Anjou moderne; au 6, de Gueldres; au 7, de Brabant; au 8, de Bar : sur le tout, d'or à la bande de gueules, chargée de trois alérions d'argent, qui est Lorraine, parti d'or à six tourteaux, dont cinq de gueules, & celui du chef plus grand, d'azur, chargé de trois fleurs de lys d'or, pour le grand duché de Toscane : le grand écusson brisé par une bordure de gueules.

Charles-Eugene de Lorraine, duc d'Elbeuf, prince de Lambesc, né 28 Septembre 1751, grand écuyer de France, 28 Juin 1761, chevalier des ordres 1 Janvier 1777, grand sénéchal héréditaire de Bourgogne, gouverneur d'Anjou en 1761, brigadier de dragons, 5 Décembre 1781.

Frere. Jof.-Mar. de Lorraine, prince de Vaudemont, né 23 Juin 1759, mestre de camp commandant du régiment de Lorraine, marié 30 Décembre 1778, à

Louise-Aug.-Eliz.-Mar.-Colette, princesse de Montmorency, née 31 Mai 1763.

Sœurs. Josephe - Thérese de Lorraine, née 26 Août 1753, mariée 18 Novembre 1768, à Victor-Amédée, prince de Savoye - Carignan, veuve, avec deux fils, en Septembre 1780.

Anne-Charl. de Lorraine, née 15 Décembre 1755, coadjutrice de l'abbaye de Remiremont, en 1775 ; abesse de la même abbaye, 19 Novembre 1782.

Mere. Louise-Jul.-Const. de Rohan-Rochefort, née 28 Mars 1734, chan. de Remiremont, 10 Décembre 1742, mariée 3 Octobre 1748, à Ch.-L. de Lorraine, grand écuyer de France, veuve 28 Juin 1761.

Voyez l'article de l'*Empire*.

III. MONTBAZON ET GUEMENÉ.

Sommaire. Erection du comté de Montbazon en duché-pairie, pour hoirs mâles, avec dérogation à la clause de réunion à la couronne, Mai 1588 : enregistrement 27 Avril 1589. Mort de l'impétrant 1 Novembre de la même année. Confirmation pour un frere cadet & descendant mâle, avec rang du jour de la premiere érection, mars 1594. Enregistrement & premiere réception 13 Mars 1595. Erection de la seigneurie de Guemené en principauté, Septembre 1570 : enregistrement en la chambre des Comptes de Bretagne, même année.

Armes. Porte écartelé, au 1 contre-écartelé, 1 & 4 de France & d'Evreux ; au 2 & 3, de Navarre ; le 2 & 3, de France ; au 2, de S. Severin, parti d'Arragon. Au 3 grand quartier, de Milan, parti de Lorraine ; au 4 grand quartier, d'Ecosse. Sur le tout, de gueules à neuf macles d'or, rangés 3, 3, 3, qui est Rohan ; parti d'hermine, qui est Bretagne.

Jules Herc.-Mériadec de Rohan, duc de Montbazon, prince de Guemené, chef des nom & armes de Rohan, né 25 Mars 1726, lieutenant-général des armées, 25 Juillet 1762, marié 19 Février 1743, à Marie-L.-H.-J. de la Tour d'Auvergne, née 5 Août 1725, morte en 1782.

Fils. Henri-L.-Marie de Rohan, prince de Guemené, né 31 Août 1745, grand-chambellan de France, 20 Août 1775, brigadier de cavalerie, 1 Mars 1780, marié 15 Janvier 1761,

Victoire-Arm.-Jof. de Rohan Soubife, née 28 Décembre 1743, gouvernante en furvivance des enfans de France Avril 1767, charge dont elle s'eft démife en 1783.

Petit-fils. Ch.-Alain.-Gabr. de Rohan, titré duc de Montbazon, fils du prince de Guemené, né 18 Janvier 1764.

Louis-Vict.-Mériadec de Rohan, fils du prince de Guemenée, Chan. de Strasbourg, né 20 Juillet 1766.

Jul.-Arm.-L. de Rohan, fils du prince de Guemené, né 1 Octobre 1768.

Petite-fille. Marie-L.-Jof. de Rohan, fille du prince de Guemené, née 13 Avril 1765, appelée *Mademoiselle de Rohan* préfentée en 1773.

Fils. L.-René-Ed. prince de Rohan Guemené, né 25 Septembre 1734, grand aumonier de France & commandeur des ordres, Novembre 1777, cardinal, Juin 1778, prince évêque de Strasbourg, 11 Mars 1779, provifeur de Sorbonne en 1782.

Ferd.-Max.-Mériad., prince de Rohan-Guemené, né Novembre 1738, archevêque de Cambrai en 1781, grand prévôt du chapitre de Strasbourg, & tréfoncier de Liege.

2. Branche de Rohan-Soubise.

Séparation de la branche de Montbazon, Octobre 165. *Voyez l'article XXIV des ducs & pairs.*

3. Branche de Rohan-Rochefort.

Séparation de la premiere 7 Août 1693.

Ch.-Jul.-Arm. prince de Rohan-Rochefort, né 29 Août 1729 gouverneur de Nifmes & de S. Hypolyte, lieutenant-général des armées, Mars 1782, marié 24 Mai 1762, à

Epoufe. Marie-Henr.-Ch. Dorothée d'Orléans-Rothelin, né 25 Octobre 1744.

Fils. Ch.-L. Gafp., appelé *Vicomte de Rohan*, né 1 Novembre 1765.

L.-Cam.-Jules, appelé le *prince Jules*, né 16 Avril 177

Fille. Charlotte-L. Dorothée, née 25 Octobr. 1767.

Frere. Eug.-Herc. Camille de Rohan, appellé le *prince Camille*, né 6 Avril 1737, abbé d'Humblieres, chanoine de Strasbourg, tréfoncier de Liege, chevalier profès de l'ordre de Malte, 27 Mai 1765.

Sœurs. Eléon.-L.-Conft. née 15 Janvier 1728, mariée en Efpagne 3 Juillet 1742, au comte de Mérode, grand d'Efpagne de la premiere claffe.

Louife-Jul.-Conft., née 28 Mars 1734, reçue chanoineffe

de Remiremont, 10 Décembre 1742, mariée 3 Octobre 1748, à Ch.-L. de Lorraine, grand écuyer de France, veuve 28 Juin 1761.

IV. THOUARS, OU LA TREMOILLE.

Sommaire. Erection de la vic. Thouars en duché, pour hoirs tant mâles que femelles descendans & collatéraux, Juillet 1563, enregistr. 21 Octobre, même année : partie pour hoirs mâles seulement, avec dérogation à la clause de réunion à la couronne, Août 1595, enregistr. & premiere réception 7 Décembre 1599.

Armes. Porte parti de trois coupé d'un, qui font huit quartiers. Au 1 d'or à un chevron de gueules, accompagné de trois aigles d'azur, becquées, membrées de gueules, qui est la Tremoille, au 2 de Bourbon ; au 3 fascé d'or & de sable de six pieces, qui est Coetivy ; au 4, d'Orléans ; au 5, de Milan ; au 6, de Montmorency-Laval ; au 7 contre-semé de France au canton de gueules, qui est Thouars ; au 8, lozangé d'or, qui est Craon.

JEAN-Brétag.-Godefroi de la Tremoille, duc de Thouars, en Poitou, né 5 Février 1737, maréchal de camp, 3 Janvier 1770, marié 1°. 18 Février 1751, à Marie-Génev. de Durfort, fille du duc de Randan, morte sans enfans, 2 Décembre 1762 : 2°. 24 Juin 1763, à

Epouse, Marie-Maximil.-L.-Emman.-Fr.-Sophie de Salm-Kyrbourg, née 19 Mai 1744.

Fils. Ch.-Bretagne-Jos. prince de Tarente, né 4 Mars 1764, marié 10 Juillet 1781, à
Louise-Emmanuelle de Chastillon, née en 1763.

Fils gémeaux. N. Prince de Talmont..... ⎫
Ch.-Godefr.-Aug. comte de Laval, chanoine ⎬ nés en Décembre 1765.
de Strasbourg, 23 Septembre 1777....... ⎭

Fils. L.-Stanisl. Kostka, né 12 Juin 1767, chevalier de Malte.

Mere. Marie-Vict.-Hort. de la Tour d'Auvergne, née 27 Janvier 1704, mariée 29 Janvier 1725, au feu duc de la Tremoille, veuve 23 Mai 1741.

V. SULLY.

Sommaire. Erect. de la bar. de Sully en duché pairie, pour hoirs & descendans mâles, avec dérogation à la clause de réunion à la couronne & à la fixation du nombre des pairs laïcs, 2 Février 1606 ; enregistr. 25 du même mois. Premiere réception 9 Mars suivant : succession en ligne collatérale 24 Décembre 1740, & 2 Février 1729.

Plusieurs auteurs graves & spécialement le célebre Duchesne, qui a fait l'histoire de cette illustre maison, prétendent que la seigneurie de Béthune a été donnée, à titre d'appanage, aux cadets des premiers comtes souverains d'Artois. Cette famille s'est alliée à presque toutes les maisons souveraines de l'Europe.

Armes. Porte d'argent à la fasce de gueules.

MAXIMILIEN-Ant.-Arm. de Béthune, chef de la maison de Béthune, ci-devant prince souverain, par la grace de Dieu, d'Henrichemont & de Boisbelles, appellé *duc de Béthune*, duc de Sully en Sologne, pair de France, premier baron de l'Orléanois, comte de Béthune, advoué d'Arras, marquis de Lens, vicomte de Breteuil & de Francastel, baron d'Angillon, de S. Gondon, de Coullon & Sennely & autres lieux, &c. né 18 Août 1730, chevalier nommé des ordres, 8 Juin 1783, marié 21 Février 1749, à

Epouse. Louise-Gabr. de Châtillon, de l'illustre maison de Châtillon-sur-Marne, sœur du feu duc de Châtillon, née 20 Septembre 1731, nommée, en 1753, dame du palais de la feue dauphine, mere du roi.

Fils. Mar.-Gabr.-L. de Béthune, appellé *duc de Sully*, né 2 Juillet 1756, mestre de camp en second du régiment royal étranger, marié 11 Janvier 1780, à

Alex. Bern.-Barbe-Hort. d'Epiney S. Luc, née...

Petite fille. Maxim.-Aug.-Henr. de Béthune, née 29 Septembre 1772, fille de feu Maxim.-Alexis de Béthune, duc de Sully, fils aîné du duc de Béthune, mort 24 Mars 1776.

2. BRANCHE DES COMTES DE SELLES.

Armand-Louis, marquis de Béthune, né .... chevalier des ordres 2 Février 1757, colonel-général de la cavalerie légere de France, & lieutenant-général des armées, 17 Décembre 1759, marié 1°. à Marie-Edmée de Boulogne, morte 3 Juillet 1753, 2°. 19 Avril 1755, a

Epouse. Marie-Thér. Crozat, sœur de la comtesse de Béthune & de la maréchale de Broglie.

Fils du second lit. Armand-Louis, dit le *comte de Béthune*, né 20 Janvier 1756, brigadier de cavalerie, 1 Mars 1780.

Armand-L.-J., appelé le *comte Armand*, né 30 Avril 1757.

Fille du premier lit. Cath.-Pauline, née ...., mariée en Mai 1770, à J.-Antonin Colbert, marquis de Seignelay, chevalier de S. Louis, brigadier des armées & colonel du régiment de Champagne, dont des enfans.

Filles du second lit. Armande-Paul.-Chail., née 18 Octobre 1759, mariée à Félicité-J.-L.-Et. de Durfort, appelé *comte Louis de*

de Durfort, fils aîné du comte de Durfort, maréchal des camps & armées.

- Armande-L.-Adél., née 12 Novembre 1761, mariée au comte de Castellane.

3. BRANCHE DE BÉTHUNE-CHAROST.

Voyez l'article XX des Ducs & Pairs.

4. BRANCHE DE BÉTHUNE-POLOGNE.

JOACHIM-Casim.-Léon, comte de Béthune-Pologne & des Bordes, né 31 Juillet 1724, colonel du régiment royal de Pologne, brigadier de cavalerie, 1 Mai 1758, chevalier d'honneur de Madame Adélaïde de France, fille de Louis XV, lieutenant-général de l'Artois, & gouverneur d'Arras, 6 Juin 1767, mort 19 Décembre 1769. Il avoit épousé, 19 Mars 1749, Ant.-Marie-Louise de Crozat, née 18 Avril 1731; fille aînée de L.-Ant. de Crozat, baron de Thiers & de Tugny, marquis de Moy, maréchal de camp, lieutenant-général de Champ. & de Mar.-L.-Aug. de Montmorenci-Laval. De ce mariage sont issues.

Adél.-Aug.-Joach. de Béthune, née 9 Juillet 1756, mariée par contrat du 3 Novembre 1776, à Charles Ant.-Séb. Canouto Ferero-Fiesque, prince de Masseran, grand d'Espagne de la première classe, gentilhomme de la chambre du roi d'Espagne, colonel de cavalerie, commandeur de l'ordre de Calatrava, fils de P.-Phil.-Vict.-Aiméd. Ferero-Fiesque, prince de Masseran, ambassadeur d'Espagne en Angleterre, chevalier des ordres de la toison d'or, & de S. Janvier, & de Charlotte-L. princesse de Rohan-Guemené.

Louise-Charl. de Béthune, née 18 Juin 1759, mariée par contrat du 20 Mars 1778, à J.-René Mans. marquis de la Tour-du Pin-Gouvernet, né en 1750, colonel du Régiment de Bourbon, infanterie, mort 2 Septembre 1781.

Adél.-Fr.-Léontine de Béthune, née 4 Mars 1761, mariée par contrat signé 26 Juillet 1783, au marquis de deux Ponts, comte de Forbach, fils aîné du feu duc, souverain de deux Ponts, & cousin germain du duc regnant.

5. BRANCHE DE BÉTHUNE DES PLANQUES EN ARTOIS.

Ce rameau est divisé en deux branches, depuis 1606.

6. BRANCHE DE BÉTHUNE-HESDIGNEUL.

JOSEPH-Max.-Guislain, marquis de Béthune & d'Hesdigneul, comte de Noyelles-sous-Lens, vicomte de Nielles, seigneur de

Tencques, Tencquette, Bailleulval, l'Epeſſe, le Beſvre-Eſpreaux, &c. membre de l'état noble d'Artois, né au château d'Heldigneul, près Béthune, 3 Août 1705, ancien capitaine de cavalerie, par commiſſion du 23 Avril 1723, gouverneur des ville & château de Marle-en-Thiérarche, 10 Mars 1750, marié 1º. 19 Septembre 1745, à Jeanne-L. de Guernonval, dame du Havau, Fléchinel, &c. fille de Phil.-Maxim. Erneſt de Guernonval, baron d'Eſquelbecq, vicomte de Ledringhem, ſeigneur de la comté, &c. & de Jeanne-Mad. Brunel de Montforand, née 21 Octobre 1724, morte 7 Août 1746; 2º. le 30 Mars 1748, à

Epouſe. Madeleine de Fay-d'Athis, née à Longwi, 2 Septembre 1714, fille & unique héritiere d'André de Fay-d'Athis, comte de Cilly, ſeigneur de la Neuville-Boſmont, Maucreux, Rary, &c. maréchal des camps & armées du roi, commandeur de l'ordre de S. Louis, gouverneur des ville & château de Marle; & de Claud. de Boham, dame d'Aouſt, Lonny, Don, Chron, &c. &c.

Fils du premier lit. Eugene-Fr.-Léon, prince de Béthune & du S. Empire, châtelain de Siſſonne, ſeigneur de la Motte-Baraffe, Havau, Fléchinel, &c. membre des états nobles de Flandre & Artois, né à S. Omer, 30 Juillet 1746, inſcrit dans la premiere compagnie des mouſquetaires de la garde du roi, guidon des gendarmes de la garde, & meſtre de camp de cavalerie, 28 Avril 1771, chambellan actuel de l'empire, 17 Décembre 1776, commandeur, grand-croix de l'ordre électoral du lion-blanc, Palatın, 3 Mai 1780, créé prince de Béthune par diplome de l'emper., 6 Septembre 1781, commandeur grand-croix des ordres royaux de S. Staniſlas & de l'aigle-blanc de Pologne, 10 Novembre 1781, marié 1 Juin 1772, à

Albertine-Joſ.-Eulalie le Vaillant, baronne de Bousbecque, dame de Waudripont, née à Lille 19 Juin 1750, créée dame de l'ordre impérial & royal de la croix étoilée, 14 Septembre 1781, fille & unique héritière de Pierre-J.-Phil.-Guiſlain-Joſ. le Vaillant, baron de Bousbecque, ſeigneur de Waudripont, Formiſel, le Colbra, l'Aubeſpine, Roctoville, &c. & de Mar.-Fr.-Hyac.-Imbert, née comteſſe de la Bazecque, *dont*

Petit-fils. Maxim.-Guill.-Aug. fils du prince de Béthune, né 17 Septembre 1774.

Alb.-Mar.-Joſ.-Omer-Charl.-Eug.-Maxim. né 7 Mars 1776.

Mar.-Amé-Bern.-Ant.-Joſ.-Eug.-Maxim. né 2 Juillet 1777, reçu chevalier de Malthe de minorité, par bref du 7 Septembre ſuivant.

Phil.-Joſ.-Fr.-Eug-Maxim. né 14 Janvier 1780.

Petites-filles. Marie-Joſ.-Charlotte, fille du prince de Béthune, née 22 Mars 1773.

Joséphine-Fél.-Adél.-Jul.-Eug.-Clot.-Sophie, fille du prince de Béthune, née 25 Avril 1782.

Fils du second lit. André-Maxim. Guiflain, baron de Béthune, né à Arras 9 Avril 1749, sous-lieutenant au régiment de Berry, cavalerie, 19 Juin 1765, capitaine au régiment dauphin, cavalerie, 17 Juin 1770, guidon des gendarmes de la garde, & meftre de camp de cavalerie, 28 Décembre 1774, réformé 1 Janvier 1776, en confervant fon rang de colonel, à la fuite de la cavalerie.

Claude-Fr. Guiflain, vicomte de Béthune, né à Arras 29 Décembre 1750, fous-lieutenant au régiment de Berry, cavalerie, 22 Juin 1767, capitaine au régiment dauphin, cavalerie, 12 Novembre 1770. guidon des gendarmes de la garde, & meftre de camp de cavalerie, 5 Octobre 1777, meftre de camp en fecond d'une brigade dans le corps des Carabiniers de Monsieur, frere du roi, 10 Mai 1780.

Fille du second lit. Marie-Jof.-Julie de Béthune, née à Arras, 24 Mars 1754, mariée, par procureur, à Paris, 12 Février 1782, & en perfonne, à S. Jean de Maurienne, 8 Mars fuivant, à Charl.-Jof.-Cafimir de Caiffotti, marquis de Verdun, comte de Ste. Marie, de Ste. Victoire, de Rodoret, de Perero, feigneur de S. Martin, &c. né à Turin 27 Juillet 1731, fils unique de Ch.-Louis de Caiffotti, marquis de Verdun, miniftre d'état & grand chancelier du roi de Sardaigne ; & de Victorine-Dominiq. marquife, comteffe de Reffan, de Rodoret, &c.

Sœur. Ant.-Eug.Jof. de Béthune, née à S. Omer 29 Décembre 1710, reçue chanoineffe de Denain en 1715, mariée 22 Juillet 1742, à Louis-Alb.-Fr.-Jof., comte de Houchin, marquis de Longaftre & de Berthe, baron de Broucq, vicomte d'Hautbourdin & d'Emerin, feigneur d'Annezin, Bilques, Mory, Choques, &c. député général & ordinaire de la nobleffe des états d'Artois, né en 1710, & mort à Arras 30 Mars 1758.

7. Branche de Béthune S. Venant.

Adrien Jof.-Amelie, comte de Béthune, feigneur d'Auchel, Nedon, Gouy, &c. Colonel en fecond du corps des Carabiniers de Monsieur, frere du roi, chevalier de l'ordre de S. Louis, brigadier de cavalerie, 1 Mars 1780, & membre de l'état noble d'Artois, né . . . . ., marié 1 Juin 1767, à Marie-Fr.-Jof. de Bernard, fille du comte de Calonne-Rickouart, née en 1752, & morte en Juin 1779.

Fils. Marie-Louis Jof.-Fr., né 13 Juin 1771.

N. né en 1778.

Filles. Marie-Amél.-Eugen.-Erneftine-Fr. de Béthune, née 28

Novembre 1768, reçue chanoinesse de Maubeuge, 26 Mai 1777.

Marie-Adrien.-Aldeg., née 28 Mai 1773, reçue chanoinesse de Maubeuge en 1782.

Marie-Jos.-Fr. Ernestine, née 8 Juin 1774.

Frere. Louis-Eug. Ernest, comte de Béthune & de S. Venant, vicomte de Lieres, seigneur de Penin, né à Arras 18 Avril 1731, ancien capitaine du régiment du roi, infanterie, chevalier de S. Louis.

Sœur. Mar.-Ernest.-Fr. de Béthune, chanoinesse de Maubeuge, née . . . ., mariée 9 Septembre 1758, à Charl.-Gab. de Raymond, marquis de Modene & de Pomerols, brigadier d'infanterie.

Oncle. Adr.-Fr. comte de Béthune, né en 1694, sou-lieutenant au régiment du roi, infanterie, 10 Juillet 1714, lieutenant 5 Mai 1715, capitaine 6 Janvier 1721, chevalier de St. Louis & capitaine de grenadiers en 1742, commandeur de bataillon & colonel d'infanterie 20 Juin 1744, brigadier d'infanterie 27 Juillet 1747, lieutenant-colonel du régiment du roi 24 Décembre 1758, maréchal de camp 10 Février 1759.

8. Branche de Béthune établie en Écosse.

Cette branche subsiste en Ecosse, depuis plusieurs siecles. Elle y a donné un cardinal, deux grands chanceliers du royaume & un régent, dans le seizieme siecle. Elle a pour chef David de Béthune, baron de Kilconqu'hir, qui a épousé Anne de Béthune sa parente, baronne de Balfour en Ecosse; ils vivaient l'un & l'autre en 1776. On ignore s'ils ont des enfans.

VI. LUYNES.

Sommaire. Erection du comté de Maillé en-duché-pairie sous le nom de Luynes, pour hoirs & successeurs mâles, avec dérogation a la clause de réunion à la couronne, Août 1619, enregistr. & prem. réception, 14 Nov. même année. Acquisition du duché-pairie de Chevreuse, 15 Octobre 1655; lettres-patentes confirmatives de cette acquisition, pour enfans tant mâles que femelles, héritiers, successeurs & ayans cause, Décembre 1667, enregistr. 16 Mars 1768.

Armes. Porte écartelé au 1 & 4 d'or au lion de gueules, couronné de même; au 2 & 3 de Rohan.

Louis Jos.-Charl.-Amab. duc de Luynes en Touraine, & de Chevreuse-Montfort en Yveline, né 4 Novembre 1748, d'abord connu sous le nom de *Comte d'Albert*, puis titré duc de Luynes, 2 Janvier 1759, enfin duc & pair de France par la mort de

Marie Charles, duc de Luynes son pere, maréchal des camps & armées, 5 Décembre 1781, marié 19 Avril 1768, à

Epouse. Guyonne Eliz. Jos. de Montmorenci-Laval, née 14 Février 1755, fille de Gui-André Pierre duc de Laval, lieutenant-général des armées, & de Jacqueline Hortense de Bullion Fervaques.

Fille. Pauline Hortense née premier Janvier 1774.

Grand-oncle. Paul Albert de Luynes, cardinal, archevêque de Sens, & en cette qualité primat des Gaules & de Germanie, prélat commandeur de l'ordre du Saint-Esprit, abbé commandataire de Corbie, au diocèse d'Amiens, & de Cerisy au diocèse de Bayeux, premier aumônier de feue la Dauphine, mere du Roi, l'un des 40 de l'académie française & honoraire de celle des sciences de Paris, né 5 Janvier 1703; a été d'abord appellé *Comte de Montfort & Comte d'Albert*; fait colonel d'un régiment d'infanterie de son nom 6 Mars 1719, a quitté le service en 1721, nommé à l'Abbaye de Cerisy en 1727, évêque de Bayeux, Août 1729, sacré 25 Septembre suivant, reçu de l'académie française en 1743, pourvu de la charge de premier aumônier de la feue Dauphine en 1747, nommé archevêque de Sens, Août 1753, élu de l'académie des sciences en 1755, créé cardinal, sur la présentation de Jacques II Roi de la Grande-Bretagne, 5 Avril 1756, nommé à l'Abbaye de Corbie, Août suivant, commandeur de l'ordre du Saint-Esprit 14 Mai 1758, a eu permission d'en porter les marques sur l'admission de ses preuves 21 Septembre même année, reçu en Janvier 1759, président du bureau des maisons religieuses, en....

VII. BRISSAC.

Sommaire. Erection de la Seign. de Brissac en comté, Déc. 1560; érection de ce comté en duché-pairie, pour hoirs & successeurs mâles avec dérogation à la clause de réunion à la couronne, Avril 1611, enregistr. & premiere réception 8 Juillet 1620; succession en ligne colatérale 29 Décembre 1698, & 18 Avril 1732.

Armes. Porte de sable à trois fasces, denchés par le bas, ou trois feuilles de scie d'or.

Louis-Hercule-Thimoleon de Cossé, duc de Brissac, en Anjou, marquis de Thouarcé & autres terres, né 14 Février 1734, guidon des gendarmes d'Aquitaine 28 Janvier 1754, colonel du régiment de Bourgogne cavalerie en 1759, gouverneur de Paris en 1775, maréchal de camp, 1 Mars 1780, colonel des cents-suisses, la même année, marié 28 Février 1760, à

Epouse. Adélaïde Diane Hortense Delie Mancini de Nevers,

fille du duc de Nivernais & de Hel. Fr. Ang. Phelippeaux de Pontchartrain, née 27 Décembre 1742.

Fille. Adélaide-Pauline-Rosalie de Brissac, née 23 Janvier 1765, mariée 28 Décembre 1782, au duc de Mortemart.

Voyez le n°. XV des ducs & pairs.

2. *Branche du marquis de Cossé-Brissac.*

Hyacinthe Hugues Thimoleon, appellé *marquis de Cossé*, né 29 Nov. 1746, brigadier de cavalerie 5 Déc. 1781, mestre de camp command. du régim. royal Roussillon, cavalerie.

Fils. Thimoleon de Cossé, né en 1774.

Charles de Cossé, né en 1775.

Fille. Constance de Cossé, née en 1772.

Frere. François Arthus Hyacinthe Thimoleon de Cossé, né 1 Sept. 1749, reçu chevalier de malthe de minorité, mestre de camp commandant du régiment de Vivarais, infanterie, marié en 1780, à

N. D'Armaillé, née ... *dont*

Niece. N. de Cossé, née en 1783.

VIII. Richelieu.

Sommaire. Erection de la Seign. de Richelieu en duché-pairie pour héritiers, successeurs & ayans-cause mâles & femelles à perpétuité, avec dérogation à la clause de réunion à la couronne, Août 1631; enregistr. 4 Sept. suivant & prem. réception 5 du même mois. Legs testamentaire de ce duché à Arm! J. de Wignerod, petit-fils d'une sœur du Cardinal de Richelieu, avec substitution à celui de Fronsac, à la charge des noms & armes seuls Duplessis, 13 Mai 1642; dévolution du duché de Richelieu 4 Décembre même année & premiere réception 15 Janvier 1657.

Armes. Porte sur l'écusson de Gênes d'argent à trois chevrons de gueules.

Louis Fr.-Arm. Duplessis, duc de Richelieu, en Poitou, & de Fronsac en Guienne, deux fois pair de France, né 13 Mars 1696, a été d'abord titré *duc de Fronsac*, est devenu duc de Richelieu par succession paternelle 10 Mai 1715, colonel d'un régiment d'infanterie de son nom 15 Mars 1718, reçu de l'académie Françaife 12 Décembre 1720, gouverneur de Coignac en Angoumois 12 Septembre 1722, ambassadeur extraordinaire de France à Vienne en 1724, chevalier des ordres, Janvier 1728, recu. premier Janvier 1729, élu honoraire de l'académie des sciences en 1731, brigadier d'infanterie 20 Février 1734, maréchal de camp premier Mars 1738, lieutenant-général au gouvernement de Languedoc & commandant dans la même province 29 même mois. Premier gentilhomme de la chambre 14 Février 1744, lieutenant-général des armées 2

Mai suivant, ambassadeur extraordinaire à Dresde pour le second mariage du Dauphin, Décembre 1746, créé maréchal de France 11 Octobre 1748, aggrégé au corps des nobles Génois, avec faculté de porter les armes de la république 17 même mois; s'est démis du gouvernement de Coignac en Juin 1750, nommé gouverneur de Guienne & Gascogne en remettant la lieutenance générale & le commandement de Languedoc 4 Décembre 1755, marié 1°. 12 Février 1711, à Anne Catherine de Noailles, morte sans enfans, 7 Novembre 1716; 2°. 7 Avril 1734, à Eliz. Sophie de Lorraine, sœur du dernier prince de Guise, morte 2 Août 1740. 3°. 15 Février 1780, à

Epouse. Jacq. Cath. Jos. née comtesse de Lavaulx.

Fils du second lit. (Voyez Fronsac qui suit).

2. BRANCHE D'AIGUILLON.

Séparation de la branche ducale de Richelieu, Janvier 1646. *Voyez le n°. XXX des ducs & pairs.*

IX. FRONSAC.

Sommaire. Acquisition du duché-pairie de Fronsac, 16 Juin 1633. Nouv. érection en tant que de besoin, pour successs. hérit. & ayans-cause mâles & femelles à perpétuité, avec rang du jour de la premiere érection, Juillet 1634; enregistr. 5 du même mois. Legs testamentaire de ce duché avec substitution, à Arm. J. Wignerod, petit-fils d'une sœur du Cardinal de Richelieu. Prise de possession 2 Mai 1674, & premiere réception même année.

Armes. Comme celles du duc de Richelieu, son pere.

Louis-Jos.-Ant. Duplessis Richelieu, duc de Fronsac, noble Génois, né 5 Août 1736, premier gentilhomme de la chambre en survivance de son pere en 1756, lieutenant-général des armées premier Mars 1780, marié 1°. 25 Février 1764, à Adél. Gab. d'Hautefort de Juilliac, morte 13 Février 1767, 2°. 20 Avril 1776, à

Epouse. Marie Ant. de Galifet, née...

Fils du premier lit. Arm. Emman. Jos. Septimanie Duplessis Richelieu, comte de Chinon, né 25 Septembre 1766 marié 4 Mai 1782, à

Alex. Rosalie de Rochechouart née le...

Filles du second lit. Arm. Marie Duplessis Richelieu, née 27 Juin 1777.

Simplicie Gabrielle Arm. Duplessis Richelieu, née 2 Novembre 1778.

B iv

X. ALBRET ET CHASTEAU-THIERRY (1).

Sommaire. Cession faite au nom du Roi des duchés-pair. d'Albret & Chateau-Thierry, ensemble des comtés d'Auvergne, Evreux & Beaumont en Périgord, Baronie de la Tour en Auvergne & autres terres en échange des principautés de Sédan & Raucourt, avec extension à tous hoirs successeurs, & ayans-cause tant mâles que femelles à perpétuité & clause de continuation des mêmes titres, dignités & prééminence & même de la pairie sous une seule foi & hommage, 20 Mars 1651; lettres-patentes contenant ratification de l'échange & continuation des deux titres de duchés & de la pairie y jointe avec rang du jour des premieres érections Avril même année 1651. Premier arrêt du Parlement qui fixe le rang au jour de l'enregistrement & du serment à faire en la cour. Autre arrêt contenant enregistrement de l'échange avec restriction du rang des deux duchés & de la pairie au jour de la date de cet arrêt même, & à la charge qu'il sera obtenu nouvelles lettres du Roi, 20 Février 1652. Lettres-patentes contenant rétablissement & érection en tant que de besoin pour enfans, héritiers, successeurs & descendans tant mâles que femelles à perpétuité, avec rang du jour du précédent arrêt du parlement & dérogation à toute clause de réunion à la couronne, même mois de Février 1652. Confirmation des mêmes lettres avec même clause de rang du jour de l'arrêt du parlement, Août 1662. Enregistrement & premiere réception 2 Décembre 1665; vente de la vicomté de Turenne au Roi 8 Mai 1738.

Armes. Porte écartelé au 1 & 4 d'azur semé de fleurs de lys d'or, à la tour d'argent maçonnée de sable, qui est la Tour; au 2, d'or à trois tourteaux de gueules, qui est Turenne; sur le tout, d'or au gonfanon de gueules frangé de sinople, qui est Auvergne; parti de gueules à la face d'argent qui est Bouillon.

GODEFROY Charles Henri de la Tour-d'Auvergne, duc souverain de Bouillon, prince d'Empire, duc d'Albret & de Chateau-Thierry, pair de France, comte d'Auvergne, d'Evreux, du Bas-Armagnac, baron de la Tour en Auvergne, Oliergnes & Montgicon, né 26 Janvier 1728, maréchal de camp, 10 Mai 1748, grand chambellan de France en survivance du prince de Guémené, en 1771, marié 28 Décembre 1743, à

Epouse. Louise Henr. Gabrielle de Lorraine, née 30 Octobre 1718, sœur du feu prince de Marsan.

---

(1) MM. les ducs d'Albret & de Rohan se disputent la préséance, sur laquelle nous n'entendons pas prononcer ici.

FRANCE. 25

Fils. Jacques-Léopold-Charles Coleftov, prince de Bouillon, colonel d'un régiment de fon nom, né 15 Janvier 1746, marié 17 Juillet 1766, à

Marie Hedwige Eléonor de Heffe-Rhinfels-Rothenbourg, fille du Landgrave Conftantin & de Marie Sophie Comteffe de Starenberg, née 15 Juin 1747.

Il y a une autre branche de cette illuftre maifon repréfentée par le comte de la Tour-d'Auvergne, lieutenant-général, premier Mars 1780. Voyez *Bouillon* à l'article des principautés fouveraines.

XI. ROHAN.

Sommaire. Erection de la vicomté de Rohan en duché-pairie pour defcendans mâles avec dérogation à la fixation du nombre des pairs, Avril 1603. Enregift. & prem. réception 7 Août même année. Extinction 13 Avril 1638. Mariage de l'héritiere de la terre avec Hen. Chabot, & fubftitut. du nom feul de Rohan aux enfans à naître de ce mariage, 6 Juin 1645. Nouvelle érection du duché-pairie en tant que de befoin pour defcendans mâles avec dérogation à la fixation du nombre des pairs, Décembre 1648. Enregiftrement & premiere réception 15 Juillet 1652. Arrêt du confeil qui confirme la fubftitution des noms & armes pleines de Rohan, 26 Août 1704.

Armes. Porte parti de 2 coupé d'1, ce qui donne fix quartiers : au 1, de Navarre ; au 2, de Bretagne ; au 3, d'Ecoffe ; au 4, de Luxembourg ; au 5, d'azur à la croix d'argent qui eft de...... au 6, d'or au lion de fable, qui eft de...... fur le tout, écartelé au 1 & 4 de Rohan, au 2 & 3, d'or à trois chabots de gueules, qui eft Chabot.

L. MAR. BRET. DOM. duc de Rohan Chabot, né 17 Janvier 1710, lieutenant-général des armées 5 Décembre 1781, marié 1°. 19 Décembre 1735, à Ch. Rof. de Chatillon, morte 6 Avril 1753. 2°. 23 Mai 1758, à

Epoufe. Emilie de Cruffol, fœur du duc d'Uzés, née 26 Octobre 1732.

XII. PINEY.

Sommaire. Erection de la terre de Piney & autres en duché pour Fran. de Luxembourg, comte de Ligny & baron de Tingry, enfemble pour fes fuccefleurs & ayant caufe tant mâles que femelles, Sept. 1576, & enregiftrée 19 Sept. 1577 ; érection du même duché en pairie avec pareille extenfion à tous hoirs, fuccefleurs & ayant caufe mâles & femelles à perpétuité, Octobre

1581; enregiſtem. 19 Décembre ſuivant & premiere réception 30 même mois; ſucceſſion en ligne féminine, 23 Mai 1616; premier mariage de l'héritiere & ſubſtitution des noms & armes, 6 Juillet 1620, & lettres-patentes pour réception du mari comme duc & pair, 10 même mois; enthérinement des lettres & réception avec rang du jour de la premiere érection 8 Février 1621. Mort du mari 25 Novembre 1630. Deuxieme mariage de l'héritiere, 1633 ou 1634; titre de duc conféré au deuxieme mari, mais ſans confirmation de la part du Roi, ni réception; ceſſion du duché par un unique fils du premier mari à une fille unique du ſecond pour mariage avec Fr. Hen. de Montmorency, à charge de jonction des nom & armes de *Luxembourg*, Mars 1661; lettres-patentes portant confirmation de la ſubſtitution & du duché-pairie pour hoirs mâles & femelles avec réverſion à la maiſon de Gêvres à défaut de poſtérité, même mois; oppoſition à la preſſéance 17 Janvier 1662. Arrêt du parlement qui enthérine les lettres-patentes & ordonne par proviſion que Franç. Henr. de Montmorency n'aura rang que du jour de ſa réception, 20 Mai ſuivant; & réception 22 même mois; rang fixé définitivement à ce jour par l'édit de 1711.

Armes. Porte une croix chargée en cœur des armes de Luxembourg, qui ſont d'argent au lion de gueules, la queue fourchue & paſſée en double ſautoir.

ANNE-Ch. Sigiſm. Montmorency-Luxembourg, duc de Luxembourg, de Piney & de Châtillon-ſur-Loing, pair & premier baron chrétien de France, né 15 Octobre 1738, maréchal des camps & armées premier Mars 1780, marié 9 Avril 1771, à

Epouſe. Magd Renée Suz. Adél. de Voyer d'Argenſon de Paulmy, premiere dame du palais, noble Vénitienne, grand-croix de l'ordre de malthe, née 25 Janvier 1752.

Fils. Anne Henri René Sigiſm. Montmorency-Luxembourg, duc de Châtillon, premier baron chrétien de France, né 16 Février 1772.

Charles-Eman-el-Sigiſm. Montmorency-Luxembourg, premier baron chrétien de France, chevalier non profés de l'ordre de Malthe, né 27 Juin 1774.

Filles. Bonne-Charl.-Den.-Adél. Montmorency-Luxembourg, née 29 Avril 1773.

Mar.-Magd. Charl.-Henr.-Emil. Montmorency-Luxembourg, née 13 Avril 1778.

Pere. Ch.-Paul-Sigiſm. Montmorency-Luxembourg, duc de Châtillon, appelé duc de Boutteville, premier baron chrétien de France, lieutenant-général des armées, né 20 Février 1697, marié 1°. le 2 Juillet 1713, à Anne-Cath.-Eléon. le Tellier de Barbezieux de Louvois, morte sans enfans, 21 Octobre 1716; 2°. 19 Avril 1717, à Anne-Angel. d'Arthus de Vertilly, morte 28 Février 1769.

Frere. An.-Paul-Emman Sigism. Montmorency-Luxembourg, appellé le prince de Luxembourg, premier baron chrétien de France, capitaine des gardes du corps, brigadier des armées, né 8 Décembre 1742.

Sœur. Bonne-Mar.-Félic. Montmorency-Luxembourg, mariée à Armand-Louis de Kerfily, marquis de Serent, maréchal des camps & armées, gouverneur du duc d'Angoulême.

De ce mariage sont issus deux fils & deux filles.

XIII. GRAMONT.

Sommaire. Substitution des nom & armes de Gramont à celui d'Aure de Comminges 1551; érection de la terre de Guiche en comté, sous le nom de Gramont, Décembre 1563; brevet portant promesse d'érection en duché-pairie, 13 Décembre 1643, lettres-patentes contenant érection pour successeurs mâles, Novembre 1648; enregistrement & premiere réception 15 Décembre 1663; succession en ligne collatérale 10 Mai 1741; dévolution du duché d'Humieres par succession féminine 6 Novembre 1751.

Armes. Porte écartelé, au 1 d'or au lion d'azur, armé lampassé de gueules, qui est Gramont; au 2 & 3, de gueules à trois fleches d'argent empennées d'or, la pointe en bas, qui est d'Aster; au 4, d'argent au levrier de gueules, accolé & bouclé d'azur à la bordure de sable, chargée de huit besans d'or, qui est d'Aure; sur le tout, écartelé à 1 & 4 de gueules à trois fasces ondées d'argent, qui est Toulongeon: au 2 & 3 de gueules à trois jumelles d'argent, qui est saint Cheron.

ANTOINE duc de Gramont en Guienne, pair de France, prince souverain de Bidache dans la basse Navarre, vicomte d'Aster & de Louvigny, baron de Lesparre & autres terres, gouverneur de la haute & basse Navarre & du Béarn, gouverneur particulier des villes de Pau & de Bayonne, né 19 Avril 1722, brigadier d'infanterie 1 Mai 1745, marié 1re. 2 Mars 1739, à Marie-Louis.-Vict. fille du dernier duc de Gramont, son oncle, héritiere du duché d'Humieres, morte 11 Janvier 1756: 2°., 16 Août 1759, à

Epouse. Béatrix, comtesse de Choiseul de Stainville, sœur du duc de Choiseul.

Fils du premier lit. Louis-Ant.-Armand, comte de Guiche,

puis duc de Lefparre, né 17 Septembre 1746, marié par contrat du 24 Juin 1763, à

Philippine Louif.-Cath. de Noailles, fille du maréchal duc de Noailles, née 14 Septembre 1745.

Neveu. Antoine-L.-Mar., fils d'Ant.-Ad.-Charles comte de Gramont, frere du duc, appellé d'abord comte de Gramont, puis duc de Guiche, né 17 Août 1755, marié... à

N...... de Polignac, fille du duc de Polignac, & de N... de Polaftron, *dont*

Arriere-niece. N. de Gramont, née......

Neveu. Ant.-Fr. appelé d'abord comte d'Afté, puis comte de Gramont, second fils d'Ant.-Adr.-Charles, comte de Gramont, frere du duc, né 1 Septembre 1758, marié à N.... de Boifgelin de Cuffé, Chanoineffe de...

Niece. Genevieve, fille du feu comte de Gramont, née 28 Janvier 1750, mariée à P.-Hyacint. comte d'Offun, fils unique du marquis d'Offun, grand d'Efpagne de la premiere claffe, chevalier de la toifon d'or & de l'ordre du S. Efprit, miniftre d'état, dont une fille.

XIV. VILLEROY.

Sommaire. Erection de la terre de Villeroy en marquifat, Janv. 1615; brevet portant promeffe d'érection en duché-pairie, 15 Déc. 1648; lettres-patentes contenant érection pour hoirs & fucceffeurs mâles, Septembre 1651; enregiftrement & premiere réception 15 Décembre 1663; dévolution du duché-pairie de Retz par fucceffion féminine, Janvier 1716.

Armes. Porte d'azur au chevron d'or, accompagné de trois croix ancrées d'or.

GAB.-L.-Fr. de Neufville de Villeroy, duc de Villeroy, pair de France, chevalier des ordres, capitaine de la plus ancienne compagnie françaife des gardes du corps, lieutenant-général des armées, gouverneur & lieutenant-général, pour le roi, des villes de Lyon, provinces du Lyonnois, Forez & Beaujollois, né 8 Octobre 1731, lieutenant-général des armées, 5 Décembre 1781, marié 13 Janvier 1747, à

Epoufe. Jeanne-L.-Conft., fœur des ducs d'Aumont & de Villequier, née 11 Février 1731, mife en poffeffion du tabouret chez la feu reine, par brevet d'honneur, accordé à fon mari 9 Mars 1759.

XV. MORTEMART.

Sommaire. Erection du marquif. de Mortemart en duché-pairie, pour hoirs & fucceffeurs mâles, Décembre 1650; enregiftr. &

premiere réception 15 Décembre 1663; succession en ligne collatérale, 31 Juillet 1746.

Armes. Porte parti de trois, coupé d'un, ce qui fait huit quartiers : le 1, de gueules au croissant de vair, qui est de Maure; le 2, de Bourbon; le 3, de Rohan; le 4 burelé d'argent & d'azur de dix pieces aux trois chevrons de gueules, le premier écimé, qui est la Rochefoucaud; le 5, de Milan; le 6 de Navarre; le 7, de gueules au pal de vair, qui est d'Escais; le 8, de Bretagne : sur le tout, fascé, ondé, enté d'argent & de gueules de six pieces, qui est Rochechouart.

VICTURNIN-Jean-Mar. de Rochechouart, duc de Mortemart, né 8 Février 1752, marié 1°. 19 Mai 1772, à Anne-Cath. de Harcourt-Lislebonne, morte en 17...; 2°. 28 Décembre 1782, à

Epouse. Adél.-Pauline-Rosalie de Cossé Brissac, fille du duc de Brissac, née 23 Janvier 1765.

Filles du premier lit. Anne-Victurnienne-Henr., née 7 Mai 1773.

Nathal.-Henr.-Victorine, née 23 Juin 1774.

N..... née en 1777.

Frere. Victurnien-Léon.-Eliz., marquis de Rochechouart, né 2 Février 1755, marié en 1780, à

N... de Nague, née......

Neveu. N.. fils du marquis de Rochechouart, né en 1781.

Sœur. Victurnienne-Delphine-Natalie, née 24 Janvier 1759, mariée en 1775 au marquis de Rougé, dont deux fils.

Mere. Charlotte-Natalie de Manneville, fille unique du marquis de Manneville, gouverneur de Dieppe, troisieme epouse de feu Jean-Vict., duc de Mortemart.

Grande tante. Marie-Eliz.-Nicolaï, duchesse douairiere de l'avant-dernier duc de Mortemart.

XVI. ST. AIGNAN.

Sommaire. Erection du comté de S. Aignan en duché-pairie, pour hoirs mâles, Déc. 1663. Enregistr. & premiere réception, 15 du même mois. Cession de ce duché en ligne collatérale, 2 Décembre 1706.

Armes. Porte fascé d'argent & de sinople de six pieces, les fasces d'argent, chargées de six merlettes de gueules, 3, 2, 1.

PAUL-Marie-Vict. de Beauvilliers, duc de S. Aignan en Orléanais, pair de France, comte de Montresor, né 2 Août 1766.

Mere. Marie-Mad. de Rosset de Fleury, dame du palais de la reine, duchesse de Bauvilliers, née 27 Janvier 1744, veuve 18 Octobre 1771.

Tante. Collette-Mar.-Hortenfe de Beauvilliers, née 20 Août 1749, mariée en Janvier 1771, au marquis de la Roche-Aymon, alors menin du dauphin.

XVII. GESVRES.

Sommaire. Brevet portant exécution d'une promeſſe faite par Louis XIII, d'ériger le comté de Tréſmes en duché-pairie, 20 Août 1643. Erection pour hoirs & ſuccesſeurs mâles, Novembre 1648 ; lettres de ſurannation, 11 Décembre 1663. Enregiſtrement & premiere réception 15 du même mois. Changement du nom de Tréſmes en celui de Geſvres, Juillet 1670, enregiſtr. 2 Août ſuivant. Lettres-patentes qui conſervent à la maiſon de Geſvres le droit aux nom & armes de Luxembourg, & la ſucceſſion au duché-pairie de Piney, à défaut de la ligne de Montmorency, & en vertu de la même ſubſtitution primordiale, Mars 1661. Enregiſtrement 22 Mai 1662. Succeſſion en ligne collatérale, 19 Septembre 1757.

Armes. Porte parti de 3, coupé d'un ; ce qui fait huit quartiers : au 1, de Luxembourg ; au 2, de Bourbon ; au 3, de Savoye ; au 4, de Lorraine ; au 5 d'azur à la bande d'argent, accompagnée de deux dragons auſſi à la bande d'argent, qui eſt Baillet ; au 6, d'or au chef de gueules, chargé en franc quartier d'un écuſſon de Montmorency, dont le premier cantonnement eſt d'argent, à une étoile de ſable, qui eſt Annoy ; au 7, de Montmorency ; au 8, d'argent en chef de gueules, à un lion d'azur armé, lampaſſé, couronné d'or, brochant ſur le tout, d'azur à deux mains dextres appaumées d'or, au franc-quartier échiqueté d'argent & d'azur, qui eſt Potier.

L.-JOACH. Paris Potier, duc de Geſvres, en Valois, pair de France, né 9 Mai 1733, gouverneur de l'iſle de France, 7 Juillet 1758, lieutenant-général du pays de Caux & du bailliage de Rouen, Mai 1766, marié 4 Avril 1758, à

Epouſe. Fr.-Mar. du Gueſclin, née 14 Juillet 1737, miſe en poſſeſſion du tabouret en Janvier 1759.

XVIII. NOAILLES.

Sommaire. Erection du comté d'Ayen en duché-pairie ſous le nom de Noailles pour héritiers & ſucceſſeurs mâles légitimes avec dérogation à la fixation du nombre des pairs, Décembre 1663 ; enregiſtr. & premiere réception 15 même mois.

Armes. Porte de gueules à la bande d'or.

LOUIS duc de Noailles ci-devant duc d'Ayen en Limouſin, né 21 Août 1713, ancien premier capitaine des gardes-du-corps, chevalier des ordres 2 Février 1749, gouverneur de Saint-Germain, 23 Décembre suivant, gouverneur-général du Roussillon en 1766, maréchal de France 24 Mars 1775, marié 25 Février 1737, à

Epouse. Cath.-Fr.-Ch. de Cossé, fille unique du feu duc de Brissac, née 13 Janvier 1724.

Fils. J.-Paul-Fr. de Noailles, né 26 Octobre 1739. Maréchal de camp, titré duc d'Ayen, premier capitaine des gardes-du-corps, chevalier de l'ordre de la toison d'or, marié 4 Février 1755, à

Henr.-An.-L. d'Aguesseau de Fresne, née le 12 Février 1737, dont.

Petites-filles. An.-Jean.-Bap- Paul. Adél.-L.-Cath.-Dom. née 11 Novembre 1758, mariée au vicomte de Noailles fils du maréchal de Mouchy.

Marie-Adrien.-Fr. de Noailles, épouse de Marie-Jos.-Paul-Yves - Roch - Gilbert Dumotier, marquis de la Fayette.

Françoise-Ant.-Louise de Noailles veuve du marquis du Roure, née le 3 Septembre 1763.

Anne-Paul.-Dominique de Noailles née 22 Juin 1766, mariée le 12 Mai 1783, au marquis de Montagu.

Angélique-Franç. d'Assise Rosalie de Noailles, née le premier Août 1767.

Fils. Eman. M.-L. né 12 Décembre 1743, appellé *Marquis de Noailles*, gouverneur de Vannes & d'Auray, Décembre 1762, ambassadeur à Vienne 1783, marié en Décembre 1762, à

N. D'Allencourt-Dromenil, petite fille de M. de Boullogne, ministre d'état, née.....

Filles. Adél.-Cath. née 24 Décembre 1741, mariée, contrat signé les 22 & 26 Juin 1755, au comte de Tessé.

Phil.-L. Cath., née 14 Septembre 1745, mariée, contrat signé 24 Juin 1763, au duc de Lesparre.

Sœur. Marie-Anne Fran. née 12 Janvier 1719, mariée en Avril 1744 à Louis Engilbert, comte de la Mark.

2. Branche de Noailles-Mouchi.

PHILIPPE, comte de Noailles, frere du maréch. de Noailles, né 7 Déc. 1715, grand d'Espagne de la 1re. classe, 20 Janv. 1741, chevalier de Malthe à perpétuité pour ses fils aînés 28 Sept. même année, chevalier de la toison d'or 27 Mai 1746, grand-croix de l'ordre de Malthe, 16 Novembre 1750, ambassadeur extraordinaire en Sardaigne 9 Août 1755, chevalier des ordres 7 Juin 1767, maréchal de France, 24 Mars 1775, commandant en chef en Guienne, depuis 1775, marié 27 Novembre 1741, à

Epouse. Anne-Claude-Louise d'Arpajon, héritiere du feu maréchal de Lautrec, fille unique de feu Louis, marquis d'Arpajon, chevalier de la toison d'or, lieutenant-général des armées, née 4 mars 1729, reçue grand-croix de l'ordre de Malthe par privilege particulier 13 Décembre 1745, dame d'honneur de la feue Reine, en Juin 1763.

Fils. Philippe-Louis Marc-Antoine, chevalier né de l'ordre de Malthe, né 12 Novembre 1767, appellé *prince de Poix*, capitaine des gardes en survivance du prince de Beauveau, en 1774, marié 9 Septembre 1767, à

Anne-Louise-Marie de Beauveau, fille unique du prince de Beauveau & de feue Marie Sophie de la Tour-d'Auvergne, présentée 2 Septembre 1767, dont un fils.

Fils. Louis-Marie, appellé vicomte de Noailles, né 17 Avril 1756, marié à

Anne-Jeanne-B.-Paul. Adél.-L.-Cath.-Domin. de Noailles, fille du duc d'Ayen, dont une fille.

Fille. Louise-Henriette Philippine, née 23 Août 1745, mariée à Emmanuel Céleste-Augustin de Durfort, titré duc de Duras.

XIX. AUMONT.

Sommaire. Erection du marquisat d'Isles, en duché pairie sous le nom d'Aumont pour descendans mâles, avec dérogation à la fixation du nombre des pairs, Novembre 1665. Enregistr. & premiere réception 2 Décembre même année.

Armes. Porte d'argent au chevron de gueules accompagné de sept merlettes de même, quatre en chef & trois en pointes.

Louis-Marie-Guy d'Aumont-de-Rochebaron, duc d'Aumont, en Champagne, pair de France, né 5 Août 1732, maréchal de camp, 25 Juillet 1762, marié 2 Décembre 1747 à L.-Jeanne-Mazarini, duchesse de Mazarin, veuf en 1782.

Fille. N. D'Aumont, mariée en 1782, au prince Joseph de Monaco.

Voyez le n°. XIV des *ducs & pairs*, & le n°. XII des *ducs héréditaires*.

XX. BÉTHUNE-CHAROST.

Sommaire. Erection de la Seigneurie de Charost & autres en duché-pairie, sous le nom de Béthune-Charost, pour hoirs & descendans mâles, Mars 1672. Enregistr. 9 Août 1690. Premiere réception 11 du même mois.

Armes. Porte, comme le duc de Sully, brisé d'un lambel de gueules.

Armand

Armand-Joseph de Bethune, duc de Charoſt, en Berri, pair de France, baron d'Ancenis, & en cette qualité, baron pair & préſident né de la nobleſſe aux états de Bretagne, baron de Charenton, ſeigneur du Meillaut, Brueres, Mareuil, &c. maréchal des camps & armées, lieutenant-général dans la province de Picardie & Boulonnois, gouverneur des ville & citadelle de Calais & pays reconquis, l'un des députés actuels de la nobleſſe à l'adminiſtration provinciale du Berri, né premier Juillet 1738, d'abord appellé *marquis de Charoſt*, puis duc d'Ancenis, poſſeſſeur du duché en 1759, marié 1°. 19 Février 1760, à Louiſe Suzanne Edmée Martel, morte 6 Octobre 1770. 2°. 17 Février 1783, à

Henriette-Adélaïde-Joſephine du Bouchet de Sourches, née 27 Mars 1759.

Fils du premier lit. Armand-L.-Franç. Edme comte de Charoſt, né 5 Août 1770.

XXI. S. CLOUD.

Sommaire. Erection de la ſeign. de Saint-Cloud en duché-pairie pour le ſiege archiépiſcopal de Paris, Avril 1674. Enregiſtr. 18 Août 1690. Premiere réception 19 du même mois.

ANT.-Éléo.-Leon le Clerc de Juigné, né 2 Novembre 1728. Sacré évêque de Châlons-ſur-Marne 29 Avril 1764; nommé à l'archevêché de Paris 23 Décembre 1781, ci-devant vicaire-général de Carcaſſonne, agent-général du clergé en 1760.

Armes. Porte d'argent à la croix de gueules englelée de ſable cantonnée de 4 aiglons, de ſable, becqués & onglés de gueules. Deviſe *ad alta.* Cri de guerre : *battons & abbattons*.

XXII. HARCOURT.

Sommaire. Erection des marquiſats de la Motte-Harcourt & de Thury en duché ſous le nom de Harcourt, pour enfans & deſcendans mâles, Novembre 1700. Enregiſtrem. au parlement de Paris, 19 Mars 1701, & à celui de Rouen 10 Juillet même année. Erection du même duché en pairie, avec même clauſe Novembre 1709. Enregiſtr. 28 Février 1710. Premiere réception 9 Août ſuivant. Succeſſion en ligne collatérale 10 Juillet & 26 Septembre 1750.

Armes. Porte de gueules à deux faſces d'or.

ANNE P. de Harcourt, duc de Harcourt, né 2 Avril 1701. Chevalier des ordres 2 Février 1756, pourvu du gouvernement général de la Normandie 15 Juin 1764, s'en démet en faveur de son fils Septembre 1775, maréchal de France 24 Mars de la même année, marié 7 Février 1725 à Thérèse-Eulal. de Beaupoil, fille du feu marquis de saint Aulaire, veuf 3 Novembre 1739.

Fils. Franç.-Henri duc de Harcourt, né 11 Janvier 1726, lieutenant général des armées 25 Juillet 1762, gouverneur de la province de Normandie en 1775, marié 13 Juin 1752, à Fr.-Cath.-Scholastique d'Aubusson de la feuillade, morte en Novembre 1779.

Anne-Fr. de Harcourt, marquis de Beuvron, né 4 Octobre 1717, chevalier des ordres 26 Mai 1776, lieutenant-général, premier Mars 1780, marié 13 Janvier 1749, à

Marie-Cath. Rouillé, fille unique d'Ant-Louis de Rouillé, ministre d'état, *dont*

Petit fils. Marie-Franç. comte de Harcourt, fils du marquis de Beuvron, né 25 Mai 1755, marié 3 Juillet 1780, à Madel. Jacq. le Veneur de Tillieres.

Petite fille. Cecile-Marie-Charl.-Gabr. de Harcourt du Neubourg, fille du marquis de Beuvron, née 27 Février 1770.

Petit-fils Charles-L.-Hector de Harcourt, fils du feu marquis de Harcourt-Valogne, marquis de Harcourt, né 15 Juillet 1743, marié 16 Février 1767, à

Anne-Marie-Louise de Harcourt, fille aînée du marquis de Beuvron, née 12 Janvier 1750, *dont*

Arrieres-petits fils. Amed.-Marie-Charles-Fr. de Harcourt, né 17 Juillet 1771.

Cl.-Emman. de Harcourt, né 29 Mai 1774.

Arrieres-petites-filles. Anne-Charl.-Victorine de Harcourt, née premier Juillet 1769.

Alexandrine-L. de Harcourt, née 3 Avril 1783.

Niece. Gabrielle-Lydie de Harcourt, marquise de Guerchy, fille du feu maréchal de Harcourt, veuve du marquis de Guerchy, née 21 Décembre 1722.

Cousines. Gabrielle-Lydie de Harcourt, veuve du marquis de Harcourt, & mere de Charles-Louis Hector marquis de Harcourt.

Charlotte-Rose-Françoise de Harcourt, fille de la précédente & mariée au comte de Briqueville.

XXIII. FITZ-JAMES.

Sommaire. Erection de la Seigneurie de Warty en duché-pairie, sous le nom de Fitz-James, pour enfans mâles, Mai 1710; Enregistrem. 23 du même mois. Premiere réception 11 Décem.

bre suivant. Succession en ligne collatérale le..... Juillet 1736.

Armes. Porte 1 & 4 contre écartelé de France & d'Angleterre; le 2, d'Ecosse; le 3, d'Irlande à la bordure de 16 compons, 8 d'azur & 8 de gueules, les compons d'azur chargés d'une fleur de lys d'or & les compons de gueules d'un léopard d'or.

Charles Fitz-James, duc de Fitz-James en Beauvaisis, né 4 Novembre 1712, reçu au parlement comme pair 17 Mars 1755, nommé chevalier des ordres premier Janvier 1756, reçu 2 Février suivant, commandant en Languedoc & sur les côtes de la méditerranée 15 Septembre 1761, en Guienne, Navarre & Béarn, premier Novembre 1765, & en Bretagne, depuis 1771 jusqu'en 1775, maréchal de France 24 Mars 1775, marié premier Février 1741, à Victoire-Louise-Josephe de Matignon, veuf 2 Août 1777.

Fils. Jacques-Charles, duc de Fitz-James, né 26 Novembre 1743, marié 10 Janvier 1769, à

Mar.-Claudine Sylv. de Thiard de Bissi, née 14 Août 1754.

Petits fils. Charles, fils du duc de Fitz-James, né 25 Juin 1773.

Edouard, fils du duc de Fitz-James, né 10 Janvier 1776.

Petite-fille. Henriette, fille du duc de Fitz-James, née 10 Octobre 1770.

Fils. Edouard de Fitz James, mestre de camp du régiment de son nom, chevalier de Malthe, né 1 Septembre 1750.

Fille. Laure de Fitz-James, née en Décembre 1744, mariée en 1763, à Phil.-Gab.-Maur.-Jos. d'Alsace d'Henin-Liétard, comte de Bossu, prince de Chimay & du S. Empire.

XXIV. Chaulnes.

Sommaire. Erection du comté de Chaulnes en duché-pairie, pour hoirs & successeurs mâles, Janvier 1621. Enregistrement 6 Mars suivant; première réception 9 même mois; extinction & succession en ligne collatérale, avec charge des nom & armes d'Ailly, 4 Septembre 1698; nouvelle érection pour hoirs & descendans mâles, Octobre 1711. Enregistrement & première réception 1 Décembre, même année.

Armes. Porte au 1 & 4 d'Albert, au 3 & 4 de gueules à deux rinceaux d'alisier, passés en double sautoir, au chef échiqueté d'argent & d'azur de deux traits, qui est Ailly.

Mar.-Joseph-L. d'Albert-d'Ailly, duc de Chaulnes, né 24 Novembre 1741, connu d'abord sous le nom de *Vidame d'Amiens*, ensuite sous celui de *Pecquigny* & sous celui de *duc de Chaulnes*, après la mort de son père; pourvu d'un brevet de cornette surnuméraire de la compagnie des chevaux légers de la garde ordinaire du roi, avec commission de mestre de camp, 19 Juin 1756, dont il a donné sa démission sur la fin de l'année 1769, marié 23 Mai 1758, à

Epouse. Mar.-Paul-Ang. d'Albert de Luynes, fille de M. Ch. d'Albert, duc de Chevreuse, & d'Henriette-Nicole d'Egmont Pignatelly, née 7 Septembre 1744.

XXV. ROHAN-ROHAN

Sommaire. Erection de la baronnie de Frontenay en duché-pairie, pour hoirs & successeurs mâles, avec dérogation à la fixation du nombre des pairs, Juillet 1626. Extinction & dévolution en ligne féminine, 9 Octobre 1642. Dévolution à la maison de Chabot, avec le duché de Rohan & la seigneurie de Soubise par mariage, 6 Juin 1645. Réversion, avec la même seigneurie de Soubise, par autre mariage d'une fille de Rohan-Chabot, 17 Avril 1663. Nouvelle érection en duché-pairie, sous le nom de Rohan-Rohan, pour enfans & descendans mâles, Octobre 1714. Enregistrement & premiere réception, 18 Décembre même année. Erection de la seigneurie de Soubise en principauté, Mars 1667. Enregistrement aux Parlements de Paris & de Bordeaux, même année.

Armes. Porte parti de 3, coupé d'un : au 1, d'Evreux; au 2, de Navarre; au 3, d'Arragon; au 4, d'Ecosse; au 5, de Bretagne; au 6, de Milan; au 7, de S. Séverin; au 8, de Lorraine : sur le tout, de Rohan, qui est de gueules, à neuf macles d'or, 3, 3, 3.

CH. L. de Rohan duc de Rohan-Rohan, prince de Soubise, né 16 Juillet 1715, gouverneur de Fl. Ham. & Lille, 16 Septembre 1751, maréchal de France 19 Octobre 1758, gouverneur des châteaux de Madrid & de la Muette, Mars 1770, grand-croix de l'ordre de S. Louis, 21 Février 1779, marié 1°. 29 Décembre 1734, à Anne-Marie-L. de la Tour d'Auvergne, morte 19 Septembre 1739; 2°. 5 Novembre 1741, à Anne-Thér. de Savoye, sœur unique du prince de Carignan, premier prince du sang de Savoie, morte 5 Avril 1745; 3°., 24 Décembre 1745, à

Epouse. Anne-Vict.-Mar.-Christine de Hesse-Rhothembourg, née 25 Février 1728.

Du premier lit est sorti, 1°. N... de Rohan, nommé le comte de S. Pol, né 12 Septembre 1739, mort 25 Mai 1742; 2°. Charles-Godefr.-Eliz. de Rohan, née 7 Octobre 1737, mariée 3 Mai 1753, au prince de Condé, morte 4 Mars 1760.

Voyez *Condé & Rohan-Guemené.*

FRANCE.

XXVI. VILLARS-BRANCAS.

Sommaire. Brevet contenant promesse d'érection d'une terre en duché pairie, 18 Octobre 1626; érection de la baronnie d'Oise, des terres de Villars & Champ-Tercier, en duché, sous le nom seul de Villars, pour hoirs & successeurs mâles, avec clause de réunion à la couronne, à défaut de la ligne masculine, Septembre 1627. Enregistrement au Parlement d'Aix, 23 Juillet 1628; érection du même duché en pairie, pour hoirs & successeurs mâles, avec dérogation à la clause de réunion, Juillet 1652, & enregistrement à Aix, 15 Février 1657. Lettres de surannation, adressées au parlement de Paris, 2 Septembre 1716. Enregistrement & premiere réception 7 même mois.

Armes. Porte d'azur au pal d'argent, chargé de trois tours crenelées de gueules, accompagné de quatre pattes de lyon affrontées d'or, mouvantes des deux flancs de l'écu.

Louis de Brancas, duc de Brancas, comte de Maubec, d'Oise, de Champ-tercier & de Lauraguais, né 5 Mars 1714, chevalier de l'ordre de la toison d'or, 1 Juin 1745, lieutenant-général 10 Mai 1748, reçu au Parlement comme pair 18 Février 1751, pourvu du gouvernement de Guise, 2 Septembre 1758, marié 1°. 27 Août 1731, à Gen.-Fel. d'O, morte 26 Août 1735; 2°. 19 Janvier 1742, à Diane-Adél. de Mailly, morte sans enfans; 3°. à

Epouse. Fréd.-Guil. de Nivenheim, ci-devant chanoinesse de Bebouc à Cleves & d'Ovrindorf à Vesel.

Fils. L.-Léon-Fél. de Brancas, fils du duc de Brancas & de Gen.-Fél. d'O, titré comte de Lauraguais, duc par brevet d'honneur, 5 Janvier 1755, de l'académie royale des Sciences, marié 11 Janvier 1755, à

Elis.-Paul de Montmorency de Gand de Meddelbourg, née 20 Octobre 1737, dont

Petites filles. Louise-Ant.-Candide-Fél. de Brancas, fille du duc de Lauraguais, née 23 Novembre 1755, mariée 19 Janvier 1773, à L.-Ingelbert Mar.-Raim.-Aug., par la grace de Dieu, duc souverain d'Aremberg, prince de l'Empire, grand d'Espagne de la premiere classe, chevalier de la toison d'or.

Ant.-Candide-Paul. de Brancas, fille du duc de Lauraguais, née 24 Septembre 1758, actuellement pensionnaire à l'abbaye aux Bois à Paris.

Fils. Buffile-Ant. de Brancas, fils du duc de Brancas & de Gen.-Félicité d'O, titré comte de Brancas, né 15 Août 1735, marié 25 Février 1766, à

Mar.-L. de Lowendal, fille du maréchal comte de ce nom,

née le . : . , *dont*

Petit fils. Louis-Mar. Buffile de Brancas, titré vicomte de Brancas, né 12 Mai 1772.

Petites filles. Ant.-Candide.-L.-Conft. de Brancas, née 21 Octobre 1768.

Adél. de Brancas, née le . . .

Fils. Louis Alb. de Brancas, fils du duc de Brancas & de Fréd. Guil. de Nivenheim, titré *chevalier de Brancas*, né 8 Octobre 1775, chevalier de Malthe.

La branche aînée de cette illuftre maifon, diftinguée par le furnom & par les armes de Forcalquier, qu'elle écartelle au 2 & 3, en vertu d'une fubftitution qui lui a été faite des biens de cette famille, eft repréfentée aujourd'hui par

L. P. de Brancas, des comtes de Forcalquier, prince de Nizare, titré marquis de Brancas, marquis de Cerefte, baron de Robion, grand d'Efpagne de la premiere claffe, chevalier des ordres, lieutenant-général des armées du roi, pourvu, 1 Avril 1753, de la lieutenance générale au gouvernement de Provence, gouverneur des ville & château de Nantes, né le 25 Mai 1718, marié en Mars 1747 à Marie-Grandhomme de Gizeux, dont il a eu deux enfans morts fans alliances.

XXVII. VALENTINOIS.

Sommaire. Erection de la baronnie de Thorigny en comté pour Jac. Goyon, fire de Matignon, depuis maréchal de France, Septembre 1565; & enregiftr. 28 Mai 1566. Dévolution de l'ancien duché d'Eftouteville, & du droit à la principauté de Neuf-Chatel en Suiffe par fucceffion de la ducheffe de Nemours & par repréfentation d'Eléon. d'Orléans-Longueville, femme de Ch. Goyon, fire de Matignon, comte de Thorigny, fils & fucceffeur du premier maréchal de Matignon, 16 Juin 1707; brevet contenant approbation du mariage entre Jacq.-Fr. Léon-Goyon de Matignon, comte de Thorigny, & L.-Hipp. Grimaldi, fille aînée & préfomp. héritiere d'Ant. prince de Monaco, duc de Valentinois & pair de France, à charge de fubftitution des nom & armes de *Grimaldi*, avec mutation des nom & armes de Goyon de Matignon en ceux de *Grimaldi*, & promeffe de continuation du duché-pairie de Valentinois, pour n'avoir rang que du jour de la future réception, fous condition de retour au même prince de Monaco, s'il lui naiffait des enfans mâles, & de jouiffance des honneurs pour le gendre, fa vie durant, foit dans ce cas, foit en cas de prédécès de fa femme fans enfans mâles, 24 Juillet 1715: célébration du mariage 20 Octobre même année; lettres-patentes, portant mutation du nom de Goyon de Matignon en celui de *Grimaldi*, avec continuation du duché-pairie, & nouvelle érection en tant que de besoin pour enfans & descendans mâles, Decembre suivant; enregistr. 2 Septembre 1716, & premiere réception 14 Décembre même année.

Armes. Porte écartelé, au 1 & 4 d'argent au lion de gueules, couronné d'or, qui est de Goyon-Matignon, dont est le duc de Valentinois; au 2, d'Orléans-Longueville; au 3, de Bourbon-Saint-Pol; sur le tout, fascé d'argent & de gueules, qui est Grimaldi.

Honoré Char. Maurice-Anne Grimaldi, duc de Valentinois, prince héréditaire de Monaco, né 17 Mai 1758, marié 16 Juillet 1777, à

Louise-Fél.-Vict. d'Aumont, fils du duc d'Aumont & de L.-Anne de Durfort Duras, duchesse de Mazarin, née...

Fils. Honoré Grimaldi de Monaco, né en 1778.

Frere. Joseph Grimaldi de Monaco, appelé le *prince Joseph*, fils du prince de Monaco, né en 1763, marié en 1782, à
. . . . de Choiseul, fille du maréchal de Choiseul-Stainville.

Voyez Monaco à l'article des Principautés souveraines.

XXVIII. NIVERNAIS.

Sommaire. Acquisition du duché-pairie de Nevers & de la baronnie de Donzy par le cardinal Mazarin, 11 Juillet 1659; lettres-patentes portant continuation & confirmation du duché-pairie pour héritiers, successeurs & ayant cause, conformément à la premiere érection du mois de Janvier 1538, c'est-à-dire, 1539, en même forme & avec mêmes prérogatives, rang & préséance, Octobre 1660, non registrées : testament & codicile qui instituent Philip.-Jul. Mancini, fils d'une sœur, héritier ès duché de Nevers, baronnie de Donzy & biens d'Italie, à charge de jonction des nom & armes de *Mazarini*, 6 & 7 Mars 1661; succession ouverte 9 même mois; lettres patentes portant nouvelle confirmation pour hoirs, successeurs & ayant cause en même terme que la premiere, Janvier 1676; & ordon. de soit montré au procureur-général du parlement pour l'enregistr. 30 Déc. même année; lettres de surannation 29 Avril 1692; nouvelle expédition sur minute, avec clause de conformité à l'édit du mois de Mai 1711 pour le rang, 24 Août 1720; enreg. 31 Déc. même année, & premiere réception 14 Janvier 1721.

Armes. Porte écartelé, au 1 & 4, d'azur à la hache d'armes d'argent dans un faisceau d'or lié d'argent, posé en pal, à la fasce en devise de gueules, chargée de trois étoiles d'or, qui est Mazarini ; au 2 & 3, d'azur à deux poissons d'argent, rangés en pal, qui est Mancini.

Louis-Jules Barbon Mancini-Mazarini, duc de Nevers, prince titulaire de Vergagne & de l'Empire, grand d'Espagne, noble Vénitien, baron Romain, né 16 Décembre 1716, duc de Nivernais Décembre 1730, colonel du régiment de Limousin, infanterie, 10 Mars 1734, grand d'Espagne par succession maternelle, 11 Janvier 1738, reçu de l'académie Française 4 Février 1743, brigadier d'infanterie 20 même mois, dem. de son régiment Avril 1744, honor. de l'académie des inscriptions 27 Janvier 1746, ambassadeur extraordinaire à Rome 1 Janvier 1748, chevalier des ordres en chapitre extraordinaire 25 Avril 1751, admis en chapitre extraordinaire 31 Mai suivant, avec permission d'en porter les marques même jour, reçu solemnellement, 21 Mai 1752, dem. de l'ambassade de Rome Octobre 1753, nommé à celle de Berlin Février 1756, & à celle de Londres, en qualité d'ambassadeur extraordinaire & plénipotentiaire pour traiter de la paix, Septembre 1762, marié 1°. 18 Décembre 1730, à Hél.-Angel.-Fr. Phelipeaux, fille du second lit du feu comte de Pontchartrain, ministre & secrétaire d'état, & sœur consanguine du dernier comte de Maurepas, morte 13 Mars 1782 ; 2°. 14 Octobre 1782, à Marie-Thér. de Brancas, veuve du comte de Rochefort, morte 4 Janvier 1783.

XXIX. BIRON.

Sommaire. Erection des baronnies de Biron, terre de Montault, Mont-Serrant & autres en duché-pairie, sous le nom de *Biron*, pour hoirs, successeurs & ayant cause, avec dérogation à la clause de réunion, à défaut d'hoirs mâles, Juin 1598 ; enregistrement & première réception, 30 même mois ; extinction 31 Juillet 1602 ; nouvelle érection pour enfans & descendans mâles, 1 Février 1723 : enregistr. & première réception 22 du même mois.

Armes. Porte écartelé, d'or & de gueules, l'écu en bannière.

Louis-Ant. de Gontaut, duc de Biron, né 2 Février 1701, chevalier des ordres 1 Janvier 1744, colonel des gardes Françaises 26 Mai 1745, maréchal de France 24 Février 1757, gouverneur général du Languedoc Juillet 1775, marié 29 Février 1740, à

Epouse. Pauline-Fr. de la Rochefoucauld-de-Roye, marquise de Severac, née 2 Mars 1723.

Frere. Charles-Ant.-Armand, duc de Gontaut, né 8 Septembre 1708, lieutenant général des armées 10 Mai 1748, chevalier des ordres 1 Janvier 1757, lieutenant-général du Languedoc 14 Octobre même année, créé duc par brevet du 25 Août 1758, marié 21 Janvier 1744, à Antoinette-Eustochie Crozat du Châtel, morte 16 Avril 1747.

Neveu. Armand-Louis marquis de Gontaut, fils du duc de Gontaut, né 15 Avril 1747, brigadier de dragons, 5 Décembre 1781, marié 4 Février 1766, à Amélie de Boufflers, fille unique du dernier duc de Boufflers, née 5 Mai 1751.

XXX. AIGUILLON.

Sommaire Acquisition du duché-pairie d'Aiguillon, par Marie de Wignerod, veuve d'Antoine de Beauvoir-du-Roure seigneur de Combalet & niece du cardinal de Richelieu, 1637. Nouvelle érection pour la même & pour ses héritiers, ses successeurs tant mâles que femelles tels qu'elle voudroit choisir, Janvier 1638. Enregistr. au parlement 19 Mai même année. Testament en faveur de Marie-Thérèse de Wignerod Duplessis sa niece, sœur d'Armand Jean premier duc de Richelieu, du 17 Mai 1674. Ouverture de succession à son profit Avril 1675. Mort de la même Marie-Thérèse sans alliance & succession ouverte au profit de Louis-Armand de Wignerod-Duplessis marquis de Richelieu son neveu 18 Décembre 1704. Mort de celui-ci & succession ouverte au profit d'Armand Louis comte d'Agenois son fils 22 Octobre 1730, premiere réception 26 Mai 1731, noble Génois 17 Octobre 1748.

Armes. Porte sur l'écusson de Gênes, d'argent à trois chevrons brisés de gueules, au lambel de gueules.

EMMAN.-ARM. Duplessis-Richelieu duc d'Aiguillon, pair de France, noble Génois, comte d'Agenois, Condomois, de Plelo & de S. Florentin, baron de Pordic, marquis de Moncornet, seigneur de Veret &c. Chevalier des ordres du Roi, lieutenant-général des armées & au gouvernement du comté Nantois, gouverneur de la Haute & Basse-Alsace, gouverneur particulier des ville, parc, château & citadelle de la Fere en Picardie, lieutenant-commandant de la compagnie des chevaux-légers de la garde ordinaire du Roi, né le 31 Juillet 1720, a été d'abord appellé comte d'Agenois, fait colonel du régiment de Brie infanterie 6 Mai 1739, duc par démission & titré duc d'Agenois 14 Janvier 1740, brigadier d'infanterie 2 Mai 1744, maréchal de camp premier Janvier 1748, noble Génois 17 Octobre même année, est devenu duc d'Aiguillon par succession paternelle 31 Janvier 1750, a été pourvu du gouvernement de la Fere 12 Février & reçu au parlement comme pair 3 Septembre même année, a été fait lieutenant-général du comté Nantois 10 Avril 1753, commandant en chef de la province de Bretagne 10 Avril même année. Nommé Chevalier des ordres premier Janvier 1756, reçu 2 Février suivant, lieutenant-général des armées premier Mai 1758, gouverneur de la Haute & Basse-Alsace en 1762, sécretaire & ministre d'état des affaires étrangeres 6 Juin 1771, chargé du département de la guerre 30 Janvier 1774, marié 4 Février 1740, à

Epouse. Louise Félicité de Brehan de Plelo, fille unique de feu L.-Rob.-Hyp. comte de Plelo, ambassadeur de France en Danemarck & d'une sœur du feu duc de la Vrilliere, ministre & sécretaire d'état, née 30 Novembre 1726, dame du palais de la feue Reine en Avril 1748.

Fils. Arm.-Désiré comte d'Agenois, noble Génois, né le premier Novembre 1761, Lieutenant-commandant des chevaux-légers de la garde ordinaire du Roi en survivance, 31 Octobre 1779, reçu premier Juillet 1780.

Fille. Innoc.-Aglaé, née 28 Décembre 1747, mariée en 1766, au marquis de Chabrillan premier écuyer de madame la comtesse d'Artois, morte à Aiguillon 9 Juin 1776, laissant deux enfans mâles en bas âge.

XXXI. FLEURY.

Sommaire. Erection du Marquisat & de la baronnie de Pérignan & autres en duché-pairie, sous le nom de Fleury, pour enfans & descendans mâles, en ligne directe, Mars 1736. Enregistrem. 14 du même mois; premiere réception 11 Mai suivant.

Armes. Porte écartelé 1 & 4 d'argent, au bouquet de 3 roses de gueules, tigées & feuillées de sinople, qui est de Rosset; au 2 de gueules au lion d'or qui est Lasset; au 3 écartelé d'argent & de sable qui est de Vissec-latude; au 4 d'azur à trois rocs d'échiquier d'or, qui est de Rocozel; sur le tout d'azur à trois roses d'or qui est Fleury.

ANDRÉ-Herc. de Rosset duc de Fleury en Languedoc, né 27 Septembre 1715, lieutenant-général 10 Mai 1748, reçu pair 18 Février 1751, grand bailli de Nancy 24 Décembre 1752, chevalier des ordres premier Janvier 1753, premier gentilhomme de la chambre 5 Juin 1741, a prêté serment le 8; enregistrem. le 17 du même mois à la chambre des comptes, marié le 6 Juin 1736, à

Epouse. Ant.-Marg.-Franç. de Monceaux fille du feu marquis d'Auxy, née le 19 Octobre 1721, dame du palais de la feue Reine 28 Août 1740.

Petits fils. N..... de Fleury, fils d'André-Hercule de Rosset-de Fleury, fils aîné du duc, mort en mer, 10 Août 1782, né .....

N.... de Fleury, frere du précédent, né...

Bru. Claudine-Anne-Elizab. de Montmorenci-Laval, veuve 20 Août 1782, du fils aîné du duc de Fleury, & mere des deux précédens. *Voyez l'article V des ducs héréditaires.*

Fils. André-Hercule-Alex. vicomte de Fleury né 30 Mars 1750.

Filles. Marie-Vict. de Fleury née 10 Novembre 1745, religieuse carmelite 24 Mai 1770, nommée Marie-Joseph de Jesus.

Hen.-Eliz.-Gab. de Fleury, née 24 Février 1749, mariée 29 Avril 1771, à

Pierre-Charles, Marquis de la Riviere.

XXXII. DURAS.

Sommaire. Erection du marquisat de Duras & du comté de Rozan en duché-pairie, pour hoirs, successeurs & ayant cause, à charge d'extinction du titre à défaut d'hoirs mâles, Mai 1668, non-enregistrée. Autre érection en duché seulement pour enfans & descendans mâles, Février 1689, enregistrée le premier Mars même année; démission du titre Mai 1733. Erection du duché en pairie, en faveur du démissionnaire pour enfans & descendans mâles, Décembre 1755. Enregistr. & premiere réception 12 Février 1757.

Armes. Porte écartelé au 1 & 4 d'argent à la bande d'azur qui est Duras, au 2 & 3 de gueules au lion d'argent, qui est Lomagne.

EMMAN.-Félic. de Durfort, duc de Duras, né 19 Décembre 1715, premier gentil-homme de la chambre 17 Octobre 1757, chevalier des ordres 7 Juin 1767, gouverneur & lieutenant-général de la Franche-Comté en 1770, maréchal de France 24 Mars 1775, marié 1°. premier Juin 1733, à Charl.-Ant. Mazarini, fille du duc de Mazarin, morte 6 Septembre 1735. 2°. Juin 1736, à

Epouse. L.-Fr.Macl.-Cel. de Coëtquen, fille unique du second lit du feu Marquis de Coëtquen.

Fils du second lit. Emman.-Céleste-Augustin de Durfort, duc de Duras, né 28 Août 1741, maréchal de camp, premier Mars 1780, marié 16 Décembre 1760, à

Louise-Henriette Charlotte de Noailles, fille du maréchal de Noailles-Mouchy, née 23 Août 1745, *dont,*

Petit-fils. Amédée, baron de Bretagne, marquis de Duras, né en Décembre 1772.

Fils du second lit Charles-Armand-Fidele, comte de Duras, né 18 Décembre 1743, brigadier d'infanterie premier Mars 1780, marié par contrat du 28 Avril 1765, à

N. Rigaud de Vaudreuil, fille de feu Jos.-Hyacinthe, marquis de Vaudreuil, morte 22 Novembre 1768, *dont*

Petite-fille. Maclovie de Duras, née 22 Mai 1779.

Nous donnerons, l'année prochaine, le tableau des autres branches de cette illustre maison.

XXXIII. LA VAUGUYON.

Sommaire. Union & érection des baronnies de Tonneins, Vilton, Grateloup, la Gruere & autres avec le marquisat de Challonge en duché-pairie sous le nom de la Vauguyon, pour hoirs & descendans mâles, sans changement du nom de Tonneins, chef-lieu du duché, Août 1758, enregistrées 15 Décembre suivant; premiere réception 11 Janvier 1759.

Armes. Porte écartelé au 1 & 4 de gueules au pal de vair, à la bordure engrelée d'argent, qui est d'Escars la Vauguyon. Au 2 & 3 de Bourbon-Carency, qui est d'azur à trois fleurs de lys d'or au bâton peri de gueules posé en bande, chargé de trois lionceaux d'argent, à la bordure de gueules ; sur le tout d'argent à trois feuilles de houx de sinople qui est Quelen, parti d'argent au sautoir de gueules, qui est de Stuert de Caussade.

PAUL-Fr. de Quelen-de-Stuert de Caussade, duc de la Vauguyon, né 30 Juillet 1746, ambassadeur de France auprès des états-généraux Mai 1776, brigadier d'infanterie 5 Décembre 1781, chevalier des ordres, marié le 15 Octobre 1766, à

Epouse. Ant.-Rosalie de Pons, fille du vicomte de Pons, lieutenant-général des armées, & de Gab.-Rose de Breteuil, née 11 Mars 1751.

Fils. Paul-Maxim.-Cazim. prince de Carency, né 28 Juin 1768.

Paul de la Vauguyon, né 24 Février 1777.

Filles. Ant.-Rose de Saint-Mégrin née en Février 1770.

Pauline de la Vauguyon née en Mai 1783.

XXXIV. CHOISEUL.

Sommaire. Dévolution du marquisat de Stainville & autres terres en vertu de testament d'oncle maternel à charge de jonction des nom & armes de Stainville. Erection de ce marquisat & terres y jointes en duché sous le nom de Choiseul, pour enfans & descendans mâles, Novembre 1758, enregistrée 29 du même mois; érection du même duché en pairie Décembre suivant. Enregistr. 12 Janvier 1759; premiere séception 25 du même mois. Translation des titre & dignité de duché-pairie de Stainville sur Amboise sous le nom de Choiseul-Amboise par lettres-patentes du 10 Février 1761, enregistrée au parlement le 16 même mois. Affurance de la fucceffion de ce duché, après la mort du duc de Choifeul actuel, au comte de Choifeul-Stainville fon neveu, Mai 1782.

Armes. Porte d'azur à la croix d'or cantonnée de 20 billettes de même, qui eft Choifeul, le milieu de la croix chargé d'un écuffon d'or, à la croix ancrée de gueules pour Stainville.

Etien.-Fr. de Choifeul-de-Stainville, duc de Choifeul-Amboife en Touraine, né 28 Juin 1719, chevalier des ordres 29 Mai 1757, chevalier de la toifon d'or Décembre 1761, lieutenant-général des armées 17 Décembre 1759, miniftre & fécretaire d'état au département des affaires étrangeres 7 Avril 1766, marié 12 Décembre 1750, à

Epoufe. Louife-Hon. Crofat, marq. de Caraman & Duchatel, née...

Frere. Jac. de Choifeul, comte de Stainville, baron de Dommanges aux eaux, né..... maréchal de France 13 Juin 1783, marié 3 Avril 1761, à

Thomaffe-Thér. de Clermont-d'Amboife, fille de feu Jac.-L.-Geor. marquis de Rénel, & de Marie-Hen. Racine du Jonquoy.

Nieces. Marie-Stéphanie de Choifeul-Stainville, fille du maréchal de Stainville, née 10 Nov. 1763, mariée 10 Oct. 1777, à Claude-Ant.-Clériadus de Choifeul-Beaupré, qui, à fon mariage, a pris le nom de Choifeul-Stainville.

N. de Choifeul-Stainville, fille du maréchal de Stainville, mariée en 1782, au prince Jofeph de Monaco.

Sœurs. Charlotte-Eugénie de Choifeul, abbeffe de S. Louis de Metz.

Béatrix, comteffe de Choifeul-Stainville, ci-devant chanoineffe de Remiremont, mariée 16 Août 1759 au duc de Gramont.

Voyez le numéro fuivant.

XXXV. CHOISEUL-PRASLIN.

Sommaire. Erection de la terre de Montoger près Chinon, en Poitou, en duché-pairie, pour hoits & fucceffeurs mâles, 2 Novembre 1762; mutation d'affife & tranfport du titre du duché fur la terre de Vilars près Melun, par lettres du mois d'Août 1764.

Armes. Porte de Choifeul.

Cette maifon eft diftribuée en deux branches, qui ont pour origine commune François de Choifeul, qui le 7 Fév. 1578, époufa Françoife d'Equilly, dont Jacques de Choifeul de Chevigny, auteur de la branche du duc de Praflin, & Jean de

Choiseul-d'Equilly, auteur de la branche du baron de Choiseul.

César-Gabriel de Choiseul, duc de Praslin, pair de France, ministre d'état, né 14 Août 1712, lieutenant-général des armées 10 Mai 1748, ambassadeur extraordinaire à Vienne Déc. 1758, ministre plénipotentiaire au congrès d'Augsbourg, & à son retour, successivement ministre & secrétaire d'état au département des affaires étrangeres, ensuite à celui de la marine, & chef du conseil royal des finances ; serment prêté 7 Avril 1766, reçu chevalier des ordres premier Janvier 1762, créé 2 Nov. suivant duc de Praslin, pair de France; signe les trois préliminaires de paix, & le 26 est fait lieutenant-général des huit évêchés, de la Haute & Basse-Bretagne, marié 30 Avril 1732, à

Epouse. Marie de Champagne, fille aînée de René Brandelis de Champagne, marquis de Villaines, & de Catherine-Thérèse le Royer, dame des baronnies de la Flêche, de Sainte-Suzanne, de S. Romans &c. née 11 Sept. 1713. Présentée 2 Nov. 1762, en qualité de duchesse de Praslin

Fils. Renaud-César-Louis de Choiseul, vicomte de Choiseul, chevalier de l'ordre royal & militaire de S. Louis, né 18 Août 1735, nommé en Mars 1764, pour aller complimenter l'empereur, l'impératrice & le roi des romains sur son élection; ambassadeur extraordinaire à la cour de Naples, Avril 1766, maréchal de camp 3 Janvier 1770, marié 30 Janv. 1754, à

Guyonne-Marguerite-Philippine de Durfort, fille de feu Louis de Durfort, comte & ensuite duc de Lorges, lieutenant-général des armées, menin du feu dauphin, & de Marie-Reine-Marguerite Butaut de Marsan ; *dont :*

Petit-fils. Ant.-César de Choiseul, comte de Praslin, mestre de camp en second du régiment de la reine infanterie, né 6 Avril 1756, marié 22 Août 1775, à

Charlotte-Antoinette-Marie-Septimanie ô Brien-de-Thomond, restée fille unique & seule héritiere de Charles ô Brien-de-Thomond, maréchal de France, chevalier des ordres, commandant en la province de Languedoc, & de Marie-Louise-Gautier de Chiffreville, *dont.*

Arrieres-petits-fils. Charles-Raynard-Laure-Félix, né 24 Mars 1778.

Alphonse-Charles, né 11 Juillet 1780.

Arriere-petite-fille Anathaede-Laure-Zoée, née 5 Juil. 1782.

Petit-fils. César-Hypol. de Choiseul, comte de Choiseul, fils du vicomte de Choiseul, lieutenant colonel de cavalerie, & sous-lieutenant des gendarmes de la reine, né 4 Août 1757, marié 2 Mai 1780, à

Louise-Joséphine de Choiseul, fille aînée de Louis-Marie-Gab.-César de Choiseul, Baron de Choiseul, & de Marie-Jeanne-Françoise de Girard-de-Vannes, née..... dont :

Arriere petit-fils. César-Gabriel, né 2 Juillet 1782.

Petit-fils. René-César, né 15 Mai 1779.

Petites filles. Bonne-Désirée, née 15 Juillet 1775.

Julie-Alix, née 29 Mai 1777.

2. BRANCHE D'ÉQUILLY.

Louis-Marie-Gabriel-César de Choiseul, Baron de Choiseul, maréchal des camps & armées, ambassadeur de France à la cour de Turin, commandeur profès des ordres royaux & militaires de Notre-dame de Montcarmel & de S. Lazare, collateur de plein droit des prévôtés, canonicats & prébendes de l'Eglise collégiale de Notre-dame d'Autun, seigneur d'Alligny, Bussieres, Cheli, Montfarutre, Roche, Argouloi, Galmaroux, la Maigni, la Rue, Perroussi, &c. né 5 Juin 1734, marié en Mars 1760, à Marie-Franç. de Girard-de-Vannes, fille & unique héritiere de Pier.-Jacq. de Girard-de-Vannes, chevalier de S. Louis, G.-Bailli d'épée du Nivernais, & de Franç. de Beze de la Balouze.

Filles. Louise-Joséph. de Choiseul, née 20 Septembre 1764, mariée le 2 mai 1780, au comte Hyppolite de Choiseul, petit-fils du duc de Praslin.

Charlotte Ferdinande-Marie de Choiseul, née à Turin 14 Février 1767, promise à N. de Sérens.

Sœurs. Claudine-Jacquette de Choiseul, née 24 Fév. 1731, mariée 26 Juillet 1752, à Franç-Victor de Clugni de Thénissey, son cousin-germain.

Marie Catherine de Choiseul, née 6 Mars 1732, chanoinesse du chapitre noble de Neuville, puis mariée 6 Nov. 1757, à Paul Ch.-Ant.-Fr. Leroi de Chavigny, comte de Montluc, seigneur d'Auzou.

Nous donnerons, l'année prochaine, le tableau complet de toutes les branches de cette maison.

XXXVI. LA ROCHEFOUCAULD.

Sommaire. Erection de la baronnie de la Rochefoucauld en comté, Avril 1522. Erection du même comté en duché-pairie, pour successeurs mâles, Avril 1628. Enregistrem. 4 Sept. 1631. prem. récept. 24 Juillet 1637. Extension du duché-pairie aux filles du duc & à leurs descendans mâles, mais pour n'avoir rang, que du jour de la premiere réception à venir, 5 Février 1732, enregistr. 12 Mars même année Dévolution du duché de la Roche-Guyon, par succession féminine pr. Août 1674. Nouvelle érection pour enfans & descendans, tant mâles que femelles, premier Nov. 1679; enregistr. 27 Mars 1681. Dévolution du duché dans la branche de la Rochefoucauld-Roye, par la mort d'Alexandre, duc de la Rochefoucauld, arrivée 4 Mars 1762. Nouv. récept. 24 Avril 1769.

Armes. Porte burelé d'argent & d'azur de dix pieces, à 3 chevrons de gueules, le premier écimé, brochant sur le tout.

Louis Alexandre de la Rochefoucauld-Roye, duc de la Rochefoucauld, pair de France, duc de la Roche-Guyon au Vexin Français non pair, prince de Marsillac en Poitou, marquis de Maignelais en Picardie, de Liancour en Beauvoisis & de Barbesieux en Saintonge, comte de Durestal en Anjou, baron de Verreuil, Merton, Estissac, Enville &c..... né 11 Juillet 1743, appellé d'abord *prince de Marsillac*, puis *duc de la Roche-Guyon*, enfin duc de la Rochefoucauld, devenu duc & pair 14 Avril 1769, marié 1°. 13 Déc. 1762, à Louise-Pauline de Gand de-Merodes, princesse de Mamimes & de Montmorency, fille du feu comte de Middelbourg, sœur cadette de la comtesse de Lauraguais, morte sans postérité, 8 Sept. 1771. 2°. 28 Mars 1780, à

Epouse. Charlotte-Sophie de Rohan Chabot, fille du duc de Chabot.

Sœurs. Elisabeth-Louise, née 17 Juin 1740, mariée 12 Avril 1757, à Ant.-Aug. de Rohan-Chabot, comte de Maillé-la-Marche.

Adélaide-Emilie, née 4 Oct. 1745.

Mere. Marie-Louise-Nicole, fille aînée du feu duc de la Rochefoucauld, veuve 28 Sept. 1746, de Jean-Bapt.-Louis-Fred. duc d'Enville, lieutenant général des armées navales.

Cousines. Pauline-Louise Marguerite-Françoise, fille unique du feu duc de la Rochefoucauld, mort lieutenant-général, veuve du comte de Middelbourg.

Elisabeth-Pauline de Gand-de-Merodes de Montmorency, fille aînée du comte de Middelbourg & de la précédente, née 20 Octobre 1737, mariée 11 Janv. 1755, au comte de Lauraguais. Voyez *Brancas*.

Marie-Elisabeth, fille du feu comte de la Rochefoucauld-Roye, veuve du duc d'Ancenis, cousin du duc de Béthune.

Françoise-Marguerite, abbesse de Notre-dame de Soissons.

Elisabeth-Catherine, religieuse à Soissons.

Charlotte Eléonore, religieuse à Soissons.

Il y a plusieurs autres branches de cette illustre maison, dont nous donnerons l'état actuel, l'année prochaine.

XXXVII.

XXXVII. CLERMONT-TONNERRE.

Armes. Porte d'azur à deux clefs d'argent passées en sautoir, ayant pour cimier la thiare papale. Devise : *si omnes te negaverint, ego non te negabo.*

JULES-Charles-Henri, duc de Clermont-Tonnerre, grand maître héréditaire Damoiseau du Dauphiné, connétable, premier baron & premier commis né des états de la province de Dauphiné, né 6 Avril 1720, lieutenant-général des armées 25 Juillet 1762, lieutenant-général de la province de Dauphiné en 1765, marié 4 Juin 1741, à

Epouse. Marie-Anne-Julie le Tonnelier, fille aînée du feu marquis de Breteuil, ministre de la guerre, née premier Déc. 1716, nommée dame du palais de la feue reine en 1757.

Fils Charles-Gaspard, marquis de Tonnerre, mestre-de-camp de cavalerie, né 30 Juillet 1747.

Anne-Ant. Jules, né 3 Janvier 1751, évêque comte de Châlons-sur-Marne en 1782.

Gaspard Paulin, vicomte de Clermont-Tonnerre, mestre-de-camp de cavalerie, né 23 Août 1751.

Freres. Jean-Louis Aynard, abbé de Luxeuil, né 30 Août 1724.

Joseph-François, marquis de Clermont-Tonnerre, né 12 Janvier 1727, maréchal-de-camp, 25 Juillet 1762, marié à Gimel de Lantilhac, née.....*dont* :

Neveu. N. Comte de Clermont, né...marié à N. de Saurans.

Sœurs. Madeleine-Louise-Jeanne, fille du feu maréchal, duc de Clermont-Tonnerre, mariée au duc de Bourbon-Busset, dont deux enfans, le comte de Bourbon-Chateau, & le vicomte de Bourbon-Busset.

XXXVIII. AUBIGNY.

Sommaire. Don fait par le roi à Louise-Renée de Keroualede-Penancoet, duchesse de Portsmouth, pour un de ses fils, au choix du roi d'Angleterre, & pour descendans mâles, Décembre 1673; enregistr. au parlement 14 Avril 1674, & en la chambre des comptes, 26 Mars 1683; érect. en duché pairie pour la même duchesse, ensemble pour Ch. Lenox, Lord-duc de Richemond, son fils, & pour descendans mâles, Janvier 1684; non encore registrée.

Armes. Porte écartelé, au 1 & 4 contre-écartelé de France & d'Angleterre, au 2, d'Ecosse, au 3, d'Irlande, à la bordure componée de 12 pieces d'argent & de gueules : chaque compon d'argent, chargé d'une rose de gueules.

CHARLES Lenox, duc d'Aubigny en Berri, pair de France, lord-duc de Richemond au comté d'Yorck en Angleterre & de Lenox en Ecoffe, comte de la Marche, dans le Southwales & de Darnley, baron de Settrington & de Turbolton, pair d'Angleterre, titré duc de Richemond, né 3 Mars 1735, devenu duc d'Aubigny par fucceffion paternelle, 19 Août 1750, marié 2 Avril 1757, à

Epoufe. Marie Bruce, fœur de George, lord-comte d'Ailesbury, pair de la grande Bretagne, née le . . . .

Nous ignorons s'il exifte des enfans de ce mariage.

DUCS HÉRÉDITAIRES, NON-PAIRS, VÉRIFIÉS AU PARLEMENT.

I. CHEVREUSE.

Voyez Luynes, à l'article des ducs & pairs.

II. BOUTTEVILLE.

Sommaire. Erection de la feigneurie de Châtillon-fur-Loing & autres terres en duché, pour enfans & defcendans mâles, Février 1696, enregiftr. ; Mais fuivant; permiffion de changer le titre de duc de Châtillon en celui de Boutteville, après l'érection de Moleon en duché-pairie, fous le nom de Châtillon, Mars 1736.

CHARLES-Paul Sigifmond de Montmorency-Luxembourg, duc de Châtillon & de Boutteville, premier baron chrétien, né 20 Février 1697, lieutenant-général des armées 2 Mai 1744.

Voyez le n°. *XII des ducs & pairs.*

III. BROGLIE.

Sommaire. Erection de la baronnie de Ferrieres en duché, fous le nom de Broglie, pour defcendans mâles, 16 Juin 1742. Enregiftr. 20 Août fuivant.

Armes. Porte d'or en fautoir encré d'azur. Sur l'écuffon eft un cafque d'argent, furmonté d'une couronne de comte; pour cimier eft un cygne d'argent, portant fur fa poitrine le fautoir d'azur, orné d'une banderole de gueules. Pour fupport, deux lions d'or, ayant les têtes détournées, & les queues fendues & jetées par derriere.

VICT.-Fr. duc de Broglie, né 19 Octobre 1718, chevalier des ordres premier Janvier 1759, prince de l'Empire 8 Mai de la même année, maréchal de France 16 Décembre fuivant, gouverneur-général de Metz & pays Meſſin, Février 1771, marié 1°. 2 Mai 1736, à Marie-Anne Dubois de Villers, morte 13 Décembre 1751. 2°. 11 Avril 1752, à

Epouſe. L. Aug.-Salbigothon de Crozat de Thiers, née 25 Octobre 1733.

Fils. Ch.-L.-Vict., prince de Broglie & du S. Empire, né 22 Septembre 1756, colonel en ſecond du régiment de Saintonge, infanterie, marié, 3 Février 1779, à

Sophie, comteſſe de Rozen Kleinroopt, arriere-petite-fille du maréchal de Rozen.

Aug.-Joſ. prince de Rével, né..... Octobre 1762, capitaine à la ſuite du régiment d'Aunis, infanterie, marié, 9 Avril 1782, à

Fr.-Angel. de la Brouſſe de Verteillac, née le...

Ch.-Louis-Vict., fils du maréchal de Broglie, né 28 Août 1765.

Maur.-J.-Magd. abbé de Broglie, né 5 Septembre 1766.

Vict.-Amedée-Marie, né 23 Octobre 1772.

Filles. L.-Aug.-Théreſe, née 6 Mars 1753, mariée 15 Février 1768, au comte de Damas de Crux, morte en 1769.

Charl.-Améd. Salbigothon, née 12 Juin 1754, mariée 5 Mars 1774, au comte Louis d'Helmſtat, aujourd'hui meſtre-de-camp commandant du régiment royal Allemand.

Adel.-Fr., née 19 Juin 1764, mariée 9 Avril 1782, à Adélaïde Marie Staniſlas.

Aglaë-Ch.-Marie, née 21 Septembre 1771.

Sœur. Marie-Théreſe de Broglie, née 11 Mai 1732, veuve de Louis-Charles, premier comte de Lameth, maréchal des camps & armées, maréchal-des-logis de la cavalerie de l'armée du haut Rhin, mort à Francfort.

2. BRANCHE *iſſue du comte Charles de Broglie, frere du marquis de Broglie, mort le* 16 *Août* 1781, & *de Louiſe-Ang. de Montmorency.*

AUGUSTE-L.-Joſ., comte de Broglie, né 30 Janvier 1765.

Frere. Ferd.-Fr. de Broglie, né 30 Janvier 1768.

Sœurs. Louiſe-Aug.-Ch.-Fr. de Broglie, née 25 Août 1760, mariée au marquis de Vaſſé.

Philippine-Théreſe, née 25 Février 1762.

Adélaïde-Charlotte, née 29 Juillet 1763.

IV. COIGNY.

Sommaire. Erection du comté de Coigny en duché pour enfans & deſcendans mâles, Février 1747. Enregiſtr. 18 Avril même année.

Armes. Porte de gueules, à la fasce d'or, chargée de 3 étoiles d'azur, & accompagnée de 3 croissans d'or posés, 2 & 1.

MARIE-François-Henri Franquetot, duc de Coigny, en basse-Normandie, marquis de Bordage & de la Moussaye en Bretagne, grand bailli de Caën & gouverneur de la même ville, du château royal de Choisy & des ville & citadelle de Cambrai, né 28 Mars 1737, colonel général des dragons en 1771, chevalier des ordres 1 Janvier 1777, lieutenant-général des armées, 1 Mars 1780, capitaine des chasses de la varenne du Louvre, dans la même année, marié 21 Avril 1755, à Marie-Jeanne-Olympe de Bonnevie, dame de la Ville & marquise de Vervins en Picardie, morte 27 Septembre 1757.

Fils. Franç Marie-Casimir, marquis de Coigny, né 2 Septembre 1756, marié le 21 Février 1775, à

Louise-Marthe de Conflans, née . . . *dont*

Petite-fille. Antoinette-Franç.-Jeanne, fille du marquis de Coigny, née 23 Juin 1778.

Frere. Aug.-Gabriel, appelé le *comte de Coigny*, né 23 Août 1740, maréchal-de-camp, 1 Mars 1780, marié 18 Mars 1767, à Anne-Jos.-Michele de Roissy, morte en Octobre 1775, *dont*

Niece. Anne-Franç.-Aimée, fille du comte de Coigny, née 12 Octobre 1769.

Frere. Jean-Philippe, né 14 Décembre 1743, chevalier de Malte.

V. ESTISSAC.

Sommaire. Séparation de la branche ducale de la Rochefoucauld, Août 1572, & substitution aux nom & armes de Roye & de Roucy, Nov. même année. Brevet portant concession du titre & des honneurs de duc, Octobre 1737. Acquisition du duché de Villemor & terres y jointes... Nouvelle érection en duché sous le nom d'Estissac, pour enfans & descendans mâles, Août 1758 ; & enregistrement au parlement 5 Septembre même année.

Armes. Porte burelé d'argent & d'azur de 10 pieces, à 3 chevrons de gueules, brochant sur le tout, celui du chef écimé.

FRANÇOIS-Alex.-Fred. duc de Liancour & d'Estissac, né 11 Janvier 1747, brigadier de dragons, 5 Décembre 1781, duc d'Estissac par succession paternelle, 28 Mai 1783, marié 10 Septembre 1764, à

Epouse. Félicité Sophie de Lannion, fille du feu comte de Lannion, gouverneur de Minorque, née 20 Octobre 1745.

Fils. François, né 1 Septembre 1765.

Alexandre-François, né 26 Août 1767.

Frédéric Gueteau, né 5 Février 1779.

Fille. Aglaë-Emilie-Joséphine, née 28 Mai 1774.

Sœur. Emilie-Alexie, née 31 Décembre 1742, mariée 10 Mars 1761, au prince de Robecq-Montmorency.

Mere. Marie, fille du feu duc de la Rochefoucauld, née en 1718, mariée 17 Novembre 1737, au feu duc d'Estissac, veuve 28 Mai 1783.

VI. LAVAL.

Sommaire. Union de la baronnie d'Arnac & autres terres voisines du marquisat de Magnac, premiere baronnie du comté de la Marche, & érection du tout en duché, sous le nom de Laval, pour enfans & descendans mâles en ligne directe, avec extension aux enfans & descendans mâles, de feu Joseph-P. comte de Montmorency-Laval, fils unique du dernier maréchal de Montmorency-Laval, Octobre 1758. Enregistr. 29 Novembre suivant.

Gui-And.-Pierre de Montmorency-Laval, chef des nom & armes de sa maison, duc de Laval dans la province de la Marche, en cette qualité premier baron de la province, marquis de Laval-Lezay en Poitou, grand'croix de l'ordre de S. Louis, commandeur de celui de S. Lazare, gouverneur du pays d'Aunis, de Sédan & de Carignan, 4 Juin 1764, né 21 Sept. 1723, maréchal de France 13 Juin 1783, marié 29 Décembre 1740, à

Epouse. Jac.-Hort. de Bullion, fille du feu marquis de Fervaques, lieutenant-général 17 Septembre 1759, chevalier des ordres, née....

Fils. Anne-Alex.-Sulpice-Jos. né 22 Janvier 1747, appelé le duc de Laval, maréchal-de-camp, 1 Mars 1780, marié par contrat du 30 Décembre 1764, à

Marie-L.-Eliz.-Mauricette, fille unique du comte de Montmorency, frere du prince Tingry, née...., présentée 16 Février 1766, *dont*

Petits fils. Gui-Marie-Anne-Louis, fils du duc de Laval, né 25 Août 1766.

Anne-Pierre-Adrien, fils duc de Laval, né 29 Octobre 1768.

Achille-Jean-Louis, fils du duc de Laval, né 25 Juin 1772.

Eugene, fils du duc de Laval, né 20 Juillet 1773.

Fils. Math.-Paul-Louis, dit le *vicomte de Laval*, né 3 Août 1748, colonel du régiment d'Auvergne, capitaine de la capitainerie royale de Compiegne, en 1766, marié par contrat du 29 Décembre 1765, à

... de Boullogne, née...., présentée 23 Février 1766, *dont*

Petits-fils. Math.-Jof.-Félicité, fils du vicomte de Laval, né 10 Juillet 1767.

Anne-Pierre, fils du vicomte de Laval, né 16 Avril 1769.

Fille. Guyonne-Jof. Eliz., née 14 Février 1755, mariée 19 Avril 1768, au duc de Luynes.

2. BRANCHE de Montmorency-Laval, appelée à la succession du duché.

Louis-Adél.-Anne-Joseph de Montmorency-Laval, appelé comte de Laval, meftre-de-camp de dragons, feigneur de l'ancien duché-pairie de S. Simon en Picardie, vicomte de Claftre, baron de Benay, feigneur châtelain de Flavi-le-Martel & du Poirier au Maine, né 8 Octobre 1751, marié 28 Avril 1773, à

Epouse. Anne-Jeanne-Thérèse-Joséphine de la Rochegensac, fille du marquis de la Rochegensac & de dame de Caulet de Gramont, née en 1754.

Sœur. Claudine-Anne-Eliz. de Montmorency-Laval, née 6 Mars 1750, veuve d'André-Hercule de Rosset, marquis de Fleury, mort en mer, major général des troupes de l'Inde, fils aîné du duc de Fleury.

Tantes. Marie-Louife, fille aînée du feu maréchal de Montmorency-Laval, abbeffe de Montmartre, née 31 Mars 1723.

Henriette-Louife, mariée à Blockard-Maximilien-Aug. comte d'Helmftadt & de Morhange, libre baron du S. Empire, souverain de Bicheosheim, au cercle du bas Rhin, ancien meftre-de-camp du régiment de Bretagne, cavalerie, aujourd'hui Bourgogne.

VII. CAMBRAI.

Sommaire. Diplome de l'Empereur Maximilien, qui, du confentement des membres de l'Empire, érige la cité & le domaine de Cambrai en duché, avec faculté à l'Evêque de s'intituler duc de Cambrai & comte de Cambréfis, & d'ajouter l'aigle impérial à fes armes partic. 28 Juillet 1510; réduction de la ville de & fa citadelle fous l'obéiffance de la France par capitulation portant confervation de tous fes privileges, 5 & 17 Avril 1677. Ceffion de la même ville & du pays de fa dépendance, à la paix de Nimegue, 17 Septembre 1678.

FERD.-Maxim.-Mériadec, Pr. de Rohan-Guemené, né 7 Novembre 1738, facré archevêque de Bordeaux 8 Avril 1770, nommé à l'archevêché de Cambrai en 1781, grand-prévôt du chapitre de Strasbourg, & tréfoncier de Liége.

VIII. MONTMORENCY.

Sommaire. Acquisition du duché-pairie de Beaufort, par Ch.-Franç.-Fred. de Montmorency-Luxembourg, fils aîné du maréchal, duc de ce nom, alors appelé prince de Tingry & dep. duc de Piney ou Luxembourg, 18 Mars 1688. Lettres patentes portant approbation de l'acquisition & nouvelle érection en duché, pour enfans & descendans mâles & femelles à perpétuité, Mai même année; & enregist. 13 Juillet suivant. Mutation du nom de duché de Beaufort en celui de duché de Montmorency, sur motif de changement du nom du duché-pairie de Montmorency en celui d'Enghien, & avec consentement de M. le prince Henri-Jules de Bourbon, Octobre 1689, & enregist. 2 Janvier 1690.

Armes Porte d'or à la croix de gueules, accompagnée de seize alérions d'azur. La dévise est, *Dieu aide au premier baron chrétien.* Le cri de guerre est, ΑΘανως.

L'aînesse est dans cette branche depuis 1570.

ANNE Léon, duc de Montmorency, premier baron de France & premier baron chrétien, prince souverain d'Aigremont, baron libre de l'Empire & des deux Modaves, comte de Gournay, Tancarville & Cieully, marquis de Seignelay, Crevecœur, Lonrey & autres lieux, menin du feu dauphin & connétable héréditaire de la province de Normandie, né 11 Août 1731, maréchal des camps & armées 25 Juillet 1762, marié 1°. à Marie-Judith de Champagne au Maine, morte en 1763 ; 2°. 6 Octobre 1767, à

Epouse. Anne-Franç.-Charlotte de Montmorency-Luxembourg, petite-fille du prince de Tingry, née 17 Novembre 1752.

Fils. Anne-Franç.-Charles comte de Montmorency, né 20 Juin 1768.

Anne-Louis-Christian, comte de Tancarville, né 26 Mai 1769.

Anne-Jos.-Thibault, appelé chevalier de Montmorency, né 17 Mars 1773.

Anne Charles-Louis, comte de Gournay, né 3 Décembre 1782.

Filles. Anne Louise-Mad.-Eliz., née 8 Juillet 1771.

Anne-Eléonor-Pulcherie, appelée Mademoiselle de Pricy, née 1 Novembre 1776.

Pere. Anne-Léon de Montmorency, chef des nom & armes de Montmorency, chevalier des ordres, lieutenant général des armées, chevalier d'honneur de Madame Adélaïde, commandant en chef du pays d'Aunis, gouverneur de Salins, né en 1705, marié 1°. 11 Décembre 1730, à Anne-Marie-Barbe, fille de feu Arnold, baron de Ville & d'Empire, morte 23 Août 1731; 2°. 23 Octobre 1752, à Marie-Mad.-Gabr. Charette de Montebert, veuve du dernier comte de Vertus, & auparavant de Louis de Serent, marquis de Kerfily, morte le . . .

2. Branche de Montmorency-Robecque.

Anne-Louis-Alex. de Montmorency, prince de Robecque, grand d'Espagne, comte d'Esterre, vicomte d'Aire dans les Pays-bas, né . . ., lieutenant-général 25 Juillet 1762, marié 1°. à N., fille du feu maréchal de Luxembourg, morte en . . .; 2°. 10 Mars 1761, à Emilie-Alexie de la Rochefoucauld, fille du feu duc d'Estissac, née 31 Décembre 1742.

Frere. Louis-Anne-Alex. de Montmorency, appelé le marquis de Morbecque, né 25 Janvier 1727, lieutenant-général 1 Mars 1780.

Voyez les autres branches de l'illustre maison de Montmorency, article XII des *ducs & pairs*, & article VI & IX des *ducs héréditaires*.

IX. Beaumont.

Charles-Franç. Christian de Montmorency-Luxembourg, prince de Tingry, lieutenant général de la province de Flandres, & gouverneur des ville & citadelle de Valenciennes, né 13 Novembre 1713, lieutenant-général des armées 10 Mai 1748, capitaine des gardes-du-corps 27 Mai 1764, marié 1°. 4 Octobre 1730, à Anne-Sabine-Olivier de Senozan, veuf 29 Septembre 1741; 2°. à N. . . . de la Tour-Maubourg, morte le . . .; 3°. 11 Février 1765, à

Epouse. Eléonore-Josephe-Pulcherie de Laurens, née à Avignon 18 Mars 1745, cousine de la feue maréchale de Luxembourg, qui la présenta le 3 Mars 1765.

Fils. N. de Montmorency, appelé le *comte de Beaumont*, né en 1768.

Fille. Louise-Franç.-Pauline de Montmorency-Luxembourg, née en Janvier 1734, appelée *duchesse de Montmorency*, mariée 7 Février 1752, veuve en 1761, d'Anne-Franç. de Montmorency-Luxembourg, duc de Montmorency, remariée, en conservant les honneurs de duchesse, 14 Avril 1764, au comte de Montmorency-Logny, mort en . . . .

Du premier mariage est issue une fille, mariée au duc de Montmorency. *Voyez l'article précédent.*

X. Lorges.

Sommaire. Séparation de la maison de Durfort-Duras, Janvier 1665, & cession de la seigneurie de Lorges en Blésois, pour partage . . .; vente de cette terre . . . . . ; acquisition de

FRANCE.

la baronnie de Quintin & autres terres en Bretagne, 29 Septembre 1681 ; érection de la même baronnie en duché, pour enfans & descendans mâles, Mars 1691 ; enregist. au parlement de Paris 21 même mois, & à celui de Rennes, 12 Octobre suivant ; mutation du nom de duché de Quintin en celui de Lorges, Novembre 1706 ; enregistr. à Paris 7 Décembre, même année. Nouvelle érection du duché de Lorges pour enfans & descendans mâles, par lettres-patentes du 25 Mars 1773, enregistr. au parlement de Bretagne 4 Mai suivant ; extinction de la premiere branche ducale Décembre 1775, par la mort de Louis, dernier duc de Lorges.

Jean-Laur. de Durfort-Civrac, duc de Lorges, né en 1746, créé duc héréditaire en 1773, lieutenant-général au comté de Bourgogne, 15 Mai 1778, brigadier de cavalerie 5 Décembre 1781, marié 22. Mai 1762, à

Epouse. Adél.-Phil., fille du dernier duc de Lorges, née 16 Septembre 1744, dame de la feu Dauphine, Juin 1762.

Fils. Gui-Eméric-Anne, né 25 Juin 1767.

Alexandre-Améric, né 6 Février 1770.

Belle-sœur Guyonne-Marg.-Phil. de Durfort, sœur de la duchesse de Lorges, mariée au vicomte de Choiseul. *Voyez* Praslin.

Belle-mere. Marie-Marg.-Reine Butaut de Marsan, veuve du dernier duc de Lorges, née 4 Janvier 1718, dame de la feu Dauphine, Janvier 1745.

Tante. Eliz.-Philippine de Poitiers-de-Rye, fille unique de feu Ferdin.-Jos., marquis de Varambon & de Coublens, appelé *comte de Poitiers*, née posthume 23 Décembre 1715, mariée 15 Juillet 1728, à Gui-Mich. de Durfort, maréchal, duc de Randan, frere aîné du dernier duc de Lorges, veuve en 1773.

Voyez le n°. XXXII des Ducs & Pairs.

XI. CROŸ-D'HAVRÉ.

Sommaire. Erection de la terre de Croy en Picardie, en duché, pour hoirs & descendans mâles, 4 Juillet 1598. Nouvelle érection & assise du duché sur les terres & seigneuries de Croy, Wally, Conty, le Bosquel & fiefs du vieux Tilloy, leurs appartenances & dépendances, pour ne composer à l'avenir qu'un seul & même corps de duché, sous le nom de duché de Croy, dont le chef-lieu sera la terre de Wailly, nommée déformais Croy-Wailly, par lettres-patentes du mois de Novembre 1773, regiftrées au parlement 13 Décembre 1774.

Création de grandesse par Charles V. Diplôme qui en confirme les dispositions 28 Juin 1772.

L'établissement de la maison de Croy en France, a été l'effet de l'attachement de Marc de Hongrie, petit-fils de Bela-l'Aveugle, roi de Hongrie, à la personne de Louis IX, roi de France. Il suivit ce prince dans ses guerres d'outremer, & dévoua sa postérité à lui & à ses successeurs, en épousant l'héritiere de l'illustre maison de Croy, dont il prit le nom & les armes.

Armes. Porte d'argent à trois fasces de gueules.

JOSEPH-Anne Aug.-Maxim. de Croy, duc d'Havré & de Croy, prince d'Empire, grand d'Espagne de la premiere classe, né 12 Octobre 1744, gouverneur de Schelestat 23 Juin 1767, brigadier de cavalerie, 1 Mars 1780, marié 20 Février 1762, à

Épouse. Adél.-Louise-Franç.-Gabr. de Croy-Solre, sa cousine, née 6 Décembre 1741.

Fils. Ernest-Emman.-Joseph, né 20 Mars 1780.

Filles. Adél.-Mar.-L.-Justine-Jos., née 10 Juillet 1768.

Amélie-Gabrielle, née 13 Avril 1774.

Aimée-Pauline-Joséphine, née 25 Décembre 1776.

Sœurs. Marie-Anne-Christine-Jos. née 7 Février 1737, mariée 20 Mars 1760, à Gabr.-François, chevalier, comte de Rougé, châtelain de la Bizotiere, maréchal-de-camp 16 Avril 1767.

Emmanuelle-L.-Gabr., née 24 Juillet 1738, religieuse à la Visitation, à Paris, rue *du Bacq*.

Louise-Eliz.-Fél.-Franç.-Armand-Mar.-Jean.-Joséphine, née 24 Juin 1749, mariée 8 Avril 1764, à Louis-Franç. de Bouchet, marquis de Tourzel, conseiller d'état, grand-prévôt de France en survivance, brigadier des armées, mestre-de-camp & commandant du régiment royal-cravattes, cavalerie.

Oncle. Jean-Juste-Ferdinand-Jos. de Croy, né 27 Mai 1716, devenu comte de Priego & grand d'Espagne de la premiere classe, par son mariage du 12 Février 1742, avec l'une des filles du duc de Lanti, son oncle maternel, brigadier de cavalerie des armées de France, 20 Février 1742, chevalier de l'ordre de la toison d'or, de celui de Charles III, commandeur de celui de S. Jacques, gentilhomme de la chambre du roi d'Espagne, lieutenant-général de ses armées, & ancien colonel du régiment des gardes Wallones.

Tante. Marie-Louise-Jos. de Croy-d'Havré, née 22 Fév. 1714, veuve de Charles-Frédéric, marquis de Tana, d'Antraives & de Verolingo, comte de Limon, premier gentilhomme de la chambre du roi de Sardaigne.

2. BRANCHE DE CROY-SOLRE.

EMMANUEL de Croy-Solre, né 23 Juin 1718, ci-devant appelé *prince de Croy*, puis duc de Croy, en devenant grand

FRANCE.

d'Espagne de la premiere classe, par la mort du dernier duc de Croy du Rœux, son cousin, chevalier des ordres 2 Février 1759, gouverneur de Condé en Haynault, command. en Calaisis, maréchal de France 13 Juin 1783, veuf 7 Septembre 1744, d'Adél.-Gabr.-Angélique de Harcourt, fille du feu maréchal, duc de Harcourt, capitaine des gardes-du-corps.

Fils. Anne-Emman.-Ferdin.-François, né 10 Novembre 1743, appelé *prince de Croy*, brigadier de cavalerie, 1 Mars 1780, marié 29 Octobre 1764, à

Aug.-Fréd.-Guillelmine de Salm-Kyrbourg, née 13 Septembre 1747, présentée 25 Novembre 1764 : *dont*

Petits fils. Aug.-Phil.-L.-Emmanuel, appelé *prince de Meurs*, né 3 Novembre 1765.

Emman.-Mar.-Maximilien de Croy, né 7 Juillet 1768.

Louis-Char.-Fréd.-François, né 19 Décembre 1769.

Charles-Maurice-Guillaume, né 30 Juillet 1770.

N....., né en 1773.

N....., né en 1775.

Petite-fille. N... de Croy-d'Havré, née...

Cousine. Anne-Marie de Croy, sœur du dernier duc de Croy de Rœux, veuve 11 Juin 1725, du marquis de Leide, capitaine-général au service d'Espagne.

De ce mariage est issu un fils que nous croyons sans alliance.

XII. VILLEQUIER.

Louis-Al.-Céleste d'Aumont-de-Rochebaron, frere du duc d'Aumont, duc de Villequier, né 14 Août 1736, premier gentilhomme de la chambre, 12 Avril 1762, maréchal-de-camp 3 Janvier 1770, chevalier des ordres 2 Février 1777, marié 25 Janvier 1759, à

Félicité-Louise le Tellier, fille du feu marquis de Courtanvaux, capitaine-colonel des cent-Suisses.

Voyez l'article XIX *des Ducs & Pairs.*

XIII. CHASTELET.

Sommaire. Erection des terres & seigneurie d........ en duché héréditaire, par Lettres-patentes du mois de Février 1777.

Armes. Porte d'or à la bande de gueules, chargée de 3 fleurs de lys d'argent. Devise, *Prini prini.*

Louis-Marie-Florent, duc du Châtelet d'Arancourt, né à Semur, 20 Novembre 1727, ci-devant ambassadeur de France à Vienne & à Londres, menin du feu Dauphin, grand-chambellan du roi Stanislas, chevalier des ordres, 10 Juin 1764 colonel-lieutenant du régiment du roi, en 1767, lieutenant général des armées, 1 Mars 1780, gouverneur général de Toulois & de Toul, en 1782, marié 26 Avril 1752, à

Diane Adél. de Rochechouart, fille du comte de Rochechouart Faudoas, née en Octobre 1732.

2. BRANCHE DE CLESMONT.

Sommaire. Cette illustre maison, qui tire son origine de celle de Lorraine, est distribuée en deux branches établies en France celle de Lomont & celle de Clesmont. La premiere a pour chef le duc du Châtelet; & l'autre, le comte du Châtelet.

ANT.-Bernardin, comte du Châtelet, né . . ., marié 1°. en 1741, à Anne de Mailly de Charneuil, morte sans enfans; 2°.

Epouse. Cath.-Michele de Jassaux, fille de feu M. de Jassaux, conseiller au parlement.

XIV. POLIGNAC.

M. le duc de Polignac, brigadier de cavalerie, 5 Décembre 1781, est aujourd'hui chef de cette maison que l'illustre cardinal du même nom a rendu si chere aux gens de lettres.

Armes. Porte fascé d'argent & de gueules de 6 pieces.

DUCS A BREVET, Messieurs

Le Comte de Lauraguais, né 3 Juillet 1733.
Le Duc d'Ayen, né 26 Octobre 1739.
Le D. de Harcourt, né 12 Janvier 1726.
Le D. de Gontaut, né 8 Septembre 1708. *Voyez Biron.*
Le D. de Duras, né 28 Août 1741.
Le Vicomte de Choiseul, né 18 Août 1735.
Le D. de Lesparre, né 17 Septembre 1746.
Le D. de Lauzun, né 15 Avril 1747.
Le D. de Fitz-James, né 26 Novembre 1743.
Le P. de Croy, né 10 Décembre 1743.
Le M. de Laval, né 22 Janvier 1747.
Le D. de Chabot, né 20 Avril 1733.
Le Pr. de Poix, né 22 Novembre 1752.
Le D. de Narbonne, né 27 Décembre 1718.
Le D. de Civrac, né 19 Mars 1716.
Le C. de la Tour d'Auvergne, né 10 Août 1720.
Le C. de la Tour d'Auvergne, né 20 Novembre 1770.
Le D. de Guines, né . . . .
Le D. de Mailly, né 18 Novembre 1744.

FRANCE.

Messieurs

Le D. de Crussol, né 30 Décembre 1756.
Le D. de Sully, né 2 Juillet 1756.
Le D. de Broglie, né en Octobre 1762.
Le D. de Guiche, né 17 Août 1755.
Le C. de Gand, *Brev. d'honneur héréditaire*, né... Août 1751.

MINISTRES ET SECRÉTAIRES D'ÉTAT.

Messieurs

1774 Le comte de Vergennes, grand-trésorier de l'ordre du Saint-Esprit, chef du conseil royal des finances, *les Affaires étrangeres*.
1780 Le marquis de Ségur, maréchal de France & chevalier des ordres, *la Guerre*.
1780 Le marquis de Castries, maréchal de France & chevalier des ordres, *la Marine*.
1783 Le baron de Breteuil, *la Maison du Roi*.
1783 De Calonne, *Contrôleur-général des Finances*.

CONSEILS DU ROI.

CONSEIL D'ÉTAT.

Ce Conseil se tient le Dimanche & le Mercredi.

LE ROI.

Messieurs

1759 Le maréchal, prince de Soubise.
1781 Joly de Fleury, ministre d'état.
1778 Le marquis d'Ossun, ministre d'état.
1774 Le comte de Vergennes, ministre & secrétaire d'état.
1781 Le maréchal de Castries, ministre & secrétaire d'état.
1781 Le maréchal de Ségur, ministre & secrétaire d'état.

CONSEIL DES DÉPECHES.

Ce Conseil se tient le Samedi.

LE ROI.

Messieurs

1774 Le garde des sceaux.
1759 Le maréchal, prince de Soubise.

Messieurs

1762 D'Aguesseau, *doyen du conseil.*
1781 Moreau de Beaumont, conseiller d'état, ordinaire.
1771 Bertier de Sauvigni, conseiller d'état, ordinaire.
1770 Joly de Fleury, ministre d'état.
1774 Le comte de Vergennes, ministre & secrétaire d'état.
1780 Le maréchal de Castries, ministre & secrétaire d'état.
1780 Le maréchal de Ségur, ministre & secrétaire d'état.
1783 Le baron de Breteuil, ministre & secrétaire d'état.

CONSEIL ROYAL DES FINANCES.

Ce Conseil se tient le Mardi.

Le Roi.

Messieurs

1783 Le comte de Vergennes, ministre & secrétaire d'état.
1774 Le garde des sceaux.
1766 Feydau de Marville, conseiller d'état, ordinaire.
1769 Moreau de Beaumont, conseiller d'état, ordinaire.
1767 De Boullongne, conseiller d'état, ordinaire.
1781 Joly de Fleury, ministre d'état.
1777 Boutin, conseiller d'état.
1783 De Calonne, contrôleur-général des Finances.

COMITÉ ROYAL DES FINANCES.

Ce Comité se tient quand il plaît au Roi de le convoquer.

Le Roi.

Messieurs

1783 Le garde des sceaux.
     Le comte de Vergennes, ministre & secrétaire d'état.
     De Calonne, contrôleur-général.

CONSEIL ROYAL DU COMMERCE.

Ce Conseil se tient tous les quinze jours.

Le Roi.

Messieurs

1774 Le garde des sceaux.
1765 D'Aguesseau, *doyen du conseil.*
1767 Moreau de Beaumont, conseiller d'état.
1781 De Boullongne, conseiller d'état.
1783 Pelletier de Beaupré, conseiller d'état.

1777. Joly de Fleury, ministre d'état.
1775. Bouvard de Fourqueux, conseiller d'état.
1776. Amelot, ministre & sécretaire d'état.
1780. De Monthion, conseiller d'état.
1780. Le maréchal de Castries, ministre & sécretaire d'état.

CONSEIL D'ÉTAT ORDINAIRE. *Messieurs.*

1768. Le chancelier de France.
1774. Le garde des sceaux de France.

Ce conseil est de plus composé de trente-six conseillers; savoir, 30 conseillers d'état, tirés de la magistrature, dont 18 ordinaires; trois d'Eglise, & trois d'épée aussi ordinaires.

Quatrevingt-huit maîtres des requêtes, dont le doyen est conseiller d'état né.

GRANDS OFFICIERS DE LA COURONNE. *Messieurs*

1777. *Grand-aumônier de France.* Le cardinal de Rohan.
1740. *Grand-maître de France & de la maison du Roi.* Le prince de Condé.
    1770. Le duc de Bourbon, *en survivance.*
1775. *Grand-chambellan de France.* Le prince de Guémené.
    1775. Le duc de Bouillon, *en survivance.*
1761. *Grand-écuyer de France.* Le prince de Lambesc.
1780. *Premier pannetier de France.* Le duc de Brissac.
1756. *Premier échanson de France.* Le marquis de Verneuil.
1737. *Grand-veneur de France.* Le duc de Penthievre.
1780. *Grand-fauconnier de France.* Le comte de Vaudreuil.
1761. *Grand-louvetier de France.* Le comte de Flamarens.
    1781. Le comte d'Haussonville, *en survivance.*
1737. *Amiral de France.* Le duc de Penthiévre.
1774. *Grand maréchal-des logis.* Le marquis de la Suze.
1719. *Grand-prévôt de France.* Le marquis de Souches.
    1769. Le marquis de Tourzel, *en survivance.*
1758. *Chancelier de France.* De Maupeou.
1774. *Garde des sceaux de France.* Hue de Miromesnil.

OFFICIERS DE LA MAISON DU ROI.

1764. *Premier aumônier du Roi.* M. L'évêque de Senlis.

PREMIERS GENTILSHOMMES DE LA CHAMBRE. *Messieurs*

1741. Le duc de Fleury.
1744. Le maréch. de Richelieu,
1756. Le duc de Fronsac *en survivance.*
1757. Le maréchal de Duras.
1782. Le duc de Villequier.

FRANCE.

Grand-Maître de la Garderobe.
1783. M. le duc d'Estissac.

Maîtres de la Garderobe *Messieurs*
1760. Le comte de Boisgelin.
1773. Le marq. de Chauvelin.

Commissaire général de la Maison du Roi.
1780. M. Mesnard de Chouzy.

Premier Tranchant.
1726. M. le marquis de la Chesnaye.

Premier Maître d'Hôtel.
1769. M. le comte d'Escars.
1783. M. le baron d'Escars, *en survivance.*

Capitaines des Gardes-du-Corps. *Messieurs*
1776. Le duc d'Ayen, *compagnie Ecossaise, bandouliere blanche*
1757. Le prince de Beauveau, *premiere compagnie Française, bandouliere bleue.*
1774. Le prince de Poix, *en survivance.*
1766. Le duc de Villeroy, *deuxieme comp. Franç. band. verte*
1779. Le duc de Guiche, *en survivance.*
1764. Le prince de Tingry, *troisieme comp. Franç. band. jaune*
1767. Le duc de Luxembourg, *en survivance.*

Autres Officiers de la Maison du Roi. *Messieurs.*
1781. *Capitaine des cent-suisses.* Le duc de Brissac.
1774. *Premier écuyer.* Le duc de Coigny.
1783. Le marquis de Coigny, *en survivance.*
1777. *Cap. colonel des gardes de la porte.* Le marquis de Sablé.
1734. *Cap. lieutenant des gendarmes.* Le prince de Soubise.
1767. Le prince de Rohan-Guémené, *en survivance.*
1769. *Cap. lieutenant des chevaux-légers.* Le duc d'Aiguillon.
1780. Le comte d'Agenois, *en survivance.*
1745. *Colonel des gardes-françaises.* Le duc de Biron.
1771. *Lieutenant-colonel,* le marquis de Visé.
Le marquis de Rochegude, *en second.*
1771. *Colonel-général des gardes suisses & grisons,* le comte d'Artois.
1767. *Colonel.* Le comte d'Affry.
1767. *Lieutenant-colonel.* Le baron de Bésenval.
1781. *Grand-maître des cérémonies.* Le marquis de Brezé.

1780. *Maître des cérémonies.* Lallemant de Nantouillet.
1746. M. son pere, *en survivance.*
1764. *Aide des cérémonies.* Urbain de Watronville.
1760. *Roi d'armes de France.* Bronod de la Haye.

MARÉCHAUX DE FRANCE. *Messieurs*

Ces grands officiers militaires, dont le plus ancien jouit des honneurs & des priviléges du connétable de France, ont été établis, en 1185, par Philippe Auguste.

11 Oct. 1748. Le duc de Richelieu, né 13 Mars 1696, *premier.*
24 Fév. 1757. Le duc de Biron, né 2 Février 1701.
24 Août 1758. L.-George Er. de Contades, né en Octob. 1704.
19 Oct. 1758. Le prince de Soubise, né 16 Juillet 1715.
16 Déc. 1759. Le duc de Broglie, né 19 Oct. 1718.
24 Mars 1775. Le duc de Harcourt, né 2 Avril. 1701.
              Le duc de Noailles, né 21 Août 1713.
              Le duc de Fitz-James, né 4 Novembre 1712.
              Le duc de Mouchy, né 7 Décembre 1715.
              Le duc de Duras, né 19 Décembre 1715.
13 Juin 1783. Le comte de Mailly-d'Aucourt, né.....
              Le marquis d'Aubeterre, né 24 Janvier 1714.
              Le prince de Bauveau, né 10 Novembre 1720.
              Le marquis de Castries, né en Février 1727.
              Le duc de Croy, né 23 Juin 1718.
              Le duc de Laval, né 21 Septembre 1723.
              Le comte de Vaux, né.....
              Le marquis de Ségur, né.....
              Le comte de Choiseul-Stainville, né 18 Août 1735.
              Le marquis de Lévis, né 13 Août 1720.

MM. les maréchaux de France ont un Tribunal qui se tient ordinairement chez le plus ancien de cette illustre compagnie, & dont un maître des requêtes est rapporteur.

M. de Tolosan, maître des requêtes, *rapporteur.*
M. de la Croix ✠, *secrétaire-général.*
M. Gondot ✠, *honoraire.*

Il y a de plus, en France, 203 lieutenans-généraux, 477 maréchaux de camp, 325 brigadiers d'infanterie, 148 brigadiers de cavalerie, 56 brigadiers de dragons, & une foule innombrable d'autres officiers moins considérables.

MARINE DE FRANCE.

AMIRAL DE FRANCE.

1737. M. le duc de Penthievre.

VICE-AMIRAUX. *Messieurs*

1777. Le comte d'Estaing.
1781. Le m. de Saint Aignan.
1782. Le comte de la Rochefoucault-Cousage.

LIEUTENANS-GÉNÉRAUX. *Messieurs*

1769. Le prince de Montbazon.
1775. De Maurville.
1777. Le duc de Chartres.
Le bailli de Raimond d'Eaux.
Le comte du Chaffault de Besné.
1779. Le comte de Brugnon.
Le comte de Guichen.
1780. Dabon.
La Jonquiere-Taffanel.
1781. La Touche - Tréville.
Le comte de Grasse-Tilly.

De la Carry.
1782. Le m. Deshayes de Cry.
Le chevalier de Fabry.
Le vic. de Rochechouart.
de Barras S. Laurent.
D'Arbaud de Jouques.
La Mothe-Piquet.
Le comte d'Hector.
Le marquis de Vaudreuil.
1783. Le chev. de Monteil.
Le bailli de Suffren S. Tropez.

CHEFS D'ESCADRE. *Messieurs*

1767. Merciel.
1776. Le m. de la Prévalaye.
Le bailli Desnos.
Faucher.
Le comte du Dresnay des Roches.
Le chevalier de Forbin d'Oppede.
1778. Boisseau de la Galernerie.
Moriés Castellet.
1779. Bausset.
Bougainville.

1781. Le comte Marin.
Le ch. du Breil de Rays.
D'Apchon.
1782. Le chevalier d'Albert S. Hypolite.
Le chev. de Coriolis d'Espinouse.
Le comte de Cherisey.
Le comte de Vaudreuil.
Beaussier de Châteauvert.
Le marquis de Chabert.

SECRÉTAIRE GÉNÉRAL DE LA MARINE.

1783. M. Perrier, *hôtel de Toulouse*.

TABLE DE MARBRE.

Les officiers de la table de marbre sont officiers de robe & d'épée. Comme magistrats, ils jouissent du droit de *committimus*

FRANCE.

au grand sceau, de l'exemption du droit de franc-fief, & de divers autres privilèges attachés à la haute magistrature. Comme officiers d'épée, ils appartiennent à la grande gendarmerie, & l'édit du 4 Mai 1637 leur en attribue toutes les prérogatives. Ils ont le droit de porter le grand uniforme de la marine; & ils peuvent remplir la plûpart de leurs fonctions, lorsqu'ils en sont revêtus. Un privilége qui leur est propre, c'est qu'un seul d'entre eux peut juger, à l'audience, en dernier ressort. Les jugemens de la table de marbre, comme ceux des amirautés inférieures & des juridictions consulaires, condamnent communément par corps.

1737. M. le duc de Penthievre, amiral de France, *chef.*

PRÉSIDENS. Messieurs

1778. De la Haye de Cormenin, chevalier, *lieut.-gén. civil.*
1781. Tronquet de S. Michel, *lieutenant-général criminel.*
1777. Mantel de la Blancherie, conseiller en 1749, *lieut. part.*

CONSEILLERS. Messieurs

1751. Maignan de Savigny, *doyen.*
1761. Gaigne.
1765. Pleney.

1769. Marguet.
1781. Poncelin de la Roche-Tilhac, *cl*
1782. Jourdain de Muizon.

GENS DU ROI. Messieurs

. . . . *Avocat-général.*
1783. Le duc des Joncheres, *procureur-général.*
1758. Poncet de la Grave, *procureur général, honoraire*
. . . . *Substitut de M. le procureur général.*
1776. Bottée, *greffier en chef.*
1778. Richard, *commis-greffier.*

Sept Huissiers-Audienciers-Commissaires-Visiteurs.

MINISTRES DE FRANCE,
PRÈS LES COURS ÉTRANGERES. Messieurs

1783. *Angleterre.* Le comte d'Adhémar, *ambassadeur.*
1779. *Basse Saxe.* Le ch. du Viviers, *ministre plénipotentiaire.*
1783. *Bruxelles.* Le comte d'Aoûllau, *ministre plénipotentiaire.*
1779. *Cologne.* Le comte de Châlons, *ministre plénipotentiaire.*
  de S. Paul . . . . . . *secrétaire d'ambassade.*

FRANCE.

1779. *Danemarck.* Le baron de la Houze, *ministre plénip.*
1779. *Deux-Ponts.* Le baron de Corberon, *ministre plénip.*
1775. *Diete de l'Empire.* Le marq. de Bombelles, *ministre.*
1774. *Dantzick*, de Pons, *résident.*
1777. *Espagne.* Le comte de Montmorin, *amb. extra. & plénip.*
1779. *États-Unis de l'Amérique.* Le ch. de la Luzerne, *m. plén.*
1775. *Franconie.* Mesnard de Choufy, *ministre plénipotentiaire.*
1771. *Francfort sur-le Mein.* Barotzy, *résident.*
1777. *Genes.* Le marq. de Monteil, *ministre plénipotentiaire.*
1779. *Geneve.* Le baron de Castelnau, *résident.*
1783. *Hongrie & Boheme.* Le marquis de Noailles, *amb. extr.*
    Barthelemi, *secrétaire d'ambassade.*
1774. *Hesse-Cassel.* Le comte de Grais, *ministre plénipotentiaire.*
1778. *Haut-Rhin.* Le baron de Groschalg, *ministre plénipotent.*
1782. *Liege.* Le marq. de Sainte Croix, *ministre plénipotent.*
1774. *Ligues-Grises.* Le baron de Salis de Marschlins, *chargé d'affaires.*
1779. *Mayence.* Le comte O-Kelly, *ministre plénipotentiaire.*
1779. *Malte.* De Seytres de Caumont, *chargé d'affaires.*
1777. *La Porte.* Le comte de S. Priest, *ambassadeur.*
1779. *Portugal.* O-Dunne, *ambassadeur.*
1779. *Provinces-Unies.* Le D. de la Vauguyon, *ambassadeur.*
    Le Marchand, *secrétaire d'ambassade.*
    Berenger, *chargé d'affaires.*
1782. *Prusse.* Le C. d'Esterno, *ministre plénipotentiaire.*
1772. *Parme.* Le C. de Flavigny, *ministre plénipotentiaire.*
1769. *Rome.* Le cardinal de Bernis, *ministre.*
1779. *Russie.* Le marq. de Vérac, *ministre plénipotentiaire.*
1774. *Sicile.* Le marq. de Clermont d'Amboise, *amb. extraord.*
    Le chevalier Dénon, *secrétaire d'amb.*
1765. *Sardaigne.* Le Bar. de Choiseul, *ambassadeur.*
1782. *Suede.* Le marq. de Pons, *ambassadeur.*
1777. *Suisse.* le vicomte de Polignac, *ambassadeur.*
1775. *Saxe.* Le marquis d'Entraigues-Latis, *ministre plénip.*
1778. *Treves.* Le C. de Moustier, *ministre plénipotentiaire.*
1766. *Toscane.* Le marquis de Barbantane, *ministre plénip.*
1755. *Valais.* De Chaignon, *chargé d'affaires.*
1777. *Venise.* Le marquis de Vergennes, *ambassadeur.*
1775. *Wurtemberg & Cercle de Souabe.* Le vicomte de Vibraye, *ministre plénipotentiaire.*

FRANCE.

INTRODUCTEURS DES AMBASSADEURS.
Messieurs

1764 De Lalive de la Briche, *semestre de Janvier.*
1767 Tolozan, *sem. de Juillet.*
1781 Fontaine de Cramayel, *en survivance.*
1761 De Sequeville, *secrétaire ordinaire du Roi pour la conduite des ambassadeurs.*

ORDRES DE CHEVALERIE,
distribués par ordre d'ancienneté.

1119 ORDRES DE ST. LAZARRE ET DE NOTRE-DAME DU MONT-CARMEL.

Voyez sur la naissance & la constitution de ces deux ordres réunis, l'édition de 1783, *pag.* 315.

L'astér. * désigne ceux qui sont de la seconde classe ; le C les Commandeurs ; & le CE les Commandeurs ecclésiastiques.

MONSIEUR.
Messieurs

17 Déc. 1718 De Bossernd, baron de Schivre, *doyen*, C. *
17 Juill. 1721 De Lusignen Mamachy, C. *
27 Août 1721 Le marquis de la Ravoye, C.
19 Oct. 1722 De Michelis de Villars, C.
15 Juin 1723 De Gauchy, C. *
23 Sept. 1723 Hebert de la Pleignieres, C. *
26 Oct. 1723 Le comte de Tressan, C.
24 Mars 1724 Rancher, marquis de la Ferriere, C. *
8 Juin 1724 Le roy de la Potherie, comte de Neuville, C. *
1 Sept. 1724 De Gerin, C. *
1 Déc. 1724 Le comte de Raray, C.
30 Déc. 1725 De St. Victor, C.
15 Févr 1727 De Bernay de Favancourt, C.
9 Sept. 1727 De Boisgnorel, C.
14 Mai 1728 Mesnard de Bessé. *
26 Sept. 1728 Copley, chevalier de S. Laurent, C. *
4 Avril 1729 Le comte de Carvoisin, C.
 De Vezins de Castelmus, C. *
 Desnots, C. *
3 Mai 1729 De la Bussiere, C. *

15 Août 1729 Fris de Bazignan, C.*
17 Déc. 1729 Brunet du Moland, C.*
21 Juin 1730 Brunet de Rouilly, C.*
19 Sept. 1730 Dorat de Chameulles, C. secrétaire général.
5 Nov. 1730 Dulaurens de Peyrolles, C.
21 Août 1757 Le marquis de Paulmy, C.
29 Sept. 1758 L'Abbé de Bonville, CE.
24 Fév 1759 Le comte de Comminges Scievras, C.
21 Avril 1759 Le comte de Bainville, C. grand-trésorier.
10 Mai 1760 Mesnard d Choufy, C.
25 Avril 1761 L'Abbé de Brilhac, CE.
5 Fév. 1762 L'Evêque de Condom, CE.
Le comte de Narbonne-Pelet de Fritzlar, C.
Le comte de Beauvilliers, C.
Le comte de Durfort d'Aime, C.
Le comte de Faudoas, C.
Le marquis de Tenances, C.*
20 Janv. 1763 Le marquis de Marbeuf.
Galluci, baron de l'Hopital, C.
Le comte d'Angiviller, C.
Le comte de Siougeat, C.
Le comte de Quelen, C.
Le vicomte de Boisgelin de Kergomar, C.
1 Juil. 1763 Le comte de Montaut, C.
3 Mai 1764 Le baron de Lentzbourg, C.*
9 Sept. 1764 Le comte d'Amblimont, C.
30 Mars 1765 Le baron de la Houze.
24 Mai 1766 Mesnard de Clesles, C.
Le comte de Warcemont, C.
17 Sept. 1767 Le marquis de Chabert, C.
12 Janv. 1769 Le marquis de Hallot, C.
Le comte de Bercheny, C.
Le comte de Bullioud. *
16 Déc. 1769 L'Abbé de l'Attaignant, CE.
Le comte d'Ourches, C.
Le marquis de Valençay, C.
Le comte d'Helland d'Ampoigné, C.*
Le marquis de Sainte-Hermine, C.*
19 Avril 1774 L'Evêque de Seez, CE.
27 Mars 1775 Le marquis de Montesquiou-Fezensac, C, chancelier, garde des sceaux.
Le marquis de Bombelles, C.
16 Juil. 1779 L'Evêque de Lescar, CE.
Le duc de Laval.

FRANCE

                Le maréchal de Lévis.
                Le marquis de Timbrune, *C.*
                Le comte de Chabrillant.
                Le comte de Maillé.
                Le marquis de Berenger.
                Le baron de Choiseul.
                Le vicomte de Maulde, *C.*
                Le marquis de Noailles.
                Le chevalier de Boisgelin.
16 Juil. 1779 Le chevalier d'Artaignan, *C.*
                Le vicomte de Laval.
                Le comte d'Agoult, *prévôt & grand-maître des cérémonies.*
                Le vicomte de Beaumont.
17 Déc. 1779 Le vicomte de Rochechouart, *C.*
                Le vicomte de Virieu.
17 Juil. 1780 L'Evêque de Dijon, *CE.*
18 Déc. 1780 L'Evêque de Bayonne, *CE.*
16 Juil. 1779 Le chevalier de Monteil, *C.*
                Le baron de Durfort, *C.*
16 *Juil.* 1783 Le marquis de Damas.
                Le chevalier de Châtelux.
                Le marquis d'Aurichamp.
                Le comte de Gontaut-St.-Geniez.
                Le comte de Toulouse-Lautrec.
                Le marquis de Dormissan.
                Le comte de Menou.
                Le comte de Cresnay.
                Le baron de Crussol.
                Le marquis de Nieul.
                Le marquis de Chabrillant.
                Le Vicomte de Mailly.
                Le comte de Chasteignier.
                Le comte de Brassac.
                Le comte de la Chastre.
                Le comte de Surgeres.
                Le comte de Modene.
                Le comte de Montsoreau.
                Le vicomte de Pouldenx.
                Le marquis de Quemadeuc.
                Le baron de Coetlosquet.
                Le vicomte de Semaisons.
                Le vicomte de Rastignac.
                Le comte d'Albignac.

Élèves de l'École Royale-Milit. nommés Chevaliers.

Messieurs

17 Déc. 1779 Du Chaffan.
De Puch.
D'Alphonfe.
18 Déc. 1780 De Foville.
De Villelle.
16 Juil. 1782 Court. de la Grainville.
Dancel de Pierreville.
Du Marché.
16 Juil. 1783 Roux du Rognon de Rochelle.
De Vaugrigneufe.
Colas de la Baronnois.

Chevaliers admis et non encore reçus. Messieurs

De Carbonnieres.
De Boudens Vanderbourg.
D'Hélie de St. André.
De Coigne.

Clergé.

Aumoniers des deux Ordres unis. Messieurs

L'Abbé Gautier. | L'Abbé Gagnyé, *en furvivance*.

Aumoniers. Messieurs

L'Abbé Geneft.
L'Abbé Lemiere.
L'Abbé Ray.
L'Abbé Gandolphe.

Chapelains. Messieurs

L'Abbé Conort.
L'Abbé Bieun.
L'Abbé de Flavigny.
L'Abbé Bequet.
L'Abbé Remi.
L'Abbé Royou.
L'Abbé Picot.
L'Abbé Theot.

Officiers qui ne sont pas Chevaliers. Messieurs.

De Barl, *tréforier général*.
Chérin, *généalogifte*.
Du Rouvoy, *principal commis du greffe*.
Soyer, *prépofé à la garde des archives*.
Le Sueur, *regiffeur-receveur des biens patrimoniaux de l'ordre, & agent*.
Duc, *en furvivance de la place d'agent*.
Férès, *héraut*.

FRANCE.

Silvestre, *en survivance.*
De Gagny, *huissier.*
De Cardonne, *en survivance.*
Le Maire, *huissier.*
Bertholet-Campau, *en survivance.*
Gautier de Sibert, *historiographe.*
L'Abbé Arnaud, *en survivance.*

CONSEIL CONTENTIEUX DES ORDRES RÉUNIS. *Messieurs*

L'Abbé Rat de Mondon, *avocat au parlement.*
Collet, *avocat au parlement.*
De Mirebeck, *avocat au conseil.*

1469. ORDRE DE ST. MICHEL.

Voyez sur la naissance & la constitution de cet ordre, l'édition de 1783, pag. 327.

LE ROI.

Messieurs

1742 Le M. de Roux, conseiller d'état, *Doyen.*
1743 Coulon de la Grange-aux-Bois, grand-maître des eaux & forêts de Metz.
1749 Pichaud de la Martiniere, conseiller d'état.
1756 Perrier, ci-devant premier comm. des bâtimens du Roi.
Collet, secrétaire de l'ordre.
1757 Balanda Sicard, juge royal au bailliage de Perpignan.
Cochin, graveur du Roi.
Flachat de Saint-Bonet, ancien prévôt des marchands.
1758 Maritz, inspecteur général des fontes & forges de l'artillerie de France.
De l'Ecluse de la Chaussée, doyen des députés du commerce.
Le comte de Toustain-de-Richebourg, ch. de S. Louis.
Lechon Dupuis, médecin de la marine.
1760 Richard Duberheim, premier médecin des armées du Roi.
1761 Jourdain, lieutenant de l'amirauté de Brest.
Le vicomte d'Alzon, subdél. du Languedoc.
De Boquenem de Mériendal, maire de Sarrelouis.
Cromot du Bourg, surintendant des finances de Monsieur.
1762 De Maziere de St. Marcel, lieutenant-général honoraire au bailliage de Vienne.
Pierre, premier peintre du Roi.
Faget, avocat au parlement de Toulouse.

17 Mai 1750   Le prince de Conti.
2 Févr. 1751   Le prince de Condé.
21 Mai 1752   Le duc de Nivernois.
2 Fév. 1753   Le duc de Fleury.
2 Fév. 1756 { Le maréchal de Harcourt.
               Le marquis de Fitz-James.
               Le duc d'Aiguillon.
2 Fév. 1757 { Le mar.-Pr. de Beauvau.
               Le duc de Gonraut.
               Le comte de Maillebois.
               Le marquis de Béthune.
               Le marquis d'Aubeterre.
29 Mai 1757   Le duc de Choiseul.
14 Mai 1758   Le cardinal de Bernis.
1 Janv. 1759   Le cardinal de Luynes.
2 Fév. 1759 { Le maréchal de Contades.
               Le comte de Rochechouart.
               Le maréchal-duc de Croy.
18 Mai 1760   Le prince des Asturies.
21 Juil. 1760   L'Infant dom Louis.
8 Sept. 1760   Le Roi des deux Siciles.
10 Mai 1761   L'Evêque d'Orléans.
1 Janv. 1762   Le duc de Praslin.
2 Fév. 1762 { Le mar. duc de Broglie.
               Le duc de Grimaldi.
2 Mai 1762 { Le duc de Chartres.
               Le maréchal de Castries.
25 Août 1762   L'Infant duc de Parme.
2 Fév. 1764   Le C. de Saulx-Tavanne.
10 Juin 1764   Le duc du Châtelet.
1 Janv. 1767   Le comte d'Estaing.
               { Monsieur.
               Le marquis de Duras.
               Le maréchal de Mouchy.
7 Juin 1767 { Le comte de Périgord.
               Le marquis de Brancas.
               Le prince de Tingry.
               Le C. de Pons S. Maurice.
               Le maréchal de Ségur.
1 Janv. 1771   LE COMTE D'ARTOIS.
               { Le duc de Bourbon.
               Le duc de Villeroy.
1 Janv. 1773 { Le marquis de Sourches.
               Le marquis de Montmorin.

FRANCE.

1 Janv. 1776
{ L'ancien évêque de Limoges.
L'archevêque de Narbonne.
Le comte de la Roche-Aymon.
Le comte de Talleyrand.
Le vicomte de la Rochefoucauld. }

26 Mai 1776
{ Le duc d'Uzès.
Le duc de Brissac.
Le comte de Tessé.
Le maréchal de Mailly.
Le comte de Montboissier.
Le maréchal de Lévis.
Le marquis de Beuvron.
Le baron de Breteuil.
Le duc de Civrac. }

1 Janv. 1777
{ Le prince de Lambesc.
Le duc de Coigny. }

2 Fév. 1777
{ Le duc de Villequier.
Le marquis de Polignac.
Le marquis de Bérenger. }

9 Nov. 1777   Le cardinal de Rohan.
2 Fév. 1778   Le marquis d'Ossun.

7 Juin 1778
{ Le marquis de Vogué.
Le prince de Montbarrey.
Le comte de Boisgelin. }

1 Janv. 1780   L'évêque de Senlis.
14 Mai 1780   Le cardinal de la Rochefoucauld
1 Janv. 1782   L'archevêque de Toulouse.

CHEVALIERS NOMMÉS LE 8 JUIN 1783. *Messieurs*

Le duc de Béthune.
Le duc de la Vauguyon.
Le duc de Chabot.
Le duc de Guines.
Le comte de Rochambeau.
Le marquis de Bouillé.
Le marquis de la Salle.
Le comte d'Affry.
Le marquis de Langeron.
Le comte de Guichen.
Le marquis de Jaucourt.
Le comte de Montmorin.
Le marquis de Clermont-d'Amboise.
Le comte d'Escars.
Le marquis de Damas de Crux.

FRANCE.

8 Juin 1783   Le comte de Tavannes.
               Le marquis de Montesquiou.
               Le chevalier de Crussol.
               Le comte de Vintimille.
               Le comte de Vaudreuil.
               Le comte d'Esterhazy.
               Le marquis d'Ecquevilly.

CHEVALIERS ADMIS ET NON ENCORE REÇUS. *Messieurs*

2 Fév. 1756   Le prince Louis de Wurtemberg.
2 Fév. 1761   Don Gabriel, Infant d'Espagne.
7 Juin 1767   Don Antoine, Infant d'Espagne.
1 Janv. 1768   Le prince de Palestrine.
18 Mai 1777   Le comte d'Aranda, ambassadeur d'Espagne

GRANDS OFFICIERS COMMANDEURS *Messieurs*

1770 L'archevêque de Bourges, *chanc. & surint. des finances*
1781 Le comte de Vergennes, *grand trésorier*.
1781 Amelot, *secrétaire*.
1783 D'Aguesseau, *avocat gén., prévôt, maître des cérémonies*

OFFICIERS NON-COMMANDEURS. *Messieurs*

1758 Bertin, *intendant*.
1772 Chérin, *généalogiste & historiographe*.
1781 Dutillet de Villars, *héraut*.
1768 Caterbi, *huissier*.

1693. ORDRE DE ST. LOUIS.

Voyez sur la naissance & la constitution de cet ordre, l'édition de 1783, pag. 334.

GRANDS-CROIX DU SERVICE DE TERRE. *Messieurs*

1761 Le mar. de Montmort.	1777 Le marquis de Talaru.
1764 Le comt. de Beauteville.	1778 Le mar. de Pontécoulan.
1766 Le baron de Bezenval.	Le marquis du Sauzay.
Le marquis de Cernay.	Le Gouz Duplessis.
Le comt. de Coëtlogon.	1779 Le m. prince de Soubise
1768 Le comte de Vaux.	Le mar. de Monteynard.
1769 De Castella.	Le comte d'Affry.
1771 Le c. de Rochambeau.	Le duc de Laval.
1772 Le comte de Narbonne-Pelet-Fritzlar.	Le comte de Marbeuf.
	Le comte de Flavigni.
1773 Le mar. de St. George.	Le comte de Montazet.
1774 Le comte de la Chaize.	Le comte de Diesbach.
1776 De Gribeauval.	Le comte d'Archiac.

FRANCE.

1780 Le comte de Puységur.
1781 Le marquis de Traisnel.
    Le c. de Choiseul-Beaupré.
    Le comte de Fumel.
    De Fourcroy.

1782 Le baron de Viomesnil.
    Le marquis de Bussy.
1783 Le comte de Durfort.
    De Bellecombe.

COMMANDEURS DU SERVICE DE TERRE. *Messieurs*

1752 Le comte de Spare.
1753 Le marq. de Croismare.
1766 Le comte de Courten.
    Le marquis d'Héricourt.
    Le comte de Guibert.
    Le baron de Lort.
1768 Le marquis de Rostaing.
1769 Le comte de Nolivos.
1771 Le comte d'Auger.
    Le marquis de Ray.
    Le marquis de Tourny.
    Le marquis Dessallés.
    Le c. de Turpin de Crissé.
    Baratier de St. Auban.
    Le vicomte de Valfons de Sebourg.
1772 Le comte de Verceil.
    Le marquis de Visé.
1774 Le baron du Blaisel.
    De Choisy.
1775 Le ch. de St Sauveur.
    Le comte de Gayon.
    Le comte de Melfort.
1776 De Pfiffer de Wyher.
    Le vicomte de Thianges.
1777 Le comte Durosel de Beaumanoir.
    Le marq. de la Grange.
    Le baron du Goulet.
1778 Le comte de Vogué.
    De Saint-Wast.
    Le baron de Bachmann.
    Le m. de la Vaupalliere.
    Le marq. de Timbrune-Valence.

1779 Le comte de Scey.
    Le marq. de Vaubecourt.
    De Chaulieu.
    Le mar. de Rochegudé.
    De Puisye.
    D'Invilliers.
    Le comte de Caraman.
    Le comte de Melfort.
    Le comte de la Roque.
    Le marquis de Molac.
    Le comte de Sommievre.
    Le comte de Wal.
    Le comte de Langeron.
    Le c. de Mazancourt.
    D'Adhémar, chevalier de Panat.
    De Poularies.
    Le ch. de Balleroy.
    Le marq. d'Autichamp.
    Le marquis de Lambert.
1780 Le baron de Zuilauben.
    Le comte de Grave.
    D'Aumont.
1781 Le comte de Goyon.
    Duporal.
    Le comte de Blot.
    Le comte de Barrin.
    Le marquis d'Ambly.
    D'Aubigny.
1782 Le comte de Greaume.
    Le marquis de S Simon.
    Le marquis de Bouzols.
1783 De Sombreuil.
    Le marquis du Chilleau.

GRANDS-CROIX DU SERVICE DE MER. *Messieurs*.

1775 Le comte du Chaffault. | 1779 le c. de la Rochefoucault.
1778 Le comte d'Orvilliers. | 1781 Le comte de Guichen.

COMMANDEURS DU SERVICE DE MER. *Messieurs*.

1771 Le comte de Broves. | De la Touche-Treville.
Le chevalier de Fabry. | 1781 Barras de St. Laurent.
1772 Le marquis de S. Aignan. | Le comte de Grasse.
1776 Le comte de Breugnon. | Le comte Hector.
1777 Dabon. | Le chevalier de Monteil.
1779 Le marq. de la Prevalaye. | 1782 Le chevalier Debausset.
1780 De la Mothe-Piquet. | Le chev. Destouches.
Le marq. de Vaudreuil. |

1759 ORDRE DU MÉRITE MILITAIRE.

Voyez sur la naissance & la constitution de cet ordre, la pag. 343 de l'édition de 1783.

GRANDS-CROIX. *Messieurs*

1763 Le baron de Wurmser. | 1782 Le baron d'Aulbonne.
1770 Le P. d'Anhalt-Coëthen. |

COMMANDEURS. *Messieurs*

1777 Le b. de Salis-Mayenfeldt. | 1782 D'Hartmanis.
1772 Le comte de Snalenheim. | Lullin de Châteauvieux,
Le b. de Falkenhaym. | *surnuméraire*.
1779 Le comte de Weilnau. |

CONSULS DE FRANCE DANS LES PLACES ÉTRANGERES. Messieurs

ITALIE.

Rome,	{ Digne, *Consul*.
	{ Moutte, *agent du commerce*.
Etat ecclésiastique,	Domin. Piétro, *agent du commerce*.
Civita-Vecchia,	{ Videau, *consul*.
	{ Videau fils, *en survivance*.
Sinigaglia,	Le C. de Béliardi, *consul*.
Naples,	{ Le ch. de Saint-Didier, lieut.-col. *cons.-gén*.
	{ Marianne, *vice-consul*.
Messine,	Lallemant *vice-consul*.
Palerme,	Gamelin, *vice-consul*.
Venise,	Le Blond, *consul*.
Isles Vénitiennes,	Saint-Sauveur, *consul général*.
Raguse,	Desrivaux, *cons. g. & chargé des aff. de France*.
Nice,	Le Seurre, *consul*.
Caillery,	Durand, *consul*.

Gênes.

FRANCE.

Gênes,	Raulin, *consul.*
	Ribiés, *chancelier.*
Savone,	Garibaldo, *vice-consul.*
Port-Maurice,	Imbert, *vice-consul.*
Livourne,	Le chevalier de Bertellet, *consul.*
Porto-Ferrayo,	Lombardy, *vice-consul.*
Ancone,	Le marquis de Béuincassa, *consul.*
Port-Fano,	Giunti, *vice-consul.*
Pezaro,	Billy, *vice-consul.*

ESPAGNE.

Madrid,	Boyetet, *chargé d'affaires,*
	Ailland, *chancelier-secrétaire.*
Cadix,	Duplessis de Mongelas, *consul-général.*
	Poirel, *vice-consul.*
	Dirandatz, *chancelier.*
Séville,	D'Annery, *vice-consul.*
Malaga,	Humbourg, *consul.*
Carthagène,	De Bertellet, *consul.*
Alicante,	De Puyabry, *consul.*
	Dutour de Puyabry, *vice-consul.*
Barcelone,	Aubert, *consul.*
Saint-André,	D'Olhabénague, *consul.*
Valence,	Faure, *vice-consul.*
La Corogne,	Destournelle, *consul.*
Gijon,	L'Esparda, *consul.*
Majorque,	Oyon, *consul.*
Oran,	Prat, *consul.*
Isles Canaries,	Lecomte, *consul.*

PORTUGAL.

Lisbonne,	Meyronnet de Saint-Marc, *consul-général.*
	D'Hermant, *vice consul.*
Madere,	De la Tuellière, *consul.*

PAYS DU NORD.

Amsterdam,	Le ch. de Lironcourt, *commandant de France pour la marine & le commerce.*
	L'Archevêque, *chancelier-secrétaire.*
Roterdam,	Castagny, *agent de la marine de France.*
Ostende,	Garnier, *consul.*
Hambourg,	Coquebert de Montbret, *consul-général.*
Rostock,	Lagau, *vice consul.*
Dantzick,	De Pons, *consul-général.*
Stockholm,	Delisle, *consul.*
Berghen,	De Chézaulx, *consul.*

Christiansand,	De Chézaulx Desprès, *vice-consul.*
Elseneur,	De Brosseronde, *consul.*
Drontheim,	Framery, *consul.*
Pétersbourg,	De Lesseps, *consul-général.*
Moscou,	Raimbert, *vice-consul.*

AU LEVANT.

Maroc,	{ Mure, *vice-consul, chargé d'affaires & consulat général par intérim.* Pérille, *drogman*
Alger,	{ De Kercy, *cons.-gén. & chargé des affaires de France auprès du dey.* Bourville, *vice-consul.* Ferrier, *drogman.*
Tunis,	{ Du Rocher, *consul-général & chargé des affaires de France auprès du bey.* Delpairon, *vice-consul.* Venture, *drogman.*
Tripoly de Barbarie,	{ D'André, *consul-général & chargé des affaires de France auprès du pacha-bey* Valliere, *vice consul.* Collet, *drogman.*
Constantinople,	{ Ant. Fonton, *premier drogman.* Dom. Fornetti, *second drogman.* Pierre Fornetti, *troisieme drogman.* Jos. Fonton, *drogman du palais.* Ch. Tessa, *drogman de l'échelle.*
Dardanelles,	Roussel, *vice consul sous les ordres de l'ambassadeur de la Porte.*
Smyrne,	{ Amoreux, *consul général.* Cousinery, *vice-consul.* Ch. Forton, *premier drogman-chancelier* Math. de Val, *second drogman.* Christ. d'Amirat, *surnuméraire.*
Scio,	{ Dumesnil, *vice consul.* Alex Digeon, *drogman.*
Rhodes,	{ Mille, *vice consul.* Simian, *drogman.*
Morée,	{ De Château neuf, *chargé des affaires du consulat-général par intérim.* Buret, *vice-consul.* J.-B. Fornetti, *premier drogman.* Mertrud *second drogman.*
Corron,	Georges Fleurat, *chancelier-drogman.*

FRANCE. 83

Patras, Beauſſier, vice-conſul.

Alexandrie, { Mure, conſul-général.
Du Trouy, vice-conſul.
J.-B. Adanſon, premier drogman.
Ant.-Auguſte, ſecond drogman.

Rozette, { De Jonville, vice-conſul.
Renard, drogman.

Seyde, { Arazy, conſul-général.
Iſnard, vice-conſul.
Wict, premier drogman-chancelier.
Pic. Renard, ſecond drogman.

S. Jean d'Acre, { Renaudot, vice-conſul.
Gaſp. Teſta, drogman chancelier.

Alep. { Amé, conſul-général.
Bremond de Vaulx, vice-conſul.
Ch. Fonton, premier drogman-chancelier.
P. de Val, ſecond drogman.

Salonique, { De Saint-Marcel, conſul.
Bauné du Pavillon, vice-conſul.
Roboly, premier drogman chancelier.
D'Antan, ſecond drogman.

La Canée, { Pellegrin, conſul.
Guy de Villeneuve, vice-conſul.
Gaſp. Fonton, drogman-chancelier.

Candie, { Le chevalier de Laydet, vice-conſul.
Fr. Yhaty, drogman.

Chypre, { Aſtier, conſul.
L. Fornetti, drogman.

Tripoly de Syrie, { Tairbout, conſul.
Burles de Jarſal, vice-conſul.
L'Homaca, drogman.

Lataquie, { De Voize, vice conſul.
Aſtoin Sielve, chancelier-drogman.

Baſſora, { Rouſſeau, conſul.
Fr. Geoffroy, chancelier.

Bagdat, Miroudot, evêq. de Babylone, conſ.-gén.

AMÉRIQUE SEPTENTRIONALE.

Philadelphie, { De Marbois, conſul-général.
Oſter, vice-conſul.

Boſton, { Letombe, conſul-général.
Toſcan, vice-conſul.

Baltimore, { Le chevalier d'Annemours, conſul.
Berrin, vice-conſul.

F ij

412 *ESPAGNE catholique.*

Étendue. Le royaume d'Espagne, le plus méridional de l'europe, a 205 lieues de long, depuis le Cap de Creux en Catalogne, jusqu'au Cap de Trafalgar, en Andalousie, & 180 lieues de largeur, depuis le Cap de Gaes en Grenade, jusqu'au Cap Ortegal en Galice. Sa circonférence est de 670 lieues.

Population. Cet état, l'un des plus importans & des plus considérables de l'europe, contient aujourd'hui 8 archevêchés & 48 évêchés, 16427 villes & villages; 18106 Paroisses 2004 couvents de religieux & 1026 couvents de religieuses. Avant la découverte du nouveau monde, l'Espagne nourrissait 20 millions d'habitans. En 1747, elle n'avait, dit-on, que 7 millions 423 mille 590 ames; depuis cette époque les émigrations au nouveau-monde, ne sont ni si fréquentes ni si nombreuses. Ainsi la population a dû s'y rétablir; en effet on y compte aujourd'hui neuf à dix millions d'habitans. M. Raynal nous a conservé une table dressée en 1768, par M. le comte d'Aranda, alors président du conseil de Castille, qui offre des détails intéressans sur cette matiere.

Arch'êchés.	Nombre de personnes.	Archevêchés.	Nombre de personnes.
Toléde	2110212	*Burgos*	1042364.
Seville	1058851.	*Tarragone*	1030244.
St. Jacques	1854397.	*Sarragosse*	529566.
Exempts	571905.	*Valence*	716886
Grenade	383359.		
Total			9307804

De ces 9307804 personnes, il y a 1809069 garçons, 2911851 filles, 1724367 hommes mariés, 1714505 femmes mariées, 147805 personnes engagées dans le clergé séculier ou régulier, & 846657 privilégiés.

Forces. La couronne d'Espagne entretient, en europe, en tems de paix, 100 mille hommes de troupes, dont 20 mille de cavalerie. Ses forces de mer consistent en 90, tant gros vaisseaux que frégates & autres bâtimens.

La maison militaire du Roi est composée des gardes-du-corps, qui forment 3 compagnies, dont l'une s'appelle la *compagnie Espagnole*, l'autre *l'Italienne*, & la troisieme *la Flamande*; de deux régimens d'infanterie, l'un des gardes Espagnoles, &

l'autre des gardes-Wallones, chacun composé de 7 compagnies de 100 hommes chacune, dont une de grenadiers; enfin d'une compagnie de halebardiers: de 200 hommes; ainsi le total de la maison du roi est de 750 hommes de cavalerie & de 860 d'infanterie.

Constitution. Le gouvernement d'Espagne, assez semblable à celui de France, est entiérement monarchique. Il existe dans ce pays une dignité qui lui est particuliere. Ceux qui en sont revêtus, portent le titre de *grands d'Espagne*. Ceux de la premiere classe, se couvrent devant le roi, avant même de lui avoir parlé; ceux de la seconde se couvrent quand ils ont commencé à parler, & ceux de la troisieme se couvrent quand ils ont fini de parler. Ces seigneurs jouissent d'ailleurs de très-grands priviléges.

Religion. Il n'est peut être pas de pays catholique où le haut clergé soit aussi riche qu'en Espagne. Il est des prélats, tels que l'archevêque de Toléde, qui jouissent de deux millions de revenus, fruit de la piété fervente des Espagnols. Les temples offrent aussi partout l'image de l'opulence. Les trésors renfermés, par exemple, dans l'Eglise de Toléde, sont immenses; les marches du maître-autel sont d'argent massif, ainsi qu'une très-grande quantité de statues de hauteur naturelle, enrichies de plus, de diamans, de rubis, d'émeraudes, & d'autres pierres précieuses. Il y a un nombre infini de tabernacles, de châsses, de lampes, de flambeaux, & d'autres ornemens d'Eglise, d'or & d'argent, couverts de pierreries. On y voit sur tout un suspentoir d'argent si pesant, qu'il faut 30 hommes pour le soutenir, lorsque, dans certains jours, on le porte en procession par les rues de Toléde.

Usages. Les galas forment un objet très-important de l'étiquette de la cour d'Espagne. Ils consistent en ce que les seigneurs vont à la cour avec des voitures de cérémonie, les plus belles & les plus riches, & des livrées très-éclatantes. Quant à leur vêtement personnel, ce sont des habits d'étoffes d'or, d'argent ou de soie, suivant les saisons.

Les maréchaux de camp, lieutenans-généraux, capitaines-généraux, peuvent se présenter avec leurs uniformes ou tout autre habit.

Les brigadiers, colonels, lieutenans-colonels, majors & autres officiers inférieurs ne doivent & ne peuvent se montrer à la cour, comme dans tout le royaume, qu'avec leur uniforme. Les jours de Gala, ils se parent de manchettes à dentelles.

Les militaires, depuis le premier grade jusqu'au dernier,

portent constamment l'uniforme; c'est le vœu du gouvernement & le meilleur titre pour être accueilli du roi.

Quant au deuil, on ne drape point en Espagne pour qui que ce soit. On y porte l'habit, veste, culotte & bas noirs, sans pleureuses dans aucun cas.

Les ambassadeurs étrangers portent le deuil à Madrid, selon le costume de leurs cours respectives, soit drapé, comme avec des pleureuses. Voilà ce qui les distingue des Castillans.

Les militaires portent le deuil sur l'uniforme, avec un crêpe en bandouliere.

Les grades militaires sont très-distincts en Espagne.

Le sous-lieutenant porte l'épaulette sur l'épaule gauche.

Le lieutenant la porte sur l'épaule droite.

Le capitaine porte deux épaulettes.

Le major porte un galon sur le bord de la manche.

Le lieutenant-colonel porte deux galons séparés sur la manche.

Le colonel porte trois galons sur la manche.

Le brigadier porte une broderie d'argent sur la manche.

Le maréchal-de-camp porte une broderie d'or sur la manche.

Le lieutenant-général en porte deux.

Le capitaine-général en porte trois.

MONNOIES D'ESPAGNE,
Comparées à celles de France.
MONNOIES D'OR.

Mon. d'Espagne.		réaux.	marav.	liv.	sols
Le Doublon, à 8 écus d'or.	ancien,	321	6	80	0
	nouveau,	321	0	79	15
Le Doublon de 4 écus d'or.	ancien,	160	10	40	0
	nouveau,	160	0	40	0
Le Doublon de 2 écus d'or.	ancien,	80	10	20	0
	nouveau,	80	0	20	0
L'écu d'or. Doublon com.	ancien,	40	5	10	0
	nouveau,	40	0	10	0
Doublon simple............................				15	0
Le demi-écu d'or, ou piastre d'or.	ancien & moderne.	0	0	5	0
		11½	0	5	0

ESPAGNE. 87

MONNOIES D'ARGENT, ou de plata.

Mon. d'Espagne.			Mon. de France		
	réaux de vellon.	marav.	liv.	sols.	den.
Le réal à 8,	20	0	5	0	0
Le réal à 8 sevillanes de 1718,	16	0	4	0	0
Le réal à 4,	10	0	4	10	0
Le réal à 4 sevillanes de 1718,	16	0	2	0	0
Le réal à 2, ou la piecette,	4	0	1	0	0
Le réal de plata columnario,	2	17	1	5	0
Le réal de plata,	2	0	0	10	0
Le demi-réal de plata colum.	1	$\frac{1}{4}$	0	12	0
Le demi-réal de plata.	1	0	0	5	0

MONNOIES DE CUIVRE, ou vellon.

	marav.	liards de France.
La piecette de deux quartos,	8	4
Le quarto,	4	2
L'ochavo.	2	1

MONNOIES IMAGINAIRES.

	réaux de vellon.	marav.	liv. t.	sol.	den.
Le doublon d'or cabesa,	14	9	4	15	6
Le ducat d'argent, ou la double pistole ancienne,	40	25	20	6	6
Le ducat neuf d'argent,	16	17	4	5	0
Le ducat de vellon,	11	1	2	15	3
L'écu de vellon,	10	0	2	10	0
La pistole de change,	0	0	15	0	0
La piastre de change,	0	0	3	15	0
Le ducat de change.	0	0	2	15	0

L'Espagne change sur les places suivantes, &

Donne,	Pour recevoir,
Sur Amsterd. 1 duc. de 375 marv. vieille monnoie.	91 den. de gros bc. pl. ou m.
Anvers.... 1 dito.......	94 den. de gros de c. p. ou m.
France.... 8 réaux de plate, ou 15 réaux 2 marv. de vellon.	74 sols tournois, plus ou m.
Ou..... 1 doubl. de 32 réaux de plate, ou 60 r. 8 marv. de vel.	14$\frac{1}{2}$ liv. tourn. plus ou m.

	Donne,	Pour recevoir
Gênes....	126 piaftres de 8 réaux, pl. ou m.	100 piaft. de 5 ¼ l. h. de bc.
Ou.....	1 double effectif.	23 ½ liv h. de bc. plus ou m.
Hambourg.	1 duc. de 375 marv.	91 d. de gros bc. pl. ou m.
Lisbonne..	1 piaftre de 8 r.	600 rées plus ou m.
Ou....	1 double effectif.	2400 rées plus ou m.
Livourne...	122 piaftres de plat. plus ou moins.	100 piaftres. de 8 réaux.
Londres...	1 piaftre de plate.	37 den. fterl. plus ou m.

Les ufances des lettres-de-change de France, de Gênes, de Livourne & de Londres, font de 60 jours de date; d'Amfterdam & de Hambourg de 2 mois de date; & celles de Rome de 3 mois de date.

Les lettres-de-change d'Amfterdam, de France, de Gênes, de Hambourg & de Londres, ont 15 jours de grâce; celles de Rome n'en ont aucun.

Les lettres-de-change de l'intérieur de l'Efpagne, favoir: d'Alicante, de Barcelone, de Cadix, de Carthagene, de Séville & de Valence, ont 8 jours de grace, & celles de Bilbao ont 19 jours.

A Cadix, toutes les lettres-de-change des pays étrangers & celles des autres endroits de l'Efpagne, n'ont que fix jours de grâce: à Séville les lettres des pays étrangers ont 15 jours de faveur.

MAISON ROYALE.

CHARLES III, né 20 Janvier 1716, roi des deux Siciles 15 Mai 1734, puis roi d'Efpagne & des Indes 10 Août 1759, marié 19 Juin 1738, à Marie-Amélie de Saxe, veuf 27 Septembre 1760.

Fils. Charles Antoine-Pafcal, prince des Afturies, né 12 Nov. 1748, marié 4 Sept. 1765, a

Epoufe Louife-M.-Th. de Parme, née 9 Déc. 1751, dont

Petits-fils. Charles-François de Paule, } nés 5 Sept. 1783.
Philippe-François de Paule, ... }

Petites filles Charlotte-Joach. née 25 Avril 1775..

Marie-Amélie, née 9 Janv. 1779.

Marie-Louife, née 6 Juillet 1782.

Fils Ferdinand. *Voyez* deux Siciles.

Gabriel-Antoine-François-Xavier, né 12 Mai 1752.

ESPAGNE.

Ant.-Pasc.Fr. Jean-Nep.-Ani.-Raym.- Sylv. né 31 Déc. 1755.
Filles. Marie-Josephine, née 16 Juillet 1744.
Marie-Louise, *voyez* Toscane.
Frere. Louis-Antoine-Jacques, né 25 Juillet 1727.

GRANDS D'ESPAGNE, REGNICOLES.

Messieurs.

Le Duc de Medinaceli.
Le D. de Santistevan.
Le D. del Infantado.
Le D. d'Alba.
Le D. de Uceda.
Le D. de Frias
Le D. de Arion.
Le D. de Ossuna.
Le Comte de Benavente.
Le D. del Arco.
Le D. de Albuquerque.
Le C. de Baños.
Le marquis de Astoiga.
Le marquis de Estepa
Le marquis de Alcagnices.
Le Marquis de Montealegre.
Le C. de Falara.
Le marquis de Villena.
Le marquis de Velamazan.
Le marquis de Mondejar.
Le D. de Werwick.
Le comte de Priego.
Le comte de Aguilar.
Le marquis de Sainte-Croix.
Le comte de Pugnon rostro.
Le D. de Abrantes.
Le comte de Fernan Nuñez.
Le comte de Cifuentes.
Le comte de Monbiso.
Le comte de Maceda.
Le D. de Monteillano.
Le comte de Salvatierra.
Le comte de Orgaz.
Le comte de Miranda.

Le comte de Sainte Eufemia.
Le marquis de Balbases.
Le marquis de Montados.
Le marquis de Villafanas.
Le comte de Motezuma.
Le comte de Mora.
Le comte de Cerbellon.
Le D. de Granada.
Le marquis de Valdecarzana.
Le D. de Almodovar.
Le prince de Masseran.
Le comte de Bournonville.
Le marquis de la Lapilla.
Le comte de las Torres.
Le marquis de Albudeite.
Le marquis de Moitara.
Le marquis de Castelar.
Le marquis de Malpica.
Le marq. de Belgida.
Le marquis de Guadalcazar.
Le marq. del Aguila.
Le marq. de Castrillo.
Le comte de Corres.
Le prince Pio.
Le marquis de la Mina.
Le marquis de dos Aguas.
Le D. de Grimaldi.
Le comte de Glines.
Le D. de Losada.
Le D. de Montemar.
Le D. de Soromayor.
Le marquis de Castromonte.
Le D. de Crillon & de Mahon.

ESPAGNE.
MAISON D'ARRAGON.

Le D. de Hixar.
Le comte de Aranda.
Le comte de Fuentes.
Le comte de Atarez.
Le marq. de Caftel dos Ruis.
Le comte de Saftago.

Le D. de Villahermofo.
Le comte de Ricla.
Le comte de Peralada.
le comte de Cril.
Le comte de Fuenclara.
Le marquis de Ariza.

GRANDS HONORAIRES. *Meffieurs*

Le D. del Parque.
Le D. de San Carlos.
Le comte de Murillo.
Le comte de Bornos.
Le comte de la Roca.

Le comte de Alcolea.
Le marquis de Villefcas.
Le marquis de Fuente El Sol.
Le marquis de San Vizente.

TITRES ÉTEINTS,

Dont les domaines & les grandeffes ont été incoporés dans d'autres Maifons.

Dans celle de Medinaceli,

Le marquifat d'Aytona.
Le duché de Alcala & le duché de Ségorve.
 Le duché de Santiftevan, poffedé à préfent par le marquis de Cogaillado, fils aîné de Médinaceli, reftera dans cette maifon pour toujours.

Dans la maifon de Alba,

 Le marquifat de Villefranche, le comté de Oropefas, les duchés de Medina Sidonia & Huefcar, avec leurs dépendances.

Dans celle d'Offuna,

 Le marquis de Peynafiel, fils aîné d'Offuna, le comte de Benavente, le duc de Gandia, le duc de Béjar, &c. refteront dans cette maifon.

Dans celle d'Aftorga,

Le comté de Altamira.
Le duché de Seza avec fes dépendances.

Dans celle de Montealegre,

Le comté de Ognate avec fes dépendances.

Dans celle de Falara,

Le comté de Torrejon.

Dans celle de Villena,

Le marquifat de Bedmar.

ESPAGNE.

Dans celle de Velamazan,
Le comté de la Corogne.

Dans celle de Werwick,
Le comté de Lémos & les duchés de Liria & Veraguas.

Dans celle de Motezuma,
Le marquisat de Villagarcia.

Dans celle de Valdecarzana,
Le comté de las Amayuelas.

Dans celle de Belgida,
Le marquisat de Saint-Jean de Piedras Albas.

Les comtés de Castroponce, les marquisats de Camarasa, les duchés de Arcos, de Baños & de Naxera, ont été incorporés dans d'autres maisons après l'extinction des familles auxquelles ils appartenaient.

GRANDS D'ESPAGNE FIXÉS EN FRANCE.
Messieurs

Le maréchal D. de Mouchy.
Le D. de Nivernais.
Le D. de Valentinois.
Le marquis de Brancas.
Le C. de la Marck, pr. d'Aremberg.
Le C. d'Egmont Pignatelli.
Le pr. de Salm-Kyrbourg.
Le D. d'Avré & de Croy.
Le maréchal de Croy.
Le prince de Robecq.
Le prince de Beauvau.
Le comte de Tessé.
Le prince de Chimay.
Le marquis de Rouault.
Le comte de Périgord.
Le marquis d'Hautefort.
Le prince de Ghistelle.
Le comte de Buzançois.
Le marquis d'Ossun.
Le D. de Cailus.
Le marquis de S. Simon.
Le D. Douleauville.
Le prince de Montbarrey.

MEMBRES DU CONSEIL D'ÉTAT.
Messieurs

Le pr. de Yachi, *absent.*
Le D. de Grimaldi, *absent.*
Le marq. de Squilace, *absent.*
Le comte de Floridablanca.
Le C. de Gausa.
D J. de Galvez.
Le marq. Llano, *secrétaire avec les honneurs du conseil.*
D. Bern. Del Campo, *secrét en surv. avec les honn. de cette ch.*

CONSEIL ROYAL ET SOUVERAIN DU ROI.

I. Chambre du Gouvernement. *Messieurs*

D. Mic. M. de Nava, *doyen.*
Le comte de Campomanes.
D. A. Veyan y Monteagudo.
D. L. de Urries y Cruzat.
D. Ig. de Santa Clara y Villota.
D. Man. de Villafañe.
Le comte de Balazote.
D. Pab. Ferrandiz Bendicho.
D. M Fern. Vallejo.
D. P. Prud. de Taranco.
D. Mig. de Mendinueta.
D. B. Cantero y de la Cuera.
D. Sant. Ig. de Espinosa, *sec. proc.-gén.*
D. . . . . *tr. proc.-gén.*

II. Chambre du Gouvernement. *Messieurs*

D. Jof. Herreros.
D. J. Acedo Rico.
D. Pablo de Mora Jaraba.
D. Merc. Argaiz.

Chambre des Quinze Cents, *ou* Mil y Quinientas. *Messieurs*

D. Rod. de la Torre Marin.
Le marq. de Contreras.
D. Ant. Inclan y Valdés.
D. J.-Man. de Herrera y Navia.
D. Man. Doz.

Chambre de Justice. *Messieurs*

D. P.-Jof. Perez Valiente.
Le marq. de Roda.
D. Th. Gargollo.
D. Th. Bernad.

Chambre de la Province. *Messieurs*

D. Fr. Jof. de Velasco.
D. Gonz. Enriquez de Luna.
D. Jof. Martinez y de Pons.
D. Blas de Hinojosa.
D. Raym. de Irabien, *gouverneur de la chambre.*

Juges de Compétence. *Messieurs*

D. J. Acedo Rico.
D. Man. Fern. Vallejo.

Junte de Juges des Commissions. *Messieurs*

D. L. Urries y Cruzat, *du conseil de Castille.*
D. Raym. de Irabien, *du conseil de Castille.*
D. J. Eftevan de Salaverri, *du conseil des ordres.*
D. J.-Ant. Velarde y Cienfuegos, *du conseil royal.*
D. P. Fern. de Vilches, *proc.-gén. & du conseil-royal.*
D. Bern. Cantero y de la Cueva, *juge de min.*

Juges des Plantations et de l'Agriculture. *Messieurs*

D. M. Mar. de Nava, *pour les 25 l. qui environnent la cour.*

ESPAGNE.

D. J. Acedo Rico, *pour le reste du roy. à l'except. de la marine & des mines d'Almaden.*

D. B. Cantero y de la Cueva, *surintendant-général de la police de Madrid.*

Junte royale du Mont de piété, des veuves et des orphelins. *Messieurs*

D. J. Herreros, *du conseil de Castille.*
D. Ph. Santos Dominguez, *du conseil des Indes.*
D. P. Prud. de Taranco, *du conseil de Castille.*
D. Pablo Ant. de Ondarza, *du conseil des finances.*
D. Man. Navarro, *secrétaire & controleur.*
D. Man. de Guemes, *trésorier.*

CONSEIL SUPREME DE GUERRE.

I. Chambre. *Messieurs*

Le comte de Gausa, *comme secrétaire d'état par intér. pour les affaires de la guerre.*
Le marq. de la Vega de Armijo.
Le comte de O-Reilly, *comme inspect. gén. de l'infanterie.*
D. Ant. Ricardos Carrillo, *comme insp.-gén. de la cavalerie.*
D. Mart. Alvarez de Sotomayor, *comme insp.-gén. de la milice.*
D. Eug. Breton, *comme inspect.-gén. des dragons.*
D. Mig. de Galvez.
D. Sylv. de Abarca, *comme direct comm. du corps des ingénieurs.*
D. Ant. de Arce, *comme insp.-gén. de la marine.*
D. P. Fr. de Goyeneche.
Le marquis de Vrance.
Le comte de Bournonville, *comme capit. des gardes-du-corps.*
Le comte de Lacy, *comme command.-gén. du corps de l'artill.*
D. Diego Jos. Navarro.
D. Joach. de Maguna.
Fr. Jer. de Herran, *procureur-général de robe.*
D. L. de Urbina, *procureur-général d'épée.*
D. Math. de Villamayor, *secrétaire.*
Le chev. d'Heredia, *à Paris.*

Chambre de Justice. *Messieurs*

Le marq. del Réal Tesoro.
D. Jul. de San Cristoval.
D. Ant. Valladolid Alcaraz.
D. Ant. Abadia.

CONSEIL SOUVERAIN DE L'INQUISITION.

D. Phil. Bertran, évêque de Salamanque, inquisit.-gén., *président*

CONSEIL SOUVERAIN DES INDES.

D. Joseph de Galvez, *président*.

CONSEIL ROYAL DES ORDRES.

Le comte de Baños, *président*.

CONSEIL ROYAL DES FINANCES.

Le comte de Gausa, *président*.

TRIBUNAL DES GRACES ET DES PARDONS.

Le Patriarche des Indes, commissaire-général, *président*.

JUNTE ROYALE DE COMMERCE, DES MONNOIES ET DES MINES.

Le comte de Gausa, *président*.

JUNTE ROYALE DES BIENS DES VEUVES.

D. Ant. Veyan y Monteagudo, *président*.

JUNTE ROYALE APOSTOLIQUE.

Le comte de Balazote, *président*.

JUNTE ROYALE DU TABAC.

Le comte de Gausa, *président*.

JUNTE ROYALE DU MONT-DE-PIÉTÉ.

Le comte de Gausa, *président*.

JUNTE ROYALE DE LA LOTERIE D'ESPAGNE.

Le comte de Gausa, *président*.

SURINTENDANT GÉNÉRAL DES POSTES DU ROYAUME.

Le comte de Floridablanca.

JUNTE SOUVERAINE POUR LES AFFAIRES DES POSTES.

Le comte de Floridablanca, *président*.

JUNTE ROYALE DE CHARITÉ.

D. Raymond de Irabien, *président*.

TRIBUNAL SOUVERAIN DE MÉDECINE.

D. Mucio Zona, prem. méd. du roi, *président*.

ESPAGNE.

ÉTAT MAJOR DES ARMÉES D'ESPAGNE.

CAPITAINES-GÉNÉRAUX. Messieurs

1763 Le C. de Aranda.
1770 Le marq. de Croix.*
1782 Le D. de Crillon.

LIEUTENANS-GÉNÉRAUX. Messieurs

1747 Le D. de Wervick.
1755 Le C. de Priego.
1759 Le D. de Losada.
1760 Le C. de Bournonville.
1763 Le C. de Glimes.
1767 Le C. O-Reilly.
1770 Le marq. de Viance.
Le marq. de Ruchena.
Le marq. de Basecourt.
D. Mig. Lopez.
Le C. de Xerena.
D. Ant. Ricardos.
D. Man. de Azlor.
Le M. de Valle Santoro.
Le marq. de Rubi.
Le D. d'Ossuna.
D. Cristoval de Zayas.
Le C. de Miranda.
1772 Le prince de la Riccia.
1775 D. J. Sherlock.
1776 D. L. de Urbina.
Le C. Delasalto.
D. Sylv. Abarca.
1777 D. P. Zermeño.
D. J. Jos. de Vertiz.
D. Vict. de Navia.
Le marq. de Grimaldo.

1779 D. L. Niëulant.
Le C. de Bornos.
Le C. de Lacy.
Le vic. de la Herreria.
D. Mart. Alvarez.
D. Eug. Breton.
D. Fel. O-Neille.
Le D. de Castropignano.
D. Man. Pacheco.
D. Ladsl. Habor.
Le marq. de la Torre.
D. Dom. Salcedo.
Le C. de Revillagigedo.
D. Diego Navarro.
1779 D. Pasch. de Cisneros.
D. Aug. de Jauregui.
Le marq. de la Cannada.
Le baron Despangen.
1781 D. B. de Galvez.
D. J. Man. de Cagigal.
1782 Le M. de Caza-Cagigal.
D. Oracio Borghese.
Le C. de Cifuentes.
D. Math. de Galvez.
Le M. de Squilace, *honor.*
67 *maréchaux de camp &*
129 *brigadiers.*

GOUVERNEURS GÉNÉRAUX DES PROVINCES D'ESPAGNE. Messieurs

Castille-vieille . . . . *capitaine-général.*
D. Jos. de Ansa, *secrétaire.*
Arragon. Le marq. de Vallesantoro, *capit.-général.*
D. P. de Aranda, *secrétaire.*
Catalogne. Le comte del Asalto, *capitaine-général.*
D. Barn. Espeso, *secrétaire.*

Valence & Murcie.	Le marq. de Croix, *capitaine-général*.
	D. Fr. Mig. del Val, *secrétaire*.
Mallorca.	Le comte de Cifuentes, *capitaine-général*
	D. Galceran de Vilalba, *comm.-gén.*
	D. Fr. de Ornos, *secrétaire*.
Navarre.	D. Man. Azlor, *vice-roi & capit.-général*
	D. Seb. Luengo, *secrétaire*.
Quipuzcoa.	Le marq. de Ballecourt, *capitaine-général*
	D. J. Jof. Horé, *secrétaire*.
Andaloufie.	Le comte de O-Reilly, *capit.-général*.
	D. L. M. Granmefon, *secrétaire*.
Côtes de Grenade.	Le comte de Xerena, *capitaine-général*
	D. Diego Vent. de Mérida, *secrétaire*.
Galice.	. . . . . . *capitaine-général*.
	D. P. Cermeño, *comm. gén & lieut.-gén.*
	D. Joach. de Forcada, *secrétaire*.
Eftramadoure. . . .	. . . . *capitaine-général*.
	D. Ped. Zérezal, *secrétaire*.
Madrid & fon départ.	D. Chriftoval de Zayas, *gouv. comm.-gén & lieutenant-général*.
	Le cap. D. Guill. Sau Martin, *secrétaire*
Oran en Afrique.	D. Ped. Guelfi, *commandant-général*.
	D. L. Roel, *secrétaire*.
Zeuta.	Dom. Salcedo, *gouv. & lieut.-général*.
Iles des Canaries.	Le mar. de la Cañada, *comm. & lieut-gén*.
. . . .	. . . . *commandant en fecond*
	D. G. Jof. de Los Reyes, *secrétaire*.

MARINE D'ESPAGNE.

Dom. L. de Cordova, *directeur-général*.

LIEUTENANS-GÉNÉRAUX. *Messieurs*

1755 Le marq. de la Vega de Armijo.
1757 Le M. de San Léonardo.
1774 Le M. del Real Téforo.
D. L. de Cordova.
Le M. de Cafa Tilly.
D. Man. de Quirior.
D. Man. de Florez.
1779 D. Jof. de Roxas.

1779 D. Ant. Ulloa.
D. J. B. Bonet.
D. Ant. Rod. Valcarcel.
D. J. Diaz de San Vicente
D. Mig. Gafton.
D. Ant. de Arco.
1780 D. J. de Langara y huarte.
1781 D. Jof. Solano.

ESPAGNE.

CHEFS-D'ESCADRE. *Messieurs*

1774 D. Ad. Caudron Cantin.
1779 D. Ign. Ponce de Léon.
D. Ant. Posada.
D. Ant. Osorno y Herrera.

1773 D. J. Thomaseo.
D. Ant. Barcelo.
1782 D. Bon. Moreno.

29 Brigad. de marine, 103 capitaines de vaisseau, & 131 cap. de frégate.

ORDRES DE CHEVALERIE.

(*Voyez* l'édit de 1783, p. 324.)

1429 ORDRE DE LA TOISON D'OR.

LE ROI, *chef & souverain de l'ordre.*

CHEVALIERS *Messieurs*

1735 L'infant D. Louis.
1738 Le D. de Penthievre.
Le pr. Albert de Saxe.
1745 Le D. de Lauraguais.
1746 Le maréch. de Mouchy.
1749 Le pr. des Asturies.
1751 Le D. de Parme.
Le roi de Naples.
1752 L'infant D. Gabriel.
Le D. d'Orléans.
Le pr. de San Nicandro.
1756 L'infant D. Antoine.
Le comte de Aranda.
1761 Le roi de France.
Le comte d'Artois.
Le D. de Choiseul.
1764 Le D. de Losada.
Le C. d'Egmont.
Le C. de Priego.
Le C. de Baños.
1765 Le D. de Grimaldi.

1767 Le C. de Provence.
1771 Le M. de Santa-Cruz.
Le D. de Uceda.
Le D. de Medina-cœli.
Le maréch. de Duras.
1773 Le prince de Parme.
1777 Le pr. héréd. de Naples.
1780 Le D. d'Ossun.
Le C. de Aguilar.
Le D. de Hijar.
Le pr. de la Riccia.
Le M. de Montealegre.
Le M. de Ariza.
Le D. d'Ayen.
Le M. d'Ossun.
Le connétable Colonne.
Le D. de Crillon.
Le pr. Janv. de Naples.
1781 Le pr. Joseph de Naples.
dix colliers vacans.

OFFICIERS DE L'ORDRE *Messieurs*

Le M. de Grimaldi, *chancelier.*
Le C. de Castelblanco, *greffier.*

D. Eug. de Llaguno Amirola, *roi-d'armes.*

1771 ORDRE DE CHARLES III.

(*Voyez* sur la naissance & la constitution de cet ordre, l'édit. de 1783, p. 345.)

LE ROI, *chef & souverain de l'ordre.*

CHEVALIERS. *Messieurs*

Le prince des Asturies.
L'Infant D. Gabriel.
L'Infant D. Antoine.
L'infant D. Louis.
Le patriarche des Indes, *grand chancelier & prem. offic. de l'ordre.*
1771 Le D. de Losada.
Le C. de Bournonville.
Le C. de Priego.
Le C. de Atarés.
Le marq. de Estepa.
Le C. de Baños.
Le M. de Villena.
Le D. d'Ossun.
Le D. de Almodovar.
Le D. del Arco.
Le D. del Infantado.
Le M. de Belamazan.
D. Man. Pacheco.
Le M. de Montealegre.
Le M. de Valdecarzana.
Le C. de Miranda.
Le M. de Castromonte.
Le D. de Hijar.
Le M. de San-Leonardo.
1772 Le roi de Naples.
1776 Le D. de Uceda.
Le M. de Ariza.
Le C. de Cifuentes.
Le C. de Fernan-Nuñez.
Le M. de Cogolludo.
D. Angel. de Spinola.
1777 Le pr. héréd. de Naples.
1780 L'infant d'Espagne.
Le pr. Janv. de Naples.
L'inquisiteur-général.
Le D. de Medina-cœli
Le M. de Casteldosrius.
L'archevêque de Valence.
Le D. d'Alburquerque.
Le D. de Frias.
Le C. de Altamira.
Le M. de Croix.
D. L. de Cordova.
Le M. de Viance.
Le D. de Crillon.
Le C. de Lacy.
1781 Le pr. Joseph de Naples.
1782 L'archev. de Santa-Fé.
1783 Gerard de Reyneval.
1773 D. Jos. Doria Pamphili.
L'archevêque de Tolede.
Le D. de Parme.

OFFICIERS DE L'ORDRE. *Messieurs*

D. Bern. del Campo, *secrétaire.*
Le M. de Ovieco, *maître des cér.*
Le C. de Valdeparaiso, *trésor.*

ESPAGNE.

MINISTRES D'ESPAGNE
PRÈS LES COURS ÉTRANGÈRES. Messieurs

Venise.	Le marquis de Squilace, *ambassadeur*.
	D. Isidore Martin, *secrétaire*
Paris.	Le comte de Aranda, *ambassadeur*.
	D. Ign. de Heredia, *secrétaire*.
Rome.	Le D. de Grimaldi, *ambassadeur*.
	D. Jos. Nic. de Azara, *agent & proc.-gén. du Roi*.
Lisbonne.	Le C. de Fernan Nuñez, *ambassadeur*.
	D. Jos. Caamaño, *secrétaire*.
Vienne.	Le C. de Aguilar, *ambassadeur*.
	D. Dom. de Yriarte, *secrétaire*.
Turin.	Le D. de Villahermosa, *ambassadeur*.
	D. Jos. de Ocariz, *secrétaire & chargé d'affaires*.
Gênes.	D. Juan Cornejo, *ministre plénipotentiaire*.
	D. Bas. Ortiz de Velasco, *secrétaire*.
Dresde.	D. Jos. de Onis, *ministre plénipotentiaire*.
La Haye.	Le comte de Sanafé, *ministre plénipotentiaire*.
	D. Eug. de Renovales, *secrétaire*.
Parme	D. B. de Agüera y Bustamante, *chargé d'affaires*.
Naples.	Le D. de la Herreria, *ministre plénipotentiaire*.
	D. Aug. Tigueros, *chargé d'affaires*
Copenhague.	D. Ig. mar. de Corral y Aguerre, *ministre pl.*
	D. Melchor de Pernia, *secrétaire*.
Stockholm.	Le comte de Güemes, *ministre plénipotentiaire*.
	D. Jos. Mas., *secrétaire*.
Pétesbourg.	Le marquis de la Torre, *ministre plénipotent*.
	D. H.-Jos. Asanza, *secrétaire*.
Berlin.	D. Simon de las Casas, *ministre plénipotent*.
	D. Jos. Bermudez de Castro *secrétaire*.
Florence.	D. Fr. Moñino, *ministre plénipotentiaire*.
	D. Fr. Vernarcini, *secrétaire*.
Constantinople.	D. J. de Buliñi, *ministre plénipotentiaire*.
	D. Jos. de Buliñi, *secrétaire*.

ÉTABLISSEMENS RELATIFS AUX SCIENCES ET AUX ARTS.

ACADÉMIE ROYALE D'ESPAGNE.

Le comte de Campomanes, *directeur*.
D. Mig. Jos. de Flores, *secrétaire*.

ESPAGNE.

ACADÉMIE ROYALE DE PEINTURE, DE SCULPTURE ET D'ARCHITECTURE.

Le comte de Floridablanca, *protecteur*.
Le m r. de la Florida-Pimintel, *vice-protecteur*.
D. André de la Calleja, *directeur général*.
D. Ant. Ponz, *secrétaire*.

SOCIÉTÉ ROYALE & ÉCONOMIQUE DES AMIS DU PAYS

D. Mig. de San Martin Cueto, *directeur*.
D. Pablo Ferrandiz Bendicho, *directeur en second*.
D. Jof. de Guevara Vafconcellos, *cenfeur*.
D. Jof. Fauft. Medina, *fecrétaire*.
D. Jof. Manuel de Baños, *contrôleur*.
D. Jof. de Almarza, *tréforier*.

ACADÉMIE royale du Droit efpagnol & public, établie à San-Ifidro el Réal.

D. Miguel de Galvez, *préfident*.
D. Man. Anton. Rodriguez, *fecrétaire*.

ACADÉMIE royale des facrés canons, de la liturgie, l'hiftoire & de la difcipline eccléfiaftique.

D. Péd. Jof. Perez Valiente, *protecteur*.
D. Alonfo Camacho, *préfident*.
D. Mig. Jof. Camacho y Madrid, *fecrétaire*.

ACADÉMIE ROYALE DE MÉDECINE.

D. Mucio Zona, *préfident*.
D. Jof. Buranda, *vice préfident*.
D. Juan Gamez, *fecrétaire*.
D. Cafim. Gomez Ortega, *fecrétaire pour la correfpondance étrang.*

ACADÉMIE ROYALE DE LANGUE LATINE.

D. Alf. Gomez Zapata, *directeur*.
D. Franç. Torrecilla, *examinateur*.
D. Fr. Cerda y Rico, *examinateur*.
D. J. Ant. Gonzales de Valdés, *examinateur*.
D. Man. Cécil. Saiz, *fecrétaire*.

GRAND BIBLIOTHÉCAIRE DU ROI.

D. Juan de Santander.

CABINET ROYAL D'HISTOIRE NATURELLE.

D. Péd. Franco Davila, *directeur*.
D. Eug. Izquierdo, *vice-directeur*.

ESPAGNE.

JARDIN ROYAL DES PLANTES.

D. Mucio Zona, premier médecin du Roi, *intendant*.
D. Jof. Martinez Toledano, *fous directeur*.
D. Cafim. Gomez Ortega, *premier profeffeur*.
D. Ant. Palau, *second profeffeur*.

ARCHEVÊQUES ET EVÊQUES D'ESPAGNE.
Meffieurs

		Revenus.
TOLEDE,	Fr. de Lorenzana.	200000 liv.
Cordoue,	D. Barth. Yufta Navarro.	150000
Cuença,	Ph. Ant. Solano.	170000
Siguenza,	J. Diaz de la Guerra.	150000
Jaen,	Aug. Rubin de Cevallos.	150000
Ségovie,	Al. Marc. de Llanès.	60000
Carthagêne,	Man. Rub. de Celis.	80000
Ofma,	B. Ant. Carderon.	90000
Valladolid,	Ant. Joach. de Soria.	55000
SEVILLE,		400000
Malaga,	Jof. Molina.	160000
Caaix,	J. B. Servera.	45000
Canaries,	P. Joa. de Herrera.	40000
Zeuta,	Fr. Diego Martin.	30000
COMPOSTELLE,		150000
Salamanque,	Ph. Bertran.	80000
Tui,	Fern. de Angulo.	40000
Avila,	Ant. Senmanat.	10000
Coria,	J. Jof. Garcia Alvaro.	90000
Plafencia,	Jof. Gonz. Lafo.	200000
Aftorga,		45000
Zamora,	Man. Ferrer.	60000
Oren,	Péd. de Quevedo y Quintano.	46000
Badajox,	Fr. Alonfo de Solis y Grajera.	60000
Mondonedo,	Fr. Quadrillero.	18000
Lugo,	Fr. Armaña.	12000
Ciudadro.trigo,	Al. de Molina Santaella.	45000
Exem. { Léon.	Cayer. Quadrillero	46000
{ Oviedo	Aug. Gonz. Pifador.	40000
GRENADE,	Ant. George Galban.	150000
Guadix,	B. de Lorça.	36000
Almeria,	Fr. Añu. Rodriguez.	20000

G iij

		Revenus.
Burgos, . . .	Jof. Xav. Rod. de Arellano. .	140000
Pampelune, . .	Aug. de Lezo Palomeque. . . .	100000
Calahorra, . .	J. Luelmo y Pinto.	80000
Paiencia, . . .	Jof. L. de Mollinedo.	82000
Santander, . .	Fr. Lafo Santos. . . . . . , .	. . . . .
Tarragone, .	Joa. de Santıyan y Valdıvielfo.	80000
Barcelone, . . .	Gav. de Valladares y Mefia. .	35000
Gerona, ...	Th. de Lorenzana.	12000
Lerida, ...	Joa. Ant. Sanchez Ferragudo. .	35000
Tortofe, ...	Péd. Cortez.	60000
Vich, ...		20000
Urgel, ...	J. Garc. Montenegro.	70000
Solfone, ...	Fr. Raph. de Lafala.	15000
Ibize, ...	Jof. de Caftillo y Negrete. .	. . . . .
Saragosse,	. . . .	150000
Huefca, . . .	Pafc. Lopez de Eftaun. . . .	45000
Barbaftro, . . .	J. Man. de Cornel.	30000
Xaca, ...	Fr. Jul. de Gafcueña.	. . . . .
Tarazona, . . .	Jof. Laplana y Caftillon. . . .	80000
Albaracin, . .	Jof. Conft. de Andino. . . .	42000
Teruel, ...	Roc. Mart. Merino.	45000
Valence, . .	Fr. Fab. y Fueio.	160000
Segovie, ...		80000
Orihuella, . . .	Jof. Tormo.	40000
Mallorca, . .	Péd. Rubio Benedicto.	50000

PORTUGAL.

Étendue. Le Portugal, royaume le plus occidental de l'Europe, a 140 lieues du nord au Sud, & 45 de l'eſt à l'oueſt.

Population. On y compte environ trois millions d'ames, 22 grandes villes, 53 villes communes, 200 bourgs & 4000 paroiſſes, 3 archevêchés, 17 évêchés, 3 univerſités & 3 tribunaux d'inquiſition. Lisbonne eſt la capitale de ce royaume. Cette ville, placée à l'embouchure du Tage, a un port vaſte & célebre, le long duquel elle s'étend à pluſieurs lieues; preſqu'entiérement détruite le 1 Novembre 1755, par un violent tremblement de terre elle répare tous les jours les pertes que lui a occaſionnées cet affreux événement. On l'a reconſtruite même plus belle & plus réguliere qu'elle ne l'était auparavant.

Productions. Les productions du Portugal ſont les mêmes que celles du reſte de l'Eſpagne. Le premier de ces royaumes eſt cependant beaucoup plus abondant & plus peuplé que le ſecond. On y voit des forêts entieres d'orangers, qui dans le ſiecle dernier y furent apportés de la Chine; c'eſt-de-là qu'ils ſe ſont répandus en diverſes autres contrées de l'Europe; le terroir y eſt très-fertile en vin & en olives; les mines fourniſſent de l'étain, du plomb, du criſtal, de l'alun de roche, des rubis, des émeraudes, des hyacinthes, du jaſpe, & l'on y nourrit quantité de vers à ſoie.

Forces. Le Portugal entetient ordinairement ſur pied, en Europe, 25000 hommes de troupes. Le Bréſil, qui fait aujourd'hui le principal objet de ſes poſſeſſions éloignées, ne l'oblige pas à ſoudoyer annuellement plus de cinq à ſix mille hommes, qui ſont commandés par le vice roi.

Conſtitution. Le gouvernement portugais eſt purement monarchique. Lorſqu'on rédigea les loix actuelles de cette monarchie, il fut convenu, après une longue conteſtation entre les évêques & les ſeigneurs, qu'à défaut d'enfant mâle, la fille du roi ſerait reine, après la mort de ſon pere, pourvu qu'elle ſe mariât à un ſeigneur portugais. La loi veut que celui-ci ne porte le nom de roi, que lorſqu'il aura un enfant mâle de la reine, & qu'en ſa compagnie, il marche à ſa gauche, & s'abſtienne de mettre ſur ſa tête la couronne royale.

MONNOIES DE PORTUGAL;
comparées à celles de France.

ESPECES D'OR.

Monn. de Portugal.	Monn. de France.		
	liv.	fols.	den.
La grosse piece du poids d'une once.	84	0	0
Celle de 6400 rées.	42	0	0
Celle de 3200.	21	0	0
Celle de 1600.	10	10	0
Celle de 800.	5	5	0
Celle de 400.	2	12	6

ESPECES D'ARGENT.

	liv.	fols.	den.
La crusade réelle.	2	18	0
Celle de change,	2	8	4
Celle de 240 rées.	1	9	0
Celle de 120.	0	14	6
Celle de 60.	0	7	3
Celle de 30.	0	3	$7.\frac{1}{2}$
Le rée.	0	0	$1\frac{2}{15}$

On tient à Lisbonne les écritures en rées, en cette maniere,

ce qui fait $\left\{\begin{array}{l} 54,478,327 \\ 54 \text{ millions} \\ 478 \text{ millions} \\ 327 \text{ centaines} \end{array}\right\}$ de rées.

Lisbonne change sur les places suivantes, &

donne,		pour recevoir,
Sur Amsterdam.	1 crus. de 400 rées.	47 den. de gs. bc. pl. ou m. à us. de 2 mois de date.
Cadix & Madrid.	2410 rées. pl. ou m.	1 doublon de 32 rx. de plat. à us. de 15 jours de vue.
Gênes.	724 dito pl. ou m.	1 piastre de 115 sous h. de bc. à us. de 3 mois de date.
Livourne.	730 dito. pl. ou m.	1 piastre de 8 rx. à us. de 3 mois.
Londres.	1000 dito.	67 den. sterl. pl. ou m. à 30 jours de vue.
Paris.	460 dito. pl. ou m.	1 écu de 60 sols, à usance de 60 jours de date.

Les usances des lettres-de-change d'Espagne sont de quinze jours de vue; de Londres, de trente jours de vue; de Hollande & d'Allemagne, de deux mois de date; de France, de soixante jours de date; d'Italie & d'Irlande, de trois mois de date.

Il y a six jours de grâce accordés aux lettres-de-change des pays étrangers, quand elles sont acceptées; celles qui ne sont pas acceptées, doivent être payées le jour de leur échéance.

Les lettres-de-change des états du roi en Europe, Asie, Afrique ou Amérique, ont quinze jours de grâce.

Il est d'usage que les lettres-de-change se payent en or; mais en cas qu'on offre le payement en argent, on ne peut pas le refuser.

MAISON ROYALE.

Marie-Françoise-Elizabeth de Portugal, née 21 Décembre 1734, Reine de Portugal & des Algarves 24 Février 1777, mariée 6 Juin 1766, à son oncle

Don Pierre, roi de Portugal, né 5 Juillet 1717.

Fils. Jos. Fr.-Xavier, prince du Brésil, né 21 Août 1761; marié 21 Février 1777, à

M.-Fr.-Bened. sœur de la reine, née 25 Juillet 1736.

J.-M. L.-Jos. Fr.-Xav. de P. Ant.-Dom.-Raph. frere du pr. du Brésil, né 13 Mai 1767.

Fille. M.-Ant.-Vict.-Jos.-Xav. de P. Ant,-J.-Dom.-Gab. sœur du pr. du Brésil, née 15 Décembre 1768.

Sœur. N.-An.-Fr.-Jos.-Rite-Jean de Portugal, niéce du Roi, née 8 Octobre 1736.

CONSEILS GÉNÉRAUX.

Il y a plusieurs conseils en Portugal, où se traitent les affaires de l'état: les principaux, sont le conseil d'état proprement dit, le conseil de guerre, le conseil des finances, le conseil des Colonies, le conseil de la Marine & celui de la Justice. Tous les autres ne sont qu'une émanation de ces quatre tribunaux & ils leur sont subordonnés.

CONSEIL D'ÉTAT.

La reine préside à ce conseil, ensuite vient le roi son époux; puis le cardinal de Cunha, archevêque d'Evora, le m. d'Anjeja, don Antoine d'Andrade de Enderrabedes, grand-chancelier du royaume, le vicomte ponte de Lima & 3 secrét. d'état qui sont,

Messieurs,

1770. D. Martin de Mello è Castro, *pour le départ. de la mar. de la guerre, du domaine royal & des conquêtes.*

1774. D. Agnès de Saa è Mello, *pour le départem. des affaires étrangeres.*

1777. Le vic. de Villanova d'Acerviera, *pour le départ. des affair. intérieures du royaume.*

CONSEIL DE GUERRE.

Ce conseil est composé de quatre conseillers d'état, d'un secrétaire qui, pour l'ordinaire, est en même tems secrétaire d'état au département de la guerre.

DÉSEMBARGO DE PAÇA, ou CONSEIL DU PALAIS.

Ce conseil, semblable à celui de Castille, établi en Espagne, est le tribunal suprême auquel ressortissent tous les autres tribunaux du royaume. Il consiste en un président, 10 conseillers qu'on appelle Désembargadores, de 5 secrétaires de la chambre, d'un trésorier & de plusieurs huissiers. Le président est en même tems juge souverain de la police.

1777. Le comte de Valderies, *président.*

1776. D Ant. d'Andrade de Enderrabedes, *gr. chancelier.*

CONSEIL D'ÉTAT INTIME.

Dans les causes civiles & criminelles, ce conseil se distribue en deux chambres, en celle *da supplicaçao*, ou conseil des requêtes & en celle appelée *la casa da civil relaçao*, ou conseil de la justice. Ces deux cours jugent en dernier ressort, & par appel des tribunaux des provinces, toutes les causes qui excedent la somme de 250000 rées en biens-immeubles & 300000 en biens-meubles. Chacune de ces chambres est encore sous-divisée en deux jurisdictions. L'une, pour les requêtes, comprend 39 conseillers, & l'autre, qui a pour objet les affaires civiles, est composée de 24 conseillers.

Le cardinal de Cunha, *président de la Relaçao.*

CONSEIL DES FINANCES.

Ce conseil a l'administration des revenus de l'état, selon les divers départements qui le composent. Ces départements sont celui de Portugal & du royaume d'Algarve ; celui d'Afrique,

PORTUGAL.

celui des Indes & des flottes. A ce conseil ressortissent trois autres tribunaux, savoir, la chambre des comptes, celles des douannes & celle du commerce.

1777. Le comte d'Arambuja, *président.*
1777. Le m. d'Anjeja, *surintendant des finances.*
1777. Le comte da Cruz, *chanc. du conseil des finances.*

CONSEIL DES COLONIES.

1777. M. le comte d'Acunha, autrefois vice-roi du Brésil *président.*

MINISTRES ET SECRÉTAIRES D'ÉTAT, *Messieurs.*

Le card. de Cunha, *conseiller d'état & du cabinet*
Le vic. de Villanova d'Acerviera, *pour le départem. des affaires étrangeres..*
D. de Saa è Mello, *pour la guerre & les affaires étrangeres.*
D. Emello è Castro, *pour la marine & les colonies.*

ORDRES DE CHEVALERIE.

1147. ORDRE D'AVIA.

(*Voyez l'édition de 1783, p. 316.*)

La reine, *grand-maître.*

1318. ORDRE DE CHRIST.

(*Voyez l'édition de 1783, p. 319*).

La reine, *grand-maître.*

1320. SAINT-JACQUES DE L'EPÉE.

(*Voyez l'édition ds 1783, p. 319.*

La reine, *grand-maître.*

GRANDS-OFFICIERS DE LA COURONNE, *Messieurs*,

1779. Le c. de Sambuja, *gouv. de Lisbonne & de l'Estramad.*
1774. Bar. da Costa, *surint. & insp. gen. de la fond. des can.*
1781. Le m. d'Anjeja, *grand-amiral du royaume.*
1777. Le gen. Lian, *surintendant des ports & de la marine.*
1779. D. L. de Vasconcellos di Castellmelhor, *gouv. du Brésil.*
1779. D. Fred. de Souza Calharis, *gouv. de Goa.*

ACADÉMIE DE MARINE.

La reine ayant créé, par une Ordonnance du 14 Décembre 1782, une compagnie de 48 gardes-marine, a fondé ensuite une académie pour leur instruction; plusieurs chaires ont été successivement ouvertes dans cette académie, le 22 Mars 1783, pour le dessin, l'architecture navale, la théorie des manœuvres, le maniement des armes & les évolutions de l'infanterie; le 15 Juin, celle de mathématiques, & le 2 Juillet une derniere de langue française.

1783. Le marquis d'Angreda, capitaine-général-inspecteur des armées navales, *directeur*.

1783. Le comte de Saint-Vincent, maréchal-de-camp, avec exercice dans la marine, *vice-directeur*.

MINISTRES RESIDENTS

PRÈS LES COURS ÉTRANGÈRES. Messieurs

Copenhague.	Guedes de Miranda, *envoyé extraordinaire*.
La Haie.	D. J. Almeida y Noronha, *ministre plénipot*.
Londres.	Le ch. Pinto, *envoyé extraordinaire*.
	Friéle, *chargé d'affaires*.
Madrid.	Le marquis de Lourical, *ambassadeur*.
Naples.	De Sa, *ministre plénipotentiaire*.
Paris.	Le comte de Souza Cotinho, *ambassadeur*.
Pétersbourg.	D Horta Machado, *envoyé extraordinaire*.
Rome.	D. Diego de Noronha, *ministre plénipotent*.
Turin.	D. Rodrio. de Souza Cotinho, *minist. plén*.
Vienne.	Le comte d'Oeynhausen, *ministre plénip*.
Amsterdam.	Gildemester, *conseiller-général*.

1085. DEUX SICILES.

ÉTENDUE. Les états du roi des deux Siciles comprennent les royaume de Naples, l'Isle de Sicile & la principauté *Degli Presidii*. Le royaume de Naples a 120 lieues de long sur 40 de large, dans sa plus grande étendue. Environné par tout de la mer, excepté du côté de l'état ecclésiastique, il a 240 lieues de côtes. Quant à la Sicile, elle est la plus grande des îles de la Méditerranée. Elle a 60 lieues de long sur 40 de large. La capitale de cet état est Naples, l'une des plus grandes, des plus riches, des plus florissantes villes de l'europe & l'une des plus belles du monde. Ses rues sont droites, larges, ornées de beaux bâtiments très-élevés & de palais nombreux. C'est, avec Constantinople, la ville du monde dont l'abord par mer soit le plus magnifique & le plus imposant. La capitale de la Sicile est Palerme. C'est aussi une ville grande, belle, & très-ornée ; c'est le séjour d'une bonne partie de la noblesse de l'île & la résidence du vice-roi. Cette ville, par ses édifices, ses places publiques, ornée de figures de bronze & de marbre, ses rues tirées au cordeau, par ses églises & ses superbes fontaines, doit être placée parmi les plus belles villes de l'europe.

Population. En 1782 on comptait, dans le royaume de Naples, 2,187,086 hommes, 2,30,262 femmes, 85,203 garçons, 81,653 filles, 45,525 ecclésiastiques séculiers, 24,694 religieux & 20,973 religieuses. En tout 4,675,396 ames. Le militaire n'est pas compris dans ce calcul. Naples seule comprend 500,000 ames, & l'on en compte 80000 dans Palerme.

Productions. Le royaume de Naples passe pour la partie la plus délicieuse de l'Italie. Indépendamment des productions utiles qui y abondent, on y voit éclore, pendant même l'aspérité de nos hivers, tout ce qui peut contribuer à la délicatesse des tables. Sur la fin de Février, les asperges, les pois verds, les artichaux, les melons même, s'y recueillent en abondance. Les oranges, les figues & divers autres fruits s'y renouvellent sans interruption, & les plantes les plus tendres y croissent aux mois de Décembre & de Janvier. On y cultive des cotonniers, & on y trouve des liéges. Les vignes s'y marient aux peupliers, sur lesquels un certain nombre de seps s'étendent en liberté. Ses chevaux sont très-estimés. Dans la partie méridionale, on y recueille des aromates, des cannes à sucre, de la manne, qui est une exudation des feuilles du frêne & que l'on obtient aussi par incision & l'épaississement du suc glutineux qui en distille.

Il est inutile de parler ici de la fécondité de l'île de Sicile; on sait que les romains la regarderent comme le grenier de l'Italie. Indépendamment des grains qu'elle produit en abondance, on y recueille beaucoup de soie & d'olives : on y cultive des cotonniers, & l'arbre qui donne les pistaches. Elle a des carrieres de fort-beau marbre, de jaspe & d'agate ; & sur ses côtes occidentales, on pêche du corail.

Constitution. Les états du roi des deux Siciles sont puremen monarchiques. Les loix ont cependant conservé des priviléges à la nation. Les anciens états du royaume y font représentés pa les élus de la ville de Naples, qui sont six pour la noblesse & un pour le peuple. Le clergé n'y fait pas un corps particulier. Il est refondu dans les deux états de la noblesse ou du peuple, selon que les membres sont du haut ou du bas clergé.

Forces. Le roi des deux Siciles est l'un des plus puissans souverains de l'Italie. Ses forces consistent en 30000 hommes de troupes & 40000000 de revenu. Sa marine est composée de 4 vaisseaux de ligne & de 12 tant galeres que chébecs & plusieurs frégates. Ce prince, eu égard à la bonté & à la fréquence de ses ports, à l'abondance & à la population du pays, pourrait, au besoin, faire construire, équipper & armer dans ses états jusqu'à 60 vaisseaux de ligne, mettre 80000 hommes sur pied & lever 100 millions de tribut.

MONNOIES DE NAPLES,
comparées à celle de France,

Monn. de Naples.	Monn. de France.		
	liv.	sols.	den.
L'once de Sicile	12	12	0
L'écu de Sicile.	5	0	9 $\frac{3}{5}$
La piece d'argent de 10 carlins.	4	4	
Le demi-écu.	2	10	4 $\frac{4}{5}$
La piece de 2 carlins.	0	16	9 $\frac{3}{5}$
La piece de 26 grains.	1	1	10 $\frac{2}{5}$
Celle de 23 grains.	0	10	11 $\frac{8}{15}$
Le ducat de change.	4	4	0
Le carlin.	0	8	4 $\frac{4}{5}$
Le grain.	0	0	10 $\frac{2}{25}$
24 grains font environ.	1	0	0

Naples change sur les places suivantes &

donne	pour recevoir.
Sur *Amsterd.* 1 ducat di regno.	76 gros de bc. plus ou moins
Bari. 99 dito plus ou moins.	100 ducati di regno, à usance de 15 jours.
Gênes. 100 dito pl. ou m.	90 piastres de 115 sols h. de bc, pl. ou m. à us. de 22 j. de vue.
Lecce. 99 dito pl. ou m.	100 ducati di regno, à us. de 15 jours de vue.

Livourne.	114 dito pl. ou moins.	100 piastres de 8 réaux à ufance de 15 jours de date.
Londres.	1 dito.	40 den. sterl. plus ou moins.
Rome.	120 dito pl. ou m.	100 écus romains à uf. de 20 jours de date.
Venise.	116 dito pl. ou moins.	100 duc. de bc. à uf. de 15 jours de l'acceptation.

Les ufances des lettres-de-change de Rome, font de 8 jours de vue; de Florence, de 20 jours de date ou 15 jours de vue; de Venife, de 15 jours de l'acceptation; de Gênes & de Livourne, de 22 jours de vue; & d'Efpagne, de 2 mois de date.

Il y a trois jours de grâces accordés; & le troifieme il faut que le payement ou le protêt fe faffe.

A Naples il y a plufieurs banques; les principales font : 1°. *la banque du S. Efprit;* 2°. celle *des pauvres;* 3°. celle *de la piété;* 4°. celle *de S. Élie;* 5°. celle *de S. Jacques.*

Toutes les lettres-de-change & d'autres payements dont le montant paffe les 10 ducats, doivent fe payer par une de ces banques, fous peine de nullité. C'eft par cette raifon que les négocians, les banquiers, les marchands & les particuliers y mettent leurs fonds; & pour reconnoiffance, on leur délivre un papier timbré nommé *madre-fede,* fur lequel eft marqué le nom du particulier & la fomme qu'il a mife en banque, qui fert, pour ainfi dire, de compte courant entre la banque & le propriétaire.

Les payements des lettres-de-change en banque, fe font le famedi de chaque femaine, excepté les lettres à vue, qui doivent être payées à leur préfentation; l'acceptant donne une affignation au porteur de la lettre fur une banque, dans laquelle il fpécifie la fomme, le tireur & les endoffements de la lettre; la banque marque enfuite la forme fur le *madre-fede,* & le teneur de la lettre en eft débité en banque, ou peut recevoir de l'argent comptant tel qu'il le trouve à propos.

MAISON ROYALE.

FERDINAND IV, infant & fils du roi d'Efpagne, né 12 Janv. 1751, roi 5 Oct. 1759, marié 7 Avril 1768, à

Reine. Marie-Charlotte-Louife de Lorraine, fœur de l'empereur, née 13 Août 1752.

Fils. François-Janvier-Jofeph, né 19 Août 1777.

Charles Janvier-François, né 25 Avril 1780.

Filles. Marie-Thérèfe, née 6 Juin 1772.

Marie-Anne-Joséphine, née 23 Nov. 1775.
Marie-Christine, née 17 Janvier 1779.
Marie-Amélie, née 26 Avril 1782.

CONSEIL D'ÉTAT,

LE ROI.

Messieurs.

Le marquis Cito, prince Yaci de Campofiorito, *capit. général.*
Le marquis della Sambucca, *premier secrétaire d'état.*
Le marquis del Marco, *secrétaire d'état.*

Ce conseil se tient trois fois par semaine, en présence du roi. La reine même à le droit d'y assister, lorsqu'elle a accouché d'un prince.

MINISTRES ET SECRÉTAIRES D'ÉTAT, Messieurs.

1776 Le marquis della Sambucca, *affaires étrangeres.*
1776 Le marquis del Marco, *le clergé.*
     Le prince de Cimitille, *les finances.*
1779 Le général Acton, *la guerre & la marine.*

GRANDS-OFFICIERS DE LA COURONNE, Messieurs

1781 Le marquis de Caracciolo, *vice-roi de Sicile.*
1779 Le marquis Cito, *président du conseil.*
     Le marquis de Fuscaldo, *régent de la grande cour de la vicairie.*
1780 D. Ant. Spinelli, *présid. de la chambre du commerce.*
     Le pr. Yaci de Campofiorito, *capit. gén. des forces de terre.*
1772 Le chev. Paschal Borras, *command. gén. des forces de mer.*
     De Miranda, *intendant de la marine.*

MINISTRES RÉSIDENTS

PRÈS LES COURS ÉTRANGERES, Messieurs

Madrid.   Le prince de Reffadali, *amb. extraordinaire.*
France.   Le comte Pignatelli, *amb. extraordinaire.*
           De Pio, *secrétaire d'ambassade.*
Londres.   Le prince de Caramanico, *envoyé extraordinaire.*
La Porte.   De Ludolf, *envoyé extraordinaire.*
Turin.   Le marquis del Gallo, *env. extraordinaire.*

Rome. . . . .
Vienne. Le chev. de Somna, *min. plénipotentiaire.*
Pétersbourg. Le D. de Serra Capriola, *min. plénipotentiaire.*
Lisbonne. . . . .
Copenhague. Le chev. Luccheri, *min. plénipotentiaire.*
Venise. Le marquis de Malespina, *min. plénipotentiaire.*
Milan. De Cantelli, *agent.*
Florence. De Vernaccini, *agent.*
Gênes. De Rati, *agent.*

ÉTAT DE L'ÉGLISE

ÉTENDUE. Cette région, possédée à titre de souveraineté par le pape, est l'une des plus considérables & des plus riches d'Italie. Son étendue est de 9 lieues de long, sur 30 de large. Cet état est partagé en 45 gouvernements, dont la plûpart sont assez intéressans.

Population. Les états du pape comprennent environ un million d'ames. Rome, qui en est la capitale, en contient deux cent cinquante mille, sans y comprendre les Juifs dont le nombre monte a 1000. On y compte 82 paroisses, & 248 maisons religieuses. Cette ville, située sur le Tibre, fut fondée 732 ans avant notre ere: c'est la plus fameuse cité de l'univers, & l'une des plus grandes & des plus superbes. Somptueuse dans ses temples, ses édifices & ses places publiques; extrêmement riche par les monuments anciens & modernes qui la décorent; elle est aujourd'hui la premiere ville du monde, & la célébrité dont elle jouit à tant de titres, y verse de toutes les régions, des flots d'étrangers qui s'y renouvellent sans cesse.

Constitution. La puissance spirituelle que le pape réunit à la temporelle, le rend le plus absolu de tous les souverains; cependant son gouvernement est doux, modéré, fondé sur des loix sages & qui ont pour base l'équité la plus rigoureuse. Ce souverain pontife est élu parmi les cardinaux qui sont ses conseillers nés. Ces princes de l'église romaine portent le chapeau rouge qui leur fut donné en 1265 par le pape Innocent IV, comme une marque de leur obligation de verser leur sang pour l'église. La couleur de leur habit est, suivant le tems, rouge, rose sèche ou violet. Les cardinaux réguliers portent la couleur de leur ordre, avec une doublure rouge. Le chapeau & le bonnet rouge sont communs à tous. Ils ont le titre d'*éminence*, qu'ils partagent avec les trois électeurs ecclésiastiques & le grand-maître de Malte; mais on donne au pape celui de *sainteté*.

Forces. Les revenus du pape montent à environ 25000000 l. monnoie de France. Ce souverain pontife entretient 6000 hommes de troupes réglées. Sa marine consiste en quatre galeres, en deux frégates & quelques chébecs armés en guerre.

MONNOIES DU PAPE,
comparées à celles de France

Monnoies du Pape,	Monnoies de France.		
	liv.	sols.	den.
L'écu romain.	5	5	0
L'écu d'estampe.	7	17	6
Le sequin romain.	10	15	0
Le quartini d'or.	2	12	6
Le jule ou paule.	0	10	6
Le carolin de composition.	0	19	0
La bayoquelle simple.	0	5	0
La bayoque.	0	1	$\frac{1}{2}$
Le teston.	1	11	0
29 bayoques & un quatrin font.	1	0	0

Ont tient à Rome les écritures en écus & bayoques. L'écu vaut 10 jules, ou paules ; & le jule, 10 bayoques : ainsi l'écu vaut 100 bayoques.

Rome change sur les places suivantes, &

donne,	pour recevoir,
Sur Amsterd. 42 bayoq. pl. ou m.	1 borins, bc.
Ancône. 99 éc. rom. pl. o. m.	100 écus romains.
Bologne. 102 dito, pl. o. m.	100 écus monnoies.
Florence. 78 éc. d'est. p. o. m.	100 éc. d'or de 7 $\frac{1}{2}$ liv.
Gênes. 1 écu romain.	125 sols h. de bc. p. o. m.
Livourne. 90 bayoq. pl. ou m.	1 piastre de 8 réaux.
Lyon. 37 éc. d'est. p. o. m.	100 écus de 60 sols tourn.
Madrid. 1 dito.	560 marav. de p. p. o. m.
Milan. 78 dito, pl. ou m.	100 écus impériaux.
Naples. 100 écus romains.	127 duc. di regno p. o. m.
Novi. 109 écus d'estampe.	100 écus de marc.
Paris. 1 écu romain.	105 sols t. p. o. m. à 30 & 40 jours de date.
Venise. 62 éc. d'est. p. o. m.	100 ducats bc.

Les

Les ufances des lettres-de-change tirées des pays étrangers, font de trois femaines après l'acceptation : celles qui font tirées des états du pape fur Rome, ne font que de 15 jours de l'acceptation.

Quoique le famedi de chaque femaine foit deftiné pour le payement des lettres-de-change, il eft d'ufage parmi les négocians de les payer le jour de leur échéance, parce que les jours de faveur n'y ont pas lieu.

Les acceptations faites par un commis d'un négociant fans fignature, font valables. Toutes les lettres tirées des pays étrangers, font acceptées le famedi de chaque femaine, excepté en celle du royaume de Naples, qui s'acceptent le vendredi, & celles des états du pape, le mercredi & le famedi.

Faute d'acceptation & de payement, le protêt doit fe faire dans les jours ci-deffus fpécifiés, où s'acceptent & fe payent les lettres à ufances.

Les lettres à vue & à certains jours nommés, fi elles ne font pas payées à leur préfentation, il faut les faire protefter le même jour.

Tous les payemens fe font par des billets de crédit, ou par des affignations fur le *mont-de-piété*, ou la banque du St. Efprit ; les banquiers, les négocians & les marchands dépofent des gages à ce lombard, & des efpeces à la banque du St. Efprit : pour ces dépôts, on leur délivre des billets de crédit des fommes qu'ils fouhaitent, depuis 10 écus monnoies : ou on leur donne le crédit de leurs dépôts fur les livres. Lorfqu'un banquier ou un négociant a de gros payemens à faire, il affigne fur la banque où il a fes fonds, en faveur de celui auquel il doit payer ; pour cette affignation, le particulier fe fait donner des billets de crédit en fa faveur, pour les fommes dont il a befoin : tous ces billets ont cours dans le commerce comme l'argent comptant.

Les fommes au-deffus de 10 écus monnoies, fe payent dans les monnoies ci-deffus fpécifiées.

SOUVERAIN.

Pie VI (Jean-Antoine Brafchi), né à Cesène, ville de la Romagne, 27 Décembre 1717, cardinal 26 Avril 1773, élu pape 15 Février 1775, facré & couronné 22 du même mois,

CONSEIL D'ÉTAT.

Le pape a pour conseil le sacré college, composé, suivant la bulle de Sixte V, du 3 Décembre 1586, de 70 cardinaux partagés en trois ordres ; six cardinaux-évêques, 50 cardinaux-prêtres & 14 cardinaux-diacres. Les cardinaux-évêques ont chacun un évêché voisin de Rome ; les cardinaux-prêtres & les cardinaux-diacres ont chacun une église de cette métropole.

CARDINAUX QUI COMPOSENT LE SACRÉ COLLEGE

CARDINAUX-ÉVÊQUES.

Création de Bénoît XIV.

1747 J.-Fr. Albani d'Urbin, né à *Rome* 26 Février 1720, doyen.
1747 H.-B.-M.-Cl. Duc d'Yorck, né à *Rome* 6 Mars 1725.

Création de Clément XIII.

1758 Ch. Rezzonico, *Vénitien*, né 25 Avril 1724.
1758 Fr.-Jo. de Pierre de Bernis, *Français*, né 22 Mai 1711.
1759 Jer. Spinola, *Génois*, né 15 Octobre 1713.
1759 André Corsini, né à *Rome*, 11 Juin 1735.

CARDINAUX-PRÊTRES.

Création de Bénoît XIV.

1747 Ch.-Vic. Amédée de Lances, *de Turin*, né 1 Septembre 1712, doyen.
1756 P. d'Albert de Luynes, né à *Versailles*, 5 Janv. 1703.

Création de Clément XIII.

1759 Marc-Ant. Colonna, *Romain*, né 12 Août 1724.
1761 Chr. de Megazzi de Valle & de Solenthern, de *Trente*, né 20 Octobre 1714.
1766 J.-Ch. Boschi, né à *Faenza*, 9 Avril 1715.
1766 Ant. Branciforte, né à *Palerme*, 28 Janvier 1711.
1766 Laz. Opitius Pallavicini, *Génois*, né 10 Octobre 1719.
1766 Vitaliane Borromeo, *Milanès*, né 3 Mars 1720.

Création de Clément XIV.

1771 Ant.-Eug. Visconti, né à *Milan*, 28 Décembre 1713.
1771 Innocent Conti, né à *Rome*, 1 Février 1731.

1773 François Caraffa, *Napolitain*, né 29 Avril 1722.
1773 Fr.-Xav. de Zelada, né à *Rome*, 27 Août 1717.

Création de Pie VI.

1775 Lev. Antonelli, né à *Senigaglia*, 6 Novembre 1730.
1775 J.-Ch. Bandi, né à *Cesène*, 17 Juillet 1709.
1775 Fr.-M. Banditi, né à *Rimini*, 9 Septembre 1706.
1776 L.-Val. Gonzaga, né à *Revere*, 9 Octobre 1725.
1776 J. Archinto, né à *Milan*, 10 Août 1736.
1776 Gui. Calcagnini, né à *Ferrare*, 25 Avril 1725.
1776 Ang.-Ma. Durini, né à *Milan*, 24 Mai 1725.
1777 Bern. Honorati, né à *Jessy*, 17 Juillet 1724.
1777 And. Giovanetti, Camaldule, de *Bologne*, né 6 Janv. 1722.
1777 Alex. Marei, né à *Rome*, 20 Février 1744.
1777 Sigism.-Hyac. Gerdil, né à *Samos*, 23 Juin 1718.
1777 Guil. Palotta né à *Macerata*, 11 Novembre 1727.
1778 Dom. de la Rochefoucaud *Français*, né en 1713.
1778 J.-H. de Frankenberg, né à *Gloskau*, 18 Septembre 1726.
1778 Jos. de Bathiani, né à *Vienne*, 10 Janvier 1727.
1778 Th.-M. Ghilini, d'*Alexandrie*, né 5 Août 1718.
1778 Ch.-Jos.-Phil. de Martiniana, né à *Turin*, 19 Juin 1724.
1778 L. Ren.-Edou. de Rohan, *Français*, né 25 Sept. 1734.
1778 Ferd. Sosa, de Sylva y Péreira, né à *Lisbonne*, 5 Déc. 1722.
1779 Fr. Herzan d'Harras, né 25 Avril 1735.
1780 P. Fr. Antamori, né à *Rome*, 14 Novembre 1712.

CARDINAUX-DIACRES.

Création de Benoît XIV.

1743 Dom. Orsini d'Aragon, *Napolitain*, né 5 Juin 1719.

Création de Clément XIII.

1763 André Negroni, *Romain*, né 2 Novembre 1710.

Création de Clément XIV.

1770 Ant. Casali, *Romain*, né 25 Mai 1715.
1770 Pascal Aquaviva, *Napolitain*, né en 1719.
1773 Fr. Delcy, né à *Sienne*, 6 Octobre 1707.

Création de Pie VI.

1775 Ign. Boncompagni Ludovisi, né à *Rome*, 18 Juin 1743.
1777 Greg. Salviati, né à *Rome*, 12 Décembre 1722.
1778 Jean Cornaro, *Vénitien*, né 30 Juin 1720.
1780 Vinc.-M. Altieri, né à *Rome*, 27 Novembre 1724.

MINISTRES D'ÉTAT.

Le cardinal Pallavicini, *premier ministre & secrétaire d'état.*
Le prélat Campanella, *auditeur.*
Le cardinal Conti, *secrétaire des brefs.*
. . . ., *pro secrétaire des mémoires.*
Le cardinal Negroni, *pro-dataire.*

GRANDS OFFICIERS DU PALAIS PONTIFICAL.

Majordome, le prélat Onesti, *neveu de sa sainteté.*
Maître de la chambre, le prélat Doria Pamphili.
Secrétaire de la chiffre, le prélat Federici.
Camerlingue de la sainte église, le cardinal Ch. Rezzonico.
Vice-chancelier, le cardinal duc d'Yorck.
Préfet du bon gouvernement, le cardinal Casali.
Pénitentiaire majeur, le cardinal Boschi.
Vicaire de sa sainteté, le cardinal Colonna.
Pro-trésorier général, le cardinal Pallotta.
Gouverneur de Rome, le prélat Spinelli.
Commissaire général des armées, le prélat Maffei.
Commissaire-général de la mer, le prélat Mariscotti.

CHEFS DES TRIBUNAUX & DES CONGRÉGATIONS.

Consistoire.	Le Pape, *président.*
Chambre apostolique.	Le card. Ch. Rezzonico, *président.*
	Le prélat Gregori, *audit.-général.*
Chancellerie.	Le card. d'Yorck, *président.*
Pénitencerie.	Le card. Boschi, *président.*
	Le prélat Stay, *dataire.*
Daterie.	Le card. Negroni, *président.*
Conf. d'Avignon & de Lorette.	Le card. Pallavicini, *préfet.*
Tribun. des grâces.	Le card. Salviati, *président.*
Tribun. de Justice.	Le card. Corsini, *préfet.*
Cong. de l'immunité ecclés.	Le card. Boromeo, *préfet.*
Cong. du concile.	Le card. des Langes, *préfet.*
Cong. du saint office.	Le pape, *préfet.*
	Le card. Rezzonico, *secrétaire.*
	Le prélat Sylva, *assesseur.*
Cong. consistoriale.	Le pape, *préfet.*
	Le prélat Negroni, *secrétaire.*
Cong. des rites.	Le card. Jean Archinto, *préfet.*
Cong. de l'index.	Le card. Gerdil, *préfet.*
	Le P. Bonfili, *secrétaire.*

Cong. pour la corr. des liv. de l'égl. orient.	Le card. Boschi, *préfet.*
	Le prélat Borgia, *secrétaire.*
Cong. des év. & des rég.	Le card. Carafta, *préfet.*
	Le prélat Caraffa, *secrétaire.*
Cong. de la résid. des év.	Le card. Colonna, *préfet.*
Cong. de la discip. régul.	Le card. Boschi, *pro-préfet*
Cong. de propag. fide.	Le card. Antonelli, *préfet.*
	Le prélat Borgia, *secrétaire.*
Cong. des indulg. & des reliq.	Le card. . . . . . *préfet.*
	Le prélat Capece, *secrétaire.*
Collège & sémin. romain.	Le card. de Zelade, *préfet.*

PRÉLATS AUDITEURS DE ROTE. Messieurs

Bologne.	Ratta, *Doyen.*	*Arragon,*	Sentmanar.
Ferrare.	Riminaldi.	*Castille,*	de Azedo.
Toscane.	Mannelli.	*Venise,*	Flaugini.
Rome.	Origo.	*Rome,*	Lancellote.
France.	De Bayanne.	*Allemagne,*	De Salm.
Rome.	Soderini.	*Milan,*	Resta.

LÉGATS. Messieurs

Romagne.	Le cardinal Valenti Gonzaga.
Ferrare.	Le cardinal Caraffa.
Bologne.	Le cardinal Boncompagni.
Urbino.	Livizzani, *président.*

NONCES APOSTOLIQUES. Messieurs

Bruxelles.	Brusca, archevêque d'Emesse.
Cologne.	Bellisomi, arch. de Thiane.
Florence.	Crivelli, arch. de Patras.
Lucerne.	Caprara, arch. d'Iconie.
Naples.	. . . .
Paris.	Le prince Doria Pamphili, arch. de Seleucie.
Pologne.	Archeti, arch. de Calcédoine.
Portugal.	Ranuzzi, arch. de Tyr.
Espagne.	Colonna de Stigliane, arch. de Sebaste.
Turin.	L'abbé, comte Codronchi.
Venise.	Firrao, arch. de. . . .
Vienne.	Garampi, évêq. de Montefiascone.
Malte.	Zondadari, *inquisiteur.*

CONFALONIER PERPETUEL DU SENAT ET DU PEUPLE ROMAIN, ET SÉNATEUR DE ROME.

Le prince Louis Rezzonico, chevalier de l'étole d'or & procurateur de S. Marc.

PRÉLATS gouverneurs des villes de l'état ecclésiastique.

Rome.	Ferd. Spinelli.
Ancône.	L. Gazzoli.
Ascoli.	Ant. Tomati.
Bénévent.	P. Jos. Giustiniani.
Camerino.	Désid. Spreti.
Citta di Castello.	Pierre Gravina.
Civita-Vecchia.	J. B. Mirelli.
Fabriano.	Phil. Raphaëlli
Fano.	J. Ch. Borromeo.
Fermo.	Ferd. Fantuzzi.
Frosinone.	J. B. Baldassini.
Jesi.	Fr. Cacherano.
Lorette.	Ph. Casoni.
Macerata.	Ant. Lanté.
Mont'alto présidato.	. . . .
Narni.	. . . .
Norcia Prefettura.	D. Campanari.
Orviete.	Et. Riva.
Perouse.	J. Fr. Arrigoni.
Rieti.	. . . .
Sabine.	Viv. Orfini.
San Severino.	Barn. Belli.
Spolete.	François Bucciorti.
Viterbe.	Ang. Altieri

VICE-GÉRENTS.

Terni.	Jos. Amici.	Todi.	J. Fr del Bene.
Tivoli.	Dom. Torti.		

GOUVERNEMENTS qui se donnent par brefs à des docteurs.

Anagni.	Ant. Bartoli.
Assise.	Ant. Benedetti.
Cesène.	Biag. Brenciaglia.
Citta della Pieva.	J. G. Massani.
Civita Castellana.	L. Serafini.

ÉTAT DE L'EGLISE.

Comacchio.	J. Fr. Grigorini.
Faenza.	Nic. Montanari.
Foligno.	And. Donati.
Forti.	Ant. Vais.
Imola.	Vinc. Betti.
Matelica.	A. Bonifazi.
Monte S. Gio.	Fel. Maurizi.
Rimini	
Terracine.	Fort. Jof. Pesci.
Valentano.	P. Paul Sperelli.
Veroli.	Ger. Bianchi.
Vetralla.	Fr.-Vict. Rota.
Visso.	Arch. Alessi.

GOUVERNEUR DU CHASTEAU SAINT-ANGE.

Le bailli Ricci.

DIRECTEUR GÉNÉRAL DES POSTES.

Le marquis Camille Massimi.

JUGE DU PEUPLE ROMAIN.

Le prélat Pierre Négroni.

1720. *SARDAIGNE*, catholique.

ÉTENDUE. Les états du Roi de Sardaigne comprennent la Savoie, le Piémont, une partie de la Lombardie, & l'île de Sardaigne. Les états de ce prince en terre-ferme, font contigus & ils ont 75 lieues de long, sur 50 de large, & 300 de circonférence y, compris la principauté d'Oneille. Ils font bornés au sud, par la république de Gênes & la mer méditerranée ; à l'est par le Milanès & le duché de Plaisance, & à l'ouest, par la Bresse, la Provence & le Dauphiné ; & au nord, par la Suisse.

Population La Savoie comprend 347 mille ames ; Chamberi, qui en est la capitale, en contient 20 mille dans ses murs. La population du Piémont est de 1500 mille habitans, dont 90 mille occupent la ville de Turin, sa capitale. L'Isle de Sardaigne ne comprend pas plus de 200 mille ames. Les provinces que le Roi de Sardaigne possede en Lombardie, nourrissent environ 500 mille habitans ; ce qui fait, pour tous les états de ce prince, une population d'environ deux millions trois cents cinquante mille ames.

Production. Un pays tel que la Savoie, qui, à l'exception de quelques cantons, est en grande partie montagneux, coupé de torrents, de ravins, de précipices, où toutes les saisons font craindre de grands ravages, où la culture des terres est fort pénible, semble ne pas être une ressource d'où le souverain puisse tirer de grandes richesses. Cependant on assure que ce duché rapporte, année commune, plus de deux millions à la cour de Turin. Le Piémont, dont le terroir est aussi fertile & aussi délicieux, que celui de Savoie est ingrat, vaut seul à la couronne 13 millions, & la Sardaigne un million.

Impositions. Les impositions sont mises ici sur les fonds, sur les personnes & sur les consommations. La taxe des terres est une taille réelle dont aucun bien n'est exempt, si ce n'est celui de l'église ; elle produit

de l'église ; elle produit	5000000 l.
La capitation	6000000
Le *Gioatico*, ou l'imposition supportée par les bœufs & par les vaches	5000000
L'impôt sur le sel	6000000
La vente du tabac	500000
L'impôt sur les cartes	150000
La loterie	160000
La taxe des auberges & des boucheries.	800000
La permission de vendre des chandelles.	115000
Les greffes	114450
La vente de la poudre à giboyer	37876
Les papeteries & les droits de gabelles	590750
Les marbres de Valdieri.	200000
Les Juifs.	18000
Différents droits sous diverses dénominations	3000000
	27,506,076.

Administration. La prodigalité, la dissipation des finances, les profusions journalières & dévorantes, ces vices malheureusement trop communs, la Maison de Savoie ne les connaît pas, & se fait une gloire de savoir les éviter. Elle regarde, dit M. le comte d'Albon, ses revenus comme un précieux dépôt, dont elle peut user avec économie, mais dont elle se reprocherait l'abus comme criminel. L'ordre le plus constant, l'économie la plus sévère, regnent partout. Les simples familles pourraient apprendre de la cour de Turin, comment on épargne sans avarice.

Le Roi de Sardaigne est toujours bien servi & à peu de frais. Ses ministres se distinguent presque tous par leur mérite ; & c'est presque toujours à leur mérite qu'ils doivent leur élévation.

Flattés

flattés de la confiance, honorés de l'estime du souverain, ils ne demandent pas d'autre récompense de leurs services, & semblent mépriser la fortune qu'on attache ailleurs aux grandes places. Un secrétaire d'état ne reçoit que 15 mille livres d'appointements. Le contrôleur-général & le trésorier-général des finances ne retirent chacun, pour le dédommagement de leurs peines, que la modique somme annuelle de 6000 livres. La cour donne au premier président du parlement de Turin, 5000 livres; pour tout le sénat de Chambéri, 12000 livres; aux intendans des petites provinces 3000 livres. Les ambassadeurs auprès des cours étrangères reçoivent un traitement qui leur suffit, mais qui ne leur permet pas de s'écarter de l'économie, dont le souverain leur donne l'exemple. Le mieux partagé de tous, pour les revenus, est celui qui réside à la cour de France. Il ne reçoit pourtant que 50000 liv. celui de Rome en a 20000; & celui des états-généraux, 10000. Toutes les pensions ne montent qu'à 10 mille écus. Le Roi lui-même ne prend, pour ses menus-plaisirs, que la somme de 40000. Toutes ces épargnes servent à entretenir des caisses destinées à payer les portions congruës des curés qui n'ont pas de revenus, à soulager les paroisses ravagées par quelque fleau, à pourvoir à l'éducation de la jeunesse indigente, à soutenir, encourager, fonder & multiplier les établissemens utiles; enfin à répandre les bienfaits sur le mérite, les secours sur les misérables & les infortunés. Daigne le ciel multiplier les jours d'un prince qui fait un tel usage de la puissance que le ciel lui a confiée!

Forces. En tems de paix, la couronne de Sardaigne entretient 30000 hommes sur pied, y compris les gardes-du-corps. Il faut y ajouter 6000 invalides & 10000 hommes de milice à un tiers de paie. Ces milices s'assemblent deux fois l'année, & restent assemblées chaque fois pendant huit jours. Pendant la guerre, le Roi a ordinairement 3000 hommes d'infanterie, 4000 hommes de cavalerie, & 14000 hommes de troupes étrangères.

L'entretien de ses troupes coûte en tems de paix	8100000 l.
Son artillerie	280000.
Sa maison militaire	1420000.
Les fortifications	1040000.

Législation. Le chapitre IV du titre VIII du livre premier des loix publiées par le feu Roi de Sardaigne, s'exprime ainsi: » Tous les Juifs, de quelque sexe qu'ils soient, devront porter » à découvert entre le bras droit & la poitrine, dès qu'ils » auront atteint l'âge de 14 ans, une marque de couleur » jaune dorée de soie ou de laine, de la longueur d'un tiers,

» de tas, de façon qu'ils puissent manifestement être distingués
» des Chrétiens, sous peine de 25 livres contre chacun, &
» chaque fois qu'ils contreviendront. Nous les dispensons néan-
» moins de porter ladite marque pendant qu'ils seront en
» voyage, & jusqu'à ce qu'ils se trouvent dans leur propre
» habitation ».

Langues. On se sert en Savoie de la langue française pour les écritures. En Piémont on emploie la langue Italienne. Dans l'Isle de Sardaigne les écritures se font en langue Espagnole. Tous les moyens dont le gouvernement s'est servi pour introduire la langue Italienne dans les colléges de l'Isle de Sardaigne, ont été jusqu'à présent inutiles.

MONNOIES DE SARDAIGNE
comparées à celles de France.
Au pair.

Mon. de Sardaigne.	Mon. de France.		
	liv.	sols.	den.
Le carlin de 110 liv.	144	0	0
La pistole ou doppia de 24 liv.	28	16	0
La demi-pistole.	14	8	0
Le ¼ de pistole.	7	4	0
Le sequin.	11	6	6
L'écu de 6 liv.	7	4	0
Le picola scudo, ou ½ écu.	3	12	0
Le teston de 30 sols.	1	16	0
La livre qui étoit autre-fois réelle, & qui actuellement n'est plus que fictive.	1	4	0
La piece de 7 sols ½.	0	9	0
Celle de 2 sols ½.	0	3	0
Le sol.	0	1	2 $\frac{4}{10}$
La piece de 2 deniers.	0	0	2 $\frac{4}{10}$

Toutes les monnoies étrangeres ont cours dans la Savoie, à raison du prix fixé par les ordonnances. *Voyez sur cela l'édition de 1783, page 58.*

SARDAIGNE.

La proportion entre l'or & l'argent est comme 1 à 14$\frac{1}{15}$.

On y change sur les places suivantes, &

	Donne,	Pour recevoir,
Sur Amsterd.	38 s. de Piém. p. ou m.	1 fl. bc. à usance.
Augsbourg & Vienne,	46 dito, plus ou m.	1 fl. courant.
Genève,	86 sols, plus ou m.	1 écu de 3 liv. cour.
Gênes,	9 $\frac{1}{2}$ liv. plus ou moins.	1 Zecchin hors de bc.
Hambourg,	30 dito, plus ou m.	1 marc lub. bc.
Lisbonne,	42 dito, plus ou m.	1 crusade 400 rées.
Livourne,	82 sols, plus ou m.	1 piastre de 8 réaux.
Londres,	20 liv. plus ou m.	1 liv. sterl.
Paris,	51 sols, plus ou m.	1 écu de 60 s. t. à vue & aux payemens.
Madrid,	68 sols, plus ou m.	1 piastre de 8 réaux.
Milan,	98 dito, plus ou m.	1 philip. de 7 $\frac{1}{2}$ liv. cour.
Rome,	91 dito, plus ou m.	1 écu de 10 paules.
Venise,	84 sols, plus ou m.	1 ducat bc.
Ou,	54 dito, plus ou m.	1 ducat cour.

Les usances des lettres-de-change de Londres sont de 3 mois de date; de celles d'Espagne, de Portugal, de Hollande, de Breme, de Lubeck, de 2 mois de date; de celles de France, de 1 mois de date; de Rome, d'Ancône, de Naples, de Sicile, de 21 jours de vue; de Bergame, de Bologne, de Florence, de Livourne, de Genève, de Milan, de Gênes, de Venise, d'Augsbourg, de Vienne & d'Allemagne, de 15 jours de vue.

Il y a 15 jours de grâce accordés, mais qui sont arbitraires pour le teneur d'une lettre-de-change : on peut faire protester le jour de l'échéance, ou attendre jusqu'au cinquieme jour; le dimanche & les jours de fêtes y sont compris : si le cinquieme jour se trouve un dimanche ou autre jour de fête, il faut que le payement ou le protêt se fasse le jour auparavant.

Les lettres de-change qui se négocient là le jeudi, le vendredi & le samedi, se payent le lundi après; & celles qui se négocient le lundi, le mardi & le mercredi, se payent le jeudi après; mais cette coutume est arbitraire : suivant la loi, celui qui fournit la lettre, en peut d'abord prétendre le payement.

MAISON ROYALE.

Victor Amedée III, né 26 Juin 1726, roi de Sardaigne 20 Février 1773, marié 31 Mai 1750, à

Reine. Marie-Ant. Ferdinande d'Espagne, née 17 Nov. 1729.

Fils. Ch.-Em. Ferd.-M. prince de Piémont, né 24 Mai 1751, marié 27 Août 1775, à

M.-Adél.-Clot. de France, née 23 Sept. 1759.

Fils. Vict.-Em. de Savoie, duc d'Aost, né 24 Juillet 1759.

Maur.-M.-Jof. duc de Montferrat, né 13 Sept. 1762.

Ch.-Fel-Jof.-M. duc de Genève, né 6 Avril 1765.

Jof.-Ben.-M.-Plac. comte de Maurienne, né 5 Oct. 1766.

Fille. Marie-Anne-Charlotte, née 17 Déc. 1757.

Frere. Ben.-M.-Maur. duc de Chablais, né 21 Juin 1741, marié 19 Mars 1775, veuf en 1783.

Sœur. Marie-Félicité, née 19 Mars 1730.

MAISON DE SAVOIE-CARIGNAN.

Ch.-Em.-Ferd.-J.-M. Louis pr. de Carignan, né 24 Oct. 1770.

Mere. Jof.-Th. de Lorraine, princesse douairiere de Carignan, née 26 Août 1753.

Oncle. Eugene-M.-L. Hilaire, né 21 Oct. 1753.

Tantes. Charlotte Marie-Louise, née 17 Août 1742.

Léopoldine-Marie, née 21 Déc. 1744, mariée au prince Doria Pamphili.

Gabrielle-Marie, née 17 Mars 1748, mariée en 1769 au prince Ferd. Lobkowitz.

MINISTRES D'ÉTAT. Messieurs

Le comte Bogino de Migliandolo, chevalier grand-croix de l'ordre de S. Maurice & de S. Lazarre.

Le comte Lascaris de Castellar, chevalier de l'ordre de l'Annonciade.

Le comte della Marmora, chevalier de l'ordre de l'Annonciade, & lieutenant-général de la cavalerie.

Le marquis d'Aigblanche, chevalier de l'ordre de l'Annonciade, chevalier grand-croix & commandeur de celui de S. Maurice & de S. Lazarre.

Le comte Corte de Bonvoisin, chevalier grand-croix de l'ordre de S. Maurice & de S. Lazarre.

Le comte Perron de S. Martin, chevalier de l'ordre de l'An-

SARDAIGNE.

nonciade, chevalier grand-croix de celui de S. Maurice & de S. Lazarre, & général de la cavalerie.

Ch.-Fr. Demorri di Castelmagno, chevalier grand-croix & grand trésorier de l'ordre de S. Maurice & de S. Lazarre.

Departements de Messieurs les Secrétaires d'État.

Affaires étrangeres.	M. le comte Perron de S. Martin, *premier secrétaire d'état.*
	M. le comte Perret d'Hauteville, conf. des finances, *conf. d'état.*
Affaires intérieures.	M. le C. de Bonvoisin, *prem. secr. d'état.*
	M. Jac. Pio Bertolotti, *premier commis.*
La guerre.	Le chev. Coconito Montiglio di Montiglio, *premier secrétaire.*
	M. Tolosano, av. *premier commis.*

GRANDS OFFIICIERS DE LA COURONNE.
Messieurs

Grand aumônier.	Costa d'Arignano, archev. de Turin.
Grand-chambellan . . . .
Grand-maître de la maison du roi.	Le comte de Marmora.
Grand écuyer.	Le comte Solaro di Fabria.

Chefs des principaux départements relatifs à l'administration publique. Messieurs.

Contrôleur-général.	Le comte Derossi de Tonengo.
Général des finances.	Le marquis Fontana di Cravanzana.
Trés.-gén. des troupes.	Le chevalier della Chiesa di Ponzano.
Intendant-général de la maison du roi	Vassal Somatis de Monbel, *régent.*
Int.-gén. de l'artillerie.	Le chevalier Angiono.
Int.-gén. des fortifications & arsenaux.	Le ch Bertolini, *surintendant & conserv. des bois & forêts de la couronne.*
Int.-gén. des gabelles.	Le chevalier Giaime.
Insp.-gén. du tabac.	Le sieur Barberis, pere.
Direct. gén. des postes.	Le chevalier Colomb.
	Le chevalier Boccardi, *en second.*

Chefs des principaux départemens relatifs à l'administration des affaires de Sardaigne.

Vice-roi.	Le comte Valperga, chevalier grand-croix de l'ordre de S. Maurice & S. Lazarre.

H iij

SARDAIGNE.

Chancelier.	Le comte Corveſi di Gorbio.
Secr d'état & de guerre auprès du vice roi.	D. Silveſtro Borgeſe.
Intendant-général.	D. J. B. Toeſca.
Contrôleur général.	D. René Gros.
Conſerv. gén. du tabell.	D. J. B. Toeſca.
Treſorier-général.	D. Gemiliano Deidda.

INTENDANS DES PROVINCES.

INTENDANS-GÉNÉRAUX. *Meſſieurs*

Savoie.	Le comte Sechi della Scaletta.
Nice.	Le comte Cortina di Malgrà.
	D. Guigliotti, préf. d'Oneglia, *vice-int.*
Alexandrie.	Le comte Caccia di Romentino.
Montferrat.	D. P.-Ant. Canova.
Novareſe & Vigevenaſque.	Le chevalier Lovera.
	Ig. Rogeri, *vice-int. pour le Novareſe.*

INTENDANS PARTICULIERS. *Meſſieurs*

Savoie.	Le baron Garnier d'Allonzier,
	Le comte Avogadro de Collobian, *vice-int. gén.*
Génevois.	Le comte Ballada di S. Roberto.
Chablais.	Fr.-Ant. Peſcatore.
Fauſſigny.	Fél.-Cl. Rolfi.
Tarantaiſe.	Le-ch. Olive.
Maurienne.	Le chevalier Aleſſio de S. Real.
Carouge.	J. B. Foaſſa Friotto.
Turin.	Le comte Ponziglione di Borgo-d'Ale, *int.-gén. du Piémont.*
Albe.	Le comte de Calandra.
Aſt.	Le comte Bottonne de S. Joſeph.
Bielle.	P.-Ant. Rubatti.
Cuneo.	Ch.-Fél. Leprotti.
Ivrée.	Le chevalier Ghilini.
Mondovi.	Le chevalier Arborio Gattinara.
Pignerol.	Ch.-Vict. Pagan.
Saluces.	Joſ.-M. Deroſſi.
Suze.	Le comte Galeani di Cocconato.
Verceil.	J.-B. Patria.
Acqui.	Laur. Perp. Criſtiani.
Tortone.	P. Gatti.
Voghera.	Le chevalier Ratti Oppizzonne.

SARDAIGNE.

ÉTAT-MAJOR DES ARMÉES.

CAPITAINES GÉNÉRAUX. *Messieurs*
Le D. de Chablais.
Le D. d'Aost.
Le D. de Montferrat.

GÉNÉRAUX *Messieurs*
Le prince de Baden-Dourlach, *infanterie.*
Le comte di Favria, *cavalerie.*
Le comte Mazzeti, ... ⎫
Le marquis di Curié, ... ⎬ *infanterie.*
Le chevalier Tarino Imperiale, ⎭
Le marquis di S. Marzano, *cavalerie.*
Le duc de Genève.
Le comte de Maurienne.
Le comte Pinto, ... ⎫ *infanterie.*
Le comte Provana di Leyni, ⎭
Le comte Perrona, ⎫ *infanterie.*
Le baron de Viry,. ⎭
Le comte Badat, ... ⎫ *infanterie.*
Le comte Valesa, *inspecteur-général des armées*, ⎭
22 *lieutenans-généraux*, 21 *majors-généraux* & 28 *brigadiers.*

ARCHEVÊQUES ET ÉVÊQUES.

ARCHEVEQUES DE SARDAIGNE. *Messieurs*
Cagliari, D. Melano di Portula, *domin.*, né 27 Sept. 1733.
Oristano, D. . . . .
Sassari, D. . . . .

ÉVEQUES DE SARDAIGNE. *Messieurs*
Iglesias,   D. Marrone de la Tour d'Usson, né . . .
Ales,   D. Pilo, *carme*, né 23 Mars 1717.
Alghero, D. Radicati, *dominicain*, né 29 Septembre 1719.
Ampurias, D Arras, né 13 Octobre 1717.
Bosa,   D. Quasina, né 13 Novembre 1721.
Galtelli, D. Serra Urru, né 9 Janvier 1729.

ARCHEVEQUE EN SAVOYE.
Tarentaise à Moutiers, M. Gasp.-Laurent de S. Agnès, *mi.*, né 14 Avril 1725.

ÉVEQUES. *Messieurs*
Genève, Biord de Samoëns, né 16 Octobre 1719.
S. J. de Maurienne, Compans de Brichanteaux, né 13 Déc. 1737.
Chamberi, Michel Conseil, né 19 Mars 1716.

H iv

SARDAIGNE.

ARCHEVEQUES EN PIEMONT.

Turin, M. Costa d'Arignano, né 10 Mars 1737.

ÉVÊQUES. *Messieurs*

Fossano, Morozzo di Magliano, né 6 Novembre 1721.
Ivrée Le comte de Settravalle, né 29 Avril 1735.
Mondovi, ...
Pignerol, D'Orlie de St. Innocent, né 21 Juin 1709.
Saluces, ...
Ast, Caissotti di Chiusano, *orat.*, né 19 Juin 1724.
Verceil, Le cardinal de Martiniana.
Aoste, Dannessi di Thorens, né 9 Avril 1704.
Nice, Valperga di Maglione, né 11 Août 1740.
Bielle, Viancino di Tornella.
Suse, Ferraris di Genola, né 20 Octobre 1745.

ÉVÊQUES DU MONTFERRAT, *Messieurs*

Acqui, Jos. M. Corte, né 9 Décembre 1727.
Albe, Langosco Stroppiana, né 23 Octobre 1722.
Casal, Avogadro, *chan. rég. de la Tr.*, né 12 Déc. 1708.

ÉVÊQUES DANS LA LOMBARDIE. *Messieurs*

Alexandrie, Derossi, né 25 Mai 1708.
Novare, Balbis Bertone di Chieri, *chanc. de l'ordre de l'Annonc.*, né 2 Juin 1725.
Tortone, ...
Vigevano, Scarampi di Prunei, né 24 Février 1720.
Bobbio, Fabi augustin, né . . .

ORDRE DE CHEVALERIE.

1362 ORDRE DE L'ANNONCIADE.

Voyez sur la naissance de cet ordre l'édition de 1783 p. 321.

LE ROI, *chef*.

CHEVALIERS *Messieurs*

Le prince de Piémont.
Le duc d'Aoste.
Le duc de Monferrat.
Le duc de Génevois.
Le comte de Maurienne.
Le duc de Chablais.
Le pr. Eugene de Carignan.
L'Abbé de S. Gal.
Le comte Mazzetti.
Le marquis di S. Marzano.
Le comte di Favria.
Le marquis di Cirié.
Le comte Provana di Leyni.
Duperron, comte de S. Martin.
Le comte de Montalte.
Le comte des Hayes.
Le comte Lascaris de Castellar.
Le comte della Marmora.
Le baron de Viry.
Le marquis d'Aigblanche.

SARDAIGNE.

OFFICIERS DE L'ORDRE. *Messieurs*

Balbis Bertone, év. de Novare, *chancelier.*
Spinola di Garessio, *maître des cérémonies.*
Le marquis Vivalda, *trésorier.*
De la Lande de Roquefeuille, *roi-d'armes & héraut.*

ORDRE DE ST. MAURICE ET DE ST. LAZARRE.

CHEVALIERS GRAND-CROIX.

Tous ceux qui appartiennent à l'ordre précédent, & dont on vient de donner les noms, sont aussi de celui-ci.

Messieurs

Le marquis Lambertini, *commandeur.*
Le comte de Viry.
Le comte Lanfranchi di Ronsecco, *grand-chancelier.*
Le comte Bogino di Mighandolo, *commandeur.*
Le comte Provana de Leyni.
Le comte di Masino.
Le marquis de Cordon.
Le comte Gabaleon di Salmour.
Le comte Tarino impériale.
Le comte de Scarnafigi, ambassadeur en France, *commandeur.*
Le comte Guarene.
Le comte de Castelmagno.
D. Frichignono di Quaregna.
L'abbé de S. Janvier.
Le comte Corre de Bonvoisin.
Le chevalier Mossi, lieutenant général.
Le comte Coardi di Carpenetto.
Le comte de S. Sébastien.
Le chevalier Coconito Montiglio di Montiglio.
Le comte Pinto di Bairi, *commandeur.*
Le comte Panissera.
Le marquis di Bernezzo, *commandeur.*
Le comte Solaro di Moretta.
D. Métral, lieutenant-général.
Le comte Cordara di Calamandrana.
Le comte Badat.
Le comte d'Andon.
Le comte d'Husin de Valdisera.
D. Solaro di Moretta.
Le comte Balbian di Viale.

SARDAIGNE

Le chevalier Moſſi di Morano.
Le Marquis de Cravanzana.
Le comte Salteur, *premier préſident du parlement de Chambé*
Le comte Durini.
Le comte di Monteleone.
D. Inciſa di Camerana, *commandeur*.
Le comte di Caprilio, *comm. & prem. ſecrét. du grand maît*
M. Brero, *héraut*.

MINISTRES DE SARDAIGNE
PRÈS LES COURS ÉTRANGERES. Meſſieurs

France.	Le comte de Scarnafigi, *ambaſſadeur*.
Eſpagne.	Le chevalier Moſſi di Morano, *ambaſſadeur*.
Vienne.	Le comte Graneri, *envoyé extraordinaire*.
Angleterre.	Le marquis della Tour di Cordon, *env. extraord*
Naples.	Le marquis de Bieme, *envoyé extraordinaire*.
Pruſſe.	Le comte Fontana, *envoyé extraordinaire*.
Ruſſie.	Le marquis di Parella, *envoyé extraordinaire*.
Rome.	Le comte Valperga di Maglione, *miniſtre plénip*
Portugal.	Le chevalier Nomis di Pollone, *miniſtre plénip*.
Veniſe.	Le chevalier di Bagnolo, *réſident*.
Genève.	Le baron Deſpines, *réſident*.
Hollande.	Le comte di Mirabello, *miniſtre*.
Gênes.	Le chevalier Nomis di Coſſilla, *miniſtre*.
Saxe.	Salomon, *chargé d'affaires*.

AGENTS. Meſſieurs

Vienne.	Negelin de Blumenfeld.
Lyon.	Violet.
La Haye.	Goſſe, le jeune.
Toſcane.	Paul Baretti.

CONSULS DE SARDAIGNE EN PAYS ETRANGERS
Meſſieurs

Amſterdam.	Triguetti.	*Majorque.*	Bourbon.
Ancône		*Maroc.*	D Audibert Caille
Fermo.	Le C. Aſd. Vinci.		*conſ.-gén.*
Gênes.	Volmi.	*Rome.*	Brina.
La Spezia.	Crozza.	*Palerme.*	Raibaudi.
Livourne.	Baretti.	*Sinigaglia.*	Le ch. Benedetti
Londres.	Boyer.	*Trieſte.*	Beluſco.
Marſeille.	Righini, *conſ.-gén.*		
	pour toute la méditérannée.		

800. ANGLETERRE, église Anglicane.

Étendue. Les états Britanniques font composés de deux grandes îles, dont la premiere, qui est la plus étendue, renferme l'Angleterre proprement dite avec l'Ecosse; l'autre contient l'Irlande. Chacune de ces trois contrées porte le titre de royaume. La grande Bretagne a 220 lieues de longueur, sur une largeur d'environ 80.

Population. On compte environ 8 millions d'habitans dans les îles Britanniques. L'Irlande en comprend 1800 mille. Londres, qui est la capitale de l'Angleterre proprement dite, ne comptait, au commencement du dernier siecle, que 250 mille habitans. En 1650, on y en trouva 450 mille; en 1670, 800 mille, & en 1690, un million. Cette capitale doit cet accroissement si subit, & à la sage législation de Cromwel, & au sentiment de liberté qui y anime tous les citoyens.

Constitution. Le gouvernement Anglais est en même-tems monarchique, aristocratique & populaire. Les rois y disposent de toutes les charges: la justice se rend en leur nom. Ils font les alliances, les treves, la paix & même la guerre quand il leur plaît, pourvu que ce soit du revenu qui leur est assigné; mais ils n'ont pas le droit de mettre des impositions, de faire des loix, ou de les abroger, sans le consentement de la nation représentée par le parlement. Depuis l'union de l'Ecosse & de l'Angleterre, opérée en 1706, il n'y a, pour ces deux royaumes, qu'un seul parlement qui siége à Londres. L'Ecosse y envoye 16 pairs & 45 députés. Les premiers ont voix dans la chambre haute, & les seconds dans celle des communes. L'Irlande a son parlement particulier, qui réside à Dublin. Le parlement de la grande Bretagne, que le roi convoque ou dissout quand il lui plaît, est composé d'environ 800 membres, dont 235 forment la chambre haute, & le reste compose la basse.

Revenu. La couronne d'Angleterre n'a pour ainsi dire aucun patrimoine; mais la nation accorde annuellement au roi une pension d'environ 900 mille liv. sterling, ou 20 millions 250 mille liv., monnoie de France, sans y comprendre celle qu'elle fait aussi aux princes du sang. La maison régnante jouit aujourdhui d'un revenu de 30 millions, y compris celui qu'elle retire & des droits d'accise, qui tiennent lieu des droits féodaux aliénés par Charles II, & de ses possessions d'Allemagne.

Le revenu ordinaire de l'Irlande monte à 1,200,000 liv. sterling ; les anciens impôts additionnels à 380,000 ; les nouveaux à 140,000 ; les impôts du timbre, les amendes, &c. 80,000 ; ce qui, en défalquant 500,000 liv. sterling que coûtent les perceptions & divers autres objets, forme un total net de 1,300,000 liv. sterling. Ses dépenses sont : liste civile, 330,000 liv. sterl.; établissemens militaires, 938,000 ; dépenses extraordinaires, 432,000 : total, 1,700,000 liv. sterl.; de manière que la dépense surpasse la recette de 400,000 liv. sterl.

Dette publique. La dette publique d'Angleterre était de 14,000 000 sterl. à la mort du roi Guillaume ; à celle de la reine Anne, elle montait à 50 ; en 1722, elle se trouva de 55 ; quatre ans après, en 1726, elle était diminuée de 3,000,000, & réduite à 52 ; en 1739, après dix-sept ans de paix, les Anglais en devaient encore 47. En 1763, la dette publique s'était accrue successivement jusqu'à 146,000,000, & dans le cours des douze années suivantes, jusqu'en 1775, elle n'avoit éprouvé qu'une diminution d'environ 11 000,000. Depuis cette époque, elle n'a fait qu'augmenter tous les ans ; & au moment où nous écrivons, à la conclusion de la guerre Américaine, elle passe 250.000,000 sterl., ou 5,625,000,0000, monnoie de France.

Forces. Les Anglais, chez lesquels tout citoyen est animé du plus ardent patriotisme, passent pour être les soldats les plus déterminés de l'Europe. Dans l'avant-derniere guerre, ils avaient 220 mille hommes de troupes de terre sur pied. En tems de paix, ils n'entretiennent pas plus de 24 mille hommes de troupes réglées ; & c'en est assez pour des insulaires défendus par des barrieres naturelles & par la sage constitution de l'état. La marine Angloise, en y comptenant 98 bâtimens de différentes grandeurs, est aujourd'hui composée de 624 vaisseaux, parmi lesquels on en compte 123 de ligne de 60 à 110 canons.

Commerce. Les papiers publics qui ont fait le calcul des profits annuels du commerce de la grande Bretagne, les fixent à 11 millions sterl., ou 227 millions 500 mille livres, monnoie de France. Celui d'Europe produit quatre millions sterl.; celui des Indes orientales autant ; celui des Indes occidentales, deux millions sterl., & celui de l'Amérique septentrionale, un million sterling. Ce calcul est fait pour une année de paix ; & l'on suppute que la nation, après avoir fourni à tous ses besoins, peut augmenter ses richesses de six à sept millions sterl.

Religion. La religion des Anglais est le culte des épiscopaux. Avec une croyance assez semblable à celle des calvinistes, ils ont retenu la hiérarchie ecclésiastique des catholiques. Il existe cependant parmi eux, un grand nombre de presbytériens qui, sans appartenir à l'église Anglicane, exercent librement leur culte, & jouissent de tous les priviléges attribués aux épiscopaux. Le gouvernement y tolere aussi la plupart des autres sectes qui affligent la terre. Tous les calculateurs, depuis Warner jusqu'au docteur Wadson, actuellement évêque de Landaff, portent les revenus du clergé à 210,000 liv. sterl. qu'ils partagent en deux lots, dont l'un, de 100,000, appartient aux évêques, & l'autre, de 110,000, aux ecclésiastiques préposés au gouvernement des paroisses, & dont le nombre est de 10,500. Ce tableau a donné lieu à un autre dans lequel on a rapproché les différentes estimations faites par divers écrivains, des biens-fonds ecclésiastiques, ou de main-morte d'Angleterre. L'évêque de Landaff les distribue ainsi: biens de l'université de Cambridge, 60,000 liv. sterl.; de celle d'Oxford, 120,000; des évêchés, 110,000; des doyennés & chapitres, 90,000; des bénéfices, 1,100,000: total, 1,490,000. L'évaluation du docteur Warner les porte à 1,680,000; celle du docteur Young, à 1,600,000; & celle du docteur Burn, à 1,500,000 liv. sterl.

Usages. Au milieu du festin de cérémonie que le roi d'Angleterre donne, à son couronnement, à tous les grands de la cour, un guerrier armé de toutes pieces, monté sur un cheval de bataille, couvert de mailles de vermeil, entre dans la salle, précédé d'un autre chevalier qui porte sa lance. Ce guerrier s'approche du roi, lui fait une profonde inclination, & lui présente un écrit dont la lecture se fait tout haut, en présence de l'assemblée. Cet écrit contient que celui qui se présente, annonce publiquement à tout le royaume que, s'il se trouve quelque chevalier ou écuyer qui veuille contester l'élection du souverain, il est prêt d'en soutenir la légitimité, les armes à la main, en présence du roi, & le jour qu'il plaira au prince d'indiquer. Il sort ensuite de la salle, & s'avance dans la cour du palais, où il réitere quatre fois le même défi, au son de la trompette, en observant de jeter chaque fois son gantelet par terre, pour gage de bataille, que le hérault d'armes a soin de relever aussi-tôt. Les écrivains Anglais prétendent que ce guerrier représente la nation. Le roi ne combat pas lui-même, pour soutenir ses droits; il n'a d'autre champion de sa puissance, que la patrie.

MONNOIES.

ESPECES D'OR.

Monn. d'Angleterre.	Monn. de France.		
	liv.	fols.	den.
La piece de 5 guinées,	122	0	0
Celle de 2 guinées,	48	16	0
La guinée,	24	8	0
La demi-guinée,	12	4	0

ESPECES D'ARGENT.

	liv.	fols.	den.
Le crown, ou l'écu,	6	0	7
Le demi-crown,	3	0	$3\frac{1}{2}$
Le fcheling,	1	4	$1\frac{2}{5}$
Le demi-fcheling,	0	12	$0\frac{7}{10}$
Le tiers,	0	8	$0\frac{7}{15}$
Le quart,	0	6	$0\frac{7}{20}$
Le fixieme,	0	4	$0\frac{7}{30}$
Le douzieme,	0	2	$0\frac{7}{60}$

MONNOIES DE CUIVRE.

	liv.	fols.	den.
Le half-penny,	0	1	$0\frac{-}{10}$
Le farting, ou liard,	0	0	$6\frac{-}{10}$

MONNOIES DE COMPTE.

	liv.	fols.	den.
La livre fterling,	22	10	0
Le fol fterling,	1	2	6
Le denier fterling,	0	1	$10\frac{1}{2}$

La proportion entre l'or & l'argent eft en Angleterre comme 1 à $14\frac{4172}{14525}$.

On y tient les écritures en livres, fols & deniers fterling. Londres change fur les places fuivantes, &

	Donne,	Pour recevoir,
Sur Amfterd.	1 liv. fterling.	35 efcal. de gros bc. pl. ou m. à 2 & $\frac{1}{2}$ uf. & à vue.
Anvers, . .	1 dito.	36 dito de gs. a. de c. à uf. d'un mois de date.
Cadix & Madrid, . .	37 deniers fterl. plus ou m.	1 piaftre de 8 rx. de pl. à 1 & $1\frac{1}{2}$ uf. de 60 à 90 jours de date.
Dublin, . .	100 fterling.	119 l. fterl. Irland. pl. ou m. à 21 jours de vue.

	Donne,	Pour recevoir,
Gênes,	49 den. fterl.	1 piaftre de 115 f. h. de bc. à uf. de 3 m. de date.
Hambourg,	1 liv. fterling.	35 efcal. de gs. bc. pl ou m. à 1, 1½, 2 & 2½ d'uf. d'un mois de date.
Lisbonne & Porto,	5½ efcal. fterl. plus ou m.	1 millerées à 30 j. de vue.
Livourne,	50 d. fter. p. ou m.	1 piaftre de 8 rx. à uf. de 3 mois de date.
Naples,	43 dito p. ou m.	1 ducado di regno à uf. de 3 mois de date.
Paris,	31 dito pl. ou m.	1 écu de 60 f. t. à 1 & 2 uf. d'un mois de date & à vue.
Rotterdam,	1 liv. fterling.	36 efcal. cour. pl. ou m. à 2 & 2½ uf. d'un mois de date & à vue.
Venife,	50 d. fter. p ou m.	1 ducat de bc. à uf. de 3 mois de date.

Les ufances pour les lettres-de-change d'Allemagne, de Hollande & de Brabant, font d'un mois de date; celles d'Efpagne & de Portugal, de 2 mois de date, & celles d'Italie, de 3 mois de date.

Il y a trois jours de grâce après le jour de l'échéance pour les lettres-de-change à ufances, & à quelques jours de vue; le troifieme jour il faut que le payement ou le protêt fe faffe; fi le troifieme jour rencontre un dimanche ou autre jour de fête, il faut que le payement ou le protêt fe faffe le jour auparavant.

Les lettres à vue doivent être payées à leur préfentation.

MAISON ROYALE.

GEORGES III, né 4 Juin 1738, proclamé roi d'Angleterre & élect. ur de Hanovre, 26 Oct. 1760, marié 8 Sept. 1761, à

Reine. Sophie-Charlotte, princeffe de Mecklenbourg-Strélitz, reine d'Angleterre, née 16 Mai 1744; couronnée 22 Septembre 1761.

Fils. G.-Fred.-Aug. prince de Galles, né 12 Août 1762.

Fréd. né 16 Août 1763. Prince évêque d'Ofnabruck, 27 Février 1764.

Guillaume Henri, né 21 Août 1765.

Edouard, né 2 Novembre 1767.
Ernest Auguste, né 5 Juin 1771.
Auguste Fréderic, né 27 Janvier 1773.
Adolphe-Fréderic, né 24 Février 1774.
Octavius, né 23 Février 1779.
Filles Ch.-Auguste Matilde, née 29 Sept. 1766.
Aug.-Sophie, née 8 Novembre 1768.
Elizabeth, née 22 Mai 1770.
Marie, née 25 Avril 1776.
Sophie, née 3 Novembre 1777.
N. Amélie, née 7 Août 1783.
Frere. Guillaume-Henri, né 25 Nov. 1743, duc de Glocester & d'Edimbourg 1764., marié à
Marie del Valpole, veuve du comte de Waldegrave, née 3 Juillet 1739, *dont*
Neveu. Guil.-Fréderic, né 25 Janvier 1776.
Niece. Sophie Matilde, née 29 Mai 1773.
Frere. Henri-Fréderic, duc de Cumberland, né 7 Nov. 1745, marié 3 Nov. 1771, à Anne-Horton, fille du lord Irnham.
Sœur. Augustine, mariée au duc de Brunswick-Wolfenbutel.
Tante. Amélie-Sophie-Éléonore, née 16 Juin 1711.

PAIRS D'ANGLETERRE.

PAIRS DU SANG ROYAL.

Georges III. 1762 Le prince de Galles.
    1764 Le D. de Glocester.
    1766 Le D. de Cumberland.

DUCS 22. *Messieurs*

Cette marque * désigne les Catholiques; & celle-ci, † ceux qui sont en bas-âge. Les uns & les autres n'ont pas entrée au parlement.

Ric. III. 1483 * Ch. Howard, D. de Norfolk & d'Arundel, *premier duc & pair d'Angleterre.*
Ed. VI. 1546 Ed. Seymour, duc de Somerset.
Ch. II. 1675 Ch. Lenox, duc de Richemont.
   1675 Aug.-H. Fitzroy, duc de Grafton.
   1682 H. Somerset, duc de Beaufort.
   1683 Geo. Beauclerk, duc de S. Alban.
Guil. III. 1689 Harry Powler, duc de Bolton.

1694

ANGLETERRE. 129

Guill. III.	1694	Th. Osborne, duc de Leeds.
	1694	Fr. Russell, duc de Bedford.
	1694	Guil. Cavendish, duc de Devonshire.
Anne.	1702	Guil. Spencer, duc de Marlborough.
	1703	Ch. Manners, duc de Rutland.
	1711	Douglas Hamilton, d. de Brandon & Châtellerault.
George I.	1715	Brownlow Bertie, duc d'Ancaster.
	1716	G.-H. Cav. Bintinck, duc de Portland.
	1719	G. Montagu, duc de Manchester.
	1719	Jac. Brydges, duc de Chandos.
	1720	J.-Fréd. Sackville, duc de Dorset.
	1720	Fr. Egerton, duc de Bridgewater.
G. II.	1756	H.-F.-Pel. Clinton, duc de Neucastle.
G. III.	1756	Hug. Percy, duc de Northumberland.
	1766	G. Montagu, duc de Montagu.

COMTES. Messieurs

Hen. VI.	1442	* G. Talbot, comte de Shrewsbury.
Hen. VII.	1485	Ed. Sm. Stanley, comte de Derby.
Hen. VIII.	1529	Fr. Hastings, comte de Huntingdon.
Ed. VI.	1551	Hen. Herbert, comte de Pembroke.
Jac. I.	1603	Th. Howard, comte de Suffolk.
	1605	J. Cecil, comte de Salisbury.
	1605	Brownlow Cecil, comte d'Exeter.
	1618	Sp. Compton, comte de Northampton.
	1622	Bas. Feilding, comte de Denbigh.
	1624	Jean Fane, comte de Westmorland.
	1627	Ch.-Hen. Mordaunt, comte de Peterborough.
	1628	Harry Grey, comte de Stamford.
	1628	G. Finch, comte de Winchelsea.
	1628	Phil. Stanhope, comte de Chesterfield.
	1628	Sackville Tufton, comte de Thanet.
Ch. II.	1660	Jer. Montagu, comte de Sandwich.
	1661	An. Holles Capel, comte d'Essex.
	1661	Fréd. Howard, comte de Carlisle.
	1662	Henri Scott, comte de Doncaster.
	1672	† Hashley Cooper, comte de Chaftesbury.
	1679	Fréd.-Aug. Berkeley, comte de Berkeley.
	1682	Willoughby Bertie, comte d'Abingdon.
	1681	Th. Noël, comte de Grainsborough.
	1682	Other Hickman, comte de Plymouth.
Guill. III.	1690	G.-Aug. Saunderson, comte de Scarborough.
	1695	G.-Hen. Nassau de Zulestein, C. de Rochford.
	1696	† G.-Ch. Keppel, comte d'Albemarle.

I

ANGLETERRE.

Guill. III. 1697 G.-Guil. Coventry, comte de Coventry.
     1697 Geo. Bussy-Villiers, comte de Jersey.
Anne.   1706 Vere Poulett, comte de Poulett.
     1706 G.-Jas. Cholmondeley, C. de Cholmondeley.
     1711 Ed. Harley, comte d'Oxford & de Mortimer.
     1711 Rob. Shirley, comte de Ferrers.
     1711 Guil. Wentworth, comte de Strafford.
     1711 Guil. Legge, comte de d'Armouth.
George I.   1714 Ch. Benner, comte de Tankerville.
     1714 H.-Ene. Finch, comte d'Aylesford.
     1714 Fréd. Hervey, C. de Bristol, évêque de Derry.
     1717 Henr. Yelverton, comte de Sussex.
     1717 Nas. Clavering Cowper, comte de Cowper.
     1718 Phil. Stanhope, comte de Stanhope.
     1719 Rob. Scherrad, comte de Harborough.
     1721 Tho. Parker, comte de Macclesfield.
     1721 G. Fermor, comte de Pomfret.
     1722 Guil. Graham, comte & baron de Graham
        de Belford, duc de Montrose en Ecosse.
     1722 J. Ker, comte & Baron Ker de Wakefield.
George II. 1729 J. Walddegrave, comte de Walddegrave.
     1730 J. Hasburnham, comte d'Hasburnham.
     1731 Th. Howard, comte Deffingham.
     1741 G. Walpole, comte Dorford.
     1741 Ch. Stanhope, comte d'Harrington.
     1733 J. Wallop, comte de Portsmouth.
     1746 G. Greville, comte de Brooke.
     1746 Gr.-Lev. Gower, comte de Gower.
     1746 J. Hobart, comte de Buckinghamshire.
     1746 Guil. Fitzwilliam, comte de Fitzwilliam.
     1748 G.-Ed.-Hen. Herbet, comte de Powys.
     1749 G. Wyndham, comte d'Egremont.
     1749 G. Nug. Grenv. Temple, comte Temple.
     1749 G. S. Harcourt, comte de Harcourt.
     1750 Fr. Seym. Conway, comte de Hertford.
     1752 Fr. North, comte de Guildford.
     1753 Ch. Cornwallis, comte Cornwallis.
     1754 Ph. Yorke, comte de Hardwicke.
     1754 Hen. Vane, comte de Darlington.
     1756 Hen. Bellasyse, comte de Fauconberg.
     1756 H.-Th. Fox, comte de Leichester.
     1761 G. West, comte Delawoirr.
     1761 J. Chet. Talbot, comte de Talbot.
     1764 R. Henley, comte de Northington.

ANGLETERRE. 131

George II. 1765 J. Pl. Bouverie, comte de Radnor.
1765 J. Spencer, comte de Spencer.
1766 J. Pitt, comte de Chatham.
1772 Hen. Bathurst, comte de Bathurst.
1772 Guil. Hill, comte de Hillsborough.
1776 Brudenell, comte de Ailesbury.
1776 Th. Villiers, comte de Clarendon.
1776 Guil. Murray, comte de Mansfield.

VICOMTES, 17. Messieurs

Edouard VI. 1549 Ed. Devereux, vicomte Hereford, *premier vicomte d'Angleterre*.
Marie. 1554 Ant.-Jos. Browne, vicomte Montagu.
Charles II. 1682 G. Townshend, vicomte Townshend.
1682 Th. Thynne, vicomte Weymouth.
Anne. 1712 Fréd. S. Jean, vicomte Bolingbroke.
George I. 1720 G. Ev. Boscawen, vicomte Falmouth.
1721 G. Byng, vicomte Torrington.
George II. 1746 Guil. Fitzgerald, vic. Leinster de Taplow.
George III. 1762 Th. Noël, vicomte Wentworth.
1762 Guil. Courtenay, vicomte Courtenay.
1763 J. Ward, vicomte Dudley & Ward.
1766 Ch. Maynard, vicomte Maynard.
1776 Rob. Hampden, vicomte Hampden.
1781 G. Edgecumbe, vicomte Mount Edgecumbe.
1782 G. Germain, vicomte Sackville.
1782 Rich. Howe, vicomte Howe.
1782 Aug. Keppel, vicomte Keppel.

BARONS 76. Messieurs

1269 † Ed. Southwell, lord Clifford of Appleby.
Edouard I. 1295 G. Nevill, lord Abergavenny.
1296 G. Thicknesse, lord Audley of Heleigh.
1298 G. Townshend, lord de Ferras, of Chartley.
1299 Hug. Percy, lord Percy, fils aîné du duc de Northumberland.
Edouard II. 1307 Th. B. Lennard, lord Dacre.
Henri VI. 1447 Th. Twisleton, lord Saye & Sele.
1448 * Ch. Ph. Stourton, lord Stourton.
Henri VII. 1492 J. Peyto Verney, lord Willoughby de Broke.
Ed. VI. 1550 Henri Paget, lord Paget of Beaudesert.
Elizabth. 1558 Henri Beauchamp S. Jean, lord S. Jean of Bledso.
Jacq. I. 1603 * Rob. Ed. Petre, lord Petre of Writtle.

I ij

ANGLETERRE.

Jacques I.
1605 Hen Arundel, lord Arundel of Wardour.
1608 † J. Bligh, lord Clifton of Leighton Bromsword.
1615 * J. Dormer, lord Dormer of Winge.
1616 Henri Roper, lord Teynham.

Charl. I.
1643 Ed. Leigh, lord Leigh.
1643 Guill. Byron, lord Byron of Rochdale.

Charles II.
1665 Guill. Craven, lord Craven.
1672 * Hugh Clifford, lord Clifford of Chudley.
1673 Fr.-God. Osborne, marquis de Carmarthen, lord Osborne.

Anne.
1711 Ed. Boyle, lord Boyle.
1711 Thom. Hay, lord Hay of Pedwarden.
1711 Henr. Willoughby, lord Middleton.

Georges I.
1716 G. Onslow, lord Onslow.
1716 Rob. Marsham, lord Romney.
1718 Ch. Sloane Cadogan, lord Cadogan.
1723 P. King, lord King.

Georges II.
1728 J. Monsoh, lord Monson.
1733 J. Chetwynd Talbot, lord Talbot.
1735 Fr. Godolphin, lord Godolphin.
1741 Th. Bromley, lord Montfort.
1741 J. How, lord Chedworth.
1743 Ed. Sandys, lord Sandys.
1746 Math. Fortescue, lord Fortescue.
1747 Henr. Liddel, lord Ravensworth.
1749 Guill. Ponsonby, lord Ponsonby.
1750 Aub. Beauclerk, lord Vere.
1756 Hor. Walpole, lord Walpole.
1760 Guill. Petty, lord Wycombe.

Georges III.
1760 Henr. Bison. Legge, lord Stawel
1760 L. Monson Watson, lord Sondes.
1761 Th. Robinson, lord Grantham.
1761 Rich. Grosvenor, lord Grosvenor.
1761 Nath. Curzon, lord Scarsdale.
1761 Fred. Irby, lord Boston.
1762 Th. Pelham, lord Pelham.
1762 † Henr. Rich Fox, lord Holland.
1762 J. Perceval, lord Lovel.
1762 Jos. Damer, lord Milton.
1762 Ed. Huss. Montagu, lord Beaulieu.
1762 G.-Venal. Vernon, lord Vernon.
1763 Th. Reynolds Morton, lord Ducie.
1765 Ch. Pratt, lord Camden.

Georges III. 1765 Henr. Digby, lord Digby.
1766 J Campbell, lord Sundridge of Coombank.
1776 J. Stuart, lord Cardiff.
1776 Matt. Bladen Hawke, lord Hawke.
1776 Jeff. Amherst, lord Amherst.
1776 Brownlowcust, lord Browlow.
1776 G. Pitt, lord Rivers.
1776 Nath. Ryder, lord Harrowby.
1776 Th. Foley, lord Foley.
1778 Ed. Thurlow, lord Thurlow.
1780 Alex. Wedderburn, lord Longhborough.
1780 Guill. Gage, lord Gage.
1780 J. Brudenell, lord Brudenell.
1780 Th. de Grey, lord Walsingham.
1780 Guill. Bagot, lord Bagot.
1780 Ch. Fitzroy, lord Southampton.
1780 Hen. Herbert, lord Portchester.
1782 J. Dunning, lord Ashburton.
1782 Flet. Northon, lord Grantley.
1782 Georg. Brydges Rodney, lord Rodney.
1783 Th. Townshend, lord Sidney.
1783 Fr. Rawdon, lord Rawdon.

PAIRESSES D'ANGLETERRE.

Ces dames sont exclues de la chambre des lords à cause de leur sexe; mais, après leur mort, leurs fils aînés jouissent de tous les priviléges des pairs, quoique leurs peres n'appartiennent pas à cet ordre.

1285 Rach. Austen, baronne le Despencer, veuve du feu chevalier Austen, de Bexley.
1740 Jem. Campbell, marquise de Gray & baronne Lucas, épouse du comte de Hardwicke.
1299 Chail. Murray, baronne de Strange, veuve du dernier duc d'Athol.
1307 Eliz. Somerset, baronne de Botrecourt, duchesse douairiere de Beaufort.
1314 Prisc.-Barb.-Eliz. Burrell, baronne Willoughby de Eresby, épouse du chevalier P. Burrell.
1506 Amel. Byron, baronne Coniers, épouse de l'écuyer. J. Byron.
1761 Mar. Stuart, baronne de Mount Stuart of Wortley, épouse du comte de Bute
1761 Hest. Pitt, baronne de Chatam, veuve du C. de Chatam.

1767 Charl. Townshend, baronne de Greenwich, veuve 1°. du dernier comte de Dalkeith; 2°. du chev. Townshend.
1776 Eliz. Campbell, baronne de Hamilton, duchesse-douairiere de Hamilton.
1780 Cecile Rice, baronne Dinèvor, veuve de George Rice.

ARCHEVÊQUES ET ÉVÊQUES,
ayant séance à la chambre des pairs.

ARCHEVEQUES. *Messieurs*

1783 Cantorbéry, Jean Moore, *primat de toute l'Angleterre.*
1776 York, Guill. Markham, *primat d'Angleterre.*

ÉVEQUES. *Messieurs*

1777 Londres,   Rob. Lowth.
1771 Durham,   J. Egerton.
1781 Winchester,   Brownlow North.
17.. Herefort,   Jacq. Beauclerck.
17.. Chichester,   Guill. Ashburnham.
1783 Norwich,   L. Bagot.
1773 Bath & Wells,   Ch. Moss.
1769 S. Asaph,   Jon. Shipley.
1779 Carlisle,   Edm. Law.
1782 Salisbury,   Shute Barrington.
1768 Peterborough,   J. Hinchliffe.
1781 Ely,   Jacq. Yorke.
1764 Rochester,   J. Thomas.
1781 Worcester,   Rich. Hurd.
1783 Bangor,   J. Warren.
1776 Chester,   Beilby Porteus.
1777 Oxfort,   J. Butler.
1777 Exeter,   J. Ross.
1779 Lincoln,   Th. Thurlow.
1783 S. David,   Ed. Mallwell.
1781 Litchfield & Coventry, J. Cornwallis.
1781 Gloucester,   Sam. Hallifax.
1783 Bristol,   Chr. Wilson.
1782 Landaff,   Rich. Watson.
17.. Sodor & Man,   G. Mason.

ANGLETERRE.

PAIRS D'ÉCOSSE.

DUCS DU SANG ROYAL.

Cette étoile * *désigne les catholiques, & cette* † *les mineurs d'âge.*

  Rothsay,   le prince de Galles.
1764 Edimbourg, le duc de Gloucester.
1766 Strathern, le duc de Cumberland.

DUCS 9. Messieurs

1649 Hamilton,   Douglas Hamilton.
1673 Buccleugh,   H. Scot.
1675 Lennox,   Ch. Lennox.
1684 Gordon,   Alexandre Gordon.
1684 Queensberry, J. Douglas.
1703 Argyll,   J. Campbell.
1703 Athol,   J. Murray.
1707 Montroze,   G. Graham.
1707 Roxburgh,   J. Kerr.

MARQUIS 3. Messieurs

1694 Tweedale,   G. Hay.
1701 Lothian,   G. Kerr.
1701 Annandale,   G. Johnstone.

COMTES 47. Messieurs

1157 Sutherland,   † Elis. comtesse de Sutherland.
1399 Crawfurd,   G. Lindsay Crawfurd.
1452 Errol,   G. Hay.
1456 Caithness,   Jean Sinclair.
1457 Rothes,   J. Elis. comtesse Leslie.
1457 Morton,   † G. Douglas,
1469 Buchan,   David Stwart Erskine.
1488 Glencairn,   J. Cunninghame.
1504 Eglingtoun,   Ar. Montgomery.
1509 Cassilis,   David Kennedy.
1581 Moray,   Fr. Stewart.
1604 Home,   Alex. Home.
1606 Strathmore, † J. Bowes-Lyon.
1606 Abercorn,   J. Hamilton.

I iv

1619	Haddington,	Th. Hamilton.
1619	Kellie,	Ar. Erskine.
1623	Galloway,	J. Stewart.
1624	Lauderdale,	J. Maitland.
1633	Joudoun,	J. Campbell.
1633	Kinnoul,	Th. Hay.
1633	Dumfries,	Patrick Crigzton.
1633	Dalhousie,	G. Ramsay.
1633	Elgin & Kincardin,	Th. Bruce.
1633	Traquair,	* Jean Stewart.
1637	Findlater & Seafield,	J. Ogilvy.
1641	Leven & Melvill,	D. Leslie.
1646	Dysert,	Lion. Tollemach.
1646	Selkirk,	Dunb. Douglas.
1647	Northesk,	G. Carnegy.
1647	Halkertoun,	David Falconer.
1651	Balcarras,	Alex. Lindsay.
1660	Newburgh,	J. Livingstone.
1660	Aboyn,	Ch. Gordon.
1660	Dundonald,	Arch. Cochran.
1678	Breadalbane,	J. Campbell.
1682	Aberdeen,	G. Gordon.
1686	Dunmore,	J. Murray.
1695	Orkney,	la comt. mar. Obrien.
1697	Murhmont,	H. Campbell.
1701	Hyndfort,	J. Carmichael.
1703	Stair,	J. Dalrymple.
1703	Roseberry,	Nicl Primrose.
1703	Glasgow,	† G. Boyle.
1703	Bute,	J. Stuart.
1703	Hopetoun,	J. Hope.
1703	Portmore,	Ch Collier.
1706	Deloraine,	H. Scot.

VICOMTES 4. Messieurs

1620	Falkland,	Luc. Charles Carey.
1623	Stormont,	D. Murray.
1641	Arbuthnot,	J. Arbuthnot.
1662	Dumblain,	Th. Osborne.

BARONS 26. Messieurs

1424	Somerville,	J. Somerville.
1440	Forbes,	J. Forbes.
1442	Cathcart,	Guil. Cathcart.

1445	Saltoun,	Al. Fraser
1445	Gray,	André Gray.
1489	Sempill.	H. Sempill.
1509	Elphinstone,	Charles Elphinstone.
1563	Torpichen,	Walter Sandilands.
1600	Lindores,	J. Leslie.
1606	Blantyre,	Al. Stewart.
1609	Cranstoun,	J. Cranstoun.
1609	Colvill de Culross,	Charles Colvill.
1627	Napier,	Fr. Napier.
1627	Fairfax,	Rob. Fairfax.
1628	Reay,	H. Mackay.
1628	Aston,	W. Aston.
1633	Kircudbright,	J. Maclellan.
1640	Mordington,	la baronne mar. Weaver.
1642	Banff,	G. Ogilvy.
1643	Elibank,	G. Murray.
1650	Forrester,	la baronne Cécile Forrester.
1651	Rollo,	J. Rollo.
1651	Ruthven,	J. Ruthven.
1660	Newark,	Alex. Leslie.
1661	Bellenden,	J. Kerr Bellenden.
1682	Kinnaird,	G. Kinnaird.

MEMBRES DU CONSEIL PRIVE D'ANGLETERRE.

*Cette étoile * désigne les membres du parlement.*

Messieurs

Le prince de Galles.
Le duc de Gloucester.
Le duc de Cumberland.
L'archevêque de Cantorbery.
Le lord-chancelier.
L'archevêque d'York.
Lord Cambden.
Le comte de Bathurst.
Le comte de Darmouth.
Le D. de Somerset.
Le D. de Richmond.
Le D. de Manchester.
Le D. de Bolton.
Le D. de Leeds.
Le D. de Marlborough.
Le D. de Portland.
Le D. de Chandos.
Le D. de Newcastle.
Le D. de Northumberland
Le D. de Montagu.
Le D. de Dorset.
Le marquis de Carmarthen.
Le comte de Talbot.
Le comte de Hertford.
Le comte de Huntingdon.
Le comte de Salisbury.
Le comte de Denbigh.
Le comte de Sandwich.
Le comte de Carlisle.
Le comte de Scarborough.
Le comte de Jersey.
Le comte de Kinnoul.

Le comte de Marchmont.
Le comte de Bute.
Le comte de Pomfret.
Le comte d'Ashburnham.
Le comte de Gower.
Le comte de Buckinghamshire.
Le comte Cornwallis.
Le comte Hardwicke.
Le comte Ailesbury.
Le comte de Clarendon.
Le comte de Mansfield.
Le comte de Besborough.
Le comte de Verney *.
Le comte de Shelburne.
Le comte Nugent *.
Le comte de Shannon.
Le comte d'Effingham.
Le comte de Ludlow *.
Le comte de Tankerville.
Le lord G. Cavendish *.
Charles Spencer *.
Robert Spencer *.
Fréd. Cambell *.
Le vicomte Townshend.
Le vicomte de Weymouth.
Le vic. Stormont, *président* *.
Le comte Mount Edgecumbe.
Le vicomte Howe.
Le vicomte Barrington.
Le vicomte Bateman *.
Le vicomte Hinchinbrook *.
Le vicomte Beauchamp *.
Le vicomte Sackville.
Keppel.
Mount Stuart.
Lord North *.
J. Cavendish.
Ashburton.
De Ferrars.

Grantley.
Rodney.
L'évêque de Londres.
Onslow.
Grantham.
Pelham.
Camden.
Cardiffe.
Lord Amherst.
Loughborough.
Ch. Wolf. Cornwall *.
Jacq. Stuart Mackenzie, eq.
Th. Harley *.
J. Grenville.
Jos. Yorke, K. B.
H. Seymour Conway, eq *
Welbore Ellis, eq. *
Humph. Morice, eq.
Rich. Rigby, &c. *
Th. Sewell.
J. Lardley Wilmot.
Isaac Barré *.
J. Shelley, B.
Th. Townshend, eq. *
Henri-Fr. Carteret, eq.
Th. Parker, eq.
Ch. Jenkinson, eq. *
Guill. Lynch, K. B.
J. Goodricke, B.
Guill. Meredith, B.
Ch. Townshend, eq. *
Rich. Worsley, baron *.
George Yonge, bar.
Ch. J. Fox, eq. *
Edm. Burke, eq. *
Guill. Pitt.
Guill. Howe, eq.
H. Dundas, eq. *

CONSEIL DU CABINET.

Le duc de Portland, *grand-trésorier.*
Lord North. ⎱ *secrétaires d'état.*
Ch. J. Fox. ⎰
Lord Keppel, *premier lord de l'amirauté.*
Lord Stormont, *président du conseil privé.*
Lord Carlisle, *garde du sceau privé.*
Lord J. Cavendish, *chancelier de l'échiquier.*

CHEFS DES PRINCIPAUX DÉPARTEMENTS DE L'ANGLETERRE.

TRÉSORERIE. *Messieurs*

Le D. de Portland, *premier lord.*
Lord J. Cavendish.
Le comte de Surrey.
Grey Cooper, baronnet.
J. Montagu, écuyer.

CHANCELIER de l'échiquier.

Lord J. Cavendish.

GARDES-COMMISSAIRES du grand sceau. *Messieurs*

Lord Loughborough.
Beaumont de Hotham, baronnet.
Fr. Buller, écuyer.

LORD justicier du banc du roi.

Le comte de Mansfield.

LORD justicier des plaids communs.

Lord Loughborough.

PREMIER baron de l'échiquier.

Sir. J. Kynnes.

GARDE du sceau privé.

Le comte de Carlisle.

SECRÉTAIRES d'état. *Messieurs*

Lord North.
Honor. C. J. Fox.

SECRÉTAIRE de la guerre.

Honor. Rich. Fitz-Patrike.

TRÉSORIER des troupes de terre.

Honor. Ed. Burke.

TRÉSORIER de la marine.

Hon. Ch. Townshend.

AMIRAUTÉ. Messieurs

Le vic. Keppel, *premier lord.*
Le vicomte Duncannon.
J. Lindsey, *baron.*
J. Townshend, *écuyer.*
Will. Kerne, *écuyer.*
Hug. Pigot, *écuyer.*
Guill. Jolliffé, *écuyer.*

MAÎTRES généraux des postes. Messieurs

Lord Ed. Bentink.
Lord Foley.

ORATEUR de la chambre des lords.

Le comte de Mansfield.

ORATEUR de la chambre des communes.

Hon. Ch. Wolfran Cornwall, écuyer.

LORD maire de Londres.

Hon. Nath. Newnham.

GRANDS officiers de la couronne. Messieurs

Grand-chambellan, le comte de Hertfort.
Grand-aumônier, l'archevêque d'York.
Grand-maître de la maison du roi, le comte de Darmouth.
Trésorier de la maison du roi, Hon. Ch. Greville.
Grand-écuyer, le duc de Montagu.
Comte-maréchal héréd. d'Angleterre, le duc de Norrfolk.
Grand-chambellan d'Angleterre, Milady Willougby.

IRLANDE.

Voyez sur l'histoire d'Irlande & sur sa constitution, l'édition de 1783, pag. 75.

PAIRS D'IRLANDE.

Cette étoile * désigne les mineurs, & cette croix † les catholiques romains.

1764 *Conaught*, le prince G. Henri d'Angleterre.
1766 *Dublin*, le prince Henri Fréd. d'Angleterre.
1768 J. Hewitt, lord Lifford, *lord-chancelier*.

ARCHEVEQUES. *Messieurs*

1768 *Armagh*, Richard Robinson, *primat de toute l'Irlande*.
1779 *Dublin*, Rob. Fowler, *primat d'Irlande*.
1779 *Cashel*, Ch. Agar, *primat de Munster*.
1782 *Tuam*, J. Bourke, *primat de Conaught*.

DUC.

1766 M. *Leinster*, G. Fitz-Gerald.

COMTES. *Messieurs*

1543 *Clanricarde*,   J. Sm. de Burgh, lord Dunkellyn.
1610 *Cork & Orrery*,   Edm. Boyle, lord Dungarvan.
1620 *Antrim*,   G. Donnel, lord Dunluce.
1621 *Westmeath*,   Th. Nugent, lord Delvin.
1622 *Desmond*,   Bas. Fielding, lord Fielding.
1627 *Meath*,   A. Brabazon, lord Ardée.
1627 *Barrymore*,   †R. Barry, lord Buttevant.
1647 *Donegall*,   Ar. Chichester, lord Chichester.
1647 *Cavan*,   †R. Lambart, vicomte Kilcoursie.
1654 *Inchiquin*,   M. O'Bryen, lord O'Bryen.
1660 *Mountrath*,   Ch.-H. Coote, lord Castle-Coote.
1661 *Drogheda*,   Ch. Moore, lord Moore.
1661 *Wat & Wex*,   *G. Talbot, lord Talbot.
1684 *Granard*,   G. Forbes, lord Forbes.
1716 *Fitz-William*,   G. Fitz-William, lord Miltown.
1721 *Kerry*,   Fr.-Th. Fitz-Maurice, lord Clan Maurice.
1725 *Darnley*,   J. Bligh, lord Clifton.
1731 *Tylney*,   J. Child-Tylney, lord Castlemaine.

1733 *Egmont*, J.-Jac. Perceval, lord Perceval.
1739 *Besborough*, G. Ponsonby, lord Duncannon.
1742 *Verney*, Ralph Verney, lord Fermanagh.
1746 *Tyrone*, De le Poer Beresford, lord le Poer.
1748 *Carrick*, Th. Butler, lord Ikerrin.
1751 *Hillesborough*, W. Hill, lord Kilwarlin.
1751 *Upper Offory*, J. Fitz-Patrick, lord Gowran.
1753 *Shelburne*, G. Petty, lord Fitz-Maurice.
1756 *Shannon*, R. Boyle, lord Boyle.
1756 *Maffareene*, Cl. Skeffington, lord Loughneagh.
1756 *Lanesborough*, † R.-H. Butler, lord Newtown.
1756 *Clanbraffil*, J. Hamilton, lord Limerick.
1756 *Belvedere*, G. Rochefort, lord Bellfield.
1758 *Wandesford*, J. Wandesford, lord Caftlecomer.
1759 *Louth*, Th. Birmingham, lord Athenry.
1759 *Fife*, J. Duff, lord Macduff.
1760 *Morningthon*, R. Wesley, lord Wellesley.
1760 *Ludlow*, P. Ludlow, lord Preston.
1761 *Tyrconnel*, G. Carpenter Gore, lord Carlingford.
1762 *Moira*, J. Rawdon, lord Rawdon.
1762 *Gore-Arran*, Arth. Saund, lord Sudley.
1762 *Courtown*, J. Stopford, lord Stopford.
1763 *Miltown*, J. Leefon, lord Rufsborough.
1763 *Charlmount*, J. Caulfield, lord Caulfield.
1766 *Mexborough*, † J. Saville, lord Pollington.
1766 *Winterton*, Ed. Turnour, lord Turnour.
1766 *Bective*, Th. Taylor, lord Headfort.
1767 *Howth*, Th. S. Lawrence, lord S. Lawrence.
1767 *Bellamont*, Ch. Coote, lord Colloony.
1768 *Kingston*, Ed. King, lord Kingsborough.
1771 *Sefton*, Ch.-G. Molyneux, lord Molyneux.
1771 *Roden*, R. Jocelyn, lord Jocelyn.
1771 *Ely*, H. Loftus, lord Loftus.
1771 *Altamont*, J. D. Brown, lord Weftport.
1772 *Rofs*, Ralph Gore, lord Gore.
1776 *Lisburne*, W. Vaughan, lord Vaughan.
1776 *Clanwilliam*, J. Meade, lord Gillford.
1776 *Nugent*, R. Craggs Nugent, lord Clare.
1776 *Glandore*, J. Crosbie, lord Crosbie.
1777 *Shipbrooke*, Fr. Vernon, lord Orwell.
1777 *Aldborough*, Ed. Stratford, lord Amiens.
1777 *Clermont*, G. H. Fortescue, lord Fortescue.
1780 *Mount-Cashel*, Et. Moore, lord Kilworth.

IRLANDE.

VICOMTES. *Messieurs*

1550	Mountgarret,	Ed. Butler.
1621	Valentia,	Arth. Anesley.
1622	Netterville,	J. Netterville.
1623	Grandison,	J. Bussy Villiers.
1625	Kilmory,	J. Needham.
1628	Lumley,	R Lumley-Saunderson.
1628	Strangfort,	Ph. Smythe.
1628	Wenman,	Ph. Wenman.
1628	Taaffe,	Fr. Taaffe.
1628	Ranelagh,	Ch. Jones.
1629	Fitz-William,	R. Fitz-William.
1642	Cullen,	Ch. Cockaine.
1642	Tracy,	Th.-Ch. Tracy.
1643	Bulkeley,	Th.-Jacq. Bulkeley.
1646	Kingsland,	H.-B. Barnewell.
1661	Cholmondeley,	G.-J. Cholmondeley.
1681	Downe,	J.-Ch. Burton Dawney.
1700	Howe,	Rich. Howe.
1701	Strabane,	Jac. Hamilton.
1716	Molesworт,	Rich. Nassau Molesworth.
1717	Chetwynd,	G. Chettwynd.
1717	Midleton,	G. Brodrick.
1717	Boyne,	Rich. Hamilton.
1717	Allen,	Jos. Allen.
1719	Grimston,	J. Bucknall-Grimston.
1720	Barrington,	G. Wild. Barrington.
1720	Gage,	G. Hall Gage.
1722	Palmerston,	H. Temple.
1725	Bateman,	J. Bateman.
1727	Galway,	R. Monckton Arundel.
1743	Powerscourt,	R. Wingfield.
1751	Ashbrook,	G. Flower.
1763	Mount Morres,	Harvey Redmond Morres.
1766	Dungannon,	Arth. Trevor.
1766	Glerawley,	Fr.-Ch. Annesley.
1776	Southwell,	Thomas Southwell.
1776	De Vesci,	Th. Vesey.
1776	Enniskillen,	G. Willoughby Cole.
1776	Carlow,	J. Dawson.
1780	Liffort,	J. Heiwit.
1780	Desart,	Otway Cuffe.
1780	Erne,	J. Creighton.

1780 Farnham, Barry-Maxwell.
1780 Carhampton, Sim. Luttrell.
1780 Bangor, B. Ward.
1780 Melbourne, Penyston Lamb.
1780 Gouran, J. Aygar.
1780 Maygo, J. Bourke.

ÉVEQUES. Messieurs

1766 Meath, H. Maxwell.
1772 Kildare, Ch. Jackson.
1722 Limerick, G. Gore.
1775 Elphin, Ch. Dodgson.
1765 Down & Connor, J. Trail.
1779 Waterfort, G. Newcome.
1768 Derry, Fréd. Hervey.
1772 Korke & Ross, Isaac Mann.
1782 Leighlin & Fernes, W. Cope.
1774 Kilmore, L. Jones.
1780 Raphoe, J. Hawkins.
1782 Clogher, J. Hotham.
1780 Killaloe & Kilfenora, Th. Bernard.
1682 Ossory, G. Beresford.
1782 Clonfert, J. Law.
1781 Cloyne, R. Woodward.
1781 Killala & Achoney, G. Cecil Pery.
1782 Dromore, Th. Percy.

BARONS. Messieurs

1374 Kinsale, J. de Courcy.
1583 Cahier, J. Butler.
1619 Castle Steward, A.-Th. Stewart.
1620 Digby, H. Digby.
1621 Blayney, Cad. Davis-Blayney.
1627 Leitrim, R. Sherrard.
1712 Conway, Fr. Seym. Comway.
1713 Aylmer, H. Aylmer.
1718 Carbery, G. Evans.
1753 Carysfort, J. Jos. Proby.
1756 Milton, J. Damer.
1758 Longford, Ed. M. Pakenham.
1762 Lisle, J. Lysaght.
1762 Coleraine, J. Hanger.
1762 Clive, Ed. Clive.
1766 Waltham, Dr. Billers Olmius.

IRLANDE.

1766 Annaly, J. Gore.
1765 Pigot, R. Pigot.
1768 Mulgrave, Conſt-J. Phipps.
1770 Darrrey, Th. Dawſon.
1776 Macartney, G. Macartney.
1776 Gosford, Aich. Acheſon.
1776 Clonmore, R. Howard.
1776 Milford, R. Philipps.
1776 Newborough, Th. Wynn.
1776 Lucan, Ch. Bingham.
1776 Macdonald, Al. Macdonald
1776 Newhaven, G. Mayne.
1776 Kenſington, G. Edwardes.
1776 Weſtcote, G.-H. Lyttelton.
1776 Ongley, R.-H. Ongley.
1776 Shuldam, Molyneux Shuldam.
1776 Doneraile, Sentleger-Sentleger.
1776 Templetown, Clotworthy Upton.
1776 Maſſey, H. Maſſey.
1777 Rokeby, R. Robinſon.
1780 Tracton, M. Swift Dennis.
1780 Muskerry, R. Tilſon Deane.
1780 Belmore, Arm. Lowry Corry.
1780 Welles, Th. Knox
1780 Sheffield, J. Baker Holroyd.
1780 Conyngham, Pierpoint-Burton.
1782 Hood, Samuel Hood.

PAIRESSES. Meſdames.

1767 Alix Agar, comteſſe de Grandiſſon.
1766 Eliz. Oimsby Rowley, vicomteſſe Langford.
1770. Cath. Perceval, baronne Arden.

GRANDS OFFICIERS D'IRLANDE. Meſſieurs

1783 Lieutenant-gén. & gouverneur, le comte de Northington.
17.. Chancelier, le vicomte Lifford.
17.. Chef de juſt. de la cour au banc du roi, lord Annaly.
17.. Chef de juſt. de la c. du plaids com. le chev. Patterſon.
17.. Grand tréſorier, le duc Devonshire.
17.. Princip ſcrétaire, le chevalier Hutchinſon.
17.. Secrétaire du lieutenant-général, Wyndbam.
17.. G. juge de l'amirauté, Warden-Flood.
17... Commandant en chef, le général Burgoyne.

ÉTAT-MAJOR DES ARMÉES D'ANGLETERRE.

GÉNÉRAUX. Messieurs

1765 J. Oglethorp.
1770 Lord J. Murray.
1772 Cuth. Ellison.
     Le comte de Sandwich.
     H. Seymour Conway.
     Lord R. Manners.
     Le comte Waldegrave.
     Le duc de Gloucester.
1777 Sir G. Howard.
     Sir J. Yorke.
     Ph. Honiwood.
1778 Le duc d'Argyll.
     J. Fitz-William.
     Lord Amherst.

Sir J. Griffin Griffint.
Studholm Hodgson.
G. A. Elliott.
1782 J. Lambton.
     J. Parslow.
     Th. Gage.
     Le vicomte Townshend.
     Lord Fréd. Cavendish.
     Le duc de Richmond.
     Le comte de Pembroke.
     J. Severn.
     Sir J. Sebright.
     G. Carey.

LIEUTENANS-GÉNÉRAUX. Messieurs

1770 Th. Dury, *marine*.
1772 J. Murray.
     Cyrus Trapaud.
     Sir G. Boothby.
     Benj. Carpenter.
     Bigoe Amstrong.
     Le comte de Shelburne.
     G. Haviland.
     Sir J. Irwin.
     Vernon, lord de Tower.
     Dav. Græme.
1777 Rob. Melvill.
     M. Frédérick.
     J. Thomas.
     Hor. Elphinston.
     G. Evelyn.
     Jac. Johnston.
     Jacq Johnston.
     Ph. Sherrard.
     G. L. Parker.
     Le comte de Drogheda.
     Al. Mackay.
     G. Aug. Pitt.

Lord Adam Gordon.
Fr. Haldimand.
G. Al. Sorel.
Al. Maitland.
J. Pomeroy.
Le comte d'Eglington.
Hunt Walsh.
G. Preston.
Sir Guy Carleton.
Sir Charles Thompson.
R. Clerk.
Sir G. Draper.
R. Cunningham.
Sir G. Howe.
Lord G. Lennox.
H. Fletcher Campbell.
J. Hale.
R. Boyd.
Sir H. Clinton.
Lord Southampton.
Bern. Hale.
J. Burgoyne.
Sir R. Hamilton.

IRLANDE.

Robert Robinson.
Fr. Craig.
Le comte Percy.
G. Tayler.
Sir Eyre Coote.
Le comte Cornwallis.
1779 R. Watson.
Dan. Jones.
J. Machenzie, *marine*.
J. Bell, *marine*.
Jorden Wren.
Lanc. Baugh.
Sir David Lindsay.
H. Smith, *Marine*.
1782 Ezech. Fleming.
Ed. Maxwell.
G. Style.
H. Lister.
J. Robertson.
Eyre Massey.
G. Tryon.
G. Warde.

Jac. Cunningham.
Rob. Skene.
Flower Mocher.
Jos. Gabbetr.
Rob. Sloper.
Staates Long Morris.
J. Vaugham.
Th. Calcraft.
Le comte de Ross.
J. Dalling.
Russel Manners.
Th. Hall.
Sir R. Murray Keith.
Jac. Grant.
G. Fawcitt, *adj.-général*.
Le marquis de Lothian.
R. Prescot.
C Grey.
Sir Th. S. Wilson.
G. Morrison, *C. m.-gén*.
Th. Clarke.
C. Rainsford.

MARINE D'ANGLETERRE.

AMIRAUX, *Messieurs*

J. Forbes.
Le duc de Cumberland.

AMIRAUX DE LA BLANCHE. *Messieurs*

Sir Th. Frankland.
Le duc de Bolton.
Le comte de Northesk.
Le chevalier Th. Pye.
Fr. Geary, écuyer.
Lord Rodney.

Jac. Young, écuyer.
Sir Jac. Douglas, écuyer.
Le vicomte Mount Edgecumbe.
Sam. Graves, écuyer.
Lord Keppel.

AMIRAUX DE LA BLEUE. *Messieurs*

Math. Buckle, écuyer.
Rob. Mann, écuyer.
Clare Gayton, écuyer.
J. Montagu, écuyer.

Sir R. Harland Baronnet.
Lord Howe.
Hug. Pigot, écuyer.

IRLANDE.

VICE-AMIRAUX DE LA ROUGE. *Messieurs*

Lord Shuldam.
J. Vaughan, écuyer.
R. Duff, écuyer.
J. Reynolds, écuyer.
Sir H Pallifer, baronnet.
J Biron.
Math. Barton, écuyer.

Le chevalier P. Parker.
Sam. Barington.
M. Arbuthnot, écuyer.
R. Roddam, écuyer.
G. Darby, écuyer.
J. Campbell, écuyer.

VICE-AMIRAUX DE LA BLEUE. *Messieurs*

J. Gambier, écuyer.
G. Lloyd, écuyer.
Fr. G. Drake, écuyer.
Le chevalier Ed. Hughes.

Hyde Parker, écuyer.
J. Evans, écuyer.
Mark Milbank, écuyer.

CONTRE-AMIRAUX DE LA ROUGE. *Messieurs*

Mic. Vincent, écuyer.
Lord Rodney.
G. Darby, écuyer.
Lord Gordon.
J. Storr, écuyer.
Le chevalier Ed. Vernon.

Jof. Rowley, écuyer.
Rich. Edwards, écuyer.
Th. Graves, écuyer.
R. Digby, écuyer.
Sir J. Lockart Rofs, baron.

CONTRE-AMIRAUX DE LA BLANCHE. *Messieurs*

Ch. Webber, écuyer.
G. Langdon, écuyer.
Benj. Marlow, écuyer.

Al. Hood, écuyer.
Al. Innes, écuyer.

CONTRE-AMIRAUX DE LA BLEUE. *Messieurs*

Le chevalier Chaloner Ogle.
Lord Hood.
Math. Moore, écuyer.

Sir Rich. Hughes, baron.
Fr. Sam. Drake, baronnet.

CONTRE-AMIRAUX, à demi-paye. *Messieurs*

Lord Elibank.
Thorpe Fo ke, écuyer.
R Robinfon, écuyer.
G. Elliot.
J Hardy, écuyer.
E. Falkingham, écuyer.
G. Bladwell, écuyer.
Ch. Knowler, écuyer.

H. Rofewell, écuyer.
Th. Knowler, écuyer.
J. Hale, écuyer.
Rich. Knight, écuyer.
J. Harrifon, écuyer.
M. Whith ell, écuyer.
Dav. Edwards, écuyer.
J. Knight, écuyer.

IRLANDE. 149

ORDRES DE CHEVALERIE D'ANGLETERRE.

1350. ORDRE DE LA JARRETIERE.
Voyez l'édition de 1783, pag. 320.

Le Roi.
Le prince de Galles.
Le prince Guill. Henri.
Le duc de Gloucester.
Le Landgrave de Hesse-Cassel.
Le prince Ferdinand.
Le prince d'Orange.
Le duc de Cumberland.
L'évêque d'Osnabruck.
Le duc de Mecklenb. Strelitz.
Le prince de Brunswick.
Le duc de Leeds.
Le duc de Newcastle.
Le duc de Montagu.
Le duc de Northumberland.
Le comte de Hertford.
Le comte de Bute.

Le duc de Marlborough.
Le duc de Grafton.
Le comte Gower.
Lord North.
Le vicomte Weymouth.
Le duc de Richmont.
Le duc de Devonshire.
Le comte de Shelburne.
Le duc de Rutland.
L'év. de Winchester, *prélat de l'ordre.*
L'év. de Salisbury, *chancelier.*
Le docteur Harley, *secrétaire.*
R. Bigland, *roi-d'armes.*
Sir Fr. Molgneux, *gent. du bâton noir.*

1399 ORDRE DU BAIN.
Voyez l'édition de 1783, pag. 323.

1760 Le Roi.
1767 L'évêque d'Osnabruck.
1744 Sir H. Calthorpe.
1753 Lord Beaulieu.
1753 Sir Ed. Walpole.
1761 Sir G. Pococke.
   Sir J. Griffin Griffint.
   Sir Jos. Yorke.
   Sir G. Warren.
   Lord Amherst.
   Sir Ch. Fréderick.
1763 Le comte de Bellamont.
1764 Sir G Draper.
1768 Sir Hor. Mann.
1770 Sir J. Linsay.
1771 Sir Ralph. Payne.
   Sir Ch. Thompson, B.
   Sir Eyre Coote.

  Sir G. Lynh.
1772 Sir R. Murray Keith.
   Lord Macartney.
   Sir G. Hamilton.
1774 Sir G. Howard.
   Sir R. Gunning.
   Sir J. Blaquiere.
1775 Sir G. Gordon.
   Sir J. Irvin.
1776 Sir Guy Carleton.
   Sir G. Howe.
1777 Sir H. Clinton.
1778 Sir Ed. Hughes.
1779 Sir Jac. Harris.
   Sir Hector Munro.
   Le comte d'Antrim.
1780 Lord Rodney.

IRLANDE.

1780 Sir Th. Wroughton.
1782 Sir J. Jervis.
1783 Sir G. Elliott.
1783 Sir Charles Grey.
L'évêque de Rochester, *doyen.*

Th. Grey Cullum, *roi-d'armes.*
J. Suff. Brown, *gen. & héraut.*
G. Whitehead, *secrétaire.*
If. Heard, *gent. du bâton rouge.*
G. Rowland Tryon, *messager.*

1540 ORDRE DU CHARDON.
Voyez l'édition de 1783, pag. 330.

Le Roi.
Le comte de Portmore.
Le prince Guill. Henry.
Le duc de Queensbury.
Le comte de Carlisle.
Le duc de Buccleugh.
Le vicomte Stormont.
Le duc de Roxburgh.
Le comte de Northington.

Le comte de Roseberry.
Le comte de Galloway.
Le duc de Gordon.
Le marquis de Lothian.
Le docteur Hamilton, *doyen.*
G. Dempster, *écuyer secrétaire.*
Campbell Hooke, *éc. roi-d'arm.*
R. Quarme, *écuyer gentil. du bâton verd.*

1783 ORDRE DE ST. PATRICE.

Cet ordre a été établi en 1783, pour les seigneurs Irlandais seulement.

Le Roi.
Le prince Edouard.
Le duc de Leinster.
Le comte de Clanrickarde.
Le comte d'Antrim.
Le comte de Westmeath.
Le comte d'Inchiquin.
Le comte de Drogheda.
Le comte de Tyrone.

Le comte de Shannon.
Le comte de Clanbrassel.
Le comte de Mornington.
Le comte de Courtown.
Le comte de Charlemont.
Le comte de Bective.
Le comte d'Ely.
G. Nugent Grenville, comte Temple, *maître des cérém.*

AMBASSADEURS D'ANGLETERRE
près les Cours étrangeres. Messieurs.

Vienne.   Murrey Keith, bar. *env. extr. & plén.*
Bruxelles.   Le vicomte Taungton, *résident.*
Russie.   Sir Jac. Harris, ch. bar. *env. extr. & plénipotentiaire.*
Suéde.   Sir Th. Wroughton, ch. bar. *env. extr.*
Copenhague.   Hugues Elliot, *envoyé extraordinaire.*
Pologne.   Le vic. Dalrymple, *ministre plénip.*
Danrzick.   Alex. Gibsone, *écuyer, commissaire.*
Prusse. . . . . *envoyé extraordinaire.*

IRLANDE.

Saxe.   Sir J. Stepney, bar. *envoyé extraord.*
Baviere & *Diete de Ratisb.* J. Trevor, *ministre plénipotentiaire.*
Cologne.   Ralph Heathcome, écuyer, *min. plén.*
Hollande. . . . . *ambassadeur.*
Rotterdam . . . . *agent.*
La Brille . . . . *agent.*
Villes Anséatiques.   Em. Mathias, écuyer, *résident.*
France.   Le duc de Manchester, *ambassadeur.*
         Sir G. Muddison, *secrétaire d'amb.*
Espagne.   Lord Mountstuart, *amb. extraord.*
Portugal.   R. Walpole, *env. extr. & min. plénip.*
Constantinople.   Le chevalier R. Ainslie, *ambassadeur.*
Sardaigne.   J. Trevor, *envoyé extraordinaire.*
Naples.   Le ch. G. Hamilton, *env extr. & plén.*
Florence.   Le chev. Hor. Mann, *env extraord.*
Venise.   J. Strange, écuyer, *résident.*
Suisse.   G. Norton, écuyer, *ministre.*
Etats-Unis d'Amérique.   Sir David Hartley, écuyer, *min. plén.*

CONSULS D'ANGLETERRE
dans les Places étrangeres. Messieurs

Lisbonne. Sir J. Hort, B. *consf.-général.*
Oporto. J. Whitehead, écuyer.
Faro. J. Lempriere, écuyer.
Madere Ch. Murray, écuyer.
Madrid . . . . *cons.-gén.*
Alicante. . . . .
Barcelone. . . . .
Cadix . . . .
Canaries. . . . .
Carthagène . . . .
La Corogne . . . .
Malaga . . . .
Séville. . . . .
Cagliari. Cl. Richardson, éc.
Gênes. J. Collet, écuyer.
Livourne. J. Udney, écuyer.
Naples. Jac. Duglas, écuyer.
Nice. J. Birkbeck, écuyer.
Sicile & Malte. Dan. Boomcelter, écuyer.
Venise. Rob. Richie, écuyer.
Zante. P. Sargint, écuyer.

Maroc . . . . *consf.-général.*
Alger. Nath. Davison, écuyer.
Tripoly. Tully, écuyer.
Tunis. Jac. Traill, écuyer.
Prusse. J. Durne, écuyer.
Russie. W. Sharp, écuyer.
Elseneur. N. Fenwick, écuyer.
Bergue. J. Wallace, écuyer.
Drontheim. Al. Brown, écuyer.
Gothenbourg Th. Erskine, &c.
Breme & Lubeck. Ch. Hanbury, écuyer.
Ostende. J. Peter, écuyer.
Trieste. Nath. Green, écuyer.
Alep. J. Abbott, écuyer.
Smyrne. Ant. Hayes, écuyer.
Chypre. J. Baldwin, écuyer.
Tripoly de Syrie. Th. Ph. Vernon, écuyer.
Laodicée. J. Murrat, écuyer.
Salonique. J. Olifer, écuyer.
Patras. Dan. Paul, écuyer.

PRINCIPAUX ÉTABLISSEMENS RELATIFS AUX ARTS ET AUX SCIENCES.

ACADÉMIE ROYALE DES ARTS, établie en 1768.

Le roi, *protecteur*. | Sir G. Chambers, *trésorier*.
Le chev. Reynoldes, *président*. | F. M. Newton, *secrétaire*.

SOCIÉTÉ ROYALE DE LONDRES, établie en 1663.

Le roi, *protecteur*.
Sir Jof. Baukes, baronnet *président*.
. . . . . *vice-président*.

SOCIÉTÉ D'ANTIQUITÉS, établie en 1751.

Le roi, *protecteur*. | Ed. Bridgen, écuyer, *trésorier*.
Le Landgrave de Hesse-Cassel. | Th. Morell, *secrétaire*.
Le doyen d'Exeter, *président*. | G. Norris, *secrétaire*.
R. Gough, écuyer, *directeur*. |

MUSÉUM BRITANNIQUE, établi en 1753.

L'archevêque de Cantorbery, *président*.
Lord-chancelier, *sous-président*.

SOCIÉTÉ DE MÉDECINE, établie en 1773.

Sam. Foart Simmons, *président*.
Ph. Hurlock, *trésorier*.

AUTRE SOCIÉTÉ DE MÉDECINE, établie en 1782.

Le doct. R. Brousfield, *président*.
Ed. Ford, *secrétaire*.
Ed. Gray, *secrétaire*.

SOCIÉTÉ DE MARINE, établie en 1756.

Lord Romney, *président*.
J. Thornton, *trésorier*.

UNIVERSITÉ D'OXFORD.

Lord North, *chancelier*.
Lord Leigh, *surintendant*.
Sam. Dennis, *vice-chancelier*.

UNIVERSITÉ DE CAMBRIDGE.

Le duc de Grafton, *chancelier*.

Le comte de Hardwicke *furintendant.*
And. Pemberton, *commiffaire.*

UNIVERSITÉ DE ST. ANDRÉ, *en Ecoffe.*

Le comte de Kindoul, *chancelier.*
J. M. Cormack, *principal.*

UNIVERSITÉ DE GLASCOW.

Le marquis de Graham, *chancelier.*
H. Dundas, *lord-recteur.*
Leichman, *principal*

UNIVERSITE D'ÉDIMBOURG.

Le prevôt & les magiftrats de la ville, *protecteurs.*
Guill. Robertfon, *principal.*

UNIVERSITÉ DE DUBLIN.

Le duc de Glouceſter, *chancelier.*
Le lord Primat, *vice-chancelier.*

---

800 EMPIRE D'ALLEMAGNE.

Constitution. L'empire d'Allemagne doit être confidéré comme un grand pays partagé entre pluſieurs princes féculiers & eccléfiaftiques, fouverains chacun dans la portion qu'ils en poffédent; & parfemé de villes libres qui fe gouvernent en forme d'autant de républiques. Ces différents états fe réuniffent, pour leur sûreté particuliere, en une monarchie totale, vafte, puiſſante, fous l'un des princes du pays, à qui ils déférent le titre d'empereur, & de chef de ce nouvel état qui, dans le fonds, eft une république de fouverains.

Huit membres de ce corps reſpectable, appelés *électeurs*, ont droit de donner un chef à l'empire. L'élection fe fait dans la ville de Francfort. La loi accorde pour cette cérémonie, l'efpace de quatre mois, à compter du jour de la mort de l'empereur. Pendant le premier mois, l'électeur de Mayence invite les autres électeurs à fe trouver à l'élection dans le terme de trois mois. Ce tems ne peut être prorogé, ni diminué, fans le confentement des autres électeurs.

Au jour marqué pour la cérémonie, les électeurs préfents, en habits électoraux, & les ambaffadeurs des abfents, vont à cheval, & en forme de proceffion folemnelle, de l'hôtel-de-ville à l'église de saint Barthelemi. On commence par une messe que les protestans n'entendent pas ordinairement toute entiere. Après la messe, les électeurs présents & les ambassadeurs des absens, prêtent serment devant l'autel ; ensuite ils vont en ordre dans le conclave électoral. Là, l'électeur de Mayence recueille les voix ; l'électeur de Saxe prend le suffrage de Mayence ; & c'est ainsi que se termine l'élection. Celui qui a le plus grand nombre de suffrages, est aussi tôt proclamé empereur ; & s'il est présent, on lui fait jurer la capitulation, en présence de notaires & de témoins.

La loi veut que l'empereur se fasse couronner immédiatement après son élection. Cette cérémonie devrait se faire à Aix-la-Chapelle, par les mains de l'électeur de Cologne ; mais comme depuis fort long-tems les empereurs n'ont pas été couronnés dans cette ville, les électeurs de Mayence & de Cologne firent entr'eux, en 1637, une transaction par laquelle chacun d'eux acquit le pouvoir de couronner l'empereur, lorsque le couronnement se fait dans son diocèse. La ville de Nuremberg posséde les joyaux & les ornemens nécessaires à la cérémonie ; & elle les envoye dans l'endroit où le couronnement doit se faire.

L'empereur est le chef du corps germanique. Lui seul a le droit de publier des loix & des édits qui aient force dans tout l'empire ; mais il ne peut exercer ce pouvoir sans avoir pris l'avis de tous les états. Il en doit être ainsi de l'interprétation des loix déjà subsistantes.

L'empereur seul a le droit de faire la guerre, la paix & les alliances, au nom de l'empire. Ces droits sont attachés à la majesté impériale ; mais pour les exercer, le traité d'Osnabruck exige qu'il prenne le consentement des états.

Les états de l'empire forment trois colléges qui déliberent chacun séparément. Le premier est le collége électoral, dans lequel Mayence exerce un directoire particulier. Le second est le collége des princes. Les princes ecclésiastiques & les princes séculiers votent alternativement entr'eux. Les prélats & les comtes votent de même alternativement. Les premiers ont deux suffrages collectifs, & les autres en ont quatre. Les princes ecclésiastiques & séculiers ont au moins chacun un suffrage. Autriche & Saltzbourg alternent pour le directoire. Le troisieme collége est celui des villes. La ville où se tient la diette, en a le directoire.

Deux cours souveraines exercent dans l'empire la suprême jurisdiction qu'y a l'empereur. L'une est la chambre impériale, & l'autre est le conseil aulique. La premiere fut érigée par l'empereur Maximilien I, à la diette de Wormes en 1495, pour être le souverain tribunal de l'empire, & représenter en cette partie l'empereur & tous les états germaniques. Le conseil aulique ne fut d'abord qu'un conseil particulier, établi en 1559 par Ferdinand I. Il est devenu peu-à-peu une cour souveraine de l'empire. L'empereur seul en donne toutes les places. Il n'en est pas ainsi de la chambre impériale. Composée d'un grand juge, de quatre présidents & de 50 assesseurs, les cinq premiers sont nommés par l'empereur, & des 50 assesseurs, deux sont présentés par l'empereur, deux par chacun des électeurs, & les autres par les cercles.

Forces. Les empereurs avaient autrefois des domaines & des revenus considérables. Ils ont tous été successivement aliénés ou engagés ; & ces dispositions ont été confirmées par les états de l'Empire. Chaque état paye les contributions sur le pied d'une matricule dans laquelle il est inscrit. On dressa une pareille matricule en 1521, pour l'expédition romaine que Charles V avait alors projettée. Le produit total était de 4000 chevaux & de 20 mille hommes de pied. On s'en servit depuis pour les contributions en argent, & on évalua un cavalier à douze florins & un fantassin à quatre. C'est pour cela qu'on appelle encore aujourd'hui mois romains les contributions matriculaires. Les changements survenus dans l'Empire depuis cette époque, & sur-tout les divers démembrements qu'il a éprouvés, ont obligé le corps germanique à multiplier les réglements à ce sujet. On a jugé à propos, dans les derniers tems, de répartir sur les cercles les contributions en troupes ; & l'on fit pour cela, en 1641, un réglement pour un corps de 40 mille hommes. Quant aux contributions en argent, elles se perçoivent, soit par mois romains que chaque état paye en son particulier, soit par le moyen d'une certaine répartition qui s'en fait sur les cercles. Un résultat impérial de l'an 1705, ordonne que chaque cercle ait à livrer son contingent en entier sur le pied de l'an 1641.

MAISON IMPÉRIALE.

JOSEPH II, archiduc d'Autriche, né 13 Mars 1741, couronné roi des Romains 3 Avril 1764, empereur 18 Août 1765, grand-maître de l'ordre de la toison d'or & de l'ordre de Marie-Thérèse, 19 Août de la même année, marié 1°. 6 Octobre 1760, à Marie-Eliz., princesse de Parme, morte 26 Novembre 1763 ; 2°. 23 Février 1765, à Jos.-Marie-Félic., sœur du feu duc de Baviere, morte 17 Mai 1767.

Freres. Pierre Léopold, ... *Voyez Toscane.*
Ferdinand-Charles, né 1 Juin 1754, marié 15 Octobre 1771, à
Marie-Béatrix de Modene, née 7 Avril 1750, *dont*,
Neveux. Franç.-Jof.-Jean, né 7 Septembre 1779.
Ferdinand, né 25 Avril 1781.
Maximilien, né 14 Juillet 1782.
Nieces. Marie-Thérèfe, née 1 Novembre 1773.
Marie Léopoldine Anne-Joseph-Jeanne, née 10 Déc. 1776.
Frere Max.-Fr.-Xav. archiduc, né le 8 Décembre 1756, grand-maître de l'ordre teutonique, 4 Juillet 1780, co-adjuteur de l'électeur de Cologne, 7 Août même année, & de l'évêché de Munster, 16 du même mois.
Sœurs. Marie Anne, archiduchesse, née 6 Octobre 1738, abbesse de Prague en 1755.
Marie-Christine. Voyez *Pays-Bas.*
Marie-Elisabeth, née 13 Août 1743.
Marie-Amélie. Voyez *Parme.*
Marie-Caroline. Voyez *Naples.*
Marie-Antoinette. Voyez *France.*

COLLÉGE DES ÉLECTEURS.

L'archevêque de Mayence.
L'archevêque de Tréves.
L'archevêque de Cologne.
Le roi de Boheme.
Le duc Palatin du Rhin.
Le duc de Saxe.
Le margrave de Brandebourg.
Le D. de Brunfwick-Lunebourg.

COLLÉGE DES PRINCES.

PRINCES ECCLÉSIASTIQUES.

L'archevêque de Saltsbourg.
Le grand maître de l'ordre teutonique.

Ces deux princes se contestent la préséance.

L'évêque de Bamberg.
L'évêque de Worms.
L'évêque d'Eischstadt.

Ces deux derniers alternent par cession.

L'évêque de Spire.
L'évêque de Strasbourg.
L'évêque de Constance.
L'évêque d'Augsbourg.
L'évêque de Hildesheim.
L'évêque de Paderborn.
L'évêque de Freysingen.
L'évêque de Ratisbonne.
L'évêque de Passaw.
L'évêque de Trente.
L'évêque de Brixen.
L'évêque de Bâle

Ces deux derniers alternent par cession.

L'évêque de Liege.
L'evêque d'Ofnabruck.
L'évêque de Munfter.

Celui-ci alterne avec Liége.

L'évêque de Lubeck.
L'évêque de Coire.
L'évêque abbé de Fulde.
L'abbé de Kempten.
Le prevôt d'Ellwangen.
Le grand-maître de l'ordre de S. Jean.

Le prévôt de Berchtolfgaden.
L'évêque de Spire, *prévôt de Weiffenbourg.*
L'archev. de Trèves, *prévôt de Prum.*
L'abbé de Stablo.
L'abbé de Corvey.

PRINCES SÉCULIERS.

Les maifons princieres d'Allemagne fe divifent en anciennes & modernes. Les anciennes font celles qui ont été élevées à la dignité de princes avant le 17ᵉ fiecle; les autres font celles qui, depuis cette époque, ont reçu cette qualité éminente.

PRINCES ANCIENS.

L'archiduc d'Autriche.
Le duc de Bourgogne.
L'électeur de Brandebourg, *duc de Magdebourg.*
L'électeur Palatin, *duc de Lautern, Simmern & Neubourg.*
Le duc de Bremen.
Le comte Palatin des Deux-Ponts.
Le comte Palatin de Veldenz.
Le D. de Saxe-Gotha, *prince d'Altenbourg.*
Le D. de Saxe-Cobourg.
De Saxe-Weimar.
De Saxe-Oifenach.

Ces quatre derniers alternent, felon les jours de délibération.

Le Marggrave de Brandebourg-Onolzbach.
De Brandebourg-Culmbach.
L'élect. de Brunfwick, *D. de Zell, de Calenberg & de Grubenhagen.*
Le D. de Brunfwick-Wolfenbüttel.
Le roi de Pruffe, *prince d'Halberftadt.*
Le D. de Bremen, *duc de Verden.*
Le D. de Wurtemberg.
Le Landgrave de Heffe-Caffel.
De Heffe-Darmftadt.
Le Maggrave de Bade-Dourlach, *duc de Bade-Bade, de Bade-Dourlach & de Bade-Hochberg.*
Le D. de Mecklenbourg-Schwerin.

Le D. de Mecklenbourg-Gustrow.
Le roi de Suéde, *prince de la Poméranie citérieure.*
Le roi de Prusse, *prince de la Pomérie ultérieure.*
Le roi d'Angleterre, *duc de Saxe-Lauenbourg.*

Ces six derniers alternent.

Le roi de Danemarck, *duc de Holstein.*
Le duc de Holstein Gottorp.
Le roi de Prusse, *prince de Minden.*
Le D. de Savoye.
L'électeur Palatin, *Landgrave de Leuchtenberg.*
Le prince d'Anhalt.
Le prince de Henneberg.
Le D. de Mecklenbourg, *prince de Schwerin.*
Le roi de Prusse, *prince de Camin.*
Le D. de Mecklenbourg, *prince de Ratzebourg.*
Le Landgrave de Hesse-Cassel, *prince de Hirschfeld.*
Le grand D. de Toscane, *Seigneur de Falkenstein.*
Le D. de Würtemberg, *prince de Montbeliard.*
Le D. d'Aremberg.

PRINCES NOUVEAUX, *selon la date de leur principauté.*

1622 Le prince de Dietrichtein.
1623 De Hollenzollern.
    Les princes de Salm.
    De Lichtenstein.
1624 De Lobkowitz.
1653 D'Aversberg.
1654 Les pr. de Nassau Hadamar, Siegen, Dillenbourg & Dietz.
1662 Le roi de Prusse, *prince d'Oostfrise.*
1667 Le prince de Furstenberg.
1671 Les princes de Schwarzenberg.
1686 De Latour & Taxis.
1697 Schwarzbourg.

MAISONS *érigées en principautés dont les membres sollicitent leur réception au collége des princes.*

1671 Celle d'Oetingen.
1707 De Bamberg.
1711 De Trautson.
    Lowenstein.
    De Waldeck, *érigée en principauté sous Charles VI.*

PRÉLATS ET ABBESSES DU BANC DE SUABE.

PRÉLATS.

L'abbé de Salmansweil.
De Weingarten.
D'Ochsenhausen.
D'Elchingen.
D'Yrsée.
D'Ursperg.
De Roggenbourg.
De Munchenroth.
De Weisenau, ou Minderau.
De Schussenried.
De Marchthal.
De Petershausen.
De Wettenhausen.
De Zwicfalten.
De Gengenbach.

ABBESSES.

Les abbesses princieres de Lindau & de Buchau, près le Lac de Constance.
Les abbesses de Hengenbach, de Guttenzell, de Rottenmunster & de Baindt.

PRÉLATS ET ABBESSES DU BANC DU RHIN.

PRÉLATS.

L'abbé de Kaysersheim.
Le commandeur de l'ordre teutonique de Coblentz.
Celle d'Alsace & de Bourgogne.
L'évêque de Spire, *prevôt d'Odenheim.*
L'abbé de Werden & Helmstadt.
De S. Ulric & Ste Afre d'Augsbourg.
De S. George d'Isny.
De S. Corneille de Munster.
L'abbaye noble de Bruchsal.

ABBESSES.

D'Essen.
De Quedlinbourg.
De Hervorden.
De Gernrode.
De Nieder-Munster.
D'Ober Munster de Ratisbonne.
De Gandersheim.
De Burscheid.

BANC DES COMTES DE WÉTÉRAVIE.

Nassau-Saarbruck.
Nassau-Weilbourg.
Hanau.
Solms.
Ysenbourg.
Stollberg.
Witgenstein.
Les Wild- & Rheingraves.
L'électeur de Mayence, *seign. de Konigstein.*

Linange.
Mannsfeld.
Le prince de Waldeck.
Reuſſen & Plauen.

Hatzfeld & Gleichen.
Schonbourg.
Ortenbourg.
Wartenberg.

BANC DES COMTES DE SOUABE.

Fürſtenberg.
De Waldbourg.
Oettingen.
Montfort.
Le prince de Schwarzenberg, comte de Sulz.
Kœnigſeck.
Les comtes de Leyen, *seigneurs de Geroldseck*.
Fugger.

Grafeneck.
Hohenems.
Rechberg & Pappenheim.
Trautmannsdorf.
Schlick.
Ungnad, *c. de Weiſſenwolf*.
Sinzendorf.
Stadian.
Traun.
Waldſtein.

BANC DES COMTES DE FRANCONIE.

Hohenlohe.
Caſtell.
Lovenſtein-Wertheim.
Erbach.
Le pr. de Schwarzenberg, *seign. de Seintzheim*.
Heſſe-Caſſel, *comte de Reineck*.
Wolfſtein.
Schonborn, *seign. de Reigelsberg & de Wiſendhaid*.

Windiſch-Grætz.
Rosenberg.
Stahrenberg.
Wurmbrand.
Grævenitz.
Pülcker.
Giech.

BANC DES COMTES DE WESTPHALIE.

Le Margrave de Brandebourg-Onolzbach, *comte de Sayn & co-poſſeſſeur de Sayn-Altenkirchen*.
Le Burggrave de Kirchberg, *seigneur de Sayn-Hachenbourg*.
Le comte de Wied, *comte de Wied-Runkel*.
Le Landgrave de Heſſe-Caſſel & le comte de la Lippe à Bückebourg, *co seigneur du comté de Schaumbourg*.
Le roi de Danemarck, *C. d'Oldenbourg & de Delmenhorſt*.
Le comte de la Lippe.
Les comtes de Bentheim.
Le roi d'Angleterre, *C. de Hoya, de Diepholz & de Spiegelberg*.
Le comte Lowenſtein-Wertheim, *comte de Birnebourg*.
Le prince de Kaunitz, *comte de Rietberg*.
Le prince de Waldeck, *comte de Pyrmont*.
Le comte de Gronsfeld.

ALLEMAGNE.

Le comte d'Aspermont, *comte de Reckum.*
Le prince de Salm, *comte d'Anhalt.*
Le C. de Metternich-Beilstein, *comte de Winnebourg-Beilstein.*
Le comte de la Lippe, *comte de Holzapfel.*
Le comte de Manderscheid Blankenheim.
Le comte de Giech, *seigneur de Witten.*
Le comte de Limbourg-Styrum, *seigneur de Gehmen.*
Le prince de Schwarzenberg, *seigneur de Gymborn-Neustadt.*
Le baron de Quad, *seigneur de Wickerad.*
Le comte de Berlepsch, *seigneur de Mylendonk.*
Le comte de Nesselrod, *comte de Reichenstein.*
Le comte de la Mark & Schleiden.
Le comte de Schœrsberg, *seigneur de Kerpen & de Lummersum.*
L'électeur de Saxe, *comte de Barby-Mühlingen.*
Le comte de Salm, *comte de Reiferscheid.*
Le comte de la Mark & Schleiden, *seigneur de Saffenbourg.*
Le comte de Wehlen, *seigneur de Bretzenheim.*
Le roi de Prusse, *comte de Rheinsteim.*
Le roi d'Angleterre, *comte de Hallermund.*

Nota. Les comtes de Souabe & de Weteravie occupent alternativement la premiere place dans le collége des comtes.

Le directeur en chef, le directeur en second & les deux adjoints du collége des comtes de Weteravie, changent tous les trois ans.

Les deux directeurs & les quatre adjoints du collége des comtes de Souabe sont à vie.

Dans le collége des comtes de Franconie, le directoire se donne par droit d'ancienneté, pour deux ans seulement.

Comme il n'y a pas de directeur dans le collége des comtes de Westphalie, chacun recueille alternativement les suffrages.

COLLÉGE DES VILLES IMPÉRIALES.

BANC DU RHIN.

Cologne.
Aix-la-Chapelle.
Lubeck.
Worms.
Spire.
Francfort sur-le-Mein.
Goslar.
Brême.

Muhlausen.
Nordhausen.
Dortmund.
Friedberg.
Wetzlar.
Gelnhausen.
Hambourg.

BANC DE SOUABE.

Ratisbonne.	Kempten.
Augsbourg.	Windsheim.
Nuremberg.	Kaufbeuren.
Ulm.	Weil.
Eslingue.	Wangen.
Reutlingue.	Isni.
Nordlingue.	Pfullendorf.
Rothenbourg sur le Tauber.	Offenbourg.
Schwæbisch-Hall.	Leutkirchen.
Rothweil.	Wimpfen.
Deberlingue.	Weissenbourg dans le Nordgau.
Heilbronn.	Giengen.
Schwæbisch-Gemünd.	Gengenbach.
Memmingen.	Zell Am Hammersbach.
Lindau.	Buchhorn.
Dunckelspiel.	Aalen.
Biberach.	Buchau.
Ravensbourg.	Bopfingen.
Schweinfurt.	

Nota. Chacune de ces villes est gouvernée par un sénat composé de bourgeois ou de nobles patriciens, ou des deux corps. La loi leur permet de changer la forme de leur gouvernement, pourvu qu'elle ne porte aucune atteinte à la constitution de l'Empire.

DIRECTEURS ET CONVOCATEURS DES DIX CERCLES DE L'EMPIRE.

I. *Cercle d'Autriche*, l'archiduc.

II. —— *de Bourgogne*, l'empereur, comme duc de Bourgogne.

III. —— *du Rin*, l'électeur de Mayence.

IV. —— *de Franconie*, l'év. de Bamberg & les Marggraves de Brandebourg-Bareuth & Brandebourg-Anspach.

Ces deux derniers alternent de trois en trois ans.

V. —— *de Souabe*, l'évêque de Constance.

VI. —— *de Baviere*, le duc de Wurtemberg, le duc de Baviere & l'archevêque de Saltzbourg.

VII. —— *du haut Rhin*, l'év. de Worms & l'élec. Palat.

VIII. ——— *de la haute Saxe*, l'électeur de Saxe.

XI. ——— *de la basse Saxe*, { Magdebourg & Brême alternent tous les trois ans, & l'aîné des deux maisons de Brunswick-Lunébourg.

X. ——— *de Westphalie*, { l'év. de Munster & les électeurs de Brandebourg & Palatin, comme co-propriétaires du pays de Juliers.

ARCHI-OFFICIERS DE L'EMPIRE.

Archi-chancelier en Germanie, l'archevêque de Mayence.
Archi-chancelier dans les Gaules & le royaume d'Arles, l'archevêque de Treves.
Archi-chancelier en Italie, l'archevêque de Cologne.
Archi-échanson, le roi de Bohême.
Archi-maître d'hôtel, le duc de Baviere.
Archi-maréchal, l'électeur de Saxe.
Archi-chambellan, l'électeur de Brandebourg.
Archi-trésorier, l'électeur Palatin.

Le roi d'Angleterre, comme duc de Brunswick-Lunébourg, lui dispute cette qualité.

OFFICIERS HÉRÉDITAIRES DE L'EMPIRE.

Echanson, le comte d'Althan.
Maître-d'hôtel, le comte de Waldbourg.
Maréchal, le comte de Pappenheim.
Chambellan, le prince de Hohenzollern.
Trésorier, le comte de Sinzendorf.
Grand-maître des postes de l'Empire en Bourgogne, le prince de la Tour & Taxis.

TABLEAU DE LA DIETE DE RATISBONNE.

COMMISSION IMPÉRIALE.

Le prince de la Tour & Taxis, *commissaire principal*.
Le baron Erthal, *commissaire*.
Jean-Pierre Marx., *directeur de la chancel. de la comm. impér.*
Jean-George Neumuller, *secrétaire*.
J.-Mich Edler de Bree, écuyer du S. Empire, *greffier*.

COLLÉGE ÉLECTORAL.

Mayence, Fr.-G. de Hauser de Wilsdorf, *env. princip. & direct. de la diete*, chargé aussi des affaires de *Lobkowitz*.
    Jean-Nic. Heerlein, *secrétaire de légat*.
    Jean-Nic. Schwabenhausen, *Greffier*.

Trèves,	J.-Fr. baron de Linker, de Lutzenwick & de Romsberg, chargé aussi des affaires de *Prum* & de *Salm-Salm*.
	J.-Jacq. Vacano, *secrétaire de légat*.
Cologne,	Maxim.-Joseph, baron de Bebenbourg, chargé aussi des affaires de l'*ordre teutonique*, de *Munster*, de *Hildesheim*, de *Paderborn*, de *Strasbourg*, de *Brixen*, & *de Stablo*.
Bohême,	le comte de Trautmannsdorf.
	J.-Ferd. Jungen, *secrétaire de légat*.
Palatinat,	le comte Phil. de Lerchenfeldkoefering.
	J. Nepom. de Vischl-Auf-Bergendorf, } *sec. de lég.*
	Corn. Ern. G. Kummer,
Saxe,	P. Fred. baron de Hohenthal, *député direct. pour les évangélistes*.
	Ch. Godef. Mirus, } *secrétaires de légat*.
	Nic.-Aug. Herrich,
Brandebourg,	Joach.-L. de Schwartzenau, chargé aussi des affaires de *Bade*, de *Magdebourg*, d'*Halberstadt*, de la *Poméranie ultérieure*, de *Minden*, de *Camin*, d'*Aostfrise*, de *Bade-Dourlach*, de *Bade-Bade* & de *Hochberg*.
	............, *secrétaire de légat*.
Hanovre,	Louis-Fréd. baron de Beulwitz, chargé aussi des affaires de *Brême*, *Brunswick*, *Zell*, *Calenberg*, *Grubenhagen*, *Verden* & *Lawenbourg*.

COLLEGE DES PRINCES.

PRINCES ECCLÉSIASTIQUES.

Directeur d'Autriche,	le baron de Borié, chargé aussi des affaires de *Bourgogne*, *Corvei*, *Dietrichtein*, *Taxis* & *Romeny*.
	Ott, *secrétaire de légat pour l'Autriche*.
	Mayı, *sec. de légat. pour Dietrichtein*.
Directeur de Saltzbourg,	J.-Chrét., baron de Zulerberg, chargé aussi des affaires de *Bâle*.
	J.-Ern. Markloff, *secrétaire de légat*.
Ordre teutonique,	Maxim.-Jos. baron de Bebenbourg, chargé aussi de *Strasbourg*, *Hildesheim*, *Paderborn*, *Trente*, *Brixen*, *Stablo* & *Hohenzollern*.
	Schrodt, *sec. de légat. pour l. teuton*.

ALLEMAGNE. 165

	De Pra de Plain, *secrétaire de l.* *pour Hildesheim & Paderborn.*
	Vollerth, *sec. de lég. pour Brixen.*
Bamberg,	H.-Jof. baron de Schneidt.
	G.-Jof. Vollerth, *secrétaire de légat.*
Würtzbourg.	
	G.-Jof.-Nic. Maikloff, *sec. de lég.*
Worms,	. . . .
Eifchtadt,	le baron de Haimb, chargé auffi de Corvei.
. . . . ,	. . . , *sec. de lég. pour Eichftadt.*
	Welk, *sec. de légat. pour Corvei.*
Spire, Coire & Weiffembourg,	H.-J. baron de Schneid.
Conftance,	le comte de Lerchenfeld, chan. de Ratisbonne, chargé auffi de Kempten.
	Corn.-Erm. Kummer, *secrétaire de légat. pour Conftance.*
	Ch. Meyer, *sec de lég. p. Kempten.*
Augsbourg,	Ign.-A.-Fréd. baron d'Oexle de Friedenberg, chargé auffi de *Paffaw*, d'*Elwangen*, de *Berchtolfgaden*, *Furftenberg*, des prélats de *Souabe* & du *Rhin*, d'*Aremberg*, d'*Avefperg*, de *Schwartzenberg* & de *Lichtenftein*.
Frifingue & Ratisbonne,	L.-J. baron de Schneidt.
Liége,	Ch.-Louis Magis.
Ofnabruck,	
Lubeck,	Conrad Reinhard de Kock.
Fulde,	. . . .

BANC DES PRINCES LAÏCS.

Baviere & Leuchtenberg.	H. Jof. baron de Schmide.
Magdebourg	L. de Schwartzenau.
Paf'tzlautern, Simmern, Neubourg & Veldenz.	Fr. de Brentano ; Godefroi de Brentano, *adj. pour Veldenz.*
Brême	Voyez l'électeur de *Hanovre.*
Deux-Ponts.	Voyez *Liége.*
Saxe Cobourg.	H. C. de Pfau, feig. de Willmarfen.
Saxe-Weimar & Eifenach.	
	Phil. Fréd. Ernefti, *secr. de légat.*
Saxe Gotha & Altenbourg.	Ph. baron de Gemmingen, chargé

L iij

	aussi de Mecklenbourg-Schwerin, de Hesse-Damstadt & de Schwartzbourg.
Brandebourg, Onolzbach & Culembach.	Théod. de Saltzmann.
Brunswick Wolfembuttel.	Louis Wülkenitz.
Würtenberg & Montbeliard.......	God. Zorer, *secrétaire de légat.*
Hesse-Cassel & Hersfeld.	Fr. Louis de Wülkenitz.
Poméranie antérieure.	J.-Aug. de Greiffenheim. Magn. Oloff Bioestierna, *adjoint.*
Bade-Dourlach.	Voyez l'électeur de *Brandebourg.*
Holstein........	
Anhalt........	J. God. Klapius, *secrét. de légat.*
Nassau-Hadamar, Siegen, Dillenbourg & Dietz.	Fr.-L. de Wülkenitz.
Furstemberg.	Voyez *Augsbourg.*
Tour & Taxis.	Voyez *Autriche.*
Schwartzbourg.	Voyez *Saxe-Gotha.*
C. de l'Empire en Wétéravie.	Detm. H. de Grun.
Comtes de l'Emp. en Souabe.	
C. de l'Emp. en Françonie & en Westphalie.	Ch. Lirk. H. de Fischer, chargé aussi des aff. du pr. de *Hohenloë-Neuenstein* & de celles du C. de *Neuwied.*

COLLÉGE DES VILLES IMPÉRIALES.

DIRECTION ACTUELLE.

H. God. de Selpert, premier député du conseil secret de Ratisbonne, directeur des villes impériales, chargé aussi des affaires de *Hall* en Souabe, *Memmingen, Lindau, Biberach, Kempten & Kaufbeuern.*

Sigism. G. Ulric Boesner, chargé aussi de *Heilbronn* & de *Schweinfurt.*

J. Barth. Gumpelzheyner.

G. God. Gumpelzheyner, chargé aussi de *Mulhausen, Nordhausen, Gosslar; & d'Eilbronn & Schweinfurt,* avec M. Boesner.

George Albrecht Harrer, *secrétaire de la direction.*

Cologne & Aix-la-Chapelle.	J. H. de Winkelmann.
Augsbourg........	De Scheffer.
Ulm........	De Schleich.

ALLEMAGNE.

Nuremberg. . . . . De Loefelhoz.

Worms . . . . { J.-Fréd. Haeberle, chargé auſſi des villes de *Lubeck*, *Eſlingen*, *Nordlingue*, *Dortmund* & *Friedberg*.

Spire, Rothenbourg, Brême &
   Windsheim. . . . . . . J. Chriſt. Theod. Gemeiner.

Reutlingue. . . . . . . { J. Chriſt. de Selpert, chargé auſſi de concert avec M. ſon pere, de *Hall en Souabe* & de *Memmingen*.

Francfort . . . . { J. Paul de Selpert, chargé auſſi de la ville de *Hambourg*.

Ueberlingue, Wangen, &
   Gengenbach . . . . . J. God. Reichanzer.

Rothweil, Gemund en
Souabe, Weil, Pfullendorf,
Offenbourg & Zell . . .

Hambourg. . . . . Jacq. Schuback.

Dunckelſpuel, Wetzlar,
Wimpfen & Bobſingen. . Rich. Alb. Haeberle.

Weiſſembourg & Aalen. . J.-G. de Selpert, bail. de Ratisbonne.

MARÉCHAL HÉRÉDITAIRE DE L'EMPIRE A LA DIETE.

Fr.-Chriſt. Louis de Lang de Murrenau, *abſent.*
Jean-Fréd. H. de Lang de Murrenau, conſ. de la chancellerie du C. de Pappenheim, & *lieut.-maréchal-des-logis de l'Empire.*

CHAMBRE IMPÉRIALE DE WETZTLAR.

1763 Le comte Franc. de Spaur, conſ.-int. de l'empire, *juge de la chambre* ; catholique.

PRÉSIDENTS. *Meſſieurs*

1772 J. Sigiſm. ch. baron de Theungen de Zeitlofs, conſ.-int. act. *de la conf. d'Augsbourg.*
1778 Adolphe de Trott, conſ.-int. actuellement ; *catholique.*

ASSESEURS. *Meſſieurs*

1764 *Mayence.*   Ir. G. de Loskant ; *catholique.*
       Trêves . . . . .
1759 *Cologne.*   { J. Arn. H. Joſ. Cramer de Clauſpruch, *catholique.*
1760 *Bohême.*   J. Gaſp. Ant. Edler d'Albini, *cath.*
17   *Baviere* . . . . .
1760 *Saxe.*   J. Chriſt. de Leipſiger, *conf. d'Aufg.*

1777	Brandebourg.	{ G. L. Mich. de Hembsbach, confession d'Augsbourg.
1781	Palatinat.	De Vulpius, *catholique*.
17	Brunswick-Lunébourg	....
1760	L'empereur.	Charl. Théod. de l'Eau, *catholique*.
1778	C. d'Autriche.	H. Louis Ch. de Gebler, *catholique*.
17	C. de Bourgogne	....
1774	Cercle de Franconie.	{ Chrét. Jos. baron d'Ulmenstein, conf. d'Augsbourg. 1775 Fr. Jos. d'Albini, *catholique*.
1774	C. de Bavière.	{ J. Chrét. Jos. de Waldenfels, *cath*. 1777 Jos. de Weinbach, *cathol*.
1745	C. de Souabe.	{ J. Henri de Harpprecht. *confess*. d'Augsbourg. 17 .... *catholique*.
1774	C. du haut Rhin.	Fréd. Jos. de Schmitz, *catholique*.
	C. de Westphalie.	{ 17 .... conf. d'Ausgb. .... conf. d'Augsb. .... *catholique*.
1778	C. de la haute Saxe.	{ Ch. George de Riedesel, *confess*. d'Ausbourg. .... conf. d'Augsb.
1773	C. de la basse Saxe.	Fr. Dietrich de Dithfurth, *confess*. d'Ausgbourg. 1780 Ad. Fréd. de Reinhardt, *conf*. d'Ausgbourg.

DIRECTOIRE DE LA CHANCELLERIE.

.... *fiscal-général de l'Empire*.
1780 J. Pierre de Birkenstork, *catholique*.

AVOCAT-FISCAL.

1770 L.-Henri Chelver, *catholique*.

RECEVEUR.

1775 Wolf. de Hotzendorf, *catholique*.

CHAMBRE IMPÉRIALE DE ROTHWEIL.

JUGE AULIQUE HÉRÉDITAIRE.

LE PRINCE JOSEPH de Schwartzenberg, Landgrave prince de Kletgau, chevalier de la toison d'or, conseiller-intime actuel, & grand-maître de la maison de l'empereur.

ALLEMAGNE.

MINISTRES DE L'EMPEREUR
PRÈS LES COURS ÉTRANGERES. Messieurs

Berlin.	Le baron Rewitzky, *envoyé extraordinaire.*
	De Rottenbourg, *secrétaire de légation.*
Bruxelles.	Le comte de Belgiojoso, *ministre plénipot.*
Colog. & aux c. du b. Rhin & de West.	{ Le comte de Metternich-Winnebourg *min.* De Bossart, *résident.*
Constantinople.	Le b. d'Herbert de Rathkeal, *intern. & min. pl.*
	De Testa, *conf. de légat.*
Copenhague.	Le baron de Collenbach, *secrétaire de légat.*
Dresde.	Le baron de Metzbourg, *chargé d'affaires.*
Florence.	Veigel, *chargé d'affaires.*
Francfort.	De Rœtlein, *résident.*
Grisons.	Le baron de Buol, *envoyé extraordinaire.*
La Haye.	Le b. de Reischach, *env. ext. & min. plénip.*
	Doringer, *secrétaire de légat.*
Italie.	Le comte de Wilzek, *commiss. plénip.*
Lisbonne.	De Lebzeltern, *ministre plénipotentiaire.*
Londres.	Le comte de Kageneck, *env. extraordinaire.*
	Le baron de Reigersfeld, *sec. de légat.*
Madrid.	Le comte de Kaunitz Rietberg, *ambassad.*
	De Humbourg, *secrétaire de légat.*
Mayen. & aux c. du h. & b. Rhin.	{ Le c. de Metternich-Winnebourg, *min. pl.* Kornrumpf, *secrétaire de légat.*
Malte.	Le baron de Hompesch. *min. plénipot.*
Manheim & Munich.	{ Le comte de Lehrbach, *min. plénip.* Tautphaeus, *sec. de légat.*
Naples.	Le comte de Lamberg Sprinzenstein, *env. extraordinaire & ministre plénipot.*
	Hadrava, *secrétaire de légat.*
Paris.	Le comte de Merci-Argenteau, *ambass.*
	Le baron de Barré, *conf. & sec. d'ambass.*
	De Blumendorf, *officier de chancell.*
Pétesbourg.	Le comte de Cobenzel, *env. ext. & min. pl.*
	Le baron de Seddeler. *conf. de légat.*
	De Rath, *secrétaire de légat.*
Ratisbonne.	*Voyez* le tableau des membres de la diete, p. 163.
Rome,	Le cardinal Herzau, *protecteur d'Allem.*
	Brunati, *secrétaire de légat.*
Cercle de la b. Saxe.	Le baron Binder de Kriegelstein, *min. plén.*

Stockolm.	Preindl, *secrétaire de légation*.
Suisse.	Nagel, *résident*.
Cerc. de Souabe & de Franconie.	{ Le comte de Hartig, *ministre*. De Buttner, *secrétaire de légat*.
Trèves.	Le comte de Metternich-Winnebourg, *m. pl.*
Turin.	Le comte de Breuner, *env. extr. & min. pl.* De Ben, *secrétaire de légation*.
Varsovie.	Le baron de Thugut, *env. extr. & min. pl.* De Caché, *chargé d'affaires*.
Venise.	Le comte de Durazzo, *ambassadeur*. Corradini, *secrétaire d'ambassade*.

Voyez, pour les officiers employés à l'administration des états de l'empereur, les articles *Autriche*, *Hongrie*, *Bohême*, *Pays-bas Autrichiens* & *Lombardie Autrichienne*.

1768 ORDRE D'ANCIENNE NOBLESSE.

L'ordre chapitral d'ancienne noblesse, institué en 1768, pour honorer la mémoire des empereurs de la maison de Limbourg-Luxembourg, Henri VII, Wenceslas, Sigismond & Charles IV, mérite, à notre avis, de tenir place ici. Il doit toujours avoir, selon les statuts, pour grand-maître un souverain, prince ou comte régnant d'empire. Les grands-croix doivent prouver 32 quartiers, les commandeurs 16, les chevaliers neuf générations.

La croix, pour tous les rangs, est à huit pointes en émail blanc; au milieu est un écusson d'azur, avec ces mots en lettres d'or: *Illustribus & nobilitati*. Les quatre angles de la croix sont ornés de flammes d'or; sur les branches on voit, en lettres d'or, H. C. W. S., initiales des noms des quatre empereurs. Sur le revers, l'écusson est aussi en bleu céleste, chargé de la représentation de l'ange-gardien, & sur les branches on voit les lettres P. D. E. P., qui expriment en abrégé la devise de l'ordre: *Pro Deo & Patriâ*.

Le ruban est bleu céleste, moiré, avec un liséré d'or. Plusieurs princes, souverains d'Allemagne, appartiennent à cet ordre. Il y a même, en France, plusieurs gentilshommes qui en sont décorés. Tel est spécialement M. le comte de S. Leger, ancien capitaine de dragons, lieutenant des maréchaux de France, résident à Marseille, qui, en vertu d'une lettre de M. de la Vrillière, & d'une autre de M. Amelot, en date du 23 Février 1780, a eu la permission d'en porter les marques.

988 RUSSIE.

Étendue. Cet empire, qui, comme tous les autres, a eu de faibles commencements, est devenu, avec le tems, le plus vaste de l'univers. Son étendue d'orient en occident est de 780 lieues, & d'environ 1400 du sud au nord. Il contient 18 cent soixante mille lieues quarrées.

Population. En 1755, on comptait en Russie huit millions neuf cent soixante-cinq mille trois cent seize mâles; en supposant le nombre des femmes égal à celui des hommes, c'était 17930632 ames. On ajoutait à ce nombre les 1200000 habitans des provinces conquises sur la Suede, au commencement de ce siecle; & il se trouvait que la Russie avait alors sous sa domination 19130632 sujets, sans compter le clergé, la noblesse & l'armée. Quoique cette immense contrée ne soit pas aussi peuplée qu'elle pourra le devenir, elle nourrit cependant aujourd'hui sur sa surface, environ 25 millions d'habitans. Pétesbourg, fondée au commencement de ce siecle par le Czar Pierre I, & que l'on considere aujourd'hui comme la capitale de l'empire, comprend une population d'environ 120 mille ames.

Constitution. Les Russes sont partagés en trois ordres; le clergé, la noblesse & le tiers-état, qui, au commencement de ce siecle, n'était composé que d'esclaves. A l'exception des provinces conquises sur les bords de la mer Baltique, qui ont conservé tous les droits dont elles jouissaient; de l'Ukraine qui a été maintenue dans quelques-uns des siens; de ces hordes errantes qu'il n'a pas encore été possible d'assujettir à une police réguliere; toutes les autres parties de l'empire sont soumises à la même forme de gouvernement; toutes reçoivent également la loi du prince, dont le pouvoir est illimité.

Forces. L'empire de Russie comprend 41 gouvernements tant en Europe qu'en Asie. Il est peu de nations plus propres à la guerre que ne le sont les Russes, & la désertion est absolument inconnue parmi eux. L'usage où l'on est de les accoutumer dès le bas-âge à la chaleur & au froid, leur permet de changer de climat sans inconvénient. Ils sont d'ailleurs d'une sobriété admirable. Il en coûte fort peu pour nourrir les soldats de cette nation. On leur distribue de la farine, & dès qu'ils sont campés, ils creusent des fours dans la terre, où ils font cuire eux-mêmes leur pain qu'ils viennent de pétrir. Cette couronne entretient annuellement 200 mille hommes sur pied, & en tems de guerre, elle en porte le nombre jusqu'à 500 mille.

Marine. En 1780, la marine russe était formée sur la Baltique, par 30 vaisseaux de ligne & 21 frégates; dans les mers d'Azoph, par 11 bâtiments de guerre; & aux embouchures du Danube, par quelques frégates & une douzaine de brigantins.

Commerce. Le commerce de la Russie devient de plus en plus florissant, & le tableau suivant des importations & exportations du port de Pétesbourg, pendant l'année 1782, suffira pour en faire connaître toute l'étendue.

Nations.	Exportations.		Importations.	
Russes.	2,598,469 roubl.	45 $\frac{1}{2}$ copeiks.	5,563,287 rou	47 cop.
Anglais.	6,269,341	27 $\frac{1}{4}$	2,852,229	67 $\frac{1}{2}$
Espagnols.	185,460	91 $\frac{1}{4}$	44,198	15
Danois.	32,428	20 $\frac{1}{4}$	3,550	..
Hollandais.	229,570	6 $\frac{1}{4}$	556,199	99
Suisses.	66,965	59 $\frac{1}{2}$	80,543	80
Autrichiens.	4,017	99 $\frac{1}{4}$	733,783	97
Basse Saxe.	7,166	93 $\frac{1}{4}$	96,093	75
Portugais.	105,796	47 $\frac{1}{2}$	358,912	80
Dantzikois.	..	..	54,141	..
Suédois.	228,480	73 $\frac{1}{2}$	38,146	85
Français.	296,697	2 $\frac{1}{2}$	177,316	95
Rostokois.	305,578	2 $\frac{1}{4}$	196,285	80
Hambourg.	375,485	..	1,034,608	10
Italiens.	241,674	81	116,068	..
Prussiens.	228,780	44 $\frac{1}{4}$	91,920	90
Négoc. & voyag. de div. nations.	48,239	57	371,324	14
Capit. de vais.	25,328	17 $\frac{1}{2}$	135,558	35
Total.	11,467,347	87 $\frac{1}{2}$	12,204,482	16 $\frac{1}{2}$

L'importation de cette année a excédé l'exportation de la somme de 737,135 roubles 29 copeiks.

L'importation de cette année a excédé celle de l'année 1781, de la somme de 2,621,129 roubles 28 $\frac{1}{2}$ copeiks; mais l'exportation de l'année 1781 a excédé celle de cette année, de la somme de 1,487,092 roubles 74 $\frac{1}{2}$ copeiks. Les droits de douane se sont montés, dans l'année 1782, à la somme de 2,322,007 roubles 84 copeiks. Ils avaient rapporté dans l'année 1780, la somme de 2,077,430 roubles 6 copeiks, & dans l'année 1781, celle de 2,274,300 roubles 9 $\frac{1}{2}$ copeiks.

Revenu. Le revenu de la couronne de Russie provient de quatre sources principales; 1°. la capitation qui est de 70 copeiks par tête de chaque mâle : 2°. les droits de douanes sur les marchandises qui entrent dans l'empire & qui en sortent ; 3°. la ferme de la vente de l'eau-de-vie ; 4°. la vente du sel, dont le pound, ou 33 liv. de France, se vend 35 copeiks.

Quant au service personnel, il n'y a que les Tartares & les Calmoucks, qui y soient assujettis ; mais ceux-ci ne payent pas la capitation à laquelle sont taxés les paysans appartenans au domaine & aux seigneurs.

Les seigneurs ne payent aucune capitation, & la charge unique à laquelle ils soient assujettis, consiste à fournir, du nombre de leurs vassaux, autant de recrues, & aussi souvent que l'état l'exige. Chacun sait combien il en doit fournir, parce que le dénombrement des paysans étant connu, d'après les révisions qui se font tous les quinze ans, le gouvernement publie en conséquence une ordonnance par laquelle il fixe le nombre des recrues que l'on doit fournir sur une quantité déterminée d'hommes.

Langue. L'idiôme russe est fort doux à la prononciation. Il est aussi très-énergique. C'est la langue esclavone : il n'y entre de grec qu'autant qu'il y en a dans les langues latine, française, italienne, espagnole, dont les nations qui les parlent ont emprunté des termes techniques, pour exprimer leurs idées sur les arts & les sciences.

Religion. Les Russes professent la religion grecque. L'office s'y fait en langue esclavonne, & tous les livres d'église, imprimés en grec, sont traduits en esclavon. Long-tems le clergé y eut pour chef un patriarche ; mais le Czar Pierre jugea à propos d'abolir une dignité dont l'éclat offusquait celui du trône, & depuis cette époque, le saint Synode est le chef de l'église moscovite. Ce prince porta aussi la réforme dans les ordres monastiques, & il défendit à qui que ce soit de s'ensevelir dans un couvent avant l'âge de 50 ans.

Objet de curiosité. On remarque dans l'église patriarchale de Moscou, une cloche la plus grosse qu'il y ait au monde : elle pese 320 milliers. Tombée dans un incendie arrivé en 1701, elle est restée au lieu de sa chûte.

MONNOIES.

Monn. Russes.	liv.	sols.	den.
L'impériale,	42	10	0
Le ducat,	11	11	3
Le rouble,	4	5	0
La Grivna,	0	8	6
L'altyn, monn. idéale,	0	2	$6\frac{3}{7}$
La copeika,	0	0	$10\frac{2}{7}$
La moscowna,*	0	0	$5\frac{1}{10}$
23 copeicks $\frac{9}{17}$ font	1	.	.

L'impériale vaut 10 roubles; le rouble vaut 10 grivny; la grivna, 10 copeiks; la copeika, 2 moscoffky, la moscoffka vaut 2 polufchky; 3 copeiks font un altyn.

La proportion entre l'or & l'argent est comme 1 à $13\frac{2}{5}$.

De Pétesbourg, de Moscou & d'Archangel, on change sur les places suivantes, & l'on

	Donne,	Pour recevoir,
Sur Amsterd.	1 rouble.	44 ftuivers cour. pl. ou m. à 65 jours de date.
Hambourg,	1 dito.	43 fchillings lubs banq., plus ou moins.
Londres,	1 dito.	51 den. fterlings, pl. ou m.

Les lettres-de-change à certain jour de date, ont 10 jours de grâce, après celui de l'échéance; les lettres à vue n'ont que trois jours de grâce après celui de la préfentation, le dimanche & les fêtes compris. Les lettres-de-change à certain jour préfix n'ont aucun jour de faveur : elles doivent être proteftées le même jour, faute de payement.

MAISON IMPÉRIALE.

Catherine Alexiewna II, née 2 Mai 1729, mariée 1 Sept. 1745, à Pierre III empereur, impératrice & autocratice de toutes les Ruffies, 28 Juin 1762, veuve 28 Juillet 1762, couronnée à Moscou 3 Octobre 1762.

---

* Ancienne dénomination; aujourd'hui elle fe nomme *denga*, ou *denifch*.

Fils. Paul Petrovitz, fils de l'impératrice, grand-duc de Russie, né 1 Octobre 1754, marié 10 Octobre 1773, à Natalie Alexiewna de Hesse - Darmstad, veuf 26 Avril 1776; remarié la même année, à

Marie Fœdorowna de Wurtemberg, née 25 Oct. 1759, *dont*
Petits-fils. Alexandre Paulovitz, né 23 Décembre 1777.
Constantin Paulovitz, né 8 Mai 1779.

CONSEIL PRIVÉ. *Messieurs.*

Le comte de Razoumofsky, mar. gén.
Le prince de Golitzin, mar. gén.
Le comte de Roumantzow-Zadounaisky, mar. gén.
Le comte de Czernischeff, mar. gén.
Le comte Jean de Czernischeff, vice-prés. du coll. de l'amirauté.
Le prince de Varemsky, cons. privé, actuel.
Le prince de Potemkin, gén. en chef.
Le comte d'Ostermann, cons. privé actuel.
De Samoylow, maj. gén., *directeur de la chanc.*

CHEFS DES PRINCIPAUX DEPARTEMENS DE L'EMPIRE. *Messieurs*

Coll. des affaires étrang.	. . . . *chef.*
	Le comte d'Ostermann, *vice-chanc.*
Coll. de guerre	. . . . *président.*
	Le prince de Potemkin, *vice-président.*
Coll. de l'amirauté.	Le Grand duc, *président.*
	Le C. Jean Czernischeff, *vice-prés.*
Coll. des finances.	Le pr. de Stscherbatovo, *président.*
	De Bakounin, *vice-président.*
Cont. des finances pour les aff. de Livonie, d'Esthonie & de Finlande.	Le baron de Loudvig, *major d'art.*
Coll. de Justice.	De Koslo, *premier directeur.*
	De Koloschin, *en fonction de président.*
Coll. de Justice pour la Livonie, l'Esthonie & la Finlande.	. . . . *président.*
	De Kreydemann, *vice président.*
Coll. des biens immeubles.	De Solriko, *premier directeur.*
	De Wysotzky, *vice-président.*

Coll. de révision.	Le pr. Golitzin, *directeur-général.*
	De Kheraskow, *président.*
	De Potapow, *vice-président.*
Coll. de commerce.	Le C. Alex. de Worontzow, *président.*
	. . . . *vice-président*
Coll. des mines.	De Resanow, *chef*
	De Narow, *faif. les fonct. de vice-préfid.*
Coll. d'économie . . .	. . . ., *président.*
	. . . . *vice-président*
Académie des sciences.	Le comte de Razoumousky, *préfid.*
	La princesse Darchcoff, *directrice.*
Coll. de médecine de l'université de Moscou.	De Rgewsky, *président.*
	De Schouvaloff. ⎫
	De Melissino. ⎬ *Curateurs.*
	De Kheraskow. ⎭
	De Priklonsky, *directeur.*
Académie des arts.	De Schouvaloff, *premier fondateur.*
	De Betzky, *président.*
	De Sakrewsky, *directeur.*

GRANDS OFFICIERS DE LA COURONNE.

Messieurs

Grand-échanson.	Alex. de Narischkin.
Grand-écuyer.	Léon de Narischkin.
Grand-chambellan . . .	De Schouvaloff.
Grand-mar. de la cour.	D'Orloff.
Grand-maitre de la cour.	De Yelagbn.
Grand-veneur.	Le prince de Golitzin.
Maréchal de la cour.	Le prince de Boratinsky.
Ecuyer.	De Potemkin.

CHEFS DES DIVISIONS DES ARMÉES DE RUSSIE.

Messieurs

Division de Pétersbourg.	Le C. Rasoumofsky, *mar.-général.*
——— de Livonie.	Le prince de Golitzin, *maréchal-gén.*
——— de l'Ukraine.	Le C. de Roumantzow-Zadounaisky, *maréchal-général.*
——— de la Russie blanche.	Le baron d'Eimpt, *général en chef.*
——— de Moscou.	Le comte de Czernischeff, *mar.-gén.*
——— de Casan.	De Souworow, *lieutenant-général.*

Division de Finlande. Le comte de Bruce, *général en chef*
——— *de Voronege.* Le comte de Soltikow, *gén. en chef.*
——— *d'Esthonie.* De Soltikow, *général en chef.*
——— *de Smolensk.* Le prince de Repnin, *gén. en chef.*
——— *dès chevaux légers & des troupes irrégulieres.* Le prince de Potemkin, *gén. en chef.*
——— *du corps de Sibérie.* D'Ogareff, *général lieutenant.*
——— *du corps d'Orenb.* d'Opouchtin, *lieutenant-général.*
——— *corps d'artillerie* . . . . *grand-maître.*
——— *corps du génie.* . . . . *directeur-général.*
De Dournow, *commissaire-général des guerres.*
Le prince de Stscherbatow, *lieutenant-général, commissaire gén. des vivres.*

MARINE DE RUSSIE.

Le grand-duc, *grand amiral.*
Le comte Jean de Czernischeff, *chef de la flotte & du port des Galeres.*

AMIRAUX. *Messieurs*

De Seravin.
De Tschitschagow.
De Greig.

VICE-AMIRAUX. *Messieurs*

De Barsch.
De Borissow.
De Klokatschew.

CONTRE-AMIRAUX. *Messieurs*

De Crouse.
De Souchotin.
De Moussin-Pouschkin.
Vonderwies
De Golenitscheff-Koutousoff, vice-amiral, *trésorier général & directeur du corps des cadets de la marine.*
D'Hannibal, *lieu. gén. maître d'artillerie-général.*
Le baron de Tscherkassow, vice-am *comm.-gén. des guerres.*
De Rabinin, vice-amiral, *contrôleur général.*
De Poutschin, vice-amiral, *intendant-général.*

M

178 RUSSIE.

PRÉLATS DU ST. SYNODE DE RUSSIE. Messieurs.

Gabriel, archevêque de Nowgorod & de Pétersbourg.
Innocent, archevêque de Plescou & de Riga.
Jean Panfilow, confesseur de S. M. I.
Platon, archevêque de Moscou & de Kalouga.
Ambroise, évêque de Kroutitsk & Moschaisk.
Alexandre, archiprêtre.

GOUVERNEURS DES PROVINCES. Messieurs

Moscou.	Le comte de Czernischeff, mar. général.
	D'akharow, maj. général, *gouverneur.*
	De Tschontchin, *en fonction de v. gou-*
Pétersbourg.	De Potapow, major-général, *gouverneur.*
	De Mavrin, brigadier, *vice-gouverneur.*
Nowgorod.	Le C. de Bruce, gén. en chef, gouv. gén.
	De Protassow, conf. d'état, *en fonct. de gouv.*
	De Charlamow, c. d'état, *en f. de v. gouv.*
Twer.	Le C. de Bruce, gén. en chef, gouv. gén.
	De Toutolmin, major-général, *gouverneur.*
	D'Arseniew, brigadier, *vice-gouverneur.*
Kalouga.	De Kretschetnikow, l. g en f. de gouv. gén.
	De Protassow, maj. g. *en fonct de gouv.*
	De Sytin, conf. d'état actuel, *en fonction de vice-gouverneur.*
Plescou.	Le P. Nicolas de Repnin, général en chef, *gouverneur-général.*
	De Koschin, conf. d'état actuel, gouv.
	Alexis de Kolochwastow, brig. vice gouv.
Yaroslaw.	De Melgounow, conf. privé act. gouv. g.
	De Kolochwastow, maj. gén. *gouverneur.*
	Le P. Mestscherskoi, col. *vice-gouverneur.*
Toula.	De Kretschetnikow, lieut. gén. *en fonction de gouverneur général.*
	De Saborouskoi, lieut. gén. *gouverneur.*
	De Boudanow, conf. d'état, *vice-gouv.*
Kostroma.	Le C. de Worontzow, g. en chef, gouv. g.
	De Czernicheff, major-général, *gouv.*
	De Lopoukhin, col. du génie, *en fonct. de vice-gouverneur.*
Rasan.	De Kamensky, l. g. *en fonct de gouv. gén.*
	De Wolkow, major-général, *gouverneur.*

RUSSIE.

	De Kologrwiow, conf. d'état, *en fonction de vice gouverneur.*
Orel.	Le P. Proforo.sky, gén. en chef, gouv.g.
	De Neplocijew, conf. d'état, *en f. ae gouv.*
Mohilew.	De Paffec, gén. en chef, gouverneur-gén.
	D'Engelhard, conf. d'état, gouverneur.
	De Tfcheremiffinof, conf. d'état, *en fonct. de vice-gouverneur.*
Polozk.	De Paffec, général en chef, gouv. gén.
	De Rhebinder, lieut. gén *en fonct. de gouv.*
	De Sanskoy, conf. d'état actuel, vice-gouv.
Wolodimer.	Le C. de Worontzow, g. en chef, gouv. g.
	De Samoilow, conf. d'état actuel, *en fonct. de gouverneur.*
	Le P. d'Ougtomskoi, brig *en f. de v. gouv.*
Smolensk.	Le P. de Repnin, gén en chef, gouv. gén.
	De Chrapovizkoi c. d'état act. *en f. de gouv.*
	De Borkow, colno. vice- ouverneur.
Nigegorod.	De Stoupichin, gén. en chef, gouv. gén.
	De Bielawin, major-général gouverneur.
	Yelagin, conf. de coll. *en fonct. ae v. gouv.*
Koursk.	Le P. de Praforow-ky, énéral en chef, *en fonction de gouverneur général.*
	De Zoubow, conf. d'état actuel, *en fonct. de vice-gouverneur.*
	D'Annenkow, conf. d'état, vice-gouv.
Woronege.	De Tfchertkow, lieutenant-général, *en fonction de gouverneur-général.*
	De Potapow, lieut. gén gouverneur.
	De Yarfow, brigadier, vice-gouverneur.
Tanbow.	De Kamensky, lieut.-g. *en fonct. de gouv.*
	De Kakownizym, major-gén. gouverneur.
	D Oufchakow, conf. d'état, *en fonct. de vice-gouverneur.*
Charkow.	De Tfchertkow, l.-g. *en fonct. de gouv. g.*
	De Norow, major-général, gouverneur.
	De Faminzin conf. d'état, *vice gouverneur.*
Wologda.	De Melgounow, c. d'état p. act. gouv.-gén.
	De Makarow, major-gén. gouverneur.
	De Sifoyew, conf. d'état, vice-gouverneur.
Penza.	Le P. de Meftfchersky, l.-g. *en f de gouv.g.*
	De Stoupifchin major-gén *gouverneur.*
	De Kopiew, conf. de coll. *vice-gouverneur.*

M ij

RUSSIE.

Wiatska.	De Stoupischin, gén. en chef, *en fonction de gouverneur-général.*
	De Shicharew, major-général, *gouverneur.*
	De Louboutschaninow, c. d'état, *v. gouv.*
Simbirsk.	D'Opouchtin, lieut.-gén. *en f. de gouv. gén.*
	Le P. de Baratayew, major-g. d'art. *gouv.*
	De Koltowsky, colon. *vice-gouverneur.*
Saratow.	Le pr. de Potemkin, g. en chef, *gouv. gén.*
	De Poliwanow, *gouverneur.*
	De Tziplatew, brig., *vice-gouverneur.*
Ufa.	D'Opouchtin, l. gén. *en fonct. de gouv. gén.*
	De Samarin, chamb. *gouverneur.*
	De Tschertkow, conf. de coll. *vice-gouv.*
Casan.	Le pr. de Mestchersky, l. g. *en f. de g. gén.*
	De Bibikow, maj. gén. *gouverneur.*
	De Sheltouchin, conf. d'état, *vice-gouver.*
Petite Russie.	Le comte de Roumantzow-Zadounaisky, mar. gen. *gouverneur gén.*
Kiew.	De Schirkow, lieut. gén. *gouverneur.*
	De Baschilow, c. de coll. *vice-gouv.*
Tschetnigow.	De Miloradowitsch, l. g. *gouverneur.*
	De Novikow, c. d'état, *vice-gouv.*
Novogorodseverskoi.	De Schourman, c. d'état act. *gouv.*
	De Toumanskoy, c. d'état act. *vice-gouv.*
Tobolsk.	De Kaschkin, l. g. *en f. de gouv. gén.*
	D'Osipow, maj g. *en f. de gouverneur.*
	De Protopopow, col. *en f. de vice-gouv.*
Perm.	De Kaschkin, l. g. *en f. de gouv. gén.*
	De Koltouskoi, brig. *en f. de gouv.*
	De Makarew, c. d'état, *en f. de vice-gouv.*
Kolywan.	De Yacobi, l. g. *en f. de gouv. gén.*
	De Moeller, maj. gén. *gouverneur.*
	De Jwanowsky, coll. *vice-gouverneur.*
Astracan.	Le pr. de Potemkin, gén. en chef, *gouv. g.*
	De Schukow, c. d'état act. *gouverneur.*
Irkretsk.	De Yaobi, l. g. *gouverneur.*
	De Lampe, maj. gén. *en f. de gouv.*
	De Zedelmann, maj. gén. *vice-gouv.*
Nouvelle Russie.	Le pr. de Potemkin, gén. en chef, *gouv. g.*
	De Yasykow, maj. gén. *gouverneur.*
Asoff.	Le pr. de Potemkin, gén. en chef, *gouv. g.*
Livonie.	Le c. de Browne, g. en chef, *gouv. gén.*
	De Piel, l. g. *gouverneur.*
	De Naounoff, l. g. *vice-gouv.*

Estonie.	Le c. de Browne, g. en chef, *gouv. gén.*
	De Grotenhelm, l. g. *vice-gouverneur.*
Wibourg.	Le pr. Fred. g. ch. de Wurtemberg-Stutgard, *enf. de gouverneur-gén.*
	D'Engelhard, l. g. *gouverneur.*

ORDRES DE CHEVALERIE.

Nous avons commis bien des erreurs, à ce sujet, dans l'édition de 1783, & c'est pour y remédier que nous nous empressons d'ajouter ici les notes suivantes.

1698. ORDRE DE ST. ANDRÉ.

Les marques de cet ordre sont, un aigle éployé à deux têtes, surmonté d'une couronne impériale, sur laquelle est la croix de S. André, portant le saint crucifié, en émail & en bosse. Aux quatre extrémités de la croix, sont ces lettres: S. A. A. P. Le ruban de cet ordre est bleu; la chaîne est composée de trois pieces alternantes; savoir, de la croix de saint André, de l'aigle éployé & de drapeaux rassemblés en trophée.

L'IMPÉRATRICE, *grand-maître.*
72 *chevaliers.*

1714. ORDRE DE STE. CATHERINE.

Le ruban de cet ordre, institué pour les dames seulement, est ponceau, liséré d'argent. L'étoile, qui en est le signe caractéristique, est d'argent à huit pointes, dont quatre moins saillantes. Au milieu, & sur un champ rouge, est une croix d'argent, au bas de laquelle paraît une partie d'une roue d'argent. Dans les quatre angles qui forment la croix, on trouve ces quatre lettres: R. O. S. E. Sur la bordure rouge qui entoure le médaillon, on lit en russe: *pour l'amour & la patrie.*

L'IMPÉRATRICE, *grande-maîtresse.*

19 *dames de l'ordre.*

1725. ORDRE DE ST. ALEXANDRE NEWSKY.

Voyez sur cet ordre l'édition de 1783, p. 340.

L'IMPÉRATRICE, *grand-maître.*

153 *chevaliers.*

RUSSIE.

17.. Ordre de St. George.

Les chevaliers de cet ordre sont distribués en quatre classes.

L'Impératrice, grand-maître.

3 chevaliers de la premiere classe.
9 de la seconde.
41 de la troisieme.
Et 295 de la quatrieme.

17.. Ordre de St. Wolodimer.

Voyez à la fin de cet ouvrage les statuts de cet ordre traduits de la langue russe.

L'Impératice, grand-maître.

19 chevaliers de la premiere classe.
2 de la seconde.
5 de la troisieme.

1739 Ordre de Ste. Anne,

Voyez l'édition de 1783 p. 342.

Le grand-duc de Russie, grand-maître.

265 chevaliers.

MINISTRES DE RUSSIE
près les Cours étrangeres. Messieurs

Varsovie.	Le c. de Stakelberg, ambassadeur extr. & min. pl.
	Le baron d'Asche, résident.
Vienne.	Le prince de Golitzin, ministre plénipot.
Paris.	Le prince de Boratinsky, min. pl.
	De Cotinsky, consf. de chancelerie.
Madrid.	De Sinovieff, envoyé extr. & min. plénipot.
Lisbonne.	Le comte de Nesselroth, env. extr. & min. pl.
Naples.	Le comte André de Rasoumowsky, min. pl.
	Le comte de Gica, consf. d'ambassade.
Turin.	Le prince Demet. de Golitzin, env. extr.
Dresde.	Le prince de Beloselsky, env. extr.
La Haye.	De Markow, ministre.
Amsterdam.	Oldekop, agent.
Londres.	De Simolin, env. extr. & min. plénipot.
Ratisbonne.	Le baron d'Assebourg, ministre pl.
Francf.-sur-le-Mein.	Le comte Romanzow, env. extr. & min. pl.

Berlin.	Le comte de Dolgoroukow, *env. ext.*
Copenhague.	D'Osten-Sacken, *env. extr. & min. pl.*
Stockholm.	Le c. de Mouffin-Poufchkin, *env. ext. & m. pl.*
Hambourg.	De Grofs, *env. extraordinaire.*
Lubeck.	Le baron de Mestmacher, *ministre.*
Mitau.	De Kriedner, *conf. d'amb. & min.*
D'Antzick.	De Peterfon, *résident.*
Venife.	Le comte de Woronzow, *chargé d'affaires.*
Gênes.	De Mordwinow, *chargé d'affaires.*
Italie.	Le comte de Mocenigo, *com. gén. de la mar.*
Helfeneur.	Hofmann, *conful.*
Constantinople.	De Boulgakow, *env. extr. & min. pl.*
Valachie, Moldavie & Beffarabie.	Lofchkarew, *conful. gén.*
Archipel.	Le comte Voinowicz, *conf. gén.*
Crimée.	De Wefelizkoi, *env. extr. & min pl.*
Sinape.	Langel, *conf des cours.*
Smyrne.	Khemnizer, *conful gén.*

1300 *TURQUIE*, Mahomet.

Constitution. Chacun fait que le gouvernement Turc est purement despotique, c'est à dire que le prince y dispose à son gré des biens & de la vie de ses sujets. Si les enfans héritent de leur pere ce n'est que de son agrément. Dans cette région, tous les hommes sont égaux; & il est assés ordinaire d'y voir élever aux premieres charges de l'empire des esclaves nourris parmi les eunuques qui les ont souvent traités à coups de bâton. On n'y voit point d'armoiries. Les Turcs ne font que graver leur nom sur leur cachet. On n'y estime les hommes que par leur talents personnels ou par les places qu'ils occupent.

Gouvernement. Le sultan a pour premier ministre un visir, qui est la seconde personne de l'empire. Il est chargé des finances, des affaires étrangeres, de la justice civile & criminelle, du commandement des armées, du sceau de l'empire; & son pouvoir est sans limites si ce n'est à l'égard des militaires qu'il ne sauroit faire punir sans la permission de leur chef. Son palais est ouvert à tout le monde, & il donne audience indistinctement à tous ceux qui se présentent. Ce ministre soutient l'éclat de sa charge avec beaucoup de magnificence. Il a plus de 1000 personnes à son service dans son palais; & sa garde est composée de 400 Albanois.

Forces. La population de l'Empire Musulman n'est pas proportionnée à sa vaste étendue. La Turquie Européane, presqu'aussi étendue que la France, ne comprend pas plus de neuf millions d'ames. Les revenus de l'état montent à vingt millions de piastres, sans y comprendre le trésor particulier du grand seigneur. Le Caire fournit annuellement a ce trésor, 600,000 piastres, la Valachie 230, 000, & la Moldavie 160, 000. On porte les forces militaires actuelles à 347, 454 hommes; les marins au nombre de 50, 000, & la garnison de Constantinople, forte de 20, 000 hommes, y sont compris. Les janissaires seuls de la porte forment un corps de 25000. C'est la meilleure troupe pédestre qu'aient les Turcs. On n'a jamais osé confisquer leur trésor, ni s'emparer des biens des officiers. L'Aga est leur colonel, & il a le droit de se présenter devant le sultan, les bras libres, tandis que le premier visir & les autres grands de la porte ne paraissent jamais en sa présence, que les bras croisés sur l'estomac.

Lorsque le grand seigneur confie au grand visir le commandement d'une de ses armées, il détache à la tête des troupes une des aigrettes de son turban, pour être placée sur le sien. L'armée le reconnait alors pour général.

Le principal étendard des Turcs est une ou plusieurs queues de cheval teintes en rouges attachées à une pique, surmonté d'une boule de cuivre & d'un croissant. Le nombre de ces queues est proportionné à la dignité; de-là vient que l'on dit pacha à trois queues, pacha à deux queues; le grand visir en fait porter cinq, & le grand seigneur sept.

Dans l'empire Turc, les mahométans seuls ont le droit d'être armés. En tems de guerre, les Juifs & les Chrétiens ont ordre de livrer les armes qu'ils peuvent avoir ou de les porter au marché.

Marine. La marine des Turcs, si formidable sous Mahomet II, & sous quelques uns de ses successeurs, est aujourd'hui bien moins considérable; leurs pilotes savent bien médiocrement faire usage de la boussole; mais telle est la position avantageuse de leur empire, telle est sa vaste étendue, telles sont ses ressources que pour peu qu'ils veuillent réfléchir sur cet objet important, ils se montreront bientôt sur un pied respectable.

Anecdote. Le sultan Abdul-Hamed est fils d'Achmet III, qui fut détrôné en 1730. Dès sa plus tendre enfance, ce prince a éprouvé le malheur; il a passé la plus grande partie de sa vie dans une espece de prison d'etat, qui n'a fini que le 21 Janvier 1774, à la mort de Mustapha III, son frere & son prédécesseur. Celui-ci, quelques heures avant d'expirer, l'en fit sortir, le déclara son successeur, & lui recommanda Sélim, son fils unique, alors enfant d'environ 12 ans. Il fut proclamé sultan le même jour, prit les rênes du gouvernement dans le tems critique d'une guerre avec la Russie, & fit la paix, après avoir changé presque tous les membres du Divan, qui avaient pris un trop grand ascendant sur l'esprit de son frere. Au lieu de se venger de sa prison sur la personne du jeune Sélim, il le retint dans son palais, le combla de caresses, & eut pour lui tous les soins d'un tendre pere. Ce jeune prince vit encore, & a atteint sa 22e année. C'est ainsi qu'Abdul-Hamed, dès le premier moment de son administration, a donné des preuves de sa grandeur d'ame, de sa douceur & de son équité.

MONNOIES DE TURQUIE
comparées à celles de France.

Mon. de Turquie.	Mon. de France.		
	liv.	sols.	den.
Le sequin de Venise.	11	12	6
Le sequin hongre.	10	19	0
Le sequin fondonclis.	11	0	0
Le seq. zenzestis de Constantinople.	10	10	0
—— celui du Caire.	8	5	0
Le seq. tourtalis de Constantinople.	9	15	0
—— celui du Caire.	7	17	6
Le sequin de Tunis, Tripoli, Alger & Barbarie.	9	15	0
Le sultanin ou serifi.	9	15	0
Le piastre de change.	3	0	0
Le lion.	3	0	0
La piastre de réaux.	3	0	0
Le caragrouch.	3	0	0
L'asselani.	2	17	6
Le tourq.	0	19	0
L'issolotte vieille.	1	18	6
L'issolotte neuve.	1	17	6
L'abra.	0	4	6
Le parat.	0	1	6
Le medin.	0	1	6
L'aspre.	0	0	6
40 aspres font,	1	0	0

Chaque nation tient à Constantinople les écritures selon les ufages de fon pays ; mais il eft affez ordinaire qu'on les tienne auffi en piaftres & en afpres, ou en piaftres, parats & afpres.

La monnoie de change eft la piaftre qui équivaut à notre écu de change de trois livres.

MAISON OTTOMANE.

Abduhl-Hamet, né 20 Mars 1725, proclamé grand fultan 21 Janvier 1774, couronné 27 du même mois.
Fils. Sultan Selim, né 17 Mars 1775.
Filles. Sultane Hefma, née 2 Août 1778.
Sultane NN., née 10 Juillet 1780.
Sultane Meleck, née 27 Janvier 1781.
Sultane NN, née 8 Août 1781.

MINISTRES. Meffieurs

1783 Chihaja-Bey-Hamit-Effendi, *grand-vifir.*
     Hairi-Mehemet-Beilikfchi Effendi, *grand-amiral.*
1783 Kouli-Kiaga, *aga des Janiffaires.*
     Ahmed-Effendi, *Kiaia-dey.*
1783 Alex. Maurocordato, grec, *fecrétaire d'état.*
1783 Draco-Suzo, *hofpodar de Valachie.*

903 DANEMARC.

Étendue. Le Danemarck comprend une prefqu'Ifle, appelée Jutland, & les Ifles de Séeland, de Fionie, de Laaland, de Langeland, de Falfter, de Moeu & de Bornholm.

Cette région, autrefois nommée Cherfonefe Cimbrique, a 100 lieues de long fur 90 de large. La plûpart des géographes nous la repréfentent comme hériffée de montagnes; c'eft une erreur. Elle n'offre partout que des plaines, fans inégalités confidérables. Les provinces de Fionie & de Laaland en font les plus fertiles. En 1388, la Norwege fut réunie à la couronne du Danemarck. Cette contrée comprend environ 400 lieues de longueur, & plus de 600 lieues de côtes Sa largeur eft fort inégale La partie méridionale en eft affez fertile, & l'agriculture y a fait de grands progrès. L'Iflande appartient auffi à la domination Danoife. Cette

Ifle, éloignée de près de 200 lieues du Danemarck, eſt ſtérile, & perpétuellement couverte, ſur-tout dans ſa partie ſeptentrionale, de pierres, de rochers, de neige & de glace.

Population. Les états du roi de Danemarck comprennent environ 3500000 ames. Le Danemarck propre en peut contenir 2300000. La Norwege 800000 & l'Iſlande 400000 Copenhague, qui en eſt la capitale, eſt une ville riche, très-forte, avec un port ſur le détroit du Sund, qui paſſe pour l'un des plus ſûrs & des plus commodes de l'europe. Sa population monte à environ 130000 habitans.

Forces. Les revenus de la couronne, que l'on portait, il y a quelques années, à 45 millions, monnoie de France, ſont bien augmentés depuis cette époque; ils proviennent de 7 ſources principales. 1º. De la taxe des terres & de la capitation; 2º. du produit des domaines; 3º. des droits d'entrée & de ſortie; 4º. du droit d'acciſe; 5º. des denrées; 6º. du papier timbré; 7º. du droit de péage ſur le Sund. Cette puiſſance entretient actuellement ſur pied, 71354 hommes diſtribués de cette maniere.

Le corps d'artillerie.	2349 hommes.
1 régiment de cavalerie en Danemarck & dans les duchés de Holeſtein	4867
4 régiments de dragons en Norwege.	4493
19 régim. d'infant. en Danemarck & les duchés.	29766
2 régiments de huſſards	1300
9 compagnies de garniſons	746
la milice de Bornholm	1321
	71354.

Marine. La marine du Danemarck eſt actuellement compoſée de 40 vaiſſeaux de lignes & de 40 frégates. Les matelots deſtinés au ſervice de la marine, ſont diſtribués en deux ordres. Ceux qui habitent les côtes, ſont claſſés; ceux-ci ſervent dans les armements extraordinaires que fait le gouvernement, & preſque toujours aux particuliers. Le ſecond ordre, ſpécialement attaché à la marine royale, eſt compoſé de quatre diviſions, diſtribuées en dix compagnies. Ce ſecond ordre de matelot eſt de 4720 hommes. Il fournit aux équipages de vaiſſeaux, & donne des ouvriers aux chantiers. Le nombre des matelots enrôlés monte aujourd'hui à 30564 hommes. A Copenhague eſt une compagnie de cadets, élevée, en 1701, par Fréderic IV; pépiniere précieuſe des officiers de la marine du Danemarck.

Commerce. C'eſt à Chriſtian IV, que les Danois doivent le commerce extérieur qu'il font aujourd'hui. Ce prince fut le premier qui établit dans ſes états une compagnie de commerce aux Indes Orientales, & dont nous avons parlé dans notre *tableau du commerce de l'Asie & de l'Afrique*. En 1727, se forma une compagnie d'assurance, dont chaque action fut fixée à 1000 écus. En 1755, s'établit la compagnie d'Afrique, qui depuis n'a pas cessé ses opérations. Enfin il exsiste une compagnie qui jouit du commerce exclusif sur l'Islande ; & c'est une banque établie à Copenhague, qui est l'ame de ces différentes combinaisons mercantilles. De tous les européans qui fréquentent les parages du Danemarck, les Anglais & les Suédois sont ceux qui y commercent avec le plus d'avantage. De 8330 vaisseaux qui sont entrés dans le Sund, pendant le cours de l'année 1782, 1262 appartenaient aux Anglais, & 2117 aux Suédois. Le canal que le gouvernement fait creuser dans le duché de Holstein, pour réunir la Baltique à l'Ouestsée, pourra être achevé sous peu de mois.

Législation. Il est dans les villes du Danemarck des personnes choisies par le magistrat, pour veiller à l'éducation des enfans, & à l'administration des biens des pupilles. Ces censeurs peuvent disposer de leur propre autorité des enfans négligés par leurs parents, & les appliquer à quelque profession. La loi leur permet même de se rembourser, par la voie de l'exécution des sommes qu'ils ont avancées pour les enfans; & si la famille est dans l'indigence, les maisons de charité doivent faire ce remboursement. Les mêmes personnes sont obligées de veiller sur les biens des mineurs, & de s'en faire rendre un compte exact; & pour mettre les pupilles en sureté, la loi ordonne à ceux qui demeurent dans une maison, ou dans le voisinage d'une maison où meurt un pere laissant des enfans mineurs, de déclarer, sous peine d'amende, cette mort au magistrat.

Les loix civiles sont rassemblées dans le fameux code de Christian V. Elles sont si sages, si parfaitement combinées avec les mœurs, la religion & le caractere de la nation, que l'un des plus savans hommes du nord n'a pas fait difficulté de dire qu'il n'en existait pas en europe qui pussent leur être comparées. Il y trois dégrés de jurisdiction en Danemarck. Le dernier est fixé à la cour, & tous les ans, le roi préside à son ouverture. En 1753, on a publié un réglement qui sert de base aux fonctions & à la compétence de ce tribunal.

La loi somptuaire publiée par le roi de Danemarck, le 20 Janv. 1783, mérite d'être observée ici. L'article XII de ce réglement, porte :

» Tout domestique, convaincu de s'être fait friser par un
» perruquier-cœffeur, payera, chaque fois, une amende de 4 écus.

» Art. XV. Il ne sera pas permis de donner désormais, aux

» dîners, que six plats, en comptant les grands & les petits; » & ensuite, outre les salades & ce qu'on peut regarder comme » étant du cru du pays, tout au plus quatre plats de dessert, » outre les fruits indigenes; de sorte que toutes confitures » étrangeres, tant seches que liquides, ne seront plus servies. » Aux soupers, aucun sujet du roi ne pourra donner plus de » six plats tant grands que petits, & outre les salades, tout » au plus deux plats de dessert avec des fruits du cru du pays. » A table & ailleurs, lorsqu'on a des convives, il ne sera » pas permis de donner d'autres vins que des vins blancs ou » rouges de France, avec des vins de Malaga & de Madere. » Tous autres vins fins & liqueurs, ainsi que le vin vieux de » France & la bierre étrangere sont défendus. On pourra néan- » moins donner du punch. Aux nôces & a d'auties festins sem- » blables, on pourra ajouter deux plats & deux articles de » dessert au nombre fixé pour les repas ordinaires. Enfin, a » compter du premier Octobre 1783, on ne pourra servir aux » repas, ni mettre en vente ou annoncer, à cet effet, dans » les gazettes, des comestibles étrangers ni aucune espece de » mets préparé chez l'étranger, & dont les principaux ingré- » dients se trouvent dans le pays.

MONNOIES DE DANEMACHK,
comparées à celles de France.

Monn. danoises.   *Monn. de France.*

ESPECES D'OR.

	liv.	sols.	den.
Ducat de 14 m.	11	1	8
Autre de 11 m.	8	14	2

ESPECES D'ARGENT.

	liv.	sols.	den.
La couronne.	3	7	$3\frac{1}{2}$
La ½ dito.	1	13	$7\frac{3}{4}$
La piece de 24.	1	3	9
Celle de 10.	0	9	$10\frac{3}{4}$
Celle de 8.	0	7	11
Celle de 4.	0	3	$11\frac{1}{2}$
Celle de 2.	0	1	$11\frac{3}{4}$
Liard de cuivre.	0	0	$5\frac{5}{15}$

MONNOIES IMAGINAIRES.

	liv.	sols.	den.
La rixdale de change.	4	15	0
Le marc danois.	0	15	10
Le schelling danois.	0	0	11 8

On tient les écritures à Copenhague de deux manieres, 1º. en rixdales, marcs & schellings; 2º. en rixdales de schellings.

La rixdales imaginaire est comptée pour six marcs, le marc pour 16 schellings Danois; chaque schelling vaut deux liards de cuivre.

On compte aussi par marcs & sols lubs qui valent le double des marcs & schellings Danois.

On y change sur les places suivantes, & l'on

donne,	pour recevoir,
Sur Amsterd. 118 rixd. dan. cour. plus ou moins	100 rixd. cour. à 15 jours de vue.
Hambourg. 122 dito pl. ou m.	100 rix. bc. à 15 j. de vue
Londres.... 5 dito pl. ou m	1 liv. sterl. a 2 m. de date

Il n'y a rien de reglé sur les usances. Les lettres-de-change se payent suivant le tems & les jours qu'on y a indiqués.

Il y a 8 a 10 jours de grâce en usage, le dimanche & les jours de fêtes y compris; faute de payement, il faut protester le dixieme jours de l'échéance; en cas de négligence, toute la perte est pour le compte du porteur de la lettre.

La ville d'Altona est exceptée de la rigueur de cette loi. On y peut protester encore le onzieme jour sans aucun préjudice pour le porteur, suivant l'ordonnance du 16 Avril 1681.

MAISON ROYALE.

CHRISTIAN VII, né 29 Janvier 1749, roi de Danemarck & de Norvege 13 Janv. 1766, marié 8 Oct. 1766, à Car. Mathilde d'Angleterre, veuf 10 Mai 1775.

Fils. Frédéric, prince royal, né 28 Janvier 1768.

Fille. Louise Aug. princesse de Danemarck, née 7 Juillet 1771.

Frere. Frédéric, P. de Danemarck, né 11 Oct. 1753, marié 11 Octobre 1774, à

Soph.-Féd. de Mecklembourg Schwerin, née 24 Août 1758.

Sœurs. Soph. Madel. princesse de Danemarck, V. *Suede.*

Guill. Carol. V. *Hesse-Cassel.*

Louise, princesse de Danemarck, V. *Hesse-Cassel.*

Belle-mere J. M. de Brunswick-Wolfembutel, reine douairiere, née 4 Sept. 1729, mariée 26 Juin 1752, à Frédéric V, veuve 13 Janvier 1766.

CONSEILS D'ÉTAT DE DANEMARCK.

CONSEIL D'ÉTAT PRIVÉ.

Le roi préside en personne à ce conseil ; & le prince héréditaire de Danemarck y assiste quand il y est invité.

MEMBRES DU CONSEIL. *Messieurs*

Otton, comte de Thott, chevalier de l'Eléphant.
Otton de Schack Rathlou, chevalier de l'Eléphant.
Henri de Eischtedt, chevalier de l'Eléphant & gén. de caval.
Le comte de Moltke, chevalier de Danebrog.
Le baron de Rosencrone, *ministre des affaires étrangeres*.

CONSEIL D'ÉTAT.

Le roi préside ce conseil en personne.

MEMBRES DU CONSEIL. *Messieurs*

Le comte de Thott, ministre d'état.
Schack Rathlou, ministre d'état.
P. Rosenorn, chevalier de Danebrog, conseiller de conférence.
Braem, conseiller intime.
Stampe, conseiller intime.
Le baron de Knuth, conseiller intime.
G. Lüxdorph, conseiller intime.
A André de Suhm, conseiller de conférence.
P. K. Ancher, conseiller de conférence.
J.-Fr. Reich, conseiller de conférence.
Et. H. Cordtsen, conseiller de conférence.
G. Frimann Koren, conseiller de conférence.
J. Joa. Anchersen, conseiller de conférence.
M. Treschow, conseiller d'état.
G. Bornemann, conseiller de conférence.
Ch.-Fréd. Jacobi, conseiller de conférence.
H. Colbiornsen, conseiller d'état.
J. Barth. Eichel, conseiller d'état.
Knud Holtermann, conseiller de justice.
J. Ed. Colbiornsen, conseiller d'état.
Olaus ch. Wessel, conseiller de justice.
I. Rosenkrantz Levetzau, chambellan.
Mort. Sommer, conseiller de justice.
Le baron de Wind, chambellan.
Olaus rested, assesseur.
Mads Fridsch, assesseur.
G. Ch. Drewsen, assesseur.

DANEMARCK.

COUR SUPRÊME DE COPENHAGUE.

M. de Suhm, conseiller de conférence, *justicier*.

COLLÉGE DE LA CHANCELLERIE DE DANEMARCK. *Messieurs*

H. Stempe, chev. de Danebrog, & consf. d'état int. *proc. gén.*
G. Lüxdorph, chevalier de Danebrog, & consf. d'état intime.
P. Aagaard, conseiller de conférence.
Ch. Schov, conseiller d'état.
Oluff Lundt Bang, conseiller d'état.

CHANCELLERIE ALLEMANDE. *Messieurs*

Ad. G. Carstens, *directeur*.
Ch.-L. Schütz, consf. de consf.
Le comte de Baudissin, chamb. } *Députés*.
Fr.-Ch. Kück, consf. d'état.

DÉPARTEMENT DES AFFAIRES ÉTRANGÈRES.

M. Ger. de Rosencrone, baron de Rosenthal, chevalier de Danebrog, consf. d'état intime, *ministre des affaires étrangères*.

COLLÉGE DE LA GUERRE. *Messieurs*

G. de Huth, chevalier de Danebrog, général d'infanterie, & chef du corps du génie & de l'artillerie.
H. Ad. de Ahlesfeldt, chevalier de Danebrog & général-major de cavalerie.
Jér. J. Schultze, chevalier de Danebrog, & consf. d'état int.
God. de Pentz, chevalier de Danebrog & général-major d'inf.
G.-Fréd. de Stange, général-major de cavalerie.

COLLÉGE DE LA GUERRE POUR LA NORWÈGE. *Messieurs*

Cl. Jurgen de Schnell, général-lieutenant d'infanterie.
P. de Poumeau, général-lieutenant d'infanterie.
A. Fr. de Wackenitz, chambellan.

COLLÉGE DES FINANCES. *Messieurs*

Ch.-L. de Stemann, chevalier de Danebrog.
H. Henri de Schilden, chambellan.
Ch. Aggerskov, conseiller de conférence.

CHAMBRE DES COMPTES. *Messieurs*.

Ch.-L. de Stemann, chevalier de Danebrog.
H. Henri de Schilden, chambellan.
Al. Brner, conseiller de conférence.
J. Erichsen, conseiller de conférence.
Le comte de Reventlau, chambellan.

DANEMARCK.

Chambre des Comptes et des Douanes des Indes Occidentales et de Guinée. *Messieurs*

Ch.-Fréd. de Numsen, chev. de Dannebrog & consf. d'état int.
D. Schleth, conseiller de conférence.
P. Rosenorn, chambellan.

Collége de Commerce et d'Économie. *Messieurs*

Le comte de . . . .
P. H. Classen, conseiller de conférence.
Aug. Hennings, conseiller d'état.

Direction des Mines. *Messieurs*

Ch.-L. Stemann, chev. de Dannebrog & consf. d'état, *intendant*.
A. Holt, conseiller d'état.
Carst. Anker, conseiller d'état.

Cour des Monnoies. *Messieurs*

H. Schierren Knoph, *directeur*.
G. D. Jorgensen, *réviseur*.

Cour des Aides. *Messieurs*

Le comte de Tholt, ministre d'état.
Schack Rathlou, ministre d'état.
H. de Stampe, procureur-général.
Le comte de Schimmelmann, conseiller d'état intime.
Ch.-L. de Stemann, conseiller d'état intime.
Le comte de Reventlou, conseiller d'état intime.
Hans H. de Schilden, chambellan.

Collége de l'Amirauté. *Messieurs*

Corn. de Schindel, ch. de Dannebrog & vice-amiral.
Ant. Nic. de Fontenay, contre-amiral.
Le comte de Moltke, chevalier de Dannebrog & commandant.
Le comte de Reventlou, *assesseur auscultant*.

Bureau de la Marine, *ou* Spe-Commissariats-Collegium. *Messieurs*

Fr. M Krabbe, chevalier de Dannebrog, & consf. d'état intime.
Ch. D. Fr. comte de Reventlou, chev. de Dannebrog, conseiller. d'état intime.
Fr. comte de Reventlou.
Ern. Alb. de Bertouch.
J. D. Gorne.

GRANDS OFFICIERS DE LA COURONNE.
Messieurs

Grand-chambellan	Le comte de Roventlou.
Grand-maréchal	C. ch. Ern. de Schack.
Grand-veneur	Ch. Holstein, C. de Lethraburg.
Grand-maître des cérémonies	Sig. V. Raben, ch. de Dannebrog.
Confesseur, confessionarius	L. Harboë, évêque de Zélande, & inspecteur-général du clergé.

ÉTAT-MAJOR DES ARMÉES DE DANEMARCK.
GÉNÉRAUX: Messieurs·

Charles Landgrave de Hesse-Cassel, feld-maréchal, gouverneur du Sleswick & du Holstein, & command. général en Norwége.

Fréd. Christ. prince de Sleswick-Holstein-Augustenbourg, général d'infanterie.

Le comte d'Hahlefeld, général de cavalerie.

Le comte de Schmettau, général de cavalerie.

Œmil.-Aug. prince de Sleswick-Holstein-Augustenbourg, général d'infanterie.

Fr.-Ch. Ferd. prince de Brunswick-Lunébourg-Bevern, général d'infanterie; & gouverneur de Copenhague.

G. de Huth, général d'infanterie.

Hans H. de Eichstedt, général de cavalerie.

J. Ulr. de Woperschnow, général-major de cavalerie.

Le comte de Schulenbourg, chevalier de Dannebrog, général-major de cavalerie.

A. Egger de Holstein, général-major d'infanterie.

G. de Sames, général-major d'infanterie.

F.-Chr. de Zepelin, gén. major de cavalerie.

Le comte de Moltke, chev. de Dannebrog, gén. maj. de cav.

Fréd. Joannsen, chev. de Dannebrog, gén. maj. d'infant. & comm. à Copenhague.

J.-Ger. de Scholten, gén. major d'infanterie.

Mag.-Ern. de Fircks, chev. de Dannebrog, & gén. maj. d'inf.

H.-Ad. de Ahlefeldt, chev. de Danneb. & gén. maj. de caval.

G.-H. de Krogh, chev. de Danneb. & gén. maj. de cavalerie.

H. de Schlanbusch, gén. major d'infant.

God. de Pentz, chev. de Danneb. & gén. maj. d'infant.

Ch.-God. de Dilleben, gén. maj. d'inf. & ingen. major.

Eis.-Det. de Lowzau, gén. major d'infanterie.

Ch.-L. de Roëpstorff, gén. major d'infanterie.
Val.-G.-H. de Huitfeld, *gén. maj. d'infant.*
J. D. de Kreber, *gén. maj. d'infant.*
Fréd. de Numsen, chev. de Danneb. *gén. maj. de cavalerie.*
Fr.-Char.-Ulr. c. de Ahlefeldt, chev. de Danneb. *gén. maj. de c.*
Le bar. de Hazlhausen, chev. de Danneb. *gén. maj. d'infant.*
Le comte de Rantzau, *gén. maj. d'infanterie.*
Christ. c. de Ahlefeldt, chev. de Danneb. *gén. maj. de caval.*
Je. Fréd. de Stange, *gén. maj. de cavalerie.*
J.-Jacq. de Fasting, *gén. maj. d'infant.*
J.-L.-Maxim. de Biellardt, *gén. maj. d'infant.*
J.-Fréd. de Der Osten, *gén. maj. d'infant.*
Fréd. de Dietrichson, *gén. maj. d'infant.*
Ch.-J.-Fréd. de Wahl, *gén. maj. d'infant.*
J.-Fréd. de Maas, *gén. maj. d'infant.*
P.-Gust. de Golowin, *gén. maj. d'infant.*
Le baron de Gersdorff, *gén. maj. de cavalerie.*
Ch.-Jos. de Wolffsgeil, *gén. maj. de caval.*
J.-Ch. de Bessel, *gén. maj. de caval.*
Mag.-Fréd. de Barner, *gén. maj. d'infant.*
J. de Schinckel, *gén. maj. de cavalerie.*

COMMANDANT EN CHEF EN NORWEGE.

Le prince de Hesse-Cassel, chev. de l'éléphant.

CHEF DE FORTIFICATIONS DE DANEMARCK.

M. G. de Huth, chevalier de l'ordre de Dannebrog.

CHEF DU CORPS ROYAL D'ARTILLERIE.

M. François d'Aubert.

COMMANDANT-GÉNÉRAL DE CAVALERIE.

Le baron de Gersdorff.

COMMANDANT-GÉNÉRAL DE L'INFANTERIE.

Le baron de Harthausen, chevalier de Dannebrog.

MARINE DE DANEMARCK.

AMIRAL.

M. Fréd.-Chr. Kaas, chev. de Dannebrog.

VICE-AMIRAUX. Messieurs

Sim. Hoglant, chevalier de Dannebrog.
L.-H. Fisker, chevalier de Dannebrog.
Ch.-Fréd. de Fontenay, chevalier de Dannebrog.
Conr. de Schindel, chevalier de Dannebrog.

CONTRE-AMIRAUX. Messieurs

Fréd. Reyersen.
Dan.-Ern. Bille.
Olaus Stephansen.
Bendix Lassen Bille.

J.-Corn. Krieger.
Fréd.-Ch. Kaas.
Le comte de Moltke.

COMMANDANS. Messieurs

A.-G. Schultz.
Ger. Waltersdorff.
Fréd.-G. Krog.
Jacq. Ahrenfeldt.
Volq. Risbrich.

Ant.-G. Ellebracht.
A. Lous.
Hans.-G. Krog.
Ulr.-Ch. Kaas.
Fréd. Grothschilling.

21 capitaines commandans & 42 capitaines.

CHEF DU CORPS DES CADETS DE MER.

G.-B. Winterfeldt, *capitaine-commandant*.
J. Bille, *capitaine-lieutenant*.

ORDRES DE CHEVALERIE.

1463. ORDRE DE L'ÉLÉPHANT.

Voyez sur cet ordre, l'édition de 1783, pag. 322.

LE ROI.

Messieurs.

Le prince héréditaire.
Le prince Frédéric.
1776 Le roi de Suède.
1747 Ch.-Christ.-Erd. prince de Würtemberg-Oels.
1749 Le prince de Slefwick-Holstein-Augustenbourg.
1752 Moltke, comte de Bregentueld.
1760 G. prince de Hesse-Cassel.
1762 Le prince Fr. de Mecklenbourg-Schwerin.
1763 Le prince Em.-Aug. de Slefwick-Holstein-Augustenbourg.
1763 Otton, comte de Thott.
1764 Fréd.-Ch.-Ferd. prince de Brunswick-Lunébourg-Bevern.
1766 Le comte de Reventlou.
1766 Le Landgrave de Hesse-Cassel.
1766 Le prince de Nassau-Weilbourg.
1768 Le comte Conv. G. d'Ahlefeldt.
1768 Gasp. de Saldern.
1769 Le Marggrave de Bade-Dourlach.
1769 Le prince de Nassau-Saarbruck.

DANEMARCK.

1769 Le prince de Mecklenbourg-Strelitz.
1769 Fr.-Ch. Rosenkrantz.
1769 H.-C. de Danneskiold Laurowigen.
1772 Le comte de Rantzau.
1773 Le comte de Scheel.
1773 Henn. de Qualen.
1773 De Schack Rathlou.
1773 Hans. H. de Eichstedt.
1774 Le comte de Wedel-Frys.
1775 Le prince d'Anhalt-Koëthen.
1775 Le prince Fréd.-Franç. de Mecklenbourg-Schwerin.
1775 Le comte de Bernstorff.
1776 Le prince Grég. de Potemkin.
1776 Le comte de Schmettau.
1779 Le comte de Reus.
1780 Le prince de Holstein-Gottorp, coadj. de Lubeck.
1780 Le prince Ch.-G.-Aug. de Brunswick-Wolfenbutel.
1782 Le prince héréditaire de Holstein-Augustenbourg.
1782 Le comte Reynald de Bentheim-Steinfort.

1219. ORDRE DE DANNEBROG.

Voyez sur cet ordre, l'édition de 1783, pag. 318.

LE ROI, *chef & souverain de l'ordre.*
167. chevaliers.

17.. ORDRE DE L'UNION PARFAITE.

LE ROI, *chef & souverain de l'ordre.*
66 *chevaliers &* 124 *chevalieres.*

MINISTRES DE DANEMARCK
près les Cours étrangeres. Messieurs.

France.	Le baron de Blome, chev. de Dannebrog, *env. ext.*
	G. de Schütze, *conseiller de légation.*
	M. Schreiber, conseiller de consist. *chapelain.*
Londres.	G. de Dreyer, *env. extraordinaire.*
	G.-Fr.-En. Schonborn, *secrét. de lég.*
Pologne.	J. de Scholler, *résident.*
Portugal.	Ch.-G. de Johnn, *env. extraord.*
Prusse.	Fr. L. Juel, *env. extraord.*
	A.-Chr. Rüdinger, *secrétaire de légation.*
Ratisbonne.	Fr.-L. de Eyben, chev. de Dannebrog, *résident.*
	J-Ch. Weinmann, *secrétaire de légat.*
	J.-Chr. Schinmeyer, *chancelier de légat.*

DANEMARCK

Vienne.	De Viereck, chev. de Dannebrog, *env. extr.*
	Ad.-Ch. de Struve, *secrétaire de lég.*
	J.-Ch. D. Eckhoff, *chapelain.*
Russie.	P.-Ch. Schumacher, *ministre résident.*
	H. Bockmann, *secrétaire de lég.*
Saxe.	J.-H. de Knuth, c. de Knuthenbourg, *env. ext.*
Suéde.	Fel. Ch. Fréd. de Reventlou, *env. extraord.*
	J. Konemann, *sec. de légat.*
Sicile.	Fr.-Ant. Wedel, comte de Jansberg, chevalier de Danneb, *env. extr.*
Espagne.	Le comte Caj. Fr. de Reventlou, *env. extr.*
	L. Bertelsen, *secrétaire de légat.*
Constantinople.	. . . .
	S.-P. Bornmann, *agent.*
Cerc. de Souabe.	Ch.-Eber. de Wachter, *env. extr.*
La Haye.	De S. Saphorin, *env. extraord.*
	Ch.-Chr. Klopstock, *secrétaire de légat.*
Cer. du b. Rhin.	Le comte de Schimmelmann, *env. extraord.*
Eutin.	Le comte de Moltke, chev. de Danneb. *min.*

ÉVÊQUES DE DANEMARCK. Messieurs

Zélande.	L. Hatboë, *inspecteur-gén. du clergé.*
Fuynen, Laaland & Falster.	} Jacq. Ramus.
Ribe.	Tonne Bloch.
Aarhuus.	G. Hée.
Wiborg.	P.-J. Terens, *docteur en théologie.*
Aalborg.	Charl. Bev. Studsgaard, *docteur en théol.*

PRINCIPAUX ÉTABLISSEMENTS RELATIFS AUX ARTS ET AUX SCIENCES.

UNIVERSITÉ DE COPENHAGUE.

Nic.-Ed. Balle, *recteur.*
H. de Stampe, chev. de Dannebrog, *questeur.*

UNIVERSITÉ DE KIEL.

Le comte de Reventlou, *protecteur.*

SOCIÉTÉ ROYALE DES SCIENCES DE COPENHAGUE.

B.-G. Lüxdorph, chev. de Dannebrog, *président.*
Ch.-Fréd. Jacobi, cons. de confer. *secrétaire perpétuel.*

ACAD. DE PEINTURE, SCULPTURE ET ARCHITECTURE.

Le, Roi, *protecteur*.
Le prince Fréderic, *président*.
J. Wiedewelt, professeur de peinture, *directeur*.
Corn. Hoyer, *secrétaire perpétuel*

ÉCOLE NOBLE MILITAIRE DE SOROE.

Ad. de Raben, chev. de Dannebrog, *chef*.

SOCIÉTÉ ROYALE ÉCONOMIQUE DE DANEMARCK.

Le Roi, *protecteur*.
Le prince héréditaire, *patron*.
B. G. Sporon.
J.-M. Greuss. } *présidents*.
Th. Bugge.
Charles Martfeldt, *secrétaire*.

ACADÉMIE D'AGRICULTURE.

A.-G. Moltke, chev. de l'éléphant, *président*.
P.-E. Petersen, *secrétaire*.

CHAPITRES NOBLES DE DANEMARCK.

CHAPITRE ROYAL DE WALLOE. *Mesdames*

L.-Soph.-Fréd. pr. de Slefwick-Holstein-Glucksbourg, *abb*.
La comtesse L. de Knuth, veuve Moltke, *doyenne*.
L. H. de Kayn.
C. G. de Heynen.
F.-Soph. de Holstein.
C. Eliz. de Gadow.
A. c. de Schaunbourg-Lippe.
S. M. de Bielcke.
M. Hed. de Bielcke.
La comtesse Em. S. Fr. de Lynar.
La comtesse H. C. de Stolberg.
M. L. de Holstein.
La comtesse de Wedel.
F. M. J. de Numsen.
Gh. S. Fr. de der Liehr.

CHAPITRE NOBLE DE WIMMETOFTE. *Mesdames*

Anne Fred. de Bülow, *prieure*.
Ad. Ch. de Bülow.
El. M. de Witzleben.
J. A. de Witzleben.
Cl. T. de Granbow.
Ed. S. de Juel-Wind.
Er. Ch. de Plessen.
E. Eliz. de Plessen.
J. D. de Lovenorn.
Cl. M. de Lovenorn.
Jda Ch. de Lovenhielm.
Christ. de Grevenkop.
M. C. de Wind.
Metta de Wind.
Conr. J. de Plessen.
M. B. Von der Osten.
Ch. Eich. de Bartholin.
G. A. de Wahrendorff.
L. Am. de Wahrendorff.

DANEMARCK.

CHAPITRE NOBLE DE ROSCHILD. *Mesdames*

A S Lercke, *prieure.*
B. Schack.
J. K Holck.
M. B. Wind.
Hoegh.
J. E. Trolle.
Bronckdorff.
R. H. Kaas.
A. A. Gersdorff.
P. Gersdorff.
Osten.
M. C. Bülow.

Fr. Bülow.
Ch Wind.
Hein.
Ch. Juel.
Louise Juel.
Hothmar.
E. C. Mosting.
C. H. Mosting.
F. J. de Huitfeld.
Soph. Hed. de Huitfeld.
  77 *aspirantes.*

CHAPITRE NOBLE D'ODENSÉE. *Mesdames*

Marie Hed. Pentz, *prieure.*
Amélie Urne.
Ch. Am. Schleppegrell.
H Soph. Parsberg.
S. Mag. Munthe.
Ch. Soph. M. Juel.

H. Soph. Hogh.
S Am. Rosenorn.
Al. Marg. Wind.
D. Lützow.
  10 *aspirantes.*

CHAPITRE NOBLE D'ITZCHOE, DANS LE HOLSTEIN.
Mesdames

M. Hed. de Ahlefeldt, *abbesse.*
A. Ch. de Düring.
Ad. B. de Ahlefeldt.
Marg. de Ahlefeldt.
La comtess. L Ch. de Dernath.
A. S. de Qualen.
D. M. de Ahlefeldt.
S. Ch. de Kayn.
Anne de Ahlefeldt.
Marg. de Ahlefeldt.

Berthe de Kaas.
Soph. Ch. M. de Qualen.
A. Ch. Ulr. Rantzau.
M. Soph comtesse d'Ahlefeldt.
M. S. de Von Der Wisch.
G. Id. M. comtesse d'Ahlefeldt.
L. F. B. S. de Rantzau.
Cl. Fr. Ern. comt. de Rantzau.
Ch. S. D. de Qualen.

Dames de classe. Mesdames

S. D. M. de Rantzau.
S M. comtesse de Rantzau.
C. Math. comt. de Reventlou.

Detlef. de Rantzau.
  15 *aspirantes.*

CHAPITRE NOBLE DE PREETZ, DANS LA WAGRIE.
Mesdames

Claire Dor. Rantzau, *prieure.*
A. M. de Holstein.
Ch. M. de Reventlau.

G. M. comtesse Rantzau.
M. Eliz. de Qualen.
Ad. B. Rantzau.

DANEMARCK.

Mesdames

Ida Fréd. Rumohr.
Sophie Mad. Reventlou.
D. Am. de Greiffenwald.
Ch. Charl. comtesse Rantzau.
Metta de Ahlefeldt.
Ida M. Rumohr.
M. Marg. Rumohr.
Cl. D. Von Der Wisch.
M. Ch. Von Der Wisch.
Cl. Ch. comtesse d'Ahlefeldt.
B. D. Brocktorff.
El.-Fr.-Louise, c. de Holstein.
Ch. Aug. de Beulwitz.
Eliz. Henriette de Qualen.
Hed. Dor. Von Der Wisch.
M. Ch. Von Der Wisch.
Soph. B. Rumohr.
Ch. Charl. de Oertzen.
Soph. Louise de Oertzen.
Fr. J. comtesse de Rantzau.
D. S. Q. de Pogwisch.
D. Eliz. de Buchwald.
Ben. M. Ol. S. Rumohr.

Dames de classe. Mesdames

Hed. M. de Ahlefeldt.
Ch. Eliz. Rumohr.
An. Fréd. L. Rumohr.
Hed. Ida, comt. de Reventlau.
A. S Ulr. El. Baron. de Bronckdorff
Eléon. L. Ch. de Oertzen.
M. El. Rumohr.
S. L. Ch. comtesse de Dernath.
Ida Guill. de Buchwaldt.
Fréd. J. comtesse de Schack.
42 aspirantes.

CHAPITRE NOBLE DE UETERSEN. Mesdames

.... prieure.
Ch. Ulr. de Dewitz.
A. S Am. bar de Reichenbach.
Ad. Dor. de Rumohr.
S. M. de Thienen.
A. M. de Oberg.
Ch. Am. Baronne de Schack.
Eléonor B. de Bronckdorff.
A. L. comtesse de Stolberg.
S M. Chr. comtesse de Dernath.
D. C. de Ahlefeldt.
A. M. de Rantzau.
Ch. M. de Reventlow.
El. L. Ph. de Schrautenbach.
Ch. Am. de Rumohr.
24 aspirantes.

COUVENT NOBLE DE ST. JEAN DE SLESWICK. Mesdames.

M. Eliz. de Neuhoffen, prieure.
Ch.-Louise de Neuhoffen.
Eliz. Mad. de Jessen.
B. M. A. comtesse de Schmettau.
A. Fr. H. de Eyben.
Ern. G. H. de Raben.
D. Sophie de Winterfeld.
Sophie Ch. Fr. baronne de Goertz.
A. D. Ern. baronne de Goertz.
L. Ch. Fréd. comtesse de Ahlefeldt.
65 aspirantes.

800 *SUEDE*, Luther.

Étendue. La Suede a pour bornes à l'orient la partie de la Laponie, & celle de Finlande qui appartient à la Russie; au septentrion, la Laponie Norwegienne; à l'occident, la Norwege proprement dite, & la mer du nord; & au midi le golfe de Finlande. Cet état, qui enveloppe presque toute la mer baltique, a une longueur d'environ 350 lieues sur une largeur beaucoup moindre. Il est distribué en quarante-une province & en vingt-cinq gouvernemens généraux.

Population. Le dénombrement de 1751 ne porta le nombre des habitans de la Suede qu'à 2,229,661. Il était augmenté de 343000, en 1769. On pense communément que, depuis cette époque, la population est montée jusqu'à environ 3 millions d'ames. Stockolm, qui en est la capitale, en comprend seule 80000.

Forces. Avant Gustave Waza, tout Suédois était militaire; & l'état ne soudoyait alors que 500 soldats. En 1542, ce faible corps fut porté à 6000 hommes. Pour être déchargé de leur entretien, la nation demanda qu'on leur assignât une portion des domaines de la couronne; & ce projet, long-tems contrarié par des intérêts particuliers, fut enfin exécuté par Charles XI.

Ce corps est actuellement composé de 12028 hommes, toujours assemblés, indifféremment formé d'étrangers & regnicoles, ayant une solde réguliere, & servant de garnisons à toutes les forteresses du royaume.

Un autre corps plus distingué, & regardé par les peuples comme le boulevart de l'empire, c'est celui qui est connu sous le nom de troupes nationales. Il est de 34266 hommes, qui ne s'assemblent que 21 jours chaque année. On ne leur donne point de paye; mais ils ont reçu du gouvernement, sous le nom de *Bostel*, des possessions qui doivent suffire à leur subsistance. Depuis le soldat jusqu'au général, tous ont une habitation, tous ont des champs qu'ils doivent cultiver. Les commodités du logement, l'étendue & la valeur du sol, sont proportionnés au grade de la milice.

Revenu public. Le revenu public de la Suede ne va pas au-dela de 20000000 de nos livres. Il est formé par un impôt sur les terres, par le produit des douanes, par des droits sur le cuivre, le fer & le papier timbré, par une capitation & un don gratuit, par quelques autres branches moins considérables.

Marine. Les forces maritimes de cette puissance consistent en 24 vaisseaux de lignes & 30 frégates.

SUEDE

Constitution. La nation Suédoise est composée de quatre classes de citoyens ; des nobles, du clergé, des bourgeois & des paysans. La noblesse députe à la diete les aînés des familles, le clergé y est représenté par l'archevêque d'Upsal, les évêques & les députés du second ordre. Chaque ville envoie deux bourgeois ou marchands, & chaque district deux paysans. Le sénat, corps toujours subsistant, représente, en quelque sorte, les états généraux.

Sciences. La ville de Stockolm a une académie des sciences, une de belles-lettres, & une de peinture & de sculpture.

Commerce. A juger du commerce de la Suede par le nombre des navires qui l'occupent, il devrait être fort important. Cependant, si l'on en croit l'auteur philosophique des deux Indes, ses exportations annuelles ne passent pas 15 millions. Ses importations montent à peu près à la même valeur. Cette région fournit à ses voisins du brai, du goudron, de la potasse, des planches, du poisson & quelques métaux grossiers.

MONNOIES.

ESPECES D'OR.

Monn. de Suede.	schilling.	Monn. de France.		
		liv.	sols.	den.
ducat.	48	10	13	1

ESPECES D'ARGENT.

	schilling	liv.	sols.	den.
riksdaler.	48	6	0	0
$\frac{2}{3}$ riksdaler.	32	4	0	0
$\frac{1}{3}$ riksdaler.	16	2	0	0
$\frac{1}{6}$ riksdaler.	8	1	0	0
$\frac{1}{12}$ riksdaler.	4	0	0	10
$\frac{1}{24}$ riksdaler.	2	0	0	5

ESPECES DE CUIVRE.

		liv.	sols.	den.
La p. de 2 s. $\frac{1}{2}$ schil.	0	0	0	15
La p. d'un s. $\frac{1}{4}$ schil.	0	0	0	8

1 runstycke dont 12 font un schilling : ce schilling est la seule monnoie imaginaire de Suede.

On y tient les écritures par riksdalers, schilling & runstycke.

L'usance est ordinairement, à Stockolm, d'un mois de vue. La loi accorde six jours de grâce après l'échéance, y compris le dimanche & les jours de fêtes ; mais il faut protester le sixieme. Les lettres-de-change ont douze jours de grâce, y compris celui de l'échéance, à moins qu'elles ne soient à vue; ou à deux ou trois jours de vue ; car alors il faut payer les premieres dans 24 heures, & les secondes à leur échéance.

MAISON ROYALE.

Gustave III. de Holstein-Eutin, né 24 Janvier 1746. Roi de Suede 12 Février 1771, marié en Oct. 1776, à

Reine. Sophie-Madeleine de Danemarck, née 3 Juillet 1746.

Fils. Gustave-Adolphe, prince royale héréditaire, né 1er Novembre 1778.

Frere. Charles, duc de Sudermanie, né 7 Oct. 1748, marié 7 Juillet 1774, à

Hedwige-Elisabeth-Charlotte de Holstein-Eutin, fille de l'évêque de Lubeck, née 22 Mars 1759.

Frere. Frédéric-Adolphe, duc d'Ostrogothie, né 18 Juil. 1750.

Sœur. Sophie-Albertine, née 8 Octobre 1753, coadjutrice de l'abbaye de Quedlinbourg, en 1767, abbesse en 1783.

SÉNAT DE SUEDE. *Messieurs*

Le C. de Hierne.
Le C. de Gyllenstierna.
Le C. de Ribbing.
Le C. de Stockenstroem.
Le C. de Bielke.
Le C. de Scheffer.
Le C. de Hermanson.
Le C. de Berkfriis.

Le C. de Posse.
Le B. de Falkengren.
Le C. de Falkenberg.
Le C. de Hessenstein.
Le C. de Bunge.
Le B. Charles de Sparre.
Le B. Frédéric de Sparre.
Le C. de Creutz.

PARLEMENTS.

PARLEMENT DE SUEDE. *Messieurs*

Le baron de Rosir, *président.*
De Fredenstierna, *vice-président.*
11 *conseillers,* 10 *assesseurs,* 1 *secrétaire* & 1 *avocat-fiscal.*

PARLEMENT DE GOTHIE. *Messieurs*

Le B. de Kurk, *président.*
Le baron de Klingspor, *vice-président.*
9 *conseillers,* 7 *assesseurs,* 1 *secrétaire* & 1 *avocat-fiscal.*

SUEDE.

PARLEMENT DE WASA. *Messieurs*

Le comte de Bonde, *président.*
De Silfversparre, *vice-président.*

2 *conseillers*, 4 *assesseurs*, 1 *secrétaire & 1 avocat-fiscal.*

COLLÉGES ROYAUX.

COLLÉGE ROYAL DE LA GUERRE. *Messieurs*

Le comte de Horn, *président.*
De Spongen.
D'Arbin, *général-quartier-maître, direct. des fortif. & l. gén.*
De Troll, *gén.-amiral, chef des flottes royales, & gén. major.*
De Toll, *colonel.*

2 *conseillers*, 2 *commissaires de guerre*, 1 *secrét. & 1 avoc. fiscal.*

COLLÉGE ROYAL DE L'AMIRAUTÉ. *Messieurs*

Le baron de Falkengren, *président.*
De Nordenankar, *vice-amiral.*
Le baron de Cederstroem, *contre-amiral.*
De Chapman, *colonel.*

3 *conseillers*, 1 *secrétaire & 1 avocat-fiscal.*

COLLÉGE ROYAL DE LA CHANCELLERIE. *Messieurs*

Le comte de Scheffer, *président.*
. . . . *vice-président.*
Le comte de Wachtmeister, *chancelier de justice.*
Le baron de Ramel, *chancelier du palais.*
De Benzelstierna, *secrétaire d'état, & directeur en chef des postes.*
Le baron de Liliencrants, *secrét. d'état, & ministre des fin. & du commerce.*
De Carlson, *secrétaire d'état & ministre de la guerre.*
De Schroedersheim, *sécrét. d'état & min. des affaires intérieures.*
. . . . *ministre des affaires étrangeres.*

3 *conseillers de la chancellerie & 1 secrétaire.*

COLLÉGE ROYAL DES FINANCES. *Messieurs*

Le comte de Hermanson, *président.*
De Stierngranat, *vice-président.*

7 *conseillers*, 1 *secrétaire & 1 avocat-fiscal.*

CHAMBRE DES COMPTES. *Messieurs*

Le baron de Liliencrants, *secrétaire d'état, président.*
De Lagerstrole, *vice-président.*

2 *commissaires d'état & 1 secrétaire.*

COLLÉGE ROYAL DES MINES. *Messieurs*
Le comte de Bielke, *président*.
De Rudbeck, *vice-président*.

7 *conseillers*, 4 *assesseurs*, 1 *secrétaire* & 1 *avocat-fiscal*.

COLLÉGE ROYAL DE COMMERCE. *Messieurs*
Le baron de Celsing, *président*.
De Silfverschoeld, *vice-président*.

8 *conseillers*, 8 *assesseurs*, 2 *secrétaires* & 1 *avocat-fiscal*.

CHAMBRE ROYALE DE RÉVISION. *Messieurs*
Le comte de Düben, *président*.
D'Ehrenhoff, *vice-président*.

6 *conseillers*, 5 *assesseurs*, 2 *secrétaires* & 1 *avocat-fiscal*.

GOUVERNEURS DES PLACES DU ROYAUME.

Messieurs.

Stockholm.	Le B. Charles de Sparre, *sénateur, gouv.*
Upsal.	Le baron de Nackereii.
Stockholm.	Le comte de Gyllenborg.
Château royal de Drottingholm.	De Munck.
Skaraborg.	Le baron de Silfverhielm.
Abo.	Le baron d'Armfelt.
Cronsberg.	De Hedenstierna.
Joënkoeping.	Le baron de Hamilton.
Westmaland.	De Carlskoed.
Kymenegord.	De Riddercreutz.
Savolax.	De Wright, *vice-gouverneur*.
Ostrogothie.	Le comte de Reenstierna.
Sudermanie.	Le baron d'Oernskoeld.
Château royal de Gripsholm.	Le baron de Cederstroem.
Nyland Tavastehus.	De Bruce.
Elfsborg.	De Toerne.
Calmar.	De B. de Rappe.
	Le baron de Kaulbars, *vice-gouverneur*.
Kopparberg.	Le baron de Beckfriis.
Oerebro.	De Franc.
Carlstad.	Le baron d'Uggla, *vice-gouverneur*.
Gefleborg.	Le comte de Crónstedt.

SUEDE.

Messieurs

Wester Norrland.	Le baron de Bunge.
Wosterbottn.	De Stenhajen.
Wasa.	Le baron de Cederstroem.
Ulcoborg.	De Fandefelt.
Gottland.	Le baron de Segebaden.
Malmoehus.	Le baron de Thott.
Christianstud.	Le baron de Sparre.
Blekingen.	Le baron de Foehler.
Halland.	Le baron de Wrangel.
Gothenbourg.	Le baron de Durier.

GRANDS OFFICIERS DE LA COURONNE.

Messieurs

Le comte de Gyllenstierna, *grand-maréchal.*
Le baron Ridderstolpe, *grand-chambellan.*
Le baron d'Oxenstierna, *grand-veneur.*

ÉTAT-MAJOR DES ARMÉES DE SUEDE.

FELD-MARÉCHAUX. *Messieurs*

Le comte de Hessenstein.
Le baron de Scheffer.

GÉNÉRAUX. *Messieurs*

Le comte de Stackelberg.
Le comte de Horn.
Le baron de Wrede.

LIEUTENANS-GÉNÉRAUX *Messieurs*

Le baron de Wolffradt.	Le comte de Mejerfelt.
Le baron de Sprengtporten.	Le baron de Siegroth.
Le baron de Manteuffel.	Le baron d'Armefelt.
Le baron de Blixen.	Le comte d'Arbin, *général-quartier-maître.*
Le comte de Posse.	
Le baron de Moerner.	Wirtklerfelt.
Le comte de Sparre.	Le comte de Bonlen.
Le baron de Hierta.	

18 généraux-majors, 4 capitaines-lieutenans & 54 colonels.

MARINE DE SUEDE. *Messieurs*

Le duc de Sudermanie, *grand-amiral.*
De Tioll, *général amiral*
Le comte de Wrangel, *amiral.*
Jegerschoeld, *vice-amiral.*
De Terfmeden, *vice amiral.*
De Lilienankar, *contre-amiral.*
Le baron de Stroemfelt, *contre-amiral.*
De Feiff, *contre-amiral.*
De Wagenfelt, *contre amiral.*
9 *capitaines - commandans.*

ORDRES DE CHEVALERIE.

1334. DES CHÉRUBINS ET DES SÉRAPHINS.

Voyez la page 320 de l'édition de 783.

LE ROI, *grand-maître & souverain de cet ordre.*

COMMANDEURS, GRANDS CROIX. *Messieurs*

    Le prince royale de Suede.
    Le prince de Sudermanie.
    Le prince d'Oftrogothie.
1748 Le comte de Hœpkin.
1752 Le roi de Prusse.
    Le c. Ch. Fr Scheffer, chanc. de l'ordre en 1768.
1753 Ad.-Fréd. de Mecklenbourg Strelitz.
1755 Le comte de Hefferftein.
1763 L'impératrice de Russie.
    Le comte Ch. Rudenfchœld.
    Le comte de Hiarne.
1765 Le comte de Feifen.
1766 Le roi de Danemarck.
    Le pr. Fréd.-Chrift. de Solms-Wildenfels.
1769 Le comte de Hamilton.
    Le comte de Strockenstrœm.
    Le comte de Bielke.
1770 Le prince Henr. de Prusse.
    Le comte Ulric Scheffer.
    Le comte de Hermanfon.
    Le comte de Beckfriis.

SUEDE.
Messieurs

1771 Le comte de Posse.
1772 Le prince royal de Prusse.
　　 Le comte de Storfursten.
　　 Le comte de Gyllenstierna.
1773 Le comte ch. de Fersen.
1774 Le comte Fréd. Ribbing.
1776 Le pr. de Potemkin, g. en chef des forces de Russie.
　　 Le prince Fréd. de Hesse-Cassel.
1778 Le baron Chr. Falkengren.
　　 Le comte de Lewenhaupt.
　　 Le comte de Horn.
1781 Le comte de Falkenberg.

COMMANDEURS NON ENCORE REÇUS. *Messieurs*

1749 Le pr. Fréd.-Aug. de Brunswick.
1750 Le comte Christ.-Aug. de Solms.
　　 Le comte Ch.-Christ. de Hohen-Solms.
1763 Le prince P.-Guill. de Holstein.
1778 Le prince royal de Suede.
　　 Le baron de Sprengtporten.
1780 Le comte de Creutz.
1782 Le baron Ch. de Sparre.
　　 Le comte Fréd. Posse.

ORDRE DE L'ÉPÉE.

COMMANDEURS, GRANDS-CROIX. *Messieurs*

1754 Le comte de Kalling.
1757 Le comte de Stakelberg.
　　 Le comte de Stralenheim.
1759 Le baron de Lingen.
1760 Le baron Carpelan.
　　 Le baron de Rudbeck.
1763 Le baron Otto Stakelberg.
1766 Le comte L. Hœrd.
1769 Le comte J. Snoilsky.
　　 Le baron P. Scheffer.
　　 Le baron de Ramsay.
1770 Le baron de Psilanderskold.
　　 Le baron Wrede.
1771 Le baron de Sprengtporten.
　　 Le baron Ch. Funck.
1772 Le baron de Wrangel.

SUEDE.

Messieurs

    Le comte de Sparre.
1777 Soritfch.
    Henr. de Troll.
1778 Le comte de Wrangel.
    Le baron de Wolffrath.
    Le comte de Saltza.
1781 Le baron de Manteuffel.
1781 Le comte J. Sparre.
    Le baron Ch. Hierta.
    Le baron Stell. Mærner.
1782 Le baron Guill. Taube.
    Le comte J.-Ant. Mejerfelt.
    Le baron G.-A. Siegeroth.

COMMANDEURS. *Messieurs*

1772 Le baron J.-Ab. Hamilton.
    Le baron de Blixen.
    Le comte Fr.-Ch. Dohna.
    Ch. Terfmeden.
    Le comte de Lewenhaupt.
    Alex.-M. de Struffenfelt.
1773 Le comte de Horn.
    Le baron Ern. Silfverhielm.
    Le comte Pontus de la Gardie.
1777 Le baron du Rietz.
1778 Le comte Mackenzie Cromertie.
    Le baron J. Raijalin.
    Le baron Fr. Armfelt.
    Le baron de Platen.
    Ch.-M. Aminoff.
1780 Le baron de Sinclair.
1781 Ch.-G. Grahbe.
    Le comte de Bohlen.
    Le comte Clas Ekeblad.
    Le baron de Kaulbars.
1782 Le baron de Cederhielm.
    Le comte Fréd. Poffe.
    Le comte de Horn.
    Le baron de Cederftrœm.
    Le baron Ch.-Ad. Wachtmeifter.

SUEDE.

1523. ORDRE DE L'ÉTOILE POLAIRE.

Voyez la pag. 329 de l'édition de 1783.

COMMANDEURS. *Messieurs*

- 1765 Le baron Ch. Hermelin.
- 1766 Le comte J.-G. Lilljenberg.
- 1769 Le baron C.-F. Adelcrants.
- 1770 Le baron de Düben.
  - Le comte de Bunge.
  - Le baron de Rosir.
  - Math. Benzelstierna.
- 1772 Ch. Carlschœld.
  - Le comte Jac.-J. Gyllenborg.
  - Le baron Axel de Axelson.
  - Le comte C. W. de Düben.
  - Le baron P.-A. Ornskald.
  - Le comte N. P. Gyldenstolpe.
  - Le baron A. G. Lejenhufvud.
- 1773 Le baron Ch. J. Ridderstolpe.
  - Le bar. Gust.-Ad. de Nolcken.
  - Le baron Chr. Manderstroem.
- 1774 Le comte Ulr.-Gust. de la Gardie.
- 1775 Le baron Gust. Celsing.
- 1776 Le comte de Zinzendorff.
- 1777 Benoît Sparre.
  - Le baron Fréd. de Nolcken.
  - Le comte Malte de Pulbus.
- 1778 Le baron Arv. Kurk.
  - Le comte de Piper.
  - Le baron de Liljencrantz.
- 1782 Le baron d'Oxenstierna.
  - Le baron d'Ehrensward.
  - Le comte d'Oxenstierna.
  - Le baron Hamilton.
  - Le baron de Ramel.
  - Le baron de Bunge.
  - Le comte de Loewenhielm.
  - Le baron Eric Ruuth.

GRANDS OFFICIERS DE L'ORDRE. *Messieurs*

Le baron de Ridderstolpe, *héraut-d'armes*.
Ad.-Fréd. Munck, *maître des cérémonies*.
Le comte de Posse, *secrétaire*.

SUEDE.
1774. ORDRE DE WASA.

Voyez la page 348 de l'édition de 1783.

COMMANDEURS, GRANDS-CROIX. *Messieurs.*

1772 Le baron de Ramel.
   Le marq. de Mirabeau.
1778 Le baron de Duwall.
1782 Le baron d'Oxenstierna.

COMMANDEURS. *Messieurs*

1772 Jacq. de Utfall.
   Le baron de Bennet.
   Le baron de Cederhielm.
1773 Le comte de Spens.
   Le comte de Hærd.
   Ch. baron de Uefedom.
1776 Le baron de Alftroimer.
1782 Le comte de Bonde.

MINISTRES DE SUEDE.
PRÈS LES COURS ÉTRANGERES. Messieurs

Berlin.	Le comte de Loevenhielm, *env. extraordinaire.*
	Ch. de Carifien, *comm. secrétaire.*
Conftantinople.	Ger. J. de Heidenftam, *miniftre.*
Copenhague.	Le baron de Sprengtporten, *env. extraordinaire.*
	J. A. de Scheven, *comm. secrétaire.*
Drefde.	Ulric Celfing, *envoyé extraordinaire.*
	Le baron C. J. Oxenftierna, *comm. secrétaire.*
La Haye.	Le baron Schoultz d'Afcheraden, *env. extraord.*
	P. Ol. d'Afp, *comm. secrétaire.*
Hambourg.	Ben. de Faxell, *miniftre accrédité.*
	Guill. de Rofenheim, *secrétaire commiff.*
Londres.	Le baron de Nolcken, *envoyé extraordinaire.*
	P. de Heidenftam, *comm. secrétaire.*
Madrid.	Le baron d'Ehrenfward, *envoyé extraordinaire.*
	Fr. de Heland, *secrétaire commiff.*
Paris.	Le baron Stael de Holftein, *envoyé extraord.*
	De Rofenftein, *secrétaire-commiffaire.*
Pétersbourg.	Le baron de Nolcken, *envoyé extraordinaire.*
	Le baron Guft. d'Albedyhl, *comm. secrétaire.*
Ratisbonne.	{ J. Aug. Greiffenheim, } *envoyés extraordinaire.*
	{ Mag. Biornftierna, }
	Ch. N. Duncan, *comm. secrétaire.*
Vienne.	d'Engeftroem, *chargé d'affaires.*

ARCHEVÊQUES ET ÉVÊQUES DE SUEDE.

Messieurs

Upsal. Ch. Fréd. Mennander.
Linkœping. De Troil.
Skara. Forsenius.
Strengnes. benzelius.
Westeros. De Benzelstierna.
Wexioe. Olof Osander.
Abo. Hartman.
Lund. Celsius.

Borgo. Fortelius.
Gothenbourg. Wingord.
Calmar. Schroeder.
Carlstad. Herveghr.
Hernoesand. Hesselgren.
Gottland. Lutkerman.
Carlscrone. Petterson, *surint.*
Le b. de Taube, *g. aum. du roi.*

UNIVERSITÉ D'UPSAL.

Le prince Royal, *chancelier.*
Le comte de Creutz, *vice-chancelier.*

1701. *PRUSSE*, religion réformée.

ÉTENDUE. La Prusse, de province de Pologne qu'elle était, a passé à l'état de royaume indépendant. Ce royaume, tel qu'il est aujourd'hui, possédé par l'électeur de Brandebourg, a 100 lieues d'orient en occident, & 35 du nord au sud. Il est divisé par la Vistule en Prusse orientale, dont le roi posséde la plus grande partie, & en occidentale, qu'il a incorporée à ses possessions par la révolution arrivée en Pologne en 1773.

Indépendamment du royaume de Prusse, cette couronne possède l'électorat de Brandebourg, la Silésie presqu'entiere, la meilleure partie de la Poméranie, une portion de la Lusace, le comté de Glatz en Bohême, qui a 18 lieues de long, sur 10 de large, le duché de Magdebourg, la principauté d'Halberstat, la principauté de Minden, le comté de Ravensberg, le comté de la Marck, la principauté d'Oostfrise, le duché de Cleves, une partie de la haute Gueldres, & la principauté de Neufchatel. Berlin, séjour du roi, & peuplé d'environ 150 mille habitans, est considérée comme la capitale de tous ces états. Cette ville est placée sur la Sprée, qui tombe dans l'Elbe, & communique à l'Oder par un canal qui s'y rend à Francfort.

Population. Les provinces qui composent le royaume de Prusse, ne présentent plus comme autrefois des déserts. Elles sont aujourd'hui assez bien peuplées; & elles doivent la plus grande partie de cet avantage aux émigrations des sujets de l'archevêché de Saltzbourg. On sait qu'en 1732, 20,000 Saltzbourgeois vinrent s'y fixer. En 1755, on comptait dans la Prusse orientale 700,000 ames, & en 1779, 345,729 dans la Prusse occidentale. Cette population s'est accrue considérablement depuis cette époque; & de nos jours, on a vu plusieurs centaines de familles sujettes du duc de Wirtemberg, venir se fixer dans cette région.

Forces. Un revenu annuel de 70 millions de livres; un trésor de plus de 200; une armée de 180 mille hommes, tout assure, dit M. l'abbé Raynal, la tranquillité de la Prusse.

Le soldat Prussien est grand, fort & bien sous les armes. S'il déserte, on le condamne à passer sous les verges. Ce n'est qu'à la troisieme désertion qu'il subit la peine de mort. Comme le roi de Prusse fait lui-même tous les ans la revue de ses troupes tous ses régiments sont toujours en bon ordre. Il n'a pas de corps de milice dans ses états; mais tous les paysans sont cantonistes, c'est-à-dire, qu'ils sont attachés à différents régiments. Deux fois, tous les ans, ils se rendent à leur corps, pour y faire l'exercice, & y apprendre les évolutions militaires. On est surpris alors de voir ces payans, dont la démarche est pesante, porter le fusil, & marcher avec autant d'aisance que le soldat le plus accoutumé aux exercices.

Législation Le roi de Prusse a senti que la rigueur des loix pénales ne produisait aucun effet. Ce prince a pensé, comme Montesquieu, « que le crime qui commence à s'effrayer à la » vue du supplice, s'y habitue ensuite, & n'est plus arrêté par la » crainte que l'on cherche vainement à lui inspirer ». Le vol en Prusse n'y est pas puni de mort, & l'on n'entend dire presque jamais que quelqu'un ait été volé. Le roi s'est réservé le droit de faire grâce, & il exerce celui de casser toute sentence de mort, si elle n'est pas conforme aux loix de dieu & de la nature; & pour cela il a établi qu'aucune exécution ne pourrait se faire dans ses états, qu'après avoir pris connoissance de la sentence qui l'ordonnerait.

En Prusse, les époux mécontents peuvent dissoudre leurs mariages; mais il ne leur est pas permis de vivre dans le célibat: ils sont obligés, après avoir rompu les liens qui les rendaient malheureux, d'en former de nouveaux. La crainte que ces nouveaux nœuds ne leur deviennent aussi insupportables que les premiers, fait qu'il est très-rare de voir parmi les Prussiens des mariages désunis par la loi.

Commerce. On trouve aujourd'hui dans le royaume de Prusse des manufactures de toutes les especes. Celles de la Prusse occidentale ont fourni en 1779, pour 188,213 rixdalers de marchandises qui sont restées dans le pays; les marchandises fabriquées, qui en ont été exportées chez l'étranger dans la même année, montaient à 73,614 rixdalers. Dans l'année 1781, il a été construit 19 bâtiments à Konigsberg, & trois à Memel, depuis 80 jusqu'à 300 lasts, ce qui a mis en circulation une somme de 524,000 florins. Le nombre des bâtiments appartenans aux sujets de la Russie, se monte aujourd'hui à plus de 80, depuis 100 jusqu'à 400 lasts.

MONNOIES DE BERLIN,
comparées à celles de France.

Monn. de Berlin.	Monn. de France.		
Le Frédéric d'or.	20	0	0
Le ducat d'Empire & de Hollande.	11	0	0
Le ducat de 4 florins.	10	8	0
Le louis d'or vieux de France.	20	0	0
Le carls d'or de Brunswick.	20	0	0
La rixdale nouvelle à la croix.	4	17	6
Le florin de Brandebourg.	2	12	0
La rixdale ordinaire.	4	0	0
Le bon-gros.	0	3	4
La piece de 4 gros.	0	13	4
Le fenin.	0	0	$3\frac{1}{3}$
6 bons-gros.	1	0	0

On tient à Berlin les écritures en rixdales, bons-gros & fenins. On y change sur les places suivantes, & l'on donne, pour recevoir,

Sur Amsterdam.	1 liv. de banc.	44 sols bc. plus ou m.
Ou, ...	1 dito	46 dito cour. pl. ou m.
Breslau, Cleves & Kœnigsberg,	1 dito.	1 liv. de bc. pl. ou m.
Dantzick, . . .	1 dito.	135 gros polon. pl. ou m.
Francfort-sur-le Mein, ...	1 dito	110 Kreutzers pl. ou m. c
Ou, ...	100 dito.	125 rixd. pl. ou m. en louis d'or.
Hambourg, . . .	1 dito.	43 schellings lubs bc. pl. ou m.; ou 52 dito cour. pl. ou m.
Leipsick, ...	1 dito.	30 bons-gros, pl. ou m.
Londres, ...	1 dito.	50 den. sterl. pl. ou m.
Paris, ...	1 dito.	98 sols t. pl. ou m.
Vienne, ...	1 dito.	110 Kreutzers, pl. ou m.

La fermeture de la caisse d'escompte, le grand & le petit lombard, sont fixés annuellement à la fin du mois de Mai, & s'ouvrent le 14 Juin.

Les usances sont à Berlin de 15 jours après l'acceptation. Il y a trois jours de grâce : si le troisieme jour tombe sur un dimanche, ou un autre jour de fête, il faut payer le jour auparavant, & s'il arrivait que tous les jours de grâce fussent des jours de fêtes, il faudrait se faire payer au jour de l'échéance, ou protester le même jour.

MAISON ROYALE.

FRÉDÉRIC II, né 24 Janvier 1712, électeur de Brandebourg & roi de Prusse, 31 Mai 1740, marié 12 Juin 1733, à

Reine. Elisabeth-Christine de Brunswick-Wolfembutel, née 8 Novembre 1715.

Neveu. Frédéric-Guill. né 25 Septembre 1744, marié 12 Juillet 1765, à Elisabeth-Christ. de Brunswick-Wolfembutel, remarié 15 Juillet 1769, à

Frédérique-Louise, princesse de Hesse-Darmstadt, née 16 Octobre 1751; dont

Arriere-neveux. Fréd.-Guillaume, né 3 Août 1770.

Fréd.-Louis-Charles, né 5 Novembre 1773.

Fréd.-Henr.-Charles, né 30 Décembre 1781.

Fréd.-Guill.-Charles, né 3 Juillet 1783.

Arrieres-nieces. Fréd.-Louise, né 18 Novembre 1774.

Fréd.-Christiane, née 2 Mai 1780.

Arriere-niece du premier lit du prince Fréd.-Guill. Fréd.-Charlotte-Ulrique-Catherine, né 7 Mai 1767.

Niece. Fréd.-Sophie, sœur du prince de Prusse, née 7 Août 1751. *Voyez Provinces-Unies.*

Freres. Fréd.-Hen. né 18 Janvier 1726, marié 15 Juin 1752, à Guillemine de Hesse-Cassel, née 23 Février 1726.

Aug.-Ferdinand, né 23 Mai 1730, marié 27 Sept. 1755, à Anne-Elis.-Louise de Brandebourg-Schwedt, née 22 Avril 1738, *dont*,

Neveux. Frédéric-Christian, née 11 Novembre 1771.

Louis-Christian, né 18 Novembre 1772.

Frédéric-Guillaume, né 19 Septembre 1779.

Nieces. Fréd.-Elizabeth, née 1 Novembre 1761.

Fréd.-Louise-Dorothée-Philippine, née 24 Mai 1770.

Sœurs. Frédérique-Louise, née 28 Septembre 1714. *Voyez* Brandebourg-Anspack.

Philippine-Charlotte. *Voyez* Brunswick-Wolfembutel.
- Louise-Ulrique. *Voyez* Suede.

Cousin. Henr.-Fréd. Margrave de Brandebourg-Schwedt, né 21 Août 1709, marié 13 Mars 1739, à Leopoldine-Marie d'Anhalt-Dessau, veuve 27 Janvier 1782, *dont*

Cousines. Fréd.-Charlotte-Léopoldine, abbesse d'Herforden, née 18 Août 1745.

L.-Henriette-Guill. née 14 Sept. 1750, *Voyez* Anhalt-Dessau.

Henriette-Marie, née 2 Mars 1702, veuve 23 Nov. 1731, du prince Fréd.-Louis de Wurtemberg.

CONSEIL D'ÉTAT DE PRUSSE.

CONSEIL DU CABINET.

Ce conseil discute, sous les yeux du roi, toutes les affaires qui peuvent être relatives à l'état; il ressemble assez au conseil privé de France.

Messieurs

Le comte de Finkenstein, chevalier de l'aigle noir, *premier ministre d'état & du cabinet.*

Le comte de Hertzberg, *ministre d'état & du cabinet.*

De Marconnaye, *conseiller intime & chargé des affaires relatives au domaine de la couronne.*

De Stuck, *conf. de guerre intime, chargé des expéd.*

Dieftel, *conf. de guerre, garde des archives du cabinet.*

CONSEILLERS DE LÉGATION *Messieurs*

Le baron de Walbrun.
Le baron de Ende.
Le baron de Rhode.
Dohm, *conf. de guerre, garde des archives & secrétaire.*

Il assiste de plus à ce conseil un secrétaire de légation & un secrétaire intime.

CONSEIL D'ÉTAT PRIVÉ.

Ce conseil se tient régulièrement tous les lundis au palais royal.

Messieurs

Le comte de Finkenstein.
Le baron de Rhode.
Le baron de Hertzberg.
Le baron de Furst & Rupferberg.

Messieurs

Le baron de Plumenthal, *chef du département de la Pomérannie & de Neumarck, directeur de la cour féodale, président du grand tribunal & chancelier de Magdebourg.*

Le baron de Carmer, *grand-chancelier du royaume, premier magistrat de la justice & ministre d'état intime.*

De Stoym, *actuellement en Silésie.*

Le baron de Zedliz, *chef de la commission établie pour les églises & les écoles évangélistes luthériennes, pour les chapitres, couvents & affaires de catholicité, premier président du consistoire supérieur luthérien, curateur des universités, directeur de la bibliotheque royale, de la salle des curiosités, du cabinet des médailles, & chef des tribunaux de douane & de commerce.*

Le baron de Schulenbourg, capitaine-général d'infanterie, *chef du département de la guerre.*

Le baron de Doernberg, *premier président des trois chambres supérieures de justice, chef du département ecclésiastique & président du directoire ecclésiastique réformé.*

De Goern, chancelier de Magdebourg, *directeur-général des douanes, accises, fabriques, manufactures, commerce, de la société établie pour le commerce de mer & de celle qui a le sel pour objet.*

Léopold Otton de Gaudi, *chef du département des affaires de la Prusse & de la Lithuanie orientale & occidentale.*

Le comte de Schulenbourg, maréchal de cour.

Le comte de Sacken, grand-chambellan.

Le baron de Heinitz, *sur-intendant des mines.*

Le comte de Goertz, grand-maître de la garde-robe & ministre plénipotentiaire en Russie.

Le baron de Dankelmann, *actuellement en Silésie.*

GARDES DES ARCHIVES. *Messieurs*

Reimari	Faïsch.
Schlutter.	Dohm.
Diettel.	*Deux secrétaires intimes.*

CHANCELLERIE D'ÉTAT INTIME. *Messieurs*

Podevils, conseiller d'état, *chargé de l'expédition des affaires relatives à la marche de Brandebourg.*

Le baron de Dankelmann, conseiller d'état intime, *chargé de l'expédition des affaires de Poméranie.*

De Sellenthin, conseiller de guerre & secrétaire intime, *chargé de l'expédition des affaires de Magdebourg, d'Halberstadt, de Minden, de Ravensberg & de Cleves.*

PRUSSE.

Messieurs

De Marconnaye, conseiller de légation & secrétaire intime, *chargé de l'expédition des affaires de France.*

Reimari, conseiller de guerre & secrétaire intime, *chargé de l'expédition des affaires des provinces de la succession d'Orange, comme Lingen, Mœurs, Gueldres & Neufchâtel, & du Toggenbourg.*

De Keith, conseiller de légation, & chambellan royal.

Spicker, conseiller de guerre & secrétaire intime, *chargé de l'expédition des affaires de Prusse & de la Frise orientale.*

Quatre secrétaires intimes.

CONSEIL DES FINANCES DE GUERRE ET DES DOMAINES.

Ce conseil, partagé en six principaux départements, se tient ordinairement le mardi, le mercredi & le jeudi matin.

LE ROI, *président.*

Le baron de Plumenthal, chef du département de la Poméranie & de Neumarck, *vice-président.*

DIRECTEURS *Messieurs*

Le baron de Schulenbourg, *chef du département de Magdebourg, Cleves, Marche électorale, Gueldres, Neufchâtel, Minden, Halberstadt, Mœurs, Frise orientale, Ravensberg, Toggenbourg, Lugen, des revenus de la succession d'Orange, chef du département des forêts dans toutes les provinces royales & directeur-général de la commission établie pour le soulagement des veuves.*

Le baron de Goerne.

Le baron de Gaudi.

Le baron de Heinitz.

Le baron de Schulenbourg, capitaine-général d'infanterie.

CONSEILLERS. *Messieurs*

Werder.

Grothe.

Stouver.

Ces trois conseillers exercent par interim *dans le second département de la Marche électorale & de la société pour le sel.*

Le baron de Goldbech, *directeur par* interim *des affaires des postes du royaume.*

Le baron de Tarrach, *conseiller intime des finances directeur de la commission relative aux manufactures & aux magasins de soie.*

Messieurs

Wlomes, *conseiller intime & des finances de la guerre & des domaines, avocat-général du conseil.*

C'est à ce ministre qu'il appartient de proposer les affaires au conseil dans les divers départements qui le composent.

Beger, *conseiller intime des finances & président du conseil de révision.*

TRIBUNAL SUPRÊME DE JUSTICE. *Messieurs*

De Munchlausen, *chancelier de Magdebourg, directeur de la cour féodale, président.*

De Carmer, *grand-chancelier du royaume & de toutes les provinces royales, chef de la justice & ministre d'état.*

Le baron de Zedliz.

Le baron de Doernberg.

Douze autres conseillers.

GRAND TRIBUNAL PRIVÉ.

Ce tribunal, composé d'un président & de dix conseillers, se tient tous les mardis & les jeudis.

M. Feriedman de Munchlausen, *chancelier de Magdebourg, président.*

CHAMBRE DE JUSTICE.

Ce sénat, dont les assemblées se tiennent les lundis, mercredis & vendredis à huit heures du matin, est distribué en trois chambres.

Messieurs

Le baron de Doernberg, *chef des trois chambres.*
Kesler, *président de la premiere.*
Rebeur, *premier directeur du collége royal.*
Desmines, *président de la seconde.*
Le baron de Doernberg, *président de la troisieme.*

COUR FÉODALE. *Messieurs*

De Munchlausen, *chancelier de Magdebourg, directeur.*
Cherer, *conseiller & garde des archives.*

COMMISSION *établie pour connaître des affaires ecclésiastiques de la religion réformée.*

M. le baron Doernberg, *président.*

GRAND CONSISTOIRE DE LA MARCHE ÉLECTORALE. MM.

Le baron de Zedliz, *premier président.*
De Hayen, *chancelier de Brandebourg, président.*

PRUSSE.

DIRECTOIRE DES ARMÉES. *Messieurs*

Le baron de Zedliz, *directeur*.
Le président de Hayen, *sous-directeur*.

DIRECTION GÉNÉRALE DES POSTES.

M. le baron de Goldbech, *directeur par* interim.

BANQUE ROYALE.
DIRECTEURS. *Messieurs*

Le baron de Schulenberg, ministre d'état intime.
Rose, conseiller des finances intime, & *commiss. de la banque*.
Arend.
Kopken.
Wlemer.

ADMINISTRATION GÉN. DES ACCISES ET DES DOUANES.
Messieurs

De Goerne, *directeur*.
De la Haye de Launay, *régisseur & président*.

ADMINISTRATION GÉNÉRALE DU TABAC. *Messieurs*

Nagusch, conseiller des finances, *président*.
Le baron de Taubenhein, *directeur*.

CHAMBRE DES COMPTES.

M. Kummer, conseiller intime des finances, *président*.

CHANCELLERIE PRIVÉE DE GUERRE.

M. de la Mothe, conseiller d'état intime, *secrétaire de la guerre intime actuel*.

DIRECTION GENERALE DES VIVRES. *Messieurs*

Le baron de Schulenbourg, capitaine-général, *directeur*.
Tlesch, conseiller intime des finances, de guerre & des domaines, *sous-directeur*.

COLLÉGE DE MÉDECINE. *Messieurs*

De Hayen, *chef*.
De Rebener, *directeur*.
Cothenius, conseiller intime, *médecin ordinaire du roi & des armées*.

COLLÉGE DE GUERRE DES DOMAINES ET DES FINANCES DE LA MARCHE ÉLECTORALE. *Messieurs*

De Sigrotte, *président*.
De Mauswitz, *directeur*.

PRUSSE.

COMMISSION ÉTABLIE DANS LA MARCHE DE BRANDEBOURG POUR LE SOULAGEMENT DES VEUVES.

M. de Thos, doyen du chapitre de Havelberg, *directeur*.

COMMISSION ÉTABLIE POUR LE SOULAGEMENT DES ORPHELINS.

M. Théodore de Clermont, *président*.

GOUVERNEUR DE BRANDEBOURG.

M. d'Arnin, doyen du chapitre de Brandebourg.

GOUVERNEUR DE BERLIN.

Le général de Mollendorf.

GOUVERNEUR DE LA MARCHE ÉLECTORALE.

M. de Hayen, président du grand consistoire de cette province.

ORDRE DE CHEVALERIE.

ORDRE DE L'AIGLE NOIR.

Voyez l'édition de 1783, pag. 339.

LE ROI, *grand-maître*.

MINISTRES RÉSIDENTS.
PRÈS LES COURS ÉTRANGÈRES. Messieurs.

Amsterdam.	Erberfeldt, *résident*.
	Chomel, *conseiller de commerce & consul*.
Cologne.	Emminghauff, *consul*.
Copenhague.	Le baron de Rhod, *envoyé extraordinaire*.
Constantinople.	De Gavron, *chargé d'affaires*.
Dantzick.	Tietz, *résident*.
Dordrecht.	De Haas, *consul. & agent*.
Dresde.	D'Avensleben, *envoyé extraordinaire*.
Francfort & Manheim.	De Hochstatt, *ministre*.
Cercle de Franconie & de Souabe.	Le baron de Pfeil, *ministre*.
Gênes.	Dumoulin, *chargé d'affaires & consul*.

POLOGNE.

Messieurs

La Haye.	Le baron de Thulemeyer, *envoyé extraord.* Renfner, *secrétaire de légat.*
Hambourg & cercle de la basse Saxe.	De Hecht, *ministre.*
Lisbonne.	. . . .
Londres.	Le comte de Lusi, *envoyé extraordinaire.*
Madrid.	Le comte de Nostitz, *envoyé extraordinaire.*
Mulhausen.	Avenarius, *résident.*
Paris.	Le baron de Goltz, *envoyé extraordinaire.* Sandoz de Rollin, *chargé d'affaires.*
Pétersbourg.	Le C. de Goertz, *ministre plénipotentiaire.*
Ratisbonne.	De Schwartzenau, *ministre plénipotentiaire.*
Rotterdam.	Henri Rusthœer, *conf. de comm. & consul.*
Stockholm.	Le baron de Keller, *env. extr. & min. plénip.*
Trèves.	H. Théod. d'Emmingen, *ministre.*
Turin.	De Chambrier, *envoyé extraordinaire.*
Varsovie.	Buchholtz, *résident.*
Vienne.	De Riedesel, *envoyé extraordinaire.*
Ulissingue.	Helleman Van Eykellenberg, *conf. de comm. & consul.*

999. *POLOGNE, catholique.*

ÉTENDUE. La Pologne, malgré le démembrement qu'elle a éprouvé en 1773, est encore l'un des plus grands royaumes de l'europe; elle est bornée au nord par la mer Baltique & la Russie; au midi par la Hongrie & la Turquie d'Europe; à l'orient par la Russie, & à l'occident par l'Allemagne septentrionale. Sa longueur est d'environ 210 lieues polonaises, sur 200 lieues de largeur.

Constitution. Le gouvernement de la Pologne est mixte. La souveraineté y est partagée entre le roi & les grands, sans l'autorité desquels on ne peut faire aucune loi, ni lever aucun subside. L'état assigne au roi une pension d'environ 2 millions de notre monnoie. Il dispose des dignités civiles, militaires & ecclésiastiques; mais il ne peut faire la guerre ni la paix sans le consentement des dietes générales. Il ne peut ôter aucune charge quand il l'a conférée, & s'il transgresse les loix & les constitutions de l'état, la diette a le droit de le déposer.

La noblesse polonaise jouit de privilèges très-importans. Aucun gentilhomme, par exemple, ne peut être arrêté, quelque crime qu'il ait commis, à moins qu'il n'ait été juridiquement convaincu du crime dont on l'accufe. Les gens de guerre, quelque foit leur qualité, ne peuvent exiger de logement dans leur maifon; & il ferait tellement dangereux de l'entreprendre, qu'un officier qui l'aurait fait, ferait auffi-tôt cité à la diete générale, où il ferait condamné à mort & noté d'infamie.

Forces. La république foudoie annuellement 30000 hommes de troupes. La Pologne & le grand duché de Lithuanie, en réuniffant leurs forces, peuvent mettre en campagne 140000. La Lithuanie a fon armée particuliere, avec fes généraux indépendans de ceux de la couronne. Cette armée campe, agit & prend fes quartiers féparément. Les revenus de la couronne de Pologne, depuis le premier Septembre 1781, jufqu'au dernier Août 1782, ont monté à 35436318 florins Polonais. Les droits fur la biere & fur l'eau-de-vie, ont rapporté la fomme nette de 540 florins. La loterie a fourni au tréfor & aux entrepreneurs un bénéfice de 13675 florins; & ce qu'on a tiré des perruquiers à Warfovie, va à 45000 florins.

Religion. La religion catholique eft celle de la Pologne. Il eft peu de pays où le haut clergé foit auffi riche. On prétend que le roi & la nobleffe ne poffedent que 80000, tant villes que villages, & que les évêques, les chanoines, les abbés, les abbeffes & les autres eccléfiaftiques, en ont deux cent cinquante-cinq mille. Il y a plufieurs évêchés dans ce pays qui valent 100 mille livres de rente. L'abbé d'Oliva a un revenu énorme. Le bas clergé eft tout auffi pauvre que le clergé du premier ordre eft opulent; & l'on eft étonné de voir une difproportion fi frappante dans la diftribution des biens eccléfiaftiques. Les moines font beaucoup plus refpectés en Pologne que les prêtres féculiers; ils y jouiffent de richeffes confidérables; & fouvent ils entreprennent fur la jurifdiction des pafteurs légitimes, fans que ceux-ci ofent fe plaindre de cette contravention aux difpofitions des canons.

Langue. La langue Polonaife eft un mélange d'Efclavon & d'Allemand; beaucoup de Polonais parlent auffi latin; & la nobleffe fait de plus le Français & l'Italien.

POLOGNE.

MONNOIES DE POLOGNE,
comparées à celles de France.

Monn. de Pologne.	\multicolumn{3}{c}{Monn. de France.}
	liv.	fols.	den.
Le ducat d'or.	12	12	0
Le ducat de Dantzick.	8	8	0
Le daelder de Kœnigsberg.	2	16	0
Le ducat de Kœnigsberg.	1	13	$7\frac{1}{5}$
La rixdale.	4	4	0
Le florin.	1	8	0
Le gros polonais.	0	0	$11\frac{1}{5}$
Le fenin.	0	0	$0\frac{18}{45}$
21 gros pol. & 6 fen. font envir.	1	0	0

MAISON ROYALE.

STANISLAS-Auguste Poniatowski, né 17 Janvier 1732, élu roi de Pologne, grand-duc de Lithuanie 7 Sept. 1764, couronné 25 Nov. suivant.

Frere. Casimir, prince de Poniatowsky, né 15 Sept. 1721, marié en Janv. 1751, à

Apollonice, fille de Basile Ustrzyky, Castellan de Przemisl, née 17 Janv. 1736, *dont :*

Neveu. Stanislas, né 23 Nov. 1754.

Niece. Constance, née 2 Mars 1759, mariée 4 Avril 1775, au comte Stanislas de Tyszkiewick.

Frere. Michel, prince de Poniatowsky, né 12 Oct. 1736, évêque de Plozko en 1773.

Sœurs. Louise, née en 1728, mariée au C. Jean Zamoisky.

Isabelle, née en 1730, veuve 9 Oct. 1771, du comte Jean-Clément Branicky.

Belle-niece. Thérèse, comtesse de Kinsky, veuve du prince André, fils du prince Casimir ; dont un prince & une princesse.

SÉNATEURS DE POLOGNE ET DU GRAND DUCHÉ DE LITHUANIE.

ARCHEVÊQUES *Messieurs*

1777 *Gnesne.* Le pr. Ant. Cas. Ostrowsky, primat de Pologne & de Lithuanie.

1780 *Léopol.* Ferdinand Kicky.

POLOGNE.

ÉVEQUES. 15. *Messieurs*

1759 *Cracovie.* Le prince de Severien.
1777 *Cujavie.* Joseph Rybinsky.
1780 *Posnanie.* Antoine Okensky.
1762 Le prince Ignace Massalsky.

Ces deux derniers prélats ont alternativement la préséance l'un sur l'autre.

1773 *Plocsko* Le pr. Mich. Poniatowsky, coadjut. de l'évêché de Cracovie & prince de Poltusk.
1775 Le prince de Sielun, évêque d'Uranople, *coadjuteur.*
1766 *Ermland.* Le prince Ignace Krasicki.
1770 *Luzk & Brzesie.* Felix Turski.

Ces deux derniers prélats ont alternativement la préséance l'un sur l'autre.

1768 *Przemisl.* Jos. Kierski.
    Betaniski, chan. de Boleslaw, *coadjuteur.*
1778 *Samogitie.* Etienne Gedroye.
1759 *Culm.* André Bayer.
1778 Le C. de Shohenzollern, évêque de Dibonia, *coadjuteur.*
1780 *Chelm.* Jean Aloïse Alexandrowicz.
1774 *Kiow.* C.-Fr. de Tenczinn Ossolinski.
    Gasp. Ciecisżowsky, évêque de Tebaste, *coadjuteur.*
1759 *Kaminiec.* Adam Krasinski.
1775 Jean Dembowski, *coadjuteur.*
1781 *Liesland.* Joseph Kosakowski.
1763 *Smolensk.* Gabriel Wodzynski.
1775 Adam Naruszewciz, évêque d'Emaüs, *coadjuteur.*

WAIVODES. 38. *Messieurs*

Le P. Ant. Lubomirski, Castellan de *Cracovie.*
1780 *Cracovie.* Stanislas Dembinsky.
1760 *Posnanie.* Le prince Ant. Jablonowski.

Ces deux derniers prélats ont alternativement la préséance l'un sur l'autre.

1767 *Wilda.* Le prince Ch. Radzivil.
1774 *Sendomir.* Math. Soltyk.
1775 *Vilna.* Le prince Mich. Radzivil.
1775 *Kalisch.* Le prince Aug. Sulkowsky.
1770 *Trozk.* Thadeus Oginsky.
1775 *Siradie.* Nic. Malachawski.
1778 *Trozkd.* And. Oginsky.
1775 *Lenciczk.* Simon Ozierzbicki.

POLOGNE.
Messieurs

17.. *Samogitie*.
1770 *Brzescie en Cujavie*. Louis Domski.
1771 *Kiow* Le prince Stanislas Lubomirsky.
1764 *Innowroclavie*. André Moszczenski.
1731 *Russie*. Le prince Aug. Alex. Czartoriski.
1775 *Volhinie*. Le prince Jerôme Sanguszko.
1770 *Podolie*. Jean Zamoiski.
1776 *Smolensk*. Jos. Skumin Tyszkiewicz.
1779 *Lublin*. Le comte Ign. Twardowski.
1775 *Poloczk*. Joseph Solnowski.
1763 *Belz*. Ignace Cetner.
1773 *Novogorod*. Jos. Niesiolowski.
1779 *Plocsko*. Théod. Szydlowski.
1781 *Witepski*. Joseph Prozor.
1781 *Masovie*. Le comte Louis Makronowski.
1780 *Podlachie*. Le comte Joseph Ossolinski.
1774 *Rawa*. Basil Walicki.
1780 *Brzescie en Lithuanie*. Jean Xiberg.
1766 *Culm*. François Czapski.
1770 *Mscislau*. Joseph Hulsen.
1758 *Marienbourg*. Mich. Czapski.
1772 *Braclaw*. Mathias Lanckoronski.
1779 *Poméranie*. Felix Ant. Los.
1773 *Minski*. Le prince Joseph Radzivil.
1780 *Lithuanie*. Gasp. Rogalinski.
1780 *Czernikovie*. François Leduchowski.
1775 *Gnesne*. Le prince Ant. Sulkowski.

MINISTRES D'ÉTAT. Messieurs

1783 Le comte Mniszek, *grand-maréchal de la couronne*.
1781 Jos. Ulad. Gurowski, *grand-mar. de Lithuanie*.
1774 Le C. Fr. Xav. Branicki, *général de la couronne*.
1768 Le comte Mich. Oginski, *général de Lithuanie*.
1780 L'évêque Ant. Okenski, *gén. chanc. de la couronne*.
1775 Le pr. Alex. Sapieha, *grand-chancelier de Lithuanie*.
1780 Hyac. Malachowski, *sous-chancelier de la couronne*.
1773 Joachim Litawor Ehreptowicz, *sous-chanc. de Lithuanie*.
1774 Le pr. Adam Poninsky, *grand-trésorier de la couronne*.
1764 Michel Brzostowski, *grand-trésorier de Lithuanie*.
1783 Le comte Granowski, *grand-notaire de la couronne*.
1775 Le comte Fr. Rzewusky, *maréchal de la couronne*.

Messieurs

.............., *maréchal de Lithuanie.*
1774 Le C. Severin Rzewusky, *lieut. gén. de la couronne.*
1780 Le C. Louis Skumie Tiskiewitz, *lieut.-gén. de Lithuanie.*
1763 Roch Koſſowski, *tréſorier de la couronne.*
1765 Ant. Tyzenhaus, *tréſorier de Lithuanie.*

34 *caſtellans du premier ordre, & 53 du ſecond.*

ORDRE DE CHEVALERIE.
ORDRE DE L'AIGLE BLANC.

Voyez ſur la naiſſance & le caractere de cet ordre, l'édition de 1783, pag. 319

LE ROI, *grand-maître.*

MINISTRES RÉSIDENTS
PRÈS LES COURS ÉTRANGERES. Meſſieurs

Berlin.	De Zablocki, *chargé d'affaires.*
Conſtantinople.	Le comte Dziefuſzych, *chargé d'affaires.*
Londres.	De Bukatty, *chargé d'affaires.*
Pétersbourg.	De Deboli, *miniſtre réſident.*
Rome.	Le marquis d'Antici, *miniſtre.*
Veniſe.	Dal Oglio, *agent.*
Vienne.	Le chamb. de Corticelli, *miniſtre.*
	L'abbé de Pokubbiato, *chagé d'affaires.*
Dantzick.	Le comte d'Unruhe, *commiſſaire-général.*

996. HONGRIE, *catholique.*

ÉTENDUE. La Hongrie, y compris la Tranſilvanie & l'Eſclavonie, a une étendue de 120 lieues du nord au ſud, & de 170 de l'eſt à l'oueſt. Ce royaume fait partie de ce que l'on appelait anciennement Pannonie. Il ſe diviſe en haute & baſſe Hongrie. La haute eſt vers l'orient & à la gauche du Danube; la baſſe eſt du côté de l'occident, & à la droite du même fleuve. Bude & Presbourg ſe diſputent le titre de capitale de Hongrie. Quelques-uns le donnent à la premiere pour avoir été la réſidence des rois de Hongrie, & parce qu'elle eſt la plus conſidérable ville de cet état, tant par ſa grandeur que par ſa force & la beauté. D'autres aiment mieux reconnaître Presbourg pour capitale, e

HONGRIE.

ce qu'on y couronne depuis long-tems les rois de Hongrie, & qu'elle est la résidence du vice-roi. Bude, ornée de fort beaux édifices, est peu habitée. Près de-là se trouvent des sources d'eau si chaude, qu'on y cuit, dit-on, des œufs en peu de tems. A Presbourg, on garde cette couronne qu'on répute au pays avoir été apportée du ciel par un ange, au roi S. Etienne.

Production. Le terroir de Hongrie est naturellement très-bon, mais en général dépeuplé & couvert de forêts. Ses principales productions consistent dans des chevaux très-estimés. La culture du ver à soie y est devenue, sur-tout dans la haute Hongrie, depuis quelques années, l'une des principales branches de l'industrie des habitans. En 1777, ceux de Recskemet firent 423 livres de soie; en 1778, 636; en 1779, 874; en 1780, 960; en 1781, 993, & en 1782, 1253. On compte que cette année 1783, la récolte égalera celle de l'année derniere.

Forces. La Hongrie pourrait fournir à l'empereur, 40 à 50 mille hommes au besoin; soldats aguéris & d'une constitution très-vigoureuse. Ce pays forme à la maison d'Autriche un revenu de près de 20 millions. Le souverain ne peut cependant y rien statuer d'important, sur-tout quand il s'agit de levée d'argent, sans le consentement des états-généraux qui s'assemblent tous les trois ans à Presbourg.

Langue. La langue Hongraise est une langue-mere; & c'est fort mal-à-propos que quelques auteurs la considerent comme un dialecte de l'esclavonne. C'est l'ancien idiôme des Huns. Les Hongrais pour la plûpart, parlent Allemand & Latin; les personnes de qualité parlent aussi Français & Italien. les Transylvains ont à peu-près les mêmes mœurs, parlent les mêmes langues & suivent les mêmes religions que les Hongrais, mais avec cette différence qu'en Transylvanie le nombre des catholiques romains est beaucoup plus petit qu'en Hongrie. Dans l'une & l'autre région, on trouve un grand nombre d'ariens, de luthériens & de calvinistes. Les grecs réunis & les grecs schismatiques y forment aussi un objet considérable de la population.

MAISON ROYALE.

JOSEPH II, archiduc d'Autriche, empereur des romains, roi de Hongrie. *Voyez l'article de l'empire*, page 155.

PALATIN ET VICE-ROI.

HONGRIE.

GOUVERNEUR DE CROATIE.

1783 Le comte d'Efterhazy de Galantha, chevalier de la toifon d'or, grand-croix & chancelier de l'ordre de S. Etienne, chambellan & confeiller intime actuel.

GRANDS OFFICIERS DE LA COURONNE
Meffieurs

Grand-fommelier. Le comte Saky de Kerefztzeg.
Capitaine de la garde-noble Hongroife. Le comte Nic. d'Efterhazy de Galantha.
Grand-maître. Le comte Fr. d'Efterhazy de Galantha.
Gran-décuyer . . . .
Grand-chambellan. Le C. J. Nepom. Erdody de Monyorokerek.
Grand-maître d'hôtel. Le comte Ant. Karoly de Nagy Karoly.
Grand-huiffier. Le comte Léop. Palfy d'Erdod.
Grand-échanfon. Fr. Koller de Nagy Manya.

GARDIENS DE LA COURONNE DU ROYAUME. *Meffieurs*

Le C. Ant. Grazalkovics de Gyarak, chamb. & conf. int. actuel.
Le comte Jof. Keglevics de Buzin, comm. de l'ordre de S. Etienne & chambellan.

DICASTERES POLITIQUES.
Concilium regium locumtenentiale.

Le vice-roi, *préfident*.

COMMISSARIAT PROVINCIAL.

Le C. Franç. de Paule Balaffa de Balaffa-Gyrmath, comm. de l'ordre de S. Etienne, chamb. & conf. int. act. *directeur*.

CHAMBRE AULIQUE DES FINANCES.

Le comte de Niczky, comm. de l'ordre de S. Etienne, cham. & conf. int. actuel, *tréforier*.

INTENDANCE DES MINES DE LA BASSE HONGRIE.

Le comte Jof. de Colloredo, *préfident*.

GOUVERNEMENT DE FIUME.

Jof. Mailath de Szekhely, conf. int. actuel, *gouverneur*.

DICASTERES DE JUSTICE.
TABLE DES SEPTEMVIRS.
. . . . *président.*

TABLE ROYALE.
Pierre de Vegh chev. de S. Etienne, & conf. aul. *président.*

TABLE DES DISTRICTS.
Le comte Tolvai de Kopofd, *président, au-deçà du Danube.*
And. Hogyefzy, *président, au-delà du Danube.*
Jof. Kapy de Kapivara, *président en deçà du Tibifc.*
Pongraz de Szent miklos & Ovar, *président au-delà du Tibifc.*

TABLE BANNALE DE CROATIE.
Le comte d'Efterhazy de Galantha, *président.*

TABLE JUDICIAIRE DE DALMAT. CROAT. ET ESCLAVONIE.
George Petkovich, confeiller, *président.*

GOUVERNEMENT DE TRANSYLVANIE.
Le baron de Bruckenthal, comm. de l'ordre de S. Etienne, confeiller d'état int. act. *gouv. & président du gouvernement.*

GRANDS OFFICIERS DE LA PRINCIPAUTÉ. *Meſſieurs*

Tréforier royal.   Le comte Tebeki de Szek, chambellan.
Grand-commiſſ. prov. Le baron Wolfg. Banffi de Lofonez, chamb.
Grand-chanc. provinc. Le comte Wolffy-Kemony, chambellan.

TABLE ROYALE JUDICIAIRE.
Le comte Paul de Bethlem, chambellan, *président.*

CAUSES DU FISC.
Ant. Biró de Polyan, *directeur.*
Mich. Medve de Mezo-Madaras, *vice-directeur.*

CLERGÉ DE HONGRIE ET DE TRANSYLVANIE.
ARCHEVEQUES. *Meſſieurs*

Gran.   Jof. C. de Bathyany, cardinal, grand-croix de l'ordre de S. Etienne, *primat de Hongrie.*
Colocza.   Le baron de Patachich de Zajezda.

HONGRIE.
ÉVÊQUES. *Messieurs*

Raab........	
Agria.	Le comte Charles d'Efterhazy.
Waitzen.	C. de Migazzi.
Zagrab.	Jof. Gallyuff.
Signie......	
Dalmatie...	
Syrmie.	Math. Fr. Ketticka.
Grand-Waradin.	Lad. Kollonics de Kollegrad, *fuffr. de Colocza.*
Zias.	Ch. Szalbeck *fuffrag. de Gran.*
Neufol.	Fr. de Berchftold, *fuffrag. de Gran.*
Neutra.	Le comte Ant. de Reva.
Vefprin.	Jof. Baizath.
Sabarie.	J. Szily de Felzo-Szopor.
Stuhl.	Ign. Nagy.
Cfanad.	Emeric Kriftovics.
Rofenau.	Le baron Ant. d'Andraffy.
Tranfylvanie.	Le comte Ignace de Bathian.
Fünfkirchen.	Le comte Paul Efterhazy.
Belgrade.	Ant. Zlatariez.
Kinnin.	Jof. Pierer.

ÉVÉCHÉS DU RIT GREC.
ÉVÉCHÉS UNIS. *Messieurs*

Fogaras.	J. Bab.
Munkacs.	And. Bacfinsky.
Creuitz.	Bafile Bofichkovich.
Grand-Waradin.	Moyfes Dragoffy.

ÉVÉCHÉS NON-UNIS. *Messieurs*

Carlovics.	Moyfe Patnik.
Bude.......	
Bacs.	Athan. Schivkovich.
Carlftadt.	Pierre Petrovich.
Temefwar.	Sophrone Cyrillovich.
Pacracz.	Jof. Joannovich Saccabent.
Caranfebes &	
Verfecz.	Vincent Popovich.
Arad.	Pacome Knefevich.

Voyez les noms des offic. des autres états hérédit. art. *Autriche.*

1061. BOHÊME, catholique.

Étendue. La Bohême est bornée au nord par la Misnie & la Lusace ; à l'est, par la Silésie & la Moravie ; au sud, par l'archiduché d'Autriche, & à l'ouest, par le duché de Baviere. Sa figure est un ovale d'environ 80 lieues de long sur 60 de large. La capitale de ce royaume est Prague, ville très-grande, décorée de beaux édifices publics & particuliers. On y remarque l'ancien palais des rois, aujourd'hui palais impérial, dont l'architecture est noble, & dont les appartements sont ornés d'un nombre considérable de tableaux de prix.

Population. Suivant le dénombrement de 1771, la Bohême comprend 1195oooo ames. Prague est peuplée de 80000 habitans, y compris environ 9000 Juifs.

Productions. On trouve en Bohême des améthystes, & des grenats. Ces derniers sont fort estimés, & ils égalent en beauté ceux de l'orient ; mais il est rare d'y en trouver d'une certaine grosseur. Les mines de métaux sont presqu'abandonnées. Celles de Hongrie sont beaucoup plus importantes ; & celles de fer que l'on travaille en Styrie, ne forment pas un objet moins important pour le souverain.

Priviléges. Le roi de Bohême, premier des électeurs laïques, est grand-échanson héréditaire de l'empire ; & sa fonction consiste à présenter à boire au roi des romains ou à l'empereur, la premiere fois qu'il en demande, dans une coupe d'argent du poids de 12 marcs, couverte & pleine de vin & d'eau. La loi lui permet de rendre ce devoir à l'empereur, ayant la couronne royale sur la tête. Elle ne l'oblige d'ailleurs à cette fonction que lorsque l'empereur mange en public & en cérémonie. Cela ne se pratique même aujourd'hui qu'immédiatement après le couronnement.

Le roi de Bohême jouit, comme électeur, de divers priviléges qui lui sont particuliers. Il porte, par exemple, le titre de majesté ; & c'est à cause de la dignité royale dont il est revêtu, qu'il prend séance immédiatement après l'archevêque qui tient la droite de l'empereur. Il a la quatrieme voix à l'élection. Il précede tous les princes de la chrétienté, dans toute l'étendue de l'Empire. Par un privilége particulier accordé par l'empereur Frédéric II au roi de Bohême, ce prince n'est pas obligé de venir prendre l'investiture de son royaume, si l'empereur ne s'avance jusqu'en quelque ville voisine de ses frontieres. L'empereur est obligé de donner au roi de Bohême, lorsqu'il vient prendre l'investiture, escorte & sauf-conduit, tant en allant qu'en venant. A l'investiture des princes, on déchire les étendards qui représentent les armes des provinces pour lesquelles ils font hommage; mais on conserve ceux du roi de Bohême, qui les fait porter au retour de la cavalcade qu'il a faite autour du palais de l'empereur.

MONNOIES DE BOHÊME,
comparées à celles de France.

Monn. de Bohême.	liv.	sols.	den.
	Monn. de France.		
Le ducat de 240 creutzers.	10	12	0
La rixdale de 90 creutzers.	3	19	6
Le flor. de 60 creutz. de change.	2	13	0
Le creutzer.	0	0	0 $\frac{2}{5}$

On tient à Prague les écritures en rixdales, en florins & en creutzer.

On y change sur les places suivantes, & l'on donne,   *pour recevoir,*

	donne	pour recevoir
Sur Amsterd.	144 rixd. pl. ou m.	100 rixdales bc.
Ausbourg & Nurenberg.	100 flor. pl. ou m.	100 florins courants.
Breslau,	95 rixd. pl. ou m.	100 rixd. arg. cour. de Prusse.
Hambourg,	144 dito, pl. ou m.	100 rixd. bc.
Leipsick,	101 dito, pl. ou m.	100 rixd. en louis d'or.
Venise,	185 flor. pl. ou m.	100 ducats de bc.
Vienne,	100 flor. pl. ou m.	100 florins cour.

L'usance est de 14 jours après l'acceptation. Il y a trois jours de grâce accordés.

MAISON ROYALE.

JOSEPH II, archiduc d'Autriche, empereur des romains, roi de Bohême. *Voyez l'article de l'Empire.*

GRANDS OFFICIERS ÉLECTORAUX, HÉRÉDIT.
Messieurs

Les barons de Lippe, *grands-maréchaux.*
Les seigneurs de Wartenberg, *grands-échansons.*
Les seigneurs de Hasenbourg, *grands-maîtres d'hôtel.*
Les seigneurs de Sizymœi, *grands-chefs de cuisine.*

GOUVERNEMENT DE LA BOHÊME.

Le comte Fr. Ant. de Nostitz & Rhineck, cons. int. act. chamb. comm. de l'ordre de S. Etienne, *président du gouvernement & grand-burggrave du royaume*, à Prague.

TRIBUNAL DES APPELLATIONS.

Le C. Fr.-Xav. de Wieschnick, gr.-croix de l'ordre de S. Etienne, chambellan & cons. int. actuel, *président.*

GRANDS OFFICIERS DE LA COURONNE.

Prem. directeur des villes. Le C. Jos.-Guill. de Nostitz & Rhineck.
Grand-maréchal du royaume. Le C. Fr. Adam de Sternberg.
Grand-juge du royaume. Le C. Fr.-Jos. de Pachta.
Grand-juge de la cour féodale. Le comte Fr. de Walls.
Gr. maît. des mines & des monnoies. Le C. Ch. de Clary & Aldringen.
Grand-greffier. J. Vincesl. Altfeld de Wirdrezi.
Second directeur des villes. J. Marsel de Hennet.
Burggrave du cercle de Koniggraz. Neslinger de Schelchengraben.

GOUVERNEM. DE GALLICIE ET DE LODOMÉRIE.

Le comte Louis de Cavriani, cons. int. act., *commissaire impérial & royal.*

GOUVERNEMENT DE LA MORAVIE ET DE LA SILÉSIE.

Le baron de Lohr, chev. de St. Etienne, cap. du pays, *président.*
Le comte Jos.-Ch. de Zierotin, cons.-int. act. chamb. *premier directeur des villes.*
Le C. de Mittrowsky, cons. int. act. chamb. *grand-juge du pays.*

ARCHEVÊQUES DE BOHÊME, DE CARNIOLE, DE MORAVIE ET DE GALLICIE.

Prague. Le baron de Pazichowitz, légat du S. Siége, primat de Bohême, prince d'Empire & grand-croix de l'ordre de S. Etienne.

Gorice. Rodolphe, comte d'Edling, prince de l'Empire.
Olmutz. Ant. Théod. comte de Colloredo.
Léopol. Ferd. Onuph. de Kicki Kicki.
Jacq. Etienne Auguſtinowicz, *rit grec.*

ÉVÊQUES.

Leutmeritz. Le comte Emman. de Waldskein.
Koniggratz. Léopold Hay.
Léopol en Gallicie. Leo Szeptyky.

Voyez les noms des autres offic. des états hérédit. art. *d'Autriche.*

ARTICLE II.
TABLEAU DES PRINCIPALES PRINCIPAUTÉS DE L'EUROPE.

ARCHIDUCHÉ D'AUTRICHE, cathol.

ÉTENDUE. L'Autriche, dont le ſol eſt très-fécond, ſe diviſe en haute & baſſe. La premiere eſt à l'occident & l'autre à l'orient. Ce pays, l'un des plus riches de l'Allemagne, donne ſon nom à l'ancienne & illuſtre maiſon d'Autriche, qui portoit d'abord celui d'Hapsbourg, & qui dès la fin du XIII ſiecle, commença à donner des empereurs à l'Allemagne. Elle fut à ſon plus haut point d'élévation dans la perſonne de Charles-Quint, qui était tout enſemble empereur d'Allemagne, roi d'Eſpagne, ſouverain des 17 provinces des Pays-bas, maître de la Franche-comté, d'une partie de l'Italie & de pluſieurs vaſtes & opulentes contrées du nouveau monde. Dans le partage qu'il fit de ces états, il donna l'Eſpagne à ſon fils Philippe II, & céda l'Empire à ſon frere Ferdinand I. Les deſcendans de ce dernier en ont été poſſeſſeurs juſqu'à Charles VI, pere de l'archiducheſſe Marie-Théreſe, épouſe de l'empereur François de Lorraine, morte en 1781 & mere de l'empereur régnant.

Population. Un ouvrage périodique d'Allemagne vient d'évaluer, de la maniere ſuivante, la population de tous les états héréditaires de la maiſon d'Autriche. Quoique ce tableau differe de celui que nous avons donné à la tête de cet ouvrage, il ne paraîtra peut-être pas déplacé ici.

ARCHIDUCHÉ D'AUTRICHE.

		mille quarrés.	personnes.
1	Royaume de Bohême.	909	2,265,867
2	Royaum. de Hongrie & le bannat de Temeswar.	2,790	3,170,000
3	Principauté de Transylvanie.	1,056	1,250,000
4	La Croatie & la Dalmatie.	477	367,000
5	Les royaumes de Gallicie & de Lodomerie.	1,300	2,580,796
6	L'Esclavonie.	331	253,000
7	La Buskovine.	178	130,000
8	La Silésie autrichienne.	81	247,886
9	La Moravie.	396	1,137,227
10	La Basse-Autriche.	637	1,682,395
11	La Styrie, la Carinthie, la Carniole, le comté de Gorz, Gradisca & le gouvernement de Trieste.	993	1,508,042
12	La Haute-Autriche.	435	589,968
13	L'Autriche antérieure.	156	362,446
14	Le comté de Hohenembs.	3½	3,667
15	Le comté de Falkenstein.	2½	4,000
16	Les Pays-bas autrichiens.	469	2,000,000
17	Le duché de Milan.	152	1,100,000
18	Le duché de Mantoue.	40	150,000
	Total,	10,406	18,802,294

Il faut observer que dans le nombre des habitans de Gallicie & de Lodomérie, on compte 72,000 juifs; chaque tête des juifs paye une capitation de 30 kreutzers; & lorsqu'un juif se marie dans le pays, la couronne en reçoit 12 ducats.

Forces. Indépendamment du cercle d'Autriche, l'empereur possède la Hongrie, la Bohême, la Flandre, le duché de Milan, le duché de Mantoue, une partie de la Silésie, de l'Istrie & de la Souabe, & une contrée considérable démembrée du royaume de Pologne. Les revenus de ce prince sont de 150 millions. Selon un état de l'armée impériale, actuellement sur pied (au mois d'Août 1783), l'infanterie Allemande Hongraise & Croate, forme 205,550 hommes; la cavalerie, distribuée en 234 escadrons, en forme 48,613; l'artillerie, 8958, & les stoiks, ou soldats de marine employés sur le Danube, les sapeurs, les pontonniers, les mineurs, 12,740; ce qui porte le total de l'armée à 275,861 hommes. On ne comprend pas dans cet état les grenadiers, les ingénieurs, les chasseurs, les arquebusiers & l'état-major.

La capitale de l'Autriche est Vienne, qu'on peut encore considérer comme celle de toute l'Allemagne, en ce qu'elle est la résidence de l'empereur. Cette ville, située sur le Danube à l'endroit où il reçoit la petite riviere de Vienne, est grande, belle, riche & l'une des plus fortes de l'europe. Parmi les monuments importans qu'elle comprend, on remarque la bibliotheque archiducale, composée de plus de 200 mille volumes & d'environ 10 mille manuscrits. Sa population est de 205,780 habitans.

MONNOIES DE VIENNE,
comparées à celles de France.

Monn. de Vienne.	Monn. de France.		
	liv.	sols.	den.
Rixdale.	4	0	0
Florin.	2	13	4
Gros d'Empire.	0	2	8
Creutzer.	0	0	$10\frac{2}{3}$
Fenin.	0	0	$2\frac{2}{3}$
L'écu de change d'Empire.	5	6	8
22 creutzers & 2 fenins.	1	0	0

On tient à Vienne, les écritures en florins, creutzers & fenins, & en rixdales, creutzers & fenins.

La proportion entre l'or & l'argent y est comme 1 à $14\frac{1}{10}$.

Les monnoies étrangeres qui roulent dans le pays, ont cours suivant les ordonnances qui en fixent la valeur. Toutes les monnoies, qu'on nomme en Allemagne *scheidemientz*, sont défendues dans les états d'Autriche.

On y change sur les places suivantes, & l'on donne, pour recevoir,

Sur Amsterd.	140 rixd. pl. ou m.	100 rixd. bc. à 4 fem. de dat
Augsbourg & Nuremberg,	100 flor. pl. ou m.	100 flor. cour. à usance.
Bolzane, ...	100 dito, pl. ou m.	100 flor. mon. long. en foir.
Ou, ...	97 dito, pl. ou m.	100 flor. val. de foir. ou mon.
Breslau, ...	97 rixd. pl. ou m.	100 rixd. à usance.
Francfort, ..	100 dito, pl. ou m.	100 rixd. conv. cour. à us. & en foire.
Gratz & Lintz,	100 flor. pl. ou m.	100 flor. cour. en foire.

ARCHIDUCHÉ D'AUTRICHE.

donne,		pour recevoir,
Hambourg,	140 rixd. pl. ou m.	100 rixd. bc. à 4 fem. de dat.
Leipfick & Maumberg,	100 dito, pl. ou m.	100 rixd. cour. ou en louis d'or aux foires.
Livourne,	1 florin.	64 fols mon. bonne p. ou m.
Londres,	1¼ dit. pl. ou m.	1 livre fterling.
Milan,	1 dito.	70 fols cour. pl. ou m.
Prague,	100 dito, pl. ou m.	100 florins cour. à ufance.
Venife,	124 rixd. pl. ou m.	100 ducats bc.
Ou,	96 flor. pl. ou m.	500 liv. mon. piccola.

L'ufance eft de 14 jours après l'acceptation; une double ufance eft de 28 jours; une ufance & demie de 21 jours; une demi-ufance de 7 jours après l'acceptation.

Il y a trois jours de grâce, le dimanche & les jours de fêtes y compris; au troifieme jour, il faut que le payement ou le protêt fe faffe; s'il arrive que le troifieme jour tombe un dimanche ou un jour de fête, on renvoie le payement au premier jour ouvrier fuivant.

Les lettres-de-change à certains jours préfix & à vue, doivent être payées dans l'efpace de 24 heures, ou il faut les faire protefter.

MAION ARCHIDUCALE.

Joseph II, empereur des romains, archiduc d'Autriche. *Voyez l'article de l'Empire.*

GRANDS OFFICIERS DE LA MAISON IMPÉRIALE.

PREMIER GRAND-MAÎTRE.

Le prince de Starhemberg, chevalier de la toifon d'or, grand-croix de l'ordre de S. Étienne, conf. int. act. min. d'état pour les affaires étrangeres.

CHARGES DÉPENDANTES DE CE DÉPARTEMENT.

Le prince de Clary & d'Aldringen, *grand-veneur.*
Le C. de Schallenberg, chamb. act. *Obrid-Stabelmeifter.*
Le C. Prançz. de Dietrichtein, chamb. *directeur de la vaiffelle.*
Le comte Jof. de Stockhammer, *échanfon.*
. . . . *écuyer tranchant.*
Le C. Ant. de Colloredo, *cap. de la garde-noble des archers.*
Le C. Jof. de Khevenhuller Metch, *capitaine-lieutenant.*

Le C. Nic. Esterhazy de Galantha, *capitaine de la garde-noble Hongroise.*

Le comte Jean de Palfy, *capitaine-lieutenant.*

Le pr. Adam de Czatorisky, *cap. de la garde-noble Gallicienne.*

. . . . *capitaine des gardes-du-corps à pied.*

Le baron Sylvere d'Elvenich, *capitaine-lieutenant.*

GRAND-CHAMBELLAN.

Le C. Franç. d'Ursin & Rosemberg, chev. de la toison d'or.

GRAND-MARÉCHAL.

Le comte Eng. Wrbna Frendenthal, conf. int actuel.

Le C. Fr.-Ant. de Lamberg-Otteneg, conf. int. act. *vice-maréchal.*

GRAND-ÉCUYER.

Le C. J.-Ch. de Dietrichstein, chev. de la toison d'or, conf. int. act.

COLLEGES D'ADMINISTRATION.

Tribunal des appellat. pour tous les pays de l'Autriche infér.

Le C. Vincesl. de Sinzendorff, chev. de la toison d'or, conf. int. actuel & chambellan, *président.*

Le comte de Ugarte, ci-devant conf. au gouver. de Lemberg, *vice-président.*

CHAMBRE AULIQUE DES COMPTES ET CONTRÔLE GEN.

Le C. Ch. Sinzendorff & Pottendorff, comm. de l'ordre teuton. conf. int. act. & chamb. *président.*

DEPARTEMENT DES MINES.

. . . . *président.*

CHANCELLERIE *royale & aulique de Bohême & d'Autriche, combinée avec la chambre aulique & la députation ministérielle de la banqne.*

Le comte Leop. de Kollowrath, grand-croix de l'ordre de S. Etienne, conf. int. act. *président.*

Le C. Jean de Chotek, chamb. & conf. aul. act. *chancelier.*

Le baron Tobie Phil. de Gebler, chevalier de l'ordre de S. Etienne, *vice-chancelier.*

CHANCELLERIE *int. de cour & d'état des Pays-bas & d'Italie.*

Le prince Vincesl. Ant. de Kaunitz, C. de Rietberg, chev. de la toison d'or, grand-croix de l'ordre de S. Etienne, conf. intime actuel, *chancelier.*

Le comte Jean-Phil. de Cobenzl, baron de Proseck, chamb. conf. int. act. conf. d'état d'épée aux Pays-bas, *vice-chancelier.*

CHANCELLERIE

ARCHIDUCHÉ D'AUTRICHE.

CHANCEL. AULIQUE DE HONGRIE ET DE TRANSYLVANIE.

Le comte Fr. d'Esterhazy de Galantha, chevalier de la toison d'or, grand croix & chanc. de l'ordre de S. Etienne, chamb. & conf. int. act. *chancelier.*

Le C. Charles Palfy, chev. de la toison d'or, chambellan & conf. int. act. *premier vice-chancelier.*

Le C. George Banffi de Losontz, chamb. *sec. vice-chancelier.*

CHANCELLERIE IMPÉRIALE AULIQUE INTIME.

Le prince Rodolphe de Colloredo, chevalier de la toison d'or, grand-croix de l'ordre de S. Etienne, conf. int. act. d'état & de conférence.

Fr.-George de Leykam, chev. de l'ordre de S. Etienne, conf. aul. act. & référendaire intime de l'empire.

Le baron Ch. de la Sollaye à Wartenberg, conf. aul. act. & référendaire intime de l'empire.

CONSEILS DE-L'EMPEREUR.

Conférence intime d'état.

MINISTRES DE CONFÉRENCE. *Messieurs*

Le prince Rodolphe de Colloredo.
Le prince de Kaunitz, comte de Rietberg.
Le prince George-Adam de Stahremberg.
Le comte Franç-Maurice de Lacy, chev. de la toison d'or, grand-croix de l'ordre militaire de Marie-Thérèse, conf. int. act. général-feld-maréchal, & colonel d'un régim. d'infanterie.

CONSEIL D'ÉTAT.

Ce conseil, qui se tient en présence de l'empereur, a pour objet les affaires intérieures.

MINISTRES D'ÉTAT. *Messieurs*

Le prince de Kaunitz, comte de Rietberg.
Le C. Charles Fréd. de Hatzfeld-Gleichen, chevalier de la toison d'or, grand-croix de l'ordre de S. Etienne, conf. int. act. min. d'état, dirigeant les affaires intérieures.
Le baron de Reischach, conf. int. act. & ministre d'état.

CONSEILLER D'ÉTAT.

Le baron Ch.-Ant. de Martini, chev. de l'ordre de S. Etienne.

ARCHIDUCHÉ D'AUTRICHE.

CONSEIL AULIQUE DE GUERRE.

André, C. de Hadick & du S. Empire, grand-croix de l'ordre militaire de Marie-Thérèse, comte suprême du comitat de Bacz en Hongrie, conf. int. act. gén. feld-maréchal, & colonel d'un régiment de Hussards, *président*.

CONSEIL IMPERIAL AULIQUE.

Le baron Jean Hugues de Hagen, conf. int. act. & ministre des conférences de l'Empire, *président*.
Le prince Rodolphe de Colloredo, *vice-chanc. de l'empire*.
Le C. Wolfg. Chrét. d'Uberacker, conf. int. act. *vice-présid*.

DÉPARTEMENT *de la Justice d'état de la basse Autriche.*

Le C. Jos. d'Herbestein, conf. int act. chamb. & président de la banco-députation de justice, *juge suprême*.

BANCO-DÉPUTATION DE JUSTICE.

Le comte Jos. d'Herbestein, *président*.

MARÉCHAL DES ÉTATS DE LA BASSE AUTRICHE.

Le C. Jean-Ant. de Pergen, grand-croix de l'ordre de S. Etienne, chamb. conf. int act. ministre d'état dans les affaires intérieures, & président de la régence de la basse Autriche.

ORDRES DE CHEVALERIE,
établies dans les domaines de l'empereur.

1429. ORDRE DE LA TOISON D'OR.

Voyez sur la naissance & la constitution de cet ordre, l'édition de 1783 p. 324.

L'EMPEREUR, *chef & souverain*.

CHEVALIERS. *Messieurs*

1739 Le D. Ch.-Eug. de Wurtemberg.
   Le pr. Jos. Fréd. de Saxe-Hilburghausen.
1744 Le pr. Rodolphe de Colloredo.
1749 Le pr. Ch.-Max. de Dietrichstein.
   Le pr. Vinc. Ant. de Kaunitz.
1753 Le D. de Modène.
1755 Le grand duc de Toscane.
1758 Le maréchal de Lacy.

ARCHIDUCHÉ D'AUTRICHE.

Messieurs

1759 Le pr. G. de Stathemberg.
1763 L'archiduc Ferdinand.
   Livio, prince d'Odescalchi.
   Fr. des Ursins, comte de Rosemberg.
1764 Le comte Fr. d'Esterhazy.
   Le comte Ch. Fréd. de Hatzfeld.
1765 Le prince Nic. d'Esterhazy.
   Le comte Cam. de Colloredo.
   Le comte Fr. Norbert de Trautmansdorf.
1767 Le comte Ch. de Dietrichstein.
   Le prince Ch. Egon de Fürstenberg.
1768 Le prince héréditaire de Toscane.
1770 Le comte Florimond de Mercy-Argenteau.
1771 L'archiduc Ferdinand, grand-prince de Toscane.
   Le prince Ulric de Kinsky.
   Le prince Ch. de Liechtenstein.
   Le prince Jos. de Lobkowitz.
   Le prince Charl. de Ligne.
   Le prince Gundacre de Colloredo.
   Le comte Ern. de Kaunitz-Rietberg.
   Le comte Léop. Krakousky de Kollowrath.
1773 Le prince Barth. de Corsini.
   Le prince Ch. de la Tour & Taxis.
1778 L'électeur palatin.
1782 Le Landgrave Ch. Emm. de Hesse-Rheinfels.
   Le prince Jos.-Jean de Schwarzenberg.
   Le duc Louis d'Aremberg.
   Le comte Vencesl. de Sinzendorf.
   Le comte de Urbna Freudenthall.
   Le comte Ch. de Palfy à Erdod.
   Le comte Fr.-Ant. de Khevenhüller-Metsch.
   Le comte Ant.-Goth. de Schafgotsch.
   Le comte Ant. de la Tour & Valsassina.
   Le prince Ch. d'Albani.
   Le prince Fr.-Jos. de Gavre.
   Le comte Jean-Franç. de Hardegg-Glatz.
   Le vicomte Fr. de Patin, *trésorier de l'ordre.*
   Domin. de Deldono, *roi-d'armes.*
   Etienne de Craneufels, *secrétaire.*

1757. TRÈS-ILLUSTRE ORDRE DE LA CROIX ÉTOILÉE.

La grande-duchesse de Toscane, *grand-maîtresse.*

Q ij

ASSISTANTES. *Mesdames*

La comtesse Mar.-Eliz. douairiere d'Uhlefeld, née princesse de Lobkowitz.

Thér. douairiere de Daun, née comtesse de Colloredo.

La comtesse douairiere de Saurau, née comtesse de Breuner, *dame de conseil.*

Jos. Frech, noble d'Ehrimfeld, chev. du S. Empire, *secrétaire de l'ordre.*

1757. ORDRE DE MARIE-THÉRESE.

L'empereur, *grand-maître.*

GRAND-CROIX. *Messieurs*

1758 Le comte de Haddick, F. M.
Le baron de Laudon, F. M.
1765 Le grand-duc de Toscane, F. M.

COMMANDEURS. *Messieurs*

Le prince d'Esterhazy, Nic. F. M.
Le prince de Kinsky, G. d'a.
Le baron Siskowitz, G. d'a.
Le baron de Rouvroy, G. de B.
Le comte de Pellegrini, G. d'a.
Le comte d'Alton, F. M. L.
Le comte de Wurmser, F. M. L.
Le baron de Terzy, G. F. W.

92 *chevaliers.*

Le prince de Kaunitz-Rietberg, *chancelier.*
Le baron de Collenbach, *trésorier.*
M. de Spielman, *greffier.*
M. Ant. de Hayd, *chancelliste.*

1764. ORDRE DE SAINT ÉTIENNE.

L'empereur, *grand-maître.*

GRAND-CROIX. *Messieurs*

L'archiduc Ferdinand.
Le prince Albert de Saxe.
Le duc de Modène.
Le prince H.-Jos. d'Auersperg.
Le prince Rod. de Colloredo.
Le prince Vinc.-Ant. de Kaunitz-Rietberg.
Le prince George de Starhemberg.
Le C. Fr. d'Esterhazy de Galantha, *chancelier.*

Archiduché d'Autriche.   245

Messieurs

Le comte Ch.-Fréd. de Hatzfeld-Gleichen.
L'archevêque de Malines.
Le comte Jean de Choteck.
Le comte H. Caet. de Blumegen.
Le prince J. Vincesl. de Paar.
L'archevêque de Vienne.
L'archevêque de Gran.
Le comte Ch.-Aug. de Sailern.
Le prince L. de Hesse-Darmstadt.
Le comte George de Fekete.
Le comte J.-Ant. de Bergen.
Le comte Sigm. Rud. de Goes.
Le prince Sigism. de Khevenhuller-Metsch.
Le comte Léop. de Kollowrath-Krakowsky.
Le comte Fr.-Xav. de Wieschnick.
Le comte Ch. de Collenberg.
L'archevêque de Prague.
L'archevêque de Léopol.
Le comte H. d'Auersperg.
L'archevêque de Colocza.
Le cardinal d'Herzan.
Le comte Fr. à Metternich.
Le comte J. Derdody.

COMMANDEURS. *Messieurs*

Le comte Aloise Podstaczky-Lichtenstein.
Le comte Fr.-Xav. de Koller.
Le baron Fred. Ch. de Grosschalg.
La comte H. de Plaun.
Le comte J. Csaky de Keresztszegh.
Le baron Eg. Val. de Borie.
Le comte Pat. de Neny.
Le baron Jos. de Cazier.
Le comte J. Geoff. de Heister.
Le comte Ad.-Fr. de Hartig.
Le comte Ant. Esterhazy de Galantha.
Le comte Jos. Keglewics de Buzin.
Le comte Fr.-Ant. de Nostitz & Rheineck.
Le comte G. Csaky de Keresztszegh.
Le baron Geoff. de Swieten.
Le comte Jac. de Durazzo.
Le prince Balth. d'Odeschalche.
Le comte Jos. de Khevenhüller-Metsch.

Q iij

Messieurs

Le baron Ch. Reviczky de Revisny.
Le baron Sam. de Bruckental.
Le baron Fr. de Thugut.
L'évêque de Vetzprim.
Le baron Jos. de Bartenstein.
Le comte Christ. de Miczky.
Le C. Fr. Balassa de Balassa-Gyarmath.
Fr. George à Laykam.
54 *chevaliers*.

TABLEAU DES GÉNÉRAUX ET COLONELS

revêtus des croix à pensions, fondées, en 1750, par feue l'impératrice Elisabeth-Christine, augmentées par feue l'impératrice Marie-Thérèse en 1771. Messieurs

Valentin B. Brouwne, F. M. L.	De Friese, G. de B.
Le comte Odonel, F. M. L.	De Gurezki, G. de B.
De Vogelsang, F. M. L.	De Schilling, G. de B.
De Princken, F. M. L.	Le baron Formentini, *col.*
De Weichs, F. M. L.	Le comte Gourcy, G. de B.
De Gastheim, G. de B.	D'Elvenich, *colonel.*
Le baron de Hager, G. de B.	De Sturm, *colonel.*
Le baron de Bülow, G. de B.	De Clément, *colonel.*
De Tschamer, G. de B.	Le comte de Saurau, *colonel.*
Le comte S. Julien, G. de B.	Le Paulitsch, *colonel.*

ÉTAT ECCLÉSIASTIQUE.

ARCHEVÊQUE DE VIENNE.

Christophe, comte de Migazzi, cardinal-prince de l'Empire.

ÉVÊQUES PRINCES, *dans les pays héréditaires d'Allemagne.*

Brixen. Jos.-Phil. comte de Spauer, Pffaum & Valor.
Trente. Pietre-Mich. Vig. de Thun & Hohenstein.
Seckau. Le comte Jos. d'Arco.
Gurck . . . .
Levant. Le comte Vinc. de Schrattenbach.
Laybach. Le comte d'Inzhaghy.

ÉVÊQUE NON PRINCE.

Neustadt. Henri de Kerens.

Voyez les art. Hongrie, Bohême & Lombardie Autrichienne.

CONSISTOIRE ECCLÉSIASTIQUE DE VIENNE.

Edm. comte d'Arz & de Vaſſeg, évêque de Teje, ſuffragant & vic.-gén. du card. archevêque de Vienne, *préſident*.

CONSISTOIRE MILITAIRE.

H.-Jean de Kerens, conſ. int. act. évêque de Neuſtadt, vic. apoſt. de l'armée, *préſident*.

TRIBUNAL *ſuprême pour tous les pays hérédit. d'Allemagne*.

Le comte Chrét. Aug. de Seilern, chamb. conſ. int. act. & grand-croix de l'ordre de S. Etienne, *préſident*.

Le comte Léop. de Clary & Aldringen, chamb. conſ. int. act. *vice-préſident*.

RÉGENCE DE LA BASSE AUTRICHE.

Le comte Jean.-Ant. de Pergen, *préſident*.

GOUVERNEUR *de la ville & du cercle pour Vienne en dedans des lignes.*

Le comte Aug. d'Auerſperg, cap. de ville & conſ. de reg. act.

CHEFS DU GOUVERNEMENT DES PRINCIPALES PROVINCES AUTRICHIENNES.

GOUVERNEMENT DE L'AUTRICHE SUPÉRIEURE.

Le comte Chriſtophe de Thürnheim, conſ. int. act. chamb. capitaine du pays, & *préſident des états*.

GOUVERNEMENT DE L'AUTRICHE ANTÉRIEURE.

Le baron Jean-Adam de Poſch, conſ. int. act. *préſident*.

GOUVERNEMENT DU TIROL.

Le comte Geoff. d'Heiſter, comm. de l'ordre de S. Etienne, conſ. int. act. *préſident des états*, *capit. du pays & Burggrave du Tirol*.

GOUVERNEMENT DE STYRIE.

Le comte de Khevenhuller, chev. de la toiſon d'or, conſ. int. act. chambellan, *préſident*.

ISTRIE ET GORICE.

Le comte de Brigido, conſ. int. act. chamb. *gouverneur*.

Voyez les art. Hongrie, Bohême, Lombardie *&* Pays-bas Autrichiens.

ÉTABLISSEMENTS RELATIFS AUX SCIENCES ET AUX ARTS.

UNIVERSITÉ DE VIENNE. *Messieurs*

Quid Vult Deus de Rollmann, prélat mitré au Czerens, docteur en théologie, conseiller de consist. *recteur magnifique.*

Le comte Edm. Marie d'Arzt & Vasseg, prévôt infulé de l'église métrop. de Vienne, docteur en théologie, conseiller du consistoire, *chancelier.*

Etienne Rautenstrauch, abbé des monast. de l'ordre de S. Benoît à Brsevnov & Braunau, visit. de son ordre en* Moravie & en Silésie, prélat infulé du royaume de Bohême, docteur en théologie, *président de la faculté de théologie de Vienne & de Prague.*

Fr. de Heinke, docteur en droit, conf. aul. act. référend. roy. int. de Bohême & d'Autriche, *président & directeur de la faculté de droit.*

Le baron Ant. de Storck, conf. aul. & premier médecin de l'Empire, *président & directeur de la faculté de médecine.*

Jos. Nagel, mathémat. de l'Empire, *président & directeur de la philosophie.*

COMMISSION *Imp. & A. pour les études & la censure des livres.*

Le bar. Godefr. de Swieten, comm. de l'ordre de S. Etienne, biblioth. de la bibliotheque imp. *président.*

ACADÉMIE DES BEAUX-ARTS.

Le prince de Kaunitz-Rietberg, *protecteur.*
M. de Sonnenfels, *secrétaire perpétuel.*
M. de Weinkopf, *adjoint.*

ÉCOLE DE PEINTURE ET DE SCULPTURE.

M. Gaspar Samback, *directeur.*

ÉCOLE D'ARCHITECTURE.

M. Ferdin. d'Hohenberg, *directeur.*

ÉCOLE DES GRAVEURS.

M. Jacq. Schmutzer, *directeur.*

ÉCOLE DES CISELEURS.

M. Jean Hagenauer, *directeur.*

PAYS-BAS AUTRICHIENS, cathol.

Étendue. Les Pays-bas Autrichiens, connus aussi sous le nom de Flandre Autrichienne, sont distribués en neuf provinces, savoir : la seigneurie de Malines, le marquisat d'Anvers, le Brabant, le comté de Flandre, le Hainaut, le comté de Namur, le duché de Luxembourg, celui de Limbourg & la Gueldre.

Bruxelles. Le duché de Brabant est l'une des plus considérables provinces de la Flandre. Sa capitale est Bruxelles, siége du gouvernement général des Pays-bas Autrichiens. Cette ville est grande, belle, riche & peuplée d'environ 400 mille ames; on y parle communément les deux langues Flamande & Française. Elle a une académie des sciences & belles-lettres; & la qualité d'académicien y donne les priviléges attachés à la noblesse. Le commerce y est très-considérable. Les vaisseaux y abordent tant par Ostende que par Anvers. Par la voie d'Anvers, ils y arrivent par l'Escaut & la Dyle; par la voye d'Ostende, ils viennent par Bruges & Gand.

Gand. La ville de Gand est la capitale du comté de Flandre. Sise au confluent de l'Escaut & de la Lys, elle fut la demeure des anciens comtes de Flandre. Son circuit est de 3 lieues, mais dans cette enceinte il y a des lacs & des espaces qui ne sont ni bâtis ni habités; en général elle est très-dépeuplée. Traversée de plusieurs canaux qui la coupent en 26 îles, réunies les unes aux autres par 98 ponts, elle est défendue par une bonne citadelle. Au milieu d'une de ces places est une haute colonne surmontée de la statue de Charles-Quint, qui y prit naissance.

Bruges. Cette ville, qui fut autrefois la capitale de la Flandre, a été long-tems célèbre par son commerce & par sa richesse. Son enceinte est de deux lieues. Elle est toute de briques, comme le sont communément les villes des Pays-bas. Le canal de Bruges est fameux. Il commence à Ostende, passe à Bruges & se termine à Gand. Il porte des vaisseaux de plus de 400 tonneaux. Il y a dessus des voitures réglées qui partent tous les jours au son de la cloche. Nulle part il n'en est d'aussi commodes & d'aussi agréables. Dans chacune, se trouvent plusieurs appartements avec cheminées, chaises, canapés, fauteuils, tables, tapisseries, trumeaux, belles croisées. A midi, on y est servi en beau linge blanc, à plusieurs services & en bonne compagnie sans cesser de faire route. Si le tems & la saison invite a jouir du grand air & du spectacle plus libre de la campagne, il est un baldaquin élevé sur la poupe contre les rayons du soleil. Ces bâtiments sont d'une admirable propreté; & les dehors en sont richement ornés de dorures, de peintures & de sculptures.

MONNOIES DES PAYS-BAS,
comparées à celles de France.

Mon. de Bruxelles.	Mon. de France.		
	liv.	sols.	den.
Le souverain d'or, de 1759.	36	12	9
Le ducaton.	32	7	6
La rixdale.	5	0	0
Le florin.	2	2	6
Le sol ou patar.	2	0	4
La livre de gros.	12	15	2
Le sol de gros.	0	12	9
Le denier de gros.	0	1	0

On compte généralement dans les Pays-bas en florins de 20 sols & en penins.

La valeur des especes se compte en argent de change, ou en courant.

L'argent de change a 16 ⅔ pour 100 plus de valeur que l'argent courant; de sorte que 6 pieces de l'autre valent 7 de celui-ci.

On y change sur les places suivantes, & l'on donne, pour recevoir,

Sur Amsterd.	103 l. de gs. pl. ou m.	100 liv. de gros bc.
Ou, ...	103 flor. pl. ou m.	100 florins cour.
Cologne, . . .	100 rixd. A de C.	136 rixd. especes.
Espagne, . .	98 d. de gs. p. ou m.	1 ducat de 375 marav. de plat. à usance.
Francfort-sur-le-Mein, .	100 rixd. A de C.	130 rixd. conv. cour. pl. ou moins à us.
France, . . .	54 d. de gs. A de C. plus ou moins.	1 écu de 60 sols t. à 2 usances & à vue.
Hambourg, . .	35 s. A de C. p. ou m.	1 daler de 2 marcs bc. à vue & usance.
Lille, ...	100 liv. de gs. :	172 liv. de gs. plus ou m.

Donne		Pour recevoir.
Lisbonne,..	48 d. de gros A de C, plus ou m.	1 creufade de 400 rées. à ufance.
Londres,...	36 efcal. de gs. A de C. plus ou m.	1 l. fterl. à vue & à uf.
Milan,....	1 flor. A de C.	56 f. cour. pl. ou m. à uf.
Nuremberg,.	100 rixd. A de C.	127 rixd. cour pl. ou m. à vue.
Rotterdam,.	100 flor. A de C.	102 flor. cour. pl. ou m. à vue.
Venife,...	92 den. de gs. A de C. plus ou m.	1 ducat de bc.
Vienne,....	102 rixd. A de C. pl. ou moins.	100 rixd. efpec. ou $133\frac{1}{2}$ rixd. cour.

Les ufances font à Anvers les mêmes qu'à Amfterdam. Il y a 6 jours de grâce, le dimanche & les jours de fêtes y compris. Faute de payement, on fait protefter le fixieme jour. Il faut payer les lettres-de-change à vue dans les 24 heures.

MAISON DU SOUVERAIN.

JOSEPH II, archiduc d'Autriche, empereur des romains, fouverain des Pays-bas Autrichiens. *Voyez l'art. de l'Empire.*

GOUVERNEMENT.

LIEUTENANS-GOUVERNEURS-CAPITAINES-GÉNÉRAUX.

MARIE-CHRISTINE, princeffe royale de Hongrie & de Bohême, archiducheffe d'Autriche, ducheffe de Bourgogne, de Lorraine, de Saxe-Tefchen, de Brabant, de Styrie, de Carinthie, de Carniole, de Luxembourg, de Wirtemberg, de la haute & baffe Siléfie, & princeffe de Souabe; marquife du S. Empire, de Burgaw, de Moravie, de la haute & baffe Luface, & comteffe d'Habsbourg, de Flandre, de Tirol, de Gorice, &c.

Et ALBERT, prince royal de Pologne & de Lithuanie, duc de Saxe, de Juliers, de Cleves, de Berg, d'Angrie, de Weftphalie & de Tefchen; Landgrave de Thuringe, Marggrave de Mifnie & de la haute & baffe Luface; prince & comte de Henneberg, comte de la Marck, de Ravensberg, de Barby & de Hanau, feigneur de Ravenftein, grand-croix de l'ordre royal de S. Etienne, feld-maréchal des armées de l'empereur & de celles du S. Empire romain; colonel propriétaire d'un régiment de carabiniers, &c.

PAYS-BAS AUTRICHIENS.

Ministre plénipotentiaire de l'Empereur.

M. le comte de Belgiojoso, conseiller intime actuel, & propriétaire d'un régiment d'infanterie.

Grands Officiers de la Cour de Bruxelles. *Messieurs*

Le prince Henri Othon d'Ongnies de Grimberghe, conseiller d'état intime actuel, général-major, grand-veneur de la province & du duché de Brabant, *grand-écuyer*, *faisant les fonctions de grand-maître*.

Le prince Fr.-Jos. Rase de Gavre, chevalier de l'ordre de la toison d'or, conseiller d'état intime actuel, général-major, gouv. capitaine-général, souverain bailli & administr. général des ville & province de Namur, *grand-maréchal*, *faisant les fonctions de grand-chambellan*.

Le comte de Sart, chambellan de l'empereur, grand-bailli du Wallon-Brabant, *grand-maître des cuisines*.

Tribunal Aulique.

Le prince Fr.-Jos. Rase de Gavre, *président*.

CONSEIL D'ÉTAT DE L'EMPEREUR AUX PAYS-BAS

Ce conseil a été rétabli par ordonn. de l'empereur Charles VI, du 19 Septembre 1725. Le ministre plénipotentiaire de l'empereur & le commandant-général des armées y assistent chaque fois que les circonstances l'exigent.

Conseillers d'État d'Épée. *Messieurs.*

Le cardinal Migazzi, prince de l'Empire.
Le cardinal Franckenberg, archevêque de malines.
Le comte de Neny, *comme président du conseil privé*.
Le prince d'Ongnies de Grimberghe.
Le comte de Woestenraedt.
Le baron de Gottignies.
Le comte Ph. de Cobenzl.
Le marquis du Chasteler.

Conseillers d'État de Robe. *Messieurs*

Le baron de Cazier, trésorier-général.
Le comte de Nobili.
De Wawrans, président de la chambre des comptes.
L'abbé de S. Pierre-les-Gand.
Walkiers de Tronchiennes, grand bailli de Ruremonde.
Le baron de Charvet de Vaudrecourt.

PAYS-BAS AUTRICHIENS.

Messieurs

De Crumpipen, chanc. de Brabant.
De Müllendorff, président de la chambre des comptes.
De Witt, conseiller au conseil des finances.
De Fierlant, président du grand conseil de Malines.
De Staffart, président du conseil de Namur.
De Gerden, président du conseil de Luxembourg.
De Külberg, conseiller au conseil privé.
Le comte Phil. de Neny, président du conseil de Tournay.
De Wawrans, évêque d'Ipres.
De Crumpipen, secrétaire de la guerre.
Diericx, président du conseil de Flandre.

Ces deux ordres de conseillers sont revêtus du titre de conseillers d'état intimes actuels.

* Conseil privé.

Le comte de Neny, comm. de l'ordre royal de S. Etienne, conseiller d'état intime actuel, *président*.

Conseil des Domaines et Finances.

Le baron de Cazier, comm. de l'ordre royal de S. Etienne, conseiller d'état, *trésorier-général*.

HAUTS-TRIBUNAUX DES PAYS-BAS.

Conseil Souverain de Brabant, *fixé à Bruxelles*.

M. de Crumpipen, chevalier de l'ordre royal de S. Etienne, conseiller d'état, *chancelier*.

Cour Souveraine Féodale de Brabant, *fixée à Bruxelles*.

M. le marq. de Wemmel & d'Assche, chamb. act. *lieutenant*.
M. Van Assche, conseill. du cons. souv. de Brabant, *vice-lieut*.

Chambre des Comptes, *fixée à Bruxelles*.

M. de Müllendorff, conseiller d'état, *président*.

Jointe des Monnoies, *fixée à Bruxelles*.

Le baron de Cazier, *chef*.

GRAND-CONSEIL DE MALINES.

Ce grand-conseil est le premier tribunal des Pays-bas. Il est juge ordinaire des chevaliers de la toison d'or, des membres des conseils d'état, privé & des finances, & des autres personnes réputées commensales de la maison du souverain, qu'on nomme *comptées par les écroues.* Il connaît par appel des jugements rendus par les conseils de Flandre, de Namur, de Tournay, ainsi que par le magistrat des ville & province de Malines.

M. de Fierlant, conseiller d'état, *président.*

CONSEIL SOUVERAIN DE LUXEMBOURG.

Ce conseil a été érigé en tribunal souverain par lettres-patentes données à Vienne le 1 Août 1782.

M. de Gerden, conseiller d'état, *président.*

CONSEIL SOUVERAIN DE GUELDRE.

M. Luytgens, *chancelier.*

CONSEIL DE FLANDRE.

M. Diericx, chevalier du S. Empire, cons. d'état, *président*

CONSEIL SOUVERAIN DE HAINAULT.

.... *président.*

CONSEIL DE NAMUR.

M. de Stassart, conseiller d'état, *président.*

CONSEIL DE TOURNAY ET TOURNESIS.

Le C. Phil. de Neny, cons. d'état, *présid. & grand-bailli.*

COMMANDANT-GÉNÉRAL DES TROUPES AUX PAYS-BAS.

Le comte Jos. de Murray de Melgum, conseiller d'état intime actuel, chev. de l'ordre de Marie-Thérèse, lieut. gén. colonel, propriétaire d'un régiment d'infanterie.

GOUVERNEURS ET COMMANDANS DES PROVINCES ET VILLES. *Messieurs*

BRABANT.

Bruxelles. Le comte d'Argenteau, *gouverneur.*
Fort de Monterey. De Los Rios, *command.*
Anvers & Forts. Langlois, *gouverneur.*
Fort S. Philippe. D'Argenteau, *major.*
F. Austréel. Maréchal, *lieutenant.*
F. de la Pérle. Troyano, *capitaine.*
F. de la tête de Flandre. De Jean, *commandant.*
Lierre. De Walter, *major-commandant.*
Amiral de la riviere d'Anvers. Le baron de Proli.

FLANDRE.

Oudenarde.	Le chevalier de Thoricourt.
Bruges.	. . . .
Courtray	. . . .
Damme.	Deſſulmouſtier, *major*.
Gand.	Le baron le Fevre, *commandant*.
Nieuport.	Le baron de Meyſchner d'Alkoven, *gouverneur*.
Oſtende.	Le comte de Rindſmaul, *commandant*.
Termonde.	Le comte de Ferraris, *gouverneur*.

HAINAULT.

le duc d'Aremberg, *grand-bailli du pays & comté du Hainaut*.
Mons. Le prince de Ligne, *gouverneur*.
S. Guiſtain. Le major d'Haulleville, *commandant*.

NAMUR.

Le prince de Gavre, *général-major, gouverneur, capit. gén. & ſouverain bailli de la province*.
Charleroi. Le comte de Bournonville, *gouverneur*.

LUXEMBOURG.

M. de Vogelſancg, lieutenant-général, *commandant*.

LIMBOURG.

Le comte de Woeſtenraedt, *faiſant les fonctions de gouvern. de la province, pour le politique & le civil*.
M. Bouvier, *capitaine*.

GUELDRE.

Ruremonde. M. Miraumont de Tribolet, *commandant*.

MALINES.

M. de Nevarro, *gouverneur*.

ARCHEVÊQUE ET ÉVÊQUES DES PAYS-BAS.

Malines.	Le cardinal de Franckenberg & de Schellendorff, *primat des Pays-bas*.
Anvers.	Jacq. Th. Joſ. de Wellens.
Gand.	Ferd.-Marie, prince de Lobkowitz.
Bruges.	Fel.-Guill.-Ant. Brenaſt.
Ipres.	Fel.-Joſ. Hubert de Wawrans.
Ruremonde.	Phll.-Dam. marquis de Hoensbroeck.

SUFFRAGANS DE L'ARCHEVÊCHÉ DE CAMBRAY.

Tournay.   Guill. Florentin, prince de Salm-Salm.
Namur.   Alb.-Louis, comte de Lichtervelde.

ÉTABLISSEMENTS RELAT. AUX SCIENCES.

UNIVERSITÉ DE LOUVAIN, *établie en* 1426.

Le comte de Neny, *commissaire royal.*

M. Marcy, prévôt de l'Insigne collégiale de S. Pierre à Louvain, chanoine de l'église cathédrale de Leutmeritz & de la collégiale de Soignies, membre de l'académie imp. & royale des sciences & belles-lettres de Bruxelles & de la commission royale des études, *chancelier.*

Le baron de Renesse de Baar, abbé de la noble abbaye de sainte Gertrude à Louvain, *conservateur des priviléges.*

ACADÉMIE *impériale & royale des Sciences & Belles-Lettres, établie à Bruxelles par lettres-patentes du 16 Déc.* 1772.

L'Empereur, *protecteur.*
Le C. de Belgiojoso, ministre plénip. de l'Emp. *vice-protecteur.*
M. de Crumpipen, *président.*
Le marquis de Chasteler, *directeur.*
M. l'abbé chevalier, chan. de Leuze, *bibliothécaire de la bibliotheque royale de Bruxelles.*
M. Desroches, *secrétaire perpétuel.*

Voyez les noms des autres offic. des états hérédit. art. *Autriche.*

CHAPITRES NOBLES DES PAYS-BAS AUTRICH.

Nous ne connoissons dans ces provinces aucun chapitre noble d'hommes.

CHAPITRE NOBLE DE SAINT. WAUDRU, A MONS.

L'Empereur, en qualité de comte de Hainault, *patron & protecteur.*

DAMES-CHANOINESSES. *Mesdames*

De Merode de Monfort, dame de la croix étoilée.	De Harrach.
D'Argenteau, dame de la croix étoilée.	D'Argenteau de Rouxmiroir.
	De Renesse.
	De Renesse.
De Bournonville de Sart.	De Trautmansdorff.
De Croix.	De Svartzenberg.
De Croix d'Heuchin.	De Nassau-Corroy.

Mesdames

De Gavre d'Ayseau.	De Schonborn.
D'Andelot.	De Stolberg.
D'Andelot.	De Kaunitz.
D'Attehems.	De Wallenstein.
De Wurmbrand.	De Dam.
De Bost du Pontdoye.	De Salm Reiffercheid.
De Wurtbi.	De Kaunitz.

640. STE. GERTRUDE, à *Nivelle*.

Pour entrer dans ce chapitre, il faut être noble de 4 générations, tant du côté paternel que du côté maternel. Les dames qui le composent, sont, hors du chœur, habillées en séculieres. Elles sortent, & peuvent se marier, à l'exception de l'abbesse, qui fait vœu de virginité. Elles sont dames de la ville, & l'abbesse prend le titre de princesse de Nivelle. La nomination en appartient au souverain, qui choisit entre trois sujets, que lui présentent les chanoinesses, & qui sont tirées d'entre elles. A certaines fêtes de l'année, les chanoines du chapitre de Nivelle vont chanter l'office avec les chanoinesses. Les deux compagnies s'assemblent, sous la présidence de l'abbesse, & pourvoient ensemble aux bénéfices vacans par mort, ou par le mariage des chanoinesses.

DIGNITAIRES, CHANOINESSES ET CHAPITRE. *Mesdames*

Van Der Noot, dame de la croix étoilée, *abbesse*.
De Geloës, dame de la croix étoilée, *prévôte*.

De Borluut d'Hoogstraete.	De Franckenberg.
De Borluut.	De Franckenberg.
De Lannoy.	De Thürheim.
De Berlo d'Hosemont.	De Lalaing.
De martigny.	D'Overschies de Neetissche.
D'Yve de Sove.	De Czernin.
De Taye de Wemmel.	De Bylandt.
De Horrion.	De Martigny.
D'Arberg.	De la Püente.
D'Arberg Neuchatel.	De Würben.
De Leerodt.	De Rodoan de Boussoit.
De Blois.	De Woelmont.
Berghe de Trips.	De Mettecoven.
Van Grave.	Berghe de Trips.
Van Grave.	De Clary.
Berghe de Trips.	D'Olmen de Poederlé.
Van Der Gracht de Rommerswael.	D'Hamal.
	De la Tour & Taxis.
De Heerma.	De la Tour & Taxis.

R

STE. BEGGE, à Andenne.

DIGNITAIRES, CHANOINESSES ET CHAPITRE. *Mesdames*

De Hoensbroeck d'Oost, dame de la croix étoilée, *prévôte*.
De Haukepenne, dame de la croix étoilée, *doyenne*.

De Berlaimont.
De Ghistelles.
De Bentinck.
De Berlaimont de la Chapelle.
De Hoen.
De Bentinck de Lembrecht.
De Nassau-Corroy.
De Hoen Leebeeck, *chantre*.
De Bentinck d'Inhove.
De Woenstenraedt.
De Titibu.
De Colins de Ham.

De Franckenberg.
De Hinnisdael.
De Cobenzl.
De Loen d'Enschede.
D'Olmen de Poederlé.
De Clauwez-Briant.
De Spangen d'Uytternisse.
De Loen d'Enschede.
De Spangen d'Uytternisse.
De Woelmont.
De Waha.

ST. PIERRE, à Moustier-sur-Sambre.

DIGNITAIRES, CHANOINESSES ET CHAPITRE. *Mesdames*

De Gourcy Charey, *abbesse*.
Van Der Linden d'Hooghvorst.
De Baudequin de Peuthy.
De Liedekercke.
De Coppin de Grinchamps.
De Coppin.
De Heusch de la Zangrie.

De Lannoy.
Van Den Berghe de Limminghe.
Van Den Berghe de Limminghe.
D'Yves.
De Dam.
De Fusco de Matalony.

LOMBARDIE AUTRICH. catholique

ÉTENDUE. Ces états comprennent le Milanès propre, le Comasque, le Crémonès, le Lodesan, partie du Pavesan & le duché de Mantoue. Les cinq premieres provinces réunies, ont 36 lieues de long, 33 de large & 110 de tour. Le duché de Mantoue a 20 lieues de long, 12 de large & 45 de circonférence.

Milan est la capitale de ces états. Cette ville, qui a 2 lieues de circuit, est l'une des plus considérables & des plus florissantes de l'europe. Vers le milieu du siecle dernier, elle comptait 280 mille habitans. Sa population ne monte pas aujourd'hui à plus de 150 mille ames. Les guerres qu'elle a éprouvées sont en partie cause de cette dévastation. Les historiens assurent que dans la peste de 1524, il y périt 300 mille personnes.

Le théâtre de cette ville est remarquable par sa grandeur : il n'a pas moins de six rangs de loges. Les premieres sont autant d'appartements où se trouvent des chaises, des canapés, des tables à jouer, des glaces, des bougies; communément on y tient assemblée, on y reçoit des visites, & la compagnie peut s'isoler si elle le juge à propos, au moyen des stores & jalousies dont elles sont munies sur le devant.

Forces. La maison d'Autriche peut lever sur toutes ces provinces 25 a 30 mille hommes de troupes, dont un quart de cavalerie. Nous avons dit, dans la premiere édition de cet ouvrage, que toutes les sommes provenantes des impositions étaient employées à faire face aux charges de l'état, & qu'il n'en passait aucune partie chez l'étranger. C'est une erreur que des mémoires plus fideles nous ont fait appercevoir. Le Milanès, joint au duché de Mantoue, verse annuellement à Vienne, 7300 mille livres, monnoie de France.

MONNOIES DU MILANÈS,
comparées à celles de France.

Monn. de Milan.	Monn. de France.		
	liv.	sols.	den.
La pistole d'or.	18	18	10 $\frac{1}{4}$
L'écu de change	6	7	9
Le ducaton.	6	12	7
Le philippe.	5	15	7 $\frac{1}{2}$
La livre courante.	0	15	5
Le sol courant.	0	0	9 $\frac{1}{4}$
Le denier courant.	0	0	0 $\frac{1}{2}$
26 sols courans font	1	0	0

On tient à Milan les écritures en livres, sols & den. courans. L'écu de change ou l'écu impérial vaut 5 liv. 17 sols du pays, ou 5 liv. 17 sols impériaux, à 12 deniers impériaux chacun. L'écu courant vaut 5 liv. 15 sols du pays. La valeur des especes est impériale ou courante; c'est-à-dire valeur de change ou courante.

Le philippe donne la différence de ces valeurs. En change, il a toujours été compté sur le pied de 5 liv. 6 sols, & depuis le 14 Nov. 1750, on le compte en courant à 7 liv. 10 sols, ou 150 sols courans.

Depuis cette époque,

106 liv. impériales font égales	à	150 liv. cour.	0 fols.
53 écus impér. font égaux	à	438 liv.	15
212 dito.	à	1755	0
1219 dito.	à	1755 écus. cour.	0
4 écus courans.	à	23 liv. cour.	0
15 dito.	à	60 liv.	19
15 liv. courans.	à	10 liv.	12 imp.

Toutes les monnoies étrangeres font reçues dans le Milanès, fuivant l'ordonnance de du 14 Nov. 1750.

La proportion entre l'or & l'argent y eft comme 1 à $14\frac{11}{176}$.

Milan change fur les places fuivantes, & donne, *pour recevoir,*

Sur Amfterd.	58 f. cour. pl. ou m.	1 fl. bc. à 2 m. de dat.
Ausbourg, .	70 dito, pl. ou m.	1 fl. cour. à uf. de 15 j. de vue.
Ou, . . .	68 dito pl. ou m.	1 fl. en doppies à $7\frac{1}{2}$ fl.
Bifezone ou Novi, . .	180 f. impér. p. ou m.	1 écu d'or de marc en foire.
Bolzane, . .	64 dito, plus ou m.	1 fl. giron en foire.
Gênes, . . .	70 dito, plus ou m.	1 écu de change de 4 l. 12 f. h. de bc. à uf. de 8 jours de vue.
Ou, . . .	$86\frac{1}{2}$ l. cour. p. ou m.	80 liv. h. de bc.
Livourne, .	125 f. cour. pl. ou m.	1 piaftre de 8 réaux à uf. de 8 jours de vue.
Londres, . .	$30\frac{1}{2}$ liv. cour.	1 l. fterl. à uf. de 3 m. de date.
France, . .	55 impér. pl. ou m.	1 écu. de 60 f. t. à uf. de 30 jours de date & aux payements.
Naples, . .	110 f. cour. pl. ou m.	1 ducato di regno à uf.
Rome, . . .	138 dito, pl. ou m.	1 écu monnoie à uf.
Venife, . . .	84 dito, pl. ou m.	1 ducato piccol. à uf. de 20 jours de vue.
Vienne, . .	69 dito, pl. ou m.	1 fl. cour. à uf. de 15 j. de vue.

Les ufances des lettres-de-change de Londres, font de trois mois de date; d'Amfterdam, de deux mois de date; de Venife, de 20 jours de date; de Livourne, de Rome, d'Ausbourg & de Vienne, de 15 jours après l'acceptation.

Les lettres à vue doivent être payées à leur présentation. Celles à quelques jours de vue & à usance, doivent être acceptées & payées le jour d'après l'échéance; en cas que ce jour rencontre une fête, il faut que le payement se fasse le premier jour ouvrier suivant.

A Milan, les jours de grâce n'ont pas lieu; cependant le présentant d'une lettre pour l'acceptation, peut accorder quelques jours de délais à l'acceptant, en cas qu'il le desire, moyennant qu'il la fasse voir au notaire de la chambre du commerce, qui note le jour qu'il l'a vue; si on accepte la lettre, il faut que l'acceptation se fasse sous la même date qu'on l'a présentée la premiere fois; & si on ne l'accepte pas, le protêt se fait sous la date que le notaire a mise dessus. Faute de payement, on peut agir de la même maniere.

MAISON DU SOUVERAIN.

Joseph II, archiduc d'Autriche, empereur des romains, souverain de la Lombardie Autrichienne & du duché de Mantoue. *Voyez l'article de l'Empire.*

GOUVERNEMENT GÉNÉRAL.

Ferdinand, archiduc d'Autriche, prince royal de Hongrie & de Bohême, *lieutenant-gouverneur & capitaine-général de la Lombardie autrichienne.*

MINISTRE PLÉNIPOTENT. AUPRÈS DU GOUNERNEMENT.

Le comte de Wilzeck, chambellan & conseiller d'état intime, *comm. plénip. impér. en Italie.*

SECRÉTAIRE D'ÉTAT.

M. Nicolas Pecci, chevalier de l'ordre de St. Etienne de Toscane, conseiller d'état intime.

ANCIEN CONSULTEUR DU GOUVERNEMENT.

SÉNAT. *Messieurs*

Le marquis de Corrado Olivera, conseiller d'état int. *président.*
Paul de la Silva, conseiller d'état.

CHAMBRE DES DOMAINES ET DES FINANCES.

Le comte Pierre Verri, conseiller d'état intime, *président.*

CHAMBRE DES COMPTES.

. . . ., *président.*

CONSEIL SUPREME DE JUSTICE DU DUCHÉ DE MANTOUE.

Le baron de de Watters, conseiller d'état intime, *président.*

CHAMBRE DES DOM. ET FIN. DU DUCHÉ DE MANTOUE.

. . . ., *président.*

M. Joannon de St. Laurent, *vice-président.*

Voyez les noms des autres officiers des états héréditaires, article *Autriche.*

ARCHEVÊQUE DE MILAN.

1783 Philippe Visconti, ci-devant prévôt de la cathédrale.

TOSCANE, catholique.

ÉTENDUE. Le grand duché de Toscane, qui, depuis 1737, appartient à l'Autriche, a 53 lieues de long, 35 de large & 130 de circonférence. Elle est bornée au nord par les états du duc de Parme, par ceux du duc de Modene, & par l'état ecclésiastique; au sud, par la mer méditerranée; à l'est, encore par l'état ecclésiastique, & à l'ouest, par la méditerranée & la republique de Gênes.

Population. Le tableau suivant, que nous tenons de M. Sharp, & qui paraît assez fidele, donne la population de la Toscane.

Hommes mariés.	142699
Femmes mariées.	143590
——— veufs.	180348
——— veuves.	190874
Garçons.	128199
Filles.	119186
Gens d'église.	3529
Prêtres.	8355
Moines.	5548
Hermites.	144
Religieuses.	9349
Protestans de l'un & l'autre sexe.	285
Juifs des deux sexes.	8977
Total.	941883

On voit, par ce tableau, que le nombre des ecclésiastiques est tel dans ce duché, qu'il est fort éloigné d'être en proportion avec celui des autres citoyens. C'est ce qui a déterminé, sur la fin de l'année 1782, le grand-duc à défendre à tous les évêques de ses provinces de n'admettre désormais personne aux ordres sacrés, sans une permission spéciale du gouvernement.

Forces. La Toscane rend 15 millions à son souverain. Ce prince peut mettre 30 mille hommes sur pied ; mais il n'en entretient ordinairement que 6 mille.

Juifs. Le grand-duc n'a pas, comme dans d'autres pays, ôté aux juifs de ses états, la qualité de citoyens ; ils en ont tous les droits dont ils jouissent tranquillement. Ils ont tous les priviléges de la bourgeoisie, & partagent avec les autres marchands les charges publiques du commerce ; aussi on ne les voit pas manquer d'exactitude & de bonne-foi, comme dans les pays où ils sont assujettis à des marques flétrissantes qui les distinguent des chrétiens. Par cette conduite sage & d'une bonne politique, le grand-duc rend les Juifs de ses états des citoyens qui contribuent à leur population & à leur richesse.

Commerce. Quoique le commerce ne soit pas si florissant à Florence qu'autrefois, il n'y est cependant pas sans activité. La manufacture de tapisserie, qui a été établie à Florence, est l'une des plus parfaites qui soient en europe. Toutes les soies qui sortent de ce pays, ont une qualité supérieure qui les fait rechercher de toutes les Nations. Le gouvernement donne aussi une attention singuliere à la porcelaine & à la bijouterie qui se perfectionnent tous les jours, ainsi que les pierres gravées, qui seules occupent un grand nombre de mains.

Un usage assez singulier, c'est celui où sont les acteurs, les danseurs & les chanteurs des spectacles de Florence, de faire le commerce : ils ont des boutiques de toutes espèces, qu'ils tiennent comme s'ils n'étaient pas attachés au spectacle.

MONNOIES DE FLORENCE,
comparées à celles de France.

Monn. de Florence.	Argent du pays.			Monn. de France.		
	liv.	sols.	den.	liv.	sols.	den.
Le sequin d'or.	13	6	8	11	2	$7\frac{7}{23}$
L'écu d'or.	0	0	0	6	0	0
Le ducat.	0	0	0	5	16	$10\frac{10}{23}$
la piastre.	0	0	0	4	16	0
La livre.	0	0	0	0	16	$8\frac{8}{23}$
Le sol.	0	0	0	0	0	$10\frac{1}{113}$

On tient les écritures à Florence en ducat qui se divise par 20 sols & le sol par 20 deniers.

On change sur les places suivantes, & l'on donne, pour recevoir,

Sur Amster.	1 piaf. de 5 ¼ l.	88 den. de gros bc. pl. ou m. à uf. de 2 mois.
Ausbourg,	100 dito.	178 flor. cour. pl. ou m. à uf. de 15 jours de l'acceptation.
Bologne,	1 duc. de 7 l.	106 bolognini, pl. ou m. à 3 jours de vue.
Ou,	1 piaft. de 5 ¼	87 dito, plus ou moins.
Cadix & Madrid.	100 dito.	125 piaftres de pl. pl. ou m. à uf. de 60 jours de date.
Gênes,	1 piaftre.	116 f. h. de bc. pl. ou m. à 8 jours de vue.
Hambourg,	1 dito.	83 den. de gs. bc. pl ou m. à uf. de 2 mois de date.
Lisbonne,	1 dito.	760 rées. pl. ou m. à uf. de 3 mois de date.
Livourne,	115 f. pl. ou m.	1 piaftre de 8 réaux.
Londres,	1 piaftre.	50 den. fterl. pl. ou m. à uf. de 3 mois de date.
France,	1 dito.	96 f. t. à uf. de 30 jours de date & aux payements.
Meffine & Palerme,	1 dito.	11 ½ tarins pl. ou m. à 1 mois de date.
Naples,	110 dito.	114 ducadi del regno, pl. ou m. à 8 jours de vue.
Milan,	1 piaftre.	126 f. cour. pl. ou m. à 8 j. de vue.
Rome,	100 francifc. de 10 paules.	105 écus romains plus ou m. à quelques jours de vue.
Ou,	50 fequins.	105 dito.
Ou,	1 piaftre.	122 d ¼ pieces de bajocs, pl. ou m.
Venife,	79 éc. d'or pl. ou m. avec 3 p.c. agio payab. en teftones.	100 duc. de bc. à quelques jours de vue.
Ou,	100 piaftres.	98 dito, plus ou moins.
Vienne,	63 f. pl. ou m.	1 flor. par caiffe à uf. de 15 jours de vue.

TOSCANE.

Les lettres-de-change tirées de Venise & de Rome s'acceptent le premier samedi après leur arrivée, & se payent le deuxieme samedi après l'acceptation ; ainsi l'usance en est de 15 jours.

Celles de Bologne s'acceptent le premier samedi après leur arrivée, & se payent le premier samedi après l'acceptation ; ainsi l'usance en est de 8 jours. Les usances des lettres-de-change de Hollande, d'Allemagne, de Cadix & de Madrid, sont de deux mois de date ; de France, de 30 jours de date ; de Naples, de Bergame, &c. de 20 jours de date ; de Suisse, à 8 jours de vue ; de Lisbonne & de Londres, à trois mois de date.

A Florence, il n'y a point de jours de faveur accordés.

MAISON DU SOUVERAIN.

LÉOPOLD, archiduc d'Autriche, né 5 Mai 1747, grand-duc de Toscane, 23 Août 1764, marié 16 Fév. de la même année, à

Grande-duchesse. Marie-Louise, infante d'Espagne, née 24 Novembre 1745.

Fils. Franç.-Jos., prince héréditaire, né 12 Fév. 1768.

Jos.-Ferdinand, né 6 Mai 1769.

Charles, né 5 Septembre 1771.

Alexandre-Léopold, né 14 Août 1772.

Jos.-Ant.-J.-Bapt., né 9 Mars 1776.

Antoine, né 12 Août 1779.

Jean-Baptiste, né 20 Janvier 1782.

Regnier-Joseph-Jean-Michel-Franç. né 29 Septembre 1783.

Filles. Marie-Thérese, née 14 Janvier 1767.

Marie-Anne, née 21 Avril 1770.

Marie-Clémentine-Josephe-Jeanne, née 24 Avril 1777.

Marie-Amélie, née 15 Octobre 1780.

GRAND-MAITRE DE LA MAISON DU GRAND-DUC.

M. le comte de Thurn.

PARME ET PLAISANCE, catholique.

Étendue. Ces états composent le duché de Parme, & ceux de Plaisance & de Guastalla. Le duché de Parme a 18 lieues de long & 10 de large. Celui de Plaisance a 15 lieues de long sur 12 de large : & ces deux duchés ont ensemble environ 55 lieues de circonférence. Le duché de Guastalla a 4 lieues de long, 2 ou 3 de large & 9 de tour.

Population. Ce pays est fort peuplé & comprend environ 400000 ames. Parme, à laquelle on donne 4 mille de circuit, en contient 40000 ; mais Plaisance ne compte pas au-delà de 18000 habitans.

Forces. Les revenus du duc de Parme sont de 4 millions monnoies de France. Ce prince peut mettre 4 ou 5000 hommes sur pied ; mais il n'en entretient ordinairement que 2000.

Institution. Le collége des nobles, fondé à Parme par l'un des Farnèses en 1599, est un établissement digne d'être observé. Il est pour 250 gentils-hommes que l'on y forme dans toutes les connaissances & dans tous les exercices qui peuvent contribuer à l'éducation de la noblesse. Le grand théâtre, dû aussi aux Farnèses, est sans doute le plus beau qui soit au monde. Il ne contient pas moins de 14000 spectateurs, distribués dans le parterre & sur un amphithéâtre de 12 gradins qui s'élevent à l'entour en forme demi-ovale, & au-devant desquels regne une balustrade dont les massifs servent de piédestaux à des génies qui portent des torches pour éclairer la salle. Au-dessus du dernier rang s'élevent de grands portiques, & d'espace en espace, sont des piédestaux, avec des statues de stuck de 6 à 7 pieds de haut, d'après l'antique. Le plafond est peint par les plus grands maîtres. Malgré sa vaste étendue, le moindre son s'y fait entendre par-tout. Aux deux extrêmités latérales, sont deux arcs de triomphe surmontés d'une statue équestre par lesquels on entre dans la salle. Ce théâtre n'est actuellement d'aucun usage, tant parce qu'il est dégradé, que parce que l'illumination en serait extrêmement dispendieuse, & qu'à moins d'un très-grand concours de monde le spectacle paraîtrait désert. Ce n'est pas sur ce grand théâtre que se donne habituellement les spectacles, qui, ainsi qu'à Turin, n'y commencent qu'à 8 heures du soir.

MAISON DUCALE.

Don Ferdinand, infant d'Espagne, né 20 Janvier 1751, duc de Parme, de Plaisance & de Guastalla, 18 Juillet 1765, marié 17 Juin 1769, à

Princesse. Marie-Amélie-Jeanne-Antoinette de Lorraine, archiduchesse d'Autriche, née 26 Février 1746.

Fils. Louis, prince de Parme, né 5 Juillet 1773.

Ph.-M.-L.-Ant.-Jos.-Fr.-Jean-B.-V.-Th.-Dam.-Amb. prince de Parme, né 22 Mars 1783.

Filles. Carol.-M.-Th. de Parme, née 22 Nov. 1770.

Marie-Ant.-Jos.-An.-L.-V.-Marg.-Cath. princesse de Parme, née 18 Nov. 1774.

Ch.-M.-Ferd.-Th.-An.-Jos.-Jea.-L.-V.-Ros. princesse de Parme, née 1 Sept. 1777.

MINISTRE.

M. le marquis de Manara.

MINISTRE RÉSIDENT
PRÈS LA COUR DE FRANCE.

M. le comte d'Argental.

MODENE, catholique.

ÉTENDUE. Le duché de Modene a environ 20 lieues de long sur 10 de large. Cette souveraineté comprend les trois duchés, de Modene, de Reggio & de la Mirandole, dont chacun a pour capitale une ville du même nom. Celle de tout l'état est Modene, ville grande & considérable, où le duc a l'un des plus superbes palais d'Italie. Les appartements sont décorés avec magnificence & sont riches en tableaux précieux. La galerie est pleine de choses curieuses dans tous les genres.

Modene est situé dans une plaine agréable & d'une merveilleuse fertilité. Tout son territoire, ainsi que celui de Reggio, est un vaste quinconce, formé de grands ormes chargés d'un ou plusieurs gros ceps de vignes, qui, courant d'un arbre à l'autre, les réuniſſent par une foule de guirlandes non interrompues, & le terrein qu'ils ombragent ſe laboure & s'enſemence. Cette ville eſt ſur un canal qui communique aux deux rivieres de Panaro & de Sechia, entre leſquelles elle eſt aſſiſe. Elle eſt bâtie de briques, avec des portiques dans la plûpart des rues. On y compte environ 25000 ames.

Forces. Le duc de Modene a 2000 hommes de troupes réglées, qu'il peut doubler au beſoin, & 3 millions de revenus. Ce prince réſide à Milan, auprès de l'archiduc Ferdinand ſon gendre & l'héritier préſomptif de ſes états.

MAISON DUCALE.

HERCULE Renaud d'Eſt, né 22 Nov. 1727, duc de Modene 23 Fév. 1780, marié 19 Sept. 1741, à

Princeſſe. Marie-Th. Cibo, duch. de Maſſa, née 29 Juin 1725.

Fille. M.-Beat. née 7 Avril 1750, mariée à Ferd. archiduc d'Autriche 19 Oct. 1771. (*Voyez Milanès.*)

Sœurs. Mathilde d'Eſt, née 7 Fév. 1729.

Fort.-M. née 24 Nov. 1731, mariée à L.-Fr.-Joſ. de Bourbon, prince de Conti, 27 Fév. 1759.

MINISTRES RÉSIDENTS
PRÈS LES COURS ÉTRANGERES. Meſſieurs

Madrid.	De Mortier, *ſecrétaire de légation.*
Turin.	Le chevalier Torry, *miniſtre.*
Vienne.	{ Le marquis de Froſini, *envoyé extraordinaire.* { Jean Baphains, *chargé d'affaires.*
Trieſte.	Jean Rozetti de Scander, *chargé d'affaires.*

COMTAT D'AVIGNON, catholique.

LE comtat d'Avignon fut cédé aux papes en 1273, par Philippe-le-Hardi, roi de France. 75 ans après, ils acquirent de Jeanne, reine de Naples & comteſſe de Provence, la ville même d'Avignon pour la ſomme de 80 mille florins d'or. Ils tranſporterent même en cette ville le ſiége pontifical qui y ſubſiſta depuis l'an 1308 juſqu'en 1377. Au mois de Juin 1768, la France s'était remiſe en poſſeſſion de ce petit état, qui a été rendu au S. Siége en 1774.

COMTAT D'AVIGNON. 269

Ce pays, par son abondance & sa fertilité, est la plus saine partie de la Provence. La capitale en est Avignon, qui comprend environ 18000 ames. Cette ville est grande & fort marchande, mais mal bâtie & surchargée de maisons religieuses. Après Avignon, Carpentras, peuplé de 12000 ames, est la principale ville du comtat.

Anecdote. » L'an 1347 le 8 Août, notre bonne reine Jeanne
» a permis l'établissement d'un B. * à Avignon. Elle défend à
» toutes les femmes débauchées de demeurer dans la ville, &
» veut qu'elles soient toutes renfermées dans un même lieu;
» & que pour être connues, elles portent une aiguillette rouge
» sur l'épaule gauche.

» Si quelqu'une fille, après s'être une fois abandonnée, veut
» se donner au public, le capitaine des sergents la prendra
» par un bras, & la conduira dans la ville au son du tambour,
» l'aiguillette rouge sur l'épaule, & il la menera audit B. * où
» elle sera logée avec les autres de son espece. Notre bonne
» reine ordonne que ledit lieu public soit placé dans la rue du
» Pont-Traucat, proche du couvent des Augustins, jusqu'à la
» Porte-Peiré, & qu'il y ait de ce côté-là une porte qu'on
» ouvre à tout le monde, mais qui se ferme à la clef, de
» peur que quelque jeune homme ne voie les filles de ce lieu
» sans la permission de la supérieure, qui sera élue tous les
» ans par les consuls de la ville. Elle gardera la clef de la porte,
» & elle avertira les jeunes gens de ne faire aucun tumulte,
» & de ne point intimider les filles, sous peine d'être sur le
» champ conduits en prison sur la moindre plainte à ce sujet.

» La reine veut que tous les samedis la supérieure, accom-
» pagnée d'un chirurgien commis par les consuls, visite toutes les
» filles qui lui sont confiées; & si quelqu'une a contracté quelque
» maladie par l'exercice de son métier, elle la séparera des
» autres, de peur que les jeunes gens n'aient commerce avec
» elle & ne gagnent le mal(*).

» Si quelqu'une de ces filles devient grosse, la supérieure
» aura un grand soin de la conservation de son fruit, & aver-
» tira les consuls de pourvoir à la nourriture de l'enfant.

» Ladite supérieure ne permettra à qui que ce soit d'entrer
» dans ledit lieu le vendredi & le samedi de la semaine-sainte,
» ou le saint jour de Pâques, sous peine d'être déposée &
» fouettée.

» La reine ordonne que les filles dudit lieu n'aient entre

(*) Preuve que le mal vénérien infectait l'Europe avant la découverte de Amérique.

» elles aucune dispute ni aucune jalousie ; qu'elles ne se déro-
» bent rien, qu'elles ne se battent point ; mais qu'elles vivent
» ensemble comme des sœurs. Si elles ont quelque démêlé, la
» supérieure jugera du différend, & elles se conformeront à ce
» qu'elle aura décidé.

» S'il arrive que quelqu'une ait commis un larcin, la su-
» périeure fera restituer de bonne foi ce qui aura été volé : si la
» coupable refuse de faire la restitution, elle sera, pour la première
» fois, fouettée dans une chambre par un sergent ; & en cas de
» récidive, dans tous les carrefours de la ville par le bourreau.

» Défense à la supérieure de souffrir qu'aucun juif entre dans
» ledit lieu : s'il arrive que quelque juif s'y introduise furti-
» vement, & ait commerce avec quelqu'une des filles, il sera
» emprisonné & fouetté publiquement.

MINISTRES DU SAINT SIÉGE A AVIGNON.

Messieurs

Vice-légat. Le Prélat Filomarino.
Auditeur-général. L'abbé Lauzoni.
Fiscal, procureur & avocat-général. Passeri.
Dataire. L'abbé Giorgi.

TRIBUNAL DE CARPENTRAS. *Messieurs*

Recteur. Le comte de Zolio.
Président. De Pélissier.

ARCHEVÉCHÉS ET ÉVÊCHÉS

du ressort de la légation d'Avignon, où l'on peut envoyer pour les bénéfices, même le siège vacant.

Avignon.	Orange.	Fréjus.	Grasse.
Carpentras.	St.-Paul 3 chat.	Gap.	Glandeve.
Cavaillon.	Toulon.	Sisteron.	Senez.
Vaison.	Aix.	Embrun.	Vence.
Arles.	Apt.	Digne.	Lyon, à part
Marseille.	Riez.	Nice.	*delphinatûs.*

PRICIPAUTÉ DE MONACO, cathol.

LA principauté de Monaco est située sur les côtes de la riviere de Gênes, entre Nice & Vintimille. Ce pays, qui peut avoir 3 lieues de long sur 2 de large, forme une région délicieuse & abondante en huile & en citron.

Ce petit état produit 400000.livres de revenus. La maison de Grimaldi, issue de Grimoald, maire du palais sous Chilsebert II, a possédé cette principauté, depuis l'Empire d'Othon I jusqu'à ces derniers tems, où la fille aînée & héritiere du dernier seigneur de cette maison, entra dans la maison de Matignon, & y porta cette souveraineté, sous la condition que le nom & les armes de Monaco se perpétueraient dans ses descendans. Le 14 Sept. 1641, Louis XIII, prenant en sa protection Honoré Grimaldi, prince de Monaco, s'engagea à entretenir une garnison Française dans la place de Monaco, dont le prince & ses successeurs seraient gouverneurs perpétuels. Par ce même traité, le roi de France s'obligea à les maintenir dans leur liberté & souveraineté de Monaco, Menton & Roquebrune.

En 1771, il fut fait entre la France & le souverain de Monaco, une convention pour l'exemption réciproque du droit d'aubaine.

MAISON DU SOUVERAIN.

HONORÉ III, prince de Monaco, né 10 Sept. 1720, devenu prince de Monaco, par succession maternelle, 29 Déc. 1731, marié à Gênes par procureur, 15 Juin 1757, & à Monaco, 5 Juillet suivant, à

Princesse. Marie-Cath. de Brignolé, fille de Jos.-M. noble Génois, marquis de Brignolé, née..................'

Fils. Hon.-An. Maurice, duc de Valentinois, prince héréditaire de Monaco, né 17 Mai 1758, duc & pair de France sur la démission du prince son pere, marié 16 Juillet 1777, à

Louise-Félicité-Victoire d'Aumont, fils du duc d'Aumont, & de Louise-Anne de Durfort-Duras, duch. de Mazarin, née... *dont*

Petit-fils. Honoré de Grimaldi de Monaco, né en 1778.

Fils. Joseph Grimaldi de Monaco, appelé le *prince Joseph*, né en 1763, marié en 1782, à

.... de Choiseul, fille du maréchal de Choiseul-Stainville, née........ ....

PRINCIP. DE BOUILLON, catholique.

LE duché de Bouillon eſt enclavé dans le pays de Luxembourg; & la ville à laquelle il a donné ſon nom, peuplée d'environ 4000 ames, eſt à 4 lieues de Sédan & à 8 de Charleville. C'eſt de-là que Godefroi, ſi célèbre dans l'hiſtoire de nos croiſades, prit le titre de Bouillon, patrimoine qu'il tenait du chef de ſa mere. Par contrat de mariage du 15 Oct. 1591, avec l'héritiere des ducs de la maiſon de la Marck, ce duché paſſa à l'illuſtre maiſon de la Tour-d'Auvergne, qui l'a toujours poſſédé depuis cette époque. Deux tranſactions, des 24 Oct. 1594 & 25 Août 1601, lui en ont aſſuré la propriété. Cependant, le roi de France occupe le château, les portes & les remparts de la ville.

MAISON DU SOUVERAIN.

GODEFROI Charles-Henri de la Tour-d'Auvergne, duc ſouverain de Bouillon, prince d'Empire, duc d'Albret & de Château-Thierry, pair de France, comte d'Auvergne, d'Evreux, du bas Armagnac, baron de la Tour en Auvergne, Oliergnes & Montgicon, né 26 Janvier 1728, maréchal des camps & armées de France 10 Mai 1748, grand-chambellan de la même couronne en 1771, marié 28 Décembre 1743, à

Princeſſe. Louiſe-Henriette-Gabrielle de Lorraine, née 30 Octobre 1718, ſœur du feu prince de Marſan.

Fils. Jacques-Léopold-Charles-Godefroy, prince de Bouillon, colonel d'un régiment de ſon nom, né 15 Janvier 1746, marié 17 Juillet 1766, à

Marie Hedwige éléonor de Heſſe-Rhinfels-Rothenbourg, fille du Landgrave Conſtantin & de Marie-Sophie, comteſſe de Stahrenberg, née 15 Juin 1747.

BRANCHE DU COMTE DE LA TOUR D'AUVERGNE.

NICOLAS-François-Julie, comte de la Tour-d'Auvergne & d'Apchier, marquis de la Margeride, comte de Montzuc, ſeigneur de Veymars, Créqui, Sains, Freſſin, Vambrecourt &c. né 10 Août 1720, admis dans l'ordre de Malte, ſans autre preuve que ſa filiation, par délibération du chapitre du 6 Mars 1756, nommé duc par brevet du roi de France du mois de Juillet

PRINCIPAUTÉ DE BOUILLON.

Juillet 1772, lieut. gén. du duché d'Anjou & pays Saumurois, 27 Fév. 1778, lieut gén. des armées de France, 1 Mars 1780, marié 23 Nov. 1769, à

Elizabeth-Louise-Adélaïde de Scepeaux de Beaupreau, née en 1741, *dont*

Fils. N. De la Tour-d'Auvergne, né 20 Nov. 1770, duc par brevet du roi de France, 1 Août 1772.

Françoise-Honorine-Adélaïde, née 14 Avril 1776.

Nota. M. le comte de la Tour-d'Auvergne, dont la bravoure s'est fait connaître avec tant d'éclat dans les dernieres guerres, s'est principalement distingué à la bataille de Lawfeld, où il reçut une blessure considérable, à la tête du régiment de la Tour-d'Auvergne, & à l'affaire de S Cast, au gain de laquelle il contribua beaucoup, & où il fut dangereusement blessé.

GOUVERNEUR DE BOUILLON.

M. Prince Louis de S. Germain.

OFFICIERS DU SOUVERAIN. *Messieurs*

Goblet, *surintendant-général des maisons & finances.*
Escallard de la Bellangerie, *trésorier-général.*
Doudeau des Avoines. } *Agents.*
Le Bas. . . . . }

COUR SOUVERAINE DE BOUILLON. *Messieurs*

Dotival, *président.*
Linotte, *procureur-général.*

CONSEIL SOUVERAIN DU PRINCE. *Messieurs*

Marchand, *doyen.* | Pauly.
Gerbier de la Massilaye. | Duvert d'Emalleville.
Ferey. | Despaulx.
Boucher d'Argis. | Chabrit.
Target. | Lorin, *greffier.*

Ce conseil, fixé à Paris auprès du prince, connaît de l'admission des requêtes en révision & cassation d'arrêts de la cour souveraine de Bouillon. Si les requêtes sont admises, le conseil procéde aux révisions & cassations.

DUCHÉ DE COURLANDE, luther.

Le duché de Courlande a 65 lieues de long & 35 dans sa plus grande largeur. Cet état, qui releve de la Pologne, est compris dans la Lithuanie. La Sémigale en fait partie. L'origine de cette souveraineté vient des chevaliers Allemands, appelés Porte-Glaives, qui l'avaient conquis avec la Livonie. Gottar-Ketler, leur dernier grand-maître, céda celle-ci aux Polonais & retint la Courlande en propriété, comme fief néanmoins de la Pologne.

Le terroir, quoiqu'en partie marécageux, ne laisse pas d'y être fertile en bled, en lin, en chanvre & en paturage. Il y a aussi beaucoup de bois.

La religion dominante de ce duché, est la luthérienne, quoique le prince soit catholique. On y parle la langue Polonaise, à quelques différences près. Mittaw en est la capitale.

MAISON DU SOUVERAIN.

Pierre, duc de Courlande & de Sémigale, né 15 Fév. 1724, marié en troisiemes nôces, 6 Novembre 1779, à

Princesse. Anne-Charlotte-Dorothée, comtesse de Meden, née 3 Février 1761.

Filles. Catherine-Fréd.-Guill.-Bénigne, née 9 Fév. 1781.

Marie-Louise-Pauline, née 19 Fév. 1782.

Frere. Charles, né 11 Octob. 1728, marié 18 Fév. 1778, Apollonie, princesse Poninska, *dont*

Neveux. Bénigne, né 30 Février 1778.

Gustave, né 29 Janvier 1780.

Pierre-Alexis, né 21 Février 1781.

Niece. Apollonie, née 26 Juillet 1782.

Sœur. Hedwige-Elizabeth, née 4 Juillet 1727, mariée 11 Nov. 1759, à Alexandre Iwanowitsch, baron de Tscherkassov.

Mere. Bénigne-Godéfride de Treyden, née 15 Octobre 1703, veuve 28 Décembre 1772, d'Ernest Jean, comte de Biron, duc de Courlande.

ARTICLE III.

TABLEAU DES RÉPUBLIQUES DE L'EUROPE.

452. *VENISE, catholique.*

Étendue. Venise est la plus ancienne république de l'europe. C'est aussi l'une des plus florissantes. Les états qui la composent contiennent, en terre ferme, 70 lieues de long, 33 de large & 180 de circonférence. On ne comprend pas dans cette étendue les côtes d'Istrie, de Dalmatie & d'Albanie qui obéissent en grande partie à la république. Ces côtes occupent plus de 100 lieues de pays en longueur; mais dans l'intérieur des terres, la domination vénitienne ne s'étend pas au-delà de dix lieues. Les îles qui obéissent a cette république sont presque toute situées dans la mer de la Grece; telles sont Zante, Céphalonie, Cerigo, &c.

Population. L'état de Venise comprend environ 2 millions d'habitans. Venise, capitale de cette république, contient une population de 200 mille ames. Cette ville, de près d'une lieue de diametre, est l'une des plus belles, des plus riches & des plus puissantes du monde. C'est l'une des plus célebres, & vraisemblablement la plus singuliere & la plus étonnante de l'univers. Elle est bâtie en mer, à deux lieues environ des terres. Les eaux forment ses carrefours & ses rues; & coupées de canaux qui la traversent en tout sens, on la parcourt en Gondoles.

Cette superbe ville, qui n'est revêtue d'aucuns murs ni fortifications, est assise sur 150 îles affermies par des pilotis, & qui communiquent par un grand nombre de ponts. Elle est presque toute bâtie de marbre blanc, & les canaux y sont bordés de palais & d'églises magnifiques. Jamais elle n'a été prise, pas même assiégée.

Constitution. Le gouvernement de cet état, purement aristocratique, réside entre les mains des nobles. Quatre principaux conseils sont chargés de l'administration de l'état. *Le grand-conseil*, composé de tous les nobles Vénitiens qui ont atteint l'âge de 22 ou 23 ans, & qui sont au nombre d'environ 900, est dépositaire du pouvoir souverain, fait les loix, élit les principaux officiers de la république. *Le conseil des Prégadi* est composé d'environ 120 sénateurs, du conseil des dix, du doge & de la seigneurie, des avogadori, de la guarantie criminelle, & de plusieurs autres magistrats, dont quelques-uns n'ont pas droit de suffrages. Il décide de la paix, de la guerre, des treves &

des alliances. *Le conseil des vingt-six* reçoit les mémoires des ambassadeurs & des cours étrangeres, les requêtes des sujets, & prépare les affaires qui doivent aller au sénat. *Le conseil des dix* veille à la sûreté de l'état, réprime avec soin tous les abus qui iraient contre le gouvernement, sans en communiquer avec personne, quelles que puissent être les parties intéressées. On le renouvelle tous les ans; & tous les mois, il choisit entre ses membres & tour-à-tour, les deux inquisiteurs d'état qui sont dépositaires de toute son autorité. Le troisieme inquisiteur est choisi parmi les conseillers. La charge des deux premiers dure une année entiere, & celle du troisieme six ou trois mois, selon que les conseillers sont changés. Ces trois inquisiteurs exercent un pouvoir absolu sur la vie de tous les sujets de la république, sur le doge même, sans être tenus de rendre compte à personne de leur conduite, ni d'en communiquer avec aucun conseil, si tous trois sont d'un même avis. Les matieres qui intéressent la religion, sont du ressort du conseil des dix, en fait de police; mais le sénat seul a le droit de statuer sur tout ce qui peut concerner la politique. Il y a de plus un magistrat, qu'on appelle *contre les héréfies*, qui est composé de trois sénateurs, & où le grand inquisiteur, qui est toujours un moine dominicain, n'a aucune influence. Il n'y remplit pas même l'office de rapporteur. Les nobles ecclésiastiques sont exclus de tous les conseils, & de toutes les charges de l'état.

Le doge est le chef de la république. Vain simulacre, image brillante, si l'on veut, de la souveraineté, loin d'en exercer le pouvoir, il vit dans une continuelle dépendance. Par une cérémonie bizarre, ce n'est pas à son couronnement, mais à sa mort, qu'on lui ceint l'épée. S'il préside au conseil, souvent il influe beaucoup moins qu'aucun autre membre dans les délibérations, & il ne fait que prêter son nom aux ordonnnances. S'il donne audience aux ambassadeurs des cours étrangeres, il doit toujours se renfermer dans des réponses vagues. S'il reçoit les dépêches des ambassadeurs de la république, il ne lui est permis de les ouvrir qu'en présence des conseillers, qui, pour les lire, n'ont besoin de sa présence ni de son consentement. Ce prince ne peut mettre le pied hors de la ville sans le consentement du sénat. Le moment de son couronnement est l'époque de l'anéantissement presque total de sa famille. Dès qu'il est doge, ses enfans & ses freres sont exclus des principales charges de l'état. Ses enfans & ses freres, & s'il n'a pas d'enfans, un de ses neveux, sont admis dans le conseil des prégadi, sans droit de suffrages. Ils ne siégent pas à côté de lui, mais parmi les chevaliers de l'étoile d'or; & ils portent une robe particuliere, qui les distinguent des autres nobles. Ils sont censés avoir le titre de chevaliers ; mais i's ne l'ont pas dans les délibérations publiques & dans les élections, comme les chevaliers de l'étoile d'or qui sont faits par des souverains, & confirmés par le sénat, ou nommés particuliérement par le sénat même.

Noblesse. Il n'est pas de noblesse en europe aussi ancienne que celle de Venise. On y compte onze familles qui n'ont pas moins de 12 à 13 cents ans d'ancienneté. Viennent ensuite nombre de maisons nobles qui remontent à 6, 7 & 8 siecles : toutes sont inscrites dans le livre d'or. De-là vient que plusieurs rois de France ont reçu le titre de noble vénitien comme une marque de distinction.

Forces. Les revenus de la république montent à environ 50 millions de France. Elle a toujours en réserve un fonds immense qui la met en état de faire, dans le besoin, de promptes & nombreuses levées de troupes. Elle entretient 14 mille hommes en tems de paix. Les Patriciens sont éloignés du commandement général qu'elle ne confie qu'à un étranger. L'arsenal de Venise est le plus grand & le mieux fourni de l'Europe. Il a environ 3 milles de circuit, & peut armer tout d'un coup 100 mille combattans, & équipper 100 galeres. Le sénat entretient 1500 ouvriers qui y travaillent journellement. On n'y compte pas moins de 4000 pieces de canon, de bronze pour la plus grande partie, avec un nombre prodigieux de mortiers, de boulets, de bombes & de grenades.

Marine. Quelque imposante que soit la cérémonie par laquelle le doge épouse tous les ans la mer adriatique, la marine de la république n'est pas aussi puissante qu'elle l'était autrefois. Son armée navale n'est aujourd'hui composée que de quelques vaisseaux de lignes, d'une douzaine de frégates, d'une vingtaine de galeres & d'autant de brigantins.

Commerce. L'opulence de Venise a principalement pour source le grand commerce que cette ville fait. Il consiste en étoffes d'or, velours, damas, brocards, points de Venise, galons, dentelles, soiries, glaces de miroirs, cristaux qui sortent de ses fabriques, bougies, corails, ouvrages de verre, raisin de Corinthe, vin de Chypre. On y trouve rassemblées toutes les productions du Levant. Sa thériaque est encore très-renommée, ainsi que son marasquin.

Législation. Il est peu de pays en europe où l'on emploie plus de formalités qu'à Venise lorsqu'il s'agit de condamner quelqu'un à mort. Voici pour quoi. Il arriva autrefois qu'un boulanger fut trouvé dans cette ville près d'un homme qui avait été poignardé. Le couteau était resté dans le corps mort. Le boulanger avait dans sa poche une gaine qui semblait être faite pour ce couteau. Il fut arrêté sur le champ, condamné & pendu. Peu de tems après, on découvrit son innocence. Cet événement donna lieu à une coutume qui a duré pendant plusieurs siecles, & qu'on aurait dû conserver. Lorsque les juges étaient sur le point de prononcer un arrêt de mort, un officier leur criait: *Ricordatevi del povero fornaro* ; souvenez-vous du pauvre boulanger ! Depuis cette époque, les juges sont très-difficiles sur le choix des preuves qui doivent conduire quelqu'un à la mort. De-là, dit-on, les longues formalités employées dans l'instruction des procès criminels.

Evénement. En 1769, un magasin à poudre, placé dans la ville de Bresse, s'y embrâsa par le feu du ciel, & la ruina presqu'entiérement. Un sixieme des édifices fut renversé, & le reste menaçait ruine. 3000 personnes périrent dans cette catastrophe. Une tour de pierre de taille, bâtie sous le souterrain qui contenait ce dépôt, fut emportée toute entiere en l'air, & ses diverses parties tomberent comme une grêle de pierres, qui abîma un grand nombre d'Eglises, d'hôtels & de maisons particulieres. Cette explosion emporta de grosses pierres de taille à la distance de 8 milles, & un canon du plus gros calibre, à 1 mille & demi. Les dommages occasionnés par cet accident, furent évalués à deux millions de ducats.

MONNOIES DE VENISE, comparées à celles de France.

Monn. de Venise.	liv.	sols.	den.
Le sequin.	11	14	8
Le ducat d'or.	8	0	0
Le ducat d'argent.	4	5	4
L'écu de la croix.	6	12	$3\frac{1}{5}$
La justine.	5	17	4
La liarazza.	0	16	0
La lirette.	0	11	$8\frac{4}{5}$
La piece de 15 sols.	0	8	0
La piece de 10 sols.	0	5	4
Le traito.	0	2	8
Le sol.	0	0	$6\frac{2}{5}$
Le bezzo.	0	0	$3\frac{1}{5}$
Le ducat.	3	6	$1\frac{1}{5}$
La livre.	0	10	8
37 sols ½ de Venise font.	1	0	0

VENISE.

La lisbon. ni le louis d'or neuf de Fr. n'y sont reçus qu'au poids.
La proportion entre l'or & l'arg. est à Venise comme 1 à $14\frac{1}{102}$.
On tient à Venise les écritures en ducats, que l'on somme par 20 sols & par 12 deniers. 5 ducats de banque équivalent à 6 ducats courants.

Venise change sur les places suivantes, & donne,   *pour recevoir,*

Sur Amsterd.	1 duc. de bc.	90 den. de gs. bc. pl. ou m. à us. de 2 mois de date.
Ancône, . . .	100 dito.	93 écus mon. pl. ou m. à us. de 10 jours de vue.
Anvers , . .	1 dito.	92 den. de gs. A de C pl. ou m. à us. de 2 mois de dar.
Ausbourg , .	100 dito.	96 rixd. giron. pl. ou m. à us. de 14 jours de vue.
Bisenzone ou Novi, . .	181 d. pl. ou m.	100 écus de marc en foire.
Bolzane, . .	135 sols de bc. pl. ou m.	1 écu de change en foire.
Florence, . .	100 duc. de bc.	79 écus d'or à us. de 15 jours de vue.
Francfort , .	100 dito.	193 flor. cour. pl. ou moins.
Gênes, . . .	96 sols de bc. pl. ou m.	1 écu de change de 4 liv. de bc. ou $4\frac{4}{4}$ liv. h. de bc. à us. de 15 jours de vue.
Hambourg , .	1 ducat de bc.	88 den. de gs. bc. pl. ou m. à us. de 2 mois de date.
Leipsick , . .	100 dito.	126 rixd. cour. ou en louis d'or pl. ou m. en foire.
Livourne , .	100 dito.	102 piastres de 8 rixd. pl. ou m. à us. de 15 jours de vue.
Londres , . .	1 dito de bc.	51 den. sterl. pl. ou m. à us. de 3 mois de date.
Lyon , ...	60 d. pl. ou m.	100 éc. de 60 s. t. aux payem.
Milan , . . .	160 sols de bc. pl. ou m.	1 écu impér. de 117 sols à us. de 20 jours de date.
Naples, Bari & Lecce, .	100 duc. de bc.	117 ducats de 10 carlins pl. ou m. à us. de 15 j. de vue.
Nuremberg & Vienne , .	100 duc. de bc.	193 flor. cour. pl. ou m. à us. de 15 jours de vue.
Rome , . . .	100 dito.	61 écus d'estamp. pl. ou m. à us. de 10 jours de vue.

Les usances des lettres-de-change d'Angleterre sont de trois mois de date ; d'Amsterdam, d'Anvers, de Hambourg, d'Espagne & de Portugal de deux mois de date ; de celles de Bergame, de Milan, de Mantoue & de Modene, de 10 jours de date ; de celles d'Ausbourg, de Francfort, de Gênes, de Naples, de Bari, de Lecce, de St. Gall, de Nuremberg, de Vienne & de Bolzane, de 15 jours de l'acceptation ; de celles d'Ancône & de Rome, de 10 jours de l'acceptation ; de celles de Bologne, de Ferare, de Lucques, de Florence, de Livourne, de 15 jours de l'acceptation.

Il y a six jours de grâce accordés ; parmi ces six jours ne sont pas compris les dimanches & les jours de fêtes, ni les jours des fermetures de la banque ; faute de payement on ne proteste que le sixieme jour.

Les lettres qui sont échues pendant la fermeture de la banque, ne sont protestées que le sixieme jour après l'ouverture ; exceptez-en celles qui ont déjà joui de deux à trois jours de grâce avant la fermeture de la banque ; celles-ci n'ont alors à jouir que de ce qui manque encore aux six jours : faute de payement, on les fait protester le jour de l'échéance.

Les protêts se font à Venise par les fanti, ou commis du collége de commerce ; ils notent toutes les lettres qu'ils ont protestées dans un livre que chaque négociant & chaque banquier peut examiner.

Les lettres-de-change payables en banque, ne s'acceptent pas ; il suffit qu'elles soient au nom du porteur ou présentant. Si une lettre payable en banque est endossée, on est obligé d'envoyer une procuration à celui à qui on l'a endossée : sans cela, il ne peut en recevoir le payement.

Les lettres-de-change payables en courant, peuvent être endossées, & faute d'acceptation, on les proteste aussi bien que faute de payement.

On a attaché à la banque une caisse par laquelle on fait payer, en argent comptant, à tous ceux qui desirent de recevoir leurs fonds de cette maniere. On a trouvé que cette liberté a augmenté beaucoup le fonds & le crédit de la banque.

La banque se ferme quatre fois par an : la premiere fermeture se fait le samedi avant le dimanche des rameaux, & elle s'ouvre le lundi après les fêtes de pâques. La seconde fermeture se fait le 23 Juin, & s'ouvre le deuxieme lundi du mois de Juillet. La troisieme se fait le 23 Septembre, & elle s'ouvre le deuxieme lundi du mois d'Octobre. La quatrieme se fait le 23 Décembre; elle s'ouvre le second lundi du mois de Janvier : chacune de ces fermetures est de 15 jours. Elle se ferme quelquefois 8 à 10 jours extraordinairement, dans le carnaval & en quelques fêtes ordonnées.

DOGE.

Paul-Renier, né 21 Décembre 1710, élu doge 14 Janvier 1779.

MINISTRES RÉSIDENTS.
PRÈS LES COURS ÉTRANGÈRES. Messieurs.

Rome.	De Zuliani, *ambassadeur.*
	Trevisan, *secrétaire d'ambassade.*
Vienne.	{ Le chevalier Foscarini, *ambassadeur.*
	{ Verdi, *secrétaire d'ambassade.*
France.	{ Le chevalier Delphino, *ambassadeur.*
	{ Cassina, *secrétaire d'ambassade.*
la Porte.	{ Garzoni, *bayle.*
	{ Giacomazzi, *secrétaire d'ambassade.*
Londres.	Torniello, *ministre résident.*
Naples.	Alberti, *ministre résident.*
Milan.	Sodérini, *ministre résident.*
Madrid.	Le chevalier Capello, *ambassadeur.*
	Agazzi, *secrétaire d'ambassade.*
Turin.	Le noble Fontana, *résident.*

CONSULS DE VENISE,
EN PAYS ÉTRANGERS. Messieurs

Naples.	Jacob Buonviccini.
Maroc.	Jean Chiappe.
Marseille.	Barthelemi Cornet.
Gênes.	Cajetan Gervasoni.

1528. GÊNES, *catholique*.

Étendue. La république de Gênes, qui comprend le territoire appelé autrefois Ligurie, a beaucoup de longueur sur une très-petite largeur. Elle touche d'un bout à la Toscane, & de l'autre au comté de Nice; mais elle n'a guere que sept à huit lieues, du nord au sud.

Population. Les conquêtes de la république de Gênes la rendirent autrefois maîtresse des îles de Crète, de Lesbos, de Scio, de Negrepont, de Sardaigne, de Corse, de Malte, de Majorque, de Minorque, de plusieurs postes importans dans la mer noire, de la ville de Smyrne, de celle de Théodozée, des fauxbourgs même de Constantinople, Caffa & Péra. Réduite à ce qu'elle possede le long de la côte, la république ne compte pas plus de 400 mille ames dans ses états, en y comprenant les 80 mille habitans de la capitale.

Constitution. La république de Gênes, qui doit sa constitution actuelle au célebre André Doria, est gouvernée par les grands du pays, qui tous sont d'une richesse immense. Le sénat, qui représente le souverain & tient en main une grande partie de l'autorité suprême, n'est composé que de 13 personnes, 12 sénateurs décorés du titre de gouverneurs & le doge qui les préside. Le pouvoir de ce corps n'est limité que dans les articles qui se trouvent déja réglés par des loix fondamentales; il traite avec les ambassadeurs, il publie des ordonnances, il juge des crimes d'état, & d'autres crimes, soit par lui-même, soit par des commissions; il casse les testaments & annulle les contrats, sans qu'on puisse appeler de son jugement. Pour quelques-uns des objets précédents, il faut que les curateurs se joignent à lui; c'est avec eux que se regle tout ce qui concerne les grandes affaires au conseil.

Deux conseils partagent avec le sénat l'autorité du gouvernement. Dans le grand-conseil, qui est l'assemblée générale de la nation, réside la puissance législative. Il met les impôts, peut changer les loix même fondamentales, confere les principales dignités de la république, nomme le doge, le secrétaire d'état, le capitaine des galeres, les gouverneurs de terre ferme. Pour entrer dans le grand-conseil, il suffit d'être âgé de 22 ans & d'être citoyen depuis trois ans. On fait tous les ans une élection, mais elle n'est que pour la forme. Tous les nobles, à moins qu'ils ne soient notés d'infamie, ont droit de se trouver à cette assemblée.

C'est dans le grand conseil qu'on prend le 200 membres qui forment le petit conseil. Par le droit, ce dernier n'a qu'un pouvoir borné, mais par le fait il prédomine dans toutes les assemblées, & se rend maître absolu des résolutions. Cette assemblée fait à sa volonté la paix & déclare la guerre, choisit les magistrats, peut, aux deux tiers des voix, faire des loix qui n'aillent pourtant pas directement contre celles de 1576; proposer enfin au grand-conseil de nouvelles taxes, de réduire ou d'augmenter les anciennes. Les conseils, grands & petits, ne peuvent se tenir qu'en présence des conservateurs des loix. Ces magistrats, au nombre de cinq, sont spécialement chargés par la république, de veiller au maintien des loix de l'état, & d'empêcher quelles ne souffrent aucune altération. Le doge, dont la dignité ne dure que deux ans, est le chef de la république. Ce magistrat n'est pas, comme à Venise, un vain simulacre, une idole magnifiquement parée, mais sans forces ni sans pouvoir. Il n'en impose pas seulement par l'appareil de la majesté, mais il jouit d'un grand crédit, & peut beaucoup influer sur les affaires & les délibérations publiques. C'est lui qui assemble & préside le grand & le petit conseil. On lui donne le titre de *sérénité & d'illustrissime prince*.

Forces. Les troupes de la république consistent en 6000 hommes, & ses revenus en 15 millions; mais au besoin, l'un & l'autre augmentent considérablement. Dans la guerre de 1746, elle arma trente mille hommes de ses sujets, & la noblesse fit en grande partie les frais de cet armement.

Législation. Il est peu de pays en europe où la modestie extérieure soit plus recommandée qu'à Gênes. La loi oblige les hommes à porter toujours dans Gênes un habit noir, avec un petit manteau de taffetas de la même couleur. Elle ne leur permet d'autre voiture qu'une chaise à porteur, grossiérement vernissée en noir. En se conformant à l'ordonnance sur cet article, ils savent bien s'en dédommager dans leurs maisons par l'étalage d'une très-grande magnificence. Rien de plus riche que leurs ameublements. L'or & les métaux les plus précieux brillent de toutes parts dans les appartements. Vous y voyez des tentures du plus grand prix, or, argent & soie, que la finesse & la délicatesse du travail rendent encore plus précieuses; les arts y sont tous mis à contribution; on ne peut rien ajouter à la perfection des statues & à la bauté des tableaux. Le choix, le goût, la richesse, l'ordonnance, les collections, frappent également les connaisseurs & ceux qui ne le sont pas.

Commerce. Quoique le commerce n'ait pas à Gênes autant de splendeur qu'il en avait autrefois, il n'y est cependant pas sans activité. La république, pour faciliter à ses sujets les moyens de s'enrichir, & faire de Gênes l'un des plus grands entrepôts des marchandises d'europe, a déclaré franc le port de sa capitale. L'état a porté de plus un œil attentif sur les diverses classes de citoyens. Loin de condamner la noblesse à une molle & funeste inaction, il s'est empressé de lui ouvrir la carriere du commerce, & de lui en laisser le champ parfaitement libre. Comme les terres de la république produisent peu, c'est chez l'étranger qu'elle va chercher les denrées pour les revendre à ses voisins. La Sicile, le Levant, la Romagne & quelques autres provinces d'Italie, sont les principaux greniers où les Génois vont faire des approvisionements pour leurs compatriotes & pour les habitans des contrées méridionales de l'europe. Ils expédient pour les ports d'Espagne des bâtiments chargés de 3, 4, 5 mille mines de bled; les retours consistent en sucre, café, indigo, cacao & en piastres.

Pour faire leur commerce avec plus de sûreté, les Génois ont plus de 100 bâtiments qui arborent toujours le pavillon Anglais, & ont droit de l'arborer. Les capitaines de ces bâtimens, quoique nés dans les états de la république, ont servi plusieurs années en Angleterre & se font donner des lettres de capitaines Anglais. Par ce moyen, ils n'ont rien à craindre des Saletins & des autres corsaires d'Afrique, avec lesquels la Grande-Bretagne est en paix. Gênes emploie aussi pour son commerce des bâtiments Vénitiens, Hollandais & Suédois.

Ce qui anime principalement l'état de Gênes, & ce qui fait la plus riche branche de son commerce, le meilleur fonds de ses habitans, ce sont les étoffes de soie & sur-tout ses belles manufactures de velours. Dans la capitale & tout le long de la riviere, on compte environ 2 mille métiers. On y voit aussi un grand nombre de paysans qui travaillent également bien la terre & la soie. La banque de S. George, l'une des plus riches de l'europe, quoiqu'elle ait été pillée en 1746 par les Autrichiens, donne le mouvement à toutes les opérations du commerce des Génois.

MONNOIES DE GÊNES,
comparées à celles de France.

Monn. de Gênes.   *Monn. de France.*

ESPECES D'OR.

	liv	fo's.	den.
La lisbonnie & $\frac{1}{3}$.	40	12	9
La même tolérée.	40	6	5
La simple de juste poids,	30	8	0
dite tolérée.	30	1	$7\frac{1}{5}$
La pistole de Gênes & d'Espagne.	18	17	$7\frac{2}{5}$
Le sequin de Venise.	11	0	$9\frac{3}{5}$
Le sequin de Gênes & de Florence.	10	16	0
Celui de Rome.	10	10	$4\frac{4}{5}$

ESPECES D'ARGENT.

L'écu de juste poids,	7	12	0
dit leger.	7	4	0
Piastre d'Espagne.	5	4	0
Ecu de saint Jean-Baptiste.	4	0	0
Mandonnine double,	1	12	0
dite simple.	0	16	0
Géorgino de Gênes.	1	0	$9\frac{3}{5}$
La livre hors banco.	0	16	0
Le sol *id.*	0	0	$9\frac{1}{5}$
La parpayole.	0	1	$7\frac{1}{5}$
La dotte génoise.	0	0	$6\frac{2}{5}$

MONNOIES DE CHANGE.

Ecu de marc d'or.	8	12	0
Croisat,	7	0	$2\frac{4}{5}$
Piastre.	4	12	0
Ecu d'argent.	3	13	$7\frac{1}{5}$
Livre de banque.	0	18	$4\frac{4}{10}$
sol banco.	0	0	$10\frac{4}{5}$

Ces especes sont comptées, ou valeur *di permesso*, ou valeur hors de banque. La valeur de permission vaut 15 pour cent de plus que la valeur hors de banque.

*Gênes change sur les places suivantes, &
donne,   pour recevoir;*

	donne	pour recevoir
Sur Amsterd.	1 piast. de 5 liv. 15 s. h. de bc	86 den. de gros bc. pl. ou m. à us. de 2 mois de date.
Ausbourg & Vienne,	65 s. h. de bc. plus ou moins.	1 flor. cour. à 15 j. de vue.
Cadix & Madrid,	1 écu d'or di permesso.	620 maravédis pl. ou m. à us. de 60 & 90 jours de date.
Lisbonne,	1 piast. de 115 s. h. de bc.	740 rées. à us. de 3 m. de date.
Livourne,	116 sols h. de bc.	1 piastre de 8 rixd. à us. de 8 jours de vue.
Londres,	1 piast. de 115 s. h. de bc.	49 den. sterl. pl. ou m. à us. de 3 mois de date.
France,	1 dito.	95 s. t. pl. ou m. aux payem. & à us. de 30 & 60 jours de date.
Messine & Palerme,	1 écu d'or de permission.	42 carlins pl. ou m. à quelq. jours de vue & à us.
Milan,	1 écu de ch. de 4 liv. 12 s. h. de bc.	100 s. cour. pl. ou m. à 8 jours de vue.
Naples,	102 sols h. de bc. plus ou m.	1 ducado del regno à us.
Novi,	100 écus d'or.	101 écus d'or de marc pl. ou m. aux foires.
Rome,	128 sols h. de bc. plus ou m.	1 éc. romain de 10 jules à u.
Venise,	1 éc. de ch. de 4 l. 12 s. h. de bc.	96 sols de bc. pl. ou m. à 1... jours de vue.

Les usances des lettres-de-change d'Amsterdam & d'Espagne sont de 2 mois; de Portugal & de Londres, de 3 mois de date; de Venise & de Rome, de 15 jours; de Livourne & de Milan, de 8 jours; & de Naples, de 22 jours de vue.

Il y a 30 jours de grâce, suivant les ordonnances de change, après le jour de l'échéance; mais le porteur est en droit de faire protester le premier jour d'après; les négocians ne font protester pour défaut de payement que dans la semaine qui suit celle de l'échéance, & avant le départ du courrier de l'endroit d'où la lettre est venue.

DOGE.
Marc-Antoine Gentile, élu doge le 8 Mars 1781.

SÉNAT DE GÊNES,
appelé *serenissimo Senato*. *Messieurs*

Felice Carrega.
Franç. Dongo.
Albert Doria.
Charles Cambiaso.
Etienne-Louis Pallavicino.
Jérome Veneroso.

Jean-Bapt. Malfente.
Jean-Aug. Grimaldi, pr. Andᵉ.
Jean-Laurent Marana.
Jean-Bapt. Cicala.
Bartelemy Salusso.
Nicolas Gavotti.

PROCURATEURS. *Messieurs*

August. Lomellino pr. Bartᵒ.
Marcello Durazzo pr. J. Lucez.
P.-Fr. Grimaldi, pr. Ex. J.: Bapt.
Joseph Lomellino.
Jacques, marquis Brignole.
Marie-Ant. Gentile.
Jules Asplanati.

Nicolas Grimaldi, pr. Andrea.
Jérome Marana.
Léonard Cattaneo.
Jacques Balbi.
Antoine-Jules Raggi.
Franç. marquis Sauli.
Angelo Asdente.

INQUISITEURS. *Messieurs*

Joseph Lomellino.
Ambroise Doria.
Jacques-Phil. Carrega.
Jacques-Phil. Durazzo.

Dominique Serra.
Joseph Doria.
Alerame Pallavicino.

MAGISTRAT DE GUERRE. *Messieurs*

Aug. Lomellino, pr. Bartᵒ.
Jean-Luc Pallavicino.
Jules Spinola.

Dominique Spinola.
Antoine Carrega.
Joseph, marquis Durazzo.

CONSERVATEURS DE LA MER. *Messieurs*

Jérome Balbi.
Christophe Spinola.
Pascal Adorno.

Vincent Spinola.
Jean-André Spinola.

CONSERVATEURS DU PORT, ou *padri del commune*. MM.

Benoît Viale.
Jean-Luc de Fornari.
Charles Balbi.

Jean-Bernard Pallavicini
François Gaetan Negrone.

CONSERVATEURS DES LOIX. *Messieurs*

Charles-Nicolas de Franchi
Antoine de Franchi.
Louis Gherardi.

Thomaso Giustiniani.
Pompeo Rova.

PROTECTEURS DE LA MAISON DE ST. GEORGES. *Messieurs*

Jos. de Franchi.
Jean-Ch. Pallavicini, pr. P. H.
J.-B. Grimaldi, pr. Franc. Mez.
Jacques Serra.

Hyppolite Septimio Snurea.
Philippe Scaglia.
Giovanni Dorriglia.
Paolo Spinola di Niccolò.

SECRÉTAIRES D'ÉTAT. *Messieurs*

Pierre-Aug. Solari.
Jacques-Ant. Ferro.

Paolo Agostino Borello.

CATITAINES DE GALERES. *Messieurs*

Jacques de Marchi.
Jérome Botto.
Dominique Botto.

Antoine Ottone.
Thomas Clavarino Capitaine appoint.

MINISTRES DE GÊNES,
PRÈS LES COURS ÉTRANGERES. Messieurs

Madrid.	Felix Pallavicino, *envoyé extraordinaire.*
Paris.	Le marquis Spinola, *ministre plénipotentiaire.*
Vienne.	Paul-Augustin Allegretti, *chargé par intérim, des affaires.*
Pétersboug.	Etienne Rivarola, *ministre plénipotentiaire.*
Turin.	Laurent Caroggio, *ministre ordinaire.*
Rome.	L'abbé Serafino Figari, *agent.*

GOUVERNEURS DE TERRE-FERME.
Messieurs

Bisagno.	Ferdinand de Marini.
Chiavari.	Annibal Pittaluga.
Final.	Constantino Balbi.
Novi............	....
Polcevera.	Stefano Thoire, prince Bart.
S. Remo.	Pantaleo Giustiniani.
Sarzana.	Bernardo Ordoino.
Savone.	Benedetto Centurione.
Speria.	Jean-Nicolas Crosa.

CONSULS

GÊNES.

CONSUIS DE LA RÉPUBLIQUE,
dans les places étrangeres. Messieurs

Alicante.	Domenico Vinc. Savignone.
Antibe.	Filippo Aubernon.
Ancône.	Sebastiano Della Casa.
Almeria.	Antonio d'Acosta.
Agde & Ceuta.	Antonio Rossi.
Bordeaux.	Pietro Luigi Ravina.
Barcelone.	Francesco Ponte.
Cadix.	Andrea Gherardi.
Corfou & Xante.	Constantino Maori.
Civita Vecchia.	Gio: Gaspare Guglielmotti.
Canaries.	Giuseppe Benedetto Revo.
Cartagène.	Antonio Bergallo.
Capodanzo.	Antonio Fontana.
Cagliari.	Felice Ranucci.
Dunkerque.	Carlo Pietro de Cuork.
Evirra.	Sebastiano Sova.
Angleterre.	Bartolomeo Dagnino.
Livourne.	Gio: Antonio Gavi.
Lisbonne.	Pietro Badano.
Lyon.	Mageuvre de Rochers.
Marseille.	Niccolò Pagano.
Malaga.	Francesco Boetto.
Majorque.	Giuseppe Gallea.
Messine.	Odoardo Ambroggini.
Naples.	Niccollò Gambardella.
Nice.	Carlo Agostino Giorni.
Malte.	Antonio Poussielque.
Maroc.	Giac° Girol° Chiappe.
Porto Ferraro.	Antonio Giobbe.
Piombino.	Domenico Milanta.
Palerme.	Gio: Maria Spinotto.
Toulouse.	Antonio Spotorno.
Toulon.	Luigi Giuliani.
Terracine.	Pasquale, marquis Sagliani.
Venise.	Giacomo, marquis Biffi.

1430. *LUCQUES*, catholique.

Étendue. La république de Lucques, fief de l'empire romain, n'a que 12 lieues de long, 9 de large & 34 de tour. Elle est enclavée entre la Toscane, le duché de Modene & la principauté de Massa.

Production. L'agriculture est ici dans la plus grande vigueur; il n'y a ni bois ni lieux incultes; tout y est mis en valeur. On tire parti de montagnes, qui par-tout ailleurs seraient abandonnées. On n'y voit ni pauvres ni fainéans; le luxe y est pareillement inconnu; l'abondance & la prospérité s'y manifestent par-tout.

Population. La population est telle dans cette république, que la plaine où Lucques se trouve située, donne à raison de 5274 personnes par lieue quarrée. Ce petit pays contient 115 mille ames, dont 20 mille pour la capitale.

Constitution. Le gouvernement de Lucques est aristocratique. Le sénat, dans lequel réside l'autorité, est composé de 112 nobles & devrait l'être de 160. Chacun des membres qui le composent, occupe sa charge pendant un an, après lequel la compagnie est remplacée par l'autre division de la noblesse en pareil nombre, & ainsi de suite alternativement. Les deux congrégations réunies forment le grand-conseil, dans lequel réside la souveraineté & le pouvoir législatif. Sur la porte de la ville, on lit en lettre d'or : *libertas*.

Le chef de la république s'appelle Gonfalonnier; on le change tous les deux mois. Cet officier porte une robe de velours de damas cramoisi & une veste galonnée. C'est le seul de l'état qui ait du galon sur ses habits. Il a la qualité de prince de la république & le titre *d'excellence*. Il loge dans le palais de la république, où il est nourri aux dépens de l'état. A la porte du palais est une garde-suisse composée de 70 hommes. En un mot, il a tous les honneurs de la souveraineté, sans pouvoir en abuser.

Forces. Les troupes de la république consistent en 6000 hommes soudoyés; mais en cas de besoin elle en a 20000 exercés & en état de prendre les armes. L'arsenal contient 20000 fusils.

MONNOIES DE LUCQUES.

L'écu ou ducade vaut 7 livres.
La livre monnoie imaginaire vaut 12 sols.
Le sol vaut 12 deniers.
Diverses petites pieces de différentes valeurs.
Toutes les monnoies de Florence y ont cours avec dix pour cent de plus de valeur qu'à Florence.

MINISTRES DE LA RÉPUBLIQUE,
PRÈS LES COURS ÉTRANGÈRES. Messieurs

Florence.   Le marquis de Santini, *env. extraordinaire.*
Rome.   L'abbé Paoli, *chargé d'affaires.*
Vienne.   Le marquis de Sbaria, *env. extraordinaire.*

RAGUSE, *catholique.*

ÉTENDUE. Cette république est située en Dalmatie, sur les côtes orientales du golfe de Venise. Elle s'étend, en terre ferme, 22 lieues en longueur & 3 en largeur. L'île de Méleda, qui lui appartient, a 10 lieues de long sur 2 de large. Les petites îles de Lagusta, de Gazza & de Gazzola, composent le reste du domaine de cette république.

Constitution. Le gouvernement de Raguse est aristocratique. Son sénat est composé de 60 personnes choisies parmi les nobles. Elle paye, dit-on, tribut au sultan qu'elle craint, aux Vénitiens qu'elle n'aime pas, à l'empereur & au pape pour se les concilier. Excessivement jalouse de sa liberté, elle use de la plus grande circonspection pour se la conserver. Les portes de la ville se ferment qu'il est encore grand jour, & s'ouvrent de même fort tard. Les étrangers, sur-tout les Turcs, sont renfermés chez eux à clefs durant la nuit. Les nobles ne portent point l'épée, & ils ne peuvent s'absenter une nuit de leur domicile, sans en donner avis au sénat. Le tribut que cette république paye à la Porte ottomane est de 12 mille piastres.

Le chef de l'état s'appelle recteur. Ce magistrat ne conserve sa charge que pendant un mois.

Forces. Les revenus de la république ne montent pas au-delà de 500 mille livres, monnoie de France. Elle entretient 1000 ou 1200 hommes de troupes réglées. Son commerce eſt d'autant plus floriſſant, que le pavillon Raguſain n'a aucune avanie à craindre de la part des corſaires de Barbarie.

MINISTRES DE LA RÉPUBLIQUE,
près les Cours étrangeres. Meſſieurs

Vienne.   L'abbé, comte d'Ayala, *chargé d'affaires.*
Naples.   D'Eſpietti, *agent.*
Rome.   Steg, *agent.*

589. *SAINT-MARIN, catholique.*

Étendue. Cette république, enclavée dans le duché d'Urbin, n'a que deux lieues de long ſur une & demie de large. Elle ne comprend qu'une ville, deux villages un peu conſidérables & cinq autres de moindre importance. Le pape eſt ſon protecteur.

Population. Tous les habitans de cet état ne forment pas une population de plus de 10 mille ames. La ville de Saint-Marin, ſituée ſur une montagne, en contient environ 6 mille.

Production. Le vin qui croît ſur les côtés de la montagne de Saint-Marin, eſt excellent. Ce qui en augmente la bonté, c'eſt qu'on le garde dans des caves, où l'on a ménagé de grandes tours qui vont dans le creux de la colline, d'où il ſort toujours une vapeur ſi froide en été qu'à peine y peut-on ſouffrir la main.

Conſtitution. Le pouvoir de cette république réſidait anciennement dans un grand-conſeil, où chaque maiſon avait ſon repréſentant. On confia depuis toute l'autorité à un conſeil de 60. Le grand-conſeil ſe convoque cependant encore quelquefois, dans les affaires de grande importance; &, ſi quelqu'un s'abſente, après avoir été cité, il eſt condamné à l'amende.

Le conſeil des 60, compoſé moitié de familles nobles, moitié de plébéiennes, a entre les mains l'adminiſtration des affaires. Tout ſe fait par buletin. Nul n'y eſt admis avant l'âge de 25 ans; & le même conſeil choiſit tous les officiers de la république. On ne peut entrer dans ce conſeil que par élection. Deux perſonnes de la même famille n'en peuvent être en même tems.

Les principaux officiers de cette république ſont deux capitaines, dont le pouvoir est assez semblable à celui des consuls romains ; mais ils changent tous les six mois. Le troisieme officier est le commissaire, qui juge de toutes les affaires civiles & criminelles ; & c'est toujours un étranger qui exerce cette charge. Ils le choisissent pour trois ans, & l'entretiennent aux dépens de l'état. La quatrieme personne de la république est le médecin, qui doit aussi être étranger ; il est pensionné par l'état, & est obligé de visiter gratuitement les malades, & d'examiner toutes les drogues qui entrent dans la ville. On le choisit seulement pour trois ans. Une autre personne qui ne tient pas un médiocre rang dans la république, c'est le maître d'école.

On trouve un livre latin *in-folio*, intitulé : *statuta illustrissimœ reipublicæ S. Marini* ; où, dans le chapitre des ministres, il est dit que quand un ambassadeur sera envoyé par la république dans quelque cour étrangere, il recevra de la trésorerie la valeur d'un sol, monnoie de France, par jour.

1530. ORDRE DE MALTE, catholiq.

Étendue. L'île de Malte, qui fut donnée à l'ordre de S. Jean de Jerusalem, par Charles V, en 1530, peut avoir 7 lieues de long sur 4 ou 5 de large & 20 de circonférence. On porte sa population à 120 mille ames, y compris les deux petites îles du Goze & de Comino, qui l'avoisinent & qui sont dans sa dépendance.

La capitale de cette île est Malte, appelée la Cité-Valette, l'une des plus fortes villes du monde. Elle est d'ailleurs, grande, belle, régulièrement construite & la résidence du grand-maître & des chevaliers de l'ordre. Ses fossés sont taillés dans le roc, & ses fortifications très-régulieres. En 1565, elle soutint un siége terrible contre toutes les forces de l'empire Ottoman qui y perdit 78000 coups de canons, environ 30000, tant soldats que matelots, & quatre mois de tems. Son hôpital est magnifique. Vers le milieu de l'île est la cité vieille, sa primitive capitale, dont l'évêque est suffragant de Palerme.

Production. Le terroir de cette île est généralement fort sec & presque stérile. On n'y recueille que du coton, de beaux raisins, un peu de bled & du millet. Le bois y est fort rare & le gibier excellent. On la nommait autrefois *Melita*, parce qu'elle abondait en miel. C'est la Sicile qui lui fournit la plus grande partie des bleds nécessaires à sa subsistance. Les rigueurs de l'hiver ne s'y font jamais fentir, & dans le folftice d'été, on y refpire un air enflammé.

Conftitution. Le chef de cet ordre porte le nom de *grand-maître*. Ce prince, auquel toutes les cours de l'europe donnent le titre *d'éminence*, eft fouverain de l'île, & en cette qualité, feudataire du royaume de Sicile; c'eft en reconnaiffance de cet hommage, qu'il fait préfenter, tous les ans, un faucon au vice-roi de cette île.

L'ordre de Malte eft inconteftablement le plus ancien & le plus illuftre de tous ceux qui fubfiftent en europe. Pour y être admis, il faut faire preuve de feize quartiers du côté paternel & maternel, avoir 20 ans ou difpenfe d'âge, & être né de légitime mariage, à l'exception des fils naturels des rois & des princes. Les chevaliers qui le compofent font les trois vœux de chafteté, de pauvreté & d'obéiffance.

Cet ordre poffede en France fix grands prieurés, deux pour la langue de Provence, un pour la langue d'Auvergne, & trois pour la langue de France; quatre baillages, dont un pour la langue de Provence, un pour celle d'Auvergne & deux pour celle de France. Ces dix dignités font affectées aux grand-croix. La langue de Provence poffede 72 commanderies, dont 8 font affectées aux chapelains & fervans-d'armes, & les autres aux chevaliers; la langue d'Auvergne a 50 commanderies, dont onze affectées aux chapelains & fervans-d'armes; & la langue de France eft formée de 97 commanderies, dont 20 font deftinées aux chapelains & fervans-d'armes. Ces 229 commanderies jouiffent d'environ deux millions de revenus. Le grand prieuré de France vaut actuellement plus de 10000 livres.

En 1763, on comptait en France 300 chevaliers, & 40 chapelains fervans-d'armes dans la langue de Provence; 100 chevaliers & fervans-d'armes dans celle d'Auvergne, & 50 chevaliers & 70 chapelains fervans-d'armes dans celle de France. Il y auffi dans ce royaume deux couvents de religieufes chevalieres, dont l'un eft à Beaulieu en Quercy, & l'autre à Touloufe.

Election du grand-maître. » Le grand-maître de l'ordre de
» S. Jean de Jerufalem étant mort à Malte le 15 Janvier,
» immédiatement après fa mort, le confeil rompit le fceau,
» fuivant l'ufage; on ferma les portes de la ville & l'on pro-
» céda à l'élection du lieutenant du magiftere. Le jour fuivant,
» on dreffa la lifte des chevaliers qui pourraient donner leur
» voix dans l'élection, & elle fut affichée à la porte de l'églife
» de S. Jean, avec les noms de ceux qui, étant débiteurs de
» l'ordre, étaient exclus du conclave.

» Le 18, étant le troifieme jour après la mort du grand-

ORDRE DE MALTE.

» maître, & par conséquent celui auquel se devait faire l'élection
» de son successeur, les baillifs, les commandeurs & les che-
» valiers de chacune des sept langues qui composent l'ordre
» de Malte, se rendirent à l'église de St. Jean, & y entendirent
» la messe du Saint-Esprit. Ensuite chaque langue s'étant retirée
» dans la chapelle, excepté celle d'où le lieutenant du magistere
» ayait été tiré, & qui prit sa place dans la nef de l'église,
» elles choisirent trois électeurs qui furent les baillifs de Ga-
» lean, de Labatie & de Tencin. Pour la langue de *Provence*,
» le commandeur de Vogué, lieutenant du grand-maréchal de
» l'ordre; & les chevaliers de Bryon & du Bord pour la langue
» d'*Auvergne* ; le baillif de Boccage, grand-hospitalier, le
» baillif de Daval & le commandeur de Rouville pour la langue
» de *France* ; les baillifs de Querena & Cavalcanti, & le com-
» mandeur Fraconi pour la langue d'*Italie*; le baillif Pugo,
» grand-sénéchal de l'ordre, le grand prieur de Catalogne &
» le commandeur de Monteleone pour la langue d'*Aragon* ;
» le grand-prieur d'Allemagne & les baillifs de Brandebourg,
» Cheraul & de Stadelle, pour la langue d'*Allemagne* ; & les
» baillifs Pinto & Païs, Portugais, & le commandeur Duegnal,
» Castillan, pour la langue de *Castille* & de *Portugal*.

» Les langues ayant donné à ces électeurs le pouvoir d'en
» élire trois autres pour représenter l'*Angleterre*, le baillif de
» saint-Etienne d'Audiça de Gironi, de la langue d'*Italie*, le
» commandeur Endberg, lieutenant du grand baillif de la lan-
» gue d'*Allemagne*, & le baillif Pinto, de langue de *Castille*
» & de *Portugal*, furent élus en cette qualité.

» Après que ces électeurs furent assemblés dans le conclave,
» ils procéderent à la nomination du triumvirat, qui fut com-
» posé du commandeur de saint-Maurice, chevalier de justice
» de la langue d'*Auvergne*, du commandeur Sylva, prêtre de la
» langue de *Castille* & de *Portugal*, & du commandeur de
» Frain, de la langue de *France*.

» Les balotages se firent ensuite, selon la coutume, pour
» donner treize adjoints au triumvirat, & ces seize nouveaux
» électeurs élurent, d'une voix unanime, pour grand-maître,
» Dom Emmanuel Pinto, Portugais ».

MONNOIES DE MALTE.

Le ducat de 3 piastres ou de 30 tarins de Malthe, vaut	12 l. 10		sols de France.
Le piastre de 10 tarins vaut	4	3	4 den.
Le tarin de 20 grains vaut	0	8	4 den.

GRAND-MAITRE.

Jean-Emmanuel de Rohan, né 19 Avril 1725, élu 1 Novembre 1775.

MINISTRES RÉSIDENTS
PRÈS LES COURS ÉTRANGERES. Messieurs

Rome.	Le bailli de Guiran de la Brianne, *amb. extr.*
Paris.	Le bailli de Breteuil, *ambassadeur extraordinaire.*
Madrid.	Le bailli de Lora, dom Pedro Messien de la Cerda, *ambassadeur extraordinaire.*
Vienne.	Le bailli de Collorodo, *ministre plénipot.*
Bohême.	Le chevalier Maja, *administrateur de l'ordre.*
Naples.	. . . .
Lisbonne.	Le commandeur de Guedes, *ministre de l'ordre.*
Turin.	Le bailli de Loras, *envoyé extraordinaire.*
Warsovie.	Le commandeur Sulkowsky, *chargé d'affaires.*
Florence.	Le commandeur Delcy, *chargé d'affaires.*
Bruxelles.	Le commandeur de Nieuport, *chargé d'affaires.*

1308. RÉPUBLIQUES DES SUISSES, catholiques ou protestantes.

ÉTENDUE. Les détails que nous avons donnés dans l'édition de 1783, sur l'étendue, les productions & les différents monuments qui caractérisent le territoire du corps Helvétique, nous dispensent de donner à cet article tout le développement dont il pourrait être susceptible. Nous dirons seulement que la Suisse, avec ses sujets & ses alliés, occupe un espace de 40 lieues du nord au sud, & de 90 d'orient en occident. Des chaînes de montagnes la séparent d'avec ses voisins, & forment en même tems la séparation de chaque canton en particulier.

Population. Ce pays, qui, sous un autre régime, rempli comme il est de montagnes, les unes seches & arides, les autres chargées de glace & de neige, celles-ci d'immenses forêts de sapins, sans rivieres navigables, sans routes praticables, loin de la mer, ne présenterait que l'aspect lugubre de la pauvreté & de la désertion; sous un gouvernement sage, il est couvert d'un peuple nombreux, de villes floriſſantes & belles ; & dans l'aiſance, les mœurs & la ſérénité de ſes habitans préſentent l'aſpect du bonheur. On trouve communément 9 & 10 enfans dans une famille, ſouvent beaucoup plus, & quelquefois ce nombre eſt doublé. La Suiſſe, ſur une ſurface auſſi modique, offre une population de 3 millions d'ames.

Conſtitution. Le gouvernement des Suiſſes ne peut être comparé a aucun de ceux qui ſont établis de nos jours. On peut a la vérité trouver quelque reſſemblance entre leur conſtitution & celles des Provinces-unies, dans cette étroite alliance qui réunit les 13 cantons pour la défenſe commune, dans cette maniere de procéder en leurs dietes générales, comme membres d'un même corps, dans les traités qu'ils ont faits en commun avec pluſieurs états & princes étrangers. Mais ſi l'on obſerve les choſes de plus près, on voit que les cantons forment autant de républiques indépendantes les unes des autres, qui ne ſont réunies par aucun acte public & qui n'ont, relativement les unes aux autres, aucun engagement réciproque qui puiſſe de toutes n'en faire qu'un ſeul corps, un ſeul état, une même ſouveraineté.

La diete générale des cantons ne ſe tient ordinairement qu'une fois l'année, à la fête de S. Jean-Baptiſte, & dure un mois. Compoſée de deux députés de chaque canton, elle eſt préſidée par le premier député de Zurich.

Religion. Des treize-cantons qui forment la Suiſſe proprement dite, quatre ſont proteſtans, ſept catholiques, & deux mi-partis catholiques & proteſtans. Les quatre proteſtans ſont Berne, Bâle, Schaffhouſe & Zurich. Les ſept catholiques ſont Fribourg, Soleure, Zug, Lucerne, Underwald, Schwitz & Uri ; enfin les deux mi partis ſont Appenzel & Glaris. Le gouvernement, dans les quatre cantons proteſtans, eſt ariſtocratique, ainſi que dans ceux de Fribourg, de Soleure & de Lucerne ; il eſt démocratique dans les autres.

Forces. Les Suiſſes n'entretiennent point de troupes réglées; & ils n'en eurent jamais ; mais dès qu'un garçon a atteint l'âge de 16 ans, il eſt enrôlé, exercé au maniement des armes ; & au premier ſignal, il doit ſe rendre au poſte qui lui eſt aſſigné avec quatre livres de plomb, deux livres de poudre, des vivres pour huit jours & des armes en bon état. Tous les hommes, depuis ſeize ans juſqu'à ſoixante, font partie de la milice. Chaque communauté conſidérable, dans chaque canton, a ſon arſenal, qui contient un aſſortiment d'armes pour ſa milice, indépendamment de l'arſenal établi dans la capitale, qui, à tout événement, pourrait fournir des armes à toute la milice du canton. Chaque communauté tient encore en réserve une somme suffisante pour soudoyer, pendant trois mois, toute sa milice.

La milice des Suisses est incontestablement la mieux disciplinée de l'europe. Indépendamment des soins qu'ils y donnent, elle retire encore un grand avantage de l'usage où ils sont d'envoyer servir leur jeunesse, trois ou quatre ans, dans les troupes de leur nation qui sont au service étranger. Ils entretiennent toujours ainsi 40000 hommes chez ceux de leurs voisins avec lesquels le corps Helvétique a des traités d'alliance En 1712, ils avaient 80000 hommes sous les armes. Ils prétendent être en état de mettre au besoin, sur pied, une armée de 300000 hommes.

Ces peuples ont imaginé des moyens fort propres à rassembler en peu de tems la milice en cas d'alarme. Ils ont disposé des signaux dans toute la Suisse, à des distances convenables, & qui se répondent les uns aux autres. Dans chaque baillage, qui sont très-multipliés, on entretient sur la cime d'une montagne ou d'une éminence, une pile de bois sec & un monceau de fourrage; le bois pour faire de la flamme pendant la nuit, & le fourrage, pour faire de la fumée pendant le jour. Il y a jour & nuit, à chacun de ces signaux, une garde de quelques hommes qui ont ordre de mettre le feu au signal, s'ils apperçoivent quelqu'irruption de troupes étrangeres, ou s'ils voient les signaux de leurs voisins allumés. Ainsi, dans un moment, la Suisse entiere peut être sous les armes.

Usages. L'habillement des Suisses ne ressemble qu'en fort peu de chose à celui dont on fait usage dans les autres contrées de l'europe. Ils portent de très-amples chausses. La quantité de l'étoffe qui y est employée, se cache dans la multitude des plis qui viennent finir en se serrant & s'applatissant sur le genou. Ils ont avec cela un vestolin & un petit chapeau à aîles rabattues, fait ordinairement de paille ou de légers feuillets de bois, des bas communément rouges, & point de boucles à leurs souliers. Les femmes ceignent sous les mamelles leurs jupons, dont leur taille est presqu'entièrement cachée, & qui laissent leurs jambes presque tout-à-fait découvertes. Elles portent le chapeau, comme les hommes, des camisoles sans manches, leurs cheveux tressés & des bas rouges.

La noblesse, aux jours de fêtes, avec l'habit noir, porte le manteau court & le rabat avec l'épée & la bourse, quelques-uns ont une tunique noire à petits plis, avec la fraise.

Langue. La langue Allemande est celle que l'on parle en

Suisse. L'Italienne y est en usage dans la Valteline & dans le Vallais ; & la Françaiſe ſur la rive occidentale du lac de Neuf-châtel juſqu'à Genève.

Voyez ſur l'étendue & la conſtitution de chacun des XII états, & ſur celles des provinces ſujettes, l'édit. de 1783, p. 186, 203.

MONNOIES DE BASLE ET DE BERNE,
comparées à celles de France.

	Monn. de Basle.			Monn. de France.		
	liv.	ſols.	den.	liv.	ſols.	den.
La rixdale.	3	0	0	5	0	0
L'écu de change.	3	0	0	5	0	0
Le gros écu de Fr. neuf.	0	0	0	6	0	0
La livre.	0	20	0	1	13	4
Le ſol.	0	0	12	0	1	8
Le florin de	0	0	60 creutzers.	2	9	0
Le florin de	0	0	16 creutzers.	0	12	0
Le creutzer.	0	0	5 fenins.	0	0	$10\frac{9}{10}$
Louis d'or v. de France.	11	13	0	19	8	8
Piſtole d'Eſpagne.	11	13	0	19	8	8
Le ducat.	6	9	6	10	15	10
Goulde d'Empire.	1	11	$0\frac{1}{5}$	2	12	11
La goulde de	0	0	60 creutzers.	2	9	0
Le fenin.	0	0	0	0	0	$2\frac{2}{10}$
12 creutzers.	0	0	0	0	1	0

La valeur de ces eſpeces, eſt en eſpeces ou en courant. C'eſt dans la premiere que l'on paye les lettres-de-change. Elle 19 pour 100 de plus de valeur que le courant.

On tient à Baſle les écritures en livres, ſols & deniers, & en rixdales, florins, creutzers & fenins. Quelquefois les banquiers & les gros négocians tiennent leurs écritures en livres, ſols & deniers de France, & payent en cette monnoie.

On y change ſur les places ſuivantes, & l'on donne, pour recevoir,

Sur Amſterd. 100 rix. A de C.	90 rixd. bc. pl. ou m. à 1 & 2 uſ.
Ausbourg, . 100 dito.	124 rixd. cour. pl. ou m. à uſ. de 14 jours.
Francfort, . 100 d. A de C.	130 rixd. A de C, ou 123 rixd. conv. cour. pl. ou m. aux foires & à courts jours

donne,	pour recevoir,
Genève, ... 100 dito.	98 rixdales cour.
Gènes, ... 98 dito pl. ou m.	100 piaftr. de 155 f. hors d bc. à 1 & 2 uf.
Hambourg, . 100 dito.	90 rixd. bc. pl. ou m. à 1 & 2 ufances.
Leipfick, ... 100 dito.	122 rixd. cour. pl. ou m. aux foires & à courts jours.
Ou, ... 100 louis d'or plus ou moins.	100 louis d'or.
Ou, ... 100 louis blancs, plus ou moins.	100 louis blancs.
Livourne, .. 98 rixd. pl. ou m.	100 piaftr. de 8 r. à 1 & 2 uf.
Londres, ... 1 dito.	51½ fterl. p. ou m. à 1 & 2 uf.
Milan, ... 1 louis d'or.	25 liri & foldi cour. pl. ou m. à 1 & 2 m. de date.
Ou, ... 1 florin cour.	65 fols cour. plus ou m.
Nuremberg, 100 rixd. A de C.	122 rixd. C. pl. ou m. à uf de 15 jours.
France, ... 100 dito.	164 écus de 60 fols t. pl. ou m. à 1 & 2 uf.
Vienne, .. 100 dito.	123 rixd. cour. à uf. de 14 j.
Zurich, ... 100 vieux louis d'or.	100 vieux louis d'or pl. ou m.
Ou, ... 100 ducats.	100 ducats, pl. ou m.

Les lettres-de-change fur Bafle font ordinairement à certains & courts jours. Il n'y a point de jours de grâce; après l'échéance, les porteurs font obligés de faire les diligences néceffaires dans les vingt-quatre heures.

Les procédés du commerce & les monnoies de change font prefque les mêmes dans tous les cantons Suiffes.

OFFICIERS PRÉPOSÉS A L'ADMINISTRATION
de chaque canton du louable corps Helvétique.

I. ZURICH. *Bourg-meftres.* Meffieurs

4 Mai 1778, Jean-Henri Orell, né en 1715.
20 Novembre 1780, Jean-Henri Ott, né en 1719.

II. BERNE. *Advoyés.* Meffieurs.

28 Mars 1759, Albert-Fréd. comte d'Erlach, né en 1697.
14 Février 1771, Frédéric de Sinner, né en 1713.

RÉPUBLIQUES DES SUISSES.

III. LUCERNE. *Advoyers.* Messieurs
17 Décembre 1771, Wal. Louis-Léonce Am-Rhyn, né en 1714.
Mars 1782, Jos.-Ign.-Fr.-Xav. Pfyffer de Heidegg, né en 17..

VI. URI. *Land-Amman.*
1782 M. Jos.-Ant. Schmid de Belliken, né en 17..

V. SCHWITZ. *Land-Amman.*
1783 M. J.-Jos.-Vict.-Laurent Hedlinger, né . . .

VI. UNDERWALD. *Land-Ammans.* Messieurs.
1782 François-Léonce Bucher, né en . . . .
1782 Jost.-René Trachsler, né en . . .

VII. ZUG. *Land-Amman.*
1783 M. J.-Jacq. Andermatt de Bar, né . . .

VIII. GLARIS. *Land-Amman.*
1781 M. Jean-Henri de Tschudi, né . . .

IX. BASLE. *Bourg-Mestres.* Messieurs
17 Décembre 1767, Jean Debary, né en 1710.
——————— 1777, Daniel Mitz, né en 1724.

X. FRIBOURG. *Advoyers.* Messieurs
Décembre 1753, Marin-Ignace Gady, né . . .
——————— 1770, François-Romain Werro, né . . .

XI. SOLEURE. *Advoyers.* Messieurs
1773 Jean-Charles-Etienne Glutz, né en 1731.
1778 Louis-Jos.-Benoît Ours Tugginer, né en 1726.

XII. SCHAFFOUSE. *Bourg-Mestres.* Messieurs
1763 Anselme-François de Meyenbourg, né en 1713.
1768 David Meyer, né en 1714.

XIII. APPENZEL. *Land-Ammans.* Messieurs
1782 Jean-Baptiste Ruesch, né en 17..
1782 Jean-Jacques Zuberbueler, né en 17..

ALLIÉS DES SUISSES.

Les alliés des Suisses habitent des pays situés dans les voisinages des terres des cantons. Ces peuples se sont unis en différents tems au corps Helvétique, ou à quelques-uns des cantons, en conservant toujours leur liberté. On peut les partager en deux classes. Les uns sont associés au corps de la nation, dont ils font une partie, avec voix délibérative dans les dietes; & les autres en sont seulement alliés, sans avoir ces priviléges.

Les pays associés au corps Helvétique sont l'abbaye de S. Gal, la ville du même nom, la ville de Mulhauzen, & celle de Bienne. Les pays simplement alliés sont les Grisons, le Vallais, la république de Genève, la principauté de Neufchatel & l'évêché de Basle.

I. ABBAYE DE SAINT GAL.

L'abbaye de S. Gal, l'une des plus riches de la chrétienté, est située dans l'enceinte de la ville de S. Gal. Son abbé, titré, en 1204, prince de l'Empire par l'empereur Philippe, est souverain de plusieurs terres, dont les unes sont en Allemagne & les autres dans la Suisse.

Ce prélat, qui est élu par les religieux ses confreres, est le premier des alliés du corps Helvétique. Depuis 1579, son député siége, dans les dietes générales, immédiatement après les deux députés du canton d'Appenzell. Il a encore, depuis 1451 un traité de con-bourgeoisie perpétuelle avec les cantons de Zurich, de Lucerne, de Schwitz & de Glaris, protecteurs nés de l'abbaye & des terres qui en dépendent. Les sujets de l'abbé de S. Gal se divisent en anciens & en nouveaux. Les premiers occupent les pays situés entre le Tourgaw & le lac de Constance. Les seconds possedent le comté de Toggenbourg.

BEDE, baron de Hagyenwl, né 17 Décembre 1715, religieux profès 20 Mai 1744, prêtre en 1749, élu prince abbé 11 Mars 1767, & a prêté serment entre les mains de l'empereur, comme prince de l'Empire, le 19 Déc. même année.

II. VILLE DE SAINT-GAL.

La ville de S. Gal est située à quelque distance du lac de Constance. Son gouvernement est aristocratique & absolument indépendant de l'abbé de S. Gal, dont elle fut autrefois sujette.

Il y a deux conseils dont les membres sont choisis dans les sept tribus qui partagent la ville. Les chefs sont trois bourg-mestres qui président tour-à-tour & qui sont élus par la bourgeoisie.

Le domaine de cette ville est borné à un territoire peu étendu autour de ses murs, & à un baillage qu'elle possede dans le Tourgaw. Ses habitans, qui montent à environ 10 mille ames professent tous la religion réformée.

BOURG-MESTRES. Messieurs

1754 Daniel Hogger, né 1706.
1760 J.-Joachim Steinmann, né en 1703.

III. MULHAUSEN.

La ville de Mulhausen est environnée de tous côtés par les terres de France. Son gouvernement est aristocratique. Le grand-conseil est composé de 78 membres, & ses premiers magistrats sont trois bourg-mestres qui gouvernent chacun à leur tour. Cette ville ne possede d'ailleurs qu'un petit territoire autour de ses murs, & tous ses habitans professent la religion réformée.

BOURG-MESTRES. Messieurs

1778 Jean-Henri Dollfuss, né en 1731.
1780 Jean-Michel Spoilein, né en 1713.
1781 Jean Dollfuss, né.........................

IV. BIENNE.

La ville de Bienne & son territoire forment un petit état, situé entre le canton de Soleure & la principauté de Neufchatel. La souveraineté de ce pays appartient partie à l'évêque de Bâle, & partie à la capitale.

L'évêque, à son avénement, reçoit l'hommage de la ville sous certaines conditions. Une partie des amendes lui appartient. Il y établit un maire qui assiste à tous les conseils, mais sans avoir voix délibérative.

La ville de son côté a le droit de haute juridiction civile & criminelle; celui de barriere ou de port-d'armes, le pouvoir législatif, & plusieurs droits utiles de la souveraineté. Ses habitans ont une con-bourgeoisie avec Berne, & ils sont réformés.

MAIRE ET BOURG-MESTRES. Messieurs

1771 Alexandre-Jacques Wildermers, né en 1715, *maire*.
1772 David Walker, né en 1717, *bourg-mestre*.

Voyez plus bas le nom du prince-évêque de Bâle.

I. GRISONS.

Le territoire des Grisons est situé dans la partie la plus orientale de la Suisse. C'est le pays le plus étendu de tous ceux qui portent le titre d'alliés des Suisses. Il est assez peuplé, quoique hérissé de montagnes. Ses vallées produisent en quelques endroits des grains & du vin.

Le pays des grisons forme une république divisée en trois ligues, qui sont la ligue grise à l'occident, celle de la Caddée au midi, & celle des dix jurisdictions à l'orient. Ces trois corps s'unirent autrefois pour ne former qu'un seul état. Cependant chaque ligue a conservé son indépendance pour ses affaires particulieres.

Le gouvernement y est démocratique. La souveraineté appartient à la diete générale, où chaque ligue envoie ses députés après leur avoir donné leurs instructions.

Ces trois ligues sont composées d'un certain nombre de communautés, dont chacune élit ses magistrats, & se gouverne par ses propres loix. Les affaires générales sont communiquées à chaque communauté qui s'assemble alors, & où tous les citoyens de 16 ans ont voix délibérative. Elles y sont proposées par les magistrats, & décidées à la pluralité des suffrages.

Ces affaires sont ensuite portées à la diete générale des Grisons, où chaque ligue a un certain nombre de voix, qui ne dépend point de celui des députés, & tout s'y décide aussi à la pluralité. Cette diete générale s'assemble alternativement à Ilantz, à Coire & à Davos. On y traite des affaires étrangeres & de celles qui intéressent toute la nation. On y examine les comptes des administrateurs des deniers publics, & on y juge les appels.

Chacune des trois ligues a aussi une diete, que l'on peut appeler provinciale. Elle regle les affaires intérieures, & élit son président.

La religion réformée est généralement professée parmi les grisons. On y trouve cependant quelques catholiques, dont le plus distingué est l'évêque de Coire.

La ville la plus considérable des Grisons, & qui passe pour en être la capitale, est la ville de Coire, située dans la Caddée, à peu de distance du Rhin. Son évêque est prince de l'empire, & a droit de battre monnoie. Ce prélat était autrefois souverain de la ville; mais elle est aujourd'hui indépendante, & elle jouit comme lui du droit de battre monnoie.

Les Grisons possèdent en commun quatre seigneuries; le comté de Bormis, celui de Chiavenne, la Valteline & Magenfeld, qui tous ensemble forment neuf bailliages.

DÉPUTÉS

ALLIÉS DES SUISSES.

DÉPUTÉS DES TROIS LIGUES.

HAUTE LIGUE GRISE. *Messieurs*
Léonard de Marchion, *landrichter.*
Louis Adelbert de la Tour, *président.*

LIGUE CADDÉE.
M. Jean-Baptiste Tscharner, *président.*

LIGNE DES DIX JURISDICTIONS.
M. Léonard Janett, *président.*

II. VALLAIS.

Le Vallais situé au nord du canton de Berne, est une vallée longue & étroite, que le Rhône traverse dans toute sa longueur d'orient en occident. La souveraineté de ce pays est partagée entre l'évêque de Sion & les députés de tous les dizains qui composent le haut-Vallais.

L'évêque porte le titre de prince de l'empire, de comte & de préfet du Vallais. Ce prélat, qui est élu par ses chanoines & les députés des dizains, fait battre monnoie à son coin, & les actes publics sont dressés en son nom.

Le bailli occupe la seconde dignité de l'état, & le capitaine général, la troisieme. Ces officiers sont élus par l'évêque & par les députés. L'un juge les causes civiles que l'on porte à son tribunal, & l'autre commande les forces de l'état.

L'assemblée générale du haut-Vallais se tient deux fois l'année dans la ville de Sion. L'évêque y préside, & le bailli y recueille les suffrages. Cette compagnie nomme les gouverneurs du bas-Vallais, & décide souverainement toutes les affaires.

Chaque dizain a aussi sa jurisdiction particuliere, son conseil, & son chef qui porte le titre de major ou de châtelain. La capitale de tout le pays, est Sion, sise dans le haut-Vallais, sur la riviere de Sitten, près le Rhône. La religion catholique est la seule qui soit admise dans ces régions.

CAPITAINE-GÉNÉRAL DU VALLAIS.
M. Maurice-Antoine Weginer de Brig.

III. PRINCE-ÉVÊQUE DE SION.

François-Melchior-Joseph Zen-Ruffinen, né 7 Janvier 1729, élu prince de Sion, comte & préfet du Vallais, 13 Sept. 1780.

M. Morice Weginer, *bailli.*
M. Jacob de Preux, *capitaine général.*

IV. GENÈVE.

La république de Genève confiste dans la ville de ce nom, avec son territoire qui n'a qu'une lieue moyenne d'étendue autour de la ville. Cet état confine à la Suisse, à la France & à la Savoie. Genève, située sur le Rhône, à l'extrêmité du lac auquel elle donne son nom, est une ville riche, belle, marchande & très-florissante. Elle est comme le centre du calvinisme. Le nombre de ses habitans est de 28 à 30000, dans une enceinte assez médiocre. Elle en comptait à peine 10 mille avant la réforme & son indépendance.

Constitution. La république de Genève est gouvernée par quatre syndics, qu'on change chaque année & qui ne peuvent le redevenir que 4 ans après. Ces chefs ou syndics, on les tire du petit conseil formé de 20 membres, qui sont eux-mêmes choisis parmi les 250 dont le grand-conseil est composé. Il y a un autre corps nommé corps de justice. Il s'occupe, conjointement avec le petit-conseil, des affaires journalieres. Le grand-conseil décide des causes majeures, bat monnoies & délibere sur tous les objets qui doivent être proposés au conseil général. C'est dans celui-ci que réside la souveraineté. Il a le droit de créer des loix, de déclarer la guerre, de faire la paix, de contracter des alliances, d'établir des impôts. Pour y être admis, il faut avoir le titre de citoyen, ou celui de bourgeois. Le magistrat peut le conférer.

Les revenus de l'état ne montent pas au-delà de 500 mille livres, monnoie de France; mais le bon usage qu'on en fait ordinairement les rend suffisans pour former encore des épargnes.

On accorde à Genève le divorce en cas d'adultere. Les cousins germains peuvent se marier ensemble; mais on n'accorde jamais de dispenses dans les degrés plus proches. La justice criminelle s'y exerce avec exactitude, & ses sentences se rendent dans la place publique. L'accusé peut demander communication de la procédure, & se faire assister de ses parents & d'un avocat, pour plaider sa cause devant les juges à huis ouverts.

MONNOIES DE GENEVE,
comparées à celles de France.

Mon. de Geneve.				Mon. de France.		
	liv.	fols.	den.	liv.	fols.	den.

ESPECES D'OR.

	liv.	fols.	den.	liv.	fols.	den.
Pistoles anciennes,	11	10	0	18	18	$4\frac{1}{5}$
dites de 1752, 53 & 54.	10	0	0	16	9	

ESPECES D'ARGENT.

	liv.	fols.	den.	liv.	fols.	den.
Bajoires.	3	15	0	6	3	$4\frac{5}{10}$
Ecus patagons.	3	0	0	4	18	$8\frac{2}{5}$
Quart-d'écu.	0	15	0	1	4	$8\frac{1}{10}$
Pieces de 21 fols.	0	10	0	0	16	$4\frac{4}{10}$
Autres de 10 fols 6 den.	0	5	0	0	8	$2\frac{7}{10}$

MONNOIES IDÉALES.

	liv.	fols.	den.	liv.	fols.	den.
Livre courante.	0	20	0	1	12	$10\frac{4}{5}$
Sol courant.	0	0	12	0	1	$7\frac{7}{10}$
Forin monnoie.	0	5	$8\frac{4}{7}$	0	9	$4\frac{2}{3}$
Le fol monnoie.	0	0	$5\frac{5}{7}$	0	0	$4\frac{2}{3}$

Les négocians & banquiers comptent en livres de 20 fols, à 12 deniers courans. Le gouvernement & les petits marchands comptent en florins de 12 fols à 12 deniers, valeur de Genève.

On y change fur les places suivantes, & l'on donne, . . . pour recevoir,

	donne	pour recevoir
Sur Amsterd.	1 écu de 3 liv.	90 den. de gros pl. ou m. à 2 usances.
Ausbourg & Nuremberg,	100 dito.	125 rixd. pl. ou m. à 15 j. de vue.
Ou, . . .	200 liv. cour.	125 flor. cour. plus ou m.
Francfort, .	100 écus de 3 livres, plus ou moins.	138 rixd. monnoie à 15 j. de vue.
Ou, . . .	200 liv. plus ou m.	138 flor. monnoie.
Gênes, . . .	96 éc. de 3 l. p. ou m.	100 piastres de 115 sols h. de bc.
Leipsick, . .	1 l. 12 s. p. ou m.	$7\frac{1}{2}$ flor. cour. en pistoles & en foire.
Livourne, .	96 écus pl. ou m.	100 piastr. de 8 rixd. à 8 j. de vue.

Donne,		Pour recevoir,
Sur Londres,	1 écu de 3 liv.	50 den. sterl. pl. ou m. à 2 ufances.
France,	100 liv. cour.	166 liv. t. pl. ou m. à vue à uf. & aux payem.
Milan,	96 écus plus ou m.	640 l. cour. à 8 j. de vue.
Turin,	1 dito.	80 f. piémontois p. ou m.

Les ufances des lettres-de-change de Hollande, d'Angleterre, de France, font de 30 jours de date; d'Allemagne & d'Italie, de 15 jours de vue.

A l'égard des jours de grâce, on lit dans l'ordonnance, art. III, titre 18, ce qui fuit :

« Les porteurs des lettres-de-change, feront tenus d'en exi-
» ger le payement à l'échéance, & à défaut de payement, de
» les faire protefter, pour le plus tard, dans les 5 jours après
» celui de l'échéance, dans lefquels le dimanche ne fera
» compté ».

V. PRINCIPAUTÉ DE NEUFCHASTEL.

La principauté de Neufchâtel forme un petit état, borné au nord par la Franche-comté, & au midi, par le lac de Neufchâtel. Ce pays, quoique montueux, eft fertile en bien des endroits & fort peuplé. On y trouve de grands vignobles, qui produifent d'excellents vins rouges.

Le roi de Pruffe eft fouverain de cette principauté, & comme tel, il eft allié des cantons de Berne, de Lucerne, de Fribourg & de Soleure. Il y a une con-bourgeoifie particuliere avec Berne, & ce canton eft juge des différends qui peuvent s'élever entre le prince & les bourgeois de Neufchâtel.

Le gouvernement du pays eft monarchique, & le prince y tient un gouverneur, dont l'autorité eft limitée par les droits des peuples, qui font fort étendus. Cet officier doit réfider dans le pays.

Toutes les affaires civiles font décidées en dernier reffort par le tribunal des états. Les peuples font exempts de toute efpece de charges, impôts, péages, &c. Ils ont même le droit de prendre part aux guerres étrangeres, pourvu que leur fouverain n'y foit pas intéreffé, comme prince de Neufchâtel.

Le tribunal des états a pour préfident le gouverneur du pays. Cette compagnie eft compofée de 12 juges, qui font quatre nobles, quatre châtelains & quatre membres du confeil de la ville. La plus grande partie des habitans de cette principauté font réformés.

Frédéric II, roi de Prusse, *souverain de Neufchâtel*
1779 M. Godefroi-Louis de Beville, *gouverneur*.

VI. ÉVÉCHÉ DE BASLE.

Les terres de l'évêché de Bâle, sises à l'occident du comté de Montbeliard, forment une principauté d'environ 16 lieues de long sur autant de largeur. La juridiction temporelle de ce prélat s'étend aussi sur Bienne, Neufville & l'Orguel, & sa juridiction spirituelle sur une partie de l'Alsace, de la Suisse & des pays héréditaires de la maison d'Autriche. Cet état n'offre que deux villes considérables, Porrentruy & Delmont.

Le gouvernement de ce pays est monarchique. L'évêque a rang parmi les princes de l'empire, pour le cercle du haut Rhin. Ce prélat, autrefois souverain de la ville de Bâle, n'y exerce plus aucune autorité.

L'évêque de Bâle n'est allié que des sept cantons catholiques, & ce prince a aussi une alliance particuliere avec la France. Sa capitale est Porrentrui, petite ville sise sur la riviere de Halle, aux frontieres de l'Alsace, où il réside depuis la réformation. Les deux religions sont professées dans sa principauté. Sa cathédrale, fixée à Arlesheim, est composée de 18 chanoines nobles.

PRINCE-ÉVÊQUE DE BASLE.

Joseph Sigismond, baron de Roggenbach, né le ......, élu 22 Novembre 1782, consacré 14 Septembre 1783, investi à Vienne le .....

CHANOINES ET CHAPITRE DE LA CATHÉDRALE. *Messieurs*

Jean-Conr.-Séb. baron de Rink de Baldenstein, *grand-prévôt*.
François, baron d'Erbestein, *grand-doyen*.
J. Bapt.-Fr.-Conr. baron de Blarer de Wartensée, *grand-chantre*.
Fr.-Sig. baron de Blarer de Wartensée, *grand-archidiacre*.
Fr.-Sig. comte de Froberg, prévôt de Henschingen, *grand-custos*.
J.-Bapt. Gobel, évêque de Lydda, suffr. & vic. gén. de Bâle, docteur en Théologie, *grand-écolâtre*.
Jean-Henri, baron de Ligerz, *grand-célérier*.
Ch.-Jos.-Sig. baron de Roll de Bernan, *ci-devant grand-doyen*.
François-Xav. de Schorff, docteur en théologie.
Narcisse-Ign. Mantelin, docteur en théologie.
François-Philippe, baron d'Andlau.
Joseph-Guillaume, baron de Neveu.
Fr.-Ign. Menrad de Rosé à Moultemberg, docteur en théologie.

Messieurs

Jos.-Guill. baron de Rink de Baldenstein,
Ant. baron de Reinach de Steinbrun, chanoine de Wurtzbourg.
Phil. Valens de Reibelt, docteur en théologie.
François-Charles-Elzéar, baron de Wangen de Gerolzegg.
Jos.-August. baron d'Andlau.

GRANDS OFFICIERS HÉRÉDITAIRES. *Messieurs*

D'Eptirgen, *maréchal*.
De Berenfelds, *échanson*.
De Reichenstein, } *chamb.*
Rink de Baldenstein,

Truchess, } *chamb.*
De Schœnau,
De Rotberg, *maître-d'hôtel*.

1579. *PROVINCES-UNIES*, rél. réfor.

ÉTENDUE. Cet état comprend 65 lieues de long, 38 de large & 165 de tour. Les sept provinces qui le composent, sont la seigneurie d'Utrecht, le comté de Hollande, la Zélande, la Gueldre, avec le comté de Zutphen, la seigneurie d'Overissel, la Frise & la seigneurie de Groningue. La république a choisi pour ses armes un lion qui tient sept fleches, ce qui fait allusion à l'union des sept provinces.

Constitution. Le gouvernement de ces provinces est aristo-démocratique. Chaque ville est une petite république. Chacune d'elles envoie ses députés aux assemblées de la province; ce qui forme une république plus étendue; enfin chaque province députant à la Haye, il en résulte un corps de représentans qu'on appelle états-généraux. Le nombre des députés qu'envoie chaque province n'est pas limité; mais tous ensemble ils n'ont qu'une voix. Chaque province y préside sa semaine; & c'est à son député président que les ambassadeurs & les ministres étrangers doivent s'adresser, soit pour avoir audience, soit pour présenter leurs mémoires.

Le Stadhouder, dont la dignité est héréditaire même aux filles, est gouverneur-général, capitaine-général & grand-amiral des provinces-unies. Ce prince ne peut entrer à Amsterdam avec ses gardes-du-corps, qu'il doit laisser à quelque distance de la ville. Le stadhouder, l'amiral & tous les officiers de terre & de mer, sont exclus des délibérations & ne peuvent entrer dans les états, que lorsqu'ils ont quelques propositions a faire, ou quand ils sont mandés pour rendre compte de leur conduite, recevoir leur commission ou leur congé.

En Hollande, l'impôt est distribué en trois branches principales; la premiere est composée des droits d'entrée & de sortie. Ces droits, fixés par le tarif de 1725, sont les mêmes dans les sept provinces, & y sont également & uniformément perçus. Leurs produits portés au trésor de la république sont à la disposition seule des états-généraux. Les deux autres branches de l'impôt consistent dans les droits de poids, de villes & de provinces, en droits sur les consommations, & en droits personnels & réels. Ces deux branches sont divisées en une infinité d'autres; car en Hollande on paye impôt de tout, du bétail, des fruits, du sel, de chaque servante, de chaque cheminée, pour avoir droit de prendre du café, de boire du vin & de brûler de la tourbe. Une partie du produit de ces deux dernieres branches, appartient, les unes aux villes, les autres aux provinces; & ce sont les états des provinces & les régences des villes qui en disposent. Toutes ces impositions rendent ordinairement 21 millions de florins par an, ou 45 millions monnoie de France. En tems de guerre, on fait monter les impôts beaucoup plus haut encore.

Ces taxes, jointes à celles que la république établit sur les vaisseaux de ses sujets qui commercent aux Indes, & à ce qu'elle retire elle-même de ce commerce pour ses propres droits, lui rapporte annuellement plus de 60 millions de livres.

Forces. La république entretient ordinairement 50 mille hommes de troupes réglées. En tems de guerre on lui a vu jusqu'à 120 mille hommes de troupes de terre; & elle a à son service plusieurs princes souverains de l'Empire. Sa compagnie des Indes orientales entretient 30 mille hommes de troupes, 160 vaisseaux en mer, & plus de 80 mille personnes qu'elle emploie aux Indes.

Marine. La marine militaire de cette république est très-considérable. Elle roule communément entre 70 & 80 vaisseaux de tous rangs & de toutes les grandeurs.

Commerce. Ce pays, le triomphe de l'industrie, de la bonne intelligence & de l'activité, avec un sol ingrat & de peu d'étendue, se trouve au niveau des puissances les plus respectables de l'europe. Les ressources que la nature lui a refusées, il les retrouve dans son commerce; la province de Hollande sur-tout est aujourd'hui, comme l'entrepôt & le magasin général du monde. Tout y est en action. Elle emploie annuellement 150 navires & 25000 hommes à la seule pêche du hareng. On prétend qu'année commune, elle vend à l'étranger plus de 300 mille tonnes de harengs. En mettant le prix de chaque tonne à 200 florins, les 300 mille tonnes donneraient la somme totale de 60 millions de florins. Les frais de la pêche ne vont pas au-delà de 3 millions de florins. Après les avoir prélevés, il reste donc 57 millions de florins pour le bénéfice de chaque année. La même activité se retrouve dans toutes les branches du négoce. Dans les mois d'Avril, Mai & Juin de cette année 1783, il est entré & sorti par la Meuse & par le Texel plus de deux mille voiles destinées au commerce de la république.

Ce fut le 31 Janvier 1609 que l'on établit la banque d'Amsterdam. On ordonna alors que les payements des lettres-de-change & des marchandises en gros ne se feraient qu'en banque, à moins que les sommes ne fussent au-dessous de 600 florins, & diminuées depuis jusqu'à 300 florins. Cette ordonnance obligea tous les citoyens de porter leur argent à la banque, qui depuis cette époque est devenue la caisse générale de la nation, & que l'on considere aujourd'hui comme la plus fameuse & la plus solide de l'europe.

Tous les payements s'y font par un simple transport ou assignation des uns aux autres. Ainsi celui qui est créancier sur les livres de la banque de 6000 florins, cesse de l'être dès qu'il a cédé sa créance en tout ou en partie a un autre, lequel est couché sur le livre de la banque comme créancier. Ainsi les parties ne font que changer de noms, sans qu'il soit nécessaire de faire aucun payement effectif.

MONNOIES DE HOLLANDE,
comparées à celles de France.

Monn. de Hollande.	liv.	Monn. de France. sols.	den.
Le ruider.	28	15	0
Le ducat.	10	13	1
Le ducaton.	6	13	$11\frac{11}{19}$
Le gros écu.	6	7	7
La rixdale.	5	6	4
Le dalder.	3	3	$9\frac{1}{2}$
Le florin ou goulde.	2	2	$6\frac{2}{3}$
Le demi-florin.	1	1	$3\frac{1}{3}$
L'escalin ou sol de gros.	0	12	$9\frac{1}{10}$
La piece de 5 sols 8 penins.	0	11	$8\frac{1}{2}$
Celle de 2 sols.	0	4	$3\frac{2}{15}$
Le sol commun.	0	2	$1\frac{31}{60}$
La livre de gros.	12	15	2
Le sol de gros.	0	12	$9\frac{1}{10}$
Le denier de gros.	0	1	$0\frac{91}{}$
Le penin.	0	0	$1\frac{17}{4}$

PROVINCES-UNIES. 313

On tient les comptes en florins, fols & penins. Le florin a 10 fols, le fol a 16 penins Ce florin fe partage encore d'une autre maniere, en 40 gros ou deniers de gros.

Le rixdaler a $2\frac{1}{2}$ flor. $8\frac{1}{3}$ efcalins, 50 fols, 100 deniers de gs. 800 penins.

1 florin d'or eft 28 fols, 468 penins.

La livre de gros, qui eft imaginaire, a 6 florins, 20 efcal. 110 fols, 240 deniers de gs. ou 1920 penins hollandais.

La valeur de ces efpeces fe compte en banque & en courant. La valeur de banque a cinq pour cent plus ou moins de valeur qu'en courant.

La banque reçoit les efpeces d'argent qui ont le poids, favoir :

Le ducaton a 60 fols, valeur de banque.
La piece de 3 florins a 57 fols.
Le rixdaler a 48
Le florin a 19

Les efpeces d'or que la banque reçoit, doivent avoir le poids fuivant.

	marc.	once.	engel.
1000 ducats neufs de Hollande.	14	1	$11\frac{5}{8}$
1000 louis d'or vieux de France.	27	1	15
1000 louis d'or neufs au foleil.	33	1	0
1000 piftoles d'Efpagne.	27	4	5
1000 crufades à 4800 rées.	44	0	0

Le prix du marc d'or eft fixé dans les hôtels des monnoies de la république à 355 flor. banco; avec 5 p. c. d'agio, pour argent courant. Celui du marc d'argent fin, à 25 flor. 2 fols, argent courant. Ces prix varient journellement de quelque chofe, dans les affaires de commerce.

En Hollande, la proportion légale entre l'or & l'argent, eft comme 1 à $14\frac{47}{100}$, ou 1 à $14\frac{1}{2}$, à peu-près.

Amfterdam change fur les places fuivantes, & donne,   *pour recevoir,*

Sur { Anvers, Bruxelles & Gand, }	97 liv. de gros, ou florin en bc.	100 liv. de gros, ou flor. arg. de ch. pl. ou m. à vue & à uf.
Ou, ...	100 l. de gs. ou fl.	103 liv. de gs. ou flor.
Breflau, ...	43 f. bc. p. ou m.	1 liv. de bc. de Pruffe, à 6 femaines de date.
Cologne, ...	100 rixd. cour.	146 rixd. cour. pl. ou m. à 15 jours de vue.

	Donne,	Pour recevoir,
Dantzik,...	1 l. de gros bc.	320 gros polonais pl. ou m. 40 & 70 jours de date
Espagne,..	91 d. de gros bc.	1 duc. de 375 marav. vieille monnoie à uf. de mois de date.
Francfort-sur-le-Mein,..	100 rixd. cour.	133 rixd. conv. cour. aux foires & à uf. de 14 j. de vue
France,...	53 d. de gs. bc. plus ou m.	1 écu de 60 f. tourn. à 1, 2 & 3 uf.
Genève,...	90 dit. pl. ou m.	1 écu de 3 liv. cour. à uf. de 2 mois de date.
Gênes,....	58 dit. pl. ou m.	1 piastre de 115 f. h. de bc
Hambourg,.	33 f. bc. p. ou m.	1 daler de 32 f. lubs. bc. uf. de 1, 2 & 3 mois
Kœnigsberg,	1 liv. de gros.	310 gros de Prusse, pl. ou m. à 41 jours.
Leipfick & Naumbourg,	37 f. c. pl. ou m.	1 rixdale de 24 bgr. aux foires.
Lisbonne,..	45 den. de gs. bc. plus ou m.	1 creufade de 400 rées. 2 mois de date.
Livourne,..	86 den. de gs. bc. plus ou m.	1 piastre de 8 réaux de 6 mon. longue, à uf. de 2 mois de date.
Londres,...	35 efc. 2 drs. de gs. bc. plus ou moins.	1 liv. sterling, à 1 & 2 uf. & à vue.
Venife,....	90 d. de gs. bc. plus ou m.	1 ducat de bc. à uf. de 2 mois de date.
Vienne,....	36 fols bc. plus ou moins.	1 rixd. par caiffe à 6 femaines de date.
Zélande,..	Avec gain de	1 ½ pour cent, pl. ou m.

Il y a six fermetures de la banque par an, 2 grandes & 4 petites. La premiere des grandes fermetures se fait le 2ᵉ & le 3ᵉ famedi après le nouvel an, & s'ouvre le fecond vendredi après le famedi auquel elle a été fermée ; ainfi elle demeure fermée pendant 13 jours. La feconde grande fermeture fe fait le 2ᵉ & 3ᵉ famedi dans le courant du mois de Juillet, & dure, comme la premiere, 13 jours. Les 4 petites fermetures font de 4 à 6 jours, à pâques, à la pentecôte, à la foire, le 24 Sept. & à noël. Pendant ce tems, on ne peut difpofer d'aucune façon ses effets ; le porteur ou teneur des lettres-de-change dont l'échéance tombe pendant les fermetures, n'en souffre aucun préjudice, & faute de payement, le protêt se fait ordinairement 3e. jour après l'ouverture.

Les ulances sont, à Amsterdam, des lettres-de-change d'Allemagne & de la Suisse, à 15 jours de vue ; de Dantzick & Kœnisberg, de 40 à 70 jours de date ; de Riga, de 36 à jours de date ; de France, de Londres & de Genève, à un mois de date ; de Venise, d'Italie, d'Espagne & de Portugal, 2 mois de date.

Il y a six jours de grâce pour les lettres en courant, le dimanche & les fêtes compris. Lorsque le dernier jour de grâce rencontre une fête, il faut que le payement ou le protêt se fasse le vendredi, si le jour de l'échéance tombe sur le samedi ou le dimanche.

Quant aux lettres-de-change payables en banque, on ne fait ordinairement aucun usage des jours de grâce ; on les écrit, le jour de leur échéance, ou tout au plus, un jour après. Faute de payement, le protêt se fait le 2 ou 3e jour, au plus tard.

MAISON DU STADHOUDER.

GUILLAUME V, prince d'Orange & de Nassau-Dietz, né 8 mars 1748, maréchal héréditaire de la Hollande, Stadhouder, gouverneur, capitaine-général & amiral héréditaire des Provinces-unies, capitaine-général & amiral héréditaire de l'union, 2 Octobre 1751, chevalier des ordres de la jarretiere & de l'aigle noir, marié 4 Oct. 1767, à .

Frédérique-Sophie-Guillemine de Prusse, née 7 Août 1751.
Fils. Guill.-Fréd. né 24 Août 1751.
Guill.-G.-Fréd. né 15 Fév. 1774.
Fille. Fréd.-Louise-Guill. née 28 Nov. 1770.
Sœur. Caroline, née 28 Fév. 1743.

ASSEMBLÉES DES ÉTATS GÉNÉRAUX.

Cette diete, dans laquelle réside la souveraineté des états, est composée des députés des provinces. Ceux-ci sont distribués en deux classes. Les uns sont ordinaires & ont voix délibérative ; les autres qui n'y sont appelés que pour des affaires extraordinaires, se tiennent debout, & n'y ont que le droit de représentation.

Cette province donne alternativement un président à cette

assemblée, & ce président change toutes les semaines. La premiere semaine appartient à la Gueldre, la seconde à la Hollande, la troisieme à la Zélande, la quatrieme à Utrecht: la cinquieme à la Frise, la sixieme à Overissel & la septieme à Groningue.

OFFICIERS PERMANENTS. *Messieurs*

1772 P. Van Bleyswick, *pension. de Holl & de la Frise occid. garde perpét. du sceau de Hollande.*
1744 Henri Fagel, *greffier.*
1773 G.-Ch. Dierskens, *commissaire.*
1773 G. Quarles, *agent.*

CONSEIL D'ÉTAT.

Le prince Stadhouder & douze députés des provinces composent ce conseil. Chacun de ces douze députés remplit alternativement les fonctions de président.

OFFICIERS PERMANENTS. *Messieurs*

1769 Le baron de Wavern, *conf. & trésorier-général.*
1779 Le baron de S. Jean Ten-Heen, *receveur-général.*
1769 Le baron de temple, *secrétaire.*

HAUT CONSEIL DE GUERRE.

M. de Rengers, lieutenant-général de cavalerie, *président.*

CONSEILLERS. *Messieurs*

Vinck, général-major.
Van-Brakel, général-major.
De Braauw, colonel.
Gonzal, colonel.
Van Goens, colonel.
Le baron de Pollnitz, colonel.
Thooft, colonel.
Cuninghame, lieut. colonel.
D'Oldenbarneveld, *fiscal la généralité.*
Van-Rheenen, *greffier.*
De Berestein, *prévôt-gén.*

TRÉSORERIE.

M. J.-L. Reygersman, *conseiller & trésorier-général.*

SECRÉTAIRIE ET CABINET.

M. le baron de Larrey, *conf. privé, secrét. & maît. des req.*

DÉPARTEMENT DES ÉTATS DU PRINCE EN ALLEMAGNE. *Messieurs.*

Le baron de Larrey, conf. privé.
De Passavant-Passenbourg, conf. priv. de la régence & sec. priv.
Chelius, secrétaire de la régence & du département.

PROVINCES-UNIES.

COMMISSION ÉTABLIÉ POUR LA DIRECTION DE LA COUR.
Messieurs

Le baron de Voigt d'Elespe.	De Heckeren de Khel.
De Marsay S. George.	De Heiden de Reinestein.

GRANDS OFFICIERS DE LA COUR. Messieurs

Le baron de Voigt d'Elespe, *grand-maître de la cour.*
Le comte de Marsay S. George, *maréchal de la cour.*
Le baron de Heckeren de Khel, *grand-écuyer.*
Le baron de Rengers, *premier chambellan.*

ADJUDANS GÉNÉRAUX. Messieurs

Le baron de Thuyl, lieutenant-général.

1. classe.
- Le baron d'Aulbonne, général-major.
- Le baron de Dopff, général-major.
- Le baron de Stocken, général-major.

2. classe.
- Le baron de Boetzclaer, colonel.
- Le baron de Wilcke, général-major.
- Le comte de Golowkin, colonel.
- Le baron de Rheede, colonel.

SURNUMÉRAIRES. Messieurs

Le comte de Byland, colonel.
Le baron Van-Der-Borch, colonel.
Bentink, colonel.

ADJUDANS GÉNÉRAUX DE LA MARINE. Messieurs

Kinsbergen, contre-amiral, *premiere classe.*
Le baron de Kinkel, capitaine, *seconde classe.*
Van de Graaff, ingen. *garde des plans & archives mil.*

ÉTAT-MAJOR DES ARMÉES DES ÉTATS GÉN. MM.

Le prince Stadhouder, *capitaine-général.*
Le duc Louis de Brunswick-Lunebourg, feld-maréchal de l'Empire, gouverneur de Bois-le-Duc, *feld-maréch. gén.*
1771 Le baron Van-Der-Duyn, gouverneur de Breda, général de la cavalerie.

LIEUTENANS-GÉNÉRAUX DE CAVALERIE. Messieurs

4 Mars 1766. Le comte de Rechteren.
De Famars.
4 Août 1772 Le comte de Hompesch.
J. Falaiseau.

PROVINCES-UNIES.

Messieurs

22 Août 1772 Linden de Reſſen.
              Tuyl de Serookerken.
              Van-Der-Duſſen.
              Le baron de Rengers.
              Staveniſſe Pous.
              Le prince Fréd. de Heſſe-Caſſel.
15 Mars 1774 Le prince G. de Heſſe-Philipſthal.

GÉNÉRAUX D'INFANTERIE. *Messieurs*

16 Fév. 1760 Le prince régnant de Naſſau-Weilbourg.
18 Déc. 1772 Le baron Lewe d'Adwart.
22 Juin 1779 Le comte d'Envie.

LIEUTENANS-GÉNÉRAUX D'INFANTERIE. *Messieurs*

2 Nov. 1748   Le prince de Holſtein-Gott orp.
1 Sept. 1751 Le marquis Regn. de Bade.
14 Mars 1766 Le baron de Randwyk.
              Onderwater.
              Le comte d'Yſenbourg.
              Deutz.
              Le baron de Raeders.
              Le prince G.-L. de Bade.
1 Juin 1770   Le prince régnant de Naſſau-Uſſingen.
24 Août 1772 Eſcher.
              Bouquet.
              Hertel.
              Le prince de Solms.
              Le prince d'Anhalt Schombourg.
              Le vicomte de Kirchberg.
              Le prince régnant de Waldeck.
              Le comte de Naſſau.
              Schimmlpennink Van-Der-Oye.
              Le baron de Hardenbroek.
              Le baron de Sommerlatte.
              Le comte de Leiningen.
              Sandoz.
              De Chambrier.
              Le marquis de Bellegarde.
13 Avril 1775 Le prince F.-A. de Naſſau-Uſſingen.

DIRECTEUR GÉNÉRAL DU CORPS DES INGÉNIEURS

M. Dumoulin, général-major.

TABLEAU DES GOUVERNEURS ET COMMANDANS DES VILLES ET FORTS. Meſſieurs

GÉNÉRALITÉ.

Maſtricht.	Le prince de Naſſau-Weilbourg, *gouverneur.*
	Le comte de Welderen, *comm.*
Bois-le-Duc.	Le duc de Brunſwick, *gouverneur.*
	Douglas, *commandant.*
Fort Iſabelle.	Le D. de Brunſwick, *gouverneur.*
	Weyl, *commandant.*
Fort Crévecœur.	Le D. de Brunſwick, *gouverneur.*
	De Witte, *commandant.*
Breda.	Le baron van Der Duyn, *gouverneur.*
	Le comte de Bylandt, *major-commandant.*
Berg Op-Zoom.	Deutz, *gouverneur.*
	Le baron de Nyvenheim, *maj. commandant.*
Wathaven-fort.	Deutz, *gouverneur.*
	Van Houten, *major.*
Fort Mourmont.	Deutz, *gouverneur.*
	Stokkelmans, *major.*
Fort Pinſen.	Deutz, *gouverneur.*
	Gieſe, *major.*
Fort-Rovere.	Deutz, *gouverneur.*
	Crauſe de Frens, *commandant.*
Écluſe.	Lewe, *gouverneur.*
	Van Suchtelen, *général-major.*
Fort S. Donaes.	Lewe, *gouverneur.*
	Loos, *major.*
Fort Yſendik.	Lewe, *gouverneur.*
	Matthey, *commandant.*
Frouw-Schans.	Lewe, *gouverneur.*
	Matthey, *commandant.*
Fort Philippine.	Lewe, *gouverneur.*
	Staveniſſe Pous, *commandant.*
Liverden.	De jenſſen, *gouverneur.*
	De Noſtitz, *commandant.*
Pamer-Schans.	Prins, *major.* ....
Fort Bourtange.	Van Der Borch, *commandant.*
Lillingwolder f.	Schmid, *commandant.*
Nouveau Fort.	De Reitzenſtein, *commandant.*
Willemstad.	Le baron de Stocken, *gouverneur.*
	Perron, *major-commandant.*

PROVINCES-UNIES.

— Messieurs.

Le Clundert.	Le baron de Stocken, *gouverneur.*
	De Bock, *g. major.*
GRAVE.	Le prince de Hesse-Cassel, *gouverneur.*
	De Bons, *major-commandant.*
VENLO.	Le comte de Rechteren, *commandant.*
	De Weinghuysen, *général-major.*
Fort S.-Michel.	Pallaroy, *commandant.*
	De Gerstein, *major.*
SAS DE GAND.	Le landgrave de Hesse-Philipsthal, *comm.*
	Spingler, *major-commandant.*
F. S.-Antoine.	Le prince de Hesse-Philipsthal, *commandant.*
	Le Fevre de Montigny, *major.*
HULST.	Le baron de Dopff, *commandant.*
	De Logau, *général-major.*
F. de Moerschans.	Le baron de Dorpff, *commandant.*
	Van Aelst, *major.*
STEENBERGUE.	Falaiseau, *commandant.*
	D'Eversdyk, *général-major.*
Fort Henry.	Falaiseau, *commandant.*
	D'Eversdyk, *major.*
LILLO.	Bedaulx, *commandant.*
	De Schweinitz, *général-major.*
Fort Liefkenshock.	Bedaulx, *commandant.*
	Van Baers, *major.*
F. Kruys-Schans.	Bedaulx, *commandant.*
	Rebenscheidt, *major.*
F. Fréd.-Henri.	Bedaulx, *commandant.*
	Ruyl, *major.*
AXEL.	D'Ewigh, *commandant.*
	Turcq, *général-major.*

SEPT PROVINCES.

PROVINCE DE GUELDRE. *Messieurs*

NYMEGUE.	Van Der Hoop, *commandant.*
ARNHEIM.	Le prince de Bade, *gouverneur.*
	De Quadt, *général-major.*
F. Gelderfoort.	. . . . *major.*
ZUTPHEN.	Le baron de Heeckeren, *commandant.*
	Le baron Schimmelpenning van Der Oyen, *général-major.*
THIEL.	Zehender, *major-commandant.*
BOMMEL.	. . . . *major-commandant.*

DOESBURG

PROVINCES-UNIES.

Messieurs

Doesburg.	Le baron de Raders, *commandant*.
	Slicher, *général-major*.
Brevoort.	Westenberg, *général-major*.
Fort S. André.	Van de Graatt, *commandant*.
	Bois, *général-major*.

PROVINCE DE HOLLANDE. *Messieurs*

Dordrecht.	Belaarts de Blokland, *command. du mag. de la génér.*
Delft.	Van Der Goes, *comm. du mag. de la génér.*
	Paravicini de Capelli, *insp. des mag. de Holl.*
La Haye.	De Campo, *major*.
	Paravicini de Capelli, *insp. de la fonderie de l'état.*
Heusden.	Le baron de Kretschmar, *gouverneur*.
	De la Broue, *commandant*.
Worcum.	Le baron de Kretschmar, *gouverneur*.
Fort Hemert.	Le baron de Kretschmar, *gouverneur*.
	Nolet, *major*.
Nieuwerfluis.	Wolbrink, *major*.
F. Wierikke.	Regis, *major*.
Hinderdam.	Kuners, *major*.
Gestruidenberg.	Grenier, *commandant*.
	De Petit, *général-major*.
Naarden.	Gheel de Spanbrock, *commandant*.
	Thierens, *major*.
F d'Huittermeer.	Schouten, *major-commandant*.
Loevestein.	De Pabst, *commandant*.
Gorcum.	Van Der Pyl & Van Hogenhuyzen, *majors*.
Le Brille.	Rulach, *major*.
Schoonhove.	Schweitzer, *major*.
Nieuwpoort.	. . . .
Ouderwater.	Imbyze de Batenburg, *général-major*.
Woerden.	De Well, *major*.
Hellevoetsluys.	Riefkohl, *major*.

PROVINCE DE ZÉLANDE. *Messieurs*

Ulissingue.	Deyts, *commandant*.
Rimekes.	Deyts, *commandant*.
	De Plaan, *major*.
Ter Veere.	Cau & Jager, *majors*.
Tholin.	Engert, *général-major*.

X

PROVINCES-UNIES.

PROVINCE D'UTRECHT.

UTRECHT.   M. de Berchyck, *général-major*.

PROVINCE DE FRISE. *Messieurs*

LEUWARDE.   Fortuyn, *maj.-comm. & maj. de la province*.
HARLINGEN.   Le baron de Geufau, *major-commandant*.

PROVINCE D'OVERISSEL. *Messieurs*

CAMPEN.   Eckhout, *général-major*.
DEVENTER.   Le B. d'Aerssen-Baviere de Voshol, *maj. comm*.
ZWOL.   Thomassen à Theussink, *général-major*.
HASSELT.   De Meyeis, *major*.

PROVINCE DE GRONINGUE. *Messieurs*

GRONINGUE.   De Sommerlatte, *comm. des troupes de la prov*.
              Le baron de Nyvenheim, *g. maj. de la prov*.
Delfzyl.   Bennema, *comm. & général-major*.

MARINE.

Le prince Stadhouder, *amiral-général*.

COLLÉGE DE L'AMIRAUTÉ DE LA MEUSE. *Messieurs*

1768 Le baron de Wassenaer, *lieutenant-amiral*.
1773 Van Der Gon, ⎫
1781 Pichot. . . . . ⎬ *vice-amiraux*.
1779 Van Haaften, ⎫
1782 Bisdom, . . . ⎬ *contre-amiraux*.
      Van Hoey , . . ⎭

   11 *Capitaines*.

COLLÉGE DE L'AMIRAUTÉ D'AMSTERDAM. *Messieurs*

1773 J. Hœuft, *lieutenant-amiral*.
1773 Hartsinck, . . ⎫
1779 Reynst , . . . ⎬ *vice-amiraux*.
1781 Le c. de Byland, ⎟
      Zoutman , . . ⎭
1776 Van Der Does, ⎫
1779 Dabenis, . . . ⎟
      Binkes , . . . ⎟
1781 Dietvelt, . . . ⎬ *contre-amiraux*.
      Dedel , ... ⎟
      Van Braam , . ⎟
      De Kinsbergen, ⎭

   44 *Capitaines*.

PROVINCES-UNIES.

COLLÉGE DE L'AMIRAUTÉ DE ZÉLANDE. *Messieurs*

1781 Corneille Vis, *vice-amiral.*
1766 Haringman, ⎫
1780 Kruynen, ⎬ *contre-amiraux.*
6 *Capitaines.*

COLLÉGE DE L'AMIRAUTÉ DE WEST-FRISE. *Messieurs*

1779 Peereboom, ⎫
     Mytens, ⎬ *contre-amiraux.*
1782 Vos, ⎭
10 *Capitaines.*

COLLÉGE DE L'AMIRAUTÉ DE FRISE. *Messieurs*

1764 Berghuis,
     Van Der Beets,
1767 Van Idsinga,
1773 Le C. de Rechteren, ⎬ *capitaines.*
1777 De Rook,
     De Bouricius,
1779 De With,
1781 De Kinsbergen,

MINISTRES DES ÉTATS-GÉNÉRAUX,
AUPRÈS DES COURS ÉTRANGÈRES. *Messieurs*

Vienne.   Le C. de Wassenaer d'Obdam, *env. ext. & min. plén.*
         Duker, *secrétaire de légat.*
Berlin.   Le B. de Reede, *env. ext. & min. plénipotentiaire.*
         Le capitaine Bonhomme, *secrétaire de légat.*
Cercles du haut & bas Rhin.   .... *env. extraordinaire.*
         Le lieut. Lucius, *chargé d'affaires.*
Cercle de b. Saxe & Hambourg. Le baron d'Hogguer, *ministre.*
Diete de Ratisbonne.   Gallieris, *ministre.*
         Schmidtman, *secrétaire de légat.*
Cologne & C. de Westphalie. De Lansbergen, *ministre plénip.*
         Skene, *secrétaire de légation.*
Russie.   Le baron de Wassenaer de Starrenburg; *amb. ext. & ministre plénipotentiaire.*
         Le capitaine Cyland, *secrétaire de légation.*
         De Swart, *résident.*
         De Hoogverf, *secrétaire.*
Stockholm.   Le baron Van Der Borch, *env. extraordinaire.*
Copenhague.   Le comte de Rechteren, *env. extraordinaire.*
         Le cap. Roust, *secrétaire de légation.*

PROVINCES-UNIES.

Messieurs

Bruxelles.	Le baron de Hop, *min. plénipotentiaire.*
	Ernst, *secrétaire de légation.*
France.	L'Estevenon de Berkenrode, *ambassadeur.*
	De Brantzen, *env. extraordinaire.*
	Le cap. Sitting, *secrét. de M. de Berkenrode.*
	Le cap. Tinne, *secrét. de M. de Brantzen.*
Espagne.	Le C. de Rechteren, *env. ext. & min. plénip.*
	Aubert, *secrét. de légation.*
Portugal.	Le baron d'Hogguer, *ministre.*
Constantinople.	Le baron de Haaften, *ambassadeur.*
	Kroll, *secrétaire de légation.*

SOLLICITEUR ET AGENT DES AMBASSADEURS A LA HAYE.

M. P. F. Tinne.

CONSULS DE HOLLANDE, EN PAYS ÉTRANGERS.

Messieurs

Dantzick.	J. Ross, *commissaire.*
Elseneur.	Van Deurs, *commissaire.*
Bergues.	Fasner, *consul.*
Ostende.	De Vinck, *commissaire.*
Bordeaux.	Meyer, *comm. g. pour la prov. de Guyenne.*
Nantes.	Odiette, fils, *commissaire.*
Havre-de-Grâce.	D'Eichof, *commiss. pour la Normandie.*
Marseille.	Mugnot, *comm. g. pour la prov. de Provence.*
Boulogne.	Audibert, *comm.*
La Rochelle.	De Hoogwerf, *comm. général.*
Isle de Rhé.	De Chereaux, *vice-comm.*
Cette.	La Marche, *commissaire.*
Calais.	Mollien.
Dunkerque.	De Vinck, *commissaire.*
S. Malo.	Vincent, *commissaire.*
L'Orient.	Valz, *commissaire.*
Cadix.	Lobé, *consul.*
Malaga.	Koops, *consul.*
Barcelone.	Roguin, *consul.*
	La Coste, *adjoint.*
Séville.	Fallon, *consul.*
Gallice & Asturies.	Berkenhould, *consul.*
La Corogne.	Opitz, *consul.*
Alicante.	Stuch, *consul.*

PROVINCES-UNIES.

Messieurs

Gibraltar.	. . . . *consul.*
S. André.	De Ruyter, *consul.*
Isles Canaries.	Muller, *consul.*
Lisbonne.	Gildemeester, *consul.*
Naples.	Liquier, *consul.*
Messine.	. . . . *consul.*
Palerme.	Welscher, *consul.*
Cagliari.	Navonne, *consul.*
Venise.	. . . . *consul.*
Gênes.	Des Loges, *consul.*
Livourne.	Kerfbyl, *consul.*
Nice.	Daideri, *consul.*
Trieste.	Wagner, *consul-géné.al.*
Smyrne.	De Hochepied, *consul.*
Alep.	De Maseyk, *consul-général.*
Salonique.	Delon, *consul.*
Xante.	Jefferys, *consul.*
Maroc.	Blound, *consul-général.*
Mogador.	Nieuverkerke, *vice-consul.*
Alger.	Rys, *consul.*
Tunis.	Nyssen, *consul.*
	Nyssen, le jeune, *adjoint.*
Tripoli.	Warnsman, *consul.*

BOURG-MESTRES D'AMSTERDAM. *Messieurs*

1749 Egbert de Vry Temminck.
1768 G. Huyghens.
1769 H. Hooft Danielsz.
1770 G. Van Heemskerck.
1773 P. Cliffort.
1773 P. Corn. Hasselaer.

1781 Joach. Rendorp.
1781 J.-El. Arnoudsz.
1782 P. Elias.
1782 Q. G. Van Hoorn.

BOURG-MESTRES D'UTRECHT. *Messieurs*

12 Octob. 1783. Jean-Fréd. Van Beek, seigneur d'Ykvelt & de Rateles.
Jean-Guill. Van Musschenbraek.

VILLES ANSÉATIQUES.
LUBECK.

La ville de Lubeck est située au confluent de la Drave, du Wackenitz & du Steckenitz, près de la mer Baltique, sur laquelle elle a un très-beau port. Elle appartient au duché de Meckelbourg dans le cercle de la basse Saxe. Berceau de l'association & le dépôt des archives & du trésor commun, elle doit être considérée comme la principale des villes Anséatiques; & en effet elle est l'une des plus riches, des plus belles & des plus fortes d'Allemagne. Elle forme une république indépendante, dont l'administration civile & politique est la même que celle de Hambourg, dont nous allons parler. Son autorité s'étend même fort au-delà des murs de la ville; & les Lubeckois exercent aussi les droits de souveraineté sur le port de Travemunde, la petite ville de Bergedorff, en commun avec les Hambourgois, sur la terre appelée *les quatre pays*, sur quelques bailliages dans le duché de Saxe-Lowembourg & sur plusieurs beaux domaines situés sur les frontieres du Holstein.

Cette ville, épiscopale dès l'an 1262, suit la confession d'Ausbourg depuis 1535. Cette réforme n'a pas empêché qu'elle n'ait conservé une abbaye de filles protestantes qu'on appelle *l'abbaye de S. Jean*.

MONNOIES.

Les monnoies de Lubeck sont les mêmes que celles de Hambourg; & les opérations du commerce s'y font de la même maniere.

Voyez plus bas.

HAMBOURG.

Hambourg, ville de la basse Saxe, est enclavée dans le duché de Holstein. Elle passe pour l'une des plus grandes, des plus riches & des mieux fortifiées d'Allemagne. Le 27 Mai 1768, les princes de Holstein firent un traité avec elle, par lequel ils se désisterent des droits qu'ils prétendaient y exercer; & c'est en conséquence de ce traité, qu'on lui rendit sa voix & sa séance à la diete de Ratisbonne.

Le gouvernement de cette ville est purement démocratique. Son sénat est composé de quatre bourg-mestres & de 20 conseillers, dont dix sont lettrés & les dix autres tirés du corps des négocians, avec trois syndics & un secrétaire. Le peuple seul a le droit de nommer à ces sortes de places; & il ne peut y avoir qu'une seule personne dans chaque famille qui en soit revêtue. D'ailleurs ces charges ne sont pas héréditaires, mais à vie seulement. Le sénat ne juge jamais que sur les statuts, les priviléges & les coutumes particulieres de la ville.

Tout ce qui est de police ou d'administration est du ressort des bourg-mestres, des préteurs & du vénérable sénat. Quant aux contestations judiciaires, elles sont portées devant les tribunaux, qui sont ceux de la basse justice, de l'amirauté & de la haute justice.

Les petites causes, dont l'objet n'excede pas 45 marcs, sont jugées par les bourg-mestres & les préteurs définitivement & sans appel. Toute autre cause doit être portée au sénat ou aux cours de justice. *La basse cour de justice* est composée des préteurs, de deux jurisconsultes gradués & de sept citoyens marchands.

La *cour de l'amirauté* est composée d'un bourg-mestre, de 4 sénateurs, de 6 citoyens marchands & de 2 capitaines de vaisseau. C'est le corps du vénérable sénat qui constitue la *haute cour de justice*.

Les causes dont l'objet n'excede pas la somme de 200 marcs, sont jugées par la basse justice, définitivement & sans appel.

La cour de l'amirauté connaît en premiere instance des contrats concernant les assurances & le commerce de mer; & juge définitivement & sans appel, lorsque l'objet n'excede pas la somme de deux cents marcs.

Chaque cause au-dessus de 200 marcs ou celle qui n'appartient pas en premiere instance aux deux cours dont nous avons parlé, peut être plaidée tout de suite à la cour de la haute-justice.

On peut se pourvoir contre les sentences de la haute justice, & contre les décrets du sénat, par restitution, par révision ou par appel aux hauts tribunaux de l'Empire qui sont la chambre impériale de Wetzlar & le conseil aulique de Vienne.

Pour que l'appel aux hauts tribunaux ait lieu il faut que l'objet du grief monte au moins à 3000 marcs de banque, & que la cause ne soit pas du nombre de celles qu'exceptent les priviléges accordés à la ville par les empereurs Charles V & Ferdinand II. Telles sont, par exemple, les causes d'assurances, celles de Bodmerie, les lettres-de-change & quelques autres.

La banque de Hambourg est l'une des plus importantes de l'Europe. Quoiqu'elle ne soit pas si riche que celles de Londres, d'Amsterdam & de Venise, elle est cependant aussi accréditée.

Toutes les nations sont dans cette ville égales en priviléges pour le commerce, à l'exception des Anglais qui sont exempts des droits d'entrée & des autres charges de la ville pour la bierre & le vin qu'ils y font venir pour leur compte.

MONNOIES D'HAMBOURG, comparées à celles de France.

Monn. de Hambourg.	liv.	sols.	den.
Le ducat d'or.	10	18	8
La rixdale banco.	5	9	4
Dite courante.	4	13	$8\frac{4}{7}$
Le daelder banco.	3	12	$10\frac{2}{7}$
Dit courant.	3	2	$5\frac{5}{7}$
Le marc lubs banco.	1	16	$5\frac{3}{7}$
Dit courant.	1	11	$2\frac{6}{7}$
Le sol lubs banco.	0	2	$3\frac{1}{7}$
Dit courant.	0	1	$11\frac{1}{7}$
La livre de gros.	13	13	4
Le sol de gros.	0	13	8
Le denier de gros.	0	1	$1\frac{1}{3}$
9 sols lubs banco font.	1	0	0

La différence de ces espèces, frappées depuis 1726, de 1 & 2 marcs, & de 1 à 8 schellings, est 17 pour 100 plus ou moins, entre banque & courant.

La banque reçoit le ducat d'or de $23\frac{1}{2}$ carats fin, à 96 schellings bc. plus ou moins; il sert de taux à l'or, & le marc est reçu à proportion.

Le marc d'argent fin, de 16 loths, poids de Cologne, elle le reçoit pour 28 marcs bc.

Les vieilles piastres d'Espagne, de $14\frac{2}{3}$ loths fins, sont reçues dans la banque au prix de 27 marcs, 12 schellings bc. Les nouvelles frappées depuis 1728, de $14\frac{1}{2}$ loths fins, à proportion de leur finesse.

Les mille *pesos duros*, qui pèsent en Espagne 117 marcs 2 onces, rendent ordinairement à Hambourg 115 marcs 8 loths, poids de Cologne.

On tient à Hambourg les écritures en marcs, sols & deniers lubs, qui se divisent par 16 & par 12.

Villes Anséatiques.

On change sur les places suivantes, & l'on donne, pour recevoir,

	donne	pour recevoir
Sur Amster.	1 écu de 2 mes. lubs bc.	23 sols bc. plus ou moins.
Ou,...	100 rixd. bc.	103 rixd. com. plus ou moins.
Ou,...	100 dito bc. plus ou moins.	100 dito cour. a courts jours & à 1 & 2 mois de date.
Ausbourg,	100 dito bc.	140 rixd. cour. à 33 j. de date.
Breslau,..	41 schell. lubs. bc.	1 liv. de bc. de 30 bgs. à 6 semaines de date.
Cadix,..	91 den. de gros bc. pl. ou m.	1 ducat de 375 marav. à 1, 1½ us. ou à 2 & 3 mois de date.
Copenhague,	110 rixd. bc.	122 rixd. cour. à courts jours & à 2 mois de date.
Francfort,.	100 dito bc.	140 rixd conv. cour. plus ou m. en foire.
Leipsick,..	100 dito bc.	140 rix. cour. ou en louis blancs pl. ou m. à courts jours, à us. & en foire.
Lisbonne,	45 den. de gros bc. pl. ou m.	1 crusade de 400 rées. à 1, 1½ us. ou à 2 & 3 mois de date.
Londres,..	35 escall. de gros bc. pl. ou m.	1 l. sterl. à 1, 1½, 2 & 2½ us.
Naumbourg,	100 rixd. bc.	140 rixd. cour. ou louis d'or, plus ou moins en foire.
Nuremberg,	100 dito bc.	140 rixd. cour. pl. ou m. à 33 jours de date.
Paris & Bordeaux,	25 schell. lubs, bc. pl. ou m.	1 écu de 60 sols tourn.
Prague & Vienne,	100 rixd. bc.	1400 rixd. cour. pl. ou m. à 6 semaines de date.
Venise,...	87 den. de gros bc. pl. ou m.	1 ducat de bc. à 1, 1½ us. de 2 & 3 mois de date.

La banque de Hambourg se ferme une fois par an, c'est vers la fin du mois de Décembre; elle reste fermée 14 jours.

Par l'ordonnance du change de 1711, il est dit,

Article 24, « les lettres-de-change payables en banque, qui » écherront avant l'*ultimo* Décembre, ou quelques jours au- » paravant, doivent être payées avant la fermeture de la ban-

» que, sans jouir des jours de grâce, & toutes celles qui ne
» sont pas payées avant la fermeture, doivent être protestées ».

Article 25. « Une lettre-de-change qui écherrait pendant la
» fermeture de la banque, n'a pas plus de jours de faveur à
» jouir, que si la banque eût été ouverte ; exceptez-en celles
» qui écherraient le 1, 2 ou 3 Janvier, qu'on ne peut protester,
» faute de payement, que le troisieme jour ouvrier après
» l'ouverture de la banque ».

Les usances des lettres-de-change de Hambourg, de Francfort, de Nurenberg, de Vienne & de toute l'Allemagne, sont de 14 jours, le jour de l'acceptation y compris. Celles de France & de Londres, à 1 mois de date ; celles de Portugal, d'Espagne & de Venise, sont de 2 mois de date.

Il y a 12 jours de grâce accordés ; le jour de l'échéance, le dimanche & les jours de fêtes y sont compris.

BRÊME.

La ville de Brême, capitale du duché du même nom, est située sur le Weser, à 16 lieues de la mer du nord, & dans le cercle de la basse Saxe. Le duché dont elle est la capitale, fut cédé par le traité de Westphalie à la couronne de Suéde, qui en jouit jusqu'en 1712, que les Danois s'en rendirent maîtres. Ceux-ci le céderent en 1715, à l'électeur d'Hanovre ; & la Suéde fut forcée en 1720, de consentir à cette cession par le traité de Stockholm. Ainsi le duché de Brême appartient aujourd'hui au Roi d'Angleterre, comme électeur de Hanovre ; mais la ville de Brême est libre, impériale & anséatique.

Cette ville ayant embrassé, en 1584, la confession d'Ausbourg, son archevêché fut transféré à Hambourg ; cette derniere ville ayant marché sur ses traces, & reçu la même confession, l'évêque revint à son premier siége. Enfin il fut sécularisé au traité de Westphalie, en faveur des Suédois. La ville de Brême a depuis embrassé la réforme de Genève.

Le gouvernement de cette ville est absolument le même que celui de Hambourg. Son commerce, quoique très-important, n'est pourtant pas aussi considérable. Sa population ne monte pas au-delà de 30 mille ames.

MONNOIES DE BRÊME,
comparées à celles de France.

Monn. de Brême.	Monn. de France.		
	liv.	sols.	den.
Le ducat de 192 grains.	10	12	0
La rixdale de 27 gros.	4	0	0
Le marc de cuivre de 24 gros.	1	6	8
Le gros.	0	1	$1\frac{1}{3}$

La ville, le duché & la principauté de Brême & Vreden, & les comtés d'Oldenbourg & Delmenhorst comptent en rixdales, de 32 grooten, à 5 schwaren courant.

On y change sur les places suivantes, & l'on donne,   pour recevoir,

Sur Amsterd. 143 rixd. pl. ou m.	100 rixd. bc.
Ou, ... 136 dito, pl. ou m.	100 dito courans.
Francfort, . 97 dito, pl. ou m.	100 dito conv. cour. à uf. & aux foires.
Hambourg, . 144 dito, pl. ou m.	100 dito bc.
Ou, ... 122 dito, plus ou m.	100 dito cour. à 8 & 15 j. de vue.
Leipsick, . . 104 dito, plus ou m.	100 rixd. en louis blancs aux foires.
Londres, . . 600 dito, pl. ou m.	100 liv. sterl. à 2 uf.
Nuremberg, . 105 dito, pl. ou m.	100 rixd. cour. à 4 sem. de date.
Vienne, . . 103 dito, pl. ou m.	100 dito par caisse à 4 semaines de date.

Les usances des lettres-de-change d'Allemagne sont de 15 jours de vue, & de Londres à un mois de date.

Il y a 8 jours de grâce après le jour de l'échéance. Les lettres-de-change qu'on a exposées sur soi-même, à vue, ou à 2, 3, 4 jours de vue, n'ont point de jours de grâce.

DÉPUTÉS DES VILLES ANSÉATIQUES, PRÈS LES COURS ÉTRANGÈRES. Messieurs

Anvers.	. . . . . concierge de la maison nationale.
Hanovre.	Jean-Charles Alberti, *agent de Brême.*
Londres.	Paul Amsinck, *ag. & intend. du Steelyard.*
Paris.	D'Hugier, *dép. en 1753 à la cour de France, par la républ. de Hambourg, & admis avec l'agrément du feu roi dans le sénat de cette ville.*
Diete de Ratisbonne.	J.-Christ.-Théod. Gemeiner, *ag. de Brême.*
Madrid.	J.-François Van-Der-Lépé.
La Haye.	Charles-Guillaume Martens.
Copenhague.	Henri-Charles Meinig, *agent de Brême.*
Vienne.	André Merck, *agent de Brême.*
Malaga.	Henri Meyer, *consul.*
Bergue.	Christophe-Joachin Mohr, *concierge.*
Cadix.	François Rieke, *consul.*
Lisbonne.	Jean-Xav. Stoqueler, *consul.*
Berlin.	{ Jacques Never, *agent de Brême.* { Le conseiller Wever, *agent de Lubeck.*
Wetzlar.	{ Henri-Jacq. de Zurierlein, *agent de Brême.* { J.-Jacq. Vickh, *proc. de la chamb. imp. agent de Lubeck.*
Bordeaux.	Jean-Phil. Weltner, *chargé d'affaires pour Lubeck.*
Stockholm.	Guill. Secle, *agent de Lubeck.*

ARTICLE V.
ÉLECTEURS D'ALLEMAGNE.

1208. *MAYENCE*, catholique.

L'ARCHEVÊQUE de Mayence est le premier des électeurs ecclésiastiques & le doyen du collége électoral. C'est en cette qualité, & comme grand-chancelier de l'empire en Allemagne, qu'il précede les autres électeurs, ses collégues; qu'il les convoque pour la diete électorale; qu'il leur fait prêter serment; qu'il va aux opinions, & qu'il prononce le décret de l'élection de l'empereur. C'est aussi comme tel, qu'il est garde des sceaux de l'Empire, & dépositaire de tous les actes, chartres, même de la matricule de l'Empire. C'est en cette qualité qu'il contresigne toutes les résolutions que l'on prend aux dietes & tous les actes que l'on publie au nom du corps germanique. C'est à l'archevêque de Mayence que les ambassadeurs des puissances étrangeres doivent communiquer leurs pouvoirs & leurs lettres de créance; c'est de lui qu'ils doivent recevoir leur congé. C'est devant lui & à la chancellerie de Mayence, que se font tous les actes importans relatifs à l'administration de l'empire. C'est à l'archevêque de Mayence, qu'il faut demander la révision des procès jugés par la chambre de Wetzlar, à moins que ce prélat n'ait quelqu'intérêt dans l'affaire pour laquelle on se pourvoit en requête civile.

En qualité de patron & de surintendant-général des postes de l'empire, il est exempt, ainsi que ses premiers ministres, du port des lettres. Il jouit du droit de juger souverainement & sans appel; mais afin d'éviter les abus qui pourraient en résulter, il a bien voulu établir un conseil de révision. Il a le droit de visiter la chambre impériale, conjointement avec des députés de tous les ordres des états de l'empire; mais la visite du conseil impérial aulique se fait par lui seul.

L'électeur de Mayence fait sa résidence ordinaire à Aschaffembourg. Les états de ce prince comprennent une population d'environ 2 millions d'ames, & ses revenus montent à 1200 mille florins. Cet électeur exerce sur ses sujets un pouvoir absolu; & son autorité est, à cet égard, si étendue, qu'ils ne peuvent se transplanter hors de ses états, pour devenir sujets des autres électeurs, & encore moins d'aucun état d'empire, ni se mettre sous la protection d'aucun d'eux, sans un exprès commandement émané de sa personne.

MONNOIES DE MAYENCE,
comparées à celles de France.

	liv	sols.	den.
Le carolin.	23	10	0
Le ducat.	12	6	0
Le thaler.	4	0	0
La piece de 24 kreutzers.	0	18	0
La piece de 12 kreutzers.	0	9	0
La piece de 6 kreutzers.	0	4	6
Le kreutzer.	0	0	2

MAISON ÉLECTORALE.

Fréd.-Ch.-Jos. baron d'Erthal, né 3 Janvier 1719, élu 11 Juillet 1774, prince-évêque de Wormes, 26 du même mois, chanoine capitul. du chap. de Bamberg.

Freres. Le chevalier Loth.-F.-M. d'Erthal, né 22 Nov. 1721, conseiller d'état intime & grand-maître de la cour de Mayence.

F.-L.-Ph.-Eh.-A. d'Erthal, prince-évêque de Wurgbourg. *Voyez Bamberg.*

GRANDS-OFFICIERS HÉRÉDIT. DE LA COUR. MM.

Les Landgrave de Hesse, *grands-maréchaux.*
Les comtes de Heisenstein, *maréchaux héréditaires.*
Les comtes de Veldenz, *grands-maîtres d'hôtel.*
Les seigneurs Greiffenclau de Vollrath, *maîtres-d'hôtel hérédit.*
Les comtes de Schœnborn, *grands-échansons.*
Les comtes de Cronberg, *échansons héréditaires.*
Les comtes de Stolberg, *grands-chambellans.*
Les c. de Metternich in Winnenberg & Beilestein, *chamb. hér.*

MINISTRES ET CONSEILLERS D'ÉTAT. MM.

God.-Aug.-Max. de Strans, *conseiller d'état intime.*
Phil.-Charles de Déel, *conseiller d'état intime.*
Val. de Heimes, *conseiller d'état intime, réfer. des affaires ecclésiastiques, & co-adjuteur de Worms.*
Le baron de Franckenstein, *président du conseil d'état.*
Le baron de Ritter, *procureur-général.*
Le baron Loth. Fr.-Mich. de Erthal, *président du conseil sup.*
Le baron de Bibra, *président du conseil de révision.*
Le baron de Dientheim, *président de la chambre des finances.*
Le baron de Dalberg, *gouverneur d'Erford.*
Le comte d'Elz, *vice-président du conseil d'Erihsfeld.*
Le comte de Gimmisch, *commandant d'Erihsfeld.*

MINISTRES DE L'ÉLECTEUR,
PRÈÈS LS COURS ÉTRANGÈRES. Messieurs.

Cercle du haut Rhin. Le baron de Bensel, *envoyé extr.*
Vienne. De Birkenstock, *agent.*
Rome. J.-B. Fagna, *ministre & agent.*
Ratisbonne. Fr.-G. de Hauser, *envoyé.*
Cercle du bas Rhin. Phil.-Etienne Seiz, *secrétaire de légat.*

1208. *TRÊVES, catholique.*

L'ARCHEVÊQUE électeur de Trêves, précede celui de Cologne à cause de l'ancienneté de son église. Ce prélat prend le titre de grand-chancelier de l'Empire, dans les Gaules & au royaume d'Arles, dignité sans fonctions faute de territoire sur lequel il puisse les exercer. C'est à lui qu'il appartient d'opiner le premier aux élections ; c'est lui qui fait opiner l'archevêque de Mayence après tous les autres, & qui fait faire le serment auquel les électeurs sont assujettis avant l'élection. Il a séance hors des rangs & vis-à-vis l'empereur en toutes les assemblées tant générales qu'électorales.

Les revenus de l'électeur de Trêves montent aujourd'hui à 500,000 écus d'empire.

Les impôts levés sur l'électorat, sont réglés par l'assemblée des états qui, en 1714, rédigerent un cadastre, selon lequel chacun doit y contribuer. Un ménage complet, par exemple, paye un florin de capitation annuelle ; un veuf ou une veuve, un demi-florin. Chaque espece de profession est taxée à un prix fixe, & la somme qui en provient est prélevée sur l'ordre séculier, en diminution de la contribution générale. Toutes les terres, dixmes, rentes & revenus quelconques, tant ecclésistiques que séculieres, à l'exception des maisons, sont indistinctement taxées sur un pied uniforme.

ÉLECTEUR.

CLÉMENT Venceslas, prince de Pologne & de Saxe, né le 28 Sept. 1739, élu le 19 Fév. 1769, évêque d'Ausbourg la même année & coadjuteur d'Elwangen en 1770.

Ce prince a pour suffragans Metz, Toul, Verdun & S. Diez.

SUFFRAGANS RÉSIDENTS A TRÊVES.
Messieurs

Jean. . . . . baron de Houtheim, *évêque de Miriophie.*
Jean-Marie, baron d'Herbain, *évêque d'Ascalon.*

GRAND CHAPITRE DE TREVES.
Messieurs

Philippe-François Vilderic Népomucéne, comte de Valderdorf, Molsberg & Isenbourg, *grand-prévôt.*

Anselme François Théodore-Jean Népomucéne, baron de Kerpen, *grand-doyen.*

Lothaire, Charles François-Joseph, grand-échanson, baron de Schmidbourg, *grand-chorevêque.*

Jean-Hugo-Ferdinand, baron de Boos, de Valdeck & de Monfort, *chorevêque.*

Christian-François, baron de Hacke, *chorevêque.*

Christophe Adolphe-Charles, comte d'Ingelheim, *chorevêque.*

Charles Vilheim Joseph, marquis & comte de Hoensbroech, *chorevêque.*

Charles-Gaspard Golfried, baron de Beissel, de Cymnich & Schmiedheim.

Jean-Antoine-Casimir-Charles, comte de Stadion & *Th.*

Damien-Fréderic, comte de Laleyen & haut Gérolseck.

Alexandre Herrmann-Joseph, baron de Merode & Hofalise.

François Ervein, comte de Laleyen & haut Gérolseck.

François-Philippe, comte de Walderdorff, Molsberg & Isenbourg.

Frédéric-François, baron de Harfu Dreyborn.

François-Christophe-Charles-Philippe Hugo de Frankenstein.

Joseph-Adolphe Adelfons, marquis & comte de Hoensbroech.

GRANDS-OFFICIERS ÉLECTORAUX, HÉRÉDIT.
Messieurs

Le comte d'Eltz, *grand-maréchal.*
Le comte de Kesselstadt, *grand-trésorier.*
Le comte de Linange Dabo, *archisénéchal.*
Le baron de Schmidbourg, *grand-échanson.*

CONFÉRENCE INTIME DE L'ÉTAT.

Son altesse sérénissime en propre personne.

MINISTRE D'ÉTAT ET DES CONFÉRENCES.

M. Ferdinand, baron de Duminique, conseiller intime de S. M. I. & grand écuyer.

RÉFÉRENDAIRES

TRÊVES

RÉFÉRENDAIRES INTIMES D'ÉTAT. *Messieurs*

Frédéric-Joachim de Kriffs de Kriffenstein, chevalier du S. Empire, référendaire intime des affaires d'état & étrangeres.

Pierre-Dominique Haak, conseiller intime, chancelier, prévôt des fiefs, directeur des révisions & des conseils de guerre, référendaire des états de la police, du commerce, des affaires féodales, militaires & de justice.

François-Joseph Mâhler, conseiller intime, référendaire de la régence & des requêtes y relatives.

Philippe-Ignace d'Hame, conseiller intime, directeur de la chambre, référendaire des affaires de finances, des forêts & des bâtiments.

SECRÉTAIRE INTIME DE CABINET ET DE LA CONFÉRENCE.

M. François-Joseph Mâhler.

CONCIPISTE DES AFFAIRES ECCLÉSIASTIQUES.

M. François-Frédéric Carove.

CHANCELLERIE ET ENREGISTREMENT.

GREFFIER.

M. Henri de Houtheim.

SECRÉTAIRES INTIMES DE LA CHANCELLERIE.
Messieurs

Jean-Pierre Virtz.
Jean-Nicolas Fleck, *secrétaire de légation.*
Jean-Henri Campel.
Jean-Théodore Sofy.

MINISTRES DE L'ÉLECTEUR,
EN PAYS ÉTRANGERS. *Messieurs*

Rome.	François Fargna, *ministre & agent.*
	Jean François Rochetani, *expéditionnaire.*
Vienne.	Christian Vilhelm, baron de Clerf, *conf. & agent.*
	Charles, baron de Birckenstorck, *conf. & agent.*
Paris.	Alexis de Crolbois, écuyer, conseiller intime de S. A. S. le prince régnant de Nassau-Saarbruck, *agent chargé d'affaires.*

Messieurs

Dresde.	Kajetan, comte de Zawoysky, conf. int. de S. A. S. El. de Trêves, col. d'un régim. d'inf. de la couronne de Pologne, chevalier du grand-ordre du lion d Palatinat, *ministre plénipotentiaire.*
Cologne.	Jean-Baptiste Guaila, *conseiller & agent plénip.*
Francfort.	François, baron de Kerpen, camérier électoral, bailli de Corhem Nelmen en Daun, & condirecteur de la noblesse de Daun, *env. du cercle électoral.*
	Jean-Nicolas Fleck, *secrétaire de légation.*
	Philippe-Charles Schamans de Livonegg, conf. de l'électeur & envoyé au cercle du haut Rhin pour le *prince évêque de Prum.*
Francfort.	Pierre-Antoine Bientana, *conseiller & résident de l'électeur de Trêves.*

1208. *COLOGNE,* catholique.

L'ARCHEVEQUE de Cologne, le plus riche & le plus puissant des électeurs ecclésiastiques, prend le titre d'archi-chancelier de l'Empire en Italie. Ce prélat, légat né du S. Siége, précede l'archevêque de Mayence dans toute l'étendue de sa métropolitaine, ainsi qu'en Italie & dans les Gaules, où il prend toujours place à la main droite de l'empereur. La bulle d'or lui assigne la deuxieme voix au collége électoral, & veut qu'il opine immédiatement après l'archevêque de Trêves. Quoique la ville de Cologne soit libre & immédiatement sujette à l'Empire, il y exerce cependant la justice criminelle, & fait faire toutes les exécutions par ses officiers.

L'électorat de Cologne comprend l'archevêché de Cologne, le comté de Recklinhausen & le duché de Westphalie. Ces trois états, qui sont assés éloignés les uns des autres, contiennent 52 villes, 17 bourgs, 24 bailliages & plusieurs fondations monacales. Leur population est d'environ 400 mille ames. La métropole peut en contenir 80 mille.

COLOGNE.

MONNOIES DE COLOGNE, comparées à celles de France.

Monn. de Cologne.	Monn. de France.		
	liv.	sols.	den.
Le ducat.	10	16	0
La rixdale.	5	8	0
Le florin.	3	18	0
Le florin de change.	2	3	0
L'Albus.	0	1	$4\frac{8}{13}$
Le kreutzer.	0	0	$8\frac{4}{13}$
Le heller de 3 deniers.	0	0	$2\frac{11}{13}$
Le denier.	0	0	$0\frac{9}{13}$

On tient à Cologne les écritures en rixdales, en florins, & en albus.

L'usance sur Cologne est de 14 jours après celui de l'acceptation. Il y a 6 jours de grâce pour les lettres tirées a usance, non compris les fêtes & dimanches; mais celles payables à vue, à plusieurs jours de vue, & à courts jours, doivent être payées 24 heures après l'acceptation.

ÉLECTEUR.

MAXIMILIEN-Frédéric, comte de Konigsegg Rothenfels, né 13 Mai 1708, électeur & archevêque de Cologne, 6 Avril 1761, évêque-prince de Munster 22 Déc. 1762.

COADJUTEUR.

Maximilien, archiduc d'Autriche, grand-maître de l'ordre teutonique, né 8 Déc. 1756, coadjuteur de Cologne 7 Août 1780, & de Munster 16 du même mois.

GRANDS-OFFICIERS HÉRÉDIT. DE LA COUR. MM.

Le prince d'Aremberg, *grand-échanson.*
Le comte de Manderscheid, *grand-maître d'hôtel.*
Le C. de Salm Reiferscheid in Blankenhaym, *grand-écuyer.*
Le chevalier de Frenzraitzen, *grand-chambellan.*

BOHEME.

Voyez cet Électorat à l'article des royaumes, pag. 233.

PALATINAT.

L'ÉLECTEUR palatin du Rhin est aujourd'hui l'un des plus puissans princes d'Allemagne. Ce prince possede la Baviere, dont la succession lui est échue par la mort de son cousin, Maximilien-Joseph, dernier mâle de la branche Guillelmine, décédé le 30 Déc. 1778. A cette possession considérable, ce prince réunit le haut & le bas palatinat du Rhin, le landgraviat de Leuchtenberg, le comté de Schwabeck, la principauté de Mindhelheim, le marquisat de Berg-op-Zoom & la seigneurie de Wiesenstein. Indépendamment du suffrage électoral, il a six voix dans le collége des princes, pour le duché de Baviere, le landgraviat de Leuchtenberg, & les comtés de Lautern, de Simmern, de Neubourg & de Weldenz. Son privilége de juger sans appel fut aussi étendu, en 1638, au haut palatinat, par Ferdinand III.

En qualité de comte Palatin, ce prince jouit de grands droits, dont le premier est celui d'être juge de l'empereur. Le IIe. est le droit de *Wildfangiat*, qui consiste en ce que les bâtards & les vagabonds, qui naissent ou fixent leur domicile dans les cantons désignés dans son diplôme, deviennent gens propres de l'électeur; &, s'ils meurent *ab intestat*, sans descendans, leur succession échoit au comte Palatin. Le IIIe. est celui de *Hagenstolz*, en vertu duquel les garçons de 50 ans, sont obligés de lui payer un tribut annuel; & il leur succede à l'exclusion de leurs parents. Le IVe. est celui de s'approprier les îles formées dans le Rhin le long du Palatinat, à l'exclusion des seigneurs dont les terres avoisinent le Rhin. Le Ve. est le droit de racheter les fiefs d'Empire hypothéqués. Le VIe. est le droit de péage réduit aux grands chemins & au passage des princes & des troupes, des marchands, des juifs & des égyptiens. Le VIIe. celui de conférer la noblesse en son propre nom. Enfin le VIIIe. consiste à exercer le droit d'avouerie ou de protection sur les musiciens, chaudronniers & autres ouvriers en cuivre, dans certains départemens auprès du Rhin, en Alsace, en Souabe & en Franconie.

PALATINAT.

MAISON ÉLECTORALE.

CHARLES-Théodore, né 10 Déc. 1724, marié 17 Janv. 1742, à *Electrice*. Marie-Elizabeth-Auguste, sa cousine germaine, fille du comte Palat. Jos.-Ch. de Sulzbach, née 17 Janv. 1721.
Cousines & belles-sœurs. Marie-Anne, née 21 Juin 1722.
Françoise, née 15 Juin 1724. V. *Deux-ponts.*

GRANDS-OFFICIERS, HÉRÉDIT. DE LA COUR. MM.

Les gentilshommes de Hirzborn, *écuyers-tranchans.*
Les comtes d'Erbach, *échansons.*
Les rhingraves, *maréchaux.*

MINISTRES DE L'ÉLECTEUR. Messieurs

Le comte de Seinsheim.
Le comte de Koenigsfeld.
Le baron d'Oberndorf.
Le baron de Vieregg.
Le baron de Hompesch.
Le baron de Kreimayer, *chancelier intime.*

CONSEILLERS D'ÉTAT INTIMES ACTUELS. Messieurs

Le baron de Castell.
Jean-George de Stengel.
Jean-Gasp. de Cunzmann.
Fréd. de Hertling.
Etienne de Stengel, *secrétaire du cabinet.*

CHANCELLERIE PRIVÉE ÉLECTORALE.

M. Jean-George de Stengel, *directeur.*

MEMBRES DU BUREAU DE LA GUERRE. Messieurs

1771 Le baron de Larosée, *directeur.*
1770 Le comte de Lodron.
1771 Le baron Wadensparnn.
1773 Le baron de Weichs.
   Ch.-Phil. Heussler, *directeur de la chancellerie.*

MEMBRES DU CONSEIL DE GUERRE. Messieurs

1756 Joseph Bernardi.
1761 Joseph Wreden.
1771 Jacob Molitor.
1777 Denis ô Brien.
1780 Guillaume Caspers.

CHAMBRE PALATINE DES FINANCES. *Messieurs*

Le baron de Perglas, *président.*
De Dahlberg, *vice-président.*

CHAMBRE D'ADMINISTRATION DE BAVIERE. *Messieurs*

Le comte Topor Morawisky, *président.*
De Petenkofer, *vice-chancelier.*

CHAMBRE DE RÉVISION DE BAVIERE.

Le comte de Lodron, *directeur.*

CONSEIL D'ÉTAT DE BAVIERE. *Messieurs*

Le comte de Torring, *président.*
Le comte de Preyfing, *vice-président.*
Le baron de Pauli, *chancelier.*
De Bachiern, *vice-directeur.*

CHAMBRE DES FINANCES DE BAVIERE. *Messieurs*

.... *président.*
1766 Jof. de Planckh, *directeur.*

CHAMBRE D'ADMINISTRATION DU PALATINAT. *Messieurs*

1765 Le baron de Venningen, *président.*
1776 Le baron de Dalvigk, *vice-président.*
1779 Le baron de Fick, *vice-chancelier.*

CONSEIL D'ADMINISTRATION DES DUCHÉS DE BERGUE ET JULIERS.

M. le comte de Neffelrode, *chancelier.*
M. le comte de Beveren, *maréchal.*

MARQUISAT DE BERG-OP-ZOOM.

M. le baron de Vieregg, *commissaire-général.*

GRANDS-OFFICIERS ÉLECTORAUX. *Messieurs*

Grand-maréchal de la cour.	Le comte de Rheinftein
Grands-écuyers.	{ Le baron de Vieregg. { Le comte de Daury.
Grand-veneur du Palatinat.	Le baron de Haacke.
Grand-veneur de Baviere.	Le baron de Waldkirch.
Grand-maître des forêts.	Le baron de Buchwiz.

ÉTAT-MAJOR DES ARMÉES.

Messieurs

.... *feld-maréchal.*

Le baron de Rodenhaufen. } *Grands-maîtres de l'artillerie.*
Le baron de Hohenhaufen. }

Le comte de Pappenheim. } *Généraux de cavalerie.*
Le comte de Larofée. }

LIEUTENANS-GÉNÉRAUX. Messieurs

Le baron de Belderbufch.
Le comte de Campana.
Le comte de Daun.
Le baron de Hegnenberg.
Le prince Fr.-G. d'Ifembourg.
Le chev. de Keralio.
Le C. de Lerchenfeld.
Le pr. Charles de Leiningen.
Le comte de Lodron.
Le pr. Ch. de Loewenftein.
Le pr. Jof. de Loewenftein.
Le comte de Minuci.
Le baron Von Der Often.
Jof. de Peglioni.
Le comte de Piofafque.
Le comte de Salern.
Le comte de Taufkirch.
Le comte de Torring.
Le C. Von Der Wahl.
Guill. comte Palatin.
Le bar. de Winkelhaufen.
Le pr. de Xweybrucken.

31 *généraux-majors & deux adjudans.*

GOUVERNEURS DES PLACES. Messieurs

Manheim.   Le baron de Hohenhaufen, *gouverneur.*
             H. de Failli, *commandant.*
Amberg.   ...., *ftatthalter.*
             Le baron Kaj. de Sumppenberg, *commandant.*
             Le baron Kaj. de Sumppenberg, *vice-command.*
Duffeldorf. ...., *gouverneur.*
             Kladt, *commandant.*
Juliers.   Guil. comte Palatin, *gouverneur.*
             Le baron de Quentel, *commandant.*
Ingolftadt. Le comte de Pappenheim, *ftatthalter.*
             Le comte de Preyfing, *vice-ftatthalter.*
Munich.   Le comte de Daun, *commandant.*
Bensberg. Le baron de Blittersdorff, *commandant.*
Bretten.   Le baron de Blittersdoff.
Burghaufen. J.-B Herbeft, *commandant.*
Dilcfperg. Maes, *lieutenant-commandant.*
Donauwoerth. Le baron de Luzlbourg, *commandant.*
Duren.   Le baron de Geldern, *commandant*
Frankenthal. Weifl, *commandant.*

PALATINAT.

Messieurs

Friedberg.	De Popofzky, *commandant.*
Griesbach.	De Puck, *commandant.*
Guttenfels.	De Lunickhaufen, *commandant.*
Heildelberg.	De Riegel, *commandant.*
Sandshult.	Le baron de Xobl, *commandant.*
Monjoye.	Le baron de Nagel, *commandant.*
Otzberg.	Clarwaffer, *commandant.*
Rottenberg.	Max. de Duy, *commandant.*
Stadtamhofe.	Jof. Lang, *commandant.*
Staubing.	Le comte de Hermarth, *commandant.*
Sulzbach.	Fr.-Jof. Pollinger, *commandant.*

ORDRES DE CHEVALERIE.

1444. ORDRE DE SAINT HUBERT

Voyez l'édition de 1783, pag. 327.

L'ÉLECTEUR, *grand-maître.*

CHEVALIERS-PRINCES. *Messieurs*

1733 Le prince Ch.-Fréd. Marggrave de Bade.
1733 Le prince Ch.-Aug. Marggrave de Bade.
1739 Le prince Ch.-Stan. Radzivil.
1741 Le prince Ern.-Ferd.-Ch. de Saxe-Hilburghaufen.
1747 Le prince Maxim.-Dionif. Koribut de Woroniecky.
1747 Le prince Charles Palatin du Rhin.
1749 Le prince Demetr. Jablonowsky.
1749 Le prince Martin de Lubomirsky.
1749 Le prince Janus de Dubno.
1749 Le prince Adalbert Déod. de Radzivil.
1752 Le prince Ch.-Th. de Loewenftein-Wertheim.
1752 Le prince Louis de Salm-Salm.
1752 Le prince Aug. de Schwarzbourg-Sondershaufen.
1752 Le prince fouverain de Bouillon.
1752 Le prince Stanislas de Radzivil.
1757 Le prince Alexandre Sultowsky.
1757 Le prince Antoine de Jablonowsky.
1760 Le prince Ch.-L. Palatin du Rhin.
1760 Le prince Louis de Naffau-Saarbruck.
1760 Le prince Stanislas de Jablonowsky.
1760 Le prince Jer.-Vincent de Radzivil.
1760 Le prince Emmanuel Landgrave de Heffe.

PALATINAT.

Messieurs

1760 Le prince François de Sultowsky.
1763 Le prince Maxim. Jof. Palatin du Rhin.
1763 Le prince Jean-Adolphe de Naffau-Saarbruck & Uffingen.
1763 Le prince Mich. de Radzivil.
1765 Le prince Fréd.-L.-Guill.-Chrift. Landgrave de Heffe.
1765 Le prince Fréd. de Waldeck.
1765 Le prince Ch.-Alb. de Hohenlohe-Waldenbourg.
1765 Le prince Chr. Aug. de Waldeck.
1765 Le prince Michel de la Tour-&-Taxis.
1768 Le prince Guill. Palatin du Rhin.
1768 Le prince Louis Landgrave de Heffe.
1768 Le prince Fréd.-Charles de Schwarzbourg-Sondershaufen.
1768 Le prince Jérôme de Dubno.
1768 Le prince Domit. de Radzivil.
1768 Le prince Fréd.-Ch. de Schwarzbourg.
1768 Le prince Jofeph de Sapieha.
1768 Le prince Ign.-Thad. Woroniecky.
1773 Le prince Fréd. Landgrave de Heffe.
1773 Le prince Fréd. Erneft d'Ifenbourg.
1773 Le prince Louis de Waldeck.
1773 Le prince Alexandre de Sapieha.
1773 Le prince Ch.-Jof. de Lubomirsky.
1773 Le prince Fréd. de Salm-Kyrbourg.
1773 Le prince Philip. Hertulani, marquis de Blumberg.
1773 Le prince Domitien de Radzivil.
1773 Le prince Franç. de Sapieha.
176 Le prince Gaut.-Alb. de Schwarzbourg-Sondershaufen.
176 Le prince Ch.-Guill.-Eug. Margrave de Bade.
176 Le prince Ch.-Louis de Holeftein-Beck.
176 Le prince Math. de Radzivil.
176 Le prince Michel de Lubomirsky.
176 Le prince Charles de Salm-Salm.
176 Le prince Philippe de Chimay.
178 Le prince Chrift.-L. Landgrave de Heffe.
178 Le prince Aug.-Mar. Raym. d'Aremberg, d'Arfchott & de Croy.
1780 Le prince Ch.-Fréd.-Guill. de Leiningen-Hardenbourg.
1782 Le prince Conftantin de Loewenftein Wertheim.
1782 Le prince de Menchicoff.
1782 Le prince Ch.-Théod. de Heffe-Rheinfels.
1782 Le prince Ch.-Guill.-Georges Landgrave de Heffe.
1782 Le prince Conftantin de Salm-Salm.
1782 Le prince Maurice de Salm-Kyrbourg.

Messieurs

1782 Le prince Antoine de Radzivil.
1782 Le prince Ernest de Hesse-Rheinfels.
1782 Le prince Ant.-Moyses de Hohenzollern.
1782 Le prince Em.-Charles de Leiningen-Herdenbourg.

CHEVALIERS, COMTES OU BARONS. *Messieurs*

1782 Le baron de Vieregg, *grand-commandeur*.
1757 Le prince Ch.-Ant. de Sickingen.
1757 Le baron Pierre-Emman. de Xedtwitz.
1757 Le baron Jos.-Ch. de Sickingen.
1757 Le comte Charles de Hatzfeld.
1760 Le comte Franç. de Nesselrode.
1773 Le comte Ferdin. de Schall.
1773 Le comte Fréd.-Ferdin. de Pappenheim.
1778 Le comte Jos.-Franç. marq. de Seinsheim.
1778 Le baron Fr.-Charles de Hompesch.
1782 Le comte Christ.-Jean-Aug. de Koenigsfeld.
1782 Le comte Jos.-Ferdin. de Rheinstein & Lattenbach.
1782 Le comte Sigismond de Haimhausen.

OFFICIERS DE L'ORDRE. *Messieurs.*

Don Nicolas Spirlet, abbé de saint-Hubert des Ardennes, *grand-aumônier*.
Philippe de Hertling, *grand-chancelier*.
Jean-Georges de Stengel, *vice-chancelier*.
Joseph Fontanesi, *secrétaire*.
Nicolas Hazard, *trésorier*.
Guillaume Rogister, *hérault*.
Louis Weissenburger, *maître de la garde-robe*.

1729. ORDRE DE SAINT-GEORGES, *sous le titre de l'immaculée Conception.*

Voyez l'édition de 1783, pag. 340.

L'ÉLECTEUR, *grand-maître.*

GRANDS-PRIEURS. *Messieurs*

1780 Le prince Charles, Palatin du Rhin.
1780 Le prince Maximil.-Joseph, Palatin du Rhin.

56 *grands-commandeurs*, 12 *commandeurs de la seconde classe* 16 *chevaliers* & *les officiers ordinaires.*

PALATINAT.

1768. ORDRE DU LION.

Voyez l'édition de 1783, *pag.* 345.

L'ÉLECTEUR, *grand-maître.*

95 chevaliers & les officiers ordinaires.

ORDRE DE SAINTE-ÉLISABETH.

Cet Ordre a été établi pour les dames seulement.

L'ÉLECTRICE, *grande-maîtresse.*

28 princesses-chevalieres, & les officiers ordinaires.

MINISTRES DE BAVIERE,
PRÈS LES COURS ÉTRANGERES. Messieurs

Amsterdam.	Vatebender, *agent.*
Augsbourg.	Ezermack, *agent.*
Bayreuth.	Schmid, *chargé d'affaires.*
Berlin.	De Posch, *résident.*
Bonn.	De Grein, *ministre accrédité.*
Bruxelles.	Le baron de Vieregg, *ministre.*
	Charlier, *agent.*
Cleves.	Hasenbach, *résident.*
Colmar.	Bailand, *agent.*
Dresde.	Le baron de Hallberg, *ministre accrédité.*
Francfort.	De Lasser, *ministre.*
	Schloesser, *secrétaire de légation.*
	De Schmidt, *résident.*
	Luther... \
	Mannskopt. } *Agents.*
	Rebel... /
La Haye.	Le baron de Cornet, *env. extraordinaire.*
Cologne.	De Grein, *ministre.*
	De Duresbach, *résident.*
Lyon.	Petrozini, *agent.*
Londres.	.... *ministre.*
Lorette.	Cleri, *consul.*
Zurich.	Le baron de Hubens, *agent.*
Madrid.	L'abbé Bremond, *chargé d'affaires.*
Mayence.	Glockle, *agent.*
Memmingen.	Wechsler, *agent.*
Naples.	Le marquis de Curtis, *ministre.*

PALATINAT.

Messieurs

Paris.   Le C. de Sickingen, *ministre plénipotentiaire.*
                David, *secrét. de légation & agent.*
Ratisbonne. Le C. de Lerchenfeld, *ambassadeur.*
Rome.   Le marquis d'Antici, *ministre plénipotentiaire.*
                De la Barthe, *secrétaire de légation.*
                Cantoni, *agent.*
Strasbourg. Trombert, *agent.*
Trêves.   Eichhorn, *agent.*
Venise.   Cornet, *agent.*
Ulm.   Xelling, *agent.*
Wezlar.   Brand, *agent.*
Vienne.   Le B. de Ritter, *min. plénipotentiaire.*

ÉTABLISSEMENTS RELATIFS AUX SCIENCES ET AUX ARTS.

ACADÉMIE ÉLECTORALE DES SCIENCES.

L'électeur, *fondateur & protecteur.*
Le baron de Hauhenhausen, *président.*
Le baron d'Oberndorf, *président honoraire.*

SOCIÉTÉ PHYSICO-ÉCONOMIQUE.

L'électrice, *protectrice.*
Le C. Charles II Palatin du Rhin, *président.*
Le baron de Hauzenberg, *vice-président.*
H. Friderich, médecin, *directeur.*
G.-Ant. Succour, *secrétaire.*
Roebel, *syndic.*

SOCIÉTÉ ÉLECTORALE ALLEMANDE.

Le baron de Dalwigt, } *présidents.*
Le baron de Dalberg, }
De Stengel, *vice-président.*
Klein, *commissaire.*

ACADÉMIE ÉLECTORALE DE DESSIN.

Le baron d'Oberndorf, *protecteur.*
De Berschaffelt, *directeur.*

    3 *professeurs & quatre membres.*

ACADÉMIE DES SCIENCES DE MUNICH.

le comte de Seinsheim, *président*.
le comte de Haimhaufen, *président honoraire*.
le comte de Torring Scefeld, *vice-président*.
De Bachiern, *directeur pour l'histoire*.
De Baader, *directeur pour la philosophie*.
le comte de Larofe, *directeur pour les sciences*.
Kennedy, *secrétaire*.

ÉDUCATION PUBLIQUE DE BAVIERE.

l'électeur, *protecteur*.
le comte de Seinsheim, } *présidents*.
le baron de Kreyttmayr, }
le C. Topor Morawisky, }
Cafim. Haeffelin, . . . } *curateurs*.
De Bachiern, ... }

ACADÉMIE DES BEAUX-ARTS DE DUSSELDORF.

l'électeur, *fondateur*.
le comte de Neffelrode, *protecteur*.
Knapp, *directeur*.
Billinger, *secrétaire perpétuel*.

1208. *SAXE, luthérien.*

L'ELECTEUR de Saxe poffede l'une des plus belles & des plus utiles contrées d'Allemagne. Les terres du cercle électoral en font la plus importante partie. Wirtemberg, célebre par fon université, & par la réforme de Martin Luther, en eft la capitale. La réfidence ordinaire des électeurs, eft cependant à Drefde, capitale du cercle de Mifnie. Ses terres héréditaires font le landgraviat de Thuringe, les margraviats de Mifnie & de Luface, & une partie des comtés de Lenneberg. Il forme des prétentions conjointement avec les ducs de Saxe, fur les duchés de Juliers, de Cleves & de Berg. Les domaines de l'électeur font divifés en fept cercles ou provinces: favoir, 1°. le cercle électoral; 2°. de la Thuringe; 3°. de Mifnie; 4°. de Leipfick; 5°. le cercle dit Erzgeburge; 6°. de Voigtland, & 7°. de Neuftadt.: on y ajoute de plus les deux chapitres de Merfeburg & de Naumberg-Feitz.

L'électeur de Saxe jouit de plufieurs prérogatives, tant en qualité de grand-maréchal, qu'en qualité de vicaire de l'Empire. Comme grand-maréchal, il fait marquer par fes maréchaux de logis les maisons où doivent loger ceux qui assisteront à la diéte d'élection, ou à la diéte générale, & fait en sorte que les denrées se vendent à un prix convenable. Pendant la diéte, tous les domestiques & officiers des électeurs, princes & états, sont sous sa jurisdiction, tant en matiere civile que criminelle. S'il y a une garnison dans la ville où se tient la diéte, lui ou son vicaire héréditaire, donne le mot du guet. Il prétend aussi le droit d'apposer le scellé sur les effets délaissés par les ambassadeurs envoyés ou résidents morts à la diéte. Dans toutes les expéditions de guerre, où l'empereur se trouve en personne, il a le droit de porter la banniere de l'Empire & la *banniere d'assaut*. Autrefois personne n'osait jouer au camp, que sur la banniere du grand-maréchal. Il jouit du droit de protection sur les timbaliers & les trompettes du camp & de la cour impériale. Il prétend être le directeur de la diéte, en l'absence de l'ambassadeur de l'électeur de Mayence, ou pendant la vacance de son siége. Quoique catholique, il est directeur du corps des états évangéliques & réformés. Il juge sans appel, comme tous les autres ducs de Saxe; en qualité de marggrave de Misnie, il est grand-veneur de l'empire; comme grand-maréchal, il se sert du *grand sceau de la majesté*. Les droits dont jouit cet électeur en qualité de vicaire de l'Empire, ne sont ni moins importants, ni moins étendus.

MONNOIES DE SAXE ET DE LEIPSICK,
comparées à celles de France.

Monn. de Saxe.   Monn. de France.

	liv.	sols.	den.
La rixdale.	3	15	9
Le silver-gros.	0	3	3 $\frac{1}{8}$
Le fenin.	0	0	3 $\frac{9}{32}$
6 silvers-gros $\frac{2}{21}$ font	1	0	0

L'argent de change a $4\frac{1}{4}$ p. c. de plus de valeur que l'argent urant.

La proportion entre l'or & l'argent est à peu-près comme 1 à $14\frac{11}{71}$.

On change à Leipsick sur les places suivantes, & l'on donne,   pour recevoir,

Sur Amsterd. 138 rixdales mon. cour. pl. ou m.	100 rixd. bc.
Ou, ... 132 dito pl. ou m.	100 rixd. cour. à 15 j. de vue.
Ausbourg, 100 dito pl. ou m.	100 rixd. à 15 j. de l'acceptat.

SAXE.

Donne,		Pour recevoir.
Bolsane,.	99 dito pl. ou m.	100 rixd. monn. longue, en foire.
Breslau,..	93 dito pl. ou m.	100 rixd. arg. cour. de Prusse à uf. & en foire.
Francfort,.	99 dito pl. ou m.	100 rixd. A de C. à uf. & en foire.
Hambourg.	138 rixd. pl. ou m.	100 rixd. bc. à uf.
Londres,..	6 dito.	1 sterl. à 2 uf.
Paris,...	77 dito pl. ou m.	100 écus de 60 f. tour.
Naumbourg.	100 dito pl. ou m.	100 rixd. cour. en louis blanc en foire.
Nuremberg,	100 dito pl. ou m.	100 écus cour. à uf.
Prague & Vienne,.	100 dito pl. ou m.	100 rixd. cour. à uf.

Les usances y sont généralement de quinze jours après l'acceptation : les jours de faveur n'y ont point lieu. Il y a annuellement trois foires à Leipsick, dont chacune dure quinze jours.

La foire du nouvel an commence le 1 Janvier, si ce jour ne se rencontre pas un dimanche. La foire de pâques ou de *Jubilate*, commence le lundi ou trois semaines après pâques. La foire S. Michel, commence le 29 Septembre.

Les acceptations des lettres-de-change se font dans les quatre premiers jours de la foire : faute d'acceptation, il faut protester le vendredi avant midi.

Les payements se font la seconde semaine : dans les quatre premiers jours, il faut s'acquitter ou faire protester le quatrième jour avant dix heures du soir, ou l'on perd ses droits sur le tireur.

MAISON ÉLECTORALE.

FRÉDÉRIC-Auguste, né 23 Décembre 1750, électeur de Saxe, 17 Décembre 1763, marié 17 Janvier 1769, à

Electrice. Marie-Amélie, fille du dernier prince des Deux-Pont, née 10 Mai 1752.

Fille. Marie-Auguste, née 21 Juin 1782.

Freres. Antoine, né 27 Décembre 1755, marié 24 Octobre 1781, à Marie-Charlotte-Antoinette de Savoie, morte en 1783.

Maximilien, né 13 Avril 1759.

Marie-Amélie, née 26 Septembre 1757. Voyez *Deux-Ponts*.

Marie-Anne, née 27 Février 1761.

Oncles. François-Xavier, né 25 Août 1730.

Charles, né 3 Juillet 1733.

Albert, né 11 Juillet 1738.
Clément-Venceslas, né 28 Septembre 1739. Voyez *Trèves*.
Tantes. Marie-Anne, née 29 Août 1728.
Marie-Elifabeth, né 9 Février 1736.
Marie Cunégonde, né 10 Novembre 1740.

GRANDS OFFICIERS HÉRÉDIT. DE LA COUR. MM

Le comte de Pappenheim, *Vicaire*.
Le comte de Loſer, *grand-maréchal*.
Le comte de Wertheim, *huiſſier*.

CONSEIL D'ÉTAT.

CONSEIL DU CABINET INTIME.

Miniſtres du Cabinet. Meſſieurs

Iſ.-Geor.-Frédéric, Comte d'Eenſiedel
Le B. Léopold-Nicolas-d'Eude.
Le B. Joſ.-Fr. de Forell.
Ch.-Aug. de Geisdorf.
Henr.-Godefroi de Stutterheim.
Le comte J.-Adolp. de Los.
Fréd.-Joach. b. de Krifft, *conſ. & aff. intime*
Fréd.-Aug. Schmidt, } *ſecrétaires du cabinet, chargés*
Fréd.-Hecman, } *l'expédition du départ. domeſtique.*
Ch. de Languenau, }
Geor.-Jud. Groſmann, *ſecr. du cab. chargé du départ. militaire*
Je.-Celeſt. Juſt, } *ſecr. du cab. chargés de l'expéd. du départ*
Aug. Wendt. } *des aff. étrangéres.*
Jean Jull de Veith, *ſecrét. du cab. & garde des archives.*

MINISTRES DES CONFÉRENCES. Meſſieurs

Fréd.-L. Wurmb.
Phil.-Ch. de Weſſenberg.
And. comte de Riaucourt.

Chr.-God. b. de Goutſchmidt.
Adolph.-Henr. c. de Schoemberg.

CONSEIL INTIME.

CONSEILLERS ORDINAIRES. Meſſieurs

Fred.-L. Wurmb.
Chr.-God. b. de Goutſchmidt.

Adolph.-Hen. com. de Schoemberg.

RÉFÉRENDAIRES

SAXE.

RÉFÉRENDAIRES.

C. A. Menius, *garde des archives.*
H. E. de Teubern.
W. G. Ferber.
T. A. Reinhardt.
G. A. baron de Goutfcmidt.

CONSEILLERS HONORAIRES. *Messieurs*

And. comte de Riaucour.
Phil. ch. Weſſenberg.
Léop. bar. d'Ende.
Joſ. Abbé Victor.
Joſ.-Fr. baron de Forell.
Hen. God. c. de Lindenau.
Adam Rodolp. de Schoenberg.
Clem. c. de Lodron.
Cam. c. Marcolini.
Leo, c. Moſzinoki
Gaſt. Georg. de Voelkerſahm.
Georg. Rheinhard, c. de Walwiz.
J. Moriz. c. de Bruhl.
Jacob. Friedman, c. de Werthern.
Detlef, char. c. d'Einſiedel.

MINISTRES RÉSIDENTS
PRÈS LES COURS ÉTRANGERES. Meſſieurs

Danemarck.	Le c. de Goltz, *env. extr. chamb.*
	J. Fred. Maibirz, *ſecret. de légation.*
France.	Le baron de Schoenfeld, *min plen.*
	Jean-Baptiſte Riviere, *conſ. de legation.*
Angleterre.	Le comte de Bruhl, *env. ext. conſ. int. act.*
	J.-Aug. de Erneſt, *conſeiller de légation.*
Hambourg.	. . . .
Hollande.	Martens, *ch. d'aff. conſ. de lég.*
Rome.	. . . .
Palatinat.	Le comte de Riaucour, *env. ext.*
	J.-David Zapffe, *ſecrét. de lég.*
La Porte.	Hubſch, *chargé des affaires.*
Pologne.	d'Eſſen, *réſident.*
	J.-Jacob. Paty, *ſecret.*
Berlin.	Le c. de Zinzendorff, *env. extr.*
	Amad.-Fred. Clément, *ſecrét. de lég.*
Ratisbonne.	Le baron de Hohental, *env. extr. conſ. int.*
	Ch.-Godef. Mirus, *ſecrétaire. de lég.*
Vienne.	. . . . *min. réſ.*
	Jac. Reinhold, *chancelliſte.*
Pétersbourg.	Le b. de Sacken, *min. plen. lieut. gen. & chamb.*
	Meiſel, *ſecr. de lég.*
Turin.	Haſſe, *chargé d'affaires.*

Messieurs

Suede.	Le c. de Bofe, env. extr. chamb.
	De Juſt, conſ. de lég.
Madrid.	Le c. de Gerltdorff, min. plen. chamb.
	Balcke, ſecrét. de lég.
Marſh	Jean-Jac. de Patz, ſecrét. de légat.

1208. BRANDEBOURG, réformé.

L'ÉLECTEUR de Brandebourg eſt borné, au nord, par la Poméranie & le Mekelbourg, à l'eſt par la Pologne, au ſud par la Siléſie, la Luſace, la haute Saxe & Magdebourg. On le diviſe en cinq parties principales, qui ſont la vieille Marche, aux frontieres de Brunſwick; la Preignitz, au nord de la précédente & aux frontieres du Mecklembourg; la moyenne Marche, à l'eſt & au ſud des précédentes; l'Ukermargk, au nord de la précédente, & aux frontieres du Mecklembourg & de la Poméranie; & la nouvelle Marche, à l'oueſt de la moyenne & aux frontieres de la Poméranie, de la Pologne & de la Siléſie.

Ce pays, qui a ſouvent changé de maîtres, fut définitivement cédé, en 1417, à Frédéric Burgrave de Nuremberg, de la maiſon de Hohen-Zollern, dont les deſcendans en jouiſſent encore aujourd'hui dans la perſonne du roi de Pruſſe. Berlin eſt la capitale de cet électorat.

L'électeur de Brandebourg eſt grand-chambellan héréditaire de l'Empire. En cette qualité, il porte le ſceptre, en marchant en proceſſion devant l'empereur; & il prend la droite de l'électeur Palatin. Ce prince donne auſſi à laver à l'empereur ou au roi des romains, au feſtin qu'il fait aux électeurs après ſon couronnement. Les ſujets de l'électeur de Brandebourg, comme ceux de l'électeur de Saxe, ne peuvent appeler de ſes ſentences, définitives ou interlocutoires; & ce privilége important a été confirmé par la bulle d'or. Ce prince jouit encore de pluſieurs autres droits très-importans. Tels ſont 1°. d'accorder les premieres prieres dans toutes les collégiales de ſes états. 2°. D'établir de nouveaux péages dans ſes provinces, & augmenter les anciens. 3°. De céder ſes fiefs aux marggraves de Brandebourg, ſans avoir beſoin du conſentement de l'Empire. Indépendamment du ſuffrage électoral, il jouit, à la diete, d'une voix dans le collége des princes, à cauſe des duchés de Magdebourg & de la Poméranie ſupérieure, & des principautés d'Albeiſtadt, de Minden & de Camin. Il a auſſi pluſieurs voix au collége des comtes.

MAISON ÉLECTORALE.

Frédéric II, né 24 Janv. 1712. *Voyez Prusse*, pag. 213.

GRANDS OFFICIERS HÉRÉDIT. DE LA COUR. MM.

Les comtes & seigneurs de Schwerin, *grands-chambellans*
Les libres barons Gans de Putlitz, *grands-maréchaux*.
Les barons de Hoverbeck, *grands-écuyers-tranchans*.
Les barons de Schulenbourg, *grands-maîtres de cuisine*.
Les seigneurs de Grœben, *grands-veneurs*.
Les seigneurs de Kacké, *grands-échansons*.

Voyez, pour les autres officiers, l'article *Prusse*, pag. 213.

1690. HANOVRE, *luthérien*.

Le pays d'Hanovre est une principauté fort médiocre avec le titre d'électorat. Cette souveraineté ne comprenait originairement que le comté de Lawenrode. On y a ajouté depuis les duchés de Zell, de Saxe-Lawembourg, de Brême & de Lunebourg & les principautés de Ferden, de Grubenhagen & d'Obervalde. Cet électorat appartient à la maison de Brunswick, dont le chef est aujourd'hui roi d'Angleterre.

Hanovre, capitale de l'électorat, est une ville forte & très-belle. L'électeur y a un château richement meublé. On y voit dans son cabinet un morceau de mine d'argent, de 2 pieds de long sur un & demi de large, qui pese 90 livres.

L'électeur d'Hanovre jouit comme tel de plusieurs priviléges dans l'Empire. Il a par exemple, le droit de ne pas appeler, jusqu'à la concurrence de deux mille florins. Il a aussi celui d'empêcher qu'on ne fasse aucune digue pour détourner le cours de la riviere d'Elbe, au préjudice du duché de Lunebourg, dont il est propriétaire. Il a encore la prérogative d'évoquer les causes au conseil aulique ou à la chambre impériale. Quelques publicistes lui donnent le titre de grand-gonfalonier ou porte-étendart de l'Empire; mais cette dignité n'est pas bien certaine. Il est, en qualité d'électeur, co-directeur perpétuel de la basse Saxe, avec les ducs de Bremen & de Magdebourg.

Cet électorat assujettit son souverain à entretenir toujours dix mille hommes fur pied. Les revenus qu'il en retire, montent à environ dix millions, monnoie de France, dont la plus grande partie est absorbée par les charges de la souveraineté.

MAISON ÉLECTORALE.

Georges-Guillaume III, électeur de Brunswick-Lunebourg, né 4 Juin 1738, roi de la Grande-Bretagne. Voyez *Angleterre*.

GRANDS-OFFICIERS ÉLECTORAUX. Messieurs

H.-J. de Lichtenstein, *grand-maréchal*.
J.-Fr.-Ferd. de Low, *grand-chambellan*.
L.-F. de Mahrenholz, *grand-connétable*.
G.-Aug. de Wangenheim, *grand-maître de la maison électorale*.
G.-Aug. de Steinberg, *grand-échanson*.
Fréd.-Aug. Von Dem Bussche, *vice-connétable*.
Burch. Ant.-Fréd. de Oldershausen, *grand-veneur*.

Conseillers intimes. *Messieurs*

Detl.-Alex. de Wenkstern.
Le baron L.-Eberh. de Gemmingen.
J.-Fréd.-Ch. de Avensleben.
Ern. Aug.-G. Von Dem Bussche.
Le comte de Kielmannsegge.

Secrétaires d'état intimes. *Messieurs*

J.-Eberh. Mejer, *secrétaire intime de justice*.
Ch.-H. de Hinubert, *cons. int. de justice*.
D.-G.-Aug. Rudloff, *cons. & garde des archives*.

Chefs des différents tribunaux. *Messieurs*

Detl.-Alex. de Wenkstern, *présid. de la chambre des finances*.
J.-Fr.-Ch. d'Avensleben, *président de la chancellerie*.

Conseil de guerre.

M. Chrét.-Louis de Hardenberg, *président*.

Conseil supérieur de Celle. *Messieurs*

Ern.-Aug. de Schleppegrell, *premier président*.
Théd.-Fréd. de Wallmoden, *président*.
Fréd.-Esaie Pufendorf, *vice-président*.

HANOVRE.

CHAMBRE DE JUSTICE DE HANOVRE. *Messieurs*

Rod.-Chrift. de Billerbeck, *directeur*.
D.-H.-L. de Ompteda, *grand-juge & procureur-fifcal*.

CONSISTOIRE DE HANOVRE.

Le comte de Kielfmannfegge, *préfident*.

ÉTAT-MAJOR DES ARMÉES. *Messieurs*

Chr.-L. de Hardenberg, *comm. en chef les forces de l'élect*.
Fréd.-Chr. Bremer, *général de caval. & des dragons*.
Guill. de Freytag, }
J.-L. de Wallmoden, } *généraux-lieutenans*.
G. de Jonquieres, }

MINISTRES DE HANOVRE,
PRÈS LES COURS ÉTRANGÈRES. *Messieurs*

Francfort.   De Hugo, *réfident*.
La Haye.   De Buteimefter, *réfident*.
Ratisbonne.   Le baron de Beulwitz, *min. plénipotentiaire*.
         De Reck, *fecrétaire de légation*.
Stutgard.   De Mosheim, *conf. de légation*.
Vienne.   Le baron de Walmoden, *env. extraordinaire*.
         De Mühl, *conf. de légation*.
         G.-Fréd. la Grange, *chanc. de légation*.

ARTICLE VI.

TABLEAU DES PRINCIPAUX MEMBRES DU CORPS GERMANIQUE.

ARCHEVÊQUE ET ÉVÊQUES.

ÉVÊCHÉ D'AUSBOURG, *catholique*.

L'ÉVÊCHÉ d'Ausbourg eft fuffragant de Mayence. La ville du même nom eft impériale, & ne dépend pas de l'évêque. Ce prélat y a cependant un palais, mais il fait fa réfidence ordinaire à Dellingen en Souabe.

PRINCE-ÉVÊQUE.

CLÉMENT-VINCESLAS, prince de Saxe, électeur de Trêves. *Voyez* Trêves.

ÉVÊCHÉ DE BANBERG, *catholique.*

L'évêché de Banberg a 32 lieues de long sur 16 de large. Son titulaire possède encore en Carinthie 16 bailliages sur lesquels la maison d'Autriche a le domaine direct. Ses revenus vont à 18 mille écus d'empire, & ses sujets ont été exemptés du droit d'aubaine en France, en 1773.

PRINCE-ÉVÊQUE.

FRANÇOIS-L.-Ph.-Ant. baron de Erthal, frere de l'électeur de Mayence, né 15 Sept. 1730, élu évêque de Wurzbourg, 18 Mars 1779, de Banberg, 12 Avril de la même année, & consacré 19 Sept. suivant.

ÉVÊCHÉ DE BASLE, *catholique.*

Voyez le n°. VI des Alliés des Suisses, pag. 309.

ÉVÊCHÉ DE CONSTANCE, *catholique.*

L'évêché de Constance est considérable. Son titulaire, qui est souverain, est suffragant de Mayence. La ville de Constance s'est soustraite à son domaine temporel, & ce prélat fait sa résidence ordinaire à Mersburg, ville fort médiocre, située sur le lac de Constance.

PRINCE-ÉVÊQUE.

MAXIMILIEN-Christ. de Rodt, né 10 Déc. 1717, élu prince-évêque 14 Déc. 1775, consacré 11 Août 1776, & investi à Vienne 10 Mars 1777.

ÉVÊCHÉ DE COIRE, *catholique.*

Coire est une grande & belle ville de Suisse; son évêché est très-ancien, & l'on croit qu'il remonte au commencement du IVe. siecle. Le prélat qui l'occupe, est souverain.

PRINCE-ÉVÊQUE.

FRANÇOIS DENIS, baron de Buchenstein, né 15 Janv. 1716, élu 18 Avril 1777, consacré 14 Sept. même année.

ÉVÊCHÉ DE BRIXEN, *catholique.*

Cet évêché est fort médiocre. Son titulaire est suffragant de Saltzbourg. Il est souverain de ses états, sous la protection des comtes du Tirol.

PRINCE-ÉVÊQUE.

JOSEPH-PHIL. comte de Spaur, né 23 Sept. 1718, élu prince-évêque de Seckau 18 Déc. 1763, prince-évêque de Brixen 26 Mai 1779, investi à Vienne 22 Octobre 1781.

ÉVÊCHÉ D'EICHSTADT, *catholique*.

Cet évêché est un état souverain d'environ 18 lieues de long sur 7 de large. Son titulaire est chancelier de l'église de Mayence, & son premier suffragant. La ville d'Eichstädt est sur la riviere Atmul dans une vallée très-fertile & très-agréable.

PRINCE-ÉVÊQUE.

JEAN-ANT. Ernest baron de Zehmen, né 27 Nov. 1715, élu 31 Mars 1781, & consacré 25 Nov. de la même année.

ÉVÊCHÉ DE FREYSINGEN, *catholique*.

Cet évêché est dans la haute Baviere; il y a cependant plusieurs endroits en Autriche qui en dépendent. Son titulaire est suffragant de Saltzbourg.

PRINCE-ÉVÊQUE.

LOUIS-JOS. baron de Welden, né 11 Mai 1727, élu 3 Janvier 1769, & investi 11 Juillet 1770.

ÉVÊCHÉ DE FULDE, *catholique*.

L'évêché de Fulde est situé entre la Hesse & la Franconie. Il a 30 lieues de long sur autant de large. Cette prélature, très-ancienne en qualité d'abbaye, n'a été placée que depuis peu de tems, par Benoît XIV, au rang des évêchés. Son titulaire est chancelier perpétuel de l'empereur, & c'est à lui qu'il appartient de couronner ce prince.

PRINCE-ÉVÊQUE.

HENRI, baron de Bibra, né 22 Août 1711, élu 22 Oct. 1759, & investi à Vienne 15 Décembre 1764.

ÉVÊCHÉ D'HILDESHEIM, *catholique*.

L'évêché d'Hildesheim est un riche pays de 24 lieues de long sur 20 de large. Il est situé sur la Leyne, entre Hanovre Lunebourg & Brunswick, dans une contrée fertile & bien peuplée. Les protestans ont six églises, une école & un surintendant dans la ville d'Hildesheim; & quoique cette ville appartienne à l'évêque, elle jouit du droit de protection héréditaire de la maison de Brunswick-Lunebourg.

Prince-Évêque.

Frédéric-Guill. baron de Weſtphalen & de Furſtemberg, né 5 Avril 1727, élu 7 Février 1763, conſacré 13 Octobre de la même année, inveſti à Vienne 1 Avril 1767, & nommé coadjuteur de Paderborn 2 Mars 1773.

Liége, catholique.

L'évêché de Liége, ſitué dans les Pays-Bas, eſt borné au nord, par le duché de Brabant; au couchant, par le comté de Namur & le Hainaut; au midi, par la Champagne & le duché de Luxembourg; au levant, par le duché de Limbourg & de Juliers. Sa longueur du midi au nord, eſt d'environ 24 milles d'Allemagne, & ſa largeur eſt fort inégale. Quelques petits diſtricts de ſa dépendance ſont enclavés dans le duché de Brabant & de Luxembourg. Tout ce pays comprend une population d'environ 200 mille ames. Suffragant de Cologne, l'évêque de ce diocèſe jouit d'environ 800 mille livres de revenu.

Prince-Évêque.

François-Charles, des comtés de Welbruck, prince du S. E. R, duc de Bouillon, né 11 Juin 1719, élu 16 Janvier 1772, conſacré 4 Mai de la même année, & inveſti à Vienne 31 Octobre 1775.

Dignitaires et Chanoines de la Cathédrale.

Meſſieurs

Le b. de Hacke de Hamal, *grand-prevôt*, archid. de Liége, & prévôt de Sainte-Croix.
Le b. de Boos de Waldeck, *grand-doyen*.
Le b. Vander-heyden de Bliſia, *archid. de Brabant*, prévôt de Saint-Denis, & gr. chancelier de S. A.
Le b. de Stockhem, *archid. de Gondroz*, gr. chantre de Liége, & prévôt de Maſeyct & d'Hilvarenbeck.
De Jacquet, *archid. du Hainault*, official de Liége.
Le c. de Naſſau-Corroy, *archid. de Famenne*, prov. de S. Pierre.
Le b. de Loë de Wiſen, *archid. de Hesbaye*.
De Fabri-Beckers, *archid. de Campinne*.
Le b. de Geyr. de Schwepenbourg, abbé de Viſé.
De Stoupy, abbé de Airvaux & de Saint-Pierre de Châlons.
Le b. Georges-Albert de Sluſe.
Le comte de Rougrave.
De Sarolea de Cheratte.
Le c. de Rougrave, vicaire général & prévôt de S.-Barthelemi,

DU CORPS GERMANIQUE. 361

Messieurs

Le c. de Hoensbroech d'Oeſt.
Le b. de Greiffenclau.
De Chequier, prévôt de S.-Jean.
Le b. Jean-Pierre-Louis de Sluſe.
Le b. de Hayme, g.-tréſor. de Liége, & prév. de Saint-Martin.
Le c. de Lidekercke, official du chapitre.
Le b. de Stockhem, abbé d'Amay.
Le c. de Geloés & du S. E. R. gr. prévôt de Saint-Servais de Maeſtricht, & prévôt de Notre-Dame de Tongres.
De Libert de Flemal.
Le b. Maximil.-Henri de Woot de Tinlot.
Le pr. de Salm-Salm, évêque de Tournay.
De Coune, abbé de Dinant.
J. Jacq. de Heuſy, prévôt de Notre-Dame de Maeſtricht.
Le b. Pierre-Joſ.-Erneſt de Woot de Tinlot, prév. de S-Paul.
De Bonhome.
Le b. de Hompech de Bulkeim, prévôt de Foſſe.
Le c. d'Arberg de Vallengin, évêque d'Amizon, ſuff. de Liége & prév. de Huy.
De Libert
De Thier, grand-écolâtre de Liége.
Le c. de Woeſtenraedt.
Le c. d'Hemricourt.
De Ghiſels.
Louis-Hyacinthe de Heuſy.
Le comte d'Oultremont.
Le c. de Mean & de Beaurieux.
De Waremme.
De Waſeige.
De Pollard.
Guil.-Joſ. de Harlez.
Le b. Jean-Ant.-Laurent de Sluſe.
Arnold.-Fr-Joſ. de Thier.
Le comte de Mean.
Le comte de Neſſelrod.
De Loets de Trixhe.
D'Iſendoorn de Blois de Canneburg.
Le pr. de Rohan-Guémené, archev. de Cambrai, prévôt de Strasbourg.
Le b. de Weichs, de Roesbergs, prévôt de Hanſinne.
Guill.-Joſ. de Harlez.
De Paix.

Le c. de Lannoy.
De Clercx.
Le c. de Preston.

GRAND ET GÉNÉRAL BAILLI DE LA CATHÉDRALE.

M. le baron de Graillet & d'Oupeye.

ÉTATS DU PAYS DE LIÉGE & DU COMTÉ DE LOOZ.

Les états de Liége comprennent l'état primaire, que forme le très-illustre chapitre de la cathédrale dont on vient de donner le tableau, l'ordre de la noblesse & le tiers-état.

CHEF DE L'ÉTAT NOBLE.

M. le comte de Geloës, baron d'Oost, Seign. d'Eysden & Fouron-le-comte, lieuten. des fiefs, général-major & capit. des gardes de S. A. son conseiller-privé, Stadhalder de la noble cour de Curenge, haut officier de la ville de Hassert, commissaire-déciseur de Maestricht, & ancien bourguemestre.

CHEFS DE L'ÉTAT-TIERS. *Messieurs*

Le baron de Graillet & d'Oupeye, seign. do Vivegnis & petits Aaz, bourguemestre-régent pour la troisieme fois, grand & général bailli de la très-illustre cathédrale.

D'Othée de Limon, chevalier, conseiller-aulique actuel de Trèves, président en son conseil de révision, bailli, souverain officier d'Awans & Lonçin, conseiller de l'électeur palatin, greffier des seigneurs les vingt-deux du pays de Liége & comté de Looz & bourguemestre-régent.

CONSEIL PRIVÉ DE S. A.

M. le baron Van-der-heyden de Blisia, tréfoncier, archid. de Brabant, prévôt de Saint-Denis, grand-chancelier.

CONSEILLERS PRIVÉS-TRÉFONCIERS. *Messieurs*

De Jacquet, official de Liége.
Le c. de Nassau-Corroy, archid. de Famenne.
Le b. de Loë de Wisen, archid. de Hesbaye.
De Chequier, prévôt de Saint-Jean-l'Evangéliste.
De Bonhome, conseiller du conseil ordinaire.
Le c. d'Arberg de Vallengin, évêque d'Amizon.
Le c. de Rougrave, abbé Ciney.
Le c. de Rougrave, vic. gen. & prév. de Saint-Barthelemi.
Le b. de Sluse, seig. de Fall.
Le b. de Hompech de Bulheim, prévôt de Fosse.

DU CORPS GERMANIQUE.

CONSEILLERS PRIVÉS LAÏQUES. *Messieurs*

Le c. de Géloës, baron d'Oost.
Le c. de Hamal de Focan.
De Thier, échevin de la souveraine justice de Liége.
De Longrée, échevin de la souveraine justice de Liége.
Le b. de Stockhelm de Hers.
De Léonard de Streel, conseiller de la cour souveraine féodale, des limites du pays & du siége des commiss. de la cité, anc. Bourguemestre.
Le b. Van-der-Leyden de Blisia de Laye, commiss. gén. du pays de Liége & comté de Looz, grand-bailli du rivage & anc. bourguemestre.
Le b. de Tinlot, seigneur de Braive.
De Clermont, échevin de la haute cour & justice de Jupille.
De Weseren de Shabrouck, chevalier.
De Marteau, conseiller du cons. ordin. de S. A. & de l'élect. de Treves.
De Chestrer, ch. cons. priv. & secrét. de S. A. son sous-lieut. des fiefs, cons. du siége des commiss. de la cité.

CHAMBRE DES FINANCES.

M. le c. de Geloës, tréfoncier, *président*.

CONSEIL ECCLÉSIASTIQUE.

M. le c. Hyacinthe de Rougrave, vic. général, *président*.

TRIBUNAL DES ÉCHEVINS DE LA SOUV. JUSTICE DE LIÉGE.

M. le c. de Hamal de Focan, *président*.

TRIBUNAL DE LA SOUVERAINE COUR FÉODALE.

M. le c. de Geloës, baron d'Oost, *lieutenant*.
M. de Chrestret, chevalier, *sous-lieutenant*.

TRIBUNAL DE LA SOUVERAINE COUR ALLODIALE.

M. Laurenty, archip. de Liége, *garde-des-sceaux*.

GRAND MAYEUR DE LIÈGE.

M. le c. de Hamal de Focan, seigneur de Jamblines.

TRIBUNAL DE LA HAUTE COUR ET JUSTICE DE JUPILLE.

M. le baron de Moffaers, *grand-bailli*.

TRIBUN. DE LA H. COUR ET JUSTICE SOUV. DE HERSTAL.

M. le baron de Haultepenne, seigneur de Housse, *haut-drossart*.

TRIBUNAL DE LA COUR ET JUSTICE SOUV. DE FLERON.

M. le c. d'Arberg de Vallengin, évêque d'Amizon, *voué héréditaire*.

NOBLE SALLE DE CURENGE.

Le c. de Geloës, baron d'Oost, *stadhalder*.

MINISTRES DE LIÉGE.

PRÉS LES COURS ÉTRANGERES. Meſſieurs

Paris.	Le baron de Tchoudi, *ministre*.
Diete de Ratisbonne.	Charles-Louis Magis, *ministre*.
La Haye.	Magis, *ministre*.

ÉVÉCHÉ DE LUBECK, *protestant*.

L'évêque de Lubeck, qui n'exerce ſur cette ville aucune autorité ſouveraine, ſe qualifie de prince de l'Empire, & dépend de l'archevêque de Brême. Il fait ſa réſidence ordinaire à Eutin. Ce prélat eſt élu alternativement par la ville de Lubeck & par ſon chapitre. Cette derniere compagnie eſt compoſée de vingt-ſix chanoines, dont vingt-deux ſont proteſtans & quatre catholiques. La cathédrale & leurs maiſons ſont ſituées dans l'enceinte de la ville, & les biens de l'évêché qui appartiennent au chapitre touchent à la ville.

PRINCE-ÉVÊQUE.

FRANÇOIS-AUGUSTE, duc de Sleſwick-Holſtein, né 20 Septembre 1711, élu coadjuteur 13 Août 1743, évêque 15 Décembre 1750, & inveſti 22 Mars 1777.

ÉVÊCHÉ DE MUNSTER, *catholique*.

L'évêché de Munſter eſt l'un des états les plus occidentaux & des plus étendus du cercle de Weſtphalie. Indépendamment de la ville de Munſter, qui en eſt la capitale, cet évêché comprend vingt-quatre villes & douze bourgs. Douze de ces villes ſont appelées aux aſſemblées provinciales; & les autres ne jouiſſent d'aucune juridiction municipale. Toute la population de cet état peut monter à 250 mille ames.

Cet évêché eſt catholique; cependant les luthériens & les réformés y ont des égliſes publiques.

PRINCE-ÉVÊQUE.

MAXIMILIEN-FRÉDÉRIC, comte de Kœnigſegg-Rothenfels, né 13 Mai 1708, élu évêque de Munſter, 16 Septembre 1762.

Maximilien, archiduc d'Autriche, né 8 Décembre 1756, élu coadjuteur, 16 Août 1781.

ÉVÉCHÉ D'OSNABRUCK, *catholique & protestant.*

Cet évêché, enclavé dans le cercle de Westphalie, a seize lieues de long sur douze de large. A la paix de Westphalie, il fut convenu, à la réquisition des ducs de Brunswick-Lunebourg, qu'il serait possédé alternativement par un prince de cette maison, qui est luthérienne, & par un prince catholique ; & depuis cette époque, cette disposition a toujours été invariablement suivie. Quand l'évêque est protestant, ce prélat n'a que l'administration du civil ; & le gouvernement des affaires ecclésiastiques, qui regarde les catholiques, appartient à l'électeur de Cologne, comme métropolitain. Ni l'évêque catholique, ni l'évêque protestant n'ont le droit de rien changer dans les usages ; & les statuts exigent que les choses restent sur le pied où elles étaient au premier Janvier 1624.

Par des états transmis d'Allemagne au gouvernement d'Angleterre, il paraît que l'évêché d'Osnabruck rapporte à son titulaire, environ soixante-dix-mille livres sterlings ou 1,575,000 liv. monnoie de France.

PRINCE-ÉVÊQUE.

Frédéric de Brunswisck-Lunebourg, prince d'Angleterre, fils de Georges III, roi de la Grande-Bretagne, né 16 Août 1763, élu 27 Février 1764, *de la religion protestante.*

ÉVÉCHÉ DE PADERBORN, *catholique.*

L'état de cet évêque est très-médiocre ; il a environ vingt lieues en quarré, & sur cette modique surface, on compte 30 villes, 20 châteaux, 16 couvens & 54 églises. Sa capitale, située en Westphalie, est une ville grande, ancienne & bien peuplée. On ne peut être reçu dans son chapitre, sans avoir étudié dans une université de France ou d'Italie.

PRINCE-ÉVÊQUE.

Fréd.-Guil. baron de Westphalie, prince-évêque d'Hildesheim, né 5 Avril 1727, élu prince-évêque le 1783.

ÉVÉCHÉ DE PASSAW, *catholique.*

L'évêché de Passaw est très-considérable. Benoît XIII, l'exempta de la jurisdiction de l'archevêque de Saltzbourg, & Clément XII, en 1732, confirma ces dispositions.

Les revenus de cette principauté ecclésiastique sont d'environ 80,000 écus d'empire.

Prince-Évêque.

Jos.-Fr. d'Auersperg, né 31 Janv. 1734, élu prince-évêque de Passaw, le 19 Mai 1783.

ÉVÉCHÉ DE RATISBONNE, *catholique*.

Cet évêché, l'un des plus étroits d'Allemagne, est placé sur les deux rives du Rhin & enclavé dans la Bavière. Il a trois lieues de l'est à l'ouest, & une ou deux du nord au sud : son titulaire possede aussi quelques terres en Autriche. Ce prélat n'a aucun pouvoir dans la ville excepté dans son propre palais. Il n'est suffragant d'aucun archevêque, & il dépend immédiatement du saint-siége.

Prince-Évêque.

Antoine-Ignace-Joseph, comte de Fugger, né 3 Novembre 1711; reçu prince-prévôt d'Elwangen 29 Mars 1756, élu prince-évêque de Ratisbonne, 18 Janvier 1769, consacré 11 Septembre de la même année, & investi a Vienne 6 Avril 1770.

ARCHEVÊCHÉ DE SALTZBOURG, *catholique*.

L'archevêché de Saltzbourg est borné au nord, par la Bavière; à l'est, par l'Autriche; au sud, par la Carinthie & le Tirol; & à l'ouest par la Bavière. Ce pays qui est très-montagneux, s'étend vers la riviere de Saltzbourg. Il a environ 48 lieues de long sur 36 de large. Le chapitre est composé de 24 chanoines, qui sont tous ou comtes ou barons, & qui doivent faire preuve de huit quartiers de noblesse.

L'archevêque de Saltzbourg est légat-né du Saint-Siége pour toute l'Allemagne; & l'on ne peut appeler de lui au nonce du Pape. Ses revenus sont de trois millions deux cents mille livres, sans y comprendre trente mille florins qu'il tire des jeux, & huit mille écus d'Empire, que lui valent trois grandes messes qu'il dit par an.

Prince-Archevêque.

Jérome, comte de Colloredo, né 31 Mai 1732, élu chanoine de Saltzbourg, de Passaw & d'Olmuz 10 Oct. 1747, élu prince évêque de Gurck, 14 Avril 1761, archevêque de Saltzbourg 14 mars 1772, & investi de cette prélature 14 Mars 1775.

ÉVÉCHÉ DE SPIRE, *catholique*.

L'évêché de Spire est situé près du Rhin, qui le traverse. Il a 10 lieues de long, sur 12 dans sa plus grande largeur. En 1769, les habitans de cet évêché ont été déclarés exempts du droit d'aubaine en France.

PRINCE-ÉVÊQUE.

Aug.-Ph.-Ch. comte de Limpurg, né 16 Mars 1721, élu 29 Mai 1770, consacré 16 Sept. suivant & investi 22 Fév. 1771.

ÉVÊCHÉ DE STRASBOURG, *catholique.*

Indépendamment des terres que l'évêque de Strasbourg possede en France, ce prélat a en Allemagne quelques domaines, dont les habitans ont été affranchis en 1767, du droit d'aubaine en France.

PRINCE-ÉVÊQUE.

Louis-René-Edouard de Rohan-Guémené, né 25 Sept. 1734, coadjuteur de Strasbourg 22 Nov. 1759, évêque de Canople 24 Mars 1760, consacré 18 Mai de la même année, grand-aumônier de France 1 Nov. 1777, cardinal-prêtre 1 Juin 1778, évêque de Strasbourg 11 Mars 1779, & investi à Vienne 16 Nov. de la même année.

Voyez le chapitre de cette église, parmi les chapitres nobles de France, *page 19 de la IIe. partie.*

ÉVÊCHÉ DE TRENTE, *catholique.*

L'évêché de Trente, dont son titulaire est souverain, est situé entre le Tirol, le Bellunese, le Vicentin, le Veronese, le Bressan & le lac de Garde. Ce pays est très-fertile, & abondant en vin & en huile. La ville de Trente est fameuse dans les annales du christianisme, par le concile qui y a été célébré dans le XVIe. siécle.

PRINCE-ÉVÊQUE.

Pierre Vigile, comte de Thun & de Hohenstein, né 13 Déc. 1724, élu 29 Mai 1776.

ÉVÊCHÉ DE VORMS, *catholique.*

L'évêché de Worms est enclavé dans le Palatinat, entre les bailliages d'Oppenheim & de Neustadt. Le Rhin le partage en deux parties égales. Il a 10 lieues de long sur 6 de large. Son titulaire est avec l'électeur Palatin, directeur du cercle du haut Rhin.

PRINCE-ÉVÊQUE.

Fréd.-Ch.-Jos. baron de Erthal, électeur de Mayence, né 3 Janvier 1719, élu évêque 27 Juillet 1774 & installé 26 Mai 1776. (*Voyez* Mayence).

ÉVÉCHÉ DE WURZBOURG, *catholique*.

L'évêché de Wurzbourg comprend la principale partie de la Franconie. Il a 26 lieues de long sur 20 de large. Celui qui est élu chanoine pour être placé sur le siége épiscopal, doit dit-on, passer nu jusqu'à la ceinture devant les chanoines, qui lui donnent chacun plusieurs coups de verges.

Les sujets de cet évêché ont été exemptés du droit d'aubaine en France en 1773.

PRINCE-ÉVÊQUE.

FRANÇOIS-L.-Ch.-Ph.Ant. baron de Erthal, né 15 Sept. 1730 (*Voyez* Banberg).

PRINCES-ABBÉS ET PRÉVOSTS.

Nota. Ceux après lesquels on a mis le nom de l'ordre auquel ils appartiennent, sont en regle ; les autres, commandataires.

BERCHTOLDSGADEN. Jos. Conrad, baron de Schroffenberg, né 3 Fév. 1743, élu *prévôt* 6 Mai 1780.

CORVEY, Théod., baron de Brabeck, né 15 Juin 1735, élu *abbé* 18 Juillet 1776, admis à Vienne 29 Oct. 1781.

ELCHINGEN, *S. Benoît.* Robert Kolb, né 8 Nov., 1736 élu *abbé* 6 Mars 1766.

ELWANGEN, Ant.-Ign.-Jos. des comtes de Fugger de Glott, né 3 Nov. 1711, résigne 1 Janv. 1781, en faveur de l'électeur de Trêves. *Voyez Trêves.*

GENGENBACH, *S. Benoît.* Jacob Trautwein, né en 1729, élu *abbé* en 1760.

ISNY, *S. Benoît.* Alph. Pfaundler, né 9 Août 1727, élu *abbé* 6 Juin 1777.

KYSERSHEIM, *Citeaux.* Célestin II Angelspurger, né 2 Nov. 1726, élu *abbé* 26 Juin 1771.

KEMPTEN, Hon. baron Roth de Schreckenstein, né 19 Sept. 1726, élu *abbé* 16 Juin 1760.

MARCHTALL, *Prémontré.* Paul, né 8 Déc. 1729, élu *abbé* 8 Avril 1772.

NERESHEIM, *S. Benoît.* Ben.-Marie, né 15 Juin 1720, élu *abbé* 3 Juin 1755.

OCHSENHAUSEN, *S. Benoît.* Romuald Weltin, né 29 Janv. 1723, élu *abbé* 22 Oct. 1767.

ODENHEIM, Adalb.-Phil. baron de Hutten de Stoltzenberg, élu *prévôt* en 1777.

PETERSHAUSEN, *S. Benoît.* George Strobel, né 29 Avril 1724, élu *abbé* 2 Février 1762.

du Corps Germanique.

PRUM. *Voyez Trèves.*

ROGGENBOURG, *prémontré.* George, né 29 Janv. 1717, élu *abbé* 17 Juillet 1753.

ROTH, *prémontré.* Mau. Moritz, né 20 Nov. 1717, élu *abbé* 4 Septembre 1760.

SCHUSSENRIED, *prémontré.* Joseph, né 17 Fév. 1734, élu *abbé* 9 Sept. 1775.

SALMANNSWEYL, *Cîteaux.* Robert, né 28 Janv. 1740, élu *abbé* 8 Juin 1778.

STABLO & MALMEDY, Jac. de Hubin, comte de Logne, né en 1704, élu *abbé* 27 Nov. 1766.

S. CORNEILLE DE MUNSTER, *S. Benoît.* Math.-L. baron de Plettenberg, né 2 Fév. 1729, élu *abbé* 23 Oct. 1764.

S. JEAN DE JERUSALEM, Jean-Jof.-Benoît, comte de Reinach de Fouxmaigne, né 14 Fév. 1721, élu *maître de S. Jean*, 20 Août 1777.

S ULRIC ET S. AFRE D'AUSBOURG, *S. Benoît.* Jof.-Marie Langenmantel Westheim, né 1 Fév. 1710, élu *abbé* 2 Avril 1753.

URSPERG, *prémontré.* Guill. Schollhorn, né 16 Janv. 1739, élu *abbé* 9 Fév. 1771.

WEINGARTEN, *S. Benoît.* Dom Schnitzer, né 10 Sept. 1704, élu *abbé* 9 Déc. 1745.

WEISSENBOUG. *Voyez* Spire.

WEISSENAU, *prémontré.* Antoine, né 26 Fév. 1736, élu *abbé* 9 Nov. 1773.

WERDEN, *S. Benoît.* Jean de Pellersberg, élu *abbé* 19 Déc. 74, consacré 15 Fév. suivant.

WETTENHAUSEN, *S. Augustin.* Ambroise, né 19 Août 1714, prévôt 29 Juillet 1776.

YRSEE, *S Benoît.* Amil. Möck de Sigmaringen, né 4 Oct. 1712, élu *abbé* 2 Déc. 1765.

XWYFALTEN, *S. Benoît.* Nic. Schmidler de Waldsée, né 19 Nov. 1723, élu *abbé* 29 Juillet 1765.

PRINCESSES-ABBESSES.

BAINDT. *Cîteaux.* Marie-Bernarde, née 23 Sept. 1728, élu 1 Fév. 1768, bénite 12 Juin suivant.

BOURTSCHEID. Anne-Françoise, barone de Awans, Lonchin Flemal, élue 15 Déc. 1775, bénite le 17 du même mois.

BUCHAU. Marie-Maxim. comtesse de Stadian, Than & Warfen, née 22 Juillet 1736, élue 18 Janv. 1775.

Essen. Marie Cuneg. princesse royale de Pologne & de Saxe, née 10 Nov. 1740, *abbesse* 16 Juillet 1776.

Gandersheim. Aug. Dorot. princesse de Brunswick Lunebourg, née 2 Oct. 1749, élue 3 Août 1778, intronisée 13 Mars 1779.

Guthenzell. *Cîteaux.* Marie-Justine, barone de Crolzheim, née 28 Fév. 1746, élue 27 Avril 1776, bénie 7 Juill. suivant.

Heggbach. *Cîteaux.* Marie-Julienne, née 19 Janv. 1717, élue 3 Déc. 1773.

Herforden. Fréd.-Charl.-Léop.-L. princesse de Prusse, Margrave de Brandebourg-Schwedt, née 18 Août 1745, *abbesse* 11 Oct. 1764, intronisée 16 Juin 1766.

Christ.-Charl. princesse de Hesse-Cassel, née 2 Fév. 1725, élue *coadjutrice* 12 Juillet 1766.

Henr.-Amél. princesse d'Anhalt Dessau, née 7 Sept. 1720, élue *coadjutrice* 2 Nov. 1779.

Lindau. Marie-Jos.-Agathe ; baronne de Ulm & de Langenhein, née 5 Août 1712, élue 8 Oct. 1771.

Nildermunsters. Marie-Véron.-Eliz. baronne de Speth Xuyfalten, élue 30 Janvier 1769.

Obersmunsers. Marie-Jos. baronne de Neuenstein, née 2 Juillet 1739, élue 21 Nov. 1775.

Guedlinbourg. Sophie-Albertine, princesse de Suède, née Oct. 1753, élue 20 Sept. 1767, succede en 1783.

Rothenmunster. *Cîteaux.* Marie-Barbe, née 8 Fév. 1711, élue 29 Déc. 1777, bénie 22 Déc. 1778.

Thorn. Marie-Cuneg. princesse de Saxe. V. *Essen.*

MAISON DES - PRINCIPAUX PRINCES, COMTES ET BARONS D'ALLEMAGNE.

PRINCIPAUTÉ D'ANHALT.

Cette principauté a environ 28 lieues de long sur 8 de large. Traversée par l'Elbe, elle est située entre le duché de Magdebourg & ce qu'on appelle le cercle de Saale. Le terroir en est fertile en bled & en fruits. C'est delà que viennent les excellentes pommes de Borsdorf. Il y a aussi de riches mines d'où l'on tire de l'argent, du fer & du charbon de pierre. Le gibier & les bois y sont très-communs.

I. Anhalt-Dessau, *religion reformée.*

Les terres qui appartiennent à cette maison, sont sur les frontieres du cercle électoral de la haute Saxe, à une petite distance de Wirtemberg. Dessau, située au confluent de l'Elbe

DU CORPS GERMANIQUE. 371

& du la Mulde, en eſt la capitale. Cette ville, dont la population eſt principalement formée par les Juifs, a une académie ſous le nom de *Société fructifiante*. La maiſon d'Anhalt-Deſſau poſſede encore Bubainen & Morkutten, deux ſeigneuries enclavées dans le royaume de Pruſſe.

LÉOPOLD-Frédéric-François, *prince*, né 10 Août 1740, marié le 25 Juillet 1767, à
Princeſſe. Louiſe-Henriette Wilhelmine, fille du prince Henri de Pruſſe, née 24 Septembre 1750.
Fils. Frédéric, prince héréd. né 27 Décembre 1769.
Freres. Jean-George, né 28 Janvier 1748.
Albert, né 22 Avril 1750, marié 25 Octobre 1774, à Henriette-Caroline Louiſe, comteſſe de la Lippe-Weiſſe-feld.
Sœurs. Henr.-Cath.-Agnès, née 5 Juin 1744, mariée 28 Octobre 1779, au baron de Loen.
Tante. Henriette-Amélie, née 7 Décembre 1720.

II. ANHALT-BERNBOURG, *religion réformée*.

Les terres de cette maiſon ſont ſituées dans la partie occidentale de la principauté. Bernbourg, réſidence du prince, eſt une jolie ville décorée d'un beau château bâti par le prince Albert II, & d'un pont de pierre ſur la Soabe.

FREDERIC-Albert, *prince*, né 15 Août 1735, veuf 2 Mars 1769, de Louiſe-Albertine, princeſſe de Holſtein-Ploen.
Fils. Alex.-Fréd.-Chriſtian, né 12 Juin 1767.
Fille. Paul.-Chriſt. Wilhelmine, née 23 Février 1769.
Sœur du premier lit. Sophie-Louiſe, née 29 Juin 1732, mariée 10 Mai 1753, au C. de Solms-Bareuth.
Sœurs du ſecond lit. Fréd.-Aug-Sophie, née 28 Août 1744. Voyez *Anhalt-Zerbſt*.
Chriſt.-Eliſab.-Albertine, née 14 Novembre 1746. Voyez *Schwarzbourg-Sonderſhauſen*.
Fille du prince Lebrecht de Hoym & de Bernardine-Jacobé Wilhelmine-de Wrede.
Soph.-Chriſt.-Ant. Ebherarde Wilhelmine, née 6 Février 1709. Voyez *Schwarzbourg-Sonderſhauſen*.

III. ANHALT-BERNBOURG SCHAUMBOURG, *proteſt*.

CHARLES-Louis, *prince*, né 16 Mai 1723, marié 16 Décembre 1765, à
Princeſſe. Amélie-Eléonore, prin. de Solms, née 22 Novembre 1734.
Fils. Vict.-Ch.-Fréd. prince héréd. né 2 Novembre 1767.]

Guillaume-Louis , né 19 Avril 1771.
Fille. Carol.-Ulric-Charlotte , née 22 Septembre 1775.
Frere. Fr.-Adolphe, né 7 Juillet 1724, marié 19 Octobre 1762 , à
Marie-Josephe , c. de Haslingen , née 13 Septembre 1740, dont
Neveu. Fréd.-Fr.-Jos. né 1 Mars 1769.
Niece. Vict.-Amél.-Ernest. née 11 Février 1772.
Marie-Henriette-Albertine , née 10 Février 1779.
Freres de pere. Fréd. L.-Adolp. né 29 Novembre 1741.
Vict.-Amédée, né 21 Mai 1744, marié 21 Avril 1778, à
Mad. Sophie, princesse de Solms-Braunsfels , née 14 Janvier 1742, *dont*
Neveu. Vict.-Amed. né 19 Juin 1779.

IV. ANHALT-COETHEN, *protestant.*
Les terres qui forment le patrimoine de cette branche, sont situées au centre de la principauté. Coëthen, belle ville, avec un château, est la résidence du prince.

CHARLES-George Lebrecht , *prince* , né 15 Août 1730, marié 26 Juillet 1763 , à
Princesse. Louise-Charl.-Fréd. prince de Holstein-Glucksbourg née 5 Mars 1749.
Fils, Aug.-Christ-Fréd. né 18 Nov. 1769.
Charles-Guillaume , né 5 Janvier 1771.
Louis , né 25 Septembre 1778.
Fille. Frédérique-Guillelmine , née 7 Février 1780.
Freres. Frédéric-Erdmann, né 26 Octobre 1734, marié 11 Juin 1766 , à
Louise-Ferd. comtesse de Stolberg-Wernigerode, née 30 Septembre 1744.
Neveux. Emanuel-Ernest. Erdmann, né 9 Janvier 1768.
Fréd.-Ferdinand , né 25 Juin 1769.
Henri , né 30 Juillet 1778.
Christ.-Fréd. née 15 Novembre 1780.
Niéces. Anne-Emilie , née 20 Mai 1770.
Christiane , né 8 Février 1774.
Sœurs. Christine-Anne-Agnès, née 5 Décembre 1726 , veuve 24 Octobre 1778 , du c. Henri-Ernest de Stolberg-Wernigerode.
Jeanne-Wilhel. née 4 Novembre 1728 , mariée 17 Décembre 1749 , au pr. Jean-Ch-Frédéric de Carolath-Schoenaich.
Sœur du 3. lit. Mar.-Mad.-Bénéd. née 22 Mars 1739.

IV. ANHALT-ZERBST, *protest. & conf. d'Ausb.*
Les terres de cette maison sont situées près l'Elbe , entre

Wirtenberg & Magdebourg. Elle possede de plus le pays de Jevern qui a huit lieues de long sur quatre de large, entre l'Ostfrise & l'Eldenbourg, sur la mer Germanique. Zerbst, belle ville, décorée d'un château bien construit, & d'un collége très-fréquenté, est la résidence du prince. La bierre qui s'y fait, jouit de la plus grande réputation.

Frederic-Auguste, *prince*, né 8 Août 1734, marié en secondes noces 27 Mai 1762, à

Princesse. Fréd.-Aug.-Sophie, princesse d'Anhalt-Bernbourg, née 28 Août 1744.

Sœur. Catherine II, Alexiewna, impératrice de Russie, née 1 Mai 1729. Voyez *Russie*.

AREMBERG, *catholique*.

Louis Engelbert, *prince*, né le 3 Août 1750, marié le 19 Janvier 1773, à

Princesse. Louise-Pauline, fille de Louis-Léon, duc de Brancas, & comte de Lauragais, née 24 Octobre 1758.

Fille. Pauline-Charlotte-Iris, née 2 Septembre 1774.

Frere. Auguste-Marie-Raymond, c. de la Marc, né 30 Août 1753, marié 23 Nov. 1774, à

Marie-Françoise-Ursule, marquise de Cernay, dont

Neveu- Ernest Engelbert, née 25 Mai 1778.

Frere. Louis-Marie, né 20 Février 1757.

Sœurs. Marie-Françoise-Léop.-Caroline, née 13 Juillet 1751, mariée 30 Août 1781, au c. François de Vindischgræz.

Mar.-Louise-Fr. née 29 Janvier 1764. Voyez *Stahremberg*.

Mere. Louise-Marg. comtesse de la Marc, née 10 Juillet 1730, veuve du duc Charles, 17 Août 1778.

Tantes. Marie-Vict. née 26 Août 1714. Voyez *Bade-Bade*.

Marie-Adélaïde, née 30. Septembre 1719.

AUERSPERG, *catholique*.

Charles-Joseph-Antoine, *prince*, né 17 Février 1720, marié 16 Mai 1744, à

Princesse. Marie-Josephe-Ros. princesse de Trautson, née 26 Août 1724.

Fils. Guillaume, né 9 Août 1749, marié en Février 1776, à

Léop.-Fr. c. de Waldstein, née 8 Août 1761, dont

Petites-filles. Marie-Jos. née 15 Janvier 1777.

Henriette-Anne, née 26 Juin 1778.

Sophie-Regine, née 7 Septembre 1780.

Fils. Charles, né 21 Oct. 1750, marié 2 Oct. 1776, à

Marie-Josephe, princesse de Lobkowitz, née 8 Août 1756.

Vincent, né 31 Août 1763.

Filles. Marie Françoife, née 30 Juillet 1745, veuve de Fr. C. de Daun, 13 Avril 1768.

Pauline, née 11 Déc. 1752, mariée 8 Juin 1775, au comte Ch.-Ant. de Salm-Reiffeifcheid.

Chriftine, née 18 Fév. 1754, mariée 12 Fév. 1776 à Jof. C. de Seilern.

Aloyfe, née 20 Nov. 1762.

Frere. Jean-Adam, né 27 Août 1721, veuf pour la deuxieme fois 21 Oct. 1775.

Freres du second lit. Jof.-Fr.-Antoine, né 31 Janv. 1734. *Voyez* Paffaw.

Fr. de Paul, né 5 Sept. 1741, marié 19 Août 1776, à Vincentia Anne de Rechbach, née 9 Août 1760.

Jean-Baptifte né 28 Fév. 1745.

Aloys, né 20 Mars 1747.

Fr.-Xavier, né 19 Janv. 1749, marié 25 Juin 1778, à Marie Erneftine, pr. de Schwarzenberg, née 18 Oct. 1752.

Sœurs du second lit. Thérefe, née 22 Mars 1735, mariée 2 Avril 1758 au comte J.-Jof. de Kinsky.

Marie-Antoinette, née 30 Sept. 1739, mariée 12 Janv. 1755 au comte Gund. Thomas de Wurmbrand.

Marie-Anne, née 26 Avril 1743, mariée 23 Nov. 1760, au comte Jof. Venceflas de Wurden.

MARQUISAT DE BADE.

Ce marquifat, dont la longueur eft de 16 lieues fur 8 à 10 de large, eft placé entre le bas Palatinat, l'évêché de Spire, le Wittemberg, l'Ortenau & le Rhin. Au-delà de ce fleuve, & fur fes bords, la maifon de Bade poffede fept provinces très fertiles, fituées entre Bâle & Philipsbourg. Leur longueur eft d'environ 48 lieues, fur 4, 6, 8 & 10 lieues de largeur. Bade, capitale de tout le pays, eft fituée fur une montagne, environnée de toutes parts par des vignobles. On y trouve des bains très falubres, & douze différentes efpeces de fources d'eau chaude. L'illuftre maifon de Bade poffede encore plufieurs belles terres dans le Palatinat, dans la Bohême, dans le Luxembourg & dans le margraviat de Burgau.

I. BADE-BADE, *catholique*.

Le patrimoine de cette branche aînée confifte dans le haut marquifat, avec les villes de Bade & Raftadt; une partie du comté d'Erbeftein, voifin du duché de Wittemberg; une partie du comté de Spanheim, dans le bas Palatinat, trois feigneuries dans le duché de Luxembourg, huit autres dans le royaume de Bohême, & celle de Mahlberg.

Douairiere. Marie-Vict. pr. d'Aremberg, né 26 Oct. 1714, veuve du margrave Auguste-George, 21 Oct. 1771.

Fille. Elizab.-Auguste-Fr. Eléon. née 16 Mars 1726.

BADE-DOURLACH, *religion évangélique.*

Cette branche possede le bas marquisat de Bade, avec les villes de Dourlach & Carlsrouhe; le marquisat de Hochberg, dans le Brisgau; le landgraviat de Sausenberg, entre le Brisgau & le Rhin; la seigneurie de Roeteln, à quelque distance de la ville de Bâle; & celle de Badenweiler, à 5 lieues de cette derniere ville.

CHARLES Fréd. *margrave,* né 22 Nov. 1728, marié 28 Janv. 1751, veuf 8 Avril 1783, de Carol.-Louise, princesse de Hesse d'Armstadt.

Fils Ch. Louis, prince héréd, né 14 Fév. 1755, marié 15 Juillet 1774, à

Amélie Fréd. P. de Hesse Darmstadt, née 20 Juin 1754: *dont*

Petites-filles. { Cath.-Amél.-Christine, Fréd. Wilh. Caroline, } nées 13 Juillet 1776.

Louise-Mar.-Auguste, née 24 Janv. 1779.

Fréd.-Dorothée Wilhelmine, née 12 Mars 1781.

Fils. Frédéric, né 19 Août 1756.

Louis-Guil.-Auguste, né 9 Fév. 1763.

Frere. Guil-Louis, né 14 Janv. 1732.

Oncles à la mode de Bretagne. Ch.-Aug.-Jean Reinhard, né 14 Novembre 1712.

Ch.-Guil. Eugêne, né 13 Nov. 1713.

Christophe, né 5 Juin 1717.

BARBIAN ET-BELGIOJOSO, *catholique.*

ALBERIC XII, *prince,* né 20 Oct. 1725, veuf 3 Mai 1777, d'Anne-Richarde, princesse d'Est.

Fils. Alberic Renauld-Herc.-Ch. marq. d'Est, né 1 Mai 1760.

L.-Fr. Alberic Ant. C. de Lugo, né 18 Janv. 1767.

Herc.-Ch.-Philib. C. de Cotignola, né 24 Mai 1771.

Filles. Barbe-Mar.-Ign.-Thérèse, née 10 Fév. 1759, marié 8 Janv. 1775, au marq. Litta de Gambalo.

Béatrix Rich.-Thér.-Vict. née 4 Oct. 1763.

Frere. L.-Ch.-Marie, comte de Belgiojoso, min. plénip. de l'emp. à Bruxelles, né 2 Janv. 1728.

BRANDEBOURG-ANSPACH ET BAYREUTH, *luthérien.*

Les états de cette maison, vulgairement connus sous le nom de Burggraviat de Nuremberg, ont 60 lieues d'étendue, depuis la Misnie jusqu'à la Souabe. On les divise en haut & bas Burggraviat. Le haut Burggraviat est environné par la Misnie, l'évêché de Bamberg, le haut Palatinat & le territoire de Nuremberg. On le divise en cinq cercles, qui tirent leurs noms des cinq principales villes qu'il comprend; savoir, Bayreuth, Culmbach, Hoff, Wonsiedel & Neustadt. Le bas Burggraviat, appelé le marquisat d'Anspach, est situé au midi du précédent, près la Pregniz, & confine au territoire de la ville de Nuremberg & à l'évêché d'Aichstœdt. On le divise en 15 grands bailliages, dont celui d'Anspach est le principal.

Ordre de Chevalerie de Bayreuth.

En 1705, le margrave Christian Ernest institua l'ordre de la sincérité, ou de l'aigle rouge de Brandebourg; & en 1744, il fut renouvelé par le dernier margrave. La marque de cet ordre est une croix d'or émaillée de blanc, attachée à un ruban ponceau ondé. L'étoile que les chevaliers portent sur l'habit, renferme l'aigle rouge de Brandebourg avec ces paroles : *sincerè & constanter.*

Alexandre, *margrave*, né 24 Fév. 1736, marié 22 Nov. 1754, à
Princesse. Fréd.-Caroline, princesse de Saxe-Cobourg-Saalfeld, née 24 Juin 1735.
Mere. Fréd.-Louise, princesse de Prusse, née 28 Sept. 1714, veuve, 3 Août 1757, de Guil.-Fréd.-Margr. d'Anspach-Onolzbach.
Douairiere. Joséphine-Caroline, princesse de Brunswick-Wolfenbuttel, née 8 Oct. 1737, veuve 20 Janv. 1769, du margrave Fréd.-Christian.

MINISTRES DU MARGRAVE,

près les Cours étrangeres. Messieurs

Berlin.	Borchwardt, *résident.*
Cologne.	Le baron de Wenz Zum Labnsteim, *résident.*
C. de Franconie.	De Knebel, *min. plénipotentiaire.*
	Greinier, *secrétaire de légation.*
Francfort sur le Mein.	Heberlen, *résident.*
La Haye.	S'Heremberg, *chargé d'aff. près les états gén.*
	Sonntag, *chargé d'affaires près le Stadhouder.*
Manheim.	Beké, *résident.*

DU CORPS GERMANIQUE. 377

Messieurs

Ratisbonne.   Salzmann, *min. plénipotentiaire.*
                 Schnell, *conseiller de légation.*
Vienne.   De la Lith, *consf. privé de légation.*
                 Isenslam, *consf. privé de légation.*

BRUNSWICK-LUNEBOURG. *Voyez Angleterre.*

BRUNSWICK-WOLFENBUTTEL, *luthérien.*

La principauté de Brunswick-Wolfenbuttel est coupée par l'évêché de Hildesheim & par la principauté d'Halberstadt. Son étendue est d'environ 25 lieues; & le pays offre par-tout un terroir fertile & une population considérable. Wolfenbuttel, placé sur l'Ocker, en est la capitale. Cette ville, d'une grandeur médiocre, mais fort jolie, offre une bibliotheque très-précieuse, dans un édifice récemment construit pour la recevoir. Elle contient environ 120000 livres imprimés, 2000 manuscrits rares, 100 volumes écrits à la main, qui comprennent divers actes publics très-importans, & un riche cabinet d'histoire naturelle.

Charles-Guill. Ferdinand, *duc*, né 9 Oct. 1735, marié 16 Janvier 1764, à
    Duchesse. Auguste, fille du feu P. de Galles, née 11 Août 1737.
    Fils. Ch.-George-Aug. pr. Hered, né 8 Fév. 1766.
    George-Guill.-Christian, né 27 Juin 1769.
    Auguste, né 18 Août 1770.
    Fréd.-Guill, né 9 Oct. 1771.
    Filles. Aug.-Car.-Fréd.-Louise, née 3 Déc. 1764. V. *Wurtemberg-Stutgard.*
    Car.-Amélie-Elisabeth, née 17 Mai 1768.
    Freres. Fréd.-Auguste, né 29 Oct. 1740, marié 6 Sept. 1768, à Fréd.-Soph.-Ch.-Aug. P. de Wurtemberg-Oels, née 1 Août 1751.
    Max.-Jules-Léopold, né 10 Oct. 1752.
    Sœurs. Soph.-Car.-Marie, née 8 Oct. 1737. V. *Brandebourg-Bayreuth.*
    Anne-Amélie, née 24 Oct. 1739. V. *Saxe-Weimar.*
    Eliz.-Christ. Ulrique, née 8 Nov. 1746.
    Auguste Dorothée, née 2 Oct. 1749.
    Mere. Philip. Charlotte, princ. de Prusse, née le 13 Mars 1716.

Enfans du duc Ant. Ulric & de la princesse Anne de Mecklenbourg-Schwerin.

Pierre, né 31 Mars 1745.
Alexis, né 9 Mars 1746.

Catherine, née 26 Juillet 1741.
Oncles. Louis Erneft, né 25 Sept. 1718.
Ferdinand, né 12 Janvier 1721.
Tantes. Elizab.-Chriftine, née 8 Nov. 1715. V. *Pruffe.*
Sophie-Antoinette, née 23 Janv. 1724. V. *Saxe-Cobourg-Saalfeld.*
Julienne-Marie, née le 4 Sept. 1729. V. *Danemarck.*
Grand-oncle. Frédéric-Charles-Ferdinand, né 5 Avril 1729, marié 29 Oct. 1782, a
Anne-Caroline, princeffe de Naffau-Saarbruck, veuve de Fréd. Aug.-Guill. dernier duc de Holftein-Glucksbourg, née 31 Décembre 1751.

C H I M A Y, *catholique.*

PHILIPPE-Gab.-Maurice de Hennin-Liétard, *prince*, né le 22 Septembre 1736, marié 29 Septembre 1761, à
Princeffe. Laure, fille du duc de Fitzjames, née 7 Décembre 1744.
Freres. Ch.-Jof.-Alex., prince de Hennin, né 17 Juin 1744, marié en 1766, à
Etienne, fille du marquis de Montconfeil.
Sœurs. Marie-Anne-Gabriele, née 29 Mars 1728, mariée 26 Octobre 1750, Vict.-Maurice Rigaut, marq de Caraman.
Gabrielle-Charl.-Françoife, née le 20 Juin 1729.
Louife-Françoife, née le 30 Mars 1738, mariée 15 Février 1756, à Jacq.-Franç. vic. de Cambis.

C L A R Y, *catholique.*

FRANÇOIS Wenceflas, *prince*, né 8 Mars 1706, marié 14 Février 1747, à
Princeffe. Marie-Jofephe, princeffe de Hohenzollern-Hechingen, née 20 Janv. 1728.
Fils. Jean-Népomucéne, comte, né 17 Décembre 1753, marié 31 Janvier 1775, a
Marie-Chriftine-Léopoldine, princeffe de Ligne, née 27 Mai 1757.
Filles. Marie-Sidoine, née 10 Novembre 1748, mariée 17 Mai 1772, à Jean Rudolphe, Comte de Chofeck, né 17 Mai 1744.
Marie-Chriftiane, née 19 Janvier 1755, mariée 27 Avril 1772, à Jean-Phil. c. de Hoyos, né 6 Septembre 1747.
Marie-Thérefe, née 30 Juillet 1756.

COLLOREDO, *catholique*.

Rudolphe, *prince*, né 6 Juillet 1706, marié 14 Juillet 1727, à

Princesse. Marie-Gabrielle, fille du c. de Stahremberg, née 28 Novembre 1707.

Fils. Fr.-Gundacre, comte, né 28 mai 1731, marié 6 Janvier 1771, à

Marie-Isabelle, c. de Mansfeld, née 29 Août 1750, *dont*

Petits-fils. Rodolphe-Joseph, né 16 Avril 1772.

Jérôme, né 30 Mars 1775.

Ferdinand, né 30 Juillet 1777.

Petites-filles. { Marie-Gabrielle, Marie-Henriette, } nées 3 Sept. 1773.

Fils. Jérôme, né 31 Mai 1732. V. *Salzbourg.*

Joseph-Marie, né 11 Sept. 1735.

Venceslas, né 15 Oct. 1738.

Filles. Mar.-Gabrielle, née 23 Juin 1741, mariée 27 Janv. 1762, à Jean comte Palfy d'Œrded.

Marie-Thérèse, née 18 Juillet 1744, marié 16 Juin 1776, au comte Eug. Erwin de Schœnborn.

Marie-Françoise, née 2 Avril 1746, mariée 27 Nov. 1765, à Etienne Olivier, comte de Wallis.

Caroline, née 14 Fév. 1752, mariée le 18 Mai 1772, au comte Ferdinand de Trautmannsdorf.

DIETRICHSTEIN, *catholique*.

Charles-Maximilien, *prince*, né 28 Avril 1702, veuf 4 Oct. 1764, de Marie-An.-Jos. comtesse de Khevenhuller.

Fils. Jean-Bap.-Ch. né 27 Juin 1728, marié 30 Janv. 1764, à Marie-Christ.-Jos. comtesse de Thun & Telchen, née 25 Avril 1738, *dont*

Petits fils. Fr.-Joseph, né 29 Avril 1767.

Jean-Bap.-Charles, né 31 Mars 1772.

Maur.-Jean-Charles, né 19 Fév. 1775.

Joseph, né 7 Février 1780.

Petite-fille. Marie-Thérèse, née 11 Août 1768.

Fils. Fr. de Paul-Charles, né 3 Décembre 1731, marié 25 Avril 1770, à

Charl.-Barone de Reischach, née 8 Octobre 1740, *dont*

Petit-fils. Franç.-Xav. Joseph, né 9 Juillet 1774.

Petite-fille. Marie-Thérèse-Josephe, née 24 Juillet 1771.

Fille. Marie-Josephe, née 2 Nov. 1736, mariée 20 Mai 1754, au comte Ernest de Harrach.

ESTERHASI.

NICOLAS, *prince*, né 18 Déc. 1714, marié 4 Mars 1737, à
Princesse. Marie - Elisabeth, comtesse de Weissenwolf, née
21 Mars 1718.

Fils. Paul-Ant. comte, né 11 Avril 1738, marié 10 Janvier
1763, à
Marie-Thérese, comtesse d'Erdœdi, née 23 Nov. 1745, *dont*
Petits-fils. Nicolas, né 12 Décembre 1765.
Antoine, né 3 Juillet 1767.
Léopold, né 15 Novembre 1776.
Petite fille. Marie-Thérese, née 7 Février 1764.
Fils. Nicolas, né 10 Août 1741, marié 3 Août 1777, à
Anne - Françoise, comtesse de Weissenwolf, née en 1747.
Fille. Marie-Anne, née 7 Fév. 1739, mariée 21 Mai 1758,
à Ant. comte de Crassalcowich.

FURSTENBERG-MOSKIRCH, *catholique*.

La principauté de Fustenberg, qui s'étend le long du Danube, depuis le marquisat de Bade, à travers la forêt noire, jusques auprès de la ville d'Ulm, peut avoir 48 lieues de long, sur une largeur fort étroite. Cet état est composé de plusieurs anciennes petites provinces, qui ont été successivement réunies. Telles sont le Landgraviat de Bar, le comté de Hausen, celui de Zimbern, celui de Luppen, le Landgraviat de Stulingen, le comté de Werdenberg & la seigneurie de Moskirch. Furstenberg qui en est la capitale, est située sur une montagne de la forêt noire, à environ six lieues de Rothweil.

Douairiere. MAR.- Gab.- Félicité, fille du duc Léopold de Holstein-Wiesenbourg, née 21 Octobre 1716, veuve 7 Septembre 1744, du prince Ch. Frédéric.

II. FURSTENBERG-STULINGEN, *catholique*.

JOSEPH, *prince*, né 9 Janv. 1758, marié 15 Janv. 1778, à
Princesse. Marie - Antoinette, princesse de Hohenzollern-Hechingen, née 10 Novembre 1760.
Frere. Ch Joachim, né 31 Mars 1771.
Sœur. Jos.-Mar.-Benoîte, née 14 Novembre 1756.
Mere. Marie-Josephe, fille de Jos.-Guill. comte de Truchses-Trauchbourg, née 30 Mars 1731, veuve 2 Juin 1783, du prince Joseph Venceslas.
Oncle. Charles-Egon, né 7 Mai 1729, marié 25 Juin 1753, à
Marie Jos. comtesse de Sternberg, née 24 Juin 1735, *dont*
Cousins. Philip.-Mar.-Joseph, né 21 Octobre 1755.

Ch.-Jof. Aloys, né 26 Juin 1760.

Tante. Marie-Emmanuelle, née 25 Décembre 1733.

Douairiere du prince Joseph Guillaume. Marie-Anne, comteſſe de Wahl, née 22 Sept. 1736, veuve 29 Avril 1762.

Couſine. Joſephe, fille de Maximilien-Joſeph, comte de Fugger-Zinneberg, née 21 Mai 1719, veuve 10 Nov. 1759, du Landg. Louis-Auguſte Egon, *dont*

Couſins. Joachim Egon, Landgrave, né 22 Décembre 1749, marié 18 Août 1772, à

Sophie-Thér. d'Oettingen-Wallerſtein, née 9 Déc. 1751, *dont*

Fréd.-Charl.-Jean-Nep. Egon, né 26 Janvier 1774.

Philip.-Charles, né 13 Mars 1775.

Caroline-Sophie, née 24 Août 1777.

Couſins. Joſeph-Frédéric, Landgrave, fils du feu Landgrave, Louis-Auguſte, né 24 Avril 1751, marié 20 Fév. 1776, à

Joſephe-Thecle, fille du comte de Schallenberg, & veuve du comte d'Althan, née 28 Août 1748, morte en Juin 1783, *dont*

Joſeph-Fréd.-Franç. né 4 Septembre 1777.

HESSE-CASSEL, *proteſtant.*

La principauté de Heſſe, qui comprend une longueur de 30 lieues ſur environ 20 & 25 de largeur, préſente un terroir très-fertile, un air pur, un climat fort ſain. Les montagnes dont elle eſt couverte en bien des endroits, loin cauſer la ſtérilité, enrichiſſent le pays par leurs bois, leur gibier, leurs mines abondantes ; par des bains très-ſalubres & des eaux minérales. On voit dans les vallées de belles prairies, de gras pâturages où l'on nourrit de grands troupeaux de bétail, des campagnes fertiles, de beaux jardins & des rivieres très-poiſſonneuſes. Elle produit du miel & toutes ſortes de fruits. On y cultive beaucoup de houblon dont on fait d'excellente bierre. Les arbres de bouleau y ſont auſſi très-communs, &, quand la ſeve monte, on en tire de l'eau que l'on boit pour fortifier la ſanté. La population de cet état répond à ſa fécondité, & l'on pourrait augmenter la milice de 25 à 30 mille hommes, ſans ſurcharger les habitans. En 1767, les ſujets du prince de Heſſe-Caſſel & ceux du prince de Heſſe-Darmſtadt, ont été affranchis du droit d'aubaine en France. Caſſel, ſur la riviere de Fulde, à 19 lieues de Marbourg, eſt la capitale du patrimoine de la branche aînée de cette illuſtre maiſon.

FRÉDÉRIC II, *Landgrave*, né 14 Août 1728, marié en ſecondes nôces 10 Janvier 1773, à

Princeſſe. Philippine-Aug.-Amélie, princeſſe de Brandebourg-Schwedt, née 10 Octobre 1745.

Fils. Guillaume, prince héréditaire, né 3 Juin 1743, marié 1 Septembre 1764, à

Wilhelmine-Caroline, princesse de Danemarck, née 10 Juillet 1747, dont

Petits fils. Frédéric, né 8 Août 1772

Guillaume, né 28 Juillet 1777.

Petites-filles. Marie Frédérique, née 14 Septembre 1768.

Caroline-Amélie, née 11 Juillet 1771.

Fils. Charles, né 19 Décembre 1744, marié 30 Août 1766, à Louise, princesse de Danemarck, née 30 Janvier 1750, dont

Petits-fils. Frédéric, né 24 Mai 1771.

Chrétien, né 14 Août 1776.

Petites-filles. Marie-Sophie-Frédérique, né 28 Octobre 1767.

Julienne-Louise-Amélie, née 19 Janvier 1773.

Fils. Frédéric, né 11 Septembre 1747.

Filles du prince Maximilien, oncle du Landgrave.

Cousines. Ulrique-Fréd. Wilhelmine, née 31 Octob. 1722. Voyez *Holstein-Gottorp-Oldenbourg*.

Wilhelmine, née 23 Fév. 1726. Voyez *Prusse*.

MINISTRES DU LANDGRAVE,

près les Cours étrangeres. Messieurs

Francfort.	Schmidt de Rossan, *envoyé.*
Gênes.	Caffarena, *envoyé.*
La Haye.	Heenemann, *agent.*
Nuremberg.	De Wildungen, *envoyé.*
Paris.	Le baron de Boden, *ministre plénipotentiaire.*
Ratisbonne.	Le baron de Wulkeniz, *ministre plénipot.*
Rome.	De Reiffenstein, *chargé d'affaires.*
Wetzlar.	De Hoffmann, *agent.*

II. HESSE-PHILIPPSTHAL, *protestant.*

L'apanage de cette branche consiste dans le bailliage de Creutzberg, placé sur les frontieres de la Thuringe. C'était autrefois le domaine d'un couvent qu'on a sécularisé. Philippsthal, d'où cette maison tire son nom, est le château de Creutzberg, où le Landgrave fait sa résidence. Nous ignorons quels sont les autres domaines qui appartiennent à ce prince assez récemment apanagé.

Guillaume, *Landgrave,* né 29 Août 1726, marié 26 Juin 1755, à

Princesse. Ulrique-Eléonore, fille de son oncle, le prince Guillaume, née le 27 Avril 1732.

Fils. Charles, né 6 Novembre 1757.
Frédéric, né 4 Septembre 1764.
Louis, né 8 Octobre 1766.
Ernest-Constantin, né 8 Août 1771.
Fille. Julienne Wilhelmine Louise, née 8 Juin 1761, mariée 10 Octobre 1780, au comte Philip. Ernest de Schaumbourg-Lippe.
Sœur. Charlotte-Amélie, née 10 Août 1730. Voyez *Saxe-Meiningen.*

Enfans de Guillaume, oncle du Landgrave, & de Charlotte Wilhelmine, princesse d'Anhalt-Bernbourg-Hoym.

Cousin. Adolphe, prince de Barchfeld, né 29 Juin 1743, marié 18 Octobre 1781, à
Wilhelmine Louise-Christine, princesse de Saxe-Meiningen, née 6 Août 1752.
Cousines. Cath.-Fréd.-Charlotte, née 26 Avril 1725, mariée 18 Juin 1765, au comte Albert-Auguste d'Isenbourg-Budingen.
Jannette-Charlotte, née 22 Janvier 1730.
Antoinette-Caroline, née 18 Janvier 1731.
Ulrique-Eléonore, née 27 Avril 1732. Voyez *ci-dessus.*
Anne-Fréd. Wilhelmine, née 14 Décembre 1735, mariée 21 Septembre 1767, au comte Louis-Henri-Adolphe de la Lippe-Detmold.
Dorothée-Marie, née 30 Décembre 1738, mariée 6 Juillet 1764, à Jean-Ch.-L. comte de Lœwenstein-Virnebourg.
Douairiere. Sophie-Henr. comtesse de Grumpach, née 14 Mai 1740, veuve 15 Novembre 1777, du prince Frédéric.

III. HESSE-RHEINFELS-ROTHENBOURG, *catholique.*

Le principal objet de la souveraineté de cette branche, consiste dans le bas comté de Catzenellenbogen, situé au couchant du Rhin. Il appartient tout entier au landgrave de Rhinfels, à l'exception des villes de Catzenellenbozen, Breubach & le château de Marsbourg, qui dépendent du landgrave de Darmstadt. Rhinfels, chef-lieu de ce landgraviat, est une bonne place forte, située sur un rocher escarpé, qui défend la ville de S. Goar. A l'opposite, est une autre forteresse appelée *Neu-Catzenellebogen.* Vis-à-vis, de l'autre côté du Rhin, est le fort de *Gevershausen*; de maniere que, dans un assez petit espace de terrein, on voit plusieurs forteresses propres à défendre le pays. La forteresse de Rhinfels commande toute la largeur du Rhin; & tous ceux qui passent par-là, sont obligés de payer un droit de péage assez considérable. A 2 lieues de Schwalbach, du côté de Francfort, est Schlangen-Bad, ou bains des serpents. Les environs de ce bourg sont pleins de ces reptiles ; & ils sont si apprivoisés, qu'ils approchent fort près de ceux qui se baignent, sans qu'ils leur fassent jamais aucun mal.

CHARLES-Emmanuel, *landgrave*, né le 5 Juin 1746, marié le 1 Sept. 1771, à

Princesse. Marie-Léopoldine-Adelgonde, princesse de Liechtenstein, née 30 Janv. 1754.

Fils. Victor-Amédée, né 2 Sept. 1779.

Freres. Charles-Constantin, né 10 Janv. 1752.

Ernest, né 28 Sept. 1758.

Sœurs. Clément.-Fr.-Ernestine, née 5 Juin 1747.

Marie Hedwige Eléo.-Christine, née 26 Juin 1748, mariée 17 Juillet 1766, à Jacques-Léopold, pr. héréd. de Bouillon.

Marie-Ant.-Frédérique-Joseph, née 31 Mars 1753.

Wilhelmine, née 16 Fév. 1755.

Filles du prince Joseph, oncle du Landgrave, & de Christine, princesse de Salm.

Cousines. Anne-Marie-Vict.-Christine, née 15 Fév. 1728, mariée 11 Déc. 1745, au prince Charles de Rohan-Soubise.

Marie-Louise-Eléonore, née 18 Avril 1729. V. *Salm-Salm*.

VI. HESSE-DARMSTADT, *protestant*.

Le landgraviat de Darmstadt, connu aussi sous le nom de haut comté de Catzenellenbogen, est situé en deçà de Mein & a quelque distance du Rhin. Darmstadt, à 6 lieues de Francfort, & près de l'Odenwald, en est la capitale. On y voit un château d'une construction solide & élégante. Il y a aussi un collége assez renommé & une maison d'orphelins. La maison de Darmstadt, l'une des plus riches d'Allemagne, possede d'ailleurs diverses autres seigneuries, & spécialement en Vétéravie.

LOUIS IX, *landgrave*, né 15 Déc. 1719, veuf d'Henriette-Caroline, fille du prince Palatin Christian III de deux Ponts, 30 Mars 1774.

Fils. Louis, prince héréd. né 14 Juin 1753, marié 19 Fév. 1777, à

Princesse. Louise-Caroline-Hen. de Hesse-Darmstadt, sa cousine, née 15 Fév. 1761. *dont*

Petits-fils. Louis, né 26 Déc. 1777.

L.-Geor.-Ch.-Fréd. Ernest, né 31 Août 1780.

Petite-fille

Petite-fille Louife-Caroline-Eléonore-Dor.-Amélie, née 16 Janv. 1779.

Fils. Frédéric-Louis, né 10 Juin 1759.

Chrétien-Louis, né 25 Nov. 1763.

Filles. Caroline, née 2 Mars 1746. V. *Heffe-Hombourg.*

Frédérique Louife, née 16 Oct. 1751. V. *Pruffe.*

Amélie-Frédérique, née 20 Juin 1754. V. *Bade-Dourlach.*

Louife, née 30 Janv. 1757. V. *Saxe-Weimar & Eifenach.*

Belle-sœur. Marie-Louife-Albert. comteffe de Leiningen-Heydesheim, née 16 Mars 1729, veuve du pr. George-Guill. *dont*

Neveux. Louis-Georges-Chatles, né 27 Mais 1749.

Georges-Charles, né 14 Juin 1754.

Charles-Guillaume-Georges, né 16 Mai 1757.

Fréd.-Georges-Auguste, né 21 Juillet 1759.

Nieces. Charl. Wilhel. Christ.-Louife, née 5 Nov. 1755.

Louife-Carol.-Henriette, née 15 Fév. 1761, matiée à fon coufin le prince héréditaire.

Marie Wilhelmine Augufte, née 14 Avril 1765.

MINISTRES DU LANDGRAVE,
PRÈS LES COURS ÉTRANGÈRES. Meffieurs.

Francfort.	De Barckhaus-Wiefenhüten, *envoyé.*
	Purgold, *chargé d'affaires.*
La Haye.	De Treuer, *réfident.*
Paris.	De Pachelbel, *chargé d'affaires.*
Ratisbonne.	Le baron de Gemmingen, *min. plénipotentiaire.*
	Bauriedel, *fecrétaire de légation.*
Wetzlar.	Sippmann, *agent.*
Vienne.	De Jan, *réfident.*
	De Hafner, *agent.*

V. HESSE-HOMBOURG, *protestant.*

La fouveraineté de Hombourg a pour capitale une ville médiocre du même nom, fife à 3 lieues de Francfort. Cette ville est fur le penchant d'une colline ; & c'eft pour cela qu'on la nomme *Hombourg An Der Hœhe*, ou Hombourg des Monts. Ce fut à Hombourg, qu'en 1525, Philippe, landgrave de Heffe, fit tenir une conférence entre les catholiques & les proteftans, & qui fut couronnée par l'introduction de la réforme. A une demi-lieue de cette ville, eft Frédéricfdorf, colonie de François réfugiés. Près de-là font de bonnes falines ; & les habitans s'occupent à faire de beaux verres.

FRÉDÉRIC-Louis Guill.-Chrift. *landgrave,* né 30 Janv. 1748, marié 27 Sept. 1768, à

Princeſſe. Caroline, fille de Louis landgr. de Heſſe-Darmſtadt, née 2 Mars 1746.

Fils. Fréd.-Louis, prince héréditaire, né 30 Juillet 1769.
Louis-Guillaume, né 20 Août 1770.
Philip.-Aug.-Frédéric, né 11 Mars 1779.
Guſtave, né 17 Février 1781.
N. N. né 26 Avril 1783.

Filles. Caroline-Louiſe, née 20 Août 1771.
Louiſe-Ulrique, née 26 Octobre 1772.
Chriſtiane-Amélie, née 29 Juin 1774.
Auguſte-Frédérique, née 28 Novembre 1776.

Mere. Ulrique-Louiſe, princeſſe de Solms-Braunfels, née 30 Avril 1731, douairiere du landgrave Fréd.-Charles, 7 Février 1751.

Tante. Ulrique-Sophie, née 31 Mai 1716.

HOHENLOHE, *catholique.*

Le comté de Hohenlohe eſt ſitué en Franconie, entre Wirtzbourg, Mergentheim, Anſpach & les frontieres de Souabe. Il a 12 lieues de longueur ſur 6 à 8 de largeur. Il eſt arroſé par le Kocher & le Jaxt. Neuenſtein, petite ville, avec un château, eſt la réſidence de la branche aînée de cette maiſon.

LIGNE DE NEUENSTEIN.

I. HOHENLOHE-OERINGEN, *proteſtant.*

Louis-Frédéric-Charles, *prince*, né 23 Mai 1723, marié 28 Janvier 1749, à

Princeſſe. Sophie-Amélie-Caroline, princeſſe de Saxe-Hildbourghauſen, née 21 Juillet 1732.

Sœurs. Charl.-Louiſe-Frédérique, née 10 Juillet 1713.
Wilhelmine-Eléonore, née 20 Février 1717. Voyez *Hohenlohe-Ingelfingen.*

II. HOHENLOHE-LANGENBOURG.

Christ.-Albert, prince, né 27 Mars 1726, marié 13 Mai 1761, à

Princeſſe. Caroline, princeſſe de Stollberg-Geudern, née 27 Juin 1732.

Fils. Ch.-Louis, né 10 Septembre 1762.
Guſtave Adolphe, né 9 Octobre 1764.
Chriſt.-Auguſte, né 15 Mars 1768.

Filles. Louiſe-Eléonore, née 11 Août 1763.
Auguſte-Caroline, née 15 Novembre 1769.

Freres. Guil.-Fréd.-Guſtave, né 21 Mai 1736.
Fréd.-Auguſte, comte, né 11 Janvier 1740.
Fréd.-Erneſt, né 16 Mai 1750, marié 7 Février 1773, à Magdeleine-Adrienne, fille du baron Onnon Zwier de Harem, née 23 Avril 1746; *dont*
Neveux. Louis-Chrét.-Auguſte, né 23 Janvier 1774.
Ch.-Guſt.-Guillaume, né 29 Août 1777.
Nieces. Aug.-Eléon.-Caroline, née 30 Mars 1775.
Philippine-Henriette, née 30 Mai 1779.
Sœur. Eléon.-Julienne, née 2 Juillet 1734. Voyez *Hohenlohe-Ingelfingen.*

III. HOHENLOHE-INGELFINGEN.

HENRI-Auguſte, *prince*, né 11 Juillet 1715, marié 26 Septembre 1743, à
Princeſſe. Wilhelmine-Eléonore, princeſſe de Hohenlohe-Oetringen, née 20 Février 1717.
Fils. Frédéric-Louis, né 31 Janvier 1746.
Frédéric-Ch.-Guillaume, né 16 Février 1752.
George-Frédéric-Henri, né 10 Novembre 1757.
Fille. Sophie-Chriſtiane-Louiſe, née 10 Octobre 1761.
Couſine. Eléonore-Julienne, princeſſe de Hohenlohe-Langenbourg, née 2 Juillet 1734, veuve du prince Albrecht-Wolfgang, 22 Avril 1778, *dont*
Couſines. Eléonore-Albertine-Sophie, née 27 Novemb. 1767.
Marie-Cath.-Wilhel. Chriſtiane, née 4 Juin 1771.
Joſine.Eliſab. comteſſe de Rechteren, née 13 Février 1738, veuve 15 Février 1769, du prince Auguſte-Guillaume.
Fréd.-Charlotte, ſa ſœur, née 29 Octobre 1707, veuve 14 Septembre 1748, du comte Henri-Aug. de Stollberg-Schwarza.
Chriſt.-Eléonore, ſa ſœur, née 15 Octobre 1709.

IV. HOHENLOHE-KIRCHBERG.

CHRIST.-Fréd.-Charles, *prince*, né 19 Octobre 1729, marié 1°. à L.-Ch. pr. de Hohenlohe-Langenbourg; 2°. 9 Septembre 1778, à
Princeſſe. Philippine-Sophie-Erneſtine, fille du comte d'Iſenbourg, née 1 Novembre 1744.
Fils du ſecond lit. Joſeph, né 22 Juillet 1783.
Filles du prémier lit. Carol.-Henriette, née 11 Juin 1761, mariée 10 Juin 1779, à Henri XLII, comte de Reuſs.
Charlotte-Amélie-Frédérique, née 30 Juillet 1777.
Filles du ſecond lit. Wilhelmine-Sophie-Fréd.-Ferd. née Novembre 1780.
N. N. . . . . , née 15 Mai 1782.

Freres. Fréd.-Guill. comte, né 3 Décembre 1732, marié 7 Mai 1770, à

Fréd.-Marie-Jeanne, fille de Henri XI, prince régnant de Reuss, née 11 Juillet 1748.

Frédér. Eberhard, comte, né 21 Octobre 1737, marié 10 Avril 1778, à

Albert-Renée, comtesse de Castel-Remlingen, née 2 Juillet 1735.

Fréd.-Charl-Louis, comte, né 10 Novembre 1751, marié 14 Août, 1778, à

Fréd.-Ch. Wilhelm. fille du comte Lœwenstein-Wertheim, née 17 Mars 1757, *dont*

Neveu. Charl.-Fréd.-L.-Henri, né 2. Novembre 1780.

Sœur. Christine-Sophie-Fréd. née 1 Avril 1731.

LIGNE DE WALDENBOURG.

V. HOHENLOHE-BARTENSTEIN, *catholique*.

LOUIS-Charles-Philippe-Léopold, *prince*, né 15 Novembre 1731, marié 6 Mai 1757, à

Princesse. Jos.-Fréd.-Polyxene, fille du comte de Limbourg-Styrum, née 27 Octobre 1738.

Fils. Louis-Aloys-Joachim, prince héréd. né 18 Août 1765.

Ch.-Jos.-Ernest-Justin, né 12 Déc. 1767.

Filles. Sophie-Caroline-Josephe, née 12 Déc. 1758.

Marie-Anne-Elizabeth, née 20 Mars 1760.

Marie-Léopoldine-Henriette, née 15 Juillet 1761. *Voy.* Lœwenstein-Wertheim.

Jos.-Elisr-Euph.-Rosine, née 11 Mars 1763.

Fr.-Louise-Henriette, née 6 Déc. 1770.

Freres. Clém.-Arm.-Fr.-Léop. né 31 Déc. 1732.

Jos.-Christ.-Fr.-Ignace, né 6 Nov. 1740.

Christ.-Ernest-Fr.-Xav. né 11 Déc. 1742.

VI. HOHENLOHE-SCHILLINGFURST, *catholique*.

CHARLES Albert, *prince*, né 22 Sept. 1719, marié 1°. à Sophie Wilhelmine, princesse de Lœwenstein-Wertheim, 2°..29 Oct. 1771, à

Princesse. Marie Josephe, princesse de Salm, née 26 Déc. 1730.

Fils du premier lit. Charles Albert, prince héréd. né 21 Fév. 1742, veuf 8 Juin 1765, de Léopoldine-Caroline, princesse de Lœwenstein-Wertheim.

Ch.-Phil.-François, né 17 Oct. 1743.

Fr.-Ch.-Joseph, né 27 Nov. 1745.

Fille du premier lit. Marie-Anne-Thér.-Eberh. Chrift.-Léopoldine, née 23 Fév. 1741.

HOHENZOLLERN-HECHINGEN, *catholique.*

La principauté de Hohenzollern eft fituée entre la ville de Tubinge & celle d'Ulm, & par conféquent entre le Necker & le Danube. La maifon qui la poffede, eft divifée en deux branches, dont l'aînée eft propriétaire des comtés de Zollern & d'Echingen, & la cadette de ceux de Sigmaringen, de Véringen & de Haigerloch. Cette illuftre maifon fort de la même tige que celle de Brandebourg: & l'une & l'autre reconnaiffent pour chefs, Citel-Frédéric & fa femme Elizabeth, fille d'Adalbert, comte de Hapfbourg & fœur de l'empereur Rodolphe I.

Jofeph-Guillaume-Eugêne-François, *prince*, né 12 Nov. 1717, marié en feconde nôces, 7 Janv. 1751, à

Princeffe. Marie-Thérèfe, fille de François Erneft, comte de Truchfefs-Zeyl, née 26 Janv. 1732.

Fille. Marie-Ant.-Anne-Eléon. née 10 Nov. 1760.

Freres. Fréd.-Antoine, comte, né en 1726.

Meinrad, comte, né en 1730.

Jean-Charles, comte, né 15 Juillet 1732.

Sœurs. Marie-Anne, née 7 Août 1721.

Marie-Jofephe, née 20 Janv. 1728, mariée 14 Fév. 1747, à Fr. Wenzel, prince de Clary.

Marie Sidoine, née 24 Fév. 1729, mariée 14 Avril 1749, à Fr. Ulric, prince de Kinsky.

Coufine. Marie-Philip. comteffe de Hœnsbroech, née 8 Mai 1729, veuve 14 Mars 1765, du prince François Xavier, *dont*

Coufin. Hermand-Fréd. Otton, comte, né 30 Juillet 1751, marié 1°. à Louife-Julie Conftance.. 2°. à Maxim.-Albertine.. 3°. à Marie-Ant.-Mon. fille de Fr. Erneft, comte de Truchfeff-Zeyl-Wurzach & veuve de Jof.-Ant. comte d'Œttingen-Baldern, née 6 Juin 1753.

Du premier lit eft iffue.

Coufine. Louife-Julie Conftance, née 11 Nov. 1774.

Du fecond lit eft iffu.

Coufin. Frédéric Hermann, né 12 Juillet 1776.

Coufin. Fr.-Xavier, comte, frere du comte Hermann, né 31 Mai 1757.

Coufine. Félicité-Thérèfe, fœur du comte Hermann, née 18 Décembre 1763.

II. HOHENZOLLERN - SIGMARINGEN, *catholique*.

CHARLES-Frédéric, *prince*, né 9 Janvier 1724, marié 14 Février 1749, à

Princeſſe. Jeanne-Joſephe-Sophie, comteſſe de Hohenzollern Berg, née 14 Avril 1727.

Fils. Ant. Aloys Meinrad Fr. pr. Héréd. né 20 Juin 1762, marié 13 Avril 1782, à

Amélie Zéphyrine, ſœur du pr. de Salm-Kyrbourg, née 6 Mars 1760.

Filles. Jean-Fr.-Fid.-Ant. née 3 Mai 1765. V. *Salm-Kyrbourg.*
Marie-Creſcence-Anne-Jeanne-Fr. née 24 Juillet 1766.

Sœur. Marie-Jeanne, née 13 Déc. 1726.

Oncle. François-Guill.-Nic. né 28 Fév. 1707, veuf 24 Mai 1739, de la comteſſe de Truchſeſs-Zeyl, *dont*

Couſines. Jeanne-Joſephe-Sophie, née 14 Avril 1727. V. ci-deſſus.
Marie-Thérèſe-Henriette, née 6 Mars 1730.

Tante. Marie-Anne, née 30 Sept. 1704.

I. HOLSTEIN-SONDERBOURG.

Les domaines poſſédés par les diverſes branches de l'illuſtre maiſon de Holſtein, ſont mêlés avec ceux dont le roi de Danemarck, chef de cette famille, eſt propriétaire. Nous ne connaiſſons pas aſſez l'étendue de chaque apanage, pour les détailler ici. Nous eſpérons être à portée de les faire connaître, l'année prochaine.

BRANCHE D'AUGUSTINBOURG, *luther.*

FRÉDÉRIC-Chriſtian, *duc*, né 6 Avril 1721, veuf 11 Oct. 1770, de la fille du dernier duc de Holſtein-Plœn.

Fils. Fréd.-Chriſt. né 18 Sept. 1765.
Fréd.-Ch. Emil. né 8 Mars 1767.
Chriſt.-Auguſte, né 9 Juillet 1768.

Fille. Louiſe-Chriſtine-Caroline, née 17 Fév. 1764.

Frere. Emil. Auguſte, né 3 Août 1722.

Sœurs. Chriſtiane Ulrique, née 15 Mars 1727.
Sophie-Madel.-Marie, née 23 Mai 1731.
Charl.-Amélie, née 24 Janv. 1736.

BRANCHE DE BECK, *luther.*

FRÉDÉRIC-Ch.-L. *duc*, né 30 Août 1757, marié 9 Mars 1780, à

Duheſſe. Frédérique-Amélie, fille de Léopold, comte de Schlieben, née 28 Fév. 1757.

Fille. N.... née 13 Déc. 1780.

Mere. Fréd-Ch. Ant.-Amélie, comteſſe de Dohna-Leiſtenau,

DU CORPS GERMANIQUE.

née 3 Juillet 1738, veuve 12 Sept. 1759, de Ch.-Ant.-Auguste.

Tante. Catherine, née 23 Fév. 1750, mariée 8 Janv. 1767, au prince Jwan de Boriatinski.

Grande-tante. Charlotte, née 15 Mars 1700.

Cousine. Marie-Anne-Léopoldine, née 2 Août 1717, veuve en Janv. 1759, de don Emanuel de Souza Ycalliaris.

BRANCHE DE WIESENBOURG.

MARIE-Gabrielle-Félicité, fille de Léopold, dernier duc, née 21 Oct. 1716, veuve 7 Sept. 1744, du prince Furstenberg-Mœskirch.

II. HOLSTEIN-GLUCKSBOURG, *luther.*

Anne-Caroline, princesse de Nassau-Saarbruck, née 31 Déc. 1751, veuve du dernier duc.

Belles-sœurs. Sophie-Magdeleine, née 22 Mars 1746.

Louise-Charlotte-Frédérique, née 5 Mars 1749. V. *Anhalt-Cœthen.*

Julienne-Wilhelmine, née 30 Avril 1754, mariée 17 Juillet 1776, au comte de Bentheim-Steinfurt.

Tante. Louise-Sophie-Frédérique, née 18 Fév. 1709.

Belle-tante. Anne-Charlotte, comtesse de la Lippe-Detmold, née 7 Avril 1724, veuve 12 Sept. 1761, du prince Charles Ernest.

III. HOLSTEIN-PLŒN, *luther.*

CHARLOTTE-Amélie, née 1 Mars 1709, fille du dernier duc.

IV. HOLSTEIN-GOTTORP-OLDENBOURG, *luther.*

Branche aînée.

Voyez Russie.

Branche cadette.

FRÉDÉRIC-Auguste, duc, né 20 Septembre 1711, marié 21 Nov. 1752, à

Duchesse. Ulrique-Frédérique-Guillelmine, princesse de Hesse-Cassel, née 31 Oct. 1722.

Fils. Pierre-Fréd.-Guill. né 3 Janv. 1754.

Fille. Hedwige-Elizab.-Ch. née 22 Mars 1759. V. *Suede*

Cousins. Pierre-Fréd.-Louis, né 17 Janv. 1755, marié 26 Juin 1781, à

Fréd. Elisab.-Amél. princesse de Wurtemberg-Stoutgart, née 27 Juillet 1765, *dont*

N. N. né 13 Juillet 1783.

ISENBOURG-BIRSTEIN, réligion réformée.

Le patrimoine de cette maison est divisé en haut & bas Isenbourg. Le comté du haut Isenbourg est situé entre celui de Solms & celui de Hanau. Sa longueur est de 12 lieues sur 4 de large. La principale place de cette région est Birstein, où le prince d'Isenbourg fait sa résidence. Le comté du bas Isenbourg est situé dans le Werstervald, & a pour capitale Isenbourg, château situé à quelque distance de Coblentz.

WOLFGAND Ernest II, *prince*, né 17 Nov. 1735, veuf 5 Oct. 1781, de la princesse d'Anhalt-Schaumbourg, marié en secondes nôces, 20 Août 1783, à

Princesse. Ernestine-Espérance-Victoire, princesse de Reuss, née 20 Janvier 1756.

Fils du premier lit. Ch.-Fréd.-L.-Maur. prince héréd. né 29 Juin 1766.

Wolfgand Ernest, né 7 Oct. 1774.

Victor, né 10 Sept. 1776.

Frere. Christian-Maurice, né 16 Juillet 1739.

Mere. Amélie Belgique, princesse d'Isenbourg-Marienborn, née 29 Fév. 1716, veuve 21 Janvier 1741, du prince Guill. Emic.-Christophe.

KAUNITZ-RIETBERG, catholique.

WENCESLAS-Antoine, *prince*, né 2 Fév. 1711, veuf 6 Sept. 1749, de la comtesse de Stahremberg.

Fils. Ernest-Christophe, né 6 Juin 1737, marié 12 Janvier 1761, à

Marie-Léopoldine, princesse d'Oettingen-Spielberg, née 28 Nov. 1741, dont

Petite-fille. Marie-Eléonore, née 1 Oct. 1775.

Fils. Dominique-André, né 2 Juin 1739, veuf 22 Déc. 1779, de la comtesse de Plettenberg-Witten, dont

Petit-fils. Aloys, né 19 Juin 1774.

Petites-filles. Marie-Thérèse, née 3 Fév. 1763.

Marie-Antoinette, née 6 Août 1765.

Freres. François-Venceslas, né 2 Juillet 1742.

Joseph-Clément, né 22 Nov. 1743.

KHEVENHULLER, catholique.

SIGISMOND-Frédéric, *prince*, né 2 Février 1732, marié 25 Fév. 1754, à

Princesse. Marie-Amélie, princesse de Liechtenstein, née 11 Août 1737.

Fils. Jean-Joseph, né 17 Juin 1755.
Ch.-Jos.-J.-B.-Clém. né 26 Nov. 1756.
François-Joseph, né 7 Avril 1762.
Filles. M.-Antoinette, née 10 Avril 1759, mariée en Janv. 1776, au comte Charles de Zichy.
Marie Christine, née 23 Déc. 1760.
Marie-Carol.-Ferdinande, née 23 Sept. 1763.
Marie-Léopoldine, née 22 Août 1767.
Frere. J.-Jos.-François, *comte*, né 30 Mars 1733, marié 28 Avril 1774, à
Josephe, comtesse de Schrattenbach, née 10 Juin 1750, *dont*
Neveux. Joseph, né 19 Nov. 1776.
Vincent, né 13 Juillet 1780.
Frere. Jean-Fr.-Ant. *comte*, né 3 Juillet 1737, veuf 9 Août 1777, de la comtesse de Rothal, *dont*
Neveu. Jean-Joseph, né 9 Avril 1765.
Nieces. Marie-Caroline, née 14 Mai 1767.
Marie-Anne-Josephe, née 19 Nov. 1770.
Marie-Françoise, née 4 Oct. 1772.
Marie Elizab. née 17 Oct. 1776.
Frere. Jean-Emmanuel, né 23 Avril 1751, marié en 1774, à
Marie-Josephe, comtesse de Mezzabarba.

KINSKY, *catholique.*

François Ulric, *prince*, né 23 Juillet 1726, marié 14 Avril 1749, à
Princesse. Marie Sidoine, comtesse de Hohenzollern, née 24 Février 1729.
Fils. Joseph, *comte*, né 12 Janv. 1751, marié 23 Av. 1777, à
Marie-Rose, comtesse de Harrach, née 25 Nov. 1758, *dont*
Petites-filles. Marie-Anne Sidoine, née 11 Fév. 1779.
Marie-Anne, née 23 Mai 1780.
Fille. Marie-Anne, née 26 Nov. 1754, mariée 27 Av. 1778, au comte Rudolphe-Ferdinand de Salabourg.
Mere. Marie-Charlotte, comt. de Martiniz, née 20 Déc. 1700, veuve 12 Janv. 1749, du comte Philippe-Joseph.
Frere. Jean-Joseph, né 1 Mai 1734, marié 25 Avril 1758, à
Thérèse, princesse d'Auersperg, née 22 Mars 1735, *dont*
Neveu. Jean-Joseph, né 14 Avril 1767.
Niece. Marie-Françoise, née 15 Avril 1760, mariée 18 Avril 1781, au comte Octavien de Razendorf.
Sœurs. Marie-Thérèse, née 24 Av. 1730, mariée 15 Av. 1765, au comte Otton Phil. de Hohenfeld.
Marie-Antoinette, née 2 Fév. 1732, veuve en 1777, du comte Christophe d'Erdoedy.

LAMBERG.

Jean-Frédéric-Joseph, *prince*, né 24 Février 1737, marié 5 Janvier 1761 à

Princesse. Marie-Anne, princesse de Trautson, née 6 Janv. 1743.

Sœurs. Rose, née en 1728, veuve 16 Août 1758, du baron de Neuhaus.

Elizabeth, née en 1734.

Sœur du second lit. Aloyse, née 13 Juin 1718, veuve 20 Avril 1779, du comte de Plettenberg-Wittem.

LIECHTENSTEIN, *catholique.*

Aloys-Joseph, *prince*, né 14 Mai 1759.

Mere. Marie-Léopoldine, fille du comte de Sternberg, née 11 Déc. 1733, veuve 18 Août 1781, du pr. Fr.-Joseph.

Freres. Jean-Joseph, né 26 Juin 1760.

Philippe-Joseph, né 2 Juillet 1762.

Sœurs. Marie-Léopoldine-Aldegonde, née 30 Janv. 1754. V. Hesse-Reinfels.

Marie-Antoinette, née 14 Mars 1756.

Marie-Joséphine Herménegilde, née 13 Avril 1768.

Oncles. Charles-Borromée-Joseph, né 29 Septembre 1730, marié 30 Mais 1761, à

Marie-Eléonore, princesse d'Oettingen-Spielberg, née 1 Juillet 1745 : dont

Cousins. Charles-Borr.-Joseph, né 1 Mars 1765.

Joseph-Venceslas, né 21 Août 1768.

Maurice-Joseph, né 21 Juillet 1775.

François-Aloys-Crispin, né 25 Oct. 1776.

Aloys-Conzague-Joseph, né 1 Avril 1780.

Cousine. Marie-Josephe-Eléonore, née 6 Déc. 1763, mariée 23 Janv. 1781, au comte de Harrach.

Tantes. Marie-Amélie, née 11 Août 1737, mariée 15 Fév. 1754, au prince de Khevenhuller-Metsch.

Marie-Anne, née 15 Oct. 1738, veuve 22 Mai 1775, du comte de Waldstein-Dux.

Marie-Franç.-Xav. née 27 Nov. 1739, mariée 6 Août 1755, au prince de Ligne.

Marie-Christine, née 1 Sept. 1741, mariée 18 Mai 1761, au comte de Kinsky.

Fille du prince Jean-Charles & de Marie-Josephine, comtesse de Harrach.

Marie-Antoinette, née 13 Juin 1749. *Voyez* Paar.

LIGNE, catholique.

CHARLES-Joseph, *prince*, né 23 Mai 1735, marié 6 Août 1755, à

Princesse. Marie-Fr.-Xav. princesse de Lichtenstein, née 27 Novembre 1739.

Fils. Charles-Jos.-Emman. né 25 Sept. 1759, marié 20 Juillet 1779, à Hélene, princesse Massalska, née 9 Fév. 1763.

Louis Lamoral, né 7 Mai 1766.

Filles. M.-Christ.-Claud.-Léopold.-Philippine, née 27 Mai 1757, mariée 31 Janv. 1775, au C. Jean-Népom. de Clary.

Euphémie, Christ.-Phil.-Thérèse, née 17 Juillet 1773.

Flore, née 18 Nov. 1775.

Sœurs. Louise-Marie-Christine, née 17 Fév. 1728.

Marie-Josephe, née 8 Janv. 1730.

LOBKOWITZ, catholique.

FERDINAND-Philippe-Joseph, *prince*, né 27 Avril 1724, marié 10 Juillet 1769, à

Princesse. Gabrielle-Marie, P. de Carignan, née 17 Mars 1748.

Fils. François-Joseph-Maximilien, né 7 Déc. 1772.

Sœur. Marie-Elizabeth, née 23 Nov. 1726, douairiere de Corsitz Ant. comtesse d'Uhlefeld, 3 Déc. 1769.

Enfans du feu prince George Christian.

Joseph-Marie, né 8 Janvier 1725, marié 28 Nov. 1752, à Marie-Josephe, comtesse de Harrach, née 20 Nov. 1727, dont

Filles. Marie-Eléonore, née 16 Septembre 1753.

Marie-Joseph, née 8 Août 1756, mariée 2 Oct. 1776, au comte Ch. d'Auersperg.

Freres. Ferdinand-Marie, né 18 Déc. 1726.

Auguste-Antoine-Joseph, né 21 Sept. 1729, marié 16 Sept. 1753, à Marie Ludomille, comtesse de Tschernin, née 21 Avril 1738, *dont*

Neveu. Antoine Isidore, né 16 Déc. 1773.

Nieces. Marie-Thérèse, née 13 Sept. 1767.

Marie-Eléonore, née 22 Mars 1771.

LOEWENSTEIN-WERTHEIM, catholique.

CHARLES-Thomas, *prince*, né le 7 Mars 1714, veuf de M. Ch.-Ant. fille du duc Léopold de Holstein-Wusenbourg, 6 Juin 1765.

Frere. Joseph-Jean-Wenceslas, né 25 Juillet 1720, marié 29 Mars 1750, à

Dorothée-Thérèfe, B. de Hauffen & Gleichendorf.

Douairiere du prince Théodore-Alexandre. Catherine-Eléonore, fille de Charles-Louis de Leiningen-Dafchsbourg-Bockenheim, née 1 Fév. 1735, veuve 27 Fév. 1780, *dont*.

Neveu. Dominique Conftantin, né 16 Mai 1762, marié 9 Mai 1780, à Léopold. princeffe de Hohenlohe-Waldenbourg-Bartenftein, née 15 Juillet 1761 : *dont.*

Arriere neveu. Guillaume-Erneft-Louis-Charles, né 27 Avril 1783.

Niece. Victoire-Félicité, née 2 Janv. 1769.

MANSFELD, *catholique.*

Le beau comté de Mansfeld eft fitué fur les frontieres d'Anhalt & de Magdebourg. Les fouverains de ce pays étaient autrefois affez puiffans, fur-tout lorfqu'ils poffédaient encore la feigneurie de Querfurt. Leurs terres formaient alors un quarré de douze lieues ; mais les dépenfes énormes de ces comtes les ayant confidérablement obérés ; leurs biens furent mis en féqueftre, &, depuis 1570, les électeurs de Saxe & de Brandebourg ont l'adminiftration de la plus grande partie de leurs domaines héréditaires.

ELIZABETH, comteffe de Régal, née 21 Fév. 1742, veuve du prince Jofeph-Wenceflas.

Sœur du prince Jofeph. Marie-Ifabelle-Anne Ludomille, née 29 Août 1750, mariée 6 Janvier 1771, à François Gundacre, comte de Colloredo.

Marie-Henriette, née 30 Oct. 1754, mariée 8 Janv. 1778, à Jean-Ant. comte de Leflie.

Marie-Eléon. née 23 Septembre 1757, mariée 21 Nov. 1775, à Adolphe, comte de Kaunitz.

MECKLENBOURG-SCHWERIN, *religion évangélique.*

Le duché de Mecklenbourg, l'un des plus riches de l'Allemagne, eft enclavé dans le cercle de la baffe Saxe. Il comprend le duché de Mecklenbourg proprement dit, la principauté de Wenden, celle de Schwerin, celle de Ratzebourg, le comté de Schwerin, la feigneurie de Roftock & la feigneurie de Stargard. Le Mecklenbourg propre, fitué fur la mer Baltique, a 30 lieues de long fur dix de large; la principauté de Wenden, qui confine à la marche de Brandebourg, à environ 36 lieues de long fur 12 de large ; celle de Schwerin, autrefois évêché, & cédé à la maifon de Mecklenbourg en dédommagement de Wifmar; n'a que 10 lieues de long fur une largeur de 3 & 4 ; celle de Ratzebourg, autre évêché sécularisé par la paix de Westphalie, n'a que 3 lieues de circonférence ; le comté de Schwerin, situé entre l'Elbe & le lac de Schwerin, s'étend sur plus de 20 lieues de long sur 8 & 10 de large ; la seigneurie de Rostock, placée sur la mer Baltique, forme un quarré de douze lieues d'étendue en tous sens. Enfin, celle de Stargard, qui a 18 lieues de long sur 6 de large, touche à la marche de Brandebourg.

Cette illustre maison est divisée en deux branches, qui tirent leurs noms des deux villes de leur résidence, Schwerin & Strelitz. La premiere possede le duché de Mecklenbourg, la principauté de Wenden, celle de Schwerin, le comté de Schwerin & la seigneurie de Rostock. La branche cadette n'a que la principauté de Ratzebourg, la seigneurie de Stargard & le péage de boitzenbourg.

FRÉDÉRIC, *duc*, né 9 Nov. 1717, marié 2 Mais 1746, à
Princesse. Louise-Frédérique, fille de Fréd.-L. prince héréditaire de Wurtemberg-Stoutgard, née 3 Fév. 1722.
Sœur. Ulrique-Sophie, née 4 Juillet 1723.
Douairiere du prince Louis. Charlotte-Sophie, fille du duc François-Josse de Saxe-Cobourg-Saalfeld, née 24 Sept. 1731, *dont*
Neveu. Frédéric-François, né le 10 Déc. 1756, marié 1 Juin 1775, à Louise, fille du feu prince Jean-Auguste de Saxe-Gotha, née le 9 Mars 1756, *dont*
Arriere-neveux. Frédéric-Louis, né 13 Juin 1778.
Gustave-Guillaume, né 31 Janv. 1781.
Charles, né 3 Juillet 1782
Arriere-niece. Louise-Charlotte, née 19 Nov. 1779.
Niece. Sophie-Frédérique, née 24 Août 1758. V. *Danemarck*.

MECKLENBOURG-STRELITZ, *religion évangélique*.

ADOLPHE-Frédéric IV, *duc*, né 5 Mai 1738.
Frere. Charles-Louis-Frédéric, né 10 Oct. 1741, veuf de Frédérique-Caroline-Louise, fille du prince George-Guillaume de Hesse-Darmstadt, *dont*
Nieces. Charlotte-Georgine-Louise-Frédérique, née 17 Nov. 1769.
Thérèse-Mathilde-Amélie, née 5 Avril 1773.
Louise-Augustine-Guill.-Amélie, née 10 Mars 1776.
Frédérique-Caroline-Sophie, née 22 Mars 1778.
Freres. Ernest-Godefroi-Albert, né 27 Août 1742.
Georges-Auguste, né 16 Août 1748.
Sœur. Sophie-Charlotte, née 19 Mai 1744. *Voyez* Angleterre.

I. NASSAU-USINGEN, *luther.*

La maison de Nassau, l'une des plus illustre & des plus anciennes d'Allemagne, est originaire de la Wétéravie. Son ancien patrimoine est Nassau, situé sur la Lohn, & dont la propriété appartient aujourd'hui aux branches de Nassau-Dietz ou Orange, de Nassau-Weilbourg & de Nassau-Ussingen. Les états de cette maison sont partagés entre les différentes branches qui la composent. Le comté de Siegen, qui appartient à la branche d'Orange, a environ 8 lieues de long sur 3 de large; celui de Dillenbourg, possédé par la même ligne, a 8 lieues de long sur 6 de large, y compris celui de Hadamar, qui y a été réuni en 1743. Le Stadhouder possede encore le comté de Dietz, & celui de Beilstein, en Wétéravie, & le comté de Spielberg dans la haute Saxe.

La branche d'Ussingen possede le comté de ce nom, situé près la riviere d'Usbach, à 3 lieues de Fridberg, & à 5 de Weilbourg. La ville d'Ussingen, placée sur l'Usbach, avec un fort beau château, en est la capitale. Cette branche possede de plus la seigneurie d'Idstein, située dans une vallée délicieuse, & qui a 8 lieues de long sur 10 de large, & le comté de Veisbade, placé à quelque distance de Mayence & qui s'étend jusqu'au Rhin.

CHARLES-Guillaume, *prince*, né 9 Nov. 1735, marié 16 Avril 1760, à

Princesse. Caroline-Félicité, comtesse de Linange-Dachsbourg-Heldesheim, née 22 Mai 1734.

Filles. Caroline-Polixene, née 4 Avril 1762.

Louise-Henriette-Caroline, née 14 Juin 1763.

Frere. Frédéric-Auguste, né 23 Avril 1738, marié 23 Février 1775, à

Louise, princesse de Waldeck, née 29 Janv. 1750, *dont*

Nieces. Christiane-Louise, née 16 Août 1776.

Caroline-Frédérique, née 30 Août 1777.

Auguste-Amélie, née 30 Déc. 1778.

Frere. Jean-Adolphe, né 19 Juillet 1740.

II. NASSAU-SAARBRUCK, *luther.*

Nous ignorons quels sont les états de cette branche.

LOUIS, *prince*, né 3 Janvier 1745, veuf de Wilhelmine-Sophie-Eléonore, princ. de Schwartzbourg-Roudolstadt, le 17 Juill. 1780.

Fils. Henri-Louis-Charles Albert, né 9 Mars 1768, marié 6 Octobre 1779, à

Marie-Fr.-Max. S. Maurice, princesse de Montbarrey, née 2 Novembre 1761.

Sœurs. Anne-Caroline, née 31 Déc. 1751. *Voyez* Holstein-Glucksbourg.

Guillelmine-Henriette, née 27 Oct. 1752.

Mere. Sophie-Christ.Charl. comtesse d'Erbach, née 12 Juillet 1725, veuve 24 Juillet 1768, du prince Guill.-Henri.

III. NASSAU-WEILBOURG, *luther*.

Charles, *prince*, né 16 Janv. 1735, marié 5 Mars 1760, à *Princesse*. Caroline, princesse d'Orange, née 28 Fév. 1743.

Fils. Frédéric-Guillaume, né 25 Oct. 1768.

Charles-Guill.-Frédéric, né 1 Mai 1775.

Filles. Aug.-Marie Caroline, née 6 Fév. 1764.

Guill.-Louis, née 28 Sept. 1765.

Carol.-L.-Frédérique, née 14 Fév. 1770.

Amél.-Charl.-Guill.-Louise, née 6 Août 1776.

Henriette, née 2 Avril 1780.

IV. NASSAU-SIEGEN.

Sœurs du dernier prince. Charl.-Fréd.-Amél. née 30 Novembre 1702, veuve 24 Septembre 1748, du comte Albert de la Lippe-Buckebourg.

Elisab. Hedwige, née 19 Avril 1719, veuve 9 Juin 1756, du comte Frédéric de Witgenstein.

V. NASSAU-ORANGE. Voyez *Hollande*.

OETTINGEN-SPIELBERG, *catholique*.

Le comté d'Oettingen, enclavé dans le cercle de Souabe, est situé sur les frontieres de la Franconie, entre Dovawert & Nordlingen. Il a environ douze lieues de long sur 8 de largeur. Ce comté fut érigé en principauté par l'empereur Léopold. La capitale est Oettingen, placée sur la Wornitz, avec un assez beau château. Ses habitans sont moitié catholiques, moitié réformés.

Jean-Aloys, *prince*, né 16 Avril 1758.

Frere. Frédéric-Antoine, né 6 Mars 1759.

Sœurs. Jeanne-Josephe, née 27 Fév. 1756.

Thérèse-Marie, née 17 Nov. 1763.

Cressence-Josephe Norgerte, née 30 Janv. 1765.

Marie Walpurge Josephe, née 29 Août 1766.

Mere. Marie-Thérèse, comtesse de Truchses-Trauchbourg, née 27 Mai 1735, veuve 23 Juin 1768, du prince Ant. Ernest.

Cousines-germaines. Marie-Léop.-Elis.-Th. née 28 Nov. 1741. *Voyez* Kaunitz-Rietberg.

Marie-El.-Gab. Walp. née 7 Juillet 1745. *V.* Liechtenstein.

OETTINGEN-WALLERSTEIN, *catholique*.

KRAFT Erneft, *prince*, né 3 Août 1748, veuf 10 Mars 1776, de Marie-Thérèfe, princeffe de la Tour-&-Taxis.

Fille. Frédérique-Sophie-Antoinette, née 3 Mars 1776.

Freres. François-Louis-Charles, né 16 Sept. 1749.

Frédéric-Charles-Alexandre, né 10 Février 1756.

Philippe.-Joseph Norger, né 8 Février 1759.

Sœurs. Marie-Eléonore, née 21 Mai 1747.

Sophie-Thérèfe, née 9 Déc. 1751. *Voyez* Furftenberg.

Mere. Caroline-Julienne, comteffe d'Oettingen-Baldern, née 15 Nov. 1729, veuve 4 Avril 1766.

Tante. Marie-Thérèfe-Jeann. Eberhardine, née 10 Mai 1705.

PAAR, *catholique*.

JEAN-Vinceflas, *prince*, né 7 Août 1719, veuf 12 Mars 1771, d'Antoinete, comteffe d'Efterhazy.

Fils. Vinceflas, comte, né 27 Janv. 1744, marié 17 Janvier 1768, à

Marie-Antoinette, princeffe de Liechtenftein, née 13 Juin 1749, *dont*

Petits-fils. Vinceflas, né 18 Janv. 1770.

Charles, né 15 Juin 1773.

Jof.-J. Népomucene, né 13 Avril 1780.

Petites-filles. Marie-Antoinete, née 5 Déc. 1768.

Léopoldine-Jofephe, née 27 Fév. 1777.

Marie-Eléonore, née 28 Oct. 1781.

Fille. Marie-Thérèfe, née 3 Mai 1746, mariée 9 Mai 1765, au comte J.-Jof. de Buquoy.

PALATINAT. *Voyez* Baviere.

BRANCHE DE DEUX PONTS-BIRKENFELD, *luther.*

Le duché de Deux-Ponts, qui touche à la Lorraine, a dépendu de la Suéde jufqu'en 1718. A cette époque, Guftave Samuel, de la maifon palatine, en fut mis en poffeffion, comme aîné des mâles de fa famille, dont la branche Suédoife venait de s'éteindre par la mort de Charles XII. En 1733, cette fouveraineté paffa au duc de Birckenfeld, malgré les réclamations de la maifon électorale palatine; & elle y eft toujours demeurée depuis.

Deux-Ponts, appelée dans le pays *Zweybruck*, eft la capitale de ce duché. Située fur le Schwolbes, cette ville, quoique petite, eft fort jolie, & décorée d'un beau Château. Birckenfeld, fituée à 5 ou 6 lieues de Trèves, eft la capitale du duché de ce nom. Cette petite ville eft remarquable par un château où mourut Charles III, duc de Lorraine, le 17 Septembre 1675.

CHARLES II,

Charles II, *prince*, né 29 Oct. 1746, marié 12 Fév. 1774, à
Princesse. Marie-Amélie de Saxe, née 26 Sept. 1757.
Fils. Charles-Auguste-Frédéric, né 2 Mars 1776.
Frere. Maximilien-Joseph, né 27 Mai 1756.
Sœurs. Marie-Amélie-Auguste, née 10 Mai 1752. *Voyez* Saxe.
Marie-Anne, née 18 Juillet 1753, mariée 30 Janv. 1780, au prince Guill. de Deux-Ponts Birkenfeld.
Mere. Marie-Françoise, fille de l'électeur Palatin, née 15 Juin 1724, veuve 15 Août 1767, du prince Frédéric.
Tante. Christianne, née 16 Nov. 1725, *Voyez* Waldeck.
Arriere-petit-cousin. J.-Ch.-Louis, né 18 Sept. 1745.
Guillaume, né 10 Nov. 1752, marié 30 Janv. 1780, à la princesse Marie-Anne de Deux-Ponts.
Arriere-petite-cousine. Louise-Christine, née 17 Août 1748, mariée 28 Oct. 1773, à Henri XXX, comte de Reuss.
Grande-tante. Caroline-Catherine, née 19 Déc. 1699.

RADZIVIL, *catholique.*

Charles III, né 27 Fév. 1734, marié en secondes nôces, 8 Avril 1764, à
Princesse. Thérèse, comtesse Rzewuski.
Frere. Jérôme III, né 11 Mai 1759, marié 31 Déc. 1775, à
Sophie-Frédérique, princesse de la Tour-&-Taxis, né 20 Juillet 1758.
Sœurs. Théophile-Constance, née 3 Sept. 1738, veuve en Juillet 1780, d'Ignace, comte de Morawsky.
Catherine-Caroline, née 19 Janv. 1740, mariée 13 Juin 1758, à Stanislas, comte Rzewuski.
Véronique-Jeanne, née 12 Octobre 1754.
Victoire-Marie, née 8 Août 1760.
Joséphine, née 9 Septembre 1762.

REUSS-GRAITZ, *catholique.*

Le comté de Reuss ou Reussen dépend immédiatement de l'Empire. Il est situé dans la haute Saxe, dans ce qu'on appelle le cercle du Voigtland. La résidence des comtes est Gera sur l'Elster. Cette ville est assez agréable & fort bien bâtie; on l'appelle le *petit Leipsick.* Il y a un collége fort célèbre. Divers marchands d'Allemagne yont établi une manufacture d'étoffes, très-considérable.

Henri XI, *comte*, né 18 Mars 1722, marié en secondes nôces, 15 Oct. 1770, à
Princesse. Christianne-Alexandrine-Catherine, fille de Christian-Charles Reinhard de Linange-Heydesheim, née 25 Nov. 1732.

Fils du premier lit. Henri XIII, né 16 Fév. 1747.
Henri XIV, né 6 Novembre 1749.
Henri XV, né 22 Février 1751.
Henri XVI, né 25 Mai 1761.
Filles du premier lit. Fréd.-Marie-Jeanne, née 9 Juillet 1748.
Isabelle-Augustine, née 7 Août 1752, veuve 7 Fév. 1777, du burggrave Guill.-George de Kirchberg.
Ernestine-Espérance-Victoire, née 20 Janvier 1756, mariée 1 Août 1783, au prince d'Isenbourg-Birstein.

I. SALM-SALM, *catholique.*

La principauté de Salm est située près les montagnes de Vosges. On l'appelle *Ober-Salm*, ou haut Salm, pour la distinguer du comté de *Nieder-Salm*, ou bas Salm, situé dans les montagnes des Ardennes, au duché de Luxembourg, & qui appartient aux comtes de Salm-Reiffescheid. Salm, qui en est la capitale, est à 8 lieues de Strasbourg. En 1622, l'empereur Ferdinand II érige Salm-Salm en principauté, en faveur de Philippe Othon, de la maison des Rhingraves, qui, avant cette époque, ne portait que le titre de comtes.

CONSTANTIN-Alexandre, *prince*, né 22 Nov. 1762.
Freres. George-Adam-François, né 26 Mai 1766.
Guill.-Florentin-Frédéric, né 28 Sept. 1769.
Louis Otton Oswald, né 12 Juillet 1772.
Mere. Marie-Louise-Eléonore de Hesse-Rhinfels-Rothenbourg, née 18 Avril 1729, veuve 14 Sept. 1773, du prince Maximilien Frédéric.
Oncles. Charles-Alexandre, né 15 Oct. 1735, marié à Marie-Catherine-Charl.-Sophie, baronne de Leers, née 11 Avril 1753.
Emman.-Henri-Nicolas-Léopold, né 22 Mai 1742.
François-Joseph-Jean-André, né 30 Nov. 1743.
Guillaume-Florentin-Joseph, né 10 Mai 1744.
Tantes. Gabrielle-Marie-Christine-Louise, née 8 Janv. 17..
Marie-Christine, née 14 Août 1727.
Marie-Françoise-Joséphine, née 28 Oct. 1731, mariée 1 Juin 1761, au prince George de Stahremberg.
Marie-Josephe, née 26 Décembre 1736, mariée 29 Oct. 1771, à Ch.-Alb. prince de Hohenloe-Waldenbourg-Schillingsfurst.
Marie-Anne, née 17 Fév. 1740, mariée 30 Déc. 1738, à D. Pedro de Alcantara, duc d'Infantado & de Lerme.

II. SALM-KYRBOURG, catholique.

FREDERIC-Jean Otton, *prince*, né 13 Mai 1745, marié 18 Novembre 1781, à

Princesse. Jeanne-Franç.-Fidelle-Ant. princesse de Hohenzollern-Sigmaringen, née 3 Mai 1765.

Frere. Maurice-Gustave-Adolphe, né 27 Septembre 1761.

Sœurs. Marie-Maximilienne-Louise. V. *la Tremoille*, page 15.

Auguste-Frédérique-Guillelmine. V. *Croy-Solre*, page 59.

Amélie Zéphyrine, née 6 Mars 1760.

SAXE. Voyez l'article des *Électorats*.

Branche Ernestine.

I. SAXE-WEIMAR ET EISENACH, *luther.*

L'apanage de cette branche est situé entre Erfort & Jéne, en deçà & au-delà de la riviere d'Illm. Cet état a environ seize lieues de long sur huit de large. Weimar, qui en est la capitale, est une belle ville décorée d'un château nouvellement construit sur la riviere d'Illm, & qu'on appelle *Wilhelmsbourg*. Dans le château est une salle qui excite l'admiration des curieux. Les étrangers vantent aussi sa riche bibliothéque, son cabinet de médailles & celui d'histoire naturelle : mais ce qui mérite le plus d'attention, ce sont les archives de la maison ducale, où l'on trouve des actes & d'autres monuments importans touchant la réforme de Luther.

CHARLES-Auguste, *duc*, né 3 Septembre 1757, marié 3 Octobre 1755, à

Princesse. Louise, princesse de Hesse-Darmstadt, née 30 Janvier 1757.

Fille. Louise-Auguste-Amélie, née 6 Février 1779.

Frere. Fréd.-Ferdinaud-Constantin, né 8 Sept. 1758.

Mere. Anne-Amélie, fille de Charles duc de Brunswick-Wolfenbuttel, né 24 Octobre 1739, veuve du duc Ernest-Auguste-Constantin 28 Mai 1758.

Tante. Ernestine August. Sophie. Voyez *Saxe-Hilburghausen.*

II. SAXE-GOTHA, *luther.*

La principauté de Saxe-Gotha, considérée en elle-même, est située entre Erfort & Eisenach : elle a environ quatorze lieues quarré. La capitale est Gotha, sur la Leine, ville passablement grande, & où le duc fait sa résidence. On y voit un beau palais bâti en 1643, par le duc Ernest le pieux, & qu'il appel-

Friedenstein. Là est une bibliotheque nombreuse, & un riche cabinet d'histoire naturelle. Gotha a aussi un beau collége, asile des principaux savans d'Allemagne.

Le duc de Saxe-Gotha possede aussi la principauté d'Altenbourg située en Misnie. Cette souveraineté, qui n'a que douze lieues de long sur huit de large, est placée au levant de la Thuringe. Les paysans y sont habillés d'une maniere qui leur est particuliere : ils portent des habits qui ressemblent assez à l'habillement des anciens Vandales. Altenbourg, belle ville sur la Pleisse, en est la capitale ; là est une régence particuliere, avec une chancellerie & un consistoire. Le collége de cette ville a toujours joui de la plus grande réputation. En 1705, le duc Frédéric y fonda une belle abbaye pour des filles nobles protestantes : elles y sont élevées d'une maniere digne de leur naissance, sous l'autorité d'un prieur & d'une prieure.

ERNEST, *duc*, né 30 Janvier 1745, succ. 10 Mars 1772, marié 21 Mars 1769, à

Princesse. Marie-Charlotte-Amélie-Ernestine, fille du duc de Saxe-Meinungen, née 11 Septembre 1751.

Fils. Emile-Léopold-Auguste, né 23 Novembre 1772.

Frédéric, né 28 Novembre 1774.

Frere. Auguste, né 16 Août 1747.

Oncle. Jean-Adolphe, né 18 Mai 1721.

Cousines. August-Louise-Frédérique. Voyez *Schwarzbourg-Rudolstadt*.

Louise. Voyez *Mecklenbourg-Schwerin*.

MINISTRES DE SAXE-GOTHA,
PRÈS LES COURS ÉTRANGERES. Messieurs

Augsbourg.	Gullmann, *résident*.
Coblentz.	Elz, *agent*.
Francfort-sur-le-Mein.	De Rich, *conseiller de légation*.
La Haye.	Heenemann, *chargé d'affaires*.
Lyon.	Peirin, *agent*.
Milan.	Bianchi, *agent*.
Nuremberg.	Lenz, *conseiller de légation*.
Paris.	Le b. de Grimm, *cons. priv. min. plénip.*
Ratisbonne.	Le b. de Gemmingen, *cons. priv. min.*
	Ernesti, *sécretaire de légation*.
Vienne.	De la Lith, *cons. privé & de légation*.
	Hafner, *agent au conseil aulique*.
Wetzlar.	De Zwieilein, *procureur*.

III. SAXE-MEINUNGEN, *luther.*

Les principaux domaines de cette branche font situés dans le cercle de Franconie, & dépendent de l'ancienne principauté de Henneberg : c'eſt-là qu'eſt Meinungen, réſidence du duc, & d'où cette ligne de la branche Erneſtine tire ſon nom. Cette ville eſt d'une mediocre étendue ; il y a un château qu'on appelle *Eliza-bethenbourg*. Près delà eſt le bailliage de Waſungen qui appartient au duc de Saxe-Gotha, & où l'on cultive beaucoup de tabac.

George-Frédéric-Charles, *duc*, né 4 Février 1761.
Sœurs. Marie-Charlotte-Amélie-Erneſtine, née 11 Septembre 1751.
Guillelm.-Louiſe-Chriſtian. Voyez *Heſſe-Philippſthal*.
Amélie-Auguſt.-Caroline-Louiſe, née 4 Mars 1762.
Mere. Charlotte, fille du landgrave de Heſſe-Philippſthal, née 10 Août 1730, veuve du duc Antoine-Ulric.

Douairiere du duc Auguſte - Frédéric - Charles - Guillaume.

Louiſe ; princeſſe de Stollberg-Gedern, née 13 Octobre 1764.

IV. SAXE-HILBURGAUSEN, *luther.*

Les terres de cette maiſon, comme celles de la précédente, font ſituées dans le cercle de Franconie. Hilburghauſen, qu'on nomme ordinairement *H¹lpershauſen*, ſur la Werna, en eſt la capitale ; cette ville n'eſt remarquable que par ſon château. Le collége illuſtre y a été rebâti en 1729. Hubner remarque que le palais où le prince fait ſa réſidence, eſt conſtruit de pierres de taille.

Frederic, *duc*, né 29 Avril 1763.
Sœur. Chriſtiane-Sophie-Caroline, *qui ſuit.*
Oncle. Frédéric-Guillaume-Eugene, né 8 Octobre 1730, marié 13 Mais 1778, à
Chriſtiane-Sophie-Caroline de Saxe-Hilburghauſen, née 4 Décembre 1761.
Tante. Sophie-Amélie-Caroline, née 21 Juillet 1735 Voyez *Hohenlohe-Neuenſtein-Oeringen*.
Grand oncle. Joſ.-Fréd.-Guill Hollandinus, né 5 Oct. 1702, veuf 10 Octobre 1763, d'Anne-Victoire, princeſſe de Soiſſons.
Mere. Erneſtine-Auguſtine-Sophie de Saxe-Weimar, née 5 Janvier 1740, veuve 23 Septembre 1780, du duc Erneſt-Frédéric-Charles.

V. SAXE-SAALFELD-COBOURG, *luther.*

Les principales terres qni appartiennent à cette maison, sont situées en Thuringe, & forment une souveraineté de douze lieues de long sur quatre de large. Aux environs sont quelques mines où l'on trouve de l'argent, du cuivre, du plomb & du vitriol. Saafeld, qui en est la capitale, a été construite dans l'endroit où la Saale sort de la Franconie. Cette ville, située dans une contrée agréable, offre un beau château bâti en 1678. Il y avait autrefois une riche abbaye détruite par la réforme de Luther.

ERNEST-Fréd., *duc*, né 8 Mars 1724, marié 23 Avril 1749, à
 Princesse. Sophie-Antoinette, fille du duc de Brunswick-Lunebourg, née 23 Janvier 1714.
 Fils. Franç.-Frédéric-Antoine, né 15 Juillet 1750, marié en secondes nôces, 13 Juin 1777, à
 Auguste-Carol.-Sophie c. Reuss. de Bersdorff, née 29 Janvier 1757, *dont*
 Petites-filles. Sophie-Fréd.-Carol.-Louise, née 19 Août 1778.
 Antoinette-Ernestine-Amélie, née 28 Août 1779.
 Julienne-Henriette-Ulrique, née 23 Septembre 1781.
 Fils. Louis-Charles-Frédéric, né 2 Janvier 1755.
 Fille. Caroline-Ulrique-Amélie, née 19 Octobre 1753.
 Freres. Christian-François, né 25 Janvier 1730.
 Frédéric-Josie, né 26 Décembre 1737.
 Sœurs. Charlotte-Sophie, Voyez *Mecklenbourg-Schwerin.*
 Frédérique-Caroline, Voyez *Brandebourg-Anspach-Bayreuth.*

SCHWARZBOURG-SONDERSHAUSEN.

Les terres de la maison de Schwarzbourg, toutes situées en Thuringe, ne sont pas contigues; la moitié est au nord & l'autre au midi; de maniere que la ville d'Erfort avec son territoire, se trouve entre l'une & l'autre. La ville de Sondershausen, qui est la capitale du patrimoine de la branche aînée de cette maison, est située sur le Bebra. Dans le palais du prince sont divers monuments curieux de l'antiquité; on y remarque sur-tout une statue haute d'environ deux pieds, creuse, & d'un métal dont on ne connaît pas la composition. Sur le sommet de la tête est un trou; si, après y avoir versé de l'eau, on le bouche, & qu'on mette la statue sur le feu, elle sue abondamment; puis elle fait sauter le tampon avec un bruit semblable à celui du tonnerre. L'eau qu'elle rejette parait enflammée, & exhale une odeur désagréable: lorsqu'elle tombe sur du bois, elle l'allume comme du soufre enflammé.

CHRISTIAN-Gauthier, *prince*, né 24 Juin 1736, veuf 26 Avril 1777, de Charlotte-Guillelmine d'Anhalt-Bernbourg.

Fils. Gauthier-Frédéric-Charles, né 5 Décembre 1763.

Gauthier-Albert-Auguste, né 6 Septembre 1767.

Jean-Charles-Gauthier, né 24 Juin 1772.

Sœurs. Frédérique-Charl.-Albert.-Catherine, née 2 Août 1762.

Caroline-Auguftine-Albertine, née 19 Février 1769.

Albertine-Guillelmine-Amelie, née 5 Avril 1771.

Frere. Auguste, né 8 Décembre 1738, marié 27 Avril 1762, à

Christine-Elizabeth-Albertine, princesse d'Anhalt-Bernbourg, née 14 Mai 1746, *dont*

Neveux. Frédéric-Christian-Albert, né 14 Mai 1763.

Guillaume-Louis-Gauthier, né 16 Juillet 1770.

Niéces. Albertine-Charlotte-Auguftine, née 1 Février 1768.

Frédérique-Albertine-Jeanne-Elizabeth, née 4 Octobre 1774.

Tante. Sophie-Christine-Ant. Eberhard.Guill. fille du feu prince d'Anhalt-Bernbourg, née 6 Février 1709, veuve 28 Septembre 1749, du prince Christian, *dont*

Cousines. Gauth-Albertine, née 10 Décembre 1729.

Josephine-Eberhardine, née 12 Février 1737, veuve 2 Mai 1778 du c. George-Albert d'Ebach-Furstenau.

SCHWARZBOURG-RUDOLSTADT, *catholique.*

Rudolftadt, fief du royaume de Bohême, est la capitale du patrimoine de cette branche. Située sur la Saale, cette ville offre un assez beau château reconstruit depuis l'incendie du 26 Juillet 1735, qui réduisit l'ancien en cendres. Il y a un collége & une fondation pour quelques étudians. En 1746, on y fonda un féminaire.

Louis-Gauthier, né 24 Oct. 1708, veuf 20 Janv. 1771, de Sophie-Henriette, comtesse Reuss d'Untergreitz.

Fils. Frédéric-Charles, prince héréd. né 7 Juin 1736, marié en secondes nôces, 28 Nov. 1780, à

Auguste-Louise-Frédérique, fille de feu Jean-Aug. prince de Saxe-Gotha, née 30 Nov. 1752.

Du premier lit sont issus.

Petits-fils. Louis-Frédéric, né 2 Août 1767.

Charles-Gauthier, né 23 Août 1771.

Petites-filles. Thérèse-Sophie-Henriette, née 31 Mars 1770.

Guillelmine-Frédérique-Caroline, née 21 Janv. 1774.

Christianne-Louise, née 2 Nov. 1775.

Sœurs. Louise-Frédérique, née 28 Janv. 1706.

Madeleine-Sybille, née 5 Mai 1707.

Fille du prince Frédéric-Antoine. Sophie-Albertine, née 30 Juillet 1724.

SWARZENBERG, *catholique.*

Le comté de Swarzenberg, enclavé dans le cercle de Franconie, est situé entre l'évêché de Bamberg; celui de Wurtzbourg & Anspach. Près ce comté est Seintheim, dont les seigneurs ont vendu tous les biens qu'ils possédaient en Franconie. Depuis cette époque les comtés de Swarzenberg & de Seintheim ont été réunis en un, distribués en deux Bailliages. Indépendamment de ces états, les princes de Swarzenberg possedent plusieurs autres terres en Bohême, en Stirie, en Souabe & en Westphalie.

Jean-Népom. Proc. Ant.-Jos. *prince*, né 4 Juill. 1742, marié 14 Juillet 1768, à

Princesse. Marie-Eléonore, comtesse d'Oettingen-Vallerstein, née 21 Mai 1747.

Fils. Joseph-Jean-Népomucène, né 23 Juin 1769.

Jean-Népom.-Jos.-Ch. Urbain, né 25 Mai 1770.

Charles-Phil.-Jean-Népom.-Joseph, né 15 Avril 1771.

Ern.-Jos.-Jean-Népom. ⎱ nés 29 & 30 Mai 1773.
Franç. de Paul Joseph, ⎰

Fréd.-Jean-Népom.-Jos.-Augustin, né 28 Août 1774.

Filles. Marie-Caroline Thérèse Régine, née 7 Sept. 1775.

Eléonore-Caroline-Thérèse, née 28 Janv. 1777.

Marie-Elis.-Carol.-Thérèse, née 11 Sept. 1778.

Marie-Thérèse, née en Sept. 1780.

Sœurs. Marie-Anne-Josephe, née 6 Janv. 1744, veuve 4 Oct. 1780, du comte L. Fréd. de Zinzendorf.

Marie-Thérèse-Cath.-Walp. née 30 Avril 1747, mariée 11 Mai 1772, au comte Sigismond Rud. de Goes.

Marie-Eléon.-Jos. Ludomille Fr. née 13 Mai 1748.

Marie-Ernestine, née 18 Oct. 1752, mariée 25 Juin 1778, à Fr.-Xav. comte d'Auersperg.

SOLMS.

La riviere de Solms, qui coule à une petite distance de Wetzlar, & qui va se jetter dans le Lohn, a donné son nom à ce comté. On voit encore dans cette riviere les ruines de Solms, ancien patrimoine de la maison de ce nom.

Le comté de Solms a environ 12 lieues de long sur quatre de large. Braunsfeld, à deux lieues de Wetzlar, avec un château sur une montagne, est la résidence du chef de cette illustre maison.

Guill.-Chrift.-Charles, *prince*, né 9 Janv. 1759.
Freres. Guill.-Henri Cafimir, né 30 Avril 1765.
Ch.-Aug.-Guill.-Frédéric, né 9 Oct. 1768.
Frédéric-Guillaume, né 22 Oct. 1770.
Louis-Guillaume-Chriftian, né 26 Oct. 1771.
Sœurs. Auguftine-Louife, née 15 Janv. 1764.
Louife-Caroline-Sophie, née 7 Juillet 1766.
Oncles. Ch.-L.-Guillaume, né 14 Juin 1727.
Guillaume-Chriftophe, né 20 Juin 1732.
Louis-Rodolphe-Guillaume, né 25 Août 1733.
Ant.-Ern.-Guill.-Frédéric, né 3 Sept. 1739.
Tantes. Charl.-Henriette-Magdeleine, née 26 Août 1725.
Elizab. Marie Benigne, née 7 Août 1728.
Ulrique-Louife, née 30 Avril 1731. *Voyez* Heffe-Hombourg.
Amélie-Eléonore, née 22 Nov. 1734, *Voyez* Anhalt-Bernbourg-Schaumbourg.
Madeleine-Sophie, née 4 Janv. 1742, *V.* Anhalt-Bernbourg-Schaumbourg.
Chrift.-Charl.-Fréd. née 31 Août 1744, mariée 26 Mars 1780, au comte Sim. de la Lippe-Detmold.

STAHREMBERG, *catholique.*

Cette maifon tire fon origine de Stahremberg, en Autriche, qui appartient aujourdhui au comte de Heuffenftein. Son patrimoine actuel eft fitué dans la haute Autriche, & dépend de l'évêché de Paffaw. La charge de grand maréchal de l'archiduché d'Autriche, eft héréditaire dans cette famille.

Georges-Adam, *prince*, né 10 Août 1724, marié en fecondes noces, à
Princeffe. Marie-Françoife, pr. de Salm-Salm, née 28 Oct. 1731.
Fils. Louis-Jofeph-Marie, né 12 Mars 1762, marié en 1781, à Marie-Louife-Fr. fille du D. Ch. d'Aremberg, née 29 Janvier 1764.

STOLLBERG-GEDERN, *catholique.*

Le comté de Stollberg, enclavé dans le cercle de la haute Saxe, eft fitué fur les frontieres d'Anhalt, entre Mansfeld & Hohenftein. Il eft d'une médiocre étendue ; mais il abonde en bois, en gibier & en mines de fer. C'eft un fief de l'électorat de Mayence ; & l'électeur de Saxe prétend en avoir la fouveraineté. Stollberg, qui en eft la capitale, offre un beau château conftruit fur une éminence. La ville eft d'ailleurs placée dans un vallon entre deux montagnes. La maifon de Stollberg pofsede aussi le comté de Vernigerode en basse Saxe, & qui releve de l'électeur de Brandebourg. Ce comté qui enveloppe la principauté d'Anhalt, présente du bled, du bois, du gibier, du poisson, & des mines de différents métaux. Indépendamment de ces deux comtés, ces seigneurs possedent en commun avec les princes de Schwarzbourg - Rudolstadt, les deux bailliages de Herringen & Kelbra, dans le cercle de Thuringe : ils ont de plus le château de Scwarza dans le comté de Henneberg ; le vieux château de Montagne avec neuf villages en fief, de la maison de Brandebourg, dans le comté de Hohenstein, & Geudern & Ortenbourg, dans l'ancien comté de Kenistein en Vétéravie.

CHARLES-Henri, *prince*, né 24 Oct. 1761.
Sœur. Louise, née 13 Oct. 1764. *Voyez* Saxe-Meiningen.
Tantes. Caroline, née 27 Juin 1732. *Voyez* Hohenlohe-Lagenbourg.
Elizab.-Philip.-Claud. fille du prince Max.-Em. de Hornes, née 10 Mai 1733, veuve 5 Déc. 1757, du prince Gustave-Adolphe, dont
Cousines. Louise-Max.-Car.-Em. née 20 Sept. 1752, mariée 17 Avril 1772, au prince Ch.-Ed. Stuart, comte de S. Alban.
Caroline-Auguste, née 10 Fév. 1755, mariée en 1771, au marquis de la Jamaïque, fils du D. de Berwick.
Françoise-Claudine, née 27 Juin 1756, mariée 6 Nov. 1774, au comte d'Arberg & Valengin.
Thérèse-Gustavine, née 27 Août 1757.

LA TOUR-ET-TAXIS, *catholique.*

CHARLES Anselme, *prince*, né 2 Juin 1733, marié 3 Septemb. 1753, à
Princesse. Aug.-Eliz. fille du D. Ch.-Alex. de Wurtemberg-Stutgard, née 30 Oct. 1734.
Fils. Ch.-Alexandre, né 22 Fév. 1770.
Fréd.-J.-Nép.-Jér.-Antoine, né 11 Avril 1772.
Filles. Sophie-Frédérique-Dorothée-Henriette, née 20 Juillet 1758. *Voyez* Radzivil.
Henriette-Dorothée-Caroline, née 25 Avril 1761. *Voyez* Oettingen-Spielberg.
Frere. Maximilien-Joseph, né 29 Mai 1769.
Sœurs. Marie-Thérèse, née 28 Fév. 1755, mariée au comte Ferd.-Ant.-Christian d'Ahlefeld.
Marie-Anne-Joséphine, née 28 Sept. 1766.
Eliazbeth, née 30 Novembre 1767.

DU CORPS GERMANIQUE.
Branche Italienne.

Michel, *prince*, marié en 3ᵉ. nôces 4. Mars 1766, à
Princesse. Jeanne, comtesse de Lodron, née 16 Fév. 1735.
Filles du premier lit. N. N. née en 1745.
N. N. née en Juillet 1746.

WALDECK, *catholique*.

FRÉDÉRIC, *prince*, né 25 Oct. 1743.
Freres. Christ.-Auguste, né 6 Déc. 1744.
Georges, né 6 Mai 1747.
Louis, né 16 Déc. 1752.
Sœur. Louise, née 29 Janv. 1750. *Voyez* Nassau-Usingen.
Mere. Christine, fille de Christian III, prince Palatin de Deux-Ponts, née 16 Nov. 1725, veuve 29 Août 1763, du prince Ch.-Aug.-Frédéric.
Tantes. M.-Guill.-Henriette, née 17 Oct. 1703.
Ernestine-Louise, née 6 Nov. 1705. *Voyez* Palatinat.
Sophie-Guill.-Elis.-Dorotée, née 4 Janv. 1711, mariée à M. de Vogelsang.
Fr.-Christ.-Ernestine, née 5 Mai 1712.
Louise-Albertine-Frédérique, née 12 Juin 1714.

I. WURTEMBERG-STUTGARD, *catholique*.

Le duché de Wurtemberg, qui fait la principale partie de la Souabe, a environ 40 lieues de long sur 24 de large. Il y a cependant quelques terres enclavées dans cette principauté, qui appartiennent à d'autres souverains. Le Necker, fleuve qui prend sa source dans la forêt noire près du village de Schwinnengin, traverse tout ce pays, du midi au septentrion : il a été rendu navigable depuis Canstadt jusqu'à Heilbron.

Il est peu d'endroits en Allemange où la forêt noire paraisse plus auguste & plus majestueuse que dans le Wurtemberg ; là elle offre des arbres presque aussi anciens que le monde. Le pays est d'ailleurs très-peuplé, & généralement bien cultivé. Ses habitans passent pour être extrêmement laborieux, ils sont d'ailleurs robustes & pleins de courage : ce sont les meilleurs soldats d'Allemagne. Stutgard, résidence actuelle du souverain, est la capitale du pays. Située à une petite distance du Necker, entre deux collines, elle est environnée de beaux vignobles. Indépendamment du palais du prince & de quelques autres monuments publics qui enrichissent cette ville, on y remarque une maison destinée à recevoir les orphelins & un collége fameux dans toute l'Allemagne, par le mérite & le profond savoir de ses professeurs. C'est dans cette ville que se tiennent les Etats du pays.

PRINCIPAUX MEMBRES

A six lieues de Stutgard, est Tubinge qui appartenait autrefois à des comtes palatins dont la maison est éteinte depuis un siecle. La célebre université qui y fut fondée en 1477, par le duc Eberhard I, enrichie de très-grands priviléges, en 1484, par l'empereur Frédéric, possede une riche bibliotheque. Il y a aussi un college très-fameux, où 300 étudians trouvent annuellement le logement, la table & l'instruction *gratis*

Le docteur Busching a inséré dans sa feuille hebdomadaire, l'état suivant de la population du duché de Wurtemberg, en 1782.

Généralat de Bebengausen.	135,057 *ames.*
——— de Denkendorf.	119,955
——— de Manabrun.	160,742
——— d'Abdelberg.	150,126
Total.	565,880.

Dans ce nombre on compte 426 juifs. La population de ce duché a été plus considérable, avant l'émigration d'un grand nombre d'habitans qui ont été se fixer dans la Prusse occidentale.

CHARLES-Eugène, *duc*, né 11 Fév. 1728, veuf d'Elis.-Fréd. Sophie, fille du margrave Fréd. de Brandebourg-Bayreuth.

Frere. Louis-Eug-Jean, né 6 Janvier 1731, marié 10 Août 1762, à

Sophie-Albertine, comtesse de Beichlingen, née 13 Décembre 1728, *dont*

Nieces. Guillelmine-Fréderique, née 3 Juillet 1764.

Henriette-Charlotte-Frédérique, née 11 Mars 1767.

Frere. Frédéric Eugène, né 21 Janvier 1732, marié 29 Nov. 1753, à

Fréd.-Soph.-Dorot. fille de Fréd.-Guill margr. de Brandebourg-Schwedt, née 18 Déc. 1736, *dont*

Neveu. Fréd.-Guill.-Charles, né 7 Nov. 1754, marié 11 Oct. 1780, à

Princesse. Auguste Caroline, fille du duc Ch.-Guill.-Ferd. de Brunsvick-Wolfenbuttel, née le 3 Dec. 1764, *dont*

Arriere-petit-neveu. Fréd. Guillaume Charles, né 2 Oct. 1781.

Arriere-petite niece. N. N. née 20 Février 1783.

Neveux, *Fils du prince Fréd.-Eugène*. Fréd. Louis-Alexandre, né le 30 Août 1756.

Frédéric-Eugène-Henri, né 21 Nov. 1758.

Frédéric Guillaume Philippe, né 27 Déc. 1761.
Frédéric-Auguste-Ferdinand, né 21 Oct. 1763.
Charles-Frédéric-Henri, né le 3 Mai 1770.
Charles-Alexandre-Frédéric, né 24 Avril 1771.
Charles-Henri Frédéric, né 3 Juillet 1772.
Nieces. Sophie-Dorothée-Auguste-Louise, née 25 Oct. 1759.
Frédérique-Elisabeth-Amélie-Auguste, née le 27 Juillet 1765.
Elizabeth-Wilhelmine-Louise, née 21 Avril 1767. *V.* Holstein-Oldenbourg.

Sœur. Auguste-Elisabeth-Marie, née le 30 Oct. 1734. *Voyez* Tour-&-Taxis.

Fille de Frédéric-Louis, prince héréd. fils du duc Eberhard-Louis.

Louise-Frédérique, née le 3 Février 1722. *V.* Mecklenbourg-Schwerin.

II. WURTEMBERG-OELS, en Silésie, *luther.*

Le duché d'Oels, qui appartient à une branche de l'illustre maison de Wurtemberg, est situé sur les frontieres de celui de Breslau; il fut érigé en principauté en 1309; lorsque Conrad N, fils de Henri III, duc de Glogau, eût obtenu en appanage le pays d'Oels & de Wolau Oels, qui en est la capitale, est à 8 lieues de Breslau. Cette ville a un beau château entouré de fossés & d'assez grands fauxbourgs.

CHARLES-Christian Erdmann, *duc*, né le 25 Oct. 1716, marié le 28 Avril 1741, à
Princesse. Marie-Sophie-Wilhelmine, comt. de Solms-Laubach, née le 3 Avril 1721.
Fille. Frédérique-Sophie-Charlotte-Auguste, princesse héréd. née le 1 Août 1731. *Voyez* Brunswick-Wolfenbuttel.

Fin de la premiere Partie.

SECONDE PARTIE.

ÉTAT
ECCLÉSIASTIQUE, MILITAIRE, CIVIL, LITTÉRAIRE ET MUNICIPAL
DES PROVINCES DE FRANCE.

ÉTAT ECCLÉSIASTIQUE.

ARCHEVÊQUES ET EVÊQUES DE FRANCE.

Nota. Vingt-quatre de ces Prélats, y compris les cinq de l'Isle de Corse, ne sont pas réputés appartenir au Clergé de France, & font, chacun séparément, ou conjointement avec les Etats de leur Province, leur don gratuit. On les désigne ici par une *.

Intronis.	Sieges.	Titulaires.	Naiss.	Reven. l.
1781.	PARIS.	Le Clerc de Juigné.	1728	400000
1780	Chartres.	De Lubersac.	1740	25000
1779	Meaux.	De Polignac.	1745	25000
1758	Orléans.	De Jarente de la Bruyere.	1706	50000
1780		De Jarente, *Coadjuteur*.		
1776	Blois.	De Lauzieres-Themines.	1742	24000
1758	Lyon.	De Malvin de Montazet.	1712	50000
1767	Autun.	De Marbeuf.	1734	21000

ARCHEVÊQUES ET ÉVÊQUES

Intronis.	Sieges.	Titulaires.	Naiss.	Reven. l.
1770	Langres.	De la Luzerne.	1738	52000
1764	Mâcon.	Moreau.	1721	24000
1781	Châlons-sur-Saône.	Du Chillau.		40000
1741	* S. Claude.	De Mellet de Fargues.	1708	36000
1766	* Sarept.	De Vienne.	1732	
1759	ROUEN.	Le Card. de la Rochefoucaud.	1713	120000
1766	Bayeux.	De Cheylus.	1719	100000
1774	Avranches.	Godard de Belbeuf.	1730	30000
1773	Evreux.	De Narbonne Lara.	1720	40000
1775	Séez.	Duplessis d'Argentré.	1720	40000
1783	Lisieux.	Ferron de la Ferronnaye.	1717	60000
1764	Coutances.	De Talaru de Chalmazel.	1725	50000
1755	SENS.	Le Card. de Luynes.	1703	80000
1761	Troies.	De Barral.	1716	24000
1782	Nevers.	De Seguiran.	1739	24000
1777	Bethléem.	De Duranti de Lironcourt.	1733	1000
1777	REIMS.	De Taleyrand-Perigord.	1736	80000
1764	Soissons.	De Bourdeilles.	1720	36000
1781	Châlons-sur-Marne.	De Clermont-Tonnerre.		30000
1777	Laon.	De Sabran.	1739	36000
1775	* Les Termopyles.	De Contrisson.		
1754	Senlis.	De Roquelaure.	1720	24000
1772	Beauvais.	De la Rochefoucaud.	1735	100000
1774	Amiens.	De Machault.	1737	36000
1737	Noyon.	De Grimaldi.	1736	40000
1743	Boulogne.	De Partz de Pressy.	1712	30000
1775	TOURS.	De Gonzié.	1736	70000
1777	Le Mans.	Jouffroy de Gonssans.	1723	35000
1782	Angers.	Couet du Vivier de Lorry.	1728	45000
1769	Rennes.	Bareau de Girac.	1732	40000
1783	Nantes.	De la Laurencie.		50000
1773	Quimper-Corentin.	Conen de Saint-Luc.	1724	20000
1775	Vannes.	Amelot.	1741	45000
1772	S. Pol de Léon.	De la Marche.	1722	30000
1780	Tréguier.	Le Mintier.	1729	24000
1774	S. Brieuc.	De Bellescise.	1732	24000
1767	S. Malo.	De Laurentz.	1718	40000
1767	Dol.	De Hercé.	1729	24000
1767	BOURGES.	Phelypeaux.	1729	55000
1776	Clermont.	De Bonal.	1734	20000
1758	Limoges.	Duplessis d'Argentré.	1723	25000
1774	Le Puy en Velay.	De Gallard de Terraube.	1736	40000

DE FRANCE.

Intronif.	Sieges.	Titulaires.	Naiff.	Réven.
1764	Tulles.	De Rafelis de S. Sauveur.	1725	40000
1780	S. Flour.	Ruffo des C. de Laric.	1746	24000
1764	Alby.	Le Card. de Bernis.	1715	130000
1781	Rhodez.	De Colbert.	1736	55000
1773	Caftres.	De Royere.	1727	78000
1776	Cahors.	De Nicolaï.	1729	70000
1764	Vabres.	De la Croix de Caftries.	1730	25000
1761	Mende.	De Caftellane.	1733	66000
1781	Bordeaux.	De Cicé.	1735	66000
1761	Agen.	Duffon de Bonnac.	1734	66000
1754	Angoulême.	De Broglie.	1728	30000
1781	Saintes.	De la Rochefoucaud.	1744	25000
1759	Poitiers.	De Beaupoil de S. Aulaire.	1720	40000
1713	Perigueux.	De Groffoles de Flamarens	1735	40000
1763	Condom.	D'Anteroche.	1721	80000
1777	Sarlat.	De Ponte d'Albaret.	1736	70000
1768	La Rochelle.	De Cruffol d'Ufez.	1735	70000
1775	Luçon.	De Mercy.	1736	40000
1780	Auch.	De la Tour d'Auvergne	1744	140000
	Montauban.			
1771	Acqs.	Le Quien de la Neuville.	1728	40000
1772	Leictour.	De Cugnac.	1729	70000
1763	Comminges.	D'Ofmond de Medavy.	1723	70000
1780	Couferans.	De Laftic.	1742	36000
1758	Aire.	Plaicard de Raigecourt.	1708	30000
1780		De Caux, Coadjuteur.		
1746	Bazas.	De Gregoire de S. Sauveur	1709	20000
1782	Tarbes.	De Gain de Montagnac.	1744	36000
1783	Oleron.	De Villelourreix de Faye.	17	18000
1763	Lefcars.	De Noé.	1724	30000
1783	Bayonne.	De Villevieille.		40000
1762	Narbonne.	De Dillon.	1721	180000
1771	Beziers.	De Nicolay.	1738	60000
1759	Agde.	De S. Simon de Sandri-	1723	80000
		court.		
1778	Carcaffonne.	De Chaftenet de Puyfégur	1740	40000
1737	Nifmes.	De Bec-de-lievre.	1705	30000
1774	Montpellier.	De Malide.	1730	50000
1750	Lodeve.	De Fumel.	1717	30000
1780	Ufez.	De Béthify.	1744	30000
1769	S. Pons de Tomiers.	De Bruyere de Chalabre.	1731	50000
1763	Aleth.	De la Cropte de Chanterac	1723	35000
1776	Alais.	Cortois de Balore.	1736	20000

A ij

ARCHEVÊQUES ET ÉVÊQUES

Intronif.	Sieges.	Titulaires.	Naiff.	Reven. l.
1745	*Perpignan.*	DeCardevac de Gouy d'Avrincourt.	1698	24000
1779	Dagay,	Ev. de Canope, *Coadjut.*		
1764	TOULOUSE.	De Loménie de Brienne.	1727	120000
1762	*Montauban.*	Le Tonnelier de Breteuil.	1726	40000
1768	*Mirepoix.*	Triftan de Cambon.	1716	40000
1771	*Lavaur.*	De Caftellane.	1732	70000
1711	*Rieux.*	De Laftic.	1726	50000
1771	*Lombez.*	De Salignac de la Motte Fénélon.	1734	60000
1774	*S. Papoul.*	D'Abzac de Mayac.	1731	50000
1741	*Pamiers.*	De Levis-Leran.	1713	30000
1775	ARLES.	Dulau.	1738	50000
1755	*Marfeille.*	De Belloy.	1708	35000
1743	*S. Paul 3 Châteaux.*	De Reboul de Lambert.	1704	12000
1743	*Toulon.*	De Vintimille.	1721	20000
1770	*Aix.*	Raymond de Boifgelin.	1732	40000
1778	*Apt.*	Eon de Cely.	1735	12000
1772	*Riez.*	De Clugny.	1728	24000
1766	*Fréjus.*	De Bauffet de Roquefort.	1731	30000
1777	*Gap.*	Maillé de la Tour-Landry.	1743	40000
1764	*Sifteron.*	De Suffren de S. Tropez.	1722	20000
1774	*Orange.*	Du Tillet.	1730	22000
1774	VIENNE.	Le Franc de Pompignan.	1715	40000
1764	*Geneve.*	Biord.	1709	
1781	S. Jean de Maurienne (Savoie).	Compans de Brichanteaux		
1779	GRENOBLE.	Hay de Bonteville.	1741	40000
1778	*Viviers.*	De la Font-de-Savines.	1742	40000
1771	*Valence.*	De Grave.	1724	20000
1741	*Die.*	De Plan des Augiers.	1709	20000
1767	EMBRUN.	De Leyffin.	1724	36000
1775	*Digne.*	De Chaylar.	1716	15000
1752	*Graffe.*	De S. Jean de Prunieres.	1718	20000
1783	*Vence.*	De la Gaude.		13000
1771	*Glandeves.*	Hachette des Portes.	1712	12000
1783	*Senez.*	De Bonneval.		12000
1781	*Nice (Savoie).*	Valperga.	1728	18000
1774	*BESANÇON.*	De Durfort.	1725	60000
1756	*Rhofy en Syrie.*	De Franchet de Ran.	1722	
1751	*Belley.*	Cortois de Quincey.	1714	12000

Befançon a deux autres Suffragans, Bafle & Laufanne, hors du Royaume.

| 1781 | CAMBRAI. | De Rohan Guémené. | 1738 | 250000 |

Intronif.	Sieges.	Titulaires.	Naiff.	Reven. l.
1760	*Amycles.	D'Aigneville de Millon-curt, Suff. de Cambrai.		
1769	*Arras.	De Conzié.	1732	70000
1774	*S. Omer.	Bruyere de Chalabre.	1734	60000
1775	*Avignon.	Grovio.	1729	56000
1776	*Carpentras.	De Beni.	1729	42000
1761	*Cavaillon.	Crifpin des Achards de la Baume.	1721	15000
1758	*Vaifon.	De Peliffier de S. Fériol.	1709	15000

Evêchés suffragans de Trèves.

1760	*Metz.	De Montmorency-Laval.	1724	120000
1773	*Toul.	Des Michels de Champor-cin.	1721	37000
1770	*Verdun.	Defnos.	1716	74500
1777	*S. Diez.	De Chaumont de la Ga-laifiere.	1737	30000
1783	*Nancy.	De Fontanges.		50000

Evêché suffragant de Mayence.

1779	*Strasbourg.	Le Card. de Rohan-Gué-mené.	1734	500000
1760	*Arath, Ev. in part.	Duvernin.	1713	

Evêchés de l'isle de Corse, suffragans de Pise.

1759	*Ajaccio.	Doria.	1722	12000
1772	*Sagone.	Guafco.	1720	10000
1770	*Aleria.	De Guernes.	1725	18000

Suffragans de Gênes.

1775	*Mariana.	Du Verdier.	1721	15000
1776	*Nebbio.	De Santini.	1727	4000

AGENTS GÉNÉRAUX DU CLERGÉ. *Meffieurs.*

1780 L'Abbé de Talleyrand-Perigord.
1780 L'Abbé de Boifgelin.

AGENTS GÉNÉRAUX, *défignés pour* 1785, *Meffieurs*

L'Abbé de Barral, Vic. gén. de Troyes.
L'Abbé de Montefquiou, Vic. gén. d'Aix.

CHAPITRES NOBLES
DE FRANCE.

CHAPITRES D'HOMMES.

Sécul. en 1685. AINAY, *Diocèse de Lyon.*

Les Membres de ce Chapitre doivent être nobles, au moins de père ou d'aïeul.

DIGNITAIRES, CHANOINES ET CHAPITRE, *Messieurs*

1758 De Jarente, *Abbé Comm.* Prieur de Vion, & Vic. gén. de Châlons.
1749 Chatrier de la Roche, *Prévôt, Curé.*
1741 De Rochefort de S. Didier.
1746 De Savaron.
1749 De Rostaing.
1755 Yon de Jonage.
1758 De Riverie de S. Jean, *Syndic & Receveur.*
1758 De Noyel.
1763 De Maubec.
1764 De Regnauld de la Richardie.
1765 Maindestre de la Luyere.
1766 Ferrari de Romans.
1774 Brossier de la Roulliere.
1777 De Fifical.
1778 De Regnauld de la Richardie.
1778 De la Riviere de la Mouchonniere.
1781 Morel de Volcine.
1781 Berardier de Grezieu.
1781 Cardon de Sandrans.
1781 De Brosse de la Barge.
1774 Deissat Duprat, *Honor.*

Fondé en 1010. AMBOISE, *Dioc. de Tours.*

Une bulle de Clément XIV, en date du 6 des nones de Mai 1770, a décoré ce Chapitre du titre d'*insigne Eglise*. Il a été érigé en Chapitre noble par lettres patentes homologuées au Parlement le 22 Mai 1776. Aujourd'hui, pour y entrer, il faut faire preuve d'ancienne noblesse.

DIGNITAIRES, CHANOINES ET CHAPITRE, *Messieurs*

1732 L'Homme de la Pinsonniere, *Doyen.*
1730 Langlois, *Sous-Doyen.*
1743 Royer.
1763 Desmée, *Chantre & Syndic.*
1765 Gaudin, *Diacre.*
1769 Du Mont.
1769 De Montfrebeuf.

DE FRANCE.   7
Messieurs

1775 Quirit de Coulaines.	1780 Le Royer de la Sauvagere, *Secrétaire.*
1777 Le Pellerin de Gauville, *Sous-Diacre.*	1776 Langlois de la Bagourne, *Cl.*

---

957. Ste. CHAPELLE DE BAR, *Diocèse de Toul.*

Cette Eglise a été érigée en 1698, par Léopold, Duc de Lorraine & de Bar.

Un brévet du 27 Novembre 1779, permet aux Doyen & Chanoines de porter une croix pectorale d'or émaillée, à huit pointes, avec quatre fleurs de lis dans les angles, & un médaillon au milieu, représentant d'un côté l'Assomption de la Vierge, avec cette légende : *Nobilis Ecclesia Barrensis decus* ; & de l'autre, S. Maxe, avec la légende : *A Rege Ludovico XVI & Mariâ Antoniâ concessum.* Ils la portent suspendue à un ruban bleu, liseré de jaune.

DIGNITAIRES, CHANOINES ET CHAPITRE, *Messieurs*

L'Evêque de Toul, Chanoine d'honneur.

De Maillet, Prés. né des Etats de la province, *Doyen.*	De la Morre, *Princ. du Coll.*
	Varin.
De Vendieres, *Coadj. & G. Ch.*	André, *Vice-Promot.*
De Vendieres.	De Vassimon, *Trésorier.*
De Poirson, *Syndic.*	Guerin de la Marche.
De Vassimon.	Mellet de Rejaumont, *Curé.*
D'Hausen.	De Marne.
De Perret.	Bertrand, *Official.*
Richard.	De Vassimon de Besaumon.
De Vyart.	L'Evêque des Thermopyles, *Honoraire.*
De Cheppe, *Promoteur.*	

Sécul. en 1759. BAUME-LES-MESSIEURS, *Dioc. de Bes.*

Des Lettres patentes du 8 Mai 1771, ont confirmé l'usage où était cette Compagnie de faire preuve de noblesse de 16 quartiers, 8 paternels & 8 maternels.

Un brévet du 13 Février 1773, a permis aux Dignitaires & aux Chanoines de porter une croix d'or émaillée à huit pointes, représentant, d'un côté, le chef de S. Pierre, Patron de l'Eglise, avec cette légende : *Nobilis Ecclesia Balmensis decus* ; de l'autre,

A iv

les Clefs de S. Pierre en fautoir; & au tour finit la légende en ces termes : *A Rege Ludovico XV, Rege dilectiſſimo conceſſum*. Ils la portent à un ruban noir, moiré, liſeré d'or.

DIGNITAIRES, CHANOINES ET CHAPITRE, *Meſſieurs*

1766 De la Fare, *Abbé Comm.*
De Montrichard-Fontenay, *Doyen*.
Du Paſquier-Lavillette.
De Falletans.
Du Paſquier Vitemont.
Buſon de Champdivers.

De Montrichard.
De Jaquot d'Andelard.
De Clermont-Mont-Saint-Jean.
De Bancenel.
De S. Maurice-Grivel.

CATHÉDRALE DE BESANÇON.

On ne peut entrer dans ce Chapitre que par la nobleſſe ou par les grades. Ceux qui s'y préſentent comme nobles, doivent faire preuve de ſeize quartiers de nobleſſe, dont huit paternels & huit maternels. Les gradués doivent être iſſus d'un pere noble ou gradué, & Docteurs en théologie ou en droit canon.

Un brévet du 2 Mars 1779, a permis aux Chanoines de porter une croix d'or émaillée, à huit pointes, terminées par un bouton, ayant une fleur de lis dans chacun de ſes angles, avec un médaillon au milieu, repréſentant, d'un côté, S. Jean l'Evangéliſte, avec cette légende : *Inſigne illuſtris Eccleſia Metropolitana Veſontina*; & de l'autre côté, S. Louis, avec cette légende : *A Rege Ludovico XVI conceſſum*. Cette croix eſt ſuſpendue à un ruban violet, moiré & liſeré d'or.

Les Membres de ce Chapitre portent l'habit violet, comme les Evêques; & au chœur, le rochet épiſcopal, avec la chappe violette, fourrée d'hermine en hiver, & doublée de taffetas cramoiſi en été. Aux meſſes canoniales, le Célébrant porte la dalmatique ſous la chaſuble, &, dans certaines fêtes, il porte la mitre, les gans & les brodequins.

DIGNITAIRES, CHANOINES ET CHAPITRE, *Meſſieurs*

1745 L'Ev. de Roſy, *H. Doyen*.
1729 Mairot de Mutigney, *gr. Archidiacre*.
1733 Laborey de Chargey, *Gr. Chantre*.

1737 Botechoux de Chavanne, *grand Tréſ*
1740 Marin, *Arch. de Salins*.
1745 De Rambey, *Arch. de Faverney*.

Messieurs

1747	De Chamigny, *Arch de Luxeul.*	1768	De Pillot.
1748	De Camus.	1769	Galois.
1752	Talbert.	1772	Bailly.
1754	D'Angirey.	1774	D'Hurcourt.
1757	De Desnes.	1774	Grosjean, *Théolog.*
1757	De Roset.	1774	Desbiez.
1757	De Vauconcourt.	1775	De Chaffey.
1757	De Falletans.	1775	De Charmoille.
1759	De Chaffoy.	1775	De Petitbenoit.
1759	De Villefrancon.	1775	Durand.
1761	Dagay.	1776	Seguin.
1763	Clerc.	1776	Tinseau.
1763	Varin.	1776	Dorival.
1764	De Boursieres.	1778	Daudé.
1766	Hugon.	1781	De Villefrancon.
1766	Mareschal.	1781	De Verchamps.
1768	Athalin.	1783	D'Audeux.
		1783	De Mongenet.

V. siecle. BRIOUDE, *Diocese de S. Flour.*

Les membres de ce Chapitre, Comtes de Brioude, doivent faire preuve de seize quartiers de noblesse, huit paternels & huit maternels.

Leur marque distinctive est une croix d'or à huit pointes, émaillée, surmontée d'une couronne de Comte, à deux faces, dont l'une représente S. Julien, Patron de l'Eglise, avec cette légende: *Ecclesia Comitum Brivatensium*; & l'autre, Louis XV, avec la légende: *Ludovicus decimus quintus instituit.* Cette croix est suspendue à un ruban bleu, liseré de couleur de feu.

Le Roi, *premier Chanoine.*

CHANOINES, COMTES ET CHAPITRE. *Messieurs*

17	De Montal de Coteuge, *Prévôt.* 1779.	17	De la Rochette Duvernet
17	De Bourdeilles, *Doyen.* 1778.	17	De Pestels la Chapelle.
		1765	D'Anteroches.
17	De Combres.	1766	De Mostuejols, *Syndic.*
17	De Montal de Nozieres.	1768	De Massals, *Vic. gén. de S. Flour, Syndic.*
17	De la Rochette.	1769	De Fenelon.

CHAPITRES NOBLES

Messieurs

1771 De Chavanat de Mont-gour.	1776 Dupont de Ligonnés.
1771 De Chavanat.	1776 De Beaufranchet.
1773 De Mallian, *Théol.*	1778 Dupeyroux.
1773 De Vaulx.	1779 De Dienne.
1774 D'Entil de Ligonnés.	1779 De Sainte-Hermine.
	1783 De Chavanat.

CHANOINES, COMTES HONORAIRES, CI-DEVANT MEMBRES DU CHAPITRE, *Messieurs*

Le Card. de Bernis.	L'Abbé Pesteils de la Majorie.
L'Ev. de Condom.	

CHAN. COMTES HON. PAR LEUR PLACE, *Messieurs*

L'Evêque du Puy,	L'Abbé de Pebrac.
L'Evêque de Mende.	

CHAN. C. HON. PAR LETTRES DU CHAPITRE, *Messieurs*

L'Evêque d'Orléans.	L'Evêque de S. Flour.
L'Evêque de Lodeve.	L'Abbé de Mostuejols, *Aumônier de* MADAME.
L'Evêque de Clermont.	

Sécul. en 1742. S. CLAUDE.

Ce Chapitre, formé des membres de l'Abbaye du même nom, l'une des plus illustres & des plus anciennes de la Gaule, exige seize quartiers de noblesse, huit paternels & huit maternels. Dans ces derniers, la noblesse des trisaïeules doit leur être personnelle.

Les Dignitaires & les Chanoines portent une croix d'or à branches égales, ornée d'une fleur de lis à chaque angle, & d'un léger cordon qui l'entoure. Cette croix est suspendue à un ruban moiré, de couleur noire.

DIGNITAIRES, CHANOINES ET CHAPITRE, *Messieurs*

De Carbonnieres, *gr. Doyen.*	De Moriat de Gourcy de S. Martin
De Raincourt, *gr. Archid.*	De Carbonnieres S. Brice.
D'Escairac, *second Arch.*	De Ros.
De Moriat de Maillat, *gr. Ch.*	De la Suderie.
De Jouffroy d'Abans.	De Reinach de Grandville.

Messieurs

Fred. d'Hauterive.
Balladier de Lantage.
D'Hauterive de Servatte.
De Vassal.

De Manado.
Blanc, *Secrét. de l'Evêché.*
Vanesson, *Secrét. du Chap.*
Ponard, *Rec. du don grat.*

CHANOINES HONORAIRES, *Messieurs*

L'Evêque du Mans.
De Laubespin.

De Gains.
De Cordon.

Fondé en 660. CATHÉDRALE DE S. DIEZ.

Pour être admis dans ce Chapitre, il faut faire preuve de trois degrés de noblesse, du côté paternel, ou être Docteur en Théologie.

En 1765, le Roi Stanislas décora les Membres de cette Compagnie d'une Croix pectorale d'or, émaillée à huit pointes égales, portant sur l'une des faces l'effigie de S. Diez, avec cette inscription sur l'exergue : *Childericus II fundavit*, anno 660 ; & sur le revers, l'Image de S. Stanislas, avec cette autre inscription : *Stanislaus, rex munificus, ornavit, anno 1765.* Cette Croix est suspendue à un ruban violet, moiré.

DIGNITAIRES, CHANOINES ET CHAPITRES, *Messieurs*

De Tonnois, *G. Doyen.*
Abram, *G. Chant.*
De Seychamps, *Ecolâtre.*
.... *Archid. de S. Diez.*
.... *Arch. d'Epinal.*
De Seraucourt.
De Montauban.
Abram.
De Thionville d'Erize.
De Rambervillé.
Héré.
De Mitry.
De Seré de Rieux.
De Friant.
Ant. Fr. Raulin.

Du Moncey.
Du Houx.
D'Huart.
Pierre-Jos. Gandin.
Rouot.
Alleaume de Bouges.
De la Chambre.
De Thumery.
De S. Privé.
De Huvé.
Gandin de la Crose.
L'Evêque d'Aire, *hon.*
Raulin, *hon.*
De Marcol, *hon.*
De la Vergne de Tressan, *hon.*

Sécul. en 1760. GIGNY, *Diocese de S. Claude.*

Pour être admis dans ce Chapitre, il faut prouver huit quartiers de noblesse, du côté paternel, sans alliances, & du côté maternel, quatre quartiers seulement, avec les alliances, à moins qu'on ne soit gradué.

Ses membres portent une espece de croix de S. Louis, ornée de fleurs de lis, & surmontée d'une Couronne de Comte. Le médaillon qui est au milieu de la Croix, porte d'un côté, l'Image de S. Pierre, patron de l'Eglise; le revers représente S. Louis, avec cette légende : *Religio nobilitatis decus Ludovici XV munus.* Cette Croix est suspendue à un ruban bleu, liseré de rouge.

DIGNITAIRES, CHANOINES ET CHAPITRE, *Messieurs*

1720 De Falletans, *Doyen.*
1725 De Belot-Monbozon.
1731 De Gouffray Gonssans.
1733 De Moyria.
1761 De Lascases.
1766 D'Esterno.
1773 De Menthon-de-Rosy.

1774 Melch. de Montfaucon.
1780 Henri de Montfaucon.
1781 De Foudras.
1782 De Molans.
     De Montpezat, Comte de
     de Lyon, *hon.*

Sécul. en 1764. CHAP. ÉQUESTR. ET UNIS DE LURE ET MOURBACH.

Les Membres de ces deux Chapitres doivent faire preuve de seize quartiers de noblesse, de noms & d'armes, dont huit du côté paternel, & huit du côté maternel, sans indication d'alliances.

Leur marque distinctive consiste dans une Croix d'or, émaillée, à huit pointes, avec quatre fleurs de lis dans chaque angle, & un médaillon représentant d'un côté S. Desle & S. Louis, avec cette inscription sur l'exergue : *S. Ludov. patr. Murb. & Ludr.*; & de l'autre, S. Leger & S. Louis, avec cette autre inscription : *S. Leod. & Deicola unio Sanctorum.* L'Abbé, qui a le titre de Prince de l'Empire, a droit de porter la Croix pectorale, & le violet comme les Evêques. Ces privileges & divers autres que nous espérons faire connaître l'année prochaine, lui ont été conservés par les Lettres-Patentes du mois d'Avril 1765, enregistrées au Parlement de Besançon, & au Conseil Souverain d'Alsace.

1756 M. Caſ. Fred. Baron de Rathſamhauſen, *Coadjuteur en* 1737, *Abbé-Prince des Abbayes féculieres équeſtrales, & unies de Mourbach & de Lure, Prince du S. Empire.*

CHAPITRE DE LURE, *Meſſieurs*

1778 De Reinach, *Grand Prévôt*, 1782.
1750 De Girardi, *Tréſorier*, 1771.
1768 Ch. H. Nic. de Thurn.
1770 De l'Aubeſpin.
1782 D'Andlau d'Hombourg.
1782 D'Andlau de Wittenheim.
1782 De Truchſeſſ.
1783 J. B. Fr. Fid. de Thurn.

CHAP. DE MOURBACH, *Meſſieurs*

17.. Fr. Otton, B. de Beroldingen, *G. Doyen.*
17.. Le C. de Bouzias de Rouvroy, *G. Chant.*
L. B. de Rathſamhauſen.
Ign. B. de Beroldingen.
Le B. de Reutner de Weyll.
Le B. de Reichenſtein.
Le B. de Schoenau.
Le B. de Gohr.

CATHÉDRALE DE LESCAR.

Pour pouvoir prétendre aux Canonicats de ce Chapitre, il faut être noble ou gradué.

DIGNITAIRES, CHANOINES ET CHAPITRE, *Meſſieurs*

L'Evêque de Leſcar.
Damou.
De la Motte.
De Hitton.
De Grave.
La Come, *Théol.*
De Jaſſes.
De Charrite.

De Salha.
D'Eſquille.
D'Arblade.
De Viella.
De Tarride.
De Serres.
De Balette.
De Luppé.

EGLISE MÉTROPOLITAINE DE LYON.

Les Chanoines de ce Chapitre, l'un des plus illuſtres & des plus anciens du Royaume, portent le titre de Comtes de Lyon. Ils ſont obligés de faire preuve de ſeize quartiers de nobleſſe, dont huit du côté paternel, & huit du côté maternel.

Leur marque diſtinctive eſt une croix d'or émaillée, à 8 pointes, terminées par quatre Couronnes de Comtes, avec quatre fleurs de lis dans les angles, & un médaillon au milieu, représentant d'un côté S. Jean-Baptiste, patron de l'Eglise, avec cette devise au tour : *Prima Sedes Galliarum ;* & de l'autre S. Etienne, avec une seconde devise, *Eéclesia Comitum Lugduni* suspendue par un ruban rouge, liseré de bleu.

LE ROI, *premier Chanoine.*

CHANOINES COMTES, *Messieurs*

1753 De Castellas, *Vic. Gén. de Comminges, Doyen.*
1765 De Marecreux, *Vic. Gén. de Lyon, Archid.*
1763 De Castellas de Nussargues, *V. G. de Vienne, Précenteur.*
1773 De Cordon, *Abbé de Fontmorigny, Vic. Gén. d'Embrun, Chantre.*
1742 De Pingon, *Vic. Gén. de Vienne, Chamarier.*
1733 De S. Aulbin de Saligny, *G. Sacrist.*
1761 De Clugny, *Vic. Gén. de Vienne, G. Custode.*
1758 Dupac de Bellegarde, *Abbé de Montolieu, Vic. Gén. de Carcassone, Prévôt.*
1757 Barbier de Lescoët, *Abbé d'Ardorel, Vic. Gén. de Leon, M. du Chœur.*
1718 Defay de Maubourg, *Abbé de Beaulieu.*
1726 Duvivier de Lansac, *Abbé de Relecq.*
1730 De Gruel de Villars.
1737 De Montjouvent, *Abbé d'Hermieres, ancien Doyen.*
1752 De Poitiers de Chabans, *Vic. Gén. d'Autun.*
1750 Le Card. de Bernis, *Arch. d'Alby.*
1753 De Gain de Linars, *Abbé de Sandras.*
1760 De Lezay de Marnezia, *Abbé d'Acey, Vic. Gén. de Lyon.*
1761 De Chabannes, *Abbé de la Creste & de Benevent, Vic. Gén. de Clermont.*
1761 De Beaumont de S. Quentin, *Prieur de Bord.*
1767 De Bernard de Rully, *Vic. Gén. de Châlons-sur-Saône.*
1771 De Bertrand de Poligny.
1773 De Gain, *Vic. Gén. de Riez.*
1771 De Bertrand de Poligny, *Vic. Gén. de Bourges.*
1773 De la Madelaine de Ragny.
1776 De Sartiges de Sourniac, *Vic. Gén. de Lyon.*
1774 De Clugny, *Vic. Gén. de Metz.*
1777 De Gourcy.
1778 De Cordon, *Vic. Gén. de Châlons.*
1778 De Sartiges.
1779 De Gourcy de Mainville.
1779 De Montpezat.

Messieurs

1779 De Bois Boiffel.
1780 De S. George, *Abbé de Souillac, Vic. Gén. de Périgueux*.

CHANOINES COMTES HONORAIRES, *Messieurs*

1728 L'Evêque de S. Claude.
1728 L'ancien Evêque d'Evreux.
1743 L'Evêque de Comminges.
1752 L'Evêque d'Autun.
1751 L'Evêque de Riez.
1761 Dupac de Bellegarde.
1760 Simon de Montmorillon.
1771 Barbier de Kerno, *Chev. de S. Louis*.

Sécul. en 1557. S. PIERRE DE MACON, *même Diocese*.

Pour être admis dans cette Compagnie, il faut faire preuve de quatre degrés de nobleffe, tant paternels que maternels, fans y comprendre le préfenté.

En 1773, ce Chapitre érigé en Comté, fut décoré d'une Croix émaillée, à huit pointes, avec quatre fleurs de lis. D'un côté, est repréfenté S. Pierre, patron de l'Eglife avec cette légende : *Comitum fancti Petri Marifconenfis*. Sur le revers eft l'Image de S. Louis, avec la légende : *Ludovicus XV inftituit*. Cette Croix eft furmontée d'une couronne de Comte, & attachée à un ruban bleu célefte, liferé de blanc, que les Chanoines portent au col.

DIGNITAIRES, CHANOINES ET CHAPITRE, *Messieurs*

De la Tour du Pin, *Prévôt*.	De S. Quintin de Beaufort.
De Raincourt, *Tréforier*.	D'Amele.
De Valetine.	De Villiers-la-Faye.
D'Abzac de Mayac.	Dugon.
De Glanne.	De Clermont-Tonnerre.
De Montz.	De Soran de Rofiere.
D'Amandre.	

CHANOINES COMTES HONORAIRES, *Messieurs*

L'Evêque de Mâcon.	De Scey Montbeliard.

Sécul. en 1751. S. VICTOR DE MARSEILLE, *même Dioc.*

Un Arrêt du Conseil, du 1 Décembre 1774, porte : « Que ceux qui auront été pourvus de dignités ou de Canonicats de l'Eglise noble de S. Victor de Marseille, seront tenus de prouver qu'ils sont nés de légitime mariage, issus de familles nobles, & originaires de Provence & terres adjacentes, & établis & domiciliés audit pays ; à l'effet de quoi, ils seront tenus de faire preuve de leur noblesse paternelle seulement, continuée jusqu'à eux, sans interruption ni dérogeance, pendant le temps de 150 ans au moins, & de six degrés, & même du septieme, non pour le faire entrer dans la preuve, mais seulement pour la qualification de celui qui sera au sixieme degré ; & en cas que les six degrés ne remplissent pas les 150 années, les pourvus seront tenus de fournir les preuves d'autant de degrés qu'il sera nécessaire pour remplir ledit temps, sans que lesdits pourvus puissent se dispenser de prouver les six degrés ci-dessus ordonnés, quand même les cinq par eux prouvés excéderaient ledit temps de 150 années ; & pareillement sans qu'à l'occasion desdites preuves, il puisse être accordé aucunes dispenses de degrés ni du temps, pour quelque prétexte que ce soit ».

Les Membres de ce Chapitre, qui, par Lettres-Patentes du mois de Mars 1774, ont le droit de porter le titre de Comtes, sont décorés d'une Croix d'or émaillée, à huit pointes, terminée par un bouton, ayant une fleur de lis dans chacun des quatre angles, avec un médaillon au milieu, représentant, d'un côté, S. Victor, patron de l'Eglise, à cheval, armé de toutes pieces, & perçant de sa lance un Dragon renversé, avec cette devise : *Divi Victoris Massiliensis*, & de l'autre l'Eglise de S. Victor, avec une pareille devise, contenant ces mots : *Monumentis & nobilitate insignis*. Cette Croix est suspendue à un ruban, couleur de feu, moiré, sans liseré ni bande.

DIGNITAIRES, CHANOINES ET CHAPITRE, *Messieurs*

L. Camille, P. de Lorraine, *Abbé.*
De Sade, *Vic. G. de Marseille, Prévôt.*
De Villeneuve Bargemont, *Ch.*
D'Arbaud de Chateauvieux, *Tr.*
De Laugier Beaucouse.
De Sabran.
De Blacas d'Aups.
De Thomassin de Peynier.
De Damian, *Prév. de Pignan.*
De Glandevés.
D'Hostager.
De Villeneuve-Tourette.
Arn. de Pontevès.

Alph.

Messieurs

Alph. Conſt. de Pontevès.	De Barras de Vallecriche.
De Villeneuve S. Auban.	De Forbin la Barben.
De Bauſſet de Roquefort.	De Raouſſet-Seilhon.
De Fabre de Mazan.	

CHANOINES, COMTES HONORAIRES, *Messieurs*.

L'Evêque d'Orléans.	L'Evêque de Marſeille.
L'Evêque de Siſteron.	De Jarente de la Bruyere, *Abbé d'Ainay*.
L'Evêque de Fréjus.	

CATHÉDRALE DE METZ.

Vingt-huit Membres de ce Chapitre, ennoblis par Lettres patentes du mois de Mai 1777, ſont obligés de faire preuve de trois degrés de nobleſſe, du côté paternel ſeulement. Les dix autres doivent être gradués, au moins bacheliers en théologie.

La marque diſtinctive des uns & des autres conſiſte dans une croix d'or émaillée, à huit pointes égales, ornées de quatre fleurs de lis, une dans chaque angle, avec un médaillon au milieu, repréſentant d'un côté S. Etienne, Patron de la ville, avec cette légende : *Religionis decus & virtutis præmium* ; & ſur le revers, le chiffre du Roi, avec cette légende : *Ex munificentiâ Regis, anno 1777*. Cette croix eſt ſuſpendue, ſoit en collier, ſoit à la boutonniere, avec un ruban moiré, de couleur noire, liſeré de feu.

DIGNITAIRES, CHANOINES ET CHAPITRE, *Messieurs*

1749 Le Begue de Majainville, *Princier*. 1749.	1762 De la Roche, *Archid. de Sarrebourg*. 1768.
1766 De Montholon, *gr. Doyen*. 1767.	1743 Dulau Candale, *Ecolâtre*. 1779.
1743 De la Richardie de Beſſe, *Chantre*. 1747.	1782 Fumée, *grand Aumônier*. 1782.
1745 De Saintignon, *Chancelier*. 1755.	1734 Moreau de Verone.
	1737 De Clinchant d'Aubigny.
1763 De la Broue de Varcilles, *Tréſorier*. 1763.	1741 Piotais du Perier.
	1742 Le Picard.
1764 De Chambre, *gr. Archid*. 1779.	1743 De la Croix.
	1744 De Meyros de la Roquette.
1770 De l'Aubruſſel, *Archid. de Vic*. 1760.	1745 Jobal de Pagny.
	1754 Nioche.

B

CHAPITRES NOBLES

Messieurs

1756 L'Alliat.
1757 De Durand du Pujet.
1762 Nancy.
1767 Boulanger.
1767 Bertin.
1768 Jobal.
1769 De Fiquelmont.
1770 De Marien de Fremery.
1771 D'Amelin de Beaurepaire.
1775 De Pincty.

1775 Vernier.
1778 Ravaut.
1779 De Themines de Lauzieres.
1779 De Cuny.
1780 De Chambre d'Urgons.
1781 Bertrand.
1782 De l'Asteyrie du Saillant.
1783 De Feriet.
....

HONORAIRES, *Messieurs*

L'Ev. de Châlons sur-Saône.
Tanneguy du Châtel, *Chanc. hon.*

Durand, *ancien Vic. gén. de Soissons.*

1003. NOTRE-DAME DE MONTREUIL-BELLAY,
Diocese de Poitiers.

Ce Chapitre n'est pas d'institution noble ; mais les privileges importans dont il jouit, l'usage où il fut long-tems de n'avoir que des nobles parmi ses Chanoines, & sur-tout l'honneur qu'à l'Auteur de cet Ouvrage d'appartenir à cette Compagnie, nous excuseront envers le Public de cette infraction à la loi que nous nous sommes imposée, de ne placer dans cet article que des Chapitres nobles.

DIGNITAIRES, CHANOINES ET CHAPITRE, *Messieurs*

Sestier de Champdeliveau, *Doyen, & réunissant à sa dignité les fonctions de Curé.*
Calou, *Chantre.*
Gourion, *Hebdomadier.*
De Montgodin.
Jacquet.
Moreau, *Hebdomadier.*
Olivier, *Hebdomadier.*

Poncelin de la Roche-Tilhac, *Conseiller à la Table de Marbre, & Député du Chapitre à Paris.*
Fresneau, *Diacre d'office.*
Guin, *Mineur.*
Molliet, *Soud. d'off.*
Thouret.
De Voudelle, *Hebdomadier.*
....

1602. CATHÉDRALE DE NANCY.

Celui qui se présente pour être Chanoine dans ce Chapitre, doit être le quatrieme noble de sa race, du côté paternel. Quatre d'entre les Membres de cette Compagnie peuvent cependant être reçus sans preuves, pourvu qu'ils soient Docteurs en théologie ou en droit canon.

Tous ont le droit de porter l'habit violet & le camail par-dessus leur rochet. En 1757, ils ont été décorés d'une croix d'or émaillée, au milieu de laquelle est un médaillon, bleu d'un côté, représentant l'Annonciation de la Vierge, Patrone de l'Eglise ; verd de l'autre, représentant S. Sigisbert, Roi d'Austrasie. Cette croix est attachée à un ruban noir moiré.

LE ROI, *premier Chanoine.*

De Sabran, Evêque de Laon, *anc. Primat, Chan. d'honneur.*

DIGNITAIRES, CHANOINES ET CHAPITRE, *Messieurs*

De Lupcourt, *gr. Doyen.*	De Turique.
De Vintimille-Lascaris, *G. Ch.*	De Vulmont.
De Bressey, *Ecol.*	Barail.
.... *Arch. de Nancy.*	De Moy, *Curé de S. Laurent de*
.... *Arch. de Luneville.*	*Paris.*
De Ravinel.	D'Arret.
De Ligniville.	De Cueiller.
De Gourcy.	Thouvenel
Anthoine.	De Grandchamp.
Sallet.	Crestin.
De Malvoisin.	De Gelnoncourt.
Du Houx de Dombasle.	De Gastel.
De Brechainville.	De Chaumont de la Galaisiere,
De Marcol.	*Honoraire.*
De Lort de S. Victor.	Terré du Petit-Val, *Hon.*

CATHÉDRALE DE STRASBOURG.

Les deux tiers des prébendes de cet illustre Chapitre sont affectés à des Ecclésiastiques allemands, & l'autre tiers à des Français. Pour y être admis, il faut faire preuve de seize quartiers de haute noblesse, tant du côté paternel que du côté maternel. Un statut de l'an 1687, veut que les Chanoines Français soient issus de pere, aïeul, bisaïeul & trisaïeul décorés du titre de Princes, ou Ducs & Pairs. Quant aux Chanoines Allemands, ils doivent être sortis de Princes ou de Comtes de l'Empire, ayant voix aux dietes générales.

Vingt-quatre Chanoines-Prélats forment le grand Chapitre : 12 sont capitulaires & 12 domicellaires. Les uns & les autres portent sur la poitrine, en vertu d'un brévet du 18 Février 1775, une croix émaillée à huit pointes, ornée de quatre fleurs de lis, représentant d'un côté la Religion, sous une figure allégorique, & de l'autre, l'Assomption de la Vierge, Patrone de la Cathédrale. Cette croix est suspendue à un large ruban bleu, moiré & liseré de jaune. Les Capitulaires ont de plus une plaque en broderie d'or & d'argent, de même forme que la croix, appliquée sur l'habit & sur le manteau.

Tous portent pour habit de Chœur, sous un surplis à la Romaine, à très-haute dentelle, une longue simarre de velours rouge, à manches pendantes & queue traînante, doublée d'un taffetas de même couleur, avec des brandebourgs tressés d'or & de soie. Une aumusse d'hermine, entre-mêlée de petit-gris, & doublée en rouge, leur couvre les épaules, en forme de camail.

CHANOINES-PRÉLATS CAPITULAIRES, *Messieurs*

1748 Ferd. Max. Meriad. Prince de Rohan-Guemené, Archev. de Cambrai, *grand Prévôt en* 1762.

1748 Fr· Cam. Prince de Lorraine, *grand Doyen en* 1757.

1722 Jos. Ch. Mar. Wunib, Comte de Truchsess-Zeyl-Wurzach, Chan. & gr. Prév. de Cologne, *gr. Custos & Senior.*

1747 Chr. Fr. Fid. Comte de Kœniseck-Rotenfels, Chan. de Cologne, *grand Camérier.*

1751 Jos. Chr. Fr. Ch. Ign. Prince de Hohenlohe-Waldenbourg-Bartenstein, Chan. de Cologne, *grand Ecolâtre.*

1754 Meinr. Ch. Ant. Aug. Comte de Kœnigseck-Aulendorff, Chan. de Cologne.

1751 Chret. Ern. Fr. Xav. Prince de Hohenlohe-Waldenbourg-Bartenstein, Chan. de Cologne & d'Augsbourg.

1756 Fr. Ch. Jos. Prince de Hohenlohe-Waldenbourg-Schillingsfurt, Chan. de Cologne & d'Elwangen.

1764 Guill. Flor. Fel. J. Prince de Salm-Salm, Ev. de Tournay, Chan. de Cologne, d'Augsbourg & de Liége.

1764 Jos. Fr. Ant. Comte de Truchsess-Zeyl-Wurzach, Chan. de Cologne.

11 & 12 *places françaises vacantes.*

CHANOINES-PRÉLATS DOMICELLAIRES, *Messieurs*

1765 Ern. Ad. Jul. Comte de Kœnigseck-Rotenfels, Chan. de Cologne.
1766 Max. Jos. Jul. Mar. Comte de Kœnigseck-Rotenfels, Chan. de Cologne.
1768 L. Gonz. Fr. Xav. Comte de Kœnigseck-Aulendorf, Chan. de Cologne.
1770 Fr. Xav. Comte de Salm-Reifferscheidt-Bedbur, Chan. de Cologne, de Saltzbourg & d'Olmutz, & Auditeur de Rote.
1774 Ch. Jos. Ern. Just. Prince de Hohenlohe-Waldenbourg-Bartenstein, Chan. de Cologne.
1774 Jul. L. Cam. Prince de Rohan-Rochefort.
1774 Ch. God. Aug. Prince de la Tremoille, Comte de Laval.
1774 Ant. Eus. Comte de Kœnigseck-Aulendorff, Chan. de Col.
1775 L. Vict. Meriad. Prince de Rohan-Guemené.
1775 Fr. Guill. Comte de Salm-Reifferscheidt-Bedbur.

23 & 24 *places françaises vacantes.*

CATHÉDRALE DE TOUL.

Pour entrer dans ce Chapitre, dont l'illustration est très-ancienne, il faut prouver trois degrés de noblesse du côté paternel; & cette preuve est de rigueur, suivant un Arrêt du 30 Août 1777. Autrefois il exerçait le droit de souveraineté dans toute l'étendue de ses Prévôtés. Il y juge encore ses sujets en premiere instance; il appose les scellés dans les maisons des Chanoines, & il fait l'inventaire.

Les Membres de cette Compagnie ont droit de porter une croix pectorale d'or, émaillée, à huit pointes égales, portant sur l'une des faces l'image de S. Etienne, Patron de l'Eglise, & sur le revers, le portrait de la Cathédrale de Toul, avec cette légende: *Ex munificentiâ Regis.* 1776. Cette croix est suspendue à un ruban rouge, liseré de violet clair.

DIGNITAIRES, CHANOINES ET CHAPITRE, *Messieurs*

1770 Pagel de Ventoux, *gr. D.*
1730 Dehuz, *gr. Archid.*
1734 Tardif, *Arch. de Port.*
1742 Jagel, l'aîné, *Arch. de Vitel*
1746 De Trevencuck, *Arch. de Rinel.*
1759 Rollin, *Arch. de Vosge.*
1757 Cuisin de Montal, *Arch. de Cigny.*
1767 Pelet de Bonneville, *gr. Chantre.*
1760 Ducrot, *Trésorier.*

CHAPITRES NOBLES

Messieurs

1746 Pallas, *Ecolâtre.*
1737 De Roche.
1748 Du Berex.
1750 Du Poirier.
1752 Montignot.
1752 Taton.
1751 De la Cour.
1761 De la Roche Cesar.
1761 Thiebaut.
1767 Pallas, le jeune, *Présid. du Chapitre.*
1767 Hebert.
1761 Louis.
1761 Beurard.
1767 Tardif d'Hamonville.

1770 Sirejean.
1773 Sublet d'Heudicourt.
1775 Le Comte.
1776 Thierry de S. Beauffont.
1777 Dessoffy de S. Czerner.
1778 De Cholet.
1778 Ce Fontaine de Jumilhac.
1780 De Manessy.
1780 De Lombillon d'Abaucourt *Théologal.*
1775 De Caffarelli du Falga.
1782 De Mauvoisin.
1782 De Valory.
1782 Barthelemy.
1770 Dessoffy de Posega.

CHANOINES HONORAIRES, *Messieurs*

D'Andelot, *anc. Doyen.*
De Luker.

D'Ampus.

S. PIERRE DE VIENNE, *même Diocèse.*

Les Membres de ce Chapitre, auquel on a réuni, par Bulle de Pie VI, de l'an 1777, suivie de Lettres patentes de Louis XVI en 1781, homologuées en Parlement la même année, ceux de Saint Chef & S. André-le-Bas de Vienne, avec l'Abbaye de S. Pierre & tous les Bénéfices qui en dépendaient, doivent faire preuve de neuf générations de noblesse d'extraction de pere & de mere.

Leurs marques distinctives consistent en des parements, boutons, bas & doublure de couleur violette, avec une croix d'or émaillée de blanc, à huit pointes égales, les flammes en or, ornées d'une fleur de lis dans chacun des quatre angles. Cette croix, surmontée d'une couronne de Comte, offre dans son centre une médaille portant, d'un côté, cette légende : *Ecclesia SS. Petri & Theuderii Viennæ* ; & de l'autre, *Bonis atque honoribus auxit Lud. XVI.* Cette croix est suspendue à un ruban bleu, liseré de violet.

DIGNITAIRES, CHANOINES ET CHAPITRE, *Messieurs*

De Rachais, *Doyen.*
De Blacon, *Coadjuteur.*

De Cordon, *Sous-Doyen.*
De Chatelard.

Messieurs

De Charcone, *Vic. gén. d'Auch.*
De Vavre de Bonce.
De Vallier.
De Cefarges de Meffrey.
Du Peloux.
De Cefarges.
De Neyrieu.
D'Arces, *Vic. gén. de Vienne.*
De Michalon, *V. G. d'Embrun.*
De Moyria.
De Céfarges, *Vic. gén. de Toul.*
De Chivalet de la Garde.
De l'Ifle de Boulieux.
De Saint Ours.
De Bovet.
De Virieu, *Vic. gén. de Bordeaux.*
De Rigaud de Serezin, *Vic. gén. d'Auch.*
De Chamboran.
De Dolomieux, *V. G. de Vienne.*
De Rachais.
De la Porte, *V. G. de Grenoble.*
De Rocheblave, Conf. Clerc, *Vic. gén. de Lifieux.*
Du Peloux, *Vic. gén. de Vienne.*
De Marechal.
Du Peloux de la Terraffe, *Vic. gén. de Mende.*
De Marechal.
De Vernoux.
De Morard.
De la Meyrie.
De Bouillé.
De Buffevant.
De Bellefcife.
Motte, *Théologal.*

CHANOINES HONORAIRES, *ci-devant Titulaires*, *Messieurs*

L'Archev. de Vienne.
L'Ev. de S. Brieuc.
L'Archev. d'Embrun.
L'Archev. d'Auch.
L'Ev. de Luçon.
De Leyffen, Vic. gén. d'Embrun.
De Chamboran Oncle.

HABITUÉS, *Messieurs*

De Chabons, *Chan. de Die.*
D'Hauterive, *Chan. de S. Claude.*
De Montfaucon, *V. G. d'Alais.*
De Bardonnanche, *C. de Grenoble.*
De la Condamine.
De Buffevant.
De Bauffet, *Vic. gén. de Fréjus.*
De Laurencin.
De l'Arthaudiere.
De Sinard.
De Corbeau.

CHAPITRES DE DAMES.

XII siecle. **ALIX**, *Diocese de Lyon.*

Les preuves consistent en cinq quartiers de noblesse, du côté du pere, & la mere Demoiselle.

Des Lettres-Patentes de 1755, permettent aux Chanoinesses de ce Chapitre, de porter une Croix d'or émaillée, à huit pointes, surmontée d'une couronne de Comte. Au milieu est un médaillon, représentant, d'un côté la Vierge, avec cette légende : *Votis nobilis insignia ;* & au revers est l'Image de S. Denis, avec cette autre légende : *Auspice Galliarum Patrono.* Cette Croix est suspendue a un ruban ponceau, passé en écharpe.

DIGNITAIRES, DAMES ET CHAPITRE, *Mesdames*

De Cressia, *Abbesse.*
De Naturel de Valenne, *Sacrist.*
De Cressia, *anc. Prieure.*
De Cressia de la Tour.
De Chaponay.
De Beurville.
De Vincent Panette de Villeneuve.
De Roziere d'Euvezin.
Bouhélier d'Audelange.
Bouhélier.
De Bar.
De la Porte, *Sécret. du Chap.*
De la Porte de Châteauvieux.
De la Porte d'Eudoche.
De la Porte de Marlieux.
De la Porte.
De Chaponay de Beaulieu.
De Boclozel.
Bouhélier de l'Annoncourt.
De Greische.
De Cohorn.
De Cohorn de la Palun.
De Grattet de Dolomieu.
De Bocsozel de Mongontier.
De Neufchaise.
De l'Escalopier.
De Vincent de Panette.
De Panette.
De Panette de Chantain.
De Panette de la Breille.
De Compasseur de Courtivron.
De Rozieres de Rechicour.
De Vincent de Mauléon.
De Ravel.
De Rivette.
De Roquigny.
De Gaulmyn.
De Savelly.
De Romanet.
De Romanet de S. André.
De Vanel de Lisleroy.
De Sainte-Colombe.
De Mouchet, *Abbesse de Grisenon, Honoraire.*

880. ABBAYE PRINCIERE D'ANDLAU, *Dioc. de Strasb.*

Les Dames de ce Chapitre, dont l'Abbesse prend le titre de Princesse de l'Empire, ne font aucuns vœux. Elles peuvent se marier quand elles le jugent à propos. Les preuves de noblesse sont les mêmes que celles qu'exigent les hauts Chapitres d'Allemagne; c'est-à-dire, seize quartiers sans mésalliances, tous d'une noblesse chevaleureuse & chapitrable.

Elles portent le titre de Baronnes, & n'ont aucune marque de distinction.

DIGNITAIRES, DAMES ET CHAPITRE, *Mesdames*

Mar. Joph. Truchsess de Rhein-felden, *Abbesse Princesse.*
De Schoenau-Oeschgen.
De Schoenau Safenheim.
De Ferrette de Florimont.
De Reinach-Steinbrunn.
De Müllenheim.
De Reütner de Weil.
De Reich de Reichenstein.
De Rathsamhausen.
De Landenberg.
De Hornstein.
De Truchsess de Rheinfelden.
De Schoenau-Hagenbach.

CHANOINESSES DOMICELLAIRES, *Mesdames*

De Reich de Reichenstein Instingue.
De Reinach-Heitweiller.

GRAND MAITRE DE L'ABBAYE.

M. le B. de Landenberg de Soulzmatt, *Chev. de l'Ord. de Malte.*

AVESNE, *Diocese d'Arras.*

Les preuves sont de huit quartiers, dont quatre du côté paternel, & quatre du côté maternel, non compris la présentée.

DIGNITAIRE, DAMES ET CHAPITRE, *Mesdames*

1783 De Villers-Autertre, *Abbesse.*
Le nom des autres ne nous a pas été fourni.

IV siecle. BAUME LES DAMES, *Dioc. de Besançon.*

Les preuves que ce Chapitre exige, sont de huit quartiers paternels, & de huit maternels. Les Chanoinesses de Baume sont associées, depuis long-tems, à celles de Remiremont. Les deux Chapitres ont eu quelquefois la même Dame pour Abbesse; & il n'a pas été rare de voir la même Chanoinesse jouir d'une prébende dans chacune des deux Eglises. L'Abbesse de Baume a cinq grands Officiers Gentilshommes; un grand Prévôt, un grand Maire, un grand Gruyer, un grand Ecuyer & un Crossier.

DIGNITAIRES, DAMES ET CHAPITRE, *Mesdames*

Mouchet de Laubespin, *Abbesse.*
De Moyria, *Doyenne.*
De Mauvilly.
De Battefort.

De Jouffroy.
De Raincourt.
De Crecy.

ASPIRANTES, *Mesdemoiselles*

De Laubespin.
De Sainte-Colombe.

De Grammont, } *Sœurs.*
De Grammont,

1100. BOURBOURG, *Dioc. de S. Omer.*

Les preuves sont de quatre quartiers.

Les Chanoinesses de ce Chapitre portent un cordon de couleur jaune, liseré de noir, auquel est attaché une Croix émaillée, portant l'Image de la Vierge, & sur le revers, le portrait de la Reine de France.

L'historien des Ordres monastiques rapporte un usage singulier, observé dans cette Communauté, lorsqu'il s'agit de recevoir une Novice. La veille de sa prise d'Habit, la postulante est présentée à l'Abbesse & à la Communauté par le Gouverneur de la Ville. On lui donne du pain & du vin dans l'Eglise, dont elle goute; ensuite elle se retire. Le lendemain, habillée magnifiquement, elle est conduite dans une salle préparée, ou on lui donne une espece de Bal, en présence de l'Abbesse & des Chanoinesses. Elle est ensuite conduite à l'Eglise au son des violons & des fanfares, par le Gouverneur. Deux petites filles la précédent; l'une porte un cierge & l'autre une corbeille de fleurs; une troisieme lui porte la queue. C'est ainsi qu'on la remet entre les mains de l'Abbesse & de la Communauté à laquelle elle va être aggrégée.

LA REINE, *premiere Chanoinesse.*

DIGNITAIRE ET COMTESSES CHANOINESSES, *Mesdames*

La Comtesse de Coupigny, *Abb.*
La Comtesse de Basselers, *Pr.*
De Drack de la Coorenhuyse.
Henisdal de Fumal.
De Saint-Mart.
D'Hericourt.
D'Assigny.
De Coupigny de Beaumets.
De Dion.
De Contes.
Patras de Compagnouil.
Longvilliers.
De Bernes.
De Torcy.
Dotty.

Sécul. au XI siecle. BOUXIERES, *Dioc. de Nancy.*

Les Dames de cette Eglise qui portent le titre d'insigne Eglise Collégiale & séculiere de Bouxieres, font preuve de noblesse d'ancienne Chevalerie. Les trois Aumôniers Curés qu'elles se nomment elles-mêmes, ont le titre de Chanoines.

DIGNITAIRES ET DAMES CAPITULANTES, *Mesdames*

La Comt. de Messey, *Abbesse.*
La Comt. de Bricy de Landre, *Doyenne.*
La Bar. Mohr de Betzdorf.
La Comt. de Gleresse.
De Moy de Sons.
La Bar. de Ratsamhausem.
La Comt. de Ligniville.
La Comt. de Boisgelin de Ketdu.

DAMES NIECES, *Mesdames*

La Comt. M. Rose de Lort de Montesquiou.
La Comt. Th. M. de Lort de Montesquiou.
La Bar. de Landenberg.
La B. M. Anne de Bollscheweill.
La Comt. de S. Belin.
La Bar. Eliz. de Bollscheweill.

1013. SAINTE PERRINE DE CHAILLOT, *Dioc. de Paris.*

Cette Abbaye n'est pas d'institution noble ; mais les privileges éclatans qu'elle a reçus de nos Rois depuis sept à huit cens ans, la qualité de Chanoinesses que portent les Religieuses qui la composent, & l'usage ou elle fut long-tems de ne recevoir que des personnes nobles, ne nous permettent pas de la passer ici sous silence. Les profusions déplacées des précédentes Abbesses ont dérangé considérablement les finances de cette Maison ; mais l'ordre & l'économie du chef respectable qui la gouverne, les bontés de M. l'Archevêque de Paris, & sur-tout l'intention où est le ministere de conserver une Abbaye aussi importante, ne nous permettent pas de douter que, sous peu de temps, ses affaires ne soient entierement rétablies. Cette Abbaye jouit du droit de *committimus* au grand Sceau.

DIGNITAIRES, CHANOINESSES ET CHAPITRE, *Mesdames*

Angél. Mar. Baudon, *Abbesse*.
Ann. Ren. Fr. Gauthier, *Prieure*.
.... *Sous-Prieure*.
Mar. Franç. Dubois de Sainte Victoire, *Dépositaire*.
Medalon de Sainte Constance.
Chevet de Sainte Marie.
Mariol de Sainte Monique.
Frison de S. Paul.
Mongeaux de S. Pierre.
Jacquesson de Sainte Anne.
Morel de S. Augustin.
Desoubleaux de S. Germain.
Durand de S. André.
Goujet de S. Mathurin.
Rainteau de S. Martin.

CHATEAU-CHALONS, *Dioc. de Besançon*.

Les preuves sont ici de huit quartiers paternels, & de huit maternels.

DIGNITAIRES, CHANOINESSES ET CHAPITRE, *Mesdames*

De Watteville, *Abbesse*.
De Stain, *Coadjutrice*.
De Scey, *Prieure*.
De Falletans, *Doyenn. & Port*.
De Froissard, *Chantre*.
De Chargere.
De la Poype de Serriere, *Chapel*.
Du Pasquier de la Villette.
De Froissard de Charmoncel.
D'Aremberg.
De Moyria.
De Mouchet de Laupespin.
De Bellot d'Ollans.
De Stain.
De la Balme.
De Moyria de Montange, *Sacr*

NOVICES, *Mesdemoiselles*

De Broissia.
Adel. Jos. Prosp. d'Eternoz.
Marie-Charlotte d'Esternoz.

1273. COIZE EN L'ARGENTIERE, *Dioc. de Lyon*.

Les preuves de ce Chapitre sont de huit degrés de noblesse, du côté paternel, & de trois degrés du côté maternel.

Les personnes qui le composent, ont le titre de Comtesses. Elles portent, en forme de baudrier, un ruban verd, moiré, fixé sur l'épaule par des ganses à gland, & auquel est attachée une Croix d'or émaillée, portant d'un côté cette inscription : *Notre-Dame de Coyze, fondée en 1273* ; & de l'autre, les mots : *Comtesses de l'Argentiere.* La croix est surmontée d'une couronne de Comte.

DIGNITAIRES ET CHANOINESSES-COMTESSES, *Mesdames*

De Gayardon de Fenoyl, *Prieure.*
De Roche-Monteix, *Sous-Pr.*
De Coignet des Gouttes.
De Charbonnel de Pelousac.
Desmars de Bretteville.
De Thy.
De Moreton-Chabrillan.
De Marnays.
De Chevigné.
De Chevigné de Sicaudal.
Gab. de Marnays.
Mad. de Moreton Chabrillan.
De Mauconvenant de Sainte Suzanne.
De Vesc.
De Vesc de Béconne.
Mar. Joph. de Leusse.
De Mesnard.
De Bosredon.
De Beaumont.
G. Gos. M. L. de Beaumont.
De Malet de la Jorie.
De Guibert.
De Guibert de la Rostide.
Fr. Ant. de Voisins d'Alzan.
De Voisins d'Alzan.
De Lestouf de Pradines.
M. A. J. de Marcel de Poët.
De Marcel de Poët.
Du Ligondès.
De Castellas.
De Busseul.
Des Moutiers-Mérinville.

Des Moutiers-Mérinville.
L. Ch. de Lostanges.
De Lostanges.
De Mont-d'Or.
De Laurencin.
Mar. Ad. de Leusse.
De Nieul de Perry.
De Nieul de Perry.
De Leusse.
De Marcel de Poët.
Ad. J. du Lau.
Adel. J. du Lau.
Adel. Anne du Lau.
De Malivert.
M. de Nossay.
De Nossay.
Aim. Gab. de Bosredon.
De Turpin de Joué.
De Bausset de Roquefort.
De Boisberanger de la Salle.
De Poix de Marecreux.
De Rossignac.
Ag. Em. du Lau.
De Belzunce.
De Rodorel de Conduché.
D'Arlais de Montamy.
De Bonfontan.
De la Rodde de S. Haon.
De Gouyon des Briands.
De Rechignevoisin de Brion.
De Mun de Sarlabous.
Du Dresnay.

CHANOINESSES D'HONNEUR, *Mesdames*

De Malvin de Montazet.
D'Abzac de la Douze.

De Valory de Lecé.
De Cambis.

774. CHAPITRE DE DENAIN, Dioc. d'Arras.

Les Membres de ce Chapitre séculier, fondé sous l'invocation de S. Remfroy, ne font aucun vœu. Les preuves sont de seize quatiers de noblesse ancienne & Militaire.

Madame du Chastel de Petrieu, *Abbesse.*

CHANOINESSES AINÉES, *Mesdames*

Du Chastel de Vanderbuch. | D'Ailly de Verquignœul.
D'Assignies. |

DEMOISELLES CHANOINESSES, *Mesdames*

De Beaufort. | Dubois d'Escordal.
De Pont de Rennepont. | De Beaufort de Mondicourt.
De Cassigna. | De Ghistelles.
De Croix. | De Lannoy, l'aînée.
De Croix de Bucquoy. | De Lannoy, jeune.
Dubois. |

---

970. EPINAL, Dioc. de S. Diez.

Ce Chapitre, fondé en 970, par Thieri, premier Evêque de Metz, ne reçoit que des Demoiselles nobles d'ancienne Chevalerie.

Les Membres qui le composent, portent un grand cordon bleu, auquel est attaché une croix d'or, a huit pointes, représentant la Vierge, d'un côté, & S. Goëri de l'autre.

DIGNITAIRES, CHANOINESSES ET CHAPITRE, *Mesdames*

La Marq. de Spada, *Abbesse.* | De Brunier.
La Comt. de Bacle d'Argenteuil, *Doyenne.* | Ann. Ch. de Flavigny.
 | J. de Montmorillon.
La Comt. de Montmorillon de Lucenies, *Secrét.* | De Becklin.
 | D'Herlesheim.
De Bacle de Moulins. | De Pons.
De Gourcy. | De Mitry.
De Dobbelstein. | De Gourcy de Savigny.
De Ferrette. | De Dampierre.
De Ficquelmont. | De Becklin de Becklinsau.
De Schauvenbourg. | Aldeg. de Flavigny.
Duhan. |

XII siecle. ESTRUN, *Dioc. d'Arras.*

Les preuves sont de huit quartiers, dont quatre du côté paternel, & quatre du côté maternel, sans y comprendre la présentée. Les Membres de cette Compagnie font des vœux dans l'Ordre de S. Benoît, excepté celui de clôture qu'elles ne font pas. On y chante l'Office canonial, comme dans les autres Chapitres. L'Abbesse & la Prieure ont le titre de *Madame*, & les Chanoinesses celui de *Mademoiselle*. L'Abbesse seule nomme à toutes les places vacantes.

DIGNITAIRES, CHANOINESSES ET CHAPITRE, *Mesdames*

De Geneviere de Samette, *Abbesse.*

Le nom des autres ne nous a pas été fourni.

IX siecle. LEIGNEUX, *Dioc. de Lyon.*

Les preuves sont de cinq quartiers de noblesse, du côté du pere, la mere Demoiselle.

Les Membres du Chapitre portent, en écharpe, de droit à gauche, un cordon blanc, liseré de bleu, auquel est attachée une croix émaillée, en forme de médaille. Sur le médaillon est représentée, d'un côté, la Sainte Vierge, sous le vocable duquel est l'Eglise de Leigneux, de l'autre S. Benoît, leur Patron.

DIGNITAIRES, CHANOINESSES ET CHAPITRE, *Mesdames*

.... *Prieure.*
De Chauffcourte, *Sous-Prieure.*
De Montjouvent, *Sacristine.*
De Luzy-Couzen.
Le Brun de Champignolle.
Desjours.
Desjours de Montarmin.
Desjours de Mazile.
D'Anstrude de Tourpes.
D'Anstrude de Tournelles.
De Moreton.
De Moreton Chabrillan.
D'Anstrude.
De Prevost.
De Moreton du Main.
Dubourg de S. Polgues.
De Gayardon de Tiranges.
De Luzi-Couzan.
De Gayardon de Gresolles.
Dubuisson de Douson.
De Gayardon d'Aix.
De Thy.
D'Agoult.
D'Agoult de Beauplan.
Zoë de Damas.
De Damas du Rousset.
D'Anstrude de Chassenay.
De Fortelu.
D'Anstrude.
De Prevost.

Mesdames

De Prevost de Germancy.
de Prevost de la Croix.
de Prevost.
de Gayardon de Fénoyl.
de Certaines de Villemolin.
de Certaines de Vilmolin.
de Certaines de Chassagne.
de Ganay.
de Ganay de Luzygny.
J. Luce de Ganay.

M. Th. de Ganay.
Rose de Ganay.
de Laubepin.
de Coucy.
de Rocquefeuille.
Dagoult de Voriep.
de Gayardon de Fénoyl, *Prieure du Chapitre noble de N. D. de Coyze en l'Argentiere*, Hon.

XIII *siecle.* LONS LE SAUNIER, *Dioc. de Besançon.*

Les preuves sont de seize quartiers de noblesse, dont huit paternels, & huit maternels.

Les Chanoinesses sont toutes habillées de soie, & portent une croix d'or pendante sur la poitrine, avec un large ruban noir. Celle de l'Abbesse ressemble à celle des Evêques; & celles des Dames sont plus petites. Chaque Membre du Chapitre à son ménage particulier.

DIGNITAIRES, CHANOINESSES ET CHAPITRE, *Mesdames*

de Bouttechoux, *Abbesse.*
de Perrigny, *Doyenne.*
de Vers de Vaudrey.
de Vers de la Chatelaine.
de Balay.
de Balay de la Boissiere.
de Champagne.
de Champagne d'Igny.
de Malivert.
de Germigney.
de Belotre Larians.
de Bouttechoux des Arsures.

de Vers de Vaudrey.
de Bercur de Bresilley.
de Poligny.
de Bloise.
de Bloise d'Hanomville.
du Roux de Langesse.
de Belot.
Moreau de Bernay.
de Mignot de Bully.
de Mignot de Chatelard.
de Champagny.

NOVICES, *Mesdemoiselles*

de Bouttechoux.
de Bassennet, aînée.
de Bassennet, cadette.
de Bouttechoux-Montigny.
de Poligny d'Evans.
de Poligny d'Eaugeat.

de Champagny de Nompere.
de Champagny.
de Pillot, aînée.
de Pillot, cadette.
de Maupeou, aînée.
de Maupeou, puînée.

DE FRANCE.

Mesdemoiselles

de Maupeou, cadette.
de Lanfernat.
de Poligny.
de Grivel, aînée.
de Grivel, cadette.

de Rans, aînée.
de Rans, puînée.
de Rans, cadette.
de Germigney, aînée.
de Germigney, cadette.

---

618. MAUBEUGE, *Dioc. de Cambrai.*

Pour entrer dans ce Chapitre, il faut appartenir à une noblesse Militaire & Chevalereuse, dont l'origine se perde, sans interruption de service, dans l'antiquité la plus reculée. La Récipiendaire doit de plus prouver sur chacun des sept autres quartiers paternels & maternels, huit générations ascendantes, toutes de noblesse Militaire & sur titres originaux.

Ces Chanoinesses sont décorées d'un cordon bleu, attaché sur un gland d'or; au bas du cordon est suspendue une médaille d'or & d'émail, représentant Sainte Aldegonde, Fondatrice du Chapitre.

Madame la Comtesse de Lannoy, *Abbesse.*

CHANOINESSES AÎNÉES, *Mesdames*

de Wignacourt de Flettres.
de Bergues Saint-Winoc.

d'Yves.
de Ghistelles.

CHANOINESSES, *Mesdames*

de Merode de Deyns.
de Ghistelles de S. Floris.
d'Horion de Ghoor.
de Haultepenne.
d'Outtremont.
du Roux de Varennes.
d'Andelot.
du Roux.
de Rodoan.
de Rodoan de la Marche.
de Couci.
de Couci de Berci.
d'Hamal.

d'Hamal de Focau.
Vanderstraten.
Vanderstraten de Vaillet.
de Béthune.
de Lasterie.
de Lasterie du Saillant.
de Berlo de Brus.
de Béthune de S. Venant.
Schonove d'Arschot.
de Nedonchelle.
de Berlo.
de Nedonchelle de Bouvignies.

595. CHAP. ROYAL DE S. LOUIS DE METZ, *même Dioc.*

L'article III des Lettres-Patentes données, en faveur de ce Chapitre, au mois de Mars 1779, porte : « Aucune aspirante ne
» pourra être admise comme Coadjutrice dans le Chapitre de
» S. Louis de Metz, qu'elle n'ait fait preuve de noblesse d'extrac-
» tion, & d'une filiation non interrompue, du côté paternel,
» jusqu'à l'année 1400, pour toutes celles qui se présenteront
» avant l'an 1800, & en remontant jusqu'à 400 ans, pour toutes
» celles qui se présenteront après ladite année 1800. Il sera de
» plus fait preuve par chaque Coadjutrice, de la noblesse du sang
» de la mere. Nous commettons par ces présentes, le généalogiste
» de nos Ordres, à l'effet d'examiner, vérifier & certifier les sus-
» dites preuves de noblesse, & voulons que chaque degré de
» noblesse soit prouvé, au moins, par deux actes de famille, tels
» que le contrat de mariage, partage de succession, & autres actes
» produits en forme probante ».

L'article IV ajoute : « Aucune Coadjutrice ne sera reçue qu'elle
» ne soit née dans nos états, & de pere & de mere, nos sujets ».

La marque distinctive des Dames de ce Chapitre, consiste dans une croix d'or, à huit pointes, émaillée de blanc, surmontée d'une couronne royale; au milieu de la croix, est un petit médaillon bleu, chargé du chiffre de S. Louis; & au revers : *Ludovici decimi quinti munificentiâ;* le ruban est blanc, liseré de bleu.

DIGNITAIRES, CHANOINESSES ET CHAPITRE, *Mesdames*

La Comt. de Choiseul, *Abbesse.* | de Beaujeu.
La Bar. Mothr de Waldt, *Doyen.* | de Bearn.
du Hautoy. | de Chauvigny.
de Laubespin. | de Choiseul-Meuse.
de Levis. | de Cherisey.
de la Porte. | de Raigecourt.
d'Ars. | de Causans.

COADJUTRICES, *Mesdames*

du Saillant. | d'Andlaw.
de Chastenay. | de Bremont.
de l'Asteyrie du Saillant. | de Roncherolles.
Felic. de Choiseul. | Carol. de Raigecourt.
de Beaumont.

1200. MIGETTE, *Dioc. de Besançon.*

Les preuves de ce Chapitre, fondé par Marguerite, fille de Hugues IV, Duc de Bourgogne, épouse de Jean Comte de Châlons, sont de seize quartiers, constatés par des titres originaux. Cette Maison, dévastée plusieurs fois par la guerre, la peste & les incendies, n'est pas fort riche. On fait ici les trois vœux de religion; & l'on dit le Bréviaire Romain, mêlé de Franciscain.

La marque de distinction des Dames Chanoinesses, consiste en une croix d'or émaillée, à huit pointes, représentant, d'un côté, Sainte Claire, & de l'autre Sainte Isabelle, sœur de S. Louis. Cette croix est attachée à un cordon bleu, liseré de blanc, que l'on porte en écharpe. A l'Eglise elles portent un manteau de chœur garni d'hermine. Chaque Dame a sa maison, & peut se choisir une niece.

DIGNITAIRES, CHANOINESSES ET CHAPITRE, *Mesdames*

1751	de Franchet de Rans, *Abb.*	1770	de Mascrany de Chateauchinon.
1710	de l'Allemand de Vaytte, *Doyenne.*	1770	de Mascrany de Chateauchinon.
1723	de S. Mauris.		
1725	de Pillot-Chênecey.	1770	Duc.
1735	d'Hennejel de Beaujeu.	1771	de Mageniſſe.
1737	de Jouffroy.	1771	Treſſan de Lavergne.
1740	de Franchet de Rans.	1771	Charandon de S. Maure.
1740	de Franchet de Rans.	1771	Charandon de S. Maure.
1745	de Germigney, *Secrétaire du Chapitre.*	1773	de Goebriant.
		1773	de Goebriant Cerdolas.
1755	de Montrichard.	1773	de Goebriant de Malange.
1756	de Montrichard S. Martin.	1773	de Chafoy.
1768	d'Andelard.	1773	de Chafoy de Munan.
1768	de Rozé d'Andelard.	1773	de Comarbre.
1770	Monteſſus de Rully.	1773	de Fayette de Comarbre.
1770	Monteſſus de Batard.	1775	de Crecy.

1343. MONTFLEURY, *Dioc. de Grenoble.*

Les preuves de noblesse sont ici de quatre générations, du côté paternel. La Prieure est élue, tous les trois ans, par la Communauté.

DIGNITAIRES, CHANOINESSES ET CHAPITRE, *Mesdames*

de Baudine de Charconne, *Pr.*
de Boffin d'Argendon, *Sous-Pr.*
Baron Coli de Javon.
de Maubourg.
de Meffray.
de Boffin de Pufignieu.
de Lemps de la Touviere.
de Beauregard de la Roche.
de Vellein de Ville.
de Tarnezieu d'Artas.
de Vellein de S. Romain.
de Morand.
de Corbeau.
de Guignard de Jons.
de Bone.
de Ponnat.
de Roux de Bonniot.
de Malivert.
d'Helys.
de Buffevent.
de Mercy.
de l'Eftrange.
d'Antouts.

1286. MONTIGNY, *Dioc. de Befançon.*

Ce Chapitre exige les mêmes preuves que l'Ordre de Malte c'eft-à-dire, huit quartiers de nobleffe, dont quatre paternels, & quatre maternels; de maniere que chacune des générations ait au moins cent ans d'antiquité.

Les Dames portent une croix d'or fufpendue à un ruban noir. La croix de l'Abbeffe, femblable à celle des Evêques, eft attachée à un ruban violet.

DIGNITAIRES, CHANOINESSES ET CHAPITRE, *Mesdames*

de Tricornot du Tremblois, *Abb.*
de Tricornot, *Doyenne.*
de Balay du Vernois.
de la Tour.
de Foiffy.
Montjuftin d'Autrez.
le Brun de Bligny.
Montjuftin de Velotte.
de Chaumerecnne.
le Brun d'Inteville.
de Roll.
Klinglin d'Achftatte.
Klinglin de Bilsheim.
de Breute.
Guyot de Mancenans.
Tricornot de la Motte.
de Chaillot.
de Montjuftin.
de Brunet.
de Mongenet.
Petremand de Valay.
Chaillot de Dampierre.
de Sonnenberg.
Mongenet de Montaigut.
Broquard de Lavernay.
du Peiroux.
du Vivier.
de Macheco, *Honoraire.*

NOTICES, *Mesdames*

de Chifflet.
de Bouziés.
de Riquet de Caraman.
du Vivier Solignac.
de Chappuis de Fleury.
de Chappuis Rozieres.

Sécul. en 1755. NEUVILLE EN BRESSE. *Dioc. de Lyon.*

Les preuves, pour être reçue dans ce Chapitre, sont de neuf générations, du côté paternel. On exige des titres originaux & des titres honorifiques jusqu'au septieme ayeul; & s'il ne s'en trouvait pas, à cette époque, la preuve doit remonter jusqu'à ce qu'il s'en trouve.

Les Membres de ce Chapitre ont le titre de Comtesses. Elles portent, pour marque distinctive, une croix attachée à un ruban bleu liseré de rouge, mis en écharpe, représentant, d'un côté, Sainte Catherine, avec cette légende : *Genus, decus & virtus;* & de l'autre, la Vierge Marie.

Mad. Mar. Gab. de Beaurepain, *Doyenne.*
Mad. M. Gab. de Charbonnier Crangeac, *Chantre.*
Mad. M. L. Ch. de Chastenet Lanty, *Secrétaire.*

CHANOINESSES COMTESSES PRÉBENDÉES, *Mesdames*

Despiard d'Auxange.
de la Rodde de S. Romain.
de Vallin.
de Vallin Coppier.
de la Rodde.
de Charbonnier.
de Terrier Maillé.
M. L. G. du Breul de Crûes.
M. Cl. Jos. du Breul de Crûes.
Ann. L. de Menthon de Rosy.
de Riccé.
de Bataille.
Cl. Bern. de Menthon de Rosy.
L. Phil. du Breul de Crûes.
An. Mar. du Breul de Crûes.
de la Rodde du Chastel.
du Dressier.
de Bussevent.

du Dressier de Montenoz, *Secrét.*
   du Chapitre.
de Damas Cormaillon.
Le Gout de S. Seyneq
de Varennes.
de Durfort Lesbard.
Mag. Fr. Dupac de Bellegarde.
Claire Dupac de Bellegarde.
de Berbis Longecours.
de Chepin Fougerolles.
M. An. de Noblet de la Claite.
L. Fr. Cl. de Noblet de la Claite.
J. Thér. de Malarmay de Roussillon.
de Durfort.
de la Mire de Maury.
L. Cam. de Noblet de la Claite.

C iij

CHAPITRES NOBLES

Mesdames

P. Fr. L. de Malarmay de Rouſ-
 ſillon.
M. J. Ceſ. de Charbonnier de
 Crangeac.
M. Ceſ. Aug. de Brachet.
M. Chr. Fred. de Brachet.
M. Gab. de Moneſtay.
de Fontenay.
L. Jul. de Noblet de la Claite.

de la Riviere.
Magd. de Moneſtay.
de David de Beauregard.
de Levis Mirepoix.
Eliſ. Urſ. An. Cord. Xav. de
 Saxe.
Beat. Mar. Fr. Brig. de Saxe.
Cuneg. A. Hel. M. J. de Saxe.
Chriſt. Sab. de Saxe.

CHANOINESSES HONORAIRES, *Mesdames*

Ann. de Foudras.
de Damas.
de la Rodde Charnay.

de la Rodde Bellefond.
d'Argenteuil.

CHANOINESSES D'HONNEUR, *Mesdames*

Bernard de Monteſus.
Laurencin de Beaufort.
de Levis Reſnel.

de Malvin de Montazet.
d'Hautefort.
de Fontanges.

SURNUMÉRAIRES À LA PLACE DE CHANOINESSES D'HONNEUR, *Mesdames*

de Sommery.
de Chevigné.
de Sarsfield.

1763 la Comteſſe de Touſtain
 Richebourg, *admiſe*
 Chanoineſſe.

POULANGY, *Dioc. de Langres.*

Même preuve dans cette Abbaye Royale, que dans l'Ordre de Malte.

La marque de diſtinction des Chanoineſſes, conſiſte dans une croix émaillée, à huit pointes, ſuſpendue à un cordon bleu, liſeré de noir, & qu'elles portent en écharpe de gauche à droite.

DIGNITAIRES, CHANOINESSES ET CHAPITRE, *Mesdames*

d'Anſtrude, *Abbeſſe.*
de Croiſier, *Prieure.*
de Rennepont.
de Prudhomme de Fontenoy.
de Macheco de Prémaux.

de Beurville.
de Macheco de Villy.
du Hautoy.
d'Aros.
de Gourcy.

Mesdames

de Chaftenay.	de Roftaing Craintilleux.
de Villers la Faye.	de Crecy.
de Mauclet.	de S. Belin.
des Forges de Rauliere.	de Gondrecourt d'Autigny.
de Meffey.	de Sagey.
de Goftaing.	de Savary de Breves, *Chanoin.*
de Roftaing Vanchette.	*d'Honneur.*

X *fiecle.* POUSSEY, *Dioc. de Toul.*

Une Déclaration du mois de Janvier 1761, a fixé les preuves de ce Chapitre à huit quartiers paternels, & à huit maternels. Il eft immédiatement foumis au S. Siege, & jouit du droit de *committimus* aux Requêtes du Palais.

Les Dames qui le compofent, Tantes ou Nieces, font décorées d'une croix d'or émaillée à huit pointes, furmontée d'une couronne royale. Cette croix repréfente d'un côté Sainte Menne, Patrone de l'Abbaye, & S. Leon IX, qu'elle confidére comme fes Fondateurs. Le cordon eft bleu, & liferé de couleur d'or.

L'élection de l'Abbeffe fe fait par fcrutin, & eft confirmée par Bulle. Il en eft ainfi de la Coadjutrice qu'elle a le droit de fe choifir, dans la compagnie, de l'agrément du Chapitre. Aucune de ces Dames ne fait de vœux. Toutes peuvent fe marier.

DIGNITAIRES, CHANOINESSES ET CHAPITRE, *Mefdames*

la Comt. de Baffompierre, *Abb.*	de Mitry de Francquemont.
de Fuffey, *Doyenne.*	de Ligniville.
de Walch, *Secrét.*	de Sommyevre.
de Fuffey de Mellay.	de Baffompierre.
de Choifeul.	de Pouilly.
de Ficquelmont.	de Saluces.
de Lavaulx.	de Lur de Saluces.
de Mitry.	de Ficquelmont de Parroye.
de Lavaulx de Sommerecourt.	

620. REMIREMONT, *Dioceſe de S. Diez.*

Ce Chapitre, l'un des plus illuftres & des plus diftingués du Royaume, ne reçoit dans fon fein que des perfonnes nobles d'ancienne Chevalerie. Il jouit de plufieurs privileges très-importans, & fpécialement de ceux de délivrer à certains jours, les prifonniers détenus dans la Conciergerie, & de se cotiser lui-même dans toutes les impositions publiques. On n'y fait pas vœu de célibat. Toutes les Dames qui composent ce Chapitre, peuvent se marier quand elles le jugent à propos. Elles portent le titre de Comtesses.

Une circonstance qui mérite d'être remarquée dans la constitution de cette Compagnie, c'est que le Chapitre, comme Seigneur de Remiremont, a son Tribunal, des Sentences duquel on appelle à celui de Madame la Doyenne. De-là les affaires vont à la Jurisdiction de Madame l'Abbesse, & les appels des Sentences qui s'y rendent, sont relevés directement au Parlement de Nancy.

Montagne assure avoir appris à Plombieres, que quelques villages voisins de Remiremont devaient à l'Abbaye deux bassins de neige de rente, payables au jour de la Pentecôte.

DIGNITAIRES, CHANOINESSES ET CHAPITRE, *Mesdames*

1782 Anne-Charlotte, Princesse de Lorraine, Appréhendée 6 Déc. 1775, Coadj. 7 du même mois, Abbesse 19 Nov. 1782.
1731 de Landres de Bricy, *D.* 1759.
1751 de Feriette, *Secrete.* 1781.
1720 de Closen, *Sonriere.* 1759.
1721 de Montjoye.
1723 de Lenoncourt.
1734 de Muggenthal, *Dame du Deus.*
1735 de Vangen, *grande Aum.*
1737 de Lentihac de Gimel, *gr. Aum. & Chantre.*
1738 de Lentilhac, *Aumôniere.*
1740 Berg-Hohenzolern, *Boursiere d'argent.*
1745 de Zurheim, *Boursiere de grains.*
1747 de Vochlin.
1748 de Ligne.
1752 Duc de Jadoc.
1742 de Raigecourt.
1758 de Messey de Bielle.
1759 de Messey de Vingle.
1759 de Schauvenbourg.
1760 de la Tour, *Censiere.*
1760 de la Tour de Jandelis, *Dame de la Fabrique.*
1762 de Raigecourt de Failly.
1762 de Raigecourt de Gournay
1765 de Monspey.
1766 de Monspey de Vury.
1766 de Monspey d'Arma.
1767 de la Rue.
1768 de Rainach.
1769 de Schoenau.
1772 de Montjoye d'Hitsingue.
1774 de Raigecourt de Bitzerberg
1775 de Stadion.
1775 de Monspey de Vallieres.
1777 d'Albert.
1778 de Rinck.
1778 de Vangenbourg.
1779 de Mostuejols.
1779 de Rainach de Stainbron
1780 de Montjoye d'Emericourt
1780 de Boisgelin de Coetgelin.
1781 de Rozieres de Soran.
1782 de Shoenau de Saazen.
1781 de Vangen de Vivercheim.
1781 de Beaufremont.
1781 de Messey de Sandrecourt.
1781 d'Andlau.

Sécul. 1779. S. MARTIN DE SALLES, *Dioc. de Lyon.*

Les preuves de noblesse ont été fixées, par les Statuts du Chapitre de 1779, à huit générations du côté paternel, non compris la présentée, & la mere Demoiselle. Ces Statuts ont été confirmés par des Lettres patentes du mois de Mars 1782.

Les Chanoinesses portent le titre de Comtesses. Leur marque de distinction est une croix émaillée, a huit pointes, surmontée d'une couronne comtale, avec quatre fleurs de lis dans les angles, & un médaillon au milieu, représentant la Vierge, avec une devise autour : *Virtutis nobilitatisque decus ;* & sur le revers, Saint Martin, Patron de l'Eglise, avec l'inscription de *Comtesse de Salles.* Cette croix suspendue à un ruban violet, moiré, liseré d'or, porté en écharpe, & soutenu sur l'épaule par une tresse à glands d'or.

DIGNITAIRES, CHANOINESSES ET CHAPITRE, *Mesdames*

de Richard de Ruffey, *Prieure.*
de la Salles, *Sous-Prieure.*
de Valetin, *Mait. d'instit.*
de Garnier des Garets, *Sacrist.*
de Naturel, *Trés.*
de la Souche.
de Guillermain, *Trés.*
de Praslin.
de Pons.
de Veyle.
de Veny d'Arbouze.
Durand d'Auxy.
de Pestalozzi.
de Pestalozzi.
de Balathier de Lantage, *Chant.*
de Balathier.
de Montepin.
du Villard, *Secret.*
de Joblot, *Chantre.*
de S. Belin.
de la Viste de Montbriant.
de la Martiziere.

de Branges de Bourcia.
des Roys.
de Siffredy.
de Siffredy de Mornas.
de Foudras.
de Guillermin.
de Guillermin.
de Reny.
Mignot de Billefort.
des Roys.
de Sirvinges.
de Sirvinges.
de Sirvinges.
de Sirvinges.
de la Falconniere.
de la Falconniere.
d'Astoig.
de Murat.
de Tudert.
de la Fitte.
de Murat.
de Nocey.

CHANOINESSES D'HONNEUR, *Mesdames.*

de Malvin de Montazet.
du Pont de Compiegne.
de Malvoisin.
Amelot.

de Nogaret.
de Bisemont.
de la Rochepot, *Honoraire.*

GOUVERNEURS
GÉNÉRAUX ET PARTICULIERS
DES PROVINCES
ET DES PRINCIPALES VILLES DE FRANCE.

ALSACE.

1762 M. le duc d'Aiguillon, *Gouverneur & Lieutenant Général.*
M. le maréchal de Contades, *Comm. en chef.*
M. le marquis de la Salle, *Comm. en second.*
M. le marquis de Paulmy, *Lieutenant-général.*
M. le marquis de Vogué, *Lieutenant-général.*
M. le marquis de Perchery, *Lieutenant de Roi.*
M. Maret, *Lieutenant de Roi.*

GOUVERNEURS PARTICULIERS, *Messieurs*

Betfort.	le marquis de Tonnerre, *Gouverneur.*
	de Chazelles, *Lieutenant de Roi.*
Colmar.	le comte de Halwil, *Commandant.*
	Duboys, *Maj. Commandant.*
Fort-Louis.	le maréchal de Contades, *Gouverneur.*
	Marier d'Unienville, *Lieutenant de Roi.*
Haguenau.	le baron de Besenval, *Gouverneur.*
	le chevalier de Pons, *Lieutenant de Roi.*
Huningue.	le marquis de Traisnel, *Gouverneur.*
	d'Aribat Descamps, *Lieutenant de Roi.*
Landau.	le duc de Gontaut, *Gouverneur.*
	de Beaumanoir, *Lieutenant de Roi.*
Redoute de Landau.	de Maës, *Commandant.*
Landscron.	le chevalier de Sombreuil, *Comm.*
Lauterbourg.	Müller, *Commandant.*
	de la Ville, *Major.*
Lichtenberg.	de Klie, *Commandant.*
	Herbain, *Major.*

ET VILLES DE FRANCE. 43

Messieurs

Newbrisack.	le marquis de Conflans, *Gouverneur.*
	le chevalier de S. Denac, *Lieut. de Roi.*
Oberheim.	le chevalier de Tredos, *Maj. Comm.*
Butzerstein.	le vicomte de Montberaut, *Comm.*
Phalsbourg.	le marquis de Talaru, *Gouverneur.*
	de Seilhac, *Lieutenant de Roi.*
Sarrebourg.	de Verlhac, *Commandant.*
Saverne.	de Meyerhoffen, *Commandant.*
Schlestadt.	le duc de Croy-d'Havré, *Gouverneur.*
	le comte de Montbel, *Lieut. de Roi.*
Strasbourg.	le baron de Lort de S. Victor, *Lieut. de Roi.*
	le Cousturier de Pithieuville, *Major.*]
Cit. de Strasbourg.	de Bergues, *Lieutenant de Roi.*
	Philippe, *Major.*
Weissembourg.	de la Jolais, *Lieutenant de Roi.*
	Fouquet de Closneuf, pere, *Major.*
	Fouquet de Closneuf, fils, *en survivance.*

ANJOU.

1791 M. le prince de Lambesc, *Gouverneur général.*
M. le marquis d'Autichamp, *Lieutenant de Roi.*

ARTOIS.

1765 M. le maréchal de Lévis, *Gouverneur général.*
M. le marquis d'Ossun, *Lieut. Gouv. Commandant.*
M. le comte de Sommievie, *Commandant en second.*
M. le duc de Guines, *Lieutenant de Roi.*

GOUVERNEURS PARTICULIERS, *Messieurs*

Aire.	le prince de Robecq, *Gouverneur.*
	de Tortonval, *Lieutenant de Roi.*
Fort d'Aire.	le chevalier de Lannoy Beaurepaire, *Comm.*
	Marcelin, *Major.*
Arras.	le maréchal de Lévis, *Gouverneur.*
	Fénis de la Combe, *Lieutenant de Roi.*
Citad. d'Arras.	de la Porterie, *Gouverneur.*
	le chevalier de Bonce, *Lieutenant de Roi.*
Bapaume.	le duc de Liancour, *Gouverneur.*
	de la Haye, *Lieutenant de Roi.*

GOUVERNEURS DES PROVINCES

Messieurs

Béthune.	le chevalier de Maupeou, *Gouverneur.*
	de Baulaincourt, *Lieutenant de Roi.*
Hesdin.	le marquis d'Havrincourt, *Gouverneur.*
	le comte de Siougeat, *Lieutenant de Roi.*
Saint-Omer.	le chevalier de Beautéville, *Gouverneur.*
	Chartier de Mortier, *Lieutenant de Roi.*
Chât. de S. Omer.	Varlet de Brule, *Commandant.*
Saint-Venant.	le marquis de la Roche Aymon, *Gouverneur.*
	le bar. de Segur la Roquette, *Lieut. de Roi.*

AUNIS.

1771 M. le maréchal de Laval, *Gouverneur général.*
M. le baron de Montmorency, *Commandant en chef.*
M. le comte de la Tour du Pin, *Comm. en second.*
M. le comte de Flamarens, *Lieutenant-général.*
M. le comte de la Grange d'Arquien, *Lieut. de Roi.*

GOUVERNEURS PARTICULIERS, *Messieurs*

Brouage.	le comte d'Apchon, *Gouverneur.*
	de Chailly, *Lieutenant de Roi.*
Isle d'Aix.	de Beaumont, *Commandant.*
Isle d'Oleron.	le baron de Verteuil, *Gouverneur.*
	Dudemaine, *Lieutenant de Roi.*
	Marchais de la Tromiere, *Major.*
Isle de Ré.	le bailli des Escotais de Chantilly, *Gouverneur.*
Cit. de Ré.	de Molmont, *Lieutenant de Roi.*
	Rabreuil de la Perodrie, *Major.*
S. Martin de Ré.	de Pagés de Fallieres, *Lieut. de Roi.*
	le chevalier de Nesle, *major.*
Fort de la Prée.	de Nesle, *Commandant.*
La Rochelle.	le baron de Viomesnil, *Gouverneur.*
	le chev. de Roussy, *Lieutenant de Roi.*
Rochefort.	le chev. d'Orville, *Lieutenant de Roi.*
	le chev. da Fornets, *Major.*
Fort-Chapus.	de Lestrade, *Major, Commandant.*

AUVERGNE.

1776 M. le duc de Bouillon, *Gouverneur général.*
M. le comte de Montboissier, *Commandant en chef.*

ET VILLES DE FRANCE.

M. le duc de Caylus, *Lieutenant.général.*
M. le vicomte de Beaune, *Lieutenant-général.*
M. Huet d'Ambrun, *Lieutenant de Roi.*
M. le comte de Houdelot, *Lieutenant de Roi.*
M. le comte de Sarret de Fabregues, *Lieut. de Roi.*

BOULONNOIS.

1782 M. le duc de Villequier, *Gouverneur général.*
M. le maréchal de Croy, *Commandant général.*
M. le comte de Houdetot, *Lieutenant de Roi.*

GOUVERNEMENT PARTICULIER.

Boulogne.   M. le duc de Villequier, *Gouverneur.*
      M. Dublaisel, *Lieutenant de Roi.*
Tour d'Ambleteuse. M. du Blaisel de la Claye, *Maj. Comm.*

BOURBONNOIS.

1754 M. le comte de Peyre, *Gouverneur général.*
M. le comte de Fougieres, *Lieutenant-général.*
M. le comte de Viry-la-Forest, *Lieutenant de Roi.*
M. le comte de Vertamy, *Lieutenant de Roi.*
M. le comte de Peyres, *Gouverneur particulier de Moulins & de Bourbon-l'Archambaud.*

BOURGOGNE, Comté.

1770 M. le maréchal de Duras, *Gouv. & Lieutenant-général.*
M. le duc de Lorges, *lieutenant-général.*
M. le maréchal de Vaux, *commandant en chef.*
M. le marquis de S. Simon, *commandant en second.*
M. le marquis de Vauban, *lieutenant de Roi.*
M. le comte de Fleury, *lieutenant de Roi.*
M. Villayer, *lieutenant de Roi.*
M. de Bory, *lieutenant de Roi.*

GOUVERNEURS PARTICULIERS, *Messieurs*

Besançon.   le maréchal de Duras, *gouverneur.*
     le chevalier de Franchet de Rans, *lieut. de Roi.*
Cit. de Besançon. le chev. de la Forest d'Ivonne, *lieut. de Roi.*

GOUVERNEURS DES PROVINCES

Messieurs

Fort Griffon.	le Picard d'Ascourt, *commandant.*
Dôle.	le comte de la Ferronays, *gouverneur.*
	le chevalier de Bouhelier, *lieut. de Roi.*
Chât. de Blam.	de Thurey, *commandant.*
Pontarlier.	le vicomte de la Tour du Pin, *gouverneur.*
	le comte de S. Mauris, *lieutenant de Roi.*
Salins.	le baron de Montmorency, *gouverneur.*
	de Court, *lieutenant de Roi.*
Fort S. André.	de Bourcia.
	Bernard, *major.*
	Blondeau, *adjudant.*
Fort Blin.	de Vaugrand, *commandant.*

BOURGOGNE, Duché.

1754 M. le prince de Condé, *gouverneur général.*

M. le marquis de Gouvernet, *commandant en chef.*

MM. le comte de Monteynard, le comte de Saulx-Tavannes, le marquis de la Valette, le marquis de Gouvernet, le marquis de Sales, & le marquis d'Apchon, *lieutenans-généraux.*

MM. de la Vernette, le comte de Créancé, le comte de la Fautriere, le comte du Peron, le comte de Feriaiy de Romans, Clerguet de Loysey, les comtes de Ste. Maure, de la Touraille, & le marquis de Croisy-Montauban, *lieutenans de Roi.*

GOUVERNEURS PARTICULIERS, *Messieurs*

Auxonne.	le comte de Bissy, *gouverneur.*
	de la Martiniere, *maj. commandant.*
Bourg.	le marquis de Laval, *commandant.*
Châlons.	le comte de Monteynard, *gouverneur.*
	de Villeneuve Beringhen, *maj. commandant.*
Dijon.	le prince de Condé, *gouverneur.*
	de Neuilly, *commandant de la ville.*
	Gayard de Changey, *commandant du château.*
L'Ecluse.	Prosser, *major.*
	de Laurans, *adjoint.*
Pontvelle.	le comte de la Touraille, *gouverneur.*
Seyssel.	de Chamolles, *commandant.*

ET VILLES DE FRANCE. 47

BRETAGNE.

1737 M. le duc de Penthievre, *gouverneur général.*
M. le marquis d'Aubeterre, *commandant en chef.*
M. le comte de Goyon, *commandant en second.*
M. le duc d'Aiguillon, *lieut. gén. au Comté-Nantois.*
M. le duc de Praflin, *lieut. gén. aux huit autres évêchés.*
MM. les comtes de Langeron, de Colbert & de Marbeuf, *lieutenans de Roi.*

GOUVERNEURS PARTICULIERS, *Messieurs*

Brest. le comte de Thiars, *gouverneur.*
Moynier de S. Blancard, *lieutenant de Roi.*
Belle-Isle. le comte de Behague, *commandant.*
de Briance, *lieutenant de Roi.*
Morlaix. le baron de Bruyeres S. Michel, *gouverneur.*
M. son fils, *en survivance.*
Nantes. le marquis de Brancas, *gouverneur.*
le comte de Menou, *lieutenant de Roi.*
Port-Louis { le comte de Balincourt, *gouverneur.*
& l'Orient. { de Minard, *lieutenant de Roi.*
Quimper. le marquis de Molac, *gouverneur.*
Chât du Taureau. le comte de Saulx-Tavannes, *gouverneur.*
Rennes. le marquis de Vassé, *gouverneur.*
Saint-Malo. le marquis de Roncherolles, *gouverneur.*
le chevalier Desdorides, *lieutenant de Roi.*
Vannes. le marquis de Noailles, *gouverneur.*

CHAMPAGNE ET BRIE.

1769 M. le duc de Bourbon, *gouverneur général.*
MM. le comte d'Argenteuil, pere, d'Argenteuil, fils, de Choiseul la Baume, les maréchal de Segur & le marquis d'Ecvilly, *lieutenans-généraux.*
MM. le comte de Gisaucourt, le baron de Trinquette, le marquis de Paroy, & Rogier de Monclin, *lieut. gén.*

GOUVERNEURS PARTICULIERS, *Messieurs*

Mezieres. le marquis de la Ravoye, *gouverneur.*
le comte de Buffevent, *lieutenant de Roi.*
Rocroy. le comte d'Esterhazy, *gouverneur.*
le ch. du Chatelet, *lieutenant de Roi.*

CORSE.

1772 M. le marquis de Monteynard, *gouverneur général.*
M. le comte de Marbeuf, *lieutenant-général.*

GOUVERNEURS PARTICULIERS, *Messieurs*

Ajaccio.	de Petity, *commandant.*
	de S. Ange, *major.*
Bastia.	de Balathier, *lieutenant de Roi.*
	Masot, *major.*
Bonifaccio.	Mainbourg, *major-commandant.*
Calvi.	le comte de Maudet, *commandant.*
	le chevalier de Siftieres, *major.*
Corté.	le baron de l'Hopital, *lieutenant de Roi.*
	la Besse, *major.*
Isle-Rousse.	d'Antin, *major-commandant.*
S. Florent.	Blanchart, *commandant.*

DAUPHINÉ.

1747 M. le duc d'Orléans, *gouverneur général.*
M. le duc de Tonnerre, *lieutenant-général, commandant.*
M. le comte de Blot, *commandant en second.*

GOUVERNEURS PARTICULIERS, *Messieurs*

Briançon & Forts.	le marquis de Langeron, *gouverneur.*
	le chevalier Jobal de Pagny, *l. de Roi.*
	d'Oumet, *major.*
	le chevalier de Font Galland, *aide-major.*
	Bataille, *major des forts.*
	d'Astier, *aide-major du fort Randouil.*
Embrun.	de Savines, *gouverneur.*
	de la Corcelle, *lieutenant de Roi.*
Grenoble.	le marquis de Marcieu, *gouverneur.*
	de Luslaye, *lieutenant de Roi.*
	Rolland de Montal, *major.*
Fort Barraux.	le marquis de Molac, *Gouverneur.*
	Morel, *lieutenant de Roi.*
Montelimart.	le marquis de Chabrillan, *comm. en second.*
Mont-Dauphin.	le marquis d'Héricourt, *gouverneur.*
	de Montgon, *lieutenant de Roi.*
	d'Arbalestrier, *major.*

Fort

ET VILLES DE FRANCE. 49
Messieurs

Pont de Beauvoisin.	de la Tour-du-Pin, *gouv. & comm. en second.*
Queiras.	Allemand de Chatelard, *commandant.*
Valence.	de Rigneux, *commandant.*

ÉVÊCHÉS.

1771 M. le maréchal duc de Broglie, *gouv. gén. & commt*
1780 M. le comte de Caraman, *commandant en second.*
1783 M. le comte de Damas, *comm. en troisieme.*
M. le comte de Fouquet, *lieut. gén. au pays Messin.*
M. de Noinville, *lieutenant-général.*

GOUVERNEURS PARTICULIERS, *Messieurs*

Chât. de Bouillon.	Fauveau, *lieutenant de Roi.*
	la Motte Gondreville, *major.*
Chât. de Marville.	de Valigny, *major.*
Longwy.	le chev. de Chastelux, *gouverneur.*
	de Crepin, *lieutenant de Roi.*
	Cellier de Grizy, *major.*
Marsal.	Culture, *commandant.*
	de Beaufort, *major.*
Metz.	de Seguier, *lieutenant de Roi.*
	de Calviere, *major.*
Citadelle de Metz.	Jobal de Pagny, *lieutenant de Roi.*
	de Métric, *major.*
Montmedy.	le marquis de Vogué, *gouverneur.*
	de Reumond, *lieutenant de Roi.*
	Jacquesson, *major.*
Rademacker.	le chevalier de Bertrandy, *commandant.*
Sarrelouis.	le marquis de Monteynard, *gouverneur.*
	de Lambertye, *lieutenant de Roi.*
	Serrier, *major.*
Sierck.	Kennedy, *commandant.*
Stenay.	de Mezera, *commandant.*
Thionville.	le maréchal de Vaux, *gouverneur.*
	de Gohin, *lieutenant de Roi.*
	de Coudray de Nangeville, *major.*
Verdun & Citad.	le comte de Choiseul-la-Baume, *gouv.*
	de Phelippes, *lieutenant de Roi.*
	de la Rue-Bernard, *major de la ville.*
	de d'Aubermenil, *major de la citadelle.*

D

FLANDRE ET HAINAULT.

1751 le maréchal de Soubise, *gouverneur général.*
M. le prince de Tingry, *lieutenant-général.*
M. le prince de Robecq, *commandant général.*
M. de Chaulieu, *comm. en second en Flandre.*
M. le vicomte de Sarsfield, *comm. en second en Hainault.*
MM. Pottier, comte Desmaillis, le comte de Varennes, & le baron de Sart, *lieutenans de Roi.*

Gouverneurs particuliers, Messieurs

Avesnes.	le comte de Verceil, *gouverneur.*
	de Cabriere Descombies, *lieutenant de Roi.*
Bergues.	le marquis de Sourches, *gouverneur.*
	de Salces, *lieutenant de Roi.*
Fort François.	de Belhomme, *lieutenant de Roi.*
Bouchain.	le comte de Durfort, *gouverneur.*
	de Tournefort, *lieutenant de Roi.*
Cambrai.	le duc de Coigny, *gouverneur.*
	des Gaudieres, *lieutenant de Roi.*
Cit. de Cambrai.	de Grandmaison, *gouverneur.*
	Fenis de Susanges, *lieutenant de Roi.*
*Charlemont & les deux Givets.	le marq. de Montmort, *gouverneur.*
	le chevalier de Nadaillac, *lieutenant de Roi.*
	le ch. Desgardes, *maj. comm. de Charlemont.*
	de la Chabossiere, *maj. comm. des 2 Givets.*
Condé.	le maréchal duc de Croi, *gouverneur.*
	de Plotot, *lieutenant de Roi.*
Douay.	le marquis de Bouillé, *gouverneur.*
	de Villedieu, *lieutenant de Roi.*
Fort de Scarpe.	le comte de Crissé, *gouverneur.*
	le chevalier de Satiac, *major.*
Dunkerque.	de Chaulieu, *commandant.*
	de Guichard, *major.*
Fort Mardick.	le comte de Violaine, *major.*
Gravelines.	le marquis de Pontecoulan, *gouverneur.*
	le marquis de Durfort, *lieutenant de Roi.*
Landrecies.	le marquis du Sauzay, *gouverneur.*
	Vaubert de Genlis, *lieutenant de Roi.*
Le Quesnoy.	le marquis de Cernay, *gouverneur.*
	de Vialeix, *lieutenant de Roi.*
Lille.	le maréchal prince de Soubise, *gouverneur.*
	de Sombreuil, *lieutenant de Roi.*

ET VILLES DE FRANCE.

Messieurs

Cit. de Lille.	le vicomte de Sarsfield, *gouverneur*.
	le chevalier du Bosc, *lieutenant de Roi*.
Fort S. Sauveur.	le chevalier de Disse, *lieutenant de Roi*.
	le baron de Mengin, *aide-major, comm.*
Marienbourg.	de Marsac, *commandant*.
	Poiin de Bellefin, *major*.
Maubeuge.	le marquis Dessalles, *gouverneur*.
	le chev. de la Roche S. André, *lieut. de Roi*.
Philippeville.	le comte de Jumilhac, *gouverneur*.
	le chev. de Franqueville, *lieutenant de Roi*.
Valenciennes.	le prince de Tingry, *gouverneur*.
	le chevalier de Raincourt, *lieutenant de Roi*.
C. de Valenciennes.	Deshaulles, *gouverneur*.
	de Caumont, *major*.

FOIX, DONEZAN ET ANDORE.

1753 M. le maréchal de Segur, *gouverneur général*.
    M. le comte de Donezan, *lieut. de Roi de la province*.
    M. Roussel d'Estourdon, *lieut. de Roi du chât. de Foix*.

GUIENNE.

1755 M. le maréchal duc de Richelieu, *gouverneur général*.
1775 M. le maréchal de Mouchy, *Comm. en chef & lieut. gén.*
1776 M. le vicomte de Noailles, *lieut. gén. en survivance*.
    M. le comte de Fumel, *comm. en second en basse Guienne*.
    M. le comte d'Esparbès, *comm. en sec. en haute Guienne*.
1770 M. le marquis de Conflans, *lieut. g. pour la haute Guienne*.
    MM de la Deveze, de S. Avert, de Pujols, de Verteillac, de Canpene d'Amont, de Salha, & de Gontaut, *lieutenans de Roi pour la haute Guienne*.
    MM. de Tauriac, de la Serre, de Vignolles, de Jumilhac, de Marcellus & de Picot, *lieut. de Roi pour la basse Guienne*.

GOUVERNEURS PARTICULIERS, *Messieurs*

Chât Trompette.	le comte de Fumel, *gouverneur*.
	d'Anglais de Bassignac, *lieutenant de Roi*.
Fort Ste. Croix.	de Montbrun, *Commandant*.

GOUVERNEURS DES PROVINCES
Messieurs

Château du Hu.	le chevalier Danville, *commandant*.
Blaye.	le marquis de Jaucourt, *gouverneur*.
	de la Mothe, *lieutenant de Roi*.
Bort Médoc.	le comte de Durfort, *commandant*.
	du Mirat, *major*.
Lourdes.	de Maignols, *commandant*.

ISLE-DE-FRANCE.

1766 M. le duc de Gesvres, *gouverneur général*.
    MM. le marquis d'Arbouville, de Gouy, le comte de Gouy, *en survivance*, & le duc de Lauzun, *lieutenans-gên*.
    MM. Desavennes & de Boulainvilliers, *lieutenans de Roi*.

GOUVERNEURS PARTICULIERS, *Messieurs*

Compiégne.	le duc de Laval, *gouverneur*.
	Lancry de Rimberlieu, *lieutenant de Roi*.
Saint-Germain.	le maréchal duc de Noailles, *gouverneur*.
Versailles.	le prince de Poix, *gouverneur*.
	le maréchal de Mouchy, *en survivance*.

LANGUEDOC.

1751 M. le maréchal duc de Byron, *gouverneur général*.
    M. le comte de Talleyrand Perigord, *commandant en chef*.
    M. le vic. de Cambis d'Orsans, *comm. en second*.
    M. le comte de Rochefort, *aux Cevennes*.
    M. le comte de Montchenu, *au Vivarais*.
    M. le baron de Ridberg, *au Velay*.
    M. le comte de Bissy, *lieutenant-général*.
    M. le duc de Gontaut, *lieutenant-général*.
    M. le comte de Caraman, *lieutenant-général*.
    MM. de Brisis, de S. Felix, d'Estables, de Murviel d'Hutau, de Montpezat, de Falguerolles, de Barral d'Arenes, *lieutenans de Roi*.

GOUVERNEURS PARTICULIERS, *Messieurs*

Aigue-Morte.	le duc de Fleury, *gouverneur*.
	de Broves, *major commandant*.
Fort Peccais.	le chevalier deshours, *major commandant*.
Alais.	S. André, *commandant*.

ET VILLES DE FRANCE. 53

Messieurs

Cette.	de Querelles, *lieutenant de Roi.*
	le chevalier d'Alphonse, *major.*
Agde.	le comte d'Archiac, *gouverneur.*
	le chevalier de Bernard, *lieutenant de Roi.*
Chât. de Ferrieres.	le chevalier de Laroque, *major.*
Montpellier.	le maréchal de Castries, *gouverneur.*
	Fouquart d'Olimpies, *lieutenant de Roi.*
	le comte de la Marliere, *adjoint.*
Narbonne.	le comte de Merainville, *gouverneur.*
	le comte de Monteil, *lieutenant de Roi.*
Nismes.	le prince de Rohan-Rochefort, *gouverneur.*
	de Pierrelevée, *lieutenant de Roi.*
Pont S. Esprit.	le comte du Roure, *gouverneur.*
	de la Rochepalliere, *lieutenant de Roi.*
Pradelles.	de la Coste, *commandant.*
S. Hyppolite.	le marquis de Comeiras, *gouverneur.*
	de Brigaud, *major.*
	Dadre de la Coste, *en survivance.*
Sommieres.	le vicomte de Narbonne-Pelet, *gouverneur.*
	de Thesond, *major commandant.*
Villeneuve-les-Avignons.	Quintin de Beynes.

LE HAVRE.

1773 M. le comte de Buzançois, *gouverneur & lieut. gén.*
M. le comte de Villeneuve-Cillart, *lieut. de Roi, comm.*
M. de Montbert, *maj. pour la ville & la citadelle.*
M. de Bruchié, *maj. comm. dans la Tour.*

LIMOUSIN.

1734 M. le maréchal duc de Fitz-James, *gouverneur général.*
M. le duc de Fitz James, *son fils, en survivance.*
M. le marquis d'Escars, *lieutenant-général.*
M. le comte du Doignon, *lieutenant de Roi.*

LE MAINE ET PERCHE.

1766 M. le comte de Mellet, *gouverneur général.*
M. le comte de Tessé, *lieutenant-général.*

D iij

M. le comte de Crequy, *lieutenant de Roi.*
M. le comte de Vauvineux, *lieutenant de Roi.*
M. le marquis de Champcenets, *lieutenant de Roi.*

LYONNOIS.

1763 M. le duc de Villeroy, *gouverneur général.*
M. le comte de Charlus, *lieutenant-général.*
M. le marquis de Fumel, *lieutenant-général.*
M. le comte d'Albon, *Lieutenant de Roi.*
M. le baron de Broſſe, *lieutenant de Roi.*
M le marquis de Belleſciſe, *gouv. part. de Pierre-en-Ciſe.*
M. le chevalier de Courtaure, *major.*

MARCHE.

1752 M. le marquis de la Salle, *gouverneur général.*
M. le comte de Pontbriant, *lieutenant de Roi.*
M. le comte de la Gorge, *lieutenant de Roi.*

MONACO.

Le Prince Souverain, *gouverneur perpétuel.*
M. Milio, *lieutenant de Roi, commandant.*
M. de Beauchamp, *major.*

NAVARRE ET BÉARN.

1745 M. le duc de Grammont, *gouverneur général.*
M. le vicomte de la Rochefoucaud, *lieutenant-général.*
M. le marquis de Lons, *lieutenant de Roi.*
M. le comte de Lons, ſon fils, *en ſurvivance.*

GOUVERNEURS PARTICULIERS, *Meſſieurs.*

Bayonne.   le duc de Grammont, *gouverneur.*
                    le marquis d'Amou, *lieutenant de Roi.*
                    de Lincé, *major de la ville & de Châteauvieux.*
Cit. de Bayonne.   de la Salle, *lieutenant de Roi.*
                    Geſte de Laas, *major.*
Châteauvieux.   Dampierre, *commandant.*

ET VILLES DE FRANCE. 55

Messieurs

Châteauneuf.	de Vallier, *commandant.*
	Dubosc, *major.*
Dax & S. Sever.	le baron de Spens, *commandant.*
	de Larrey, *lieutenant de Roi.*
	le chevalier de S. Paul, *major.*
Navarreins.	le vicomte de Cambis, *gouverneur.*
	le chevalier de Noguès, *lieut. de Roi.*
Pau.	le duc de Gramont, *gouverneur.*
	le baron de Capdeville, *commandant.*
S. Jean-Pied-de-Port.	le comte de Poudenx, *gouverneur.*
	Delaistre de Champgueffier, *lieut. de Roi.*
R. d'Andaye.	Ravier, *major, commandant.*
Fort Socoa.	d'Hiriberry, *commandant en second.*

NIVERNAIS.

1768 M. le duc de Nivernais, *gouv. gén. & part. de Nevers.*
M. le marquis de S. Amand, *lieutenant-général.*

NORMANDIE.

1775 M. le duc de Harcourt, *gouverneur général.*
M. le duc de Harcourt, *commandant en chef.*
M. le marquis de Beuvron, *lieutenant-général.*
M. le comte de Valentinois, *lieutenant-général.*
MM. le duc de Gesvres, le baron de Monteau, le marquis de Canisy, le marquis de Faudoas & le marquis de Bongars d'Aspremont, *lieutenans de Roi.*

GOUVERNEURS PARTICULIERS, *Messieurs*

Caen.	le duc de Coigny, *gouverneur.*
	le comte de Mathan, *lieutenant de Roi.*
Cherbourg.	le comte de Valentinois, *gouverneur.*
	de S. Germain, *major.*
Dieppe.	le comte d'Adhemar, *gouverneur.*
	le baron de Feugueray, *lieutenant de Roi.*
Grandville.	de Préfort, *commandant.*
La Hogue.	le chevalier du Colleville, *commandant.*
Rouen.	le marquis de Romé, *gouverneur.*

D iv

ORLÉANOIS.

1757 M. le comte de Rochechouart Faudoas, *gouv. gén. & part. d'Orléans.*
M. le comte Louis de Rochechouart, *en survivance.*
M. le comte d'Enonville, *lieutenant-général.*
M. de Brisay, son fils, *en survivance.*
M. le comte de Chiverny, *lieutenant-général.*
M. le marquis d'Avaray, *lieutenant-général.*
MM. de Quincy, Phelipeau, d'Herbault & de Sourdis, *lieutenans de Roi.*

PARIS.

1776 M. le duc de Brissac, *gouverneur général.*

GOUVERNEURS PARTICULIERS, *Messieurs*

L'Arcenal.	le marquis de Paulmy, *gouverneur.*
La Bastille.	le marquis de Launay, *gouverneur.*
	le chevalier de S. Sauveur, *lieutenant de Roi.*
	Chevalier, *major.*
Invalides.	le comte de Guibert, *gouverneur.*
	de Gishbert, *major.*
Vieux Louvre.	de Champlost, *gouverneur.*
Luxembourg.	le comte de Modene, *gouverneur.*
Vincennes.	de Rougemont, *lieutenant de Roi.*

PICARDIE.

1769 M. le comte de Perigord, *gouverneur général*
M. le maréchal duc de Croy, *commandant.*
MM. le duc de Charost, le marquis de Feuquieres & le vicomte de la Maillardiere, *lieutenans-généraux.*
M. le marquis de Vauchelles, *lieutenant de Roi.*
M. le marquis de Lamire, *lieutenant de Roi.*

GOUVERNEURS PARTICULIERS, *Messieurs*

Amiens.	le marquis de la Ferriere, *gouverneur.*
	de Condres, *lieutenant de Roi.*
	la Boulandiere, *major.*

ET VILLES DE FRANCE.

Messieurs

Cit. d'Amiens.	Virgilles, *lieutenant de Roi.*
Ardres.	le comte de Banne, *commandant.*
	Baudot de Breuil, *major.*
Calais.	duc de Charost, *gouverneur.*
	de Bienassise, *lieut. de Roi, c. dans le Calaisis.*
	Hobacq, *major.*
Cit. de Calais.	le chevalier d'Andreville, *lieutenant de Roi.*
Dourlens.	Picquet du Quesnel, *lieutenant de Roi.*
	de Degoine, *major.*
Fort Nieuley.	Langlantier, *lieutenant de Roi.*
Fort du Risban.	Brillon Descautaires, *commandant.*
Fort du Courgain.	la Colombiere, *commandant.*
Guise.	le duc de Brancas, *gouverneur.*
	de Pradine, *lieutenant de Roi.*
	Ricard, *major.*
Ham.	le marquis de Pujol, *gouverneur.*
	le chevalier d'Avricourt, *lieutenant de Roi.*
	Benoît de Brissy, *major.*
Montreuil & citad.	le duc de Villequier, *gouverneur.*
	de Hame, *lieutenant de Roi de la ville.*
	du Tertre, *lieutenant de Roi de la citadelle.*
	de la Chaussée, *major.*
Péronne.	le chevalier de S. Mauris, *gouverneur.*
	de Frechencourt, *lieutenant de Roi.*
	le chevalier de Bazantin, *major.*
Château de Per.	le chevalier de Gaucourt, *commandant.*
S. Quentin.	le comte de la Billarderie, *gouverneur.*
	d'Estouilly, *lieutenant de Roi.*
	Coquebert, *major.*

POITOU.

1776 M. le duc de Chartres, *gouverneur & lieutenant-général.*
 M. le marquis de Verac, *lieutenant-général*
 M. le marquis de Beuvron, *lieutenant-général.*
 MM. de Roque-Jacquelin, de Gaugy & de Juigné, *lieutenans de Roi.*

GOUVERNEURS PARTICULIERS, *Messieurs*

Poitiers.	le duc de Chartres, *gouverneur.*
Château.	le marquis de Paligny, *gouverneur.*

GOUVERNEURS DES PROVINCES

Messieurs

Châtellerault.	Joanne de S. Martin, *gouverneur.*
	le chevalier de S. Sauveur, *en survivance.*
Niort.	le marquis de Castellane, *gouverneur.*
	de la Pomelie, *lieutenant de Roi.*
Fontenai-le-Comte.	le marquis de la Coudraye, *gouverneur.*
Melle.	le chevalier de S. Etienne, *gouverneur.*
Loudun.	le marquis de Dreux, *gouverneur.*

PROVENCE.

1782 M. le maréchal prince de Beauveau, *gouv. & lieut. gén.*
M. le comte de Thiars, *commandant en chef.*
M. le marquis de Miran, *commandant en second.*
MM. les marquis de Brancas, de Pilles & de Caufans, L.

GOUVERNEURS PARTICULIERS, *Messieurs*

Antibes.	le marquis de Janson, *gouverneur.*
	le chevalier de Lesserat, *lieutenant de Roi.*
	Sanglier de la Noblaye, *major.*
Fort quarré.	de Bouchard, *aide-major.*
Barcelonnette.	de Rignac, *commandant.*
Colmar.	d'Herand, *commandant.*
Entrevaux.	de Mandolx de la Pallu, *commandant.*
Isles Ste. Marguerite.	le marquis de Castellane, *gouverneur.*
	le marquis de Castellane, *en surviv.*
	de Robaux, *lieutenant de Roi.*
Marseille.	le maréchal prince de Beauveau, *gouverneur*
	le marquis de Pilles, *gouv. vig. comm.*
	le comte de Pilles, *adj.*
	le comte de Fortia de Pilles, *en survivance.*
Citadelle.	le comte de Montazet, *gouverneur.*
	de Montlezun, *lieutenant de Roi.*
Fort S. Jean.	de Cheiisey, *gouverneur.*
	de Calvet, *lieutenant de Roi.*
Chât. d'If, Pome & Ratoneau.	le comte de Scey, *gouverneur.*
	d'Alegre, *major.*
Seyne.	de Marty, *aide-major, commandant.*
Sisteron.	le comte de Choiseul-Beaupré, *gouverneur.*
	le comte de Courcenay, *lieutenant de Roi.*
Toulon.	le comte de Custine, *gouverneur.*
	la Riviere de Coincy, *commandant.*
Fort de la Malg.	Pomme, *aide-major.*
Grosse Tour.	le chevalier de Montespin, *comm. major.*

ET VILLES DE FRANCE.

Messieurs

S. Tropez.	Colomiés, *Major-commandant*.
Tour de Bouc.	Giry de la Roque, *aide-major*.
Porq. & Ling.	Besson de Mondiol, *Major-Commandant*.
Porte Crosse.	de Meric, *major-Commandant*.

ROUSSILLON.

1766 M. le maréchal duc de Noailles, *gouverneur général*.
M. le duc d'Ayen, *en survivance*.
M. le maréchal de Mailly, *lieutenant-général*.
M. le duc de Mailly, *Commandant en chef, en survivance*.
M. de Chollet, *commandant en second*.
M. Ancelin, *lieutenant de Roi*.

GOUVERNEURS PARTICULIERS, *Messieurs*

Bellegrade.	le comte de Montboissier, *gouverneur*.
	le chevalier de Vilar, *lieutenant de Roi*.
Fort des Bains.	Vilar d'Hames, *major-commandant*.
Collioure.	le marquis de Jonsac, *gouverneur*.
	le chevalier de Berard, *lieutenant de Roi*.
Mont-Louis.	le vicomte de Mailly, *gouverneur*.
	Sauret de la Borie, *lieutenant de Roi*.
Port-Vendre.	de la Loubiere, *major*.
Perpignan.	le maréchal de Noailles, *gouverneur*.
	de Chollet, *Lieut. de Roi*.
Citadelle.	Chazal de Montrond, *lieutenant de Roi*.
	de Fontane, *major*.
Salces.	Hebert, *gouverneur*.
	de la Houliere, *lieut. de Roi*.
Villefranche.	le comte de Rochambeau, *gouverneur*.
	de Wareil, *lieutenant de Roi*.
Château.	le chevalier Martrin, *major-commandant*.

SAINTONGE ET ANGOUMOIS.

1753 M. le duc d'Uzès, *gouverneur général*.
M. le marquis de Montalembert, *Lieutenant-général*.
MM. des Choisy, de Rochemont & de Simiane, *l. de Roi*.

GOUVERNEURS PARTICULIERS, *Messieurs*

Angoulême.	le marquis de Chauveron, *lieut. de Roi*.
S. Jean d'Angely.	le comte de Marinis, *commandant*.

SAUMUROIS.

1782 M. le comte d'Egmont, *gouverneur général.*
M. le comte d'Andigné, *lieut. de Roi.*
M. Dupetit-Thouars, *lieut. de Roi pour Saumur & le chât.*
M. de Mondomaine, *major.*

PRINCIPAUTÉ DE SEDAN.

1764 M. le maréchal de Laval, *gouv. général & part. de Sedan.*
17 M. le duc de Laval, son fils, *en survivance.*
M. de S. Simon, *lieutenant de Roi.*
M. de la Tranchere, *major de la ville.*
M. Savary, *major du château.*

TOUL ET PAYS TOULOIS.

1783 M. le duc du Châtelet, *gouverneur & lieutenant-général.*
M. de la Falaine, *lieutenant de Roi.*

TOURAINE.

1760 M. le duc de Choiseul, *gouverneur général.*
M. le comte de Reignac, *lieut. de Roi.*

COURS SOUVERAINES DE FRANCE.

1497. GRAND CONSEIL, *fixé à Paris.*

(*Voyez sur l'établ. de cette Cour, l'Edit de 1783, pag. 416.*)

1768 M. le Chancelier. | 1774 M. le Garde des Sceaux.

PRÉSIDENTS, Messieurs

1776 Nicolai, chev. *Premier.*

Semestre d'hiver.

1774 Baffet de la Marelle. | 1774 Langelé.

Semestre d'été.

1774 de la Briffe. | 1780 Vernier.
1779 Duval de Montmillan.

Pour le service des mois d'Octobre, Novembre, Décembre, Janvier, Février & Mars.

CONSEILLERS, Messieurs

1739 Frecot de Lanty.
1740 De de Combault.
1750 Mignot.
1774 Goudin.
Blandin de Chalain.
de Menardeau du Perray.
Descostes de la Calprenede
Tillot de Meronna.
Muyart de Vouglans.
Buynand.
Billeheu de la Bieteche.
Honoré
Pourteiron, *clerc.*

Collier de la Marliere.
de Fay, *clerc.*
Desplasses, *clerc.*
de Sachy de Belliveux.
Urguet de Steint Ouën.
Vaquier.
le Roi de Barincourt, *g. r.*
Compagnon de Tains.
de Bertrand, *clerc.*
1781 Thomas de la Barberie.
1783 Nayne.
1783 Parchot de Villemouze.
1783 Michaut de Montzaigle.

Pour le service des mois d'Avril, Mai, Juin, Juillet, Août & Septembre.

Conseillers, Messieurs

1737 Duport, *doyen.*
1741 Vacquette de Lenchere.
1774 Desalles, *clerc.*
  de Chazal.
  Corps.
  Mayou d'Aunoy, *grand rapporteur.*
  Reymond.
  Gin.
  Desirat.
  Dupré, *clerc.*
  Mary, *clerc.*
  Le Roy de Lysa.

  Urguet de Valleroy.
  Perinet d'Orval.
  Geouffre d'Auruffac.
  Beuvain de Montillet.
1777 de Salles de Goaillard.
  Poirier de Beauvais.
1778 Dupucé de la Motte.
1779 Martin de Mentque.
1780 Vernier d'Andrecy.
  Gin Doffery.
1781 Miomandre de Saint-Pardoux.

Conseillers Honoraires, Messieurs

1719 Longuet de Vernouillet.
1735 Ladvocat de Sauveterre.
1736 Merault de Villeron.
1739 de la Michodiere.
1740 Poulletier de la Salle.
1741 Bertin.
  Dedelay de la Garde.
1745 Huë de Miromenil.

1747 Perrin de Cypierre.
1752 Dupleix de Bacquencourt.
1754 Sallier.
1755 Fargés.
1757 d'Aine.
  Brochet de Vetigny.
1758 Esmangart.
1759 Auget de Monthion.

Gens du Roi, Messieurs

1775 de Vaucresson, *av. gén.*
1775 Debonnaire, *procur. gén.*
1783 Maire du Poset, *avoc. gén.*

Substituts de M. le Procureur général, Messieurs

1749 Moussier, *Doyen.*
1774 Martin de Bussy.
  Bacon.
  Raux.

1774 Vaquier.
1776 de la Bourcys.
1780 Marchant.
1783 Bassekuecht de Pouteil.

Substituts Honoraires, Messieurs

Lemaire.
Dande.

Henry.

1776 le Maistre de Saint Peravy, *greffier en chef.*

PARLEMENTS DU ROYAUME.

PARLEMENT DE PARIS.

(*Voyez l'établissement & le privilege de cette Cour, dans l'Edit de 1783, pag. 418.*)

Prend ses vacances, le 7 Septembre & rentre le 12 Novembre.

GRAND-CHAMBRE.

PRÉSIDENTS, *Messieurs*

1768 d'Aligre, chev. command. des ord. du Roi, *Premier*.	1765 le Pelletier de Rosambo.
1755 Lefebvre d'Ormesson de Noyseau.	1768 Joly de Fleury.
Bochard de Saron.	1774 Gilbert de Voisins.
1758 de Lamoignon.	1782 Pinon.
1763 de Gourgue.	1758 Pinon, Pere, *en surv*.
	1757 Molé, cheval. ci-devant premier présid. *honor*.

CONSEILLERS D'HONNEUR NÉS, *Messieurs*

1759 le card. de la Rochefoucaud, arch. de Rouen, abbé de Clugny.	1781 le Clerc de Juigné de Neuchelles, arch. de Paris.

CONSEILLERS D'HONNEUR, *Messieurs*

1765 de Laverdi, *minist. d'état*.	1780 Barillon de Morangis.
1778 de la Michodiere, *c. d'état, ancien prév. des march*.	Bignon, *cons. d'état*.

CONSEILLERS, *Messieurs*

1736 de Chavannes, *doyen*.	1739 Sauveur, *cl*.
1738 le Noir, *cl*.	1740 Lefebvre d'Ammecourt.
Farjonel d'Hauterive.	Pommyer, *cl*.
1739 Boula de Montgodefroy.	1741 Berthelot de Saint-Alban.
Roland de Challerange.	1743 Bory, *cl*.
Duport.	1744 Titon.

Messieurs

1745 de Glatigny.
1747 Fredy.
Choart.
Dubois de Courval.
1748 Robert de S. Vincent.
Dupuis de Marcé.
Noüet.
1750 de Lattaignant, *cl.*
1758 Pasquier de Coulans.
Dionis du Sejour.
de la Guillaumie.
1759 Marquette de Marcuil.
1759 Bourgongne, *cl.*
1760 Amelot.
1762 de Gars de Fieminville.
Radix, *cl.*
1763 Bruant des Carrieres.
Richard de Neufy.
Lambert Deschamps de Morel.
Bourgevin de Vialart, *cl.*
Hocquart de Mony.
1765 Phelippes, *cl.*
1766 Tendeau de Marsac, *cl.*

Présidents Honoraires des Enquêtes et Requêtes ayant séance a la Grand-Chambre, *Messieurs*

1728 Poncet de la Riviere, *ci-dev. présid. de la 5. des Enquêtes.*
1731 Durey de Meinieres, *ci-dev. présid. de la 2. des Requêtes.*
1738 de Fremont du Mazy, *ci-dev. présid. de la 2. des Enquêtes.*
1739 Gaultier de Besigny, *ci-dev. présid. de la 2. des Requêtes.*
1740 Maynon, *ci-dev. présid. de la 4. des Enquêtes.*
1745 de Cotte, *ci-dev. présid. de la 2. des Requêtes.*
1746 Bernard de Boulainvilliers, *ci-devant présid. de la 2. des Enquêtes, prévôt de Paris.*
1748 Thiroux d'Arconville, *ci-dev. présid. de la 1. des Enquêtes.*
1749 Harrague de Guibeville, *ci-dev. présid. de la 1. des Requêt.*

Conseillers Honoraires ayant séance en la Grand-Chambre, *Messieurs*

1725 de Godeheu.
1726 Feydeau de Marville.
1727 de la Live.
1728 le comte des Graviers.
Amyot.
1730 de Selle.
1731 Doublet de Bandeville.
1732 Jacquier de Vieilfmaisons.
Delpech de Montreau.
1735 Robert de Monneville.
Angran.
1736 Douet de Vichy.
Amelot.
1738 d'Orceau de Fontette.
1739 Roussel de la Tour.
1740 de Verdue de Soify.
Heron.
Mallet de Trumilly.
1742 Fraguier.
Dumetz de Ronay.
1743 Laurés du Meux.
1744 Bitaut de Vaillé.
de Lamoignon de Malesherbes.
de Bérulle.
1746 Drouin de Vaudeuil.
1747 Chavaudor

DE FRANCE. 65
Messieurs

1747 Chavaudon de Sainte Maure.
Le Baron de Tubeuf.
le Mercier de la Riviere.
1748 Depont.
Doublet de Persan.
Lambert.
1750 Cochin.
1751 Bertin.
Terré de Barnay.
Chabenat de Malmaison.
1752 de Flesselles.
Jullien.

1752 Chaillon de Jonville.
1753 Lambert de Saint-Omer.
1754 le Boulanger.
Trinquant.
1755 Ferrand.
1758 de Paris la Brosse.
le Pileur de Brevannes.
Abbadie.
1759 de Pomereu.
Gaultier de Chailly.
1760 de la Guillaumie, le jeune.
1761 Dupré de Saint-Maur.

CONSEILLERS HONORAIRES AYANT SÉANCE AUX ENQUÊTES ET REQUÊTES, *Messieurs*

1764 Albert.
1765 Oursin.

1765 Blondel.
1767 Boula de Nanteuil.

GENS DU ROI, *Messieurs*

1755 Seguier, *avocat général.*
1740 Joly de Fleury, *procureur général.*
1778 Joly de Fleury, *avoc. gén. procur. gén. en survivance.*
1774 d'Aguesseau de Fresne, *avocat général.*
1775 Joly de Fleury, *avocat général.*

SUBSTITUTS DE M. LE PROCUREUR GÉNÉRAL, *Messieurs*

1733 de Mauperché, *doyen.*
1749 de Laurencel.
1751 Sainfray.
1762 Richard de Valaubrun.
1766 de Langlard.
1767 Peronneau.
Robineau d'Ennemont.
1775 Carnot.

1775 Dizié, *subst. au gr. cons.*
Pietre.
1777 Vasle.
1779 le Roi du Natois.
1781 Miller.
1782 Dupeyrat.
Marchand d'Epinay.

SUBSTITUTS HONORAIRES, *Messieurs*

1751 Gaultier de Chailly, *conseiller au parlement.*
1759 Brion, *anc. conseiller à la cour des Aides.*

COURS SOUVERAINES

GREFFIERS EN CHEF, Messieurs

1774 le Bret, *conf. du Roi, son protonot. greffier en ch. civil.*
1748 Coupry Dupré, *des présentations.*
1775 le Couturier de Genty, *pour le criminel.*
1758 Potet, *pour les affirmations.*

PREMIERE CHAMBRE DES ENQUÊTES.

PRÉSIDENTS, Messieurs

1751 Bourrée de Corberon.
1780 Dompierre d'Hornoy.

CONSEILLERS, Messieurs

1764 Freteau, *doyen.*	1778 Robert de Lierville.
1767 Camus de la Guibourgere.	Bourée de Campdeville.
Brochant de Villiers.	Brisson.
1768 Barbier d'Ingreville, *cl.*	de la Bletonniere d'Ygé.
1769 Bourgevin de Saint-Moris.	Geoffroy de Montjay.
1770 Noblet.	1779 de Rubat.
1775 de Gars de Courcelle.	1780 le Noir de Vilmilan.
Brochant d'Anthilly.	1781 Malartic de Fondat.
Duval d'Epremesnil.	Perrotin de Bermont.
Perreney de Grosbois.	Sahuget d'Espagnac.
1776 Gregoire de Rumare.	1782 Lambert.
1777 de Perthuis de Laillevault.	1783 Paris de Trefond.
1778 Gallet de Pluvault de Mondragon.	Titon de Villotran.
	Belin, *greffier.*

DEUXIEME CHAMBRE DES ENQUÊTES.

PRÉSIDENTS, Messieurs

1766 Chabenat de Bonneuil.   1768 Euloge Anjorrant.

CONSEILLERS, Messieurs

1766 le Riche de Chevigné, *d.*	1777 le Coigneux de Belabre, *d.*
Clement d'Etoges.	Huguet de Semonville.
d'Outremont.	1778 de Constance, *cl.*
1767 Chuppin.	Anjorrant.
Clement de Blavette.	Drouin de Vaudeuil.
de Mauperché.	1779 Gigaut de Crisenoy.
1768 Desponty de Saint-Avoye.	le Clerc de Lesseville.
1769 Ferrand.	1780 Boula d'Orville.
1776 Sabatier de Cabre, *cl.*	de Cote.

DE FRANCE. 67
Messieurs

1781 Guillemin de Courchamps. | 1781 T. lon.
Cherade de Montbrun. | 1760 Delaune, *greffier.*

TROISIEME CHAMBRE DES ENQUÊTES.

PRÉSIDENTS, *Messieurs*

1758 Angran. | 1767 le Rebours.

CONSEILLERS, *Messieurs*

1765 Serre de S. Roman, *doyen.* | 1778 de Delay d'Acheres.
de Bretigneres. | Duport de Prélaville.
Forien de Sainte-Juire. | Robert.
1766 Langlois de Pommeuse. | Boula de Savigny.
1767 de Fourmestraux de Brisse- | Morel.
ville, *cl.* | 1779 Malartic.
Masson de Vernou. | 1781 Louis, *cl.*
1768 Dudoyer. | Devin.
Clement de Givry. | 1783 Roger de Cousangre.
1769 le baron d'Hanmer de | le Pelletier de S. Fargeau.
Claibroke. | de Barberé.
1775 de Favieres. | de Fourmestraux de Fon-
1776 Boula de Coulombiers | teny.
1777 Guerrier de Romagnat. | 1757 Jauvin, *greffier.*
1777 Roger de Berville.

CHAMBRE DES REQUÊTES.

PRÉSIDENTS, *Messieurs*

1760 Rolland. | 1778 Dutroussec d'Hericourt.

CONSEILLERS, *Messieurs*

1763 Lescalopier, *doyen.* | 1782 Fay de Sathonnay.
de Ricouart d'Herouville. | 1782 Duchesne.
1770 de Villiers de la Berge. | 1758 Ferry, *greffier en chef.*
Oursin de Bures. | 1770 Naudin, *contrôleur des*
Lefevre d'Ormesson de | *droits du Roi.*
Noiseau. | 1779 Fouinel, *garde scel, gref-*
1779 Gigaut de Roselle. | *fier des présentations.*
1780 Foulon, *cl.* | 1760 Garnier des Haute Brosse,
Tabari. | *greffier en chef, hon.*
1781 d'Orceau de Fontette. | 1783 Dupont.
Chassaing. | Geoffroy du Chaincis.

E ij

1302. PARLEMENT DE TOULOUSE.

(*Voyez sur l'orig. de ce Parlement l'Edit. de 1783, pag. 411.*)

Cette Cour vaque depuis le 14 Septembre jusqu'au lendemain d'après la S. Martin.

Présidents, *Messieurs*

1770 de Niquet, chev. *premier*.	1769 de Sapte du Puget.
1759 de Senaux.	1755 de Mengaud, baron de Labage.
Boyer de Sauveterre.	

Présidents Honoraires, *Messieurs*

1738 d'Aignan, b. d'Orbessan. | 1753 le marq. de Peguieroles.

Chevaliers d'Honneur, *Messieurs*

1739 de Comere. | 1743 de Marmiesse.

Conseillers d'Honneur, *Messieurs*

1763 l'Archevêq. de Toulouse, *cons. né.*	1733 de Cambon, comte de Mirepoix.
	1758 Lefranc de Pompignan.

Conseillers Clercs, *Messieurs*

1750 de Barrés, chan. & gr. arch. de l'église de Beziers.
1752 de Dupin, chan. & gr. arch. de l'église d'Alais.
1752 de Cairere, chan. & gr. arch. de l'église d'Agde.

Conseillers Laïcs, *Messieurs*

1718 de Boyer Drudas, *doyen*.	1745 de Reynal.
1727 de Cassan-Clairac, *s. d.*	1747 de Duregne.
1732 de Coudeugnan.	1748 de Cucsac.
1736 de Miramont.	1751 de Montegut.
1738 de Bardy.	1753 Cassand de Glatens.
1743 de Blanc.	baron de Monbel.
de Lamote.	de Ginester.
de Faur, comte de Pibrac.	1755 d'Azemar de Castelferrus.
de Gilede-Pressac.	de Cassagneau de S. Felix.

Conseillers Honoraires, *Messieurs*

1720 de Palaminy. | 1726 de Courtois.

DE FRANCE.

Messieurs

1727 Dalbis.	1745 de Trengualaye.
1730 de Mauran.	1746 d'Heliot.
1731 de Papus.	1750 de Catelan de Caumont.
1733 de Lassalle.	1747 de Bernard de S. Jean.
1740 de Vaysse.	1751 de Boutaric-Lafont-Vedelly.
1743 de Boisset.	
de Prats.	1752 de Barbaia de Boisseson.

CHAMBRE TOURNELLE.

PRÉSIDENTS, *Messieurs*

1775 Desinnocends de Maurens de Campistron, marq. de Maniban.
1778 de Daspe, b. de Fourcés.
1779 de Cambon de la Bastide.
....

CONSEILLERS, *Messieurs*

1739 de Montgazin.	1755 le marq. de Portes.
de Lassus, b. de Labasthe.	1757 Donaud de Mezorville.
1748 Delhorm de Novital.	1758 de Carbon.
de Rafin.	Dubourg de Rochemontés
de Perés.	de Reymond de Mauriac.
1749 de Rey.	de Bonhomme-Dupin.
le marq. de Lespinasse.	de Rabaudy.
1750 Lenoument d'Ayssene.	1783 Dumas de S. Germier.
Dalbis de Belbeze.	

PREMIERE CHAMBRE DES ENQUÊTES.

PRÉSIDENTS, *Messieurs*

1760 d'Aiguesvives.   1759 de Belloc de Lassarrade.

CONSEILLERS, *Messieurs*

1758 de Balza de Firmy.	1763 de Balza de Firmy, *cl.*
de Lafont de Rouis.	de Lalo.
de Guillermin, b. de Sciffes	1764 de Rey, *cl.*
1759 de Segla.	1766 Dubourg de Rochemontés
1760 de Mourlens.	1767 de Bonhomme-Dupin.
d'Escalonne.	Daignan.
1761 de Miegeville.	de Larroquan.
de Poulhariés, baron de Saboulies.	1768 Dassizat.
	de Capella.

E iij

70　COURS SOUVERAINES

Messieurs

1768 de Cambon.	1771 Palhasse de Salgues.
de Rigaud.	1782 de Laréole.
1770 de Rochefort.	

DEUXIEME CHAMBRE DES ENQUÊTES.

PRÉSIDENTS, *Messieurs*

1756 Daguin.   1766 le marq. de Fajac.

CONSEILLERS, *Messieurs*

1759 Duroc de Maurous, baron d'Orguel.	1767 de Carriere-Daufrery.
de David.	de Rabaudy.
1760 d'Auflaguel de Lasbordes.	1768 de Caumon.
1761 de Lacoste de Belcastel.	1769 de Molineri, b. de Murols.
1762 de Vailhausi.	1770 de Pouchariamet.
1763 de Reversac de Celés.	1771 de Bastard de Lafite.
1764 de Gaillard.	de Juin de Siran.
de Lassus de Nestier.	1775 de Labroue.
1766 de Paraza.	1782 Blanquet de Rouville.
de Reymond de Mauriac.	1760 de Fajole, *honor.*
	1783 de Long.

CHAMBRE DES REQUÊTES.

PRÉSIDENTS, *Messieurs*

1766 de Dolive.   1775 de Cerat.

CONSEILLERS, *Messieurs*

1756 de Rudelle d'Alzon.	1776 de Scissan de Villenouvette
1764 de Rolland.	1777 Labrousse de Veyrazet.
1768 Belmont de Malcor.	1781 de Trenqualye.
1769 de Ribonnet.	1782 Delhiot.
1771 de Lacaze, b. de Villiers.	de Lespinasse.
1776 de Cazes.	Dubuisson d'Aussonne.

CONSEILLERS HONORAIRES, *Messieurs*

1738 de Nicolas.   1760 de Villefranche.

GENS DU ROI, *Messieurs*

1779 de Rasseguier, marquis de Miremont, *avocat-général.*
1743 le Comte, marquis de Noé, *procureur-général.*
1782 de Catellan Caumont, *avocat-général.*

DE FRANCE.

GENS DU ROI AUX REQUÊTES, *Messieurs*

Chambal, *avocat du Roi.* | de Lautar, *procureur du Roi.*

GENS DU ROI AUX REQUÊTES, pour les Eaux & Forêts, *Messieurs*

1777 de Baron, *avocat du Roi.* | 1777 de Guiringaud, *pr. du Roi.*

SUBSTITUTS DE M. LE PROC. GÉNÉRAL, *Messieurs*

Salafc. | Ferrey.
Manent. | Forgues.
Fronton. | 1783 Bonnefous.

GREFFIERS EN CHEF, *Messieurs*

1758 de Morel, *civil.* | 1765 Doat, *affirmations.*
1768 Bourdes, *criminel.* | 17   Valefcure, *au souverain.*

1337. PARLEMENT DE GRENOBLE.

(*Voyez, sur son établissement, l'édit. de 1783, page 424*).

Cette Cour vaque depuis le 7 Septembre jusqu'au lendemain de la S. Martin.

GRAND'CHAMBRE.

PRÉSIDENTS, *Messieurs*

1760 de Berulle, *chev. premier.* | de Barral.
17   de la Croix de Sayve d'Or- | 1783 de Brefac.
nacieux.

CHEVALIERS D'HONNEUR, *Messieurs*

de Vachon. | de Morges,

CONSEILLERS, *Messieurs*

de Barral, *doyen.* | de Guignard de S. Prieft, *hon.*
de Pifançon, *honoraire.* | du Revol.
de Saint George, *honoraire.* | de Barral, *év. de Troyes*, *hon.*
de Moydieu, *honoraire.* | de Saufin, *fyndic.*
Dupuy de S. Vincent, *pere ; hon.* | Capin de Miribel, *hon.*
de Barin, *pere.* | de Garnier.

Messieurs

de Chaleon de Chambrier.
de Longpra, *syndic*.
de Bloflet.
de Loulle.
de Ravel de Montmiral, *clerc*.
de Vidaud d'Anthon.
de Barin, fils.
de Bourcet.
de Rocheblave, *clerc*.
de la Salcette.
du Boys.
Six charges vacantes.

TOURNELLE.

PRÉSIDENTS, Messieurs

de Vaulx.
de Montferrat.
de la Coste de Bouqueron.

CONSEILLERS, Messieurs

de Meyrieu.
d'Yze.
de Chatelard de Garcin.
Dupuy de S. Vincent, fils.
de S. George, fils.
de Meffrey de Cezarge.
de Trivio.
de Baronar.
de Berulle, fils.
Leclet.
de Vaulx.
de Vaulserre des Adrets.
d'Antour.

ENQUÊTES.

PRÉSIDENTS, Messieurs

de la Croix de Sayve d'Ornacieux.
. . . .

CONSEILLERS, Messieurs

de Malivert.
de Chabons.
d'Agoult.
de Peroufe du Viviers.
de Franquieres.
de Chevalier Diftras de Sinard.
de Vignon de Sailles.
Anglès.
de Tartonne, *clerc*.
de Chaleon de l'Albene.
de Besson.
1783 Anglancier de S. Germain.

Quatre charges vacantes.

GENS DU ROI, Messieurs

1754 Colaud de la Salcette, *conf. d'état, avocat-général.*
1771 de Berges de Moydieu, fils, *procureur-général.*
1771 de Reynault, *proc. gén. en surv. avec exercice.*
1781 Savoye de Rollin, *avocat-général.*
de la Boissiere, *avocat-général.*

DE FRANCE.

SUBSTITUTS DE M. LE PROC. GÉNÉRAL, *Messieurs*

17	Veyret.	17	Courriere.
	Chanel.		Gruau.
	Guiguer Bonnet du Molard		Imbaud.
	Joly.		....

Huit Secrétaires, dont M. Drier de la Forte est Doyen.

PARLEMENT DE BORDEAUX.

(*Voyez, sur l'établissement & le ressort de cette Cour, l'édition de 1783, page 425.*)

La clôture de ce Parlement se fait le 7 Septembre, & il rentre le 12 Novembre.

GRAND'CHAMBRE.

PRÉSIDENTS, *Messieurs*

1766	Leberthon, chev. *Premier*.	1769	Daugeard de Virazel.
1760	de Pichard.	1770	de Verthamon.
1768	Daugeard.	1777	Leberthon.

CHEVALIERS D'HONNEUR, *Messieurs*

1748	de Gombault de Rasac.	1768	de Brach de Montussan.

CONSEILLERS, *Messieurs*

1733	de Lacolonie, *doyen*.		Duluc.
1737	de Salegourde.	1757	Paty du Rayet.
1738	de Fauquier.		Delpy de la Roche.
1740	Pelet.	1759	de Chaperon de Terrefort.
1743	Pelet d'Anglade.		de Barbeguiere, *cl.*
1744	Darche de la Salle.	1762	Degeres de Loupes.
1744	Geneste de Malromé, *cl.*		Basquiat Mugriet.
1746	de Lamontaigne.		Dubarry.
1749	de Pic de Blais.	1763	de Ruat de Buch.
1752	de Navarre.		de Castelnau.
1755	de Feger, *clerc*.		

CONSEILLERS HONORAIRES, *Messieurs*

1728	Leydet.	1733	Paty de Bellegarde.
	de Licterie.		de Carriere.

Cours Souveraines

Messieurs

1736 Duval.	Duroy.
1737 de Guyonnet.	1747 de la Lande.
de Labat de Montcleyron.	1748 de Rauzan.
1738 Ghatard.	1749 de Fonteneil.
1743 Chillaux de Fieux.	1754 du Mas.
Prune du Vivier.	de Richon.
1746 de Conseil.	1765 Thilorier.

TOURNELLE.

PRÈSIDENTS, *Messieur*

1768 de Lavie.	1780 Mercier du Paty.
1779 de Spens.	....

CONSEILLERS, *Messieurs*

1749 de Marbotin.	1769 Bouquier.
1751 Daiche.	de Filhot.
1755 de Brivazac.	1776 de Lamouroux de Paren-
1756 de Larose.	puyre.
Dusault.	1777 de Laboyrie.
1757 de Loyac.	1779 Chauvet.
1760 de Jaucen de Poissac.	1780 de Castelnau Dauros.
1763 de Prune du Vivier.	1781 Lasagerdie de S. Germain.
1765 Dumas de Foubrauge.	

PREMIÈRE CHAMBRE DES ENQUÊTES.

PRÉSIDENTS, MM.

1728 de Loret.	1738 de Gourgue.

CONSEILLERS, MM.

1768 Duval.	Recqules de Poulouzat, *cl.*
de Gobineau.	1779 de Filhot de Marans.
de Meslon.	de Mothes.
de Marbotin de Conteneuil	1780 de Branc.
de Biré.	de Pic de Blais.
de Montalier de Grissac.	1782 de Peyronnet.
1770 de Raigniac.	1783 des Moulins de Masperiés.
1776 de Meslon, *clerc.*	1783 le Blanc de Mauvesin.
de Lagubat.	1785 Darblade de Scailles.

DE FRANCE. 75

DEUXIEME CHAMBRE DES ENQUÊTES.

PRÉSIDENTS, MM.

1740 de Verthamon d'Ambloy. | 1763 de Rolland.

CONSEILLERS, MM.

1763 de Lalymand.
1764 de Garat.
    Pérès d'Artaſſan.
1765 de Boucaud.
    de Minvielle.
1766 Dumas de Laroque.
1767 de Soulignac.
1767 Barret.
1768 de Laſſalle.
1769 de Conilh.

1770 Moreau de Montcheuil.
1771 Baſterot.
    Lynch.
1776 de Labat.
    Monſec de Raignac.
    Doudinot de Laboiſſiere, cl.
    de Laporte.
1780 de Bergeron.
1783 Filhot de Chimbaud.

CHAMBRE DES REQUÊTES.

PRÉSIDENTS, Meſſieurs

1759 de Sentout. | 1766 de Bienaſſis.

CONSEILLERS, Meſſieurs

1760 de Lorman.
1764 de Leydet.
1766 Cajus.
1767 Chanſeaulme de Fonroze.

1768 de la Mothe.
1777 de Latouche-Gautier.
    de Lominie.
1778 de Carriere.

GENS DU ROI, Meſſieurs

1780 de Lalande, *avocat-gén.* | 1779 Dufaure de la Jarte, *av.*
1764 Dudon, *procureur-gén.* | *général.*

A la Tournelle.

Saige, *honoraire.*

SUBSTITUTS DE M. LE PROCUREUR GÉN. Meſſieurs

Laloubie. | Montaubricq.
Riviere.

GREFFIERS EN CHEF, Meſſieurs

    La Fargue, *pour le civil.*   Dumoulin, *pour les affir-*
1783 Delpech, *pour le criminel.*   *mations.*
    Razac, *pour les requêtes.*   Comar, *pour les préſentat.*

1476. PARLEMENT DE BOURGOGNE.

(*Voyez, sur l'origine de cette Cour, l'éd. de 1783, pag. 427*).

Cette Cour prend ses vacations la veille de l'Assomption, & ne rentre que le lendemain de la S. Martin.

GRAND'CHAMBRE.

PRÉSIDENTS, *Messieurs*

1777 Legouz de S. Seine, chev. *Premier.*
Joly de Bevy.

Verchere d'Arcelot.
Perard.

CONSEILLERS D'HONNEUR, *Messieurs*

L'Ev. de Dijon, *conf. d'hon. né.*
l'Arch. d'Auch, *anc. Ev. de Dijon.*
l'Arch. de Lyon, *anc. Ev. d'Autun.*
L'Ev. de Belley.
L'Ev. d'Autun.
l'Abbé de Cîteaux, *pr. conf. né.*

CHEVALIERS D'HONNEUR, *Messieurs*

de Sennevoy.
Fontette de Sommery.

CONSEILLERS, *Messieurs*

Flentelot de Beneuvre, *doyen.*
Verchere.
Mairetet de Thorey.
de Macheco de Premeaux.
Richard de Montogey.
Begin d'Orgeux.
Girau de Vesvres.
Champion de Nansouthil.
Cottin de Joncy.
Baillyat de Broindon.

Quirot de Poligny.
Carrelet de Loisy.
Bizouard de Montille.
Micault de Combeton.
Mercier de Mercey.
de la Grange d'Æstivaux.
Godeau d'Entraignes.
1783 Foreau de Trizay.
....

CONSEILLERS HONORAIRES, *Messieurs*

le Mulier de Bressey.
Suremain de Flamerans.

Gravier de Vergennes, *maître des requêtes.*

TOURNELLE.

PRÉSIDENTS, *Messieurs*

Danthès de Longepierre.
Richard de Ruffey.

Mayneaud, *mineur.*
....

DE FRANCE. 77

CONSEILLERS, Messieurs

Maleteste de Villey.
Butard des Montots.
Filzjan de Sainte Colombe.
Barbecot de Palaiseau.
de Beuverand.
Dévoyo.
Genreau.
Raviot.
Boussard de la Chapelle.
Charpy de Jugny.

Mayneaud.
de Monterot de Beligneux.
Deforest.
Constantin de Surjoux.
Juillet de S Pierre, j.
1783 Vincent de Montarchar.
1783 Bellet de Tavernost de S. Trivier.
....
....

CONSEILLERS HONORAIRES, Messieurs

Maublanc de Martenet,
Jehannin de Chamblanc.

Perard, procureur-général.

ENQUÊTES.

PRÉSIDENTS, Messieurs

Jannon.

1783 Micault de Courbeton.

CONSEILLERS, Messieurs

Fleutelot de Marlien.
Villedieu de Torcy.
Gaultier.
Guenichot de Nogent.
Lorencher.
Cochet de Magny.
de la Loge.
de Lagoutte.
Verchere d'Arceau.

Quaré de Monay.
Brulard de Gastellier.
Mairetet de Malmont.
Duval d'Essertennes.
Guyard de Balon.
Bouthier de Rochefort.
Bastard.
1783 Vouty de la Tour.

CONSEILLERS HONORAIRES, Messieurs

Perennay de Grosbois, pr. prés. au parl. de Besançon.
Darlay.

Varenne de Lanvoy.
de la Loge.
le Mullier de Bressey.

REQUÊTES DU PALAIS.

M. Fardel de Daix, président.

CONSEILLERS, Messieurs

Barbuot.
Juillet de S. Pierre, k.

Chiquet de Champrenard.
Nadault.

Cours souveraines

Messieurs

Joleau de S. Maurice.
Balard de la Chapelle.
Venot.
André de Champlout.

Gens du Roi, *Messieurs*

1761 Colas, *avocat-général.*
1765 Perard, *procureur-général.*
1783 Poissonnier, *avocat-gén.*
Loppin de Gemeaux, *a.g.h.*

Substituts de M. le Procureur-Général, *Messieurs*

Voisin.
Driot.
Oudot.
Goüget-Delandre.
Rameau.
Dechaux.

Baudot.
1783 Gerardot.
Bebault, *honoraire.*
Malechaid, *honoraire.*
Forneion, *greffier en chef des Requêtes.*

1515. PARLEMENT DE NORMANDIE.

Rentre le 15 Novembre.

GRAND'CHAMBRE.

Présidents, *Messieurs*

1782 de Pontcarré de Viarmes, chev. *premier.*
1723 de Motteville, *hon.*
1731 de la Lande, *hon.*
1741 d'Acquigny, *hon.*
1751 Bigot.
1777 de Folleville.

Conseillers d'honneur nés, *Messieurs*

le D. de Harcourt, *gouv.*
le cardinal de la Rochefoucault, *arch. de Rouen.*
l'abbé de S. Ouen.
le marq. de Pont S. Pierre.

Conseillers, *Messieurs*

1729 de Bournainville, *doyen.*
1728 de Geffosse, *hon.*
1732 de Bellegarde.
1733 d'Hatanville, *hon.* du Villers.
1734 de Doublemont.
1737 du Fossé.
1739 le Couteulx, *hon.*
1741 de Reuville, *hon.*
Pigou, *hon.*
1742 Desmaretz, *hon.*
Guyot, *hon.*
de Ranville.
1744 de Sainte-Honorine, *hon.*

DE FRANCE.

Messieurs

Duhoulley, *hon.*
1745 Guenet de S. Just, *hon.*
1746 de Neuvillette, *hon.*
1747 Depommare de Gouy.
1748 de Combon.
1749 le Boullenger.
    de Dampierre.
1750 le Danoys, *cl.*
1751 le Danoys des Essarts.
    Mouchard.
1754 de Bolconte.
1755 Bonnel.
    de Beaumets.

1756 de Vaubadon.
    d'Oissel, *hon.*
1757 de S. Germain.
    le Barbier, *cl.*
1758 de Bonissent.
    de Coltot.
    Douessey.
1760 de Guichainville.
1764 de la Cauviniere, *cl.*
1766 de Ruallem, *cl.*
1767 Dasnieres, *cl.*
    Aleaume, *cl.*
    de Beaunay.

TOURNELLE.

PRÉSIDENTS, *Messieurs*

1763 de Pommereu, chev. de l'ordre de Malte.
. . . .

Six conseillers de la grand Chambre, six de la premiere des Enquêtes, & six de la deuxieme.

PREMIERE DES ENQUÊTES.

PRÉSIDENTS, *Messieurs*

1770 Desneval.   1776 de Bailleul.

CONSEILLERS, *Messieurs*

1767 de S. Victor, *doyen.*
    Menard.
    de la Cour, *cl.*
    du Boctheroulde.
    Danneville.
    Pavyot.
    du Fayel.
1769 de Fresquene.
    de Létanville.
1775 Grisy.
    de Vatimesnil.
    de Moy.
    de Breteuil.
    d'Arantot.
    de Cairon, *cl.*

1776 Laubriere.
1777 de Bouville.
1778 d'Aubermesnil.
    de Fumechon.
1779 Troterel.
    Couvert de Coulons.
1780 de Villequiers.
    de la Heuse.
    de Coquereaumont.
    de Vaudetard.
1781 des Essarts, *cl.*
    de Courteille.
1782 Pipercy de Marelle.
1783 le Vavasseur.
    le Roux des Troispierres.

Cours souveraines
Deuxieme des Enquêtes.

Président
1775 M. de Sommefnil.

Conseillers, *Messieurs*

1762 de Thibouville, *doyen.*
1758 de Bestengles, *hon.*
1763 de Blosseville, *hon.*
1765 Douesy.
     Duval de Brunville.
     de Triqueville.
1766 Hays de la Motte.
     de S. Quentin.
1768 Herambourg.
     de Prémagny.
     Dyel de Limpiville.
     de Chailloué.
1768 Marescot, *hon.*
1769 de la Croix, *cl.*
1770 d'Hugleville.
1771 Dauvers.

1775 de Beaumont.
     d'Epreville.
     de Fontaines.
1777 Hottot.
     des Roys.
1778 de Combon.
     de Masseron.
1780 Cromot de Fougy.
     de Crevecœur.
     de Melmont.
     de Bosmelet.
     de Corneille.
1781 de Boisville.
1782 de Benouville.
1783 Gueroult Dumestillon.
     Bezuel.

Requêtes.

Présidents, *Messieurs*

1781 de Bourville.   1781 de la Granderie.

Conseillers, *Messieurs*

1758 Alexandre, *doyen.*
1759 de Chenilly.
1769 de Logerot.
     de Gressent.

     de Captot.
1779 de la Cauviniere.
1782 Crout de Metillon.
1783 Bertout de Forbany.

Gens du Roi, *Messieurs*

1763 Grente de Grecourt, *avocat général.*
1765 de Belbeuf, *procur. gén.*

1775 de Belbeuf, fils, *av. gén. & proc. gén. en surv.*
     Breant, *greffier en chef.*

PARLEMENT

1501. PARLEMENT DE PROVENCE.

GRAND'CHAMBRE.

PRÉSIDENTS, *Messieurs*

1744 des Galloys de la Tour de Glené, chev. intend. & *premier*.

de Grimaldi de Regusse, *hon.*
de Bruny d'Entrecasteaux, *hon.*
de Thomassin de Peinier, *hon.*
de Thomassin de Peinier.
de Bruny d'Entrecasteaux.

d'Arbaud de Jouques.
de Cabre.
de Fauris de Noyer, *en surv.*
de Bruny d'Entrecasteaux, *surv.*

CONSEILLERS, *Messieurs*

de Barrigue de Montvalon.
d'Arnaud de Nibles, *hon.*
de Gautier du Poet, *hon.*
de Galiffet du Tolonet, *hon.*
Dupuy de la Moutte, *hon.*
de Trimond de Puymichel, *hon.*
de Pazery de Thorame.
de Morel Villeneuve de Mons.
de Gras.
de Benault de Lubieres.
d'Isoard de Chenerille.
d'Alpheran de Bussan, *hon.*
de Cymon de Beauval.
de S. Jean, *hon.*
d'Orsin de Miraval.

d'Estienne, *hon.*
Curiol de Mirabeau, *hon.*
de Meyronnet de Châteauneuf, *h.*
de Meri de la Canorgue.
de Payan de S. Martin.
d'Arnaud de Vitrolles.
d'Estienne de Bourguet.
de Camelin, *hon.*
de l'Isle, *hon.*
de Bouchet de Faucon.
de Raousset de Vintimille.
de Nicolay.
de Perier.
de Martini de S. Jean.
de Fortis.

TOURNELLE.

PRÉSIDENTS, *Messieurs*

de Ballon de S. Julien.
de Meyronnet de S. Marc.
de Franc.
du Pignet Guelton.
de Souchon d'Espreaux.
de Ravel des Crottes.
de la Boulie.
de Cadenet de Chasteval.
de Robineau de Beaulieu.

de Queylar.
de Meyronnet de S. Marc.
le Blanc de Castillon.
de Bonnet de la Beaume.
de Fabry Borrilly.
Boyer de Fouscolombe.
d'Audibert de Ramatuelle.
d'Hesmivy de Moissac.
de Gautier du Poet.

F

ENQUÊTES ET EAUX ET FORÊTS.

PRÉSIDENTS, *Messieurs*

d'Arlatan de Lauris. 		de Bruny de la Tour-d'Aigues.

CONSEILLERS, *Messieurs*

de Pazery de Thorame.
d'Allard de Néoules.
d'Alphetan de Buſſan.
d'Eſpagnet.
de l'Iſle Grand-Ville.
Marc de Franc.
d'Eſtienne du Bourguet de Saint-Eſteve.
de Garidel.
de Barrigue de Fontainieu.

de Bonnet de la Baume, *cl.*
de Lyon de S. Ferreol.
d'André de Bellevue.
de Boiſſon de la Salle.
de Lordonné.
d'Hermitte de Maillane.
Rambaud Decolla de Pradines.
d'Arquier de Beaumelles.
de Bernardy de Valernes.

CHAMBRE DES REQUÊTES.

M. d'Arlatan de Lauris, *président.*

CONSEILLERS, *Messieurs*

de Pazery de Thorame.
d'Allard de Néoules.
d'Alpheran de Buſſan.
d'Eſpagnet.

d'Eſtienne du Bourguet de Saint-Eſteve.
de Boiſſon de la Salle.
d'Hermitte de Maillane.
d'André de Bellevue.

GENS DU ROI, *Messieurs*

1775 de Maurel de Mons de Caliſſane, *avocat général.*
1740 le Blanc de Caſtillon, *procureur général.*
1775 d'Eymar de Montmeyan, *avocat général.*
1776 de Magalon de Valdardonne, *avocat général.*

Nota. Nous avons placé les Officiers de cette Cour, d'après la diſtribution du 11 Novembre 1782; nous y avons ſeulement ajouté M. de Fortis, reçu en 1783.

1553. PARLEMENT DE BRETAGNE.

(*Voyez sur l'origine de ce Parlement l'édit. de 1783, p. 432.*)

Cette Cour vaque depuis le 24 Août, jusqu'au lendemain de la S. Martin. La Chambre des Vacations qui remplit cet intermédiaire cesse le 17 Octobre.

PRÉSIDENTS, *Messieurs*

1777 du Merdy de Catuelan, chev. *premier*.
1750 de Robien.
1756 de Farcy de Cuillé.
1775 le vic. de la Houssaye.
     de Marniere de Guer.
1776 de Talhouet de Boisorhan.
1779 du Merdy de Catuelan fils.

CONSEILLERS, *Messieurs*

1735 de le Galle de Cunffiou de Menoray.
1737 Charette de la Gacherie.
1738 Grimauder de la Marche.
     Picquet de Montreuil.
     Malo de Guerry.
1739 de Talhouet de Bonamour.
     Puzenou de Kersalaun.
     Angier de Loheac.
1740 de Guiny de la Bourdelaye.
1744 de Ravenel de Bois Teilleul
1746 Dufrêne de Virel.
     de la Bourdonnaye de Blossac.
1748 du Bois Baudry.
1750 de Farcy de Muée.
     de Lantivy du Rest.
     Jouneaux du Breil-Houssoux.
1752 de Lespronniere de Vritz.
1755 de Moëllyen.
1756 Trouillet de la Bertierre.
     de Kergariou.
     de la Bourdonnaye de Liré.
1759 Dupont des Loges.
     Mesnard de Touchepres des Noyers.
1760 Feron du Chêne.
1763 Charette de la Coliniere.
     de Cornullier de Luciniere.
     Bonin de la Villebouquais.
1764 Morel de la Motte.
1770 de Vay de la Fleuriais.
1771 Kermarec de Trautout.
1775 de Guerry fils.
     Farcy de Pontfarcy.
     Martin du Boistaillé.
     Rousseau des fontenelles.
     de Farcy de S. Lorens.
     le Nepvou.
     Fournier de Trelo.
     de Rosnyvinen.
     Hulin de la Fresnais.
     de Combles.
1776 de Caradeuc de la Chalotais fils.
     du Matz.
     de Ruays.
1777 du Verdier de Genouillac.
     de Ravenel de Boisteilleul fils.
     le Gonidec de Traissan.
     de Kerguz de Tioffagan.
1778 Feron du Quingo.

Messieurs

- 1778 le Gouvello du Timat.
- Colin de la Biochais.
- de Boispean.
- 1779 de Chateau Briand de Combourg.
- du Boueriez.
- de la Bintinaye.
- du Couedic de Kergoulaher.
- 1780 de Lezguern de Kerveatoux.
- de la Nouë de Bogar.
- de Charbonneau.
- de Lyrot de Montigné.
- 1781 Espivent.
- du Merdy de Catuelan fils.
- de Coutaudon.
- du Bois de la Feronniere.
- 1782 Henyant de la Tumblais.
- 1783 de Poulpiquet du Halgouet.
- 1783 de Goyon du Taillis.
- Hue de Montaigu.
- de la Foret d'Armaillé.

GENS DU ROI, *Messieurs*

- 1775 du Bourblanc de Kermanach, *avocat général.*
- 1779 Loz de Beaucours, *avocat général.*
- 1764 de Caradeuc, *procureur général.*
- 1752 de Caradeuc de la Chalotais, *procureur général en concurrence & survivance.*

SUBSTITUTS DE M. LE PROC. GÉNÉRAL, *Messieurs*

Brossays Duperray.
Lucas de Montrocher.
Aumont.

GREFFIERS EN CHEF, *Messieurs*

- Picquet de Boisguy, *pour le civil.*
- Maisonneuve, *pour le criminel.*
- Vatar de la Mabilais, *aux Enquêtes.*
- 1783 Sauveur, *aux Enquêtes.*
- de la Chapelle Hamart, *aux Enquêtes.*
- Dufresne, *garde sacs.*
- Le Favre de la Cormerays, *pour les présent. & les affirm.*

1620. PARLEMENT DE NAVARRE.

Nous avons dit, à la pag. 433, de l'édit. de 1783, que le Parlement de Navarre, qui a succédé au Conseil Souverain de Bearn, fut établi sur les débris de la *Cour majoure.* C'est une erreur que M. de Bordenave, procureur général en cette Cour, a eu la bonté de nous faire appercevoir. La Cour majoure, dit ce magistrat, l'un des plus savans & des plus éclairés du royaume, n'a jamais été supprimée, quoique le gouvernement ne juge pas à propos de l'assembler. Elle étoit autrefois composée de tous les gentilshommes relevant du vicomte de Bearn qui avaient à leur tête, après le seigneur, les évêques de la province. Ce n'était pas une jurisdiction ordinaire. Les juges du Bearn étaient les jurats de chaque lieu. Il y a entr'eux des degrés de jurisdiction, & il y avait des jurats supérieurs devant lesquels les affaires étaient souverainement terminées, à moins qu'il ne fût question de l'état des personnes, *Cap-d'Homy*, ou que les jugements ne fussent attaqués, sous prétexte d'infraction à la coutume, ou de corruption des juges; & alors il y avait appel à la Cour majoure. En 1220, Guillaume-Mathieu, vicomte de Bearn, par un acte passé devant la Cour majoure & de son consentement, transporta à douze principaux seigneurs de Bearn tous les droits de jurisdiction de la Cour majoure. Appellés aujourd'hui Barons de Bearn, ils étaient dans le commencement jurats de la Cour majoure. En 1519, Henri II d'Albret, vicomte de Bearn, créa le Conseil Souverain de Bearn pour les affaires civiles; en 1547, une autre Chambre, d'abord étrangere au Conseil, pour le criminel, & en 1520, la Chancellerie de Navarre. Par un article de l'Edit de 1519, inséré dans la nouvelle coutume de Bearn, il fut dit que les Sentences qui seraient rendues par le Conseil Souverain, termineraient définitivement les affaires, nonobstant l'appel à la Cour majoure. Cet article rendit dès lors celle-ci inutile; & depuis cette époque elle a cessé ses fonctions. Il n'y a cependant jamais eu de loi qui l'ait supprimée, & elle subsiste toujours dans la personne des évêques & des dix anciens barons des Etats.

Le Parlement de Navarre prend ses vacations le 1 Septembre jusqu'au 1 Décembre.

PRÉSIDENTS, *Messieurs*

1778 Gillet de Lacaze, consl. en 1760, en surviv. avec M. son pere en 1763, chev. *premier.*	de Mesplez, consl. en 1744.
	1757 de Charitte, consl. en 1750.
	1763 d'Abbadie, consl. hon. au parlem. de Paris.
1748 d'Esquille, consl. en 1739.	1776 de Jasses.
1751 de Duplâa, consl. en 1742.	1781 de la Fitole.

CONSEILLERS D'HONNEUR, *Messieurs*

1763 de Noé, évêq. de Lescar.	1769 Coüet du Vivier de Lorry, évêq. de Tarbes.
1742 de Revol, évêq. d'Oleron.	

Cours Souveraines

Chevaliers d'honneur, Messieurs

1758 de Nays, marq. de Caudau.
     le baron de Navailles Pœyferré.

Conseillers, Messieurs

1733 de Dombidau, *doyen.*
1734 de Domec.
1748 de Belloc.
     de Mofqueros.
     de Perpigna.
1751 Fraifche-Moilanne.
1752 de Courreges-Agnos.
     de Sajus.
1753 de Cheraute.
1755 de Saint-Saudenx.
     de Fanget.
     de Laffale.
1756 d'Artiguelouve.
1760 Cafaucau Leduix.
1761 Dombidau-Crofeilhes fils.
1762 de Nogues-Gerdereft.
     du Poey.
     de la Fargue.
     d'Arret.
1763 de Parage.
1764 d'Izès.
     de Livron Efpalungue.
1776 de Charitte, *cl.*

de Gairoffe.
de Salettes.
de Bois-Juzan.
de Logras.
d'Efquille, fils.
de Belloc, fils.
de Dupláa, fils.
d'Augerot.
de Larrabere.
de Hiton, *cl.*
1778 de Peich.
     Darripe-Larecaube.
1779 de Lefcar.
     d'Eftandau.
     de Lalanne.
     de Day-Garderes.
     de Bordenave-Abere.
1780 de Bedouich.
1782 de Lorman.
     de Parage, fils.
1783 de Nays Candau.
. . . .

Gens du Roi, Messieurs

1775 d'Eliffalde, *avocat général.*
1778 de Bordenave, conf. en 1760, *procureur général.*
1776 de Faget-Baure, *avocat général.*

Substituts de M. le Procureur général, Messieurs

de Trefarriu.
de Menvielle.

de Cafaubon.
de Mofqueros.

Greffier en chef, Messieurs

1763 d'Augerot-Sedze.

1633. PARLEMENT, CHAMBRE DES COMPTES, COUR DES AIDES ET FINANCES DE METZ.

(*Voyez sur ce Parlement l'édition de 1783, pag. 735.*)

Rentre le 5 Novembre.

PRÉSIDENTS, *Messieurs*

1783. Hocquart, chev. *premier.*
1749 du Tertre.
1754 de Chazelles..........
1755 de Bongars.
1780 Goussaud.
     de la Salle.
1781 Raillard de Grandvelle.
....

CONSEILLERS D'HONNEUR NÉS, *Messieurs*

1762 de Montmorency Laval, *évêque de Metz.*
1776 Desmichels de Champorcin, *évêque de Toul.*
     Desnos, *évêque de Verdun.*
1759 le comte de Fouquet, *lieutenant de la province.*
.... *gouverneur.*
.... *abbé de Gorze.*
.... *abbé de S. Arnoult.*

CONSEILLERS D'HONNEUR, *Messieurs*

1765 Mathieu de Montholon.
1767 Fr. de Montholon.
1781 de Boucheporn.

CONSEILLERS CHEVALIERS D'HONNEUR, *Messieurs*

1728 le Vayer.
1776 de Pasquier de Fontenoy.

CONSEILLERS, *Messieurs*

1727 de Saint-Blaise, *doyen.*
1733 de Blair.
     Martin de Julvécourt.
1736 Besser.
1739 Ancillon de Cheuby.
     Devaux.
1740 Ancillon de Jouy.
1745 Liabé.
1747 Royer.
1748 Faure de Fayole.
1749 Darancy.
1750 Cabouilly.
1752 Ganot.
1753 de Cheppe.
1755 de Saintignon, *cl.*
1756 Jobal, *cl.*
1758 le Comte.
     de Laubruffel.
1759 Goussaud de Montigny.
1760 Beausire.
1761 Durand.
     Crevon de Mericourt, *cl.*

F iv

Messieurs

1764	Poutet.		Hollande de Colmy.
	de Cheppi de Morville.		Rœderer.
1765	Goullet.		Lanty.
1770	de Brazy.	1781	Guerrier.
1776	Paliçau de Veymerange.		Geoffroy.
	Ancillon d'Aveu.		Jacobé de Frémont.
1777	le Seillier de Chefelles.		de Julvécourt, fils.
	Blaife de Roferieulles.		Moutier.
1778	Jeannot.	1783	Jobal, *cl.*
1779	d'Alnoncourt de Ville.		de Hauffen de Veidesheim.
	Barbé de Marbois.		de Chazelles.
1780	d'Alnoncourt.		

Gens du Roi, *Messieurs*

1780 Foffey, *avoc. gén.* .... *avoc. gén.*
1770 Lançon, *proc. gén.*

Substituts de M. le Proc. Général, *Messieurs*

Rœderes, *doyen.*	Bernard.
Reinier.	Collin.
Marchal.	Loiette de Morange.

Greffiers en Chef, *Messieurs*

Collignon, *pour le civil.*   Guy d'Epenoux, *pour le crimin.*

Correcteurs des Comptes, *Messieurs*

1771 Menufier.   1779 de l'Orme.

Auditeurs des Comptes, *Messieurs*

1763 Reignier d'Araincourt.   1777 Grandjean.
1764 Chambrun de Dunloup.   1780 Joffrenot de Montlebert.

1422. PARLEMENT DE BESANÇON.

(*Voyez sur l'origine de ce Parlement l'édit. de 1783, p. 437.*)

Cette Cour vaque, depuis le 7 Septemb. jusqu'au 12 Novemb.

GRAND-CHAMBRE.

PRÉSIDENTS, Messieurs

1761 Perrenney de Grosbois, chev. *premier.*
1779 Perrenney de Grosbois, fils, *en surviv.*
1771 Boquet de Corbouzon.
1782 le Bas, marq. de Bouclans.

CHEVALIERS D'HONNEUR, Messieurs

le comte d'Udressier. | le comte de Montrevel.
le prince de Bauffremont. | le marq. de Broissia.

CONSEILLERS, Messieurs

1740 le m. de Franchet, *doyen.* | 1775 Oyselet de Legnia.
1742 Alviset. | 1764 Frere de Villefrancon.
1741 Domet. | 1766 Roussel.
1742 Boudret. | 1776 Pajot de Gevingey. ✱
1749 Doyen de Laviron. | 1777 Huot de Charmoille, cl.
1743 Maire de Boulignez. | de Voisey.
1747 Broquard de Bussieres. |

HONORAIRES, Messieurs

le comte de Mouret, *prés.* | Reud de Purgerot.
le marquis de Chappuis, *prés.* | Vaudry de Poupet.
le marq. de Grammont de Viller- | le marq. de Camus.
   sexel, *consf. d'h.* | Caboud de S. Mare,
Coquelin de Morey. | Pusel de Servigney.
Tinseau de Gennes. | Hugon.
Tinseau de Morre. | Arnoux de Pirey.

CHAMBRE DE LA TOURNELLE.

PRÉSIDENTS, Messieurs

1756 le marq. de Camus.   1771 le marq. de Chaillot.

CONSEILLERS, Messieurs

1748 Courlet de Boulot.	1765 Tinseau.
1749 Willeret de Brotte.	1775 Sanderet.
1753 Coquelin de Morey.	1776 d'Orival de Miserey.
1757 Riboux.	1776 Pourtier de Chaussenne.
1764 Damey de S. Bresson.	1777 Seguin.
1764 Foillenot de Magny.	1778 Calf de Noidans.
1764 Brody de Charchillat.	

CHAMBRE DES ENQUÊTES.

PRÉSIDENTS, Messieurs

1760 de Santans-Terrier.   1771 le c. de Marechal-Vezet.

CONSEILLERS, Messieurs

1752 Marrelier de Verchamps.	1768 de Saint-Vandelin.
Faure, hon.	1769 de Masson de la Breteniere.
de Mongenet, hon.	1775 Maire de Boulignez.
Mareschal, hon.	1777 Jannot de Courchaton.
Maire, hon.	1778 Joly de Mantoche.
1756 Quegain de Voray.	1778 Faivre du Bouvot.
1761 Tharin.	1780 Domet de Vorges.
1771 Morel de Thurey.	1783 Simon Désiré Amey.
1765 Dunod de Charnage.	

CHAMB. SOUV. DES EAUX ET FORÊTS ET REQUÊT.

PRÉSIDENTS, Messieurs

1762 de Chappuis de Rozieres. 1764 d'Olivet, baron de Choix.

CONSEILLERS, Messieurs

1766 Varin du Fresne.	1781 Mareschal de Charantenay.
1765 Droz.	1782 Broquard de Bussieres.
1778 Arnoux de Pircy.	1782 Hugon d'Hugicour.
1780 de Camus.	1782 Marrelier de Verchamps.
1780 de Mesmay.	1782 Faviere de Charme.
1781 Calf de Noroy, cl.	1783 Droz.

GENS DU ROI, Messieurs

1758 Bergeret. avoc. gén.	1778 Bouhelier.
1760 Doroz, proc. gén.	1781 marquis de Tallenay,
Rochet de Fraine, av. g. h.	avoc. gén.

DE FRANCE.

SUBSTITUTS DE M. LE PROC. GÉN., *Messieurs*

1764 Marguet de Montmarlon.
Jacquot de Merey, *hon.*
Grangier, *hon.*
1764 Perroux.
1768 Humbert.

1778 Willequez.
1777 Seguin, *greffier en chef.*
1776 Caubet de Montuffaint, *greffier en chef.*
Pourcherefle, *hon.*

Nota. *Nous avons placé les officiers de cette Cour, d'après la répartition faite en Novembre 1782.*

1686. PARLEMENT DE FLANDRE.

(*Voyez, sur l'origine de ce Parlement, l'édit. de 1783, p. 439*).

Les grandes vacances de cette Cour durent depuis le 15 Août jusqu'au 3 Novembre.

Nota. *Comme nous n'avons pu nous procurer la date de la réception de chacun de MM. les Officiers qui composent cette Cour, nous ne doutons pas que nous n'ayons souvent interverti l'ordre qui devrait subsister entre eux.*

PRÉSIDENTS, *Messieurs*

1781 de Polinchove, ch. *Prem*
17 Maleteau.
    Dupont de Castille.

de Francqueville d'Inielle.
de Forest.
de Buffy.

CHEVALIERS D'HONNEUR, *Messieurs*

17 de Quellerie de Chanteraine.

le marquis de Creny,
le baron de la Grange.

CONSEILLERS, *Messieurs*

17 Eloy, *doyen.*
Remy d'Elvin.
Wacrenier.
le comte de la Viefville.
Van Rode.
le Boucq.
de Ranft, *clerc.*
Plaifant du Château.
Vandermefch.
de Warenghien de Flory.

de Ranft de Berchem.
Delevigne d'Ewaerders.
de Bergerand.
Maleteau de Guerne.
Merlin du-Vivier.
de Wery.
Remi Desjardins.
de Francqueville de Bourlon.
Durand d'Elecourt.

Cours-Souveraines

Messieurs

Lenglé.
Gillaboz.

de Francqueville.
1783 de Taffin.

Gens du Roi, *Messieurs*

1780 Bruneau de Beaumetz, *a. g.* | 1777 de Castule, *proc. gén.*

Substituts de M. le Procureur-Général, *Messieurs*

17 le Fevre. | Lanquelein.

M. Leploge, *Greffier en chef.*

1775. PARLEMENT DE NANCI.

Cette Cour vaque depuis le 25 Août jusqu'au premier Lundi ou Jeudi d'après la S. Martin.

Présidents, *Messieurs*

1767 de Cœurderoy, ch. *Prem.*
de Vigneron.
de Sivry.
Doré de Crepy.

de Perrin.
de Vigneron de Lozanne.
l'abbé comte de Rouvrois
& de Couffey, 1 Pr. hon.

Conseillers Prélats, *Messieurs*

de la Tour du Pin Montauban, *évêque de Nanci.*
Desmichels de Champorcin, *évêque de Toul.*
de Chaumont de la Galaisiere, *évêque de S. Diez.*
de Mahuet de Lupcourt, *grand doyen de l'église primatiale.*

Conseillers Chevaliers d'Honneur, *Messieurs*

le maréchal prince de Beauveau. | ....
.... |

Conseillers, *Messieurs*

le Duchat d'Aubigny, *doyen.*
Sallet.
Pagny.
de Millet de Chevers.
le Goux de Neuvry.
Simonin.

Cachedenier de Vassimon.
de Maurice.
Rouot de Flin.
de Marcol de Manoncourt.
Besser.
Gerard d'Hannoncelles.

DE FRANCE.

Messieurs

de Benamenil.
Garaudé.
Colin de Benaville.
de Vulment.
le Febvre.
d'Ubexi.
de Bazelaire de Saulcy.
de Bonneville, *clerc.*
de Bouvier de Rouvcrois.
Brunet de Cramilly.
Regnault d'Irval.

de Rogeville.
Roxard de la Salle.
Beyerlé.
de Fisson du Montet.
Anthoine, *clerc.*
Michelet de Vatimont.
de Marcol.
de Bouteiller.
du Bois de Riocour.
de la Morre de Savonnieres, honoraire.

GENS DU ROI, *Messieurs*

1757 de Marcol, conf. d'Etat, procureur-géneral.
1778 Collenel, avocat-général.
1779 Charvet, *avocat-général.*
1780 de Chaumont de la Milliere, *av. gén. hon.*

SUBSTITUTS DE M. LE PROC. GÉNÉRAL, *Messieurs*

Mallarmé, *doyen.*
Pierre, *vétéran.*
Prugnou, *vétéran.*
Foller, *vétéran.*
Gaucher, *honoraire.*
Franchet-Villeneuve.
Guillaume.

Riston.
Marizien.
Prugnon.
de Vigneron.
de Roguier, *surnuméraire.*
Fourier d'Hincourt, *surnum.*

GREFFIERS EN CHEF, CIVILS ET CRIMINELS, *Messieurs*

Brouet.
Beurard.

Beurard, fils, *en survivance.*

CONSEILS SUPÉRIEURS.

1657. CONSEIL D'ALSACE.

(*Voyez*, sur la naissance de cette Cour souveraine, l'éd. de 1783, page 442).

Cette Cour vaque depuis le 29 Septembre jusqu'au Jeudi d'après la S. Martin.

Cours Souveraines

Présidents, *Messieurs*

1776 le baron de Spon, chev. Premier.
1768 de Salomon.
1747 de Salomon, *honoraire*.

Conseill. Chev. d'Honneur d'Eglise, *Messieurs*

1759 Bourste, *abbé de Pairis*.
1778 Dreux, *abbé de Neubourg*.

Conseill. Chev. d'Honneur, d'Épée, *Messieurs*

1765 le baron de Chauenbourg de Herlisheim.
le baron de Reinach de Wert-Uttenheim.
1774 le baron de Landemberg de Wagenbourg.
1777 le baron de Reinach de Hirtzbach.
1757 le baron de Landenberg d'Illzach, *honoraire*.

Cons. de la Première Chambre, *Messieurs*

1747 Holdt, *doyen*.
1750 Poujol.
1755 de Boisgautier.
de Münck.
1748 Bruges.
1761 de Salomon.

1767 Peirot, l'aîné.
1769 Payen de Montmor.
1771 Queffemme.
1774 Gerard, *clerc*.
1781 de Rocque.

Seconde Chambre, *Messieurs*

1755 Krauss.
1764 de Michelet.
1766 François.
1768 Perrot, le jeune.
1770 Golbery.

1772 Weinemmer.
Demougé.
1774 de Boug.
1777 Atthalin.
1781 de Zaiguelius.

Cons. Hon. ayant séance à la première Chambre, *Messieurs*

1723 Müller.
1729 Gobel.
1743 Scheppelin.

de Regemorte.
1732 de Zaiguelius.

Gens du Roi, *Messieurs*

1759 Loyson, *av. gén.*
1774 Herman, *proc. gén.*

1770 Müller, *avocat gén.*
1754 Neef, *proc. gén. hon.*

Substituts de M. le Proc. général, *Messieurs*

1765 Meinrad Goëhlin.
1766 Schoff.

DE FRANCE.

GREFFIERS EN CHEF, *Messieurs*

1773 Hürt. 1780 Callot.

1660. CONS. SOUV. DU ROUSSILLON.

(*Voyez, sur l'origine & la compétence de cette Cour, l'édit. de 1783, pag. 444*).

Rentre le 12 Novembre.

PRÉSIDENTS, *Messieurs*

1774 de Malartic, comte de tricoux, ch. *Premier.*
1751 Cairol de Madaillan.
1778 d'Anglade.
  Raymon de Copons del Plor.

CONSEILLERS D'HONNEUR, *Messieurs*

1768 de Cardevac de Gouy d'Havrincour, évêque d'Elne, *cons. d'honneur né.*
1779 de la Combe de Monteil, *grand archid. du Roussillon.*
1781 d'Agay, *év. de Canope, & coadj. de Perpignan.*

CONS. CHEV. D'HONNEUR, *Messieurs*

1777 de Pagès de Copens.
  d'Orrassa.
  de Cappot, *ci-dev. avocat-général.*

CONSEILLERS, *Messieurs*

1757 de Gispert, *doyen.*
1758 de Cazes.
1766 de Cappot.
1774 de Bonnet.
1776 de Balanda, *clerc.*
1777 Després.
1781 de Collaris.
  Tardiu de Viladonnar.
  Pailhoux de Cascastel.

CONS. TITUL. ET SURNUM. *Messieurs*

1765 de Bon.
1774 de Pons.
1782 de Vilars.

CONSEILLERS HONORAIRES, *Messieurs*

1777 Després.
1781 d'Esteve.
1782 de Collaré.
  Pailhoux de Cascastel.
1775 d'Arignan.
1778 Costa.
1779 Terrat Pellisser.
1781 de Gispert.

Gens du Roi, Messieurs

1765 de Lucia, *av. gén.*
1762 de Vilar, *proc. gén.*
1779 de Noguer d'Albert, *av. g.*

1773 de Blay Gispert, proc. du Roi en la chambre du Dom. *av. gén. hon.*

Substituts de M. le Proc. gén. Messieurs

1779 Jaume.   1780 Blay.

Greffier en chef,

1750 M. de Roumiguieres, *avocat-général honoraire.*

1530. CONSEIL PROVINCIAL D'ARTOIS.

(*Voyez, sur l'origine de ce Conseil, l'édit. de 1783, p. 445*).

Les vacations de cette Cour sont depuis le 16 Août jusqu'au 2 Octobre.

Présidents, Messieurs

1752 Briois, chev. *Premier.* | de Madre.

Chevaliers d'honneur, Messieurs

le Sergent d'Hendecourt.
Wattier d'Aubincheul.

Bataille, *honoraire.*

Conseillers, Messieurs

Delassus, *doyen.*
Thiebault.
Rouvroy de Libessart.
Leroy d'Hurtebize.
Dourlens.
Hemart.
Vaillant, *garde des sceaux.*
Maurant des Maretz.

Thellier.
Lemaire.
Audefroy.
Saladin de Terbecque.
Watelet de la Vinelle.
le Febvre de trois Marquets.
Masse de la Frenoy.
Gosse de Louez.

Conseillers honoraires, Messieurs

Dambrines.
de Bondus.
Merlaud.

Wartel.
Stoupy.
Scorion.

GENS DU ROI, *Messieurs*

1761 Foacier de Ruzé, *av. gén.* | 1764 Enlart de Grandval, *pr. g.*

SUBSTITUTS DE M. LE PROC. GÉN. *Messieurs*

de la Haye d'Hennin. | Briois, *surnuméraire.*
Denair de Camblignœuil. |

M. Develle, *greffier en chef civil & criminel.*

1768. CONSEIL SUPÉRIEUR DE CORSE.

PRÉSIDENT,

1773 M. Dangé, *chev. Premier.*

CONSEILLERS, *Messieurs*

1768 Baude, *doyen.* | des Lavieres.
Pietrasancta. | Christofari.
Stefanini. | Boucatchampe.
Morelli. | Massey.
Roussel. | 5

GENS DU ROI, *Messieurs*

1768 Guyot, *avocat & procureur-général.*
1773 Coster, *avocat-général.*
1768 Seguin, *greffier en chef, civil & criminel.*

CHAMBRES DES COMPTES.

(*Voyez, sur ces Cours, l'édition de 3783, p.* 449).

CHAMBRE DES COMPTES DE PARIS.

Rentre le 10 Octobre.

PRÉSIDENTS, *Messieurs*

1768 Nicolaï, *chev. Prem.* | 1762 de Paris la Brosse.
1745 Florimond Fraguier. | 1766 Mallet de Trumilly.
1750 de Salaberry. | 1768 le Pileur de Brevannes.

Messieurs

1768 Masson de Meslay.
    de Vin de Fontenay.
1770 le Boulanger.
1772 de Chavaudon de Ste Maure.
1773 le Mairat.
1775 Perrot.
1782 Bertin.

Présidents honoraires, *Messieurs*

1731 Nicolaï, ch. pr. *Préf.*
1747 Dumetz de Rosnay.

Conseillers Maîtres, *Messieurs*

1724 le Clerc de Lesseville, *doy.*
1733 le Boulanger.
1737 Péan de Mosnac.
1738 Esprit.
1742 de Heman.
1743 Gohier de Neuville, *auditeur.* 1735.
1744 Hariague.
    le Normand de la Place.
    Davy de Chavigné.
1745 Clement de Boissy.
1746 Remi, *audit.* 1742.
1747 de la Croix.
1748 Cassini de Thurg.
1749 Bizeau.
    Cousinet, *audit.* 1741.
1750 Blanchebarbe de Grandbourg.
1754 d'Alizé de Saint-Cyran.
1755 Legrand Devaux.
1758 Nigot de Saint-Sauveur.
1759 le Boullenger de Capelles.
    Moreau de Verneuil.
    le Long.
1761 Roger de Vadencourt, *correcteur.* 1757.
1763 Puy de Verine, *correct.* 1750.
    Bauldry, *aud.* 1762.
1764 de Bonardi.
    de Joguet.
1766 Lourdet, *aud.* 1757.
    le Long de Meray.

Lourdet de Santerre, *aud.* 1759.
1767 Huez de Pouilly.
1768 Moron.
    de Robillard, *aud.* 1755.
1770 de la Salle.
    la Porte.
    Griffon.
    Langlois, *audit.* 1746.
    Guyhou de Montlevaux, *aud.* 1759.
1771 Valleteau de la Fosse, *aud.* 1767.
1772 Amyot, *aud.* 1768.
    le Normand de la Place.
    Cavé d'Haudicourt, *aud.* 1766.
    Brillon de Saint-Cyr, *aud.* 1764.
    le Blanc de Chateauvillard, *chev. de S. Louis.*
1773 Daguin.
    Clément de Ste Pallaye.
    le Clerc.
1774 Henin.
    Barckhas, *correct.* 1763.
    Monginot.
    Brillon, *auditeur*, 1762.
    Petit-des Landes.
    Pieffort.
1775 de Hemant.
    Mariette, *correct.* 1751.
    Boucher.

DE FRANCE.

Messieurs

Desavenelles de Grandmaison.
Henin.
Bayard.
1776 Henin de Cherel.
Ladvocat.
Hericard de Thury, *corr.* 1763.
de Heman.
Debonnaire de Gif.
1777 Perrotin de Barmond.
Boucher.
1779 Boyer, *auditeur*, 1773.

Daguin de Beauval.
Roger d'Arquinvilliers.
1780 le Blanc de Chateauvillard du Breau.
1781 Laporte, *audit.* 1771.
Valleteau de la Roque, *auditeur*, 1771.
1782 Pinchinat.
Perrotin de Barmond.
Guyhou de Montlevaux.
Puy de Roni.
1783 Prysic de Chazelle.
1783 Boyer de Bois-de-champs.

Conseillers Maitres honoraires, *Messieurs*

1746 Desallier d'Argenville.
1747 Daguin de Launac.
1748 Daguin de Villette.

1753 Loisson de Guynaumont.
1755 le Marié d'Aubigny, *av. g.*
1761 Bertin de Saint-Martin.

Conseillers Correcteurs, *Messieurs*

1727 Bruant des Carrieres.
1737 Ameline de Quincy.
1743 Coquebert de Montbret.
1744 Duchesne.
1745 Lardier.
1746 Brochant.
1750 Cœuret d'Ozigny.
1756 Benoist Desmars.
1758 Desnotz de Rivecourt.
Martin de Vauxmoret.
1760 Danré de Leury.
1763 Marchais de Migneaux.
Eynaud.
1765 Jame de Givry.
Regnault.
Davene de Fontaine.
1766 Boullenois.
Patu de Compiegne.
1767 Tournay.
Huart Duparc.

de Laillier d'Orbeville.
1768 Larsonnyer.
1769 Moreau Desclainvilliers, *chev. de S. Louis.*
1770 Tournay du Moucel.
1772 Daudin.
1773 Brochant.
1774 Davy de Cucé.
Bourjon.
Barraud.
Poullin de Fleins.
Gautier.
1775 Patu de Saint-Vincent.
Carsilliers.
1776 Heriot de Vroil.
1777 Duchesne.
1777 le Couvreur de S. Pierre.
1780 de Fourment.
Dougny.

Conseiller Correcteur honoraere,

1749 M. de Fautras, *président de la Cour des Aides.*

Cours souveraines

Conseillers Auditeurs, Messieurs

- 1738 le Baillif.
- Isabeau de Breconvilliers.
- 1739 de Beausse.
- 1740 de Gars.
- 1743 Cappelet.
- Carpentier de la Fosse.
- du Tremblay de Saint Yon.
- 1744 L'Escuyer.
- Jourdain.
- de Moncrif de la Noüe.
- 1745 Munier Depleignes.
- 1747 Gamard.
- 1749 de la Mouche.
- Gallois.
- 1752 Legier de la Tour.
- Silvy.
- 1753 Peillot de la Garde.
- 1754 Dorat de Chameulles.
- 1755 Giraud de Gaillon.
- Daligé.
- 1756 Roussel.
- 1757 Tanvot de Brasles.
- Patu des Hauttechamps.
- 1759 Chassepot de Beaumont.
- Guyot.
- de Rotrou.
- le Roy de la Boissiere.
- 1760 Borel de Bretisel, *consr. d'Etat.*
- 1761 Lambert.
- le Chanteur.
- Lambert de Morel.
- 1762 de Loynes.
- 1763 Besson.
- 1764 de Lattre d'Aubigny, *consr. d'état.*
- Auvray.
- Louvel de Valroger.
- Herbault.
- 1765 du Tremblay de Rubelles.
- 1766 de Malezieu.
- de Loynes de la Potiniere.
- Froment de Champlagarde
- le Clerc de Lesseville.
- 1768 Fougeroux d'Angerville.
- Cannet.
- Martin des Fontaines.
- Davy de Chavigné.
- 1769 Rahault.
- Prisy de Chazelle.
- de la Monnoie.
- de Saint-Genis.
- 1771 de Moncrif.
- 1772 Colin de Cancey.
- l'Hoste de Beaulieu.
- Prevôt de Longperrier.
- 1774 Coquebert.
- Vial de Machurin.
- Magnyer de Gondreville.
- 1775 Guillier de Sonancey.
- Laurens de Lormeon.
- Cabeuil.
- Rahault de Villers.
- Roettiers de Montaleau.
- 1776 Boulliette.
- 1777 Cappelet.
- Munier de l'Herable.
- 1778 Flamen d'Assigny.
- le Couteux de Vertron.
- 1779 Daligé de Saint-Cyran.
- Marchais.
- 1780 Martin de Vauxmoret.
- Silvy.
- 1781 du Tremblay.
- Bunot de Choisy.
- Camusat du Saussay.
- de Monthiers.
- 1782 Bellet.
- Martin de Vraines.
- Miller.
- Moriceau.
- 1783 Castou d'Aston.
- Chauchat.
- . . . .

CONSEILLERS AUDITEURS HONORAIRES, Messieurs,

- 1735 Hélyot.
- 1736 Coquebert.
- 1750 Dudoyer, conf. au parl. Brochant.
- 1754 Choart, prés. à la c. des aid.
- 1756 Dupré de Saint-Maur, conf. au parlement.
- 1759 Denis, premier présid. du bureau des finances.

GENS DU ROI, Messieurs

- 1775 le Marie d'Aubigny, av g.
- 1769 de Montholon, pr. gén.
- 1766 de Courchant, substitut.

GREFFIERS EN CHEF, Messieurs

- 1764 Henry.
- 1769 Maisolan.

CHAMBRE DES COMPTES DE BOURGOGNE.

(*Voyez*, sur la naissance de cette Cour, l'édit. de 1783, p. 449).

Les vacations de cette Cour sont semblables à celles du Parlement de Bourgogne.

PRÉSIDENTS, Messieurs

- 1771 de Pradier, m. d'Agrain, chev. *Premier*.
- Brondeault.
- Vaillant de Meixmoron.
- Duisson.
- Choux de Bussey.
- Grossard de Virly.
- Barbier de Reulle.
- Richard de Ruffey, hon.

CHEVALIERS D'HONNEUR, Messieurs

- Giraud de Nontbellet.
- le Febvre, vic. de la Maillardiere.

CONSEILLERS MAÎTRES, Messieurs

- Nicaise, *doyen*.
- Papillon de Flavignerot.
- Chifflot de S. Moré.
- Surget, jeune.
- Rousselot.
- Jomard.
- Gauthier.
- Vergnette de la Motte.
- Perret de Flavignerot.
- Gallier.
- Ranfer de Breteniere.
- Ligier.
- Laureau de Laveault.
- Surget, l.
- Cocquard.
- Surget, *min*.
- Moussiere.
- Delaramisse.

COURS SOUVERAINES

Messieurs

Jordan.
Febvre.
le Seurre de Mussey.
Joly.
Bona de Perrex.
de la Troche.

Michel.
Demanche.
Moreau.
Perroy de la Forestille.
Joly, *honoraire.*

CONSEILLERS CORRECTEURS, *Messieurs*

Petitjean.
Pancy.
Lardillon.
Lejeune.
Desaille.

Metrillot-Dufayol.
Gay de Chassenard.
Chervau.
Bergier.

CONSEILLERS AUDITEURS, *Messieurs*

Ligier.
Martin.
Anglart.
Devenet.
Gauthier.
Giraud.
Godard.

Vaudremont.
Petitot.
Demarmety.
Bourée.
Gelyot.
Hucherot.

GENS DU ROI, *Messieurs*

1762 Baron, *avocat-général.*
1782 Bouillet, baron d'Arlod, *procureur-général.*
1782 Boutillon de la Servette, *avocat-général.*

SUBSTITUTS DE M. LE PROCUREUR GÉNÉRAL, *Messieurs*

Trocu de Grange-neuve.
Chauvot.
Desinod.

Millot.
Ligeret de Beutis.
....

M. Cinqfonds, *greffier en chef.*

CHAMB. DES COMPTES DE MONTPELLIER.

(*Voyez, sur l'origine & la compétence de cette Cour, l'édition de de 1783, page 451*).

Cette Cour ne vaque jamais.

DE FRANCE. 101

PREMIERS PRÉSIDENTS NÉS, Messieurs

1778 le maréchal de Biron, *gouv. & lieut. gén. de la province.*
1771 le comte de Talleyrand-Perigord, *commandant en chef, préside en l'absence du gouverneur.*

PRÉSIDENTS, Messieurs

1772 de Claris, chev. *Premier.*	1765 de Claris.
1779 de Claris, *en survivance.*	1770 Bonnier d'Aler.
1743 de Tremolet.	1775 Ribes de Gamby.
1755 Gros de Besplas.	1776 Mouton de la Clotte.
de Lairol, vic. de la Ri-	Puissant des Placelles.
valdie.	1778 Aurès.
1764 Espic de Liron.	1780 Seires, chev. de S. Louis.
Montglas.	

PRÉSIDENTS HONORAIRES, Messieurs

1777 de Belleval.   1764 Rouzier de Souvighargues

CONSEILLERS D'HONNEUR, Messieurs

17·· le comte de Caraman, *lieut. gén du bas. Languedoc.*
  le comte de Bissy, *lieutenant-général du haut Languedoc.*
  le duc de Gontaut, *lieutenant-général des Cevennes.*
  le maréchal de Castries, *gouverneur de Montpellier.*
1774 de Malide, *évêque de Montpellier.*
1746 Saunier, *consl. d'état, ancien procureur-général.*
1777 Duché, *ancien procureur-général.*

CONSEILLERS MAITRES, Messieurs

1720 de Saintaurant, *doyen.*	1759 de Perdrix.
1723 Moustelon, *sous-doyen.*	1750 Ugla.
1731 Guilleminet de Bussignar-	1746 Massanes.
gues.	1753 de Bose.
1732 Vassal.	1754 Gepr de Villeseche.
1737 Maury.	Hostallier.
1739 Masclary.	Chazelles de la Boissiere.
1743 Mouton de la Clotte.	Glausel de Cousergues.
Muret.	1755 Amoreux.
1745 Pas, bar. de Beaulieu.	1756 de Bosqat.
1746 Adam de Monclar.	Bonnet de Pailleurels.
1748 Mengan de Celeyran.	1757 de Galliere.
1749 Astruc.	Sicard.
Flaugergues.	1759 Picard.

Cours souveraines

Messieurs

1764 Boussairolles.	Bardy.
Lequepeys, b. de Bonsignes.	1775 Fesquet.
1766 Boissier.	Coulomb.
Sauzet de Fabrias.	1776 Bastier Darre.
1767 Hostalier.	Ricard de Rederlieux.
1768 Causse.	1978 Begon.
de Plantade.	Tourteau d'Orvilliers.
de Solias de Grabels.	1779 Tremoille.
1770 Embry.	1780 Lamorier.
1771 de Ratte.	Barthez.
1772 Chapel.	1781 Baron.
1773 Marsollier des Vivetieres.	1782 Fabre.
1774 Fabre.	de Joubert.
Chaunel.	1783 Aurac.
Regis Cambaceres.	de Nogaret.
1775 Vezian.	Durand.
Rosset de Tournel.	

Conseillers Maîtres, honoraires, *Messieurs*

1776 Rosset.	1751 Buisson de Ressouches.
1775 Cambaceres.	1766 Sicard.

Conseillers Correcteurs, *Messieurs*

1742 Vallat.	Granier.
1744 Boisserolle.	1775 Corbin.
1749 Duvern.	1777 Pailhoux.
1751 Dabbes.	Quinsait.
1752 Fournier.	1779 Salvaire.
Bellaud.	1780 Fabry.
1755 Gineste.	Fourcheut.
1765 Belpel.	1782 Sory.
1769 Maffre.	1783 Duvern.
1772 Valedeau.	1782 Begon de Blandas, *hon.*

Conseillers Auditeurs, *Messieurs*

1743 Basset.	1758 Banal.
Peirot Restaurand.	Richard.
1748 Gallere.	1764 Solier.
1750 Delpuech.	1767 Pradel.
1754 Lebrun.	Maubec.
1756 de Teissier.	Tarteron.

DE FRANCE.

Messieurs

1768 Cassan.
1772 Rouquete.
1775 le Moine.
Charpal.
1778 Sanbuey.
1779 Riols.
1780 Jalabert.

1781 Joanny.
1782 Malroc de la Fage.
Vessier de S. Martin.
1783 Hostalier.
Molenier.
Sapientis.
1782 Laborie, *honoraire*.

GENS DU ROI, *Messieurs*.

1766 Pitot Dulaunay, *av. gén.*
1776 d'Aigrefeuille, *proc. gén.*
1769 Jouvome, *avoc. gén.*

SUBSTITUTS DE M. LE PROCUREUR-GÉNÉRAL, *Messieurs*.

1747 Madieres d'Aubaignes.
1763 Favier.
1776 Viel.

1751 M. Febre, *greffier en chef*.

1543. CHAMBRE DES COMPTES ET COUR DES AIDES DE ROUEN.

(*Voyez, sur cette Cour, l'édition de 1783, pag. 453*).

Rentre le 25 Septembre.

PRÉSIDENTS, *Messieurs*

1767 le Couteulx, *ch. Premier.*
1743 de S. Pierre, *honoraire.*
1750 de Coqueromont.
1751 d'Hozier.
1765 de S. Victor.

1766 d'Oissel.
1769 de Bermonville.
1771 de Boutemont.
1776 de Janville.
1783 Pavyot de la Villette.

CONSEILLERS MAÎTRES, *Messieurs*

1730 le Chevalier, *doyen.*
1734 Louvel de Repainville d'Orgeville, *honoraire.*
de Reneville, *honoraire.*
1736 de Bellisle.
1737 le Vavasseur.
1740 de Boscoursel, *hon.*
de Guilly.

1743 de Flenrigny.
du Veneur.
1744 de Bosguerard.
1745 le Mire de Bonneray, *hon.*
1746 Rondeaux de Setry.
de Cailletot, *hon.*
de Paigne, *honoraire.*
1747 de Biothonne, *hon.*

Cours Souveraines

Messieurs

- 1750 le Bas du Rouvray.
- 1751 Mignot.
- 1753 Ellye.
- Jourdain.
- 1754 Harel.
- de Fennemare, *hon.*
- 1755 Damayé.
- le Vacher.
- de Montenant.
- 1756 de la Marche.
- 1757 Pommeraye.
- Jourdain du Verger.
- 1758 Cheron d'Epreville.
- Ynor.
- 1759 Rondel.
- le Pelletier.
- 1762 Beauchef de Servigny.
- 1763 Masselin de Baudribosc.
- Delalonde.
- 1764 de Parfouru.
- 1765 Brochant.
- de Berengeville.
- 1766 de Reutteville.
- de Couvrigny.
- de Bullé.
- Renard.

- 1767 de Belaunay.
- Durand.
- 1768 d'Houdemare.
- Huger.
- Manneville.
- de Semainville.
- d'Omonville.
- le Noble du Gennetey.
- 1770 Selles de Boscherville.
- 1771 le Maître de Normanville.
- 1776 de Touaille.
- de la Roque.
- 1777 de Saint Clair.
- 1779 de Boisdavid.
- Tinchon.
- 1780 Hamel.
- Rondeaux de Montbray.
- ——— de Grebauval.
- de Colomby.
- 1781 le Bourg des Ailleurs.
- de Boisville.
- le Levreux.
- 1783 le Marchand.
- de S. Ouen.
- Clouard de la Fauconnière.

Conseillers Correcteurs, *Messieurs*

- 1756 Plaimpel, *doyen.*
- 1736 de Romois, *honoraire.*
- le Carpentier, *honoraire.*
- 1747 Alexandre, *honoraire.*
- 1764 de S. Mastindon.
- 1765 le Carpentier, *jeune.*

- 1766 de Limanville.
- 1768 Guesdon.
- 1775 Guillier de Vallory.
- 1776 de Boisneville.
- 1777 Roquelay.

Conseillers Auditeurs, *Messieurs*

- 1754 de Larney, *doyen.*
- 1721 de Villeneuve, *honoraire.*
- le Duc, *honoraire.*
- 1731 Dubusc, *honoraire.*
- 1734 Midy de S. Saire, *hon.*
- 1739 le Pelletier, *honoraire.*

- 1740 Bicherel, *honoraire.*
- 1749 Auvray, *honoraire.*
- 1754 Fergant de Querville, *hon.*
- 1757 Hellot.
- 1758 Jarry.
- 1759 le Febvre de S. Hilaire.

DE FRANCE.

Messieurs

1760 de Sainte Marguerite.
1761 de Boucheville.
le Camus.
Deslondes.
1764 Morin de la Harengere.
de Cremanville.
Hamel.
1765 de Corval,
1766 le Cellier.
de Vaugouins.
1767 de la Londe de Medine.
1769 Vitecoq de Preaumont.
des Champs du Mery.
Lioute de la Baconniere.
1770 Mary da la Quaize.
de la Fresnaye.
Gonfray.
le Mire.
1775 Pinceloup de Morisseure.
1776 des Pentes.
Patry des Hallais.
1777 de Vimont.
de la Motte.
le Pailleur d'Ayville.
1779 de la Cour du Milleret.
Huvé de Garel.
1783 Pinceloup de Morisseure.
Gollombel.

GENS DU ROI, *Messieurs*

1756 de Lanney, *cl. av. gén.*
1777 Marescot, *proc. gén.*
1781 Chapais de Marivaux, *av. général.*

SUBSTITUTS, *Messieurs*

1768 Midy......*Aides.*
..........*Aides.*
..........*Aides.*
1771 de la Croix..*Comptes.*
1780 Marette....*Comptes.*

1762 Manoury, *greffier en chef des Comptes.*
1763 Dommey, *greffier en chef des Aides.*

CHAMB. DES COMPTES DU DAUPHINÉ.

(*Voyez, sur l'origine de cette Cour, l'édit. de 1783, pag. 454*).

PRÉSIDENTS, *Messieurs*

1758 de Bally de Bourchenu, chev. *Premier.*
de la Roche de Chabrieres
Denis du Pré.
de Moreau de Veronne.
de Gauteron.
1783 d'Hugues.

CHEVALIERS D'HONNEUR, *Messieurs*

de la Valette.
de Saint Jullien de Salvaing.

Cours souveraines

Conseillers Maîtres, Messieurs

de Merindol, *doyen*.
Bouloud, *honoraire*.
Gely de Montclar, *honoraire*.
Arthaud, *honoraire*.
Brunet de Vence.
Jeune.
Beylié, *honoraire*.
de la Morte de Charens, *syndic*.
d'Arsac du Savel.
Dalliez.
Helie.
de Loulle, *clerc*.
d'Isoard, *syndic*.
Martin.
Duclot.
Chabert.
Chabert de Fondville.
Falquet de Planta.
Duplessis.
de Montlovier.
Chorier.

Conseillers Correcteurs, Messieurs

Chatal.
Pommier.
Boisvert.
Robin Duverney.

Conseillers Auditeurs, Messieurs

de la Motte.
de la Marliere, *honoraire*.
Bernou de S. Maurice.
Toscan d'Allemond.
Morand.
Berlioz.

Gens du Roi, Messieurs

1747 de Lespinace, *av. gén.*   1774 de Lagrée, *proc. gén.*

CHAMBRE DES COMPTES DE BRETAGNE.

(*Voyez, sur l'origine de cette Cour, l'édit. de 1783, pag.* 455)
(Elle ne vaque jamais.

Semestre de Mars.

Présidents, Messieurs

1773 le marquis de Becdelievre, chev, *Premier*.
Puissant de S. Servant.
Pascaud du Marais.
1783 Budan.

Conseillers Maîtres, Messieurs

Chaillou de l'Etang, *doyen*.
Chalumeau.
le Bouvier des Mortiers.
Mauvillain de Beausoleil.

DE FRANCE.

Messieurs

le Grand de Sainte-James.
Villaige de Vaugirault.
Perrée de Villestreux.
Pays de Bouillé.
Jollivet de Treuscoate.
Tiercelin de la Planchemiraud.
Daburou de Mantelon.
Fresneau de la Templerie.
Poupard.
de la Roche de la Ribellerie.
Thomas de la Quinverais.
Bouteiller de la Cheze.
Maussion du Joncheray.
de la Peccaudiere.

Conseillers Correcteurs, *Messieurs*

Falloux.
Beritault de la Chesnais.
Luette de la Pilorgerie.
Gautreau du Fresne.

Cons. Secr. Auditeurs, *Messieurs*

Baschet de Preau.
Fremont de la Bourdonnaye.
Chevaye Duplessis.
Gueriveau.
le Tourneux de Beaumont.
Richard de Marigné.
Beritault de la Contrie.
Hardouin d'Argenté.
Falloux de Châteaufort.
Falloux, aîné.
Pays de Bouillé.
Painnetier de Baillé.
Verdier de la Miltiere.
Verdier, fils.
Beritault de la Bruere.
de Launay.
Laboureau de la Garenne.
Laboureau des Bretesches.

Gens du Roi, *Messieurs*

Monnier de la Riviere, *avocat-général*.
de la Tullaye, marquis de Magnane, *procureur-général*.

Pichard de la Blanchere, *greffier en chef*.

Sémestre de Septembre.

Présidents, *Messieurs*

1773 Becdelievre, ch. *Premier*.
Burot.
Chereil.
Delavau.
le Saulnier.

Conseillers Maîtres, *Messieurs*

de Lavau, *doyen*.
Lucas de la Chapionniere.
Merland de la Clattiere.
Berthelot de la Gletais, *h*.
Cady de Pradory.
François de la Gourtiere.
Robert de la Levraudiere.
Panou de Faymoreau.
de Lavau de la Roche-Giffard.
le Deist de Kerivalant.
Baudry de la Bretiniere.

Messieurs

Cady de Pradoy. | Bernard de la Peccaudiere.
Foucquet de Kersalio. | 1783 Forget.

CONSEILLERS CORRECTEURS, *Messieurs*

Chauviere de la Pagerie. | de Guillermo.
Boguais de la Boissiere. | Guillon.

CONS. SECR. AUDITEURS, *Messieurs*

Razeau de Beauvais. | Planchenault.
Vollaige de Chavagne. | Gaudin Duplessis.
Reliquet de Lepertiere. | Real des Perrieres.
Guery. | Cardin des Noühes.
Bloüin. | Bourasseau de la Renoliere.
Marquis des Places. | Coffin de Belletouche.
Arnault de la Motte. | Merlet du Paty.
Toublanc de Belletouche. | du Rocher du Rouvre.

GENS DU ROI, *Messieurs*

17 Budan, *avocat-général* 1745 de la Tullaye, *proc. gén.*

M. Cardin, *greffier en chef.*

CHAMBRE DES COMPTES, COUR DES AIDES ET DE MONNOIES DE LORRAINE.

(*Voyez sur l'or. & les priv. de cette Cour, l'édit. de 1783, p. 456*).

Cette Cour rentre le 12 Novembre.

PRÉSIDENTS, *Messieurs*

1756 le comte Dubois de Riocourt, ch. cons. d'Etat, *Premier.*
le comte Dubois de Riocourt, fils, *en surviv.*
le Febvre de Montjoye.
le Febvre.

CONSEILLERS, *Messieurs*

de Roguier, *doyen.* | Thibault de Monbois.
Hanus de Maisonneuve. | François.
Douet de S. Mard. | du Parge.
le Clerc de Viainville. | de Moulon.
de Thomassin. | Magny.

DE FRANCE.

Messieurs

le Geay.
le Masson de Rancey.
de Hurdt.
d'Hame.
Gaultier.

Magny.
du Parge de Bettoncourt.
Mique d'Heillecourt.
du Parge, *honoraire.*

GENS DU ROI, *Messieurs*

1767 Anthoine, *proc. gén.* | 1777 de Maud'huy, *avoc. gén.*

SUBSTITUTS DE M. LE PROC. GÉN., *Messieurs*

Chaffel, *doyen.*
Demetz.
Rozieres.

Jacquet, *honoraire.*
Bureau, *secrétaire.*
Bureau, *greffier.*

CHAMB. DES COMPTES, AIDES ET FINANCES DE PROVENCE.

(Voyez sur la naiss. de cette Cour, l'édit. de 1783, p. 467).

PREMIERE CHAMBRE.

PRÉSIDENTS, *Messieurs*

1745 d'Albertas, chev. *Premier.* | de Coriolis.
de Mazenod, *hon.* | de Duranti de la Calade.

CONSEILLERS, *Messieurs*

de Bonaud de Gatus de S. Pons
  de la Galiniere, *doyen.*
de Meri de la Canorgue, *hon.*
de Riants.
de Calamand, *hon.*
Decolla de Piadines.
de S. Jacques.
de Pizani de la Gaude, *hon.*
de Fresse de Monval.
de Coriolis.
de Pelissier de Chantereine.
Viany.

de Martelli Chautard, *hon.*
de Julien, *hon.*
de Michel, *hon.*
de Miollis, *hon.*
de Second de Sideron.
de Bonaud de Saint-Pons de la
  Galiniere, *fils.*
de Menc, *fils.*
de Bougerel de Fontienne.
de Bonaud de Saint-Pons de la
  Galiniere, *petit-fils.*

COURS SOUVERAINES

SECONDE CHAMBRE.

PRÉSIDENTS, *Messieurs*

d'Albert.
de Mazenod, fils.

de Boyer d'Eguilles.

CONSEILLERS, *Messieurs*

de Menc.
de Fulconis.
de Martini de S. Jean Bregançon.
Gravier de Pontevées de Beauduen.
de Pontaly de Martiali.
de Bec.

de Moriés.
de Michel, fils.
de Pelissier de Roquefure.
de Merendol.
de Solliers.
de Calvi de Vignolés de S. André

TROISIEME CHAMBRE.

PRÉSIDENT.

Pour l'audition & les archives.

CONSEILLERS, *Messieurs*

de Mayor de S. Simon.
de Gaillard d'Agoult.
de Moreau.
Surleon de Gaurier.
de Duranti, fils.
de Callamand de Consenoves fils.

de Julien.
de Miolis, fils.
de Philip.
de Peyras.
d'Arnaud.
de Jaubert de S. Pons.

GENS DU ROI, *Messieurs*

17   d'Autheman, *avoc. gén.*
17   de Saqui de Sane, *pr. gén.*

17   de Remusat, *avoc. gén.*

CHAMB. DES COMPTES DE BAR-LE-DUC.

(*Voyez sur l'orig. de cette Cour, l'édit. de 1783, p. 458*).

Rentre le 12 Novembre.

PRÉSIDENT,

1774 M. de la Morre de Savonnieres, chevalier.

CONSEILLERS

DE FRANCE.

CONSEILLERS, Messieurs

de la Morre, *doyen.*
Vayeur.
de Maillet.
de Jobart.
de Vendieres.
le Besgue de Nonsard.
& Vassert d'Andernay.
de Longeau.
de la Morre de Villaubois.
de Jobart de Guerpont.
de Maillet de Villotte.
de Bar.
Vyart.
de la Morre d'Errouville.

GENS DU ROI, Messieurs

1770 de Romecourt, *procureur-général.*
1771 de Cheppe de Morville, *avocat-général.*

SECRÉTAIRES, Messieurs

Arnould.   Colignon.

1404. CHAMBRE DUCALE DE NEVERS.

PRÉSIDENTS, Messieurs

1763 Dubois, chev. *Premier.* | Ruby.

MAÎTRES, Messieurs

Gueneau de Vauzelle.
Prisye.
Maradat.
1778 Parmentier, *avocat, proc. gén. & maître des arch.*
Doloret, *inspecteur gén. du duché.*
Morin, *substit. de M. le procureur-général.*
Goyre de la Planche, *recev. gén. du duché.*
Simonin, *en surviv.*
Callot, *commiss. gén. des saisies-féodales.*

COURS DES AIDES
DE FRANCE.

1355. COUR DES AIDES DE PARIS.

(*Voyez sur l'or. & les priv. de cette Cour, l'édit. de 1783, p. 260*).

Cette Cour vaque depuis le 7 Sept. jusqu'au 12 Décembre.

PREMIERE CHAMBRE.

PRÉSIDENTS, *Messieurs*

1775 Barentin, chev. *Premier.* | 1759 Sallier.
1754 Charpentier de Boisgibault | 1762 Choart.

PRÉSIDENTS HONORAIRES, *Messieurs*

1749 de Lamoignon de Malesherbes, chevalier, ministre d'Etat, *ci-devant premier président.*
1743 Cordier de Montreuil.

CONSEILLERS D'HONNEUR, *Messieurs*

1776 Bellanger, conseiller d'état, *ancien avocat-général.*
1779 Boula de Mareuil, *ancien avocat-général.*

CONSEILLERS, *Messieurs*

1724 Dionis du Sejour, *doyen.* | 1761 de Maussion, anc. conf.
1735 le Courtois. | au Grand-Conseil.
1737 de Maneville. | Chappe, ancien conseiller
1738 Mesnet. | au Grand-Conseil.
1739 Leschassier de Mery. | 1763 Sallier de Chamont.
1753 Suraine. | 1765 Paupetier.
1754 le Duc. | 1767 Benard.
1757 Chretien de Libus. | 1769 le Moine de la Clartiere.
1758 Taupinard de Tilliere. | Bouillard de Bertinval.
Lescot de Verville. | Velut de la Croniere de Pepin.

DE FRANCE.

CONSEILLERS HONORAIRES, *Messieurs*

1738 Chaffepot de Beaumont,
1739 Velut de la Croniere de Pepin.
1741 de Vilevault, m. de Req. Defays.
1748 de Barraffi.

Fagnier de Montflambert.
1752 Billard de Lorriere.
1757 Lambert Deschamps de Morel, conf. au Parl.
1770 Negre de Boisboutron.

DEUXIEME CHAMBRE.

PRÉSIDENTS, *Messieurs*

1766 de Fautras.
1775 Perrot.

1779 Petit de Leudeville.

CONSEILLERS, *Messieurs*

1770 Laideguive de Becheville, *doyen*.
1770 Demahis.
1775 Fridi de Coubertin.
Midi.
Brouffe.
1776 Maffon de S. Amand.
1778 Camus du Martroy.
Mauge Dubois des Entes.

Rodier.
1779 Vialatte de Malachelles.
Camufat de Toëny.
1780 de la Borde.
1781 Tercier.
Bofcheron des Portes.
Perfonne de la Chapelle.
1783 Mariette.

CONSEILLERS HONORAIRES, *Messieurs*

1769 le Camus de Neville, maître des Requêtes.
1777 Fumeron, maître des Requêtes.

TROISIEME CHAMBRE.

PRÉSIDENTS, *Messieurs*

1767 de la Selle d'Echuilly.
1770 Bernard.

1779 Pomponne Pinfon de Menerville.

CONSEILLERS, *Messieurs*

1770 Laideguive, l. *doyen*.
1775 l'Heritier.
1776 Quefnay de S. Germain.
Regnier.
Huffon.
Filz-Jan.

Alexandre.
1777 de la Porte-Lalanne.
1779 le Marchant.
1780 le Roy de Camilly.
Mengin de Bionval.
Pavée de Vandeuvre.

H ij

Cours souveraines

Messieurs

Choart.
Rivault de Champfleury.
1781 Pastoret.
Pillet.

Hocquart de Tremilly.
1770 Benetruy de Grandfontaine, *hon.*

Gens du Roi, *Messieurs*

1752 Clement de Barville, *avocat-général.*
1778 Hocquart, *procureur-général.*
1776 Dufaure de Rochefort, *avocat-général.*
1779 Dambray, *avocat-général.*

Substituts de M. le Proc. général, *Messieurs*

1733 de Vins.
1758 Canet Duguay.

1777 de Corbie.
1782 de Briere de Surgy.

Greffiers en chef, Secr. du Roi, *Messieurs*

1781 baron Desbordes.
1767 le Prince.
1752 Besnier, *hon.*

1777 Marin, *pour les présentat. & les affirmations.*

1629. COUR DES AIDES DE BORDEAUX.

(*Voyez sur l'origine de cette Cour, l'édit. de 1783, pag. 462.*)

Rentre le 13 Novembre.

Présidents, *Messieurs*

1778 Duroi, chev. *Premier.*
1739 Delmas de Bon-Repos.
1764 Duluc.
1769 Guy Menoire de Beaujeu.

1775 Courtade de Salis.
1779 Moreau de S. Martial.
1780 de Groc.
 de Larose.

Présidents honoraires, *Messieurs*

1778 Pascal, *ci-dev. pr. présid.*
1749 de Basterot.

Chevaliers d'honneur, *Messieurs*

1754 de Lagrange.
1776 de Camiran.

Conseiller d'honneur,

1725 d'Arche, *ancien procureur-général.*

CONSEILLERS, Messieurs

- 1738 Lajaunye, *doyen.*
- 1747 Goyon de Verduzan.
- 1754 Lafon de Baniac.
- 1759 Montauzon du Plantier.
- 1764 Naveres.
  - Lafon.
- 1765 Majance.
- 1766 Barbe.
- 1767 Mandavy.
- 1768 Colombet.
  - Penicaut.
  - Babiard de la Roche.
- 1769 Leydet.
  - Barret de Rivezol.
- 1770 Saint-Martin de la Valée.
  - Faure.
  - Vigneron.
- 1774 Brethous.
  - Ricaud.
- 1775 Fortin.
  - Serezac.
- 1776 Dezets.
  - Andreau.
- 1779 de Lartigue.
  - Cauffe.
  - du Courech de Raquine.
- 1780 Penicaut, fils.
  - Brillon.
  - Dohet de Boifron.
  - Boter de la Caze.
  - Vincent.
- 1781 Driver.
- 1782 Fort Grangier.
- 1783 Berthomien de Meynot.

CONSEILLERS HONORAIRES, Messieurs

- 1723 Gobineau.
- 1731 Laborde.
- 1736 Labruc.
- 1739 Majance.
- 1749 Arbouin.
- 1751 de Senailhac.
  - Lapaliffe.
- 1752 Defmoulin de Leybardie.
- 1755 Boc.
- 1757 de Mazieres.
- 1758 Brudieu de Pelfer.
- 1759 Duffaulx.
- 1760 Limoufin.
- 1765 Duperrieu.

ANCIENS AVOCATS-GÉNÉRAUX, Messieurs

Depleu. | Delezé.
Beaujon. |

GENS DU ROI, Messieurs

- 1768 Cayla, *avocat-général.*
- 1775 Maignol, *procureur-gén.*
- 1768 Douat, *avocat-général.*

SUBSTITUTS DE M. LE PROCUREUR GÉN. Messieurs

- 1775 Monnerie.
- 1776 Brochon.
- 1781 Saint-Guirons.

GREFFIERS EN CHEF, Messieurs

- 1779 du Plantier.
- 1768 Duroy de Pommarede, *garde-facs.*
- 1762 Moriffon, *pour les affirm.*
- 1766 Brun, *pour les préfentat.*

1557. COUR DES AIDES DE CLERMONT-FERRAND.

Rentre le 12 Novembre.

PRÉSIDENTS, MM.

1783 Guerrier de Bezance, chev. premier.
17 de Clary.

Gaucherel.
Domat.
Verdier Dubarrat.

CONSEILLERS, Messieurs

17 Teillard de Beauvezeix, doyen.
Chardon du Rauquet.
Bercau.
Vassadel de la Chaux.
Ternier de Cordon.
Rechignat de Marant.
Ribeyre.
Huguet.
Brun de Chards.
d'Aubiere.
Escot, pére.

Tissandier.
Savy.
Salvage de la Margé.
Escot, fils.
Reynaud.
Besseyre de Dyaune.
Boutaudon.
Fourghasse du Sradet.
Tournadre.
....
Seveze, hon.

GENS DU ROI, Messieurs

1780 de Champflour de Sosserand, procureur-général.
1779 Dijon, avocat-général.
1780 Caillot de Begon, avocat-général.

SUBSTITUTS DE M LE PROC. GÉN., Messieurs

17 Batier.
Cisterne de Lorme.

GREFFIERS EN CHEF, Messieurs

17 Baron, pour le civil.
Lablanche de la Bro, pour le criminel.

COUR DES AIDES DE MONTAUBAN.

PRÉSIDENTS, MM.

1775 de Pullignieu, ch. premier. | 1779 de Savignac.
1737 Duval de Varaire. | 1781 Tuissan Despagnet.

CHEVALIERS D'HONNEUR, *Messieurs*

1738 Laporte de Larganol. ....

CONSEILLERS, *Messieurs*

1750 de Bezombes de S. Geniez, *doyen*.
1758 Pons de France.
1759 de Thezan.
     de Broca, pere.
     Delbreil.
1761 Duprat.
1766 de Satur.
     de Montané.
1767 de Timbal.
1770 de Constans.
1774 de Broca, fils.

    de la Deveze.
1775 de Larrey.
    de Vialar.
1776 de Rigal.
1777 de Groussou.
1779 Moulinet de Grenez.
    Prat du Miral.
1780 de la Fargue de Castelnavet.
1781 de Parouty, fils.
1783 Lassere d'Hongrie.
....

GENS DU ROI, *Messieurs*

1767 de Boisson, *avocat-gén.*
     de Parouty, *proc. gén.*

Cazabonne de la Jonquiere, *avocat-gén.*

SUBSTITUTS DE M. LE PROC. GÉNÉRAL, *Messieurs*

1781 Thouron.   1782 Chateau.

GREFFIERS EN CHEF, *Messieurs*

1781 de la Serre de Castelmaure, *pour le civil.*
1775 de Roure, *pour le criminel.*

1551. COUR DES MONNOIES DE FRANCE.

(*Voyez sur la compétence de cette Cour, l'édit. de 1783, p. 465*).
Ses vacations commencent le 8 Sept. & finissent le 11 Nov.

PRÉSIDENTS, *Messieurs*

1781 Thevenin de Tanlay, *chev. premier.*
1767 d'Abert.
1769 Gaillet de Bouffret.

1770 Blondin de Baizieux.
1781 de Tremouilles.
1782 Arnold de Viville.

PRÉSIDENTS HONORAIRES, *Messieurs*

1738 Sulpice. | 1766 Droin de Saint-Leu.

CONSEILLERS D'HONNEUR, *Messieurs*

1771 Brochet de Saint-Prest, maître des requêtes. | Veron de Fortbonnais, *consr.* hon. du parl. de Metz.

CONSEILLERS, *Messieurs*

1748 Cavé d'Haudicourt, *doyen*.
1754 Flayelle d'Elmotte.
1753 le Poivre de Villers aux Nœuds.
1760 d'Origny.
1762 d'Origny de la Neuville.
1763 Renaudiere.
1764 d'Origny de Beaugilet.
1765 Durel de Vidouville.
1767 Millin.
1768 de Sauville.
1769 le Caron de Beaumesnil.
1770 de la Chastre.
    Rivault de Monceaux.
    de Couste de Villiers.
    Thebaudin de Bordigné.

1774 Andrieu de Chetainville.
    de Saulle de Sezanne.
1775 Simon.
1778 Marchant de Clairfontaine.
    Girard.
    Belin de Ballu.
1779 Destriché de la Barre.
    Lemoine.
    Menyer de Vallancourt.
    Delic.
1781 Jacquemet de Pymont.
    Darene la Croze.
    Sylvestre de Sacy.
1783 Maré d'Azincourt.

CONSEILLERS HONORAIRES, *Messieurs*

1720 Salart de Lormois.
1735 Philippy de Bucelly.
1739 Dauvergne de S. Quentin.
1740 Pascalis.
    Petit.
    Marrier de Vossery.
1741 Abot de Bazinghen.
    Hautecloque d'Abancourt.
1746 d'Ezilles.
1749 Tyberge.

1750 Courtois.
    Dumyrat de Boussac.
1751 Durand du Boucheron.
1755 Allou d'Hémécourt.
1756 Langlois de Falaize.
1763 Huez de Pouilly, *maître des requêtes*.
1765 Andrieu.
1766 Poitevin de Guny.
1770 Recoquillé de Bainville.

GENS DU ROI, *Messieurs*

1746 Herault, *avocat-général*. | 1768 de Lignac, *avocat-gén*.
1762 de Gouve, *proc. général*. | 1748 Lefebvre, *avoc. gén. hon*.

SUBSTITUTS DE M. LE PROC. GÉN., *Messieurs*

1749 Cressart. | 1766 de Goyenval.

GREFFIERS EN CHEF, *Messieurs*

1781 Gueudré de Ferrieres. | 1744 Gueudré de Ferrieres, *hon*.

PRÉSIDIAUX DE FRANCE.

De tous les moyens, dit le respectable & judicieux M. Jousse, qui ont été employés pour faciliter l'administration de la Justice, & pour accélérer l'expédition des procès, l'un des principaux est l'établissement des Présidiaux dans le Royaume. La multitude des affaires dont les Parlements seraient accablés, sans cette institution, ne leur permettrait pas de donner à toutes celles qui seraient portées devant eux, toute l'attention dont elles auraient besoin. D'ailleurs, il est un grand nombre de causes, parmi celles qui se présentent au tribunal du Juge, qui exigent une instruction sommaire & une prompte décision. Tel est le motif de l'établissement des Présidiaux. Malheureusement, le peu de considération qu'un préjugé méprisable semble accorder actuellement à la Magistrature, l'une des plus respectables, des plus importantes, des plus délicates & des plus pénibles professions dont un Citoyen puisse être chargé, a, si nous osons ainsi nous exprimer, dévasté ces asyles sacrés de la Justice; & il en est peu en France, dont toutes les charges soient remplies.

La plupart des Présidiaux doivent leur naissance à Henri II, qui créa ces Tribunaux, par Edit du mois de Janvier 1551. L'Edit de 1777, qui a définitivement fixé leur compétence, leur a accordé la connoissance, en dernier ressort, de toutes les contestations dont l'objet n'excéderait pas la somme de 2000 liv., tant en principal qu'en intérêts ou arrérages.

Nota. Le nom italique qui suit celui de chaque Présidial, désigne le Parlement auquel ce Tribunal ressortit.

PRÉSIDIAL D'ABBEVILLE. *Paris. Messieurs*

.... *sénéchal.*
1731 Gaillard de Boencourt, *premier président.*
1772 Clemenceau de la Gaultray, *lieut. gén.*
1780 de Queux de Beauval,

. *lieut. particulier.*
Les charges de lieut. crim. & assesseur, vacantes.
1728 Fuzelier, *clerc, doyen.*
1741 le Febvre de Villers.
1742 le Febvre du Grosriez.

Messieurs

    Levêque de Flixicourt.
1747 Blondin.
  12 *charges de conseillers vac.*
1750 Bouteiller, *av. du Roi.*

1761 Hecquet de Rocquemont, *proc. du Roi.*
.... *avocat du Roi.*

PRÉSIDIAL D'AGEN. *Bordeaux. Messieurs*

1779 de Belbunce, *gr. sénéchal.*
1733 de Jacobet, *président.*
1779 de Lafitte, *lieut. gén.*
1761 de S. Phelip, *lieut. g. crim.*
1748 Bosc, *lieut. principal.*
1772 Uchard, *lieut. partic.*
1775 de Lacuée, *ass. civ. & crim.*
1740 de Groussou, *doyen.*
1734 de Laurens, *hon.* 1768.
1744 Chabriere de Foucaude.
1750 Daubas.
    de Costas.

    de Vigné.
1763 de Beaubens.
1767 Vacqué de Falagret.
    Barret de Roux.
1768 Daunac, *clerc.*
1774 de Lerou.
1766 de Martinelle, *av. du Roi.*
1774 de Boudru, *proc. du Roi.*
1776 de la Boissiere, *av. du Roi,* reçu *lieut. part.* 14 Octobre 1756.

PRÉSIDIAL D'ALENÇON. *Rouen. Messieurs*

de Courtilloles, *lieut. gén. civil & de police.*
du Mellanger, *lieut. crim.*
Caiget, *lieut. part. civ. & crim.*

de Lescalle, *avocat du Roi.*
Poisson de Condieuille, *proc. du Roi.*
Bourdon des Planches, *gr. en ch.*

PRÉSIDIAL D'AMIENS. *Paris. Messieurs*

Charges de premier & second Présidents vacantes.

Dufresne de Martel-la-Cave, *lieut. gén. civil.*
de Rivery, *lieut. part.*
.... *lieut. crim.*
de l'Hommel du Plouï, *lieut. part. assesseur criminel.*
Leblanc des Meillards, *doyen.*
du Castel de Bavelincourt.
de Ribeaucourt, *clerc.*
Aubry, *clerc.*

Morel d'Herival.
Poujol.
Dufresne de Beaucourt.
Fontaine.
Brunel d'Horna.
  Six charges de consf. vac.
Brunel, *avocat du Roi.*
.... *avocat du Roi.*
Fontaine, *procureur du Roi.*

PRÉSIDIAL D'ANGERS. *Paris. Messieurs*

.... *lieut. gén. civil.*
Allard, *lieut. gén. de police.*
Huvelin du Vivier, *l. gén. crim.*
Gourreau de l'Epinay, *lieut. part.*
...... *lieut. part. assess. civ.*
Ayrault, *doyen.*
Gandon de Louvriniere.
Goutard de Chevaleries.
Berthelot de la Durandiere.

Margariteau.
Desmazieres.
Aubin de Narbonne.
Gilly.
Beguyer de Chamboureau.
Boileau.
Brouard des Aulnais, *hon.*
Prévôt, *avocat du Roi.*
Bodard, *proc. du Roi.*

PRÉSIDIAL D'ANGOULÊME. *Paris. Messieurs*

Le Meunier, *lieut. général.*
Lambert, *lieut. particulier.*
Constantin de Villars, *lieut. de Police.*

de Viville, *lieutenant criminel.*
Arnaud de Renferac, *pr. du Roi.*
Chancel, *avocat du Roi.*
Pincau, *avocat du Roi.*

PRÉSIDIAL D'AUCH. *Toulouse Messieurs*

Le baron d'Angosse, *sénéchal.*
de Marignan de Siessan, *lieut. g.*
Descoubés de Montlaur, *l. g. cr.*
Duffaut, *lieut. princ.*
Carrere, *lieut. partic.*

Solliraine, *2. lieut. part.*
Beguier, *lieut. assess. crim.*
Pague, *proc. du Roi.*
Lurde, *avocat du Roi.*
Sentets, *avocat du Roi.*

PRÉSIDIAL D'AUTUN. *Dijon. Messieurs*

Le comte de Gramot, *gr. bailli d'épée.*
Roux, *premier président.*
Quarré Duplessis, *l. gén. & préf.*
Serpillon, *lieut. gén. crim.*
Billardet, *lieut. part.*
Pigenat, *lieut. part. assess. crim.*

Raffatin, *doyen.*
Abord.
Baudrion.
Clergier, *clerc.*
Godillot, *avocat du Roi.*
Levitte de Rigny, *proc. du Roi.*

PRÉSIDIAL D'AUXERRE. *Paris. Messieurs*

1783 d'Avigneau, *chev. cap. au rég. de Conti, dragons, grand bailli d'épée.*

PRÉSIDIAUX
Messieurs

1777 d'Avigneau, *lieut. gén. civ.*
    enq. & examin.
1745 Lemnet, de Belombre,
    lieut. gén. d'épée.
1765 Lemnet de Belombre, fils,
    cap. au corps roy. d'ar-
    till. ✽ *lieut. gén. d'épée*
    en survivance.
1780 Martineau des Chesnéez,
    lieutenant criminel.
1768 Housset de Champton,
    lieut. part. civ.
1755 Thierriat de la Maison-
    blanche, *lieut. part.*
    assesseur criminel.
1768 Rondé, ✽ *chev. d'honn.*
1736 Coullaut de Berri de l'Epi-
    nette, *doyen.*
1737 Billetout.

1742 Raffin.
1747 Robinet de la Coudre, *hon.*
1750 Marie.
1752 Villetard de Prunieres, *hon.*
1754 Raffin de Charmoi.
1760 Housset.
1761 Hay, *hon.*
1766 Robinet de Pontagny, fils.
1777 Marie de la Forge.
    Seurrat.
1779 Soufflot de Merrey.
1743 Robinet de Pontagni, pere,
    — *vétéran.*
1755 Baudesson, *vétéran.*
1755 Marie, *avocat du Roi.*
1779 Remond, *proc. du Roi.*
1780 Despatys de Courteille,
    avocat du Roi.
1758 Grasset, *pr. du Roi, vét.*

Indépendamment de ces Officiers actuellement en place, il y a quatre Charges vacantes, deux de Conseillers Rapporteurs, une de Conseiller honoraire en titre; & une de Conseiller honoraire ayant un rang déterminé, & dont le Titulaire a le droit de porter la robe ou l'épée.

PRÉSIDIAL DE BEAUVAIS. *Paris. Messieurs*

1741 Borel, *lieut. gén. présid.*
1779 le Caron, *lieut. part.*
1729 de Malinguehen, *pere.*
1747 Fombert.
1755 Bucquet, *pr. du Roi hon.*
1763 Walon.
1765 Lescuyer.

    de Malinguehen, fils.
1766 de Catheu.
1778 Simon.
1777 le Grand, *avocat du Roi.*
1773 le Doux de Beaumesnil,
    procureur du Roi.

PRÉSIDIAL DE BLOIS. *Paris. Messieurs*

.... *grand bailli.*
Louet, *président.*
Drouillon, *lieut. gén.*
Turpin, *lieut. criminel.*
Gueret de Seur, *lieut. part.*

de l'Ecluse de l'Arche, *lieut. part.*
    assess. civ. & crim.
Bachot Delebar, *doyen.*
Fleury.
le Blanc, *lieut. de la maréch.*

DE FRANCE. 125
Messieurs

Mahy du Breuil. | Duchesne, *procureur du Roi.*
Girault. | .... *avocat du Roi.*
Fourré, *avocat du Roi.* |

PRÉSIDIAL DE BORDEAUX. *Bordeaux. Messieurs*

de la Rose, *cons. d'état & au parlem. présid. lieut. gén. & conservateur des privileges royaux.*

de Maleret, *lieut. crim.* | Rambault.
Dumas, *lieutenant part.* | Copmartin, *avocat du Roi.*
la Fourcade, *assesseur.* | Couleau, *procureur du Roi.*
Verdery, *doyen.* | Ladoire, *avocat du Roi.*
Buisson. | la Maigniere, *greffier en chef.*
Landrau. |

PRÉSIDIAL DE BOURG. *Dijon. Messieurs*

.... *grand bailli.* | Bourdin.
Paradis de Raymondis, *l. g. civ.* | de Montluzin.
Perrier, *lieut. gén. crim.* | Piquet, l'aîné.
Chesne, *lieut. part. assess. civ.* | Gauthier des Vavres.
Durand, *lieut. part. assess. crim.* | Monnier.
Gauthier. | Perrot.
Guilot. | Guillot, pere, *hon.*
de S. Martin. | Bernard, *honoraire.*
Cabuchet. | Piquet, puîné, *av. du Roi.*
Vincent. | Riboud, *proc. du Roi.*

PRÉSIDIAL DE BOURGES. *Paris. Messieurs*

Le prince de Conti, *gr. bailli.* | Bernot de Charant, *lieut. part.*
Bengy, *lieut. gén. civ. crim. & conservateur.* | Vermeil, *avocat du Roi.*
 | Soumard de Villeneuve, *pr. du Roi.*
Gauthier, *lieut. gén. de police.* | Sallé de Choux, *avocat du Roi.*

PRÉSIDIAL DE BRIVES. *Paris. Messieurs*

1781 de Maleden, *l. gén. civ. & de police.* | 1782 de Vielbans, *lieut. princ. part. civ. & ass. crim.*
1766 Cerou de Jayle, *l. g. crim.* | 1750 la Treilhe de Lavardé, *doy.*

PRÉSIDIAUX

Messieurs

1749 de la Bachelerie, *c. d'honn.*	1779 Touzy.
1761 Pascher.	1748 Mailliard, *honoraire*.
Juge de la Ferriere.	1761 Algay de Villeneuve, *av.*
1762 Loubrias de la Chapelle.	*du Roi hon.*
1765 Maillard de Belleson.	1765 Seire, *avocat du Roi*.
1770 Maigne de Sarrozar.	1778 de Virlhac, *proc. du Roi*.
1773 Saluine de Ziaieres.	1776 la Roche, *greffier en chef*.

PRÉSIDIAL DE CAEN. *Rouen. Messieurs*

de Lisle du Peiré, *lieut. gén.*	Dubisson.
de Than, *lieut. gén. d'épée.*	le Portier.
le Harivel de Gouneville, *lieut. gén. de police.*	Bacon de S. Manvieu.
	Pyron.
Barbey de Longbois, *l. g. crim.*	Housset.
Daigremont, *l. p. civ. cr. & de pol.*	Gosset de la Housserie.
.... *chevalier d'honneur.*	le Tellier de Vauville.
Andrey des Pommerais, *doyen.*	Quinette.
du Douet, *hon.*	Segouin de la Riviere.
Laisné, *hon.*	Rogier de la Chouquais.
de la Berardiere, *hon.*	du Douet Descours, *av. du Roi.*
Belliard de Marcy.	Revel, *procureur du Roi.*

PRÉSIDIAL DE CAHORS. *Toulouse. Messieurs*

1748 Peyre, *prés. anc. jugemage, lieut. gén. civil.*	1763 Vauque Bellecourt.
	Duc.
1749 de Boisson, *prés. présidial.*	1774 Lapeyriere.
1779 Laulanié, *lieut. gén. crim.*	1775 Calmel.
.... *lieut. princ.*	Savary.
1748 Baudus, *lieut. part.*	1781 Seis.
Teyssendiere, *doyen.*	1752 Regourd de Vaxis, *p. du R.*
.... *cons. clerc.*	1782 Baudus, *av. du Roi.*

PRÉSID. DE CARCASSONNE. *Toulouse. Messieurs*

.... *sénéchal.*	de Vallete.
de Rolland, *juge-mage, l. gén.*	de Lamarque, *honoraire.*
de Alboize, *lieut. gén. crim.*	de Benaset, *avocat du Roi.*
Roque de Salvaza, *lieut. princ.*	de Donadieu, *proc. du Roi.*
David de la Fajole, *lieut. part.*	de Meric de Rieux, *gr. en chef.*
Pont de Rougeat, *doyen.*	

PRÉS. DE CASTELNAUDARY. *Toulouse. Messieurs*.

Le comte de Paulo, *sén. & gouv.*	Dat.
de Gauzy, *juge-mage, l. gén.*	Guillermy.
Mas, *juge criminel.*	Loudes. *honoraire.*
Solier, *lieut. principal.*	de Menard, *av. du Roi.*
Loubat-Desplats, *l. princ. hon.*	Capella, *fils, proc. du Roi.*
Borrel-Vivier, *lieut. part.*	Capella, *pere, pr. du Roi, hon.*
d'Estadieu, *doyen.*	Marquier, *greffier en chef.*
Taurines.	

PRÉSIDIAL DE CAUDEBEC. *Rouen. Messieurs*

De Beauné, *gr. bailli d'épée.*	Paris.
Pouche, *prés. l. gén. civ. crim. &*	Delié.
de police.	Joret, *avocat du Roi.*
le Marchand, *doyen.*	le Marchand, *proc. du Roi.*
Feneftre.	.... *avocat du Roi.*
Teffier de la Roche.	Julien, *greffier en chef.*

PRÉS. DE CHALONS-SUR-SAONE. *Dijon. Messieurs*

Le m. de Monteynard, *gr. bailli.*	Denisot.
Bernigaud de Granges, *l. gén.*	Petit.
premier prés.	Berthaut.
Dupré de Boullan, *lieut. gén.*	Golyon.
crim. prés.	Batrault.
Magnien, *lieut. part. civil.*	Chapuis, *av. du Roi.*
Chofflet, *l. part. aff. crim.*	Petiot, *proc. du Roi.*
Loyseau.	.... *avocat du Roi.*

PRÉS. DE CHALONS-SUR-MARNE. *Paris. Messieurs*

1744 de Renneville, *gr. bailli.*	1743 Chaulaire, *proc. du Roi*
1755 Bremont, *lieut. gén.*	*hon.* 1779.
1750 Clozier, *l. gén. d'épée.*	1751 Jourdain.
1782 Richard, *lieut. crim.*	1767 de la Court, *clerc.*
1752 de la Fouiniere, *lieut. part.*	1783 Burnet, *av. du Roi.*
aff. civ. & crim.	1778 Martin, *proc. du Roi.*
	1771 Oudotte, *gr. en chef.*

PRÉSIDIAL DE CHARTRES. *Paris. Messieurs*

Le vicomte de la Rochefoucauld, *grand bailli*.
Sochon du Brosseron, *prés. vét.*
Asselin, *l. g. & prés. à la pol. gén.*
Nicole, *lieut. gén. vét.*
Dattin, *lieut. crim.*
l'Ecureau, *lieut. crim. vét.*
Parent, *lieut. part.*
Bouvart, fils *l. part. ass. crim.*
Bouvart, pere, *l. p. ass. crim. vét.*
de Paris, *chev. d'hon.*
Bouchard, *doyen.*
Boileau.
de Boissimene, *cons. d'h. & d'épée.*
du Temple de Rougemont.
Vallet, l'aîné.
Jolly des Hayes.
Coubré.
Vallet, le jeune.
Vallet de Lubriat.
Dumoutier de Dond.
Foreau.
3 *charges vacantes.*
du Temple, *avoc. du Roi.*
Drapier, *avoc. du Roi.*
.... *avoc. du Roi.*
Clavier, *greffier en chef.*

PRÉSIDIAL DE CHATEAU-GONTHIER.

Paris. Messieurs

.... *sénéchal d'épée.*
1769 Guitau, *l. g. civil.*
1779 la Croix, *l. de police.*
1742 Boucault, secr. du Roi, *l. de pol. hon.*
1758 Trochon de Villeprouvé, *l. crim.*
1781 le Motheux de Chitray, *l. part.*
1742 Perriere de Letancher, *doy.*
1745 Dublineau.
1761 Maumousleau de Changrenu.
1764 Buhigné de Grandval.
1772 Letidon.
1772 Cadok Duplessis.
1745 Dublineau, *avoc. du Roi.*
1770 Foussier, *proc. du Roi.*
...... *greffier en chef.*

PRÉSIDIAL DE CHATEAU-THIERRY.

Paris. Messieurs

1770 Pinterel Louverny, *l.g. civ.*
1777 Coupery de la Motte, *lieut. gén. crim.*
1762 Masson, *lieut. part.*
1781 Despostz, *cons. d'hon.*
1767 Caternault de Castelnault.
1772 la Fontaine.
1782 Barbereux de Chevreux.
1781 Vol de Conautray, *avoc. du Roi.*
1781 Sutil, *avoc. du Roi.*
1771 Sutil, le jeune, *pr. du Roi.*
1779 Canlay, *greffier en chef.*

PRÉSIDIAL

PRÉSIDIAL DE CHATILLON. *Dijon. Messieurs*

Fevrer de Fontette, *g. bailli.*
de Bruere, *l. gén. présid.*
Garnier, *hon.*
Chamon, *lieut. crim.*
Dumont, *l. part. civ.*
Berthelemy, *cl.*

Marlot.
Joly, *avoc. du Roi.*
Darentiere, *proc. du Roi.*
   Charge d'assess. crim. & une de conseiller vacans.

PRÉSIDIAL DE CHAUMONT EN BASSIGNI. *Paris. Messieurs*

1770 le baron de Creuilly ✠, *gr. bailli.*
1772 Vorse de Reuilly, *l. gén.*
1764 Durville de Varenne, *lieut. gén. d'épée.*
1758 de Rambecourt, *lieut. gén. de police.*
.... *lieut. crim.*
1769 Dutillois, *lieut. part.*
1779 Guillaume, *assess. crim.*
1765 Dureville, *chev. d'hon.*
1774 Guenard de l'Isle, *doyen.*

1774 Fremyot de la Roche.
1775 Gaidot.
1778 le Texier, *consf. d'épée.*
1780 Percheron de Chalmont, *conseiller d'épée.*
1774 Babonot, *av. du Roi.*
1779 Mongeotte de Vignes, *pr. du Roi.*
Gombert, *av. du Roi.*
1760 de Goudevourt, *prés. hon.*
1782 Dufour, *lieut. crim. hon.*
1772 le Vasseur, *gref. en chef.*

PRÉSIDIAL DE CONDOM. *Paris. Messieurs*

1775 de la Tornerie, *l. g. civ.*
1771 Coudié, *lieut. gén. crim.*
1762 Bezian Moussaion, *lieut. part. civil.*
1766 Cailhoud, *assess. crim.*
1767 Bezian, *doyen.*
1768 Border.

Champetre.
1769 de Pouteils-de-Chastillon-de-Rosed.
1770 Gaichied.
1777 Duffau, *avoc. du Roi.*
de la Chapelle, *pr. du Roi.*
1734 la Capete, *pr. du Roi réuni.*

PRÉSIDIAL DE COUTANCES. *Rouen. Messieurs*

Le marquis de Blangy, *grand bailli.*
1776 Desmarets, *lieut. gén. civ.*

1772 de Haynault, *l. g. de pol.*
.... *l. gén. crim.*
1766 Duprey, *lieut. part. civ.*

PRÉSIDIAUX

Messieurs

1780 le Danois, *l. part. ass. cr.*
1738 Tanquerey de la Montbriere, *doyen.*
1771 Huc de Maufras, *ch. d'h.*
1752 Morel de Grimonville.
1758 l'Hermite.
1761 Gondouin, *clerc.*
1762 le Couvey de l'Epinerie.
    Demary de Ste. Marie.
    Bonté Martiniere.
1769 Blouet Durauville.
1770 le Touscy.

1772 la Couture.
1775 Closet.
1780 le Chapon.
    Trois charges vacantes.
1751 Cotelle Dutressoule, *av. du Roi.*
1772 de la Mare de Crux, *avoc. du Roi.*
1773 Lebrun, *proc. du Roi.*
1775 Louvel, *gref. du préf.*
1779 Blondel, *gref. du baill.*

PRÉSIDIAL DE DIEUZE. *Nancy. Messieurs*

Le comte de Ha-la-Marche, *bailli.*
Roger, *lieut. général.*
Petitbon, *lieut. part.*
Prouvé, *assesseur.*
Reetz, *doyen.*
Billecard.
Cunin.

Aubertin.
Pariset.
Boucard.
Chatillon, *avocat du Roi.*
Vaultrin, *proc. du Roi.*
Mayt, *greffier en chef.*

PRÉSIDIAL DE DIJON. *Dijon. Messieurs*

.... *grand bailli.*
Moussier, *lieut. général.*
Bergier, *lieut. gén. crim.*
Fyot, *l. part. ass. civ. & crim.*
Louet, *assess. crim.*
Narjollet, *doyen.*
Petitot.
Guyot.

Rathelot.
Cointot.
Dromard.
Villars.
Girardot, *avocat du Roi.*
Popelard, *procureur du Roi.*
Riambourg, *greffier en chef.*

PRÉSIDIAL DE DOLE. *Besançon. Messieurs*

Le comte de Scey-Montbeliard, comm. de S. Louis, *bailli.*
Bergine, *lieutenant-général.*
Chavelet, *lieut. crim.*
de Pesard, *lieut. crim. hon.*

Vermot, *lieut. part.*
Grison, } *assesseurs.*
Gadriot, }
Regnauld d'Epercy, *pr. du Roi.*
3 *off. d'ass. & celui d'av. du Roi vacans.*

PRÉSIDIAL D'EVREUX. Rouen. Messieurs

Goeflin, *lieut. gén. civ. & de pol. président.*
Regnauld, *lieut. gén. crim.*
Engren, *lieut. part. civ.*
de Courcy, *lieut. part. ass. crim.*
Ruault de Beaulieu.
Cazau.
le Doulx de la Musse, *av. du Roi.*
Cazan, *proc. du Roi.*
Deshayes, *greffier en chef.*

PRÉSIDIAL DE GRAY. Besançon. Messieurs

D'Esternoz, *grand bailli.*
Muguet, *lieut. gén. civ.*
Violet, *lieut. gén. crim.*
Poulet, *lieut. part. civ.*
Gourdan, *lieut. ass. crim.*
Narçon, *lieut. ass. crim. hon.*
Garnier, l'ainé, *doyen.*
Pautenet de Vereux, *hon.*
Cretin, *honoraire.*
Poncelin, *honoraire.*
Guichon.
Ponsard.
Garnier, cadet.
Regnauld, *cons. d'épée, hon.*
Denisot.
Billardet.
Dupoirier.
.... *cons. d'épée.*
Godard, *av. du Roi.*
Mol, *av. du Roi hon.*
Cretin, *proc. du Roi.*
Chassignole, *av. du Roi.*

PRÉSIDIAL DE LA FLECHE. Paris. Messieurs

Busson, *lieutenant-général.*
Brillarts de Baucé, *l. g. de pol.*
le Goux de Vaux, *l. gén. crim.*
Meslin, *lieut. part.*
Sireuil, *doyen.*
Auvé d'Aubigny.
Fontaine de Biré, *sec. du Roi hon.*
Chaubry, *av. du Roi.*
Davy des Pitieres, *av. du Roi.*
Galloys, *av. du Roi hon.*
Marechal de Lucé, *pr. du Roi.*

PRÉSIDIAL DE LANGRES. Paris. Messieurs

1758 Barrois de Germaine, *prés.*
1756 Philpin de Piepape, *l. g.*
1752 Lallemant de Pradines, *lieutenant-criminel.*
1783 Guyardin de Choilley, *l. part. civ.*
1780 Pechin de Latour, *l. ass. cr.*
1751 Jourdeul de Martigny, *syn.*
1756 de la Presle.
1768 Petitjean de Lancourt.
1768 Bissot.
Fourrel de Fretis.
1774 Viney.
1775 Barillot, *cons. d'épée.*
1778 Cournault.
1781 Humblot d'Hauteville.

1782 Mammes Pahin.
1783 Genuil.
1775 Hutinet, *av. du Roi.*

1779 de Foulons, *av. du Roi.*
1781 Marque de Lanti, *p. du R.*
Joffe, *greffier en chef.*

PRÉSIDIAL DE LAON. *Paris. Messieurs*

1767 Lespagnols de Bezane, *gr. bailli de Vermandois.*
.... *l. gén. d'épée.*
1781 Caignart de Rozoy, *l. g.*
1769 Dogny, *l. gén. de pol.*
1782 Pelée de Treville, *l. g. cr.*
1764 Deleu, *lieut. part.*
1782 François, *l. part. ass. cr.*
.... *chev. d'honn.*
1760 l'Eleu, *doyen.*
1738 de Bethune, *hon.*
1752 l'Eleu de Servenay, *hon.*

1768 de Martigny, *hon.*
1770 Pigneau, *hon.*
1765 Laurent.
1769 de la Campagne.
1776 Dagueau.
Neuf charges de cons. vac.
1767 Dumage, *av. du Roi.*
1776 le Carlier, *secr. du Roi, proc. du Roi.*
1782 de Lattre de la Motte, *avocat du Roi.*
1774 Felleux, *greffier en chef.*

PRÉSIDIAL DE LA ROCHELLE. *Paris. Messieurs*

Griffon, *maît. des comptes, l. g.*
Griffot de Paffy, *lieut. crim.*
Caffou, *lieut. crim. hon.*
Carré de Candé, *lieut. part.*
Seignette, *affeffeur.*
Viette de la Rivagerie, *doyen.*
Rougier, *honoraire.*
Laboucherie de Varaife, *clerc.*

Gilbert, *honoraire.*
Moine du Vivier.
Boutet.
Mafcaud Dudoret, *av. du Roi.*
Regnaud, *procureur du Roi.*
Alquier, *avocat du Roi.*
Regnault, *greffier en chef.*

PRÉSIDIAL DU DORAT. *Paris. Messieurs*

1783 Couffaud Duboft, *préfid. lieut. gén. de toute la baffe Marche, commiff. enq. examin.*
1769 Laurens des Combes, *l. cr.*
.... *l. part. civ. min.*
1779 Bouquet de la Claviere, *affeff. civ. & crim.*

1747 Couffaud des Forges, *doy.*
1752 Nicault.
1766 Aubugeois.
1777 Perrat Duvignaud, *avoc. du Roi.*
Perrat, *proc. du Roi.*
1754 Robert, *comm. aux faifies réelles.*

Messieurs

1763 Saudemoy de Lebaudiere, rec. cont. commiss. des consignations.
1774 Lesterp de Beauvais, rapp. & certif. des criées & saisies-réelles.
1778 Aubugeois de la Ville Dubost, rapp. vérific. & certificateur.

PRÉSIDIAL DE LIBOURNE. *Bordeaux. Messieurs*

.... président.
Le Moine Jeanty, *lieut. gén.*
Berthomieu, *lieut. crim.*
de Cazes, *lieut. part.*
Limousin, *assesseur.*
Lardiere, *doyen.*
Fontemoing.
Fourcaud, *avocat du Roi.*
Durand, *procureur du Roi.*
Piffon, *avocat du Roi.*
Favereau, *avocat du Roi hon.*
Durand, *greffier en chef.*

PRÉSIDIAL DE LIMOGES. *Bordeaux. Messieurs*

Roulhac, *lieutenant-général.*
Gallicher-de-Vaugoulours, *lieut. général d'épée.*
Raby de Syrieix, *lieut. crim.*
Ruben de Lombre du Mas, *l. part.*
Debeaune, *ass. civ. & crim.*
Hugon d'Etouars.
Devoyon de la Planche.
Roulhax de Rouveix.
Bonin du Fraisseix.
Verdilhac du Loubier.
Peconet du Châtenet.
Navieres de Brégefort.
Juge de S. Martin.
le Noir de la Vergne.
Juge de Laborie, *av. du Roi.*
Lamy de la Chapelle, *pr. du Roi.*
Muret de Paignac, *av. du Roi.*
Boisse de la Maison-rouge, *gref. en chef.*

PRÉS. DE LONS-LE-SAULNIER. *Besançon. Messieurs*

Le prince de Beauffremont, *grand bailli d'Avalon.*
1770 le Michaud d'Arçon, *l. g.*
1758 Jobin, *lieut. crim.*
1772 Muyard, *lieut. part.*
1757 Petetin, *lieut. ass. crim.*
1745 Jacquemet de Pymont, *proc. du Roi hon.*
1761 Rouget, *av. du Roi hon.*
1762 Chevillard, *doyen, cons.*
1773 le Gros, *assesseur.*
1774 Grandvaulx, *cons. assess.*
1775 Ouder, *cons. assess.*
1776 Gacon, *cons. assess.*
1779 le Courbe, *cons. assess.*
Chaillon, *hon.*
1783 Dunaud, *av. du Roi.*
1770 Coythier, *proc. du Roi.*
1776 Ardiet, *greffier en chef.*

PRÉSIDIAL DE LYON. *Paris. Messieurs.*

de Masso de la Ferriere, ✠
    sén. de Lyon & du Lionn.
1772 Gesse de Poizieux, *l. g. civ.*
1765 Dugas, *lieut. gén. crim.*
1772 Rambaud de la Vernouse,
    lieut. part. civ.
1776 de Leullion de Thorigny,
    lieut. part. ass. crim.
1759 Charrier de la Roche,
    lieut. part. civ. hon.
1769 Perret, *doyen.*
1772 {Ponthus, Girié,} *syndics.*
    Rougnard.
    Camyer.
    Varenard.
    Jacob.

Claviere.
Berger.
1773 Faure.
1776 Micollier.
1777 Orset de la Tour.
1779 Rey.
1781 Lucy.
1782 Chirat.
1753 Colabeau de Julienas, *hon.*
    Bona de Perez, *hon.*
    de Mayol, *cons. d'h. hon.*
1772 Millanois, *av. du Roi.*
1770 Barou du Soleil, *p. du Roi.*
1772 Cozon, *av. du Roi.*
1754 de Quinson, *pr. du Roi, h.*
1766 Tolozan, *m. des requêtes,*
    av. du Roi, hon.

PRÉSIDIAL DU MANS. *Paris. Messieurs*

1780 le Vayer de Vendœuvre,
    g. sén. du Maine.
    .... *lieut. gén.*
1781 Jouye Desroches, *l. gén.*
    de police.
1767 Rottier de Belin, *l. crim.*
1745 Thebaudin de Rozelle,
    l. p. civ.
1767 de la Porte de la Houssaye,
    l. part. conf. ass.
1747 Maulny, *doyen.*
1751 de Foisy, *sous-doyen.*

1763 Chesneau.
1768 Menard de la Groye.
    Herisson de Villiers.
    Poisson de Breil.
1774 Belin-Desroches.
1775 Negrier de la Crochardiere.
1777 Duchemin de Boisjousse.
1782 Negrier de Ferriere.
1767 de Lestang, *av. du Roi.*
1775 Belin de Beru, *pr. du Roi.*
1742 le Clerc, *p. du Roi, hon.*
1768 Leon, *av. du Roi.*

PRÉSIDIAL DE MEAUX. *Paris. Messieurs.*

Pidoux de Montanglaut, *bailli.*
Colinet de Rougebourse, *pr. l. g.*
Marquelet de la Noue, *hon.*
Decân, *l. gén. de police.*
Houdet, *l. gén. crim.*

Bernier, *l. gén. crim. hon.*
Saget de Boulancourt, *l. p. ass.*
Saget, père, *hon.*
...... *l. p. ass. crim.*
...... *chev. d'hon.*

Messieurs

Canelle, *conf. hon.*	de la Granche.
Burel.	Volé, *av. du Roi.*
Bullot.	Hattingais, *pr. du Roi.*
Anthéaume.	Devernon, *av. du Roi.*

CHATELET DE MELUN. *Paris. Messieurs*

de Montullé, *g. b. d'épée.*	Venard.
1783 le Duc, *préfid. lieut. gén. civ. & de pol.*	Berthier Defpérreux.
	Collin.
— Guerin de Sercilly, *l. crim.*	Dubois, *av. du Roi.*
Moreau de Maifonrouge, *l. part. civ.*	Guerin, *pr. du Roi.*
	.... *av. du Roi.*
Maria, *doyen.*	Jarry, *greffier en chef.*
Guibert.	

PRÉSIDIAL DE METZ. *Metz. Messieurs*

Rabuat, *préfident.*	Bourgeois.
Raux de Tonne-les-Prez, *l. crim.*	Olry.
Georges, *lieut. part.*	Collinet.
Nicolas, *aff. civ. & crim.*	Marchand.
Michelet, *préfid. hon.*	Buch'oz, *hon.*
.... *conf. d'hon.*	Maujean, *hon.*
Dedon, *doyen.*	Baltus, *hon.*
Mengin.	Plaifant, *av. du Roi.*
Humbert.	Lajeuneffe du Tailly, *pr. du Roi.*
Pierre.	Charuel, *av. du Roi.*
Hillaire.	Milet, *av. du Roi, hon.*
Morgue.	Guerrier, *av. du Roi, hon.*
Sechehaye.	Marly, *greffier en chef.*
de Brye.	

PRÉSIDIAL DE MIRECOURT. *Nancy. Messieurs*

le duc de Choifeul, *g. bailli.*	Chantaire.
François de Neufchateau, *l. gén.*	Gaillard.
Grandjean, *l. part.*	Ninot.
Pommier, *aff.*	Delpierre, *av. du Roi.*
Merel, *doyen.*	Briquenay, *av. du Roi, hon.*
Grosbert.	Rollin, *proc. du Roi.*
Mourot.	Duffart, *greffier en chef.*

I iv

PRÉSIDIAL DE MONTARGIS. *Paris. Messieurs*

.... *bailli.*
Charroyer, *prem. présid.*
Aulmont, *l. g. civ. cr. & de pol.*
.... *l. part. ass. crim.*
Payneau, *doyen.*
Ozon, *hon.*
Soucher, *av. du Roi, hon.*
Mesange.
Cœur, fils.
Chesnoy.
Cœur, *hon.*
Brucy.
Roulx Duchesnoy, *av. du Roi.*
Aubepin, *proc. du Roi.*
.... *avocat du roi.*
Billault, *greffier en chef.*

PRÉSID. DE MONTAUBAN. *Toulouse. Messieurs*

le marq. de Lostanges, *sén.*
Majorel, *juge-mayeur, l. gén.*
Sadous, *juge criminel.*
Silven, *lieut. principal.*
Caminel, *l. part. ass. crim.*
Darassus, *doyen.*
Fournes.
Boussac.
Dordé, *hon.*
Segui, *av. du Roi.*
Acher Duvernés, *proc. du Roi.*
Garrigues, *proc. du Roi, hon.*
Viguié, *greffier en chef.*

PRÉS. DE MONTPELLIER. *Toulouse. Messieurs*

le maréc. de Castries, *sénéchal.*
Barthez, *juge-mayeur, l. g. né.*
Seurat, *juge criminel.*
Farjon Murat, *lieut. princ.*
Martel, *lieut. part.*
Astruc de Vissec, *doyen.*
Bardy.
Magnol, *clerc, hon.*
Carquet, *hon.*
de Grasset.
Benezech.
Farjon.
Rolland.
Castan.
Galyé.
Coulomb.
Bernard.
Lemonnier.
Chaleil.
de Monclar de Caumel.
Rosset de Tournel, *vétéran.*
Campan, *av. du Roi.*
Nadal, *proc. du Roi.*
Vidal, *greffier en chef.*

PRÉSIDIAL DE MOULINS. *Paris. Messieurs*

le comte de Peyre, *g. sénéch. du Bourbonnais.*
Grimaud, *lieut. gén.*
.... *lieut. crim.*
Vernin, fils, *ass.*
Préveraud de Ractiere, *doyen.*

DE FRANCE. 137
Messieurs

Beraud de Bellevaux, *conf. d'hon.* | Berger de Reffye, *clerc.*
Imbert de Balore. | Barruel, *fils*,
Bardonnet de Gondailly. | Heuilhard Fabrice.
Houdry, *conf. d'honn.* | M. l'abbé de Buiffy, *doyen du*
Heulhard de Certilly. | *chap. de Moulins, fiege en*
Bon Chabot. | *en cette qualité le jour de la*
Parchot de Villemouze. | *rentrée du palais.*
Ripoud de la Salle. | Butaud Dupoux, *av. du Roi.*
Viallet. | Conny de la Faye, *av. du Roi.*
de la Gauguiere. | Beraud, *avocat du Roi.*
Perrotin de Chevagne. | Vernin, *pere, l. gén. de police.*

PRÉSIDIAL DE NANCY. *Nancy. Messieurs*

le duc de Fleury, *bailli.* | Luxer.
Mengin de la Neuville, *lieut. g.* | Plaffiart.
  civil & criminel. | Courtois,
Urion, *lieut. gén. de police.* | Thiery.
Mourot, *lieut. part. civ. & crim.* | Sirejean, *avocat du Roi.*
Houard, *aff. civ. & crim.* | Bertinet, *proc. du Roi.*
François, *doyen.* | .... *greffier en chef.*
Noël.

PRÉSIDIAL DE NANTES. *Rennes. Messieurs*

Bellabre, *sénéchal.* | Turquetil de la Pajottiere.
Orry de Reveillon, *lieut. gen.* | Marcé.
de Bourgoing, *lieut. crim.* | Mahot de l'Aubiniere.
de la Ville, *lieut. part. civ. crim.* | Dreux.
Richard de la Pervanchere, *hon.* | Pineau du Pavillon.
le Laffeur, *doyen* | Felloneau, *avocat du Roi.*
Deguer. | Giraud du Pleffis, *av. du Roi.*
Monnier, *honoraire.* | Baco de la Chapelle, *pr. du Roi.*
Gallot. | Goulin de la Broffe, *av. du Roi,*
le Laffeur de Ranzáy. | *honoraire.*

PRÉSIDIAL DE NERAC. *Toulouse. Messieurs*

1747 Duroy de Lalanne, *préf.* | 1767 Barlouclh de Taillac, *lieut.*
1751 de Mafclieres, *l. g. civ.* | *gén. crim.*

Messieurs

1777	Sanfac de Jeanfomon, *l. p.*	Une charge de lieutenant par-
1748	Dupuy, *conf. garde-fcel.*	ticulier affeff. civ. & crim. une de
1737	de Monier, *av. du Roi.*	proc. du Roi, une d'av. du Roi,
1753	Ferret, *greffier en chef.*	& 14 de confeillers vacantes.

PRÉSIDIAL DE NISMES. *Toulouse*. *Messieurs*

de Monteynard, marquis de Montfrin, *fénéchal.*
Augier, *juge-mage, lieut. gén.*
Fajon, *lieut. crim.*
Ricard, *lieut. principal.*
de Gabriac, *lieut. part.*
.... *lieut. du fén. d'épée.*
Magne, *doyen.*
de Chalbos de Cubieres.
Fornier de Meyrar.
Paliffe de Coiffargues.

Pintard.
Michel.
Rouftan.
de Monteils.
Delom.
Mazauric.
de Verot.
Mazer, *avocat du Roi.*
Brunel de la Bruyere, *pr. du roi.*
Soubeiran, *avocat du Roi.*
Gaujoux, *greffier en chef.*

CHATELET D'ORLÉANS. *Paris*. *Messieurs*

	Le marq. d'Avaray, *g. b.*	1758 de la Gueulle de Coinces.
1777	Curault, *lieut. gén.*	1763 Leclerc de Douy.
	Miron, *l. gén. de police.*	Crignon de Bonvalet.
1778	Patas de Meftiers, *l. crim.*	1773 de Langé.
	.... *l. part. affeff. crim.*	1775 Petau.
1751	Deloynes d'Autroche, *ch. d'honn.*	1778 Capitan.
		l'Huillier des Bordes, fils.
1749	Alix, *doyen.*	Loiré.
1745	de la Fond-de-Luz, *vét.*	1780 de Malloveaud de Puyren-
1748	Paris de Brouville, *vét.*	cault.
	l'Huillier des Bordes, *conf. d'hon. & d'épée.*	1773 Roger, *avocat du Roi.*
		1763 Taffin de Villepion, *p. du R.*
1750	Chevalier, *c. d'h. & d'ép.*	1774 Henry, *av. du Roi.*
1753	Turtin.	Rozier, *greffier en chef.*
1757	Scurrat de la Boullaye.	

PRÉSIDIAL DE PAMIERS. *Toulouse*. *Messieurs*

Le maréchal de Segur, *fénéchal.*
de Marquié Cuffol, *j.-m. l.g.civ.*

Ville de Benagues, *l. gén. crim.*
de Palmade-Fraxines, *l. part. civ.*

DE FRANCE.

Messieurs

de Bardon, *l. part. assess. crim.*
Gaillard, *doyen.*
Darmaing.
Vadié.
Grave.
Dessort.

Vignes.
Darmaing, *avocat du roi.*
Charly, *procureur du roi.*
.... *avocat du roi.*
Castel, *greffier en chef.*

CHATELET DE PARIS. Paris. *Messieurs*

1766 Bernard, marquis de Boulainvilliers, *prévôt.*
1774 Angran d'Alleray, *l. civ.*
1776 Lenoir, *l. gén. de police.*
1774 Bachois de Villefort, *l. cr.*
1764 du Pont, *lieut. part.*
1768 Petit de la Honville, *l. p.*
1760 Chardon, *lieut. part. hon.*
1737 Fosseyeux, *doyen.*
1738 Davenne de la Fontaine.
1740 Avril.
1743 Dufresnay.
      de Villiers de la Noue.
1744 Pelletier.
1750 Millon.
1753 Beville de la Salle.
      du Val.
1755 Phelippes de la Marniere.
1762 le Roi d'Herval.
1763 Olivier.
      Rousselot.
      Bellanger.
1764 Boucher.
      Olive de la Gastine.
1766 Bouron des Clayes.
1768 Chupin.
      Audran.
1769 le Moine.
1771 Marion.
      Jacquot d'Anthoncy.
      Michaux.
1772 Boucher d'Argis.
      Judde de Neuville.

le Gros de S. Germain.
de Gouve de Vitry.
1775 Lempereur.
      Dupuy.
      Combault de Canthere.
      Dubois.
1777 Destouches.
      Abraham de la Carriere.
      Dieres.
      Lalourcey.
1778 Garnier.
      Mutel.
1779 Vanin.
      Silvestre.
      Pelart.
1780 Baron.
      Baron Desfontaines.
      Nau.
      Nau de Champlouis.
      Moreau de la Vigerie.
      Bioche.
      Vanin de Courville.
1781 Prevost de Fenouillet.
      Martin de S. Martin, *clerc.*
      de Villiers.
      Quatremere.
      Silvestre de Chanteloup.
1782 Chapelain de Brosseron.
1783 Sallier.
Neuf conseillers honoraires.
1777 Herault, *avocat du roi.*
1780 de Flandre de Brunville, *pr. du roi.*

Messieurs

1782 Trudaine, *avocat du roi.* | 1783 Trudaine de la Sablière,
1783 Pelletier Desforts, *av. du r.* | *avocat du roi.*

PRÉSIDIAL DE POITIERS. *Paris. Messieurs*

Le marquis des Paligny, *grand sénéchal du Poitou.*
Irland de Bazôges, *lieut. gén.*
Tranchand, *lieut. gén. crim.*
Vincent, *lieut. part. assess. civil.*
Baguenard, *l. part. ass. crim.*
Gabouit de la Brosse, *doyen.*
de Veillecheze de la Mardiere.
de Lanot.
de la Marque.
du Tillet.
Rampillon,
Robert.
Babinet, fils.
Coutineau.
Dansays.

Mallet de Fois.
Nicolas.
de Cressac.
Faulcon.
Dupuy, *avocat du roi.*
Filleau des Groges, *pr. du roi.*
Rogues de Chabannes, *av. du roi.*
Charbonel du Toral, *gref. civil.*
Gautier, *greffier crim.*

La Déclaration du 3 Septembre 1734 a réuni la charge de lieutenant général de police au présidial, & les Officiers du siege l'exercent alternativement par trimestre.

PRÉSIDIAL DE PROVINS. *Paris. Messieurs*

1734 Ithier de la Cloche, *prés.*
1761 Colin des Murs, *l. g. civ.*
1781 Allou, *lieut. crim.*
1766 Goury, *lieut. part. civ.*
1744 Retel du Grandhôtel, *lieut. part. ass. crim.*

1781 Chaillot, *cons.*
1781 Rivot, l'aîné, *cons.*
1773 Roussele, *av. du roi.*
1762 Chaillot de Samondé, *pr. du roi.*
1778 Privé, *greffier en chef.*

PRÉSIDIAL DE QUIMPER. *Rennes. Messieurs*

de Kervelegan, *sénéchal.*
Guimart de Coatidieux, *alloué & lieutenant-général.*
Thomas, *juge criminel.*
Bobet de Lanhuron, *l. civ. & cr.*
le Dall de Kereon, *doyen.*
Audoin de Keriner.
Yvonnet du Rhun.

Reymond de Vars.
de Lecluze de Longraye.
le Roi de Quergrois.
Frollo de Kerlivio, *hon.*
de Lecluze de Longraye, *hon.*
le Goazre de Kervelegant, *avoc. du roi.*
le Dall de Kereon, fils, *pr. du roi.*

PRÉSIDIAL DE REIMS. *Paris. Messieurs*

L'Epagnol de Bezannés, *grand bailli de Vermandois.*
Levesque de Pouilly, *préf. l. g.*
Cauvin, *lieut. gén. crim.*
Jouvant, *lieut. part.*
Gaultier, *l. part. ass. civ. & crim.*
l'Epagnol de Vilette, *ch. d'hon.*
le Tellier, *doyen.*
Polonceau, *clerc.*
Malfilâtre.
Clicquot, *cons. hon. d'épée.*
Marlot, *proc. du roi.*
.... *avocat du roi.*
Feval, *greffier en chef.*

PRÉSIDIAL DE RENNES. *Rennes. Messieurs*

.... *sénéchal.*
de Monthierry, *alloué, l. gén.*
Mangourit, *juge criminel.*
Varin de Beauval, *l. civ. & crim.*
Varin du Colombier, *lieut. hon.*
le Marchand de l'Epinay, *doyen.*
Hervagault.
Desrieux de la Villehaubert.
Harambert.
Rubin de la Grimaudiere.
Reslou du Guemen.
Fablet de la Motte.
Bouvier des Touches.
Fournel de la Manseliere.
Denoual de la Houssaye.
Buret.
Nivet, *honoraire.*
Duval, *honoraire.*
Bidard de la Noë, *av. du roi.*
Borie, *procureur du roi.*
Phelippes de Tronjoly, *av. du r.*
Frey de Neuville, *av. du r. hon.*
le Grand, *greffier en chef civil.*
Chartier, *greffier en chef crim.*
Nouail, *gr. en chef de la Prév.*

PRÉSIDIAL DE RHODEZ. *Toulouse. Messieurs*

1759 de Seguret, *préf. juge-m. lieutenant-général.*
1783 Enjalran, *lieut. crim.*
1740 Jouery, *lieut. crim. vét:*
1780 de Cussac, *lieut. principal.*
1733 Delauro, pere, *l. pr. vét.*
1759 Delauro, fils, *l. pr. vét.*
1753 de Cabrieres, *lieut. part.*
1764 Baldit, *assess. civ. & cr.*
1760 Delon, *l. de robe-courte.*
1769 de Laval, *chev. d'honn.*
1732 Bancarel, *doyen.*
1755 Azemar.
1756 Planeved.
1759 Julien.
1782 Jausion, *honoraire.*
1759 Gaffuel.
1760 Vaisse.
1766 de Villaret.
1768 Maymac.
1781 Dijols.
 Deux charges de cons. vacantes.
1752 Boisse, *proc. du roi.*
1757 Lavernhe, *av. du roi.*
1755 Bessiere, *av. du roi.*
.... *greffier en chef.*

PRÉSIDIAL DE ROUEN. *Rouen. Messieurs*

...... *l. gén. civ.*
1757 Haillet de Couronne, *pr. présid. l. gén. crim.*
1762 Trugard de Maromme, *l. g. de pol.*
1748 Borel, *l. part. civ.*
1747 Alexandre, *l. part. crim.*
1741 de Gaugy, *chev. d'hon.*
1726 de Fourneaux, *doyen.*
1759 Corbin.
1762 Tricotté..
1768 de Sacquepée.
1770 de Turgis.
1775 de Turgis de Breval.
1776 de Viderel.
1779 d'Anglesqueville.
1781 Corbin, fils.
1780 le Blanc de l'Epinay.
1777 de Sacquepée, *av. du Roi.*
1776 Vasse, *proc. du Roi.*

PRÉSIDIAL DE SARRELOUIS. *Metz. Messieurs*

le m. du Châtelet, *gr. bailli.*
Beaumont, *fais. les fonct. de l. g.*
Hann, *proc. du Roi.*
Bertramin, *greffier en chef.*

PRÉSIDIAL DE S. DIÉ. *Nancy. Messieurs*

le chev. de Franc, *bailli.*
de Bazelaire de Colroy, *l. gén.*
Michelant, *lieut. part.*
de la Chambre, *ass.*
Haxo, *cons.*
Clement, *av. du Roi.*
Petitmengin, *proc. du Roi.*
Simon, *greffier en chef.*

PR. DE S. PIERRE-LE-MOUSTIER. *Paris. Messieurs*

1779 Sallonyer d'Aurilly, *gr. bailli d'épée.*
1753 Vyau de Baudreville, *pr. lieut. gén.*
1755 Blanzat Delvange, 2. *prési.*
1774 Meurs, *lieut. part.*
1780 Don de Lespinasse, prieur des Bénéd. *cons.* né ; ce fut par Edit de Mars 1632, enreg. le 16 Juill.
1660, que cet office fut attaché à la place de prieur de cette maison.
1767 Dollet de Chassenete, *doy.*
1769 Dubled Duboulois.
1774 Moquot Dagnon.
1775 Maiye.
1768 Rousset, *av. du Roi.*
1773 Jourdier, *pr. du Roi.*

PRÉSIDIAL DE SAINTES. *Paris. Messieurs*

le Berton, *présid. l. g. civ. & de police.*
le Mercier, *présid. l. crim.*
Fonremis, *l. part.*
Fourchaud, *ass.*
Berry, *doyen.*
Vieüille.
Fonremis.
Bourdeille.

Dangibaud du Pouyaud.
Landreau.
Limal, *av. du Roi.*
Beaune, *proc. du Roi.*
...... *av. du Roi.*
Brejon de la Martiniere, *av. du Roi, hon.*
Brunet, *greffier en chef.*

PRÉSIDIAL DE SALINS. *Besançon. Messieurs*

Petrey, *prem. présid. l. gén. civ.*
Martin, *l. gén. crim.*
Girod, *lieut. part.*
Furet, *l. ass. crim.*
Furet, *l. ass. crim. hon.*
Bousson, *doyen.*
Cornier.
Cuseau.
Masson, *cons. d'honn.*

Robert, *cons. d'honn.*
Raclet, *cons. d'honn.*
Un office vacant.
Huguenet, *av. du Roi.*
Faton, *av. du Roi.*
Cordier de Champagnole, *proc. du Roi.*
Bolard, *hon.*

PRÉSIDIAL DE SARLAT. *Bordeaux. Messieurs*

1780 de Greris, *l. gén. civ.*
1780 Lavech des Fauries, *l. g. cr.*
1768 Delage, *l. part.*
1780 de Lacipierre, *l. part. ass.*
1757 de Selves, *doyen.*
1759 Bardou.
1769 Meyrignac de Boyl.

1769 de Lachambaudie.
1781 Gisson de la Foussade, *l. gén. civ. hon.*
1746 Loudien de Lacalprade, *av. du Roi.*
1779 de Vergnol, *pr. du Roi.*
de Vergnol, *av. du Roi.*

PRÉSIDIAL DE SEDAN. *Metz. Messieurs*

d'Estagnol, *gr. bailli.*
Pillar, *l. gén. civ. & crim.*
Tabouillot, *l. part.*

Pillar, *cons. clerc.*
Dourthe, *proc. du Roi.*
Bailly, *greffier en chef.*

PRÉS. DE SEMUR EN AUXOIS. *Dijon. Messieurs*

le marq. du Châtelet, *g. bailli.*
Simon de la Rochette, *président-ditatoire.*
Thibault, *président.*
Lemulier de Beauvais, *pr. hon.*
Lemulier, *l. gén.*
Creusot, *l. part.*
Parigot.
Bruzard des Ormes.
Petit, *pr. du Roi.*
Reuillon, *av. du Roi.*
Maillard, *greffier en chef.*

PRÉSIDIAL DE SENLIS. *Paris. Messieurs*

...... *gr. bailli.*
Deflandes, *présid. l. g. civ. & cr.*
Roze, *lieut. part.*
Boulon de Boileau, *doyen.*
Breteuil.
de la Fosse, *cl.*
le Blanc.
Bruflé de Prefle, *syndic.*
Foullon de Chevrieres.
l'abbé Lenoir, *conf. d'hon.*
Bofquillon, *hon.*
Gayant, *conf. d'état, av. du Roi.*
Seguin, *pr. du Roi.*
...... *av. du Roi.*
le Febure.

PRÉSIDIAL DE SENS. *Paris. Messieurs*

1780 de Thienne de Razay ✠, *gr. bailli d'épée, & châtelain de la grosse tour de Sens.*
1763 Jodrillat, *présid. l. gén,.*
1777 Jailliant, *lieut. crim.*
1770 Sallot de Varennes, *lieut. part. civ. & crim.*
Baudry, ancien prévôt, *conf. hon.*
1730 Debonnaire, *hon.*
1732 Pelée de Chenouteau, *doy.*
1756 Martineau, *hon.*
1766 Gillet.
1766 Billebault.
1767 Garfement des Fontaines.
1767 Baudry, fils.
1768 Gaulthier de Vaurobert.
1769 Debonnaire de Rofoy.
1769 des Maifons.
1771 Pelée des Tanneries.
1781 Rouffelot.
1783 Moreau de Vormes, *cl.*
1766 Larcher, *av. du Roi.*
1767 Sandrier, *proc. du Roi.*
1769 Refpingés Duponty, *av. du Roi.*
1781 Robillard, *greff. en chef.*

PRÉSIDIAL DE SOISSONS. *Paris. Messieurs*

1754 Beffroy, bar. de la Greve, *g. bailli du Soiffonnais.*
1756 Labouret, *préfid.*
1762 Charpentier, *lieut. gén.*

DE FRANCE.

Messieurs

1782 Mabille, *l. part. civ.*	1765 Brulé.
1751 Calais, *l. part ass. crim.*	1774 Guillot, *av. du Roi.*
Cabaret, *conf. clerc.*	1768 Vernier, *pr. du Roi.*
Quinquet, *conf. clerc.*	1780 Bocquet de Liancourt, *av. du Roi.*
Petit.	
1752 Morel.	Woubert, *greff. en chef.*
1763 Brayer.	1783 Brayer, *lieut. de police.*

PRÉSIDIAL DE TOUL. *Metz. Messieurs*

...... *grand bailli.*	Gregeois, *doyen.*
Maillot, *lieut. gén.*	Louviot Lacroix.
Houillon, *l. gén. de police.*	Olry.
Olry, *l. gén. de pol. hon.*	Nacquard.
André, *lieut. crim.*	Petitjean.
Gouvion, *lieut. crim. hon.*	Pagel.
Louvrier, *l. part.*	Louviot Lacroix, *av. du Roi.*
Bicquelly, *l. part. hon.*	Desbroux, *proc. du Roi.*
Pillement, *ass. civ. & crim.*	Olry, *av. du Roi.*
Antoine, *conf. chev. d'hon.*	Chodrou, *greff. en chef.*

PRÉSIDIAL DE TOULOUSE. *Toulouse. Messieurs*

Chalvet-Rochemonteix, *sén. de Toulouse & pays Albigeois.*	Carles de Lancelot.
	de Compayré.
1769 de Lartigue, *juge-mayeur, lieut. gén.*	1766 de Palis.
	d'Esparceil.
1769 de Sabalos, *juge crim.*	1769 Ruotte, *ass. du prévôt.*
1766 Demont, *l. part.*	1771 de Moysset.
1774 de Montané de Laroque, *lieut. part.*	1776 de Baric.
	Dertey de Belbèze.
1765 Berrié, *lieut. princip.*	1780 de Carratié.
1743 d'Espigat, *doyen.*	1763 de Loubeau, *av. du Roi.*
1746 de Bernardou de Salmanac.	1750 de Lagane, *proc. du Roi.*
1764 de Bellegarde.	1765 de la Porte-Marignac, *av. du Roi.*
de Rimailho de Lassale.	Lefevre, *greff. en chef.*

K

PRÉSIDIAL DE TOURS. *Paris.* *Messieurs*

le marq. de Paulmy d'Argenson, gr. bailli de Touraine.
...... *présid. & lieut. gén.*
Preuilly du Colombier, *préf. hon.*
Loiseau, *l. gén. de police.*
Reverdy, *l. gén. crim.*
Patas, *l. part. cl.*
Legras, *chev. d'honn.*
l'abbé Jahan, *doyen.*
Godin la Hulliere.
Gaulhier, pere, *hon.*
Robin.
de la Grandiere.
Billault-Ducouteau.
Thenon.
de S. Martin, *av. du Roi.*
Gaulhier, fils, *proc. du Roi.*
Gauthier, *av. du Roi.*
Dubois, *greff. en chef, civ. & des appeaux.*
Gauthier Marcilly, *gr. en chef de police.*

PRÉSIDIAL DE TROYES. *Paris.* *Messieurs*

le c. de Mesgrigny de Villebertin, *vicomte & gr. bailli.*
Labrun, *président.*
Paillot de Fiaslines, *l. gén. enq. com. exam.*
Sourdat, *l. g. de pol.*
Dereines, *l. crim.*
Huez de Vermoise, *l. part. aff. civ. & crim.*
Huez, *doyen.*
Garnier de Montreuil.
Coquart.
Babeau.
Gauthier.
Bonnemain.
Truelle de Chambouzon.
Comparot de Longsols.
Camusat Descarrets.
Noché.
Heroult de la Clôture, *hon.*
Mahon Descoumbons, *hon.*
Corrard, *av. du Roi.*
Parant, *av. du Roi.*
Jaillant Deschenets, *pr. du Roi.*

PRÉSIDIAL DE TULLES. *Bordeaux.* *Messieurs*

1732 Darluc de la Praderie, *présid. l. gén.*
1753 de S. Priech de S. Mur, *l. gén. de pol.*
1754 Audubert du Teil, *l. crim.*
1766 Meynard de la Faurie, *l. part. aff. crim.*
1754 Dumyrat, *cl.*
1759 Dufraysse Devianes, *doy.*
1768 du Bourguet.
1769 Ducloux.
1769 Loyac de la Sudrie.
1771 Serre de Bozaugoure.
 de Braconac de l'Espes.
1779 Lachaud de la Noille.
1733 Brival, *av. & pr. du R. h*
1758 Monret de Lavergne, *cons. hon.*

DE FRANCE.

Messieurs

1777 Melon de Pradou, *avoc. du Roi.*
1776 Brival, *proc. du Roi.*
1783 Vialle, *av. du Roi.*
1766 Chivac, *greff. en chef.*

PRÉSIDIAL DE VALENCE. *Grenoble. Messieurs*

de Chatillon de Moyriac, *sénéc.*
de Gaillard, *préf. l. gén. civ.*
Dauphin, *l. gén. crim.*
Desjacques, *lieut. princ.*
de Beaux de Plovier, *lieut. part.*
de Biosse-Duplan, *lieut. part. ass. civ. & crim.*
...... *chevalier d'hon.*
de Baude, *doyen.*
de Gaillard de Rousset.
Realier.
Onze charges vacantes.
Teissonnier, *av. du Roi.*
Bergeron, *proc. du Roi.*
Desjacques, fils, *av. du Roi.*
Bayle, *av. du Roi, hon.*
de Beaux, *greff. en chef.*

PRÉSIDIAL DE VANNES. *Rennes. Messieurs*

le Groz, *sénéc.*
de Larmor, *alloué.*
du Ranquin, *alloué, hon.*
...... *juge crim.*
Poussin, *lieut.*
de la Chasse, *doyen.*
du Febvrier.
Dusers.
du Liepvre.
le Menez de Kerdelleau, *avoc. du Roi.*
Houet de Chenevert, *pr. du Roi.*
Loivol, *greff. en chef.*

PRÉSIDIAL DE VERDUN. *Metz. Messieurs*

Dastier de Mennessaigues, *bailli.*
Georgia, *lieut. gén.*
Cazaude, *hon.*
Henry, *hon.*
Perrin, *l. de pol. hon.*
Rouyer du Cheranville, *l. g. d'ép.*
...... *lieut. crim.*
Gabriel, *ass. civ. & crim.*
de Watronville de Pintheville, *cons. d'honn.*
Samson, *doyen.*
Roton.
Talbot.
Marchal.
Huit charges vacantes.
Tabouillot, *pr. du Roi.*
Gillet, *av. du Roi.*
Collard, pere, *gr. en chef, civ.*
Collard, fils, *gr. en chef, crim.*

PRÉSIDIAL DE VEZOUL. *Besançon.* *Messieurs*

le comte d'Eternoz, *gr. bailli.*
Ebaudy de Rochetaillé, *l. gén.*
Fyard, *préf. prem. hon.*
de Montgenet, *l. gén. hon.*
Bretet, *lieut. crim.*
de Fleurey, *lieut. part.*
...... *l. ass. crim.*
Charle, *doyen.*
Siblot.
Munier.
Noirot.
Daval.
Garnier.
Galmiche.
Guerin, *av. du Roi.*
Gueritot de la Pinodiere, *avoc. du Roi.*
Rainguel, *proc. du Roi.*
Fyard de Gevigney, *avoc. du Roi, hon.*
Papier, *pr. du Roi, hon.*
Bailly, *greff. en chef.*

PR. DE VITRY-LE-FRANÇAIS. *Paris.* *Messieurs*

1751 Groftête, *lieut. gén.*
1759 de Braux, *l. gén. de police.*
1752 Becquey, *lieut. crim.*
1781 de Saintgenis, *l. part.*
1727 Niel, *l. part. hon.* 1781.
...... *l. part. ass. crim.*
1754 de Saintgenis, anc. prévôt, honoraire.
1761 Thevenin, *conf. cl.*
1741 Pothier, *hon.* 1776.
1765 Grimon.
1768 Jacobé, *syndic.*
1773 le Blanc.
1755 Collet, *conf. d'hon.*
1779 Bechefer, *conf. d'hon.*
1777 Reynaudot.
1782 Barbier.
....
1765 de Salligny, *av. du Roi.*
1769 David de Balledart, *proc. du Roi.*
1768 Felix, *greff. en chef.*

ÉTAT
DES PRINCIPAUX OFFICIERS
EMPLOYÉS DANS LA MARINE DE FRANCE.

DÉPARTEMENT DE BREST, Messieurs

Brest.
le comte de Begue, *cap. de v. dir. de l'artil.*
de S. Riveul, *cap. de vaisseau, sous-directeur.*
de Briqueville, *cap. de vaiss. dir. des construct.*
chevalier Barin de la Galisonniere, *capitaine de vaisseau, sous-directeur.*
de Montecler, *cap. de v. directeur du port.*
le Large, *capitaine de vaisseau, sous-direct.*
Guillot, *intendant.*
Prevost de Langristin, *com. gén. des p. & arf.*
MM. Mercier, S. Pern-Gourel, Fraboulet, de Nayac, Corré de Villefon, de Massac, *com. ordon. des ports & arsenaux.*

Bureau des Classes de Brest, Messieurs

Buffier, *commissaire des classes.*

Q. du Conquet.	L'Abbé, *syndic, f. f. de comm. des classes.*
Q. de Camaret.	Pellegrin, *syndic, f. f. de comm. des cl.*
Q. de Morlaix.	Boucault, *comm. des classes.*
Q. de Quimper.	Prevost de Pressigny, *comm. des classes.*
Q. de Concarneau.	Leflo, *syndic, f. f. de comm. des classes.*

DÉPARTEMENT DE S. MALO. Messieurs

Saint-Malo.	Couradin de Flamare, *c. ordon. des p. & arf.*
	Regnault, *comm. des classes.*
Q. de Dinan.	le Prince, *comm. des classes.*
Q. de S. Brieuc.	Couppé, *comm. des classes.*
Q. de Tréguier.	Duplessis Partenay, *syndic, f. f. de com. des cl.*

K iij

DÉPARTEMENT DE NANTES. *Messieurs*

Nantes.	de Souideval, *comm. ord. des ports & arf.*
	Bafcher, *contrôleur.*
	Vaffal, *commiffaire des claffes.*
Q. de Paimbœuf.	Louvel, *commiffaire des claffes.*
	de Pennelé, *comm. des claffes.*
Q. du Croific.	le Roi de Preville, *comm. des claffes.*

DÉPARTEMENT DE L'ORIENT, *Messieurs*

L'Orient.	Clouet, *comm. gén. des ports & arf.*
	Chaffaigne d'Urfé, *com. ord. des ports & arf.*
	de la Frefnaye, *comm. furn. des ports & arf.*

Bureau des Claffes de l'Orient. Messieurs

	Bourhis, *commiffaire des claffes.*
Q. de Belle-Ifle.	Bourhis du Bourgneuf, *comm. des claffes.*
Q. de Vannes.	Jouanne, *comm. des claffes.*
Q. d'Ingrande.	Solland, *fyndic, f. f. de comm. des cl.*

DÉPARTEMENT D'ANGERS. *Messieurs*

Angers.	Morin, *commiffaire des claffes.*
Q. de Saumur.	Dupleffis Olivault, *fynd. f. f. de comm. des cl.*

DÉPARTEMENT DE TOURS.

Tours.	M. de Preuilly, *anc. com. de la mar. f. f. de com. des claffes.*

DÉPARTEMENT D'ORLÉANS.

Orléans.	M. Bretonneau, *comm. des claffes.*

DÉPARTEMENT DE NEVERS.

Nevers.	M. de Kerimel, *comm. des claffes.*

DÉPARTEMENT DE TOULON. *Messieurs*

Toulon.
Vialis, cap. de v. *directeur de l'artillerie.*
Bruny d'Entrecasteaux, cap. de v. *sous-dir.*
de Boade, cap. de v. *direct. des construct.*
le chev. de Ligondés, c. de v. *sous-dir.*
de la Cluc, cap. de v. *directeur du port.*
Vidal de Lery, cap. de v. *sous-directeur.*
Malouet, *intendant de la marine.*
Peffel, *comm. général des ports & arf.*
MM. Flamenq, Brujas, Ciolly d'Elmar, Tempié, Even, *com. ord. des ports & arf.*
de la Haye d'Anglemont, *comm. surnum.*

Bureau des Classes de Toulon. Messieurs

	Daniel, *commissaire des classes.*
Q. de la Ciotat.	Gautier, *commissaire des classes.*
Q. de la Seine.	Toulon Daniel, *synd. f. f. de com. des classes.*
Q. de S. Tropez.	Capel, *comm. des classes.*
Q. de Fréjus.	Maunier, *syndic, f. f. de comm. des cl.*
Q. d'Antibes.	Chaillan, *comm. des classes.*
Q. de Cannes.	Riouffe de Thorenc, *comm. des classes.*

DÉPARTEMENT DE MARSEILLE. *Messieurs*

Marseille.	Bertin, *comm. ord. des ports & arf.*
	Thirat, *comm. des classes.*
Q. de Martigues.	Préville le Roi, *comm. des cl.*

DÉPARTEMENT D'ARLES.

M. Pomme, *comm. des classes.*

DÉPARTEMENT D'AGDE. *Messieurs*

	Caulet, *comm. des classes.*
Q. de Cette.	Bousquet, *comm. des classes.*
Q. de Narbonne.	Chabert Gaillard, *comm. des cl.*

Isle de Corse.

Regnier du Tillet, *com. ord. des ports & arf.*
de Monceaux, *comm. des classes.*
Regnier du Tillet, fils, *synd. f. f. de c. des cl.*

K iv

DÉPARTEMRNT DE ROCHEFORT. *Messieurs*

Rochefort.
le baron de Bombelles, cap. de v. *dir. de l'art.*
Dupin de Belugard, cap. de v. *sous-dir.*
Macarty Marteigue, cap. de v. *dir. des const.*
de Richier, cap. de v. *sous-direct.*
de la Touche, cap. de v. *dir. du port.*
Ledall Tromelin, cap. de v. *sous-direct.*
Marchais, *intendant de la marine.*
Redon de Beaupreau, *com. gén. des p. & arf.*
MM. Segondat, Bellefontaine, Poulletier, le Moyne & Bertrand de Montvallon, *comm. ord. des ports & arf.* De Lino & Esmein, *surn.*

Bureau des Classes de Rochefort. *Messieurs*

Q. de Rochefort. Gibouin, *comm. des classes.*
Q. de Saintes. Dieres Monplaisir, *comm. des classes.*
Q. d'Angoulême. Valliet, *comm. des classes.*

DÉPARTEMENT DE LA ROCHELLE. *Messieurs*

La Rochelle. Bertet, *comm. des classes.*
Q. de l'Isle de Ré. Giraud, *comm. des classes.*

DÉPARTEMENT DU BAS-POITOU.

M. de Lalain, *comm. des classes.*

DÉPARTEMENT DE MARENNES. *Messieurs*

Marennes. Dalleret, *comm. des classes.*
Q. de l'île d'Oleron. Duplessis, *comm. des classes.*
Q. de Royan. Correnson, *comm. des classes.*

DÉPARTEMENTS DE BORDEAUX ET DE BAYONNE.
Messieurs

Charlot de la Grand-ville, *com. gén. des ports & arsenaux.*
Bartouilh de Couloumé, *com. ord. des p. & arf.*
Lavau de Goyon, *surnuméraire.*

Bureau des Classes de Bordeaux. *Messieurs*

Bordeaux.	Sommereau, *comm. des classes.*
Q. de Libourne.	Carrier, *comm. des classes.*
Q. de Blaye.	Duperraud, *comm. des classes.*
Q. de la tête de Buch.	Grivart, *comm. des classes.*

DÉPARTEMENT DE LANGON.

M. Farges, *comm. des classes.*

DÉPARTEMENT DE TOULOUSE. *Messieurs*

	Faures, *comm. des classes.*
Q. de Moissac.	Bignon, *comm. des classes.*
Q. d'Auvillars.	Negré, *comm. des classes.*
Q. des Cazeres.	la Fond, *syndic, f. f. de comm. des cl.*

DÉPARTEMENT DE CAHORS.

M. Labondie, *comm. des classes.*

DÉPARTEMENT DE VILLENEUVE D'AGENOIS.

M. Bartès de Poilhes, *comm. des cl.*

DÉPARTEMENT DE BERGERAC.

M. Heaulme de Vallombreuse, *com. des cl.*

DÉPARTEMENT DE SOUILHAC.

	M. de la Prade, *comm. des classes.*
Q. de Dax.	M. Bertin, *syndic, f. f. de comm. des cl.*

PORT DE BAYONNE. *Messieurs*

	Tirol, *comm. ord. des ports & arf.*
	Nermant, *comm. des classes.*
Q. de S. Jean de Luz.	de la Courtaudiere, *comm. des classes.*
	Coutures, *com. ord. des ports & arf. pour l'exploitation des forêts des Pyrénées.*

DÉPARTEMENT ET PORT DU HAVRE. *Messieurs*

Mistral, *com. gén. des ports & arf. ord.*
Petit de Cerdon, *comm. ord. des ports & arf.*
Hautot, *contrôleur.*

Bureau des Classes du Havre.

      M. Dessaux, *comm. des classes.*
Q. d'Honfleur. M. Renard, *comm. des classes.*

DÉPARTEMENT DE ROUEN.

M. Huon de l'Etang, *comm. des classes.*

DÉPARTEMENT DE DIEPPE. *Messieurs*

     Conseil, *comm. des classes.*
Q. de Fecamp. le Masson, *commiss. des classes.*

DÉPARTEMENT DE CAEN.

M. Eustache, *comm. des classes.*

DÉPARTEMENT DE CHERBOURG.

      M. Deshayes, *comm. des classes.*
Q. de la Hougue. M. de la Fosseherou, *synd. f. f. de com. des cl.*

DÉPARTEMENT DE GRANVILLE.

M. Quesnel, *comm. des classes.*

DÉPARTEMENT DE DUNKERQUE. *Messieurs*

Dunkerque. de la Haye d'Anglemont, *com. gén. des ports & arsenaux, ordon.*
     de Villers, *comm. ord. des ports & arf.*
     Chamault, *contrôleur.*

DE FRANCE. 155

Bureau des Classes de Dunkerque.

M. Touſtaint de la Richerie, *com. des cl.*

DÉPARTEMENT DE CALAIS.

M. Porquet, *comm. des classes.*

DÉPARTEMENT DE BOULOGNE.

M. Chanlaire, *comm. ſurn. des ports & arſ.*

Q. de S. Vallery en Somme { d'Aine, *ſynd. f. f. de comm. des classes.*

TABLEAU
DES SIEGES D'AMIRAUTÉ
ÉTABLIS EN FRANCE.

Sieges.	Lieutenans, MM.	Procur. du Roi, MM.
Abbeville.	Dubellay.	Lemire.
Agde.	Tredos.	Tredos.
Antibes.	Bonneau.	Vial.
Arles.	Baigne.	Lombard.
Aiguemortes.	Esparion.	Gilly.
Barfleur.	Le Millot.	. . . .
Bayeux.	Phelippe de Delleville.	Ridel du Fournay.
Bayonne.	Laborde Lissalde.	de Bollin.
Bordeaux.	de Navarre.	Chollet.
Boulogne.	Cazein de Caumartin.	Cocliot de la Houssaye.
Brest.	Guibert de Lassalle.	Lunvend de Coatiogan.
Calais.	de Thosse.	Carpentier.
Collioure.	Lanquine.	. . . .
Cette.	Pouget.	Barbaroux.
Cherbourg.	de Lamartiniere.	Groult.
Coutances.	Quenault des Vallées.	Varin.
Caën.	. . . .	Agasse.
Dunkerque.	Coppens d'Hersin.	Coppens.
Dieppe.	de la Houssaye de Saint-Victor.	Asselinne.
Dives.	Selot.	Dumanoir.
Carentan & Isigny.	Pophillat.	. . . .
Eu & Treport.	de Blangis.	Varambault.
Fécamp.	Piednouel.	Ricard.
Frejus.	Ginette.	Mouys.
Grandville.	Le Sauvage.	Pigeon de S. Pere.
Grandcamp.	. . . .	. . . .
Honfleur.	Le Monnier.	Lion.
La Hougue.	Hamelin de Préfosse.	Caillet de la Poterie.
Le Havre.	Pleimpel de Heuqueville	Prevost de Tournon.

ÉTABLIS EN FRANCE.

Sieges.	Lieutenants, MM.	Procur. du Roi, MM.
La Ciotat.	Marin.	Ollivier.
La Rochelle.	Harouard.	Valin.
Marseille.	Gerin.	Gaudemar.
Marennes.	Fleury.	Lorthie Petit Fief.
Morlaix.	Gratien.	Dubuisson de Vieuxchatel.
Martigues.	Bonsilhon.	Couler.
Narbonne.	de la Garde.	Gillabert.
Nantes.	de Lieutaud.	Landays Dupé.
Portbail & Carteret	Dumahel.	Vasselin.
Quillebeuf.	....	Freville de Lorme.
Quimper.	Duhaffons de Lestre-Diogat.	de Kergos.
Rouen.	Bordier.	Thuvache.
Sables d'Olonne.	Dupleix.	Nicollon.
S. Vallery sur Somme.	Bruslé.	Dupont.
S. Vallery en Caux	Rigoult.	Fauconnet.
S. Brieux.	Dubois.	Gautier.
S. Malo.	de Launay.	Bossinot de Vauvert.
St Tropez.	Martin.	Olivier.
Tougues.	Lemonnier.	Vaquer.
Toulon.	Amyot.	Raimbaud.
Vannes.	Chanu de Limur.	de Lespinay.

TABLEAU DES PRINCIPAUX OFFICIERS DES MONNOIES DE FRANCE.

Nota. La lettre qui suit le nom de la Ville ou l'on bat monnoie, désigne celle qui caractérise la monnoie qu'on y frappe.

MONNOIE D'AIX. &.

Siege Présidial des Monnoies, en la Généralité de Provence, pays & terres adjacentes. Messieurs

Collet, *gén. provincial.*
Vial, *juge-garde, inspect.*
Graffan, *juge-garde, insp.*
Canole, *contrôl. contre-garde.*
de Bayon, *proc. du Roi.*
...., *avoc. du Roi.*
Garnier, *greff. en chef.*

OFFICIERS DE LA DIRECTION. Messieurs

Prou Gaillard, *pens. du Roi, direct. & trés. part.*
Cabassole, *essayeur.*
Graille, *graveur.*

MONNOIE DE BAYONNE. L.

M. de Casaux, *directeur.*

MONNOIE DE BORDEAUX. K. Messieurs

Garnung de Lalande, *gén. subsid. provincial.*
Pelligneau, *juge-garde.*
Princeteau, *juge-garde.*
Loste, *contr. contre-garde.*
Herbert, *proc. du Roi.*
Rideau, *greff. en chef.*
Dutemple, *dir. & trés. part.*
Haubet, *essayeur.*
David, *graveur.*

MONNOIE DE LA ROCHELLE. H. Messieurs

la Villemarais, *juge-garde.*
Gilbert, *juge-garde.*
Pichon, pere, *proc. du Roi, hon*
Pichon, *proc. du Roi.*

DE FRANCE. 159

Messieurs

...... *greff. en chef.* | Besnard, *essayeur.*
Beaupied de Clermont, *direct.* | Nassivet, *graveur.*
Lecomte, *contr. contre-garde.*

MONNOIE DE LILLE. W.

OFFICIERS DE LA CHAMBRE DU CONSEIL, *Messieurs*

Brousse, *général.* | Delepierre.
Hauburfin de Theial, *d. des consf.* | Vander-Veken, *proc. du Roi.*
Renard de Busghoer. | Cornu, *av. du Roi, hon.*
Cauvet. | Libert, *greff. en chef.*

OFFICIERS DE LA CHAMBRE DE DELIVRANCE, *Messieurs*

Cauvet, *juge-garde.* | Desfontaine Dubosqueau, *contr. contre-garde.*
Delepierre, *juge-garde.* |
le Page, *dir. & tréf. part.* | Fourmentel, *ess.*
le Page, fils, *dir. adj.* | Gramot, *grav.*
 | Vander-Veken, *pr. du Roi.*

MONNOIE DE LIMOGES I.

OFFICIERS DE LA JURISDICTION. *Messieurs*

Montegut du Haut Peyrat, *j. g.* | Guineau Dupré, *pr. du Roi.*
Rouard de Cars, *juge-garde.* | Boulaud, *greff. en chef.*
Grellet, *contr. contre-garde.* |

OFFICIERS DE LA DIRECTION, *Messieurs*

Nauriffart, *dir.* | David de la Vallée, *grav.*
Lagorce, *ess.* |

MONNOIE DE LYON. D.

OFFICIERS DE LA JURISDICTION. *Messieurs*

Prost de Royer, *g. prov. subsid.* | de Nervo, *contr. contre-garde.*
Hedelin, *juge-garde.* | Gras, *proc. du Roi.*
...... *juge-garde.* | Guilloud, *greff. en chef.*

OFFICIERS DE LA DIRECTION, *Messieurs*

Millanois, *directeur.* | Bernavon, *graveur.*
Dareste, *essayeur.* |

MONNOIE DE METZ. AA.

OFFICIERS DE LA JURISDICTION, *Messieurs*

Camus, *juge-garde.* | Chenu, *proc. du roi.*
Leclerc, *juge-garde.* | Mathieu, *greffier en chef.*
Planchant, *contr. contre-garde.* |

OFFICIERS DE LA DIRECTION, *Messieurs*

Barbé, *dir. & tréf.* | Pantaleon, *taill. grav.*
Pantaleon, *essayeur.* |

MONNOIE DE MONTPELLIER, N.

M. Bernard, *directeur.*

MONNOIE DE NANTES, T.

OFFICIERS DE LA JURISDICTION, *Messieurs*

Meusnier, *général provincial.* | Mispreuve, *garde-sceel hon.*
Pichelin du Clerai, *juge-garde.* | Berrouette, *avocat du roi.*
Briand, *juge-garde.* | Bizeul, *proc. du roi.*
Vallot, *contrôl. contre-garde.* | Després, *greffier en chef.*

OFFICIERS DE LA DIRECTION, *Messieurs*

Thomas, *directeur.* | Poirier, *graveur.*
Desgages, fils, *essayeur.* |

MONNOIE D'ORLÉANS. R.

OFFICIERS DE LA JURISDICTION, *Messieurs*

Deloynes, *juge-garde.* | Fougeu, *proc. do roi.*
Gidoin, *juge-garde.* | Pompon, *greffier en chef.*
Jacquet, *contr. contre-garde.* |

DE FRANCE.

OFFICIERS DE LA DIRECTION, *Messieurs*

Combret, *dir. & tréf.*
Jolivet, *essayeur.*
Guiquereau, *graveur.*

MONNOIE DE PARIS. A.

OFFICIERS DE LA DIRECTION, *Messieurs*

Cagniard, *juge-garde.*
Fabre, *juge-garde.*
du Peiron, *dir. & tréf. part.*
Loir, *contr. au change.*
Ratgras, *contr. contre-garde.*
Racle, *essayeur.*
Bernier, *graveur.*

MONNOIE DE PAU. *Vache.*

OFFICIERS DE LA JURISDICTION ET DE LA DIRECTION, *Messieurs*

Picard, *gén. provincial.*
de Souton, *directeur.*
de Lacadé, *juge-garde.*
Larriu, *juge-garde.*
de Dufaur, *proc. du roi.*

MONNOIE DE PERPIGNAN. Q.

M. Ribes, *directeur.*

MONNOIE DE ROUEN. B.

M. Filiastre, *directeur.*

MONNOIE DE STRASBOURG. BB.

OFFICIERS DE LA JURISDICTION ET DE LA DIRECTION, *Messieurs*

Beyerlé, *directeur*
.... *général provincial.*
Beguin, *juge-garde.*
Claude, *juge-garde.*
Liechtlé, *contrôleur.*
.... *contre-garde.*
Zindel, *essayeur.*
Guerin, *graveur.*

MONNOIE DE TOULOUSE. M.

Officiers de la Direction, Messieurs

.... général provincial.
Favier, juge-garde.
Sancené, juge-garde.
Martin, Lassus, proc. du roi.
Catala, greffier en chef.

Officiers de la Direction, Messieurs

de Laburthe, directeur.
Moulas, contrôleur.
les deux juges-gardes.
Fontas, essayeur.
Pouzaux, graveur.

JURISDICTIONS MONETAIRES
Des Villes où l'on ne bat pas monnoie.

Officiers de la Monnoie d'Amiens, Messieurs

Debrie, juge-garde.
.... juge-garde.
le Marchant, procureur du roi.
Maressal, greffier en chef.

Officiers de la Monnoie d'Angers, Messieurs

Desmazieres, juge-garde.
Chotard d'Hautebize, j. garde.
Raimbauld, proc. du roi.
le Monnier, greffier en chef.

Officiers de la Monnoie de Bourges, Messieurs

Grasset, général provincial.
Dagoret des Gravieres, pr. du r.

Officiers de la Monnoie de Caen, Messieurs

Biot, juge-garde.
Geffray des Portes, juge-garde.
de Losmont, proc. du roi.
Duperré, avocat du roi.

Officiers de la Monnoie de Dijon, Messieurs

Robelot, général provincial.
Chapuis, juge-garde.
Latour, juge-garde.
Renault, proc. du roi.
Peltier, avocat du roi.
Rousselain, greffier en chef.

DE FRANCE.

OFFICIERS DE LA MONNOIE DE GRENOBLE, *Messieurs*.

Dupré de Mayen, *juge-garde*. | Carny, *greffier*.
Choin de Mongay, *proc. du roi*. | Dupuy, *changeur*.

OFFICIERS DE LA MONNOIE DE POITIERS, *Messieurs*.

Riffault, *président*. | Glatigny de Lonchamps, *av. du r*.
Letard, *procureur du roi*. | Pascaut Dumas, *greffier en chef*.

OFFICIERS DE LA MONNOIE DE REIMS, *Messieurs*.

Amé de Beaugiller, *juge-g. vét.* | Callou, *procureur du roi*.
Bidet, *juge-garde par comm.* | Drion, *greffier en chef*.

OFFICIERS DE LA MONNOIE DE RENNES.

M. Phelippes de Tronjolly, *juge-garde honoraire*.
Les noms des autres Officiers *ne nous sont pas parvenus*.

OFFICIERS DE LA MONNOIE DE RIOM.

OFFICIERS DE LA MONNOIE DE TOURS, *Messieurs*.

Boisseau, *président*. | Abraham-Bellanger, *pr. du roi*.

OFFICIERS DE LA MONNOIE DE TROYES, *Messieurs*.

Vernier, *juge-garde*. | Dessaint, *proc. du roi*.
Lerouge de Neyrement, *avocat du Roi*. | Mitantier, *greffier en chef*.

GÉNÉRALITÉS DE FRANCE.

Les Généralités sont une étendue déterminée de pays, soumis à l'administration d'un Intendant. Les Intendans sont des Commissaires, choisis communément parmi les Maîtres des Requêtes, & départis dans les provinces, pour y prendre connoissance des affaires de justice, police, finances, & de divers autres objets qui concernent les intérêts de l'Etat & du public. L'appel de leurs ordonnances, lorsqu'il s'agit de tailles, se porte aux

Cours des Aides ; & lorſqu'elles concernent la juſtice ordinaire, il eſt relevé au Parlement du reſſort. Ce fut en 1635 que ces Commiſſaires furent envoyés, pour la premiere fois, dans les Provinces de France.

Nous développerons, l'année prochaine & les ſuivantes, tout ce que l'on trouve de plus important dans chaque généralité.

I. GÉNÉRALITÉ D'AIX, *pays d'Etat.*

Cette généralité s'étend ſur treize dioceſes, Aix, Apt, Arles, Glandeves, Senez, Siſteron, Vence, Fréjus, Graſſe, Marſeille, Riez & Toulon. Elle comprend 22 vigueries & 648 paroiſſes.

1775 M. des Gallois de la Tour de Glené, premier préſident au Parlement d'Aix, *Intendant.*

II. GÉNÉRALITÉ D'ALENÇON, *pays d'Election.*

Cette généralité s'étend ſur deux dioceſes, Liſieux & Séez. Elle comprend neuf élections, placées au milieu de la Normandie, 1292 paroiſſes & 133344 feux. Ses élections ſont fixées à Alençon, Liſieux, Bernay, Verneuil, Domfront, Conches, Mortagne, Falaiſe & Argentan.

1766 M. Julien, maître des requêtes, *Intendant.*

III. GÉNÉRALITÉ D'ALSACE, *pays d'Etat.*

Cette généralité s'étend ſur quatre dioceſes, dont deux ſont en France, & les deux autres étrangers ; ſavoir, Strasbourg, Beſançon, Spire & Baſle. Elle comprend 19 bailliages dans la haute Alſace, & 44 dans la baſſe, avec une multitude de prévôtés, de comtés & de principautés, ſoit dans la baſſe Alſace ou dans le comté de Hanau. On y compte 71 villes, autrefois impériales, dont 32 dans la haute Alſace & le Sundgau, & 39 dans la baſſe, 1017 paroiſſes, 61593 feux, & environ 50000 ames.

1777 M. Chaumont de la Galaiſiere, maître des req. *Intendant.*
M. Deſmarais, *Subdélégué général*, à Strasbourg.

DIRECTOIRE DE LA NOBLESSE D'ALSACE.

Le corps de la nobleſſe immédiate de la baſſe Alſace a ſon tribunal particulier à Strasbourg. Ce tribunal, appelé *Directoire*, dont la constitution est conforme à celle des directoires de l'Empire, est composé de dix juges, tous membres de ce corps, dont sept directeurs, qui président à leur tour par semestre, de trois assesseurs & d'un syndic. Ils sont tous nommés & brévetés par le Roi, sur la présentation qui lui est faite par le Directoire, pour chaque place d'assesseur vacante, de trois sujets, & d'un seul pour celle de syndic; le plus ancien des assesseurs passe de droit à la place de directeur vacante. Il y a encore huit adjoints, dont quatre catholiques & quatre de la confession d'Augsbourg. Ceux-ci ne siegent pas; on ne les convoque que lorsqu'il s'agit des affaires qui concernent les intérêts du corps en général. Le Directoire nomme ses autres officiers.

Ce tribunal connaît, tant au civil qu'au criminel, des affaires qui concernent les gentilshommes immatriculés, ainsi que des appels des sentences des baillis des terres de leur ressort. Ils jugent en dernier ressort jusqu'à la somme de 500 livres, & par provision, jusqu'à celle de 1000 livres. Le dernier ressort, en fait d'amendes, est fixé à 30 livres, & la provision à 100 liv.

DIRECTEURS, *Messieurs*

le baron de Wangen.	le baron de Flachslanden.
le baron de Reich de Platz.	le baron de Reinach.
le baron de Landsperg.	le b. d'Andlau de Humbourg.
le b. de Landenberg d'Illzach.	

ASSESSEURS, *Messieurs*

le baron de Bodeck.	le baron de Rathsamhausen.
le baron de Boulach.	

IV. GÉNÉRALITÉ D'AMIENS, *pays d'Election.*

Cette généralité s'étend sur trois dioceses, Amiens, Boulogne & Noyon. Elle comprend six élections en Picardie, 4 gouvernements, 1214 paroisses & 110140 feux.

1771 M. d'Agay de Mutigney, maître des req. *Intendant.*
— M. Maugendre, *Subdélégué général.*

V. GÉNÉRALITÉ D'AUCH, *pays d'Election.*

Cette généralité, à laquelle furent réunis, en 1774, le Béarn, la Navarre & la Soule, s'étend sur dix dioceses, Auch, Comminges, Couserans, Leictoure, Tarbes, Lescar, Oleron, Aire, Dax & Bayonne. Elle comprend cinq élections & six pays d'etat, le Béarn, la Navarre, le Pays de Soule, la Bigorre, le Nebouzan, les quatre Vallées & la ville de Leictoure qui est abonnée On compte 1199 communautés dans les pays d'élection tarifiés de 4614 feux, 22 belugues un quart, & 794 communautés dans les pays d'état, & environ 910000 ames.

1782 M. Gravier de Vergennes, *Intendant.*

ÉTATS GÉNÉRAUX DE BÉARN.

M. l'Evêque de Lescar, *Président-né.*

ABBÉS COMMANDATAIRES, *Messieurs*

d'Amou, abbé de Saubelade. | de Noguès, abbé de Larreule.
de Maillé, abbé de Luc. |

BARONS, *Messieurs*

le duc de Gramont, gouv. de la prov. baron d'Audouins. | de Larborie, *baron de Gayrosse.*
de Mesplés, *bar. de Navailles.* | de Navailles Pocifeiré, *bar. de Mioßens.*
de Laur, *baron de Lescun.* | de Noguès, *baron de Gerderest.*
de Fager, *baron de Gabaston.* | de Trois-villes, *bar. de Moncin.*
de Boeil, *baron de Couraze.* | de Lons, *baron de Lons.*
de Courreges, *baron de Domi.* | de Navailles, *baron de Mirepeix.*
d'Espalunge, *baron d'Arros.* | de Lateulade, *baron de Laas,*

L'ordre de l'église & celui de la noblesse n'en font qu'un. L'ordre du tiers-état est composé des députés des villes & de certains bourgs déterminés

OFFICIERS ATTACHÉS AUX DEUX CORPS, *Messieurs.*

de Mesplés, *synd. gén. d'épée.* | de Day, *trésorier.*
de Peborde, *synd. gén. de robe.* | de Vitau, *secrétaire.*

VI. GÉNÉRALITÉ DE BORDEAUX, *pays d'Election.*

Cette généralité, réunie à celle de Bayonne en 1775, s'étend sur dix dioceses, Acqs, Aire, Bazas, Cahors, Agen, Bayonne, Bordeaux, Condom, Perigueux & Sarlat. Elle comprend six élections & differens pays & villes abonnés. On y compte 2094 paroisses & environ 261533 feux.

1775 M. Dupré de S. Maur, maître des req. *Intendant.*

VII. GÉNÉRALITÉ DE BOURGES, *pays d'Election*.

Cette généralité s'étend sur les dioceses de Bourges, d'Auxerre, Limoges & Poitiers : elle comprend sept élections, dont cinq dans le Berry ; la sixieme a son siege à la Charité-sur-Loire en Nivernais ; la septieme a le sien à Saint-Amand en Bourbonnais ; deux villes franches, Bourges & Issoudun. On y compte 723 paroisses ou collectes, & 90999 feux.

1780 M. Dufour de Villeneuve, maître des req. *Intendant*.

VIII. GÉNÉRALITÉ DE CAEN, *pays d'Election*.

Cette généralité s'étend sur trois dioceses, Avranches, Bayeux, & Coutances. Elle comprend neuf élections, situées au milieu de la Normandie, qui sont Caen, Bayeux, Carentans, S. Lo, Valognes, Coutances, Vire, Avranches & Mortain. On y compte 1213 paroisses, dont 765 du plat-pays, & 448 gardes-côtes. L'élection seule de Caen s'étend sur 214 paroisses.

Intendant.

IX. GÉNÉRALITÉ DE CHALONS, *pays d'Election*.

Cette généralité s'étend sur quatre dioceses, Reims, Troyes, Langres & Châlons-sur-Marne. Elle comprend douze élections, toutes situées en Champagne, qui sont, Troyes, Reims, Châlons-sur-Marne, Langres, Chaumont, Vitry, Joinville, Rhetel, Bar-sur-Aube, Epernay, Sainte Menehould, Sezanne-en-Brie, 2252 paroisses & 177314 feux.

1764 M. Rouillé d'Orfeuil, chevalier, grand-croix, maître des cérémonies de l'ordre royal & militaire de S. Louis, maître des requêtes, *Intendant*.

X. GÉNÉRALITÉ DE DIJON, *pays d'état*.

La généralité de Dijon & de Bourgogne comprend 23 bailliages. La Bresse, le Bugey, le Valromey & le pays de Gex, ont chacun une élection. On y compte 2432 paroisses & 150203 feux.

1780 M. Feydeau de Brou, maître des req. hon. *Intendant*.

CHAMBRE DES ÉLUS GÉNÉRAUX DE LA PROVINCE, *Messieurs*
l'abbé de Luzines, abbé de S. Seine, *le Clergé.*
le vicomte de Virieu ✶, *la Noblesse.*
Jomard, maître des comptes, } *la Chambre des Comptes.*
Gauthier, maître des comptes,
Maulbon d'Arbaumont, trésorier de France, *le Roi.*
Raviot, maire de Dijon, *élu perpétuel.*
Martene, maire de S. Jean-de-Losne, *le Tiers-Etat.*

XI. GÉNÉRALITÉ DE FLANDRE ET D'ARTOIS, *p. d'Et.*

Cette généralité s'étend sur deux diocèses, Arras & S. Omer. Elle comprend huit bailliages, 17 subdélégations, 506 paroisses & 71452 feux. Pendant le cours de l'année 1782, il y est né 28371 personnes, & il y en est mort 26396.

1775 M. Esmangard, maître des req. *Intendant.*

XII. GÉNÉRALITÉ DE FRANCHE-COMTÉ, *pays d'Etat.*

Cette généralité s'étend sur deux diocèses, Besançon & Saint-Claude. Elle comprend 14 bailliages, 1985 paroisses & 85639 feux. Il y naît annuellement 27 & 28 mille ames, & il en meurt 22 & 23 mille. L'intendant fait sa résidence à Besançon, capitale de cette province.

1783. M. de la Corée, maître des req. hon. *Intendant.*

CONFRÉRIE NOBLE DE LA PROVINCE.

Cette confrérie, instituée, il y a près de 400 ans, par Philibert de Molans, est une espece d'ordre de chevalerie, le seul de son espece dans le royaume. Tous les membres qui le composent sont Francs-Comtois ou naturalisés tels, & font preuve de seize quartiers, huit paternels & huit maternels. L'objet de cet établissement fut de soutenir la religion chrétienne, de défendre la patrie, & de tirer de l'oppression les orphelins & les veuves. Les marques caractéristiques de cet ordre sont un ruban bleu, auquel est attachée une médaille qui représente S. George à cheval.

1741 M. le marquis de Grammont, lieut. gén. des armées, chev. d'honneur au parlement de Besançon, *gouv. de l'ordre, depuis 1757.*
1724 M. le marquis de Falletans, anc. off. au rég. de la Marine.
1735 M. de Lezay, doy. des comtes de Lyon, anc. ev. d'Evreux.

1735 M. le comte de Scey, lieutenant-général des armées du Roi.
1736 M. de Maizod, anc. off. au régiment de Normandie.
1738 M. le marquis de Germigney, chev. de S. Louis.
1740 M. de Falletans, doyen du noble chapitre de Gigny.
1741 M. de Raincourt, brig. des armées, lieutenant de Roi.
1741 M. le marq. de Raincourt, anc. cap. au rég. de Tallard inf.
1745 M. le marq. de Jouffroy d'Abans, anc. cap. au régiment de Lorraine.
1745 M. le baron de Jouffroy.
1746 M. le m. de Champagne, anc. off. au rég. de Champagne.
1747 M. le m. de Chevigney, anc. off. de Gendarmerie.
1748 M. de la Villette, chan. du chap. noble de Baume.
1748 M. de Jouffroy-Gonsans, évêque du Mans.
1749 M. le marq. de Sorans, maréch. des camps & arm. du Roi.
1749 M. de Belot-Montbozon, chan. du chap. de Gigny.
1749 M. le baron de Malseigne, major, chef de brigade.
1749 M. de Scey, anc. chan. du chap. de S. Pierre de Mâcon.
1749 M. de Jouffroy d'Abans, chan. du ch. noble de S. Claude.
1750 M. de Pourtier, anc. cap. au rég. de Lorraine.
1751 M. le comte de Grammont, mar. des camps & arm. du Roi.
1751 M. le chev. de Malseigne, aide-maj. en chef du corps des Carabiniers.
1751 M. le comte de Grivel, colonel du cinquieme régiment des Chasseurs à cheval.
1753 M. de Sonnet, seigneur d'Auxon.
1757 M. le comte de Boutrechoux.
1759 M. le marq. de Laubespin, cap. des vaisseaux du Roi.
1760 M. le chev. de Sorans, anc. cap. au rég. du Roi, infanterie.
1762 M. de Pourtier, lieut. col. du cinquieme rég. des Chasseurs à cheval.
1763 M. le ch. de Germigney, cap. de drag. au rég. du Roi.
1763 M. le ch. de Franchet de Rans, brig. des arm. du Roi, son lieutenant à Besançon.
1764 M. de Malseigne-Valangin, c. au rég. de Beauffremont, dr.
1764 M. le marq. de Broissia, chev. d'honn. au parl. de Besançon, anc. off. au rég. du Roi, infanterie.
1764 M. de la Rochelle, anc. cap. au rég. de la Marine.
1765 M. le comte de Raincourt, grand-trés. du noble chap. de S. Pierre de Mâcon.
1765 M. le comte de Falletans, anc. officier au rég. de Bourbon Busset, cavalerie.
1765 M. le baron d'Iselin, ancien cap. au rég. du Roi, inf. ✷
1765 M. le ch. de Lasnans, col. du rég. de drag. de son nom.
1765 M. le prince de Montbarey, chev. des ordres du Roi.

1767 M. le comte de Lallemand, cap. d'inf. au rég. de Flandre.
1767 M. le comte d'Eternoz, enseigne des Chevaux-Légers.
1768 M. de Sagey, seigneur de Naisey & Pierrefontaine.
1769 M. de Rans, év. de Rhosy, haut-doyen du chap. metropol.
1769 M. le comte de Lallemand, major du cinquieme régim. des Chasseurs à cheval.
1770 M. de Vers, anc. cap. au rég. d'inf. d'Alsace.
1770 M de Falletans, chanoine de la métropole.
1770 M. le comte de Salives, chevau-léger du Roi, anc. cheval. d'honn. à la Chambre des Comptes de Dole.
1771 M. de Rosiere-Sorans, chan. du ch. de S. Pierre de Mâcon, vicaire-général.
1771 M. le ch. d'Ambly, off. au rég. de Mestre-de-camp gén. cav.
1772 M. de l'Aubespin, chan. du ch. princier & équestral de Lure.
1772 M. le marq. d'Ambly, off. au rég. de Bourgogne, cav.
1773 M. d'Amandre, off. au reg. d'Artois, infanterie.
1773 M. le ch. de Raincourt, cap. au rég. de Dauphin, cav.
1773 M. le comte de Jouffroy d'Abans, mestre-de-camp de cavalerie, sous-lieu. des Gardes du Corps du Roi.
1773 M. le comte de Maillac, lieut. col. du rég. de la Marine.
1773 M. de Maillac, chan. de S. Claude, prieur de Moyrans.
1773 M. le comte de Champagne.
1773 M. le c. de Bouzey, cap. au rég. de Royal-Roussillon, cav.
1775 M. le comte de Rully, mestre de camp au rég. de Foix, inf.
1775 M. le marq. de Bersaillin, off. au rég. des Gardes-Franç.
1776 M. le comte de Crecy, lieut. col. du quatrieme régim. des Chevaux-Légers.
1776 M. le chev. de Crecy, sous-aide-maj. aux Gardes Walonnes.
1777 M. le comte de Laubespin.
1777 M. de Belot-Roset, chan. de la métrop. de Besançon.
1777 M. le marq. de Marnésia, anc. cap. au rég. du Roi, inf.
1777 M. le marquis de Marmier.
1778 M. le comte de Bouttechoux, cap. au rég. de Royal-Normandie, cavalerie.
1778 M. le comte de Maucler, anc. cap. au rég. des Gardes de Lorraine.
1779 M. le comte de Bousies, anc. cap. de Mestre-de-camp, dr.
1779 M. le chev. de Marnésia, lieut. col. du rég. de Lorraine, dr.
1779 M. de Bousies, chan. du chap. princ. & équestral de Mourbach, vic. gén. du dioc. de Besançon.
1779 M. le vicomte de Bousies, col. de cavalerie, sous-lieut. des Gardes du Corps du Roi d'Espagne.
1780 M. de Lezay, comte de Lyon, abbé comm. de l'abb. royale d'Accy.

1781 M. de Moyria, chan. du chap. noble de Gigny.
1781 M. de Buzon-Champdivers, chan. du ch. noble de Baume.
1781 M. le marq. de Montrichaid, cap. de dr. au rég. de Royal.
1782 M. de Montessu, abbé de Rully, comte de Lyon.
1782 M. de Franchet de Rans, off. au rég. du Colonel-général dr.

Le sieur Bettin, *secrétaire*.

XIII. GÉNÉRALITÉ DE GRENOBLE, *pays d'Etat*.

Cette généralité comprend huit diocèses, qui sont, Die, Embrun, Gap, Grenoble, Orange, Saint-Paul-trois-Châteaux, Valence & Vienne, indépendamment de ceux de Belley, Lyon & Vaison, qui s'étendent dans la province. Il y a en Dauphiné six élections & une principauté, 1209 paroisses, 5000 feux, dont 1500 nobles & 3500 sujets à la taille. Sa population est d'environ 650000 ames. Pendant l'année 1782, il y est né 13736 garçons, 13092 filles; & il y est mort 11088 hommes & 10869 femmes. Il y a eu, pendant la même année, 5436 mariages, 34 professions religieuses, & il y est mort 42 personnes en religion.

1761 M. Pajot de Marcheval, maître des req. hon. *Intendant*.
M. Beaufort, *subd. gén. & premier secrét. de l'Intendance*.

XIV. GÉNÉRALITÉ DE HAINAUT ET CAMBRESIS, *pays d'Etat*.

Cette généralité comprend tout le diocèse de Cambray, 6 gouvernements, 4 prévôtés & 2 châtellenies. On y compte 232 paroisses & 20048 feux. L'intendance a été fixée à Valenciennes.

1775 M. Senac de Meilhan, maître des req. hon. *Intendant*.

XV. GÉNÉRALITÉ DE LA ROCHELLE, *pays d'Election*.

Cette généralité s'étend sur les diocèses de la Rochelle, de Saintes & d'Angoulême; elle comprend 6 élections, dont une, la Rochelle, est située dans le pays d'Aunis, 4 en Saintonge, & une en Angoumois. On y compte 743 paroisses, 106415 feux, & environ 425644 ames.

1781 M. Gueau de Reverseaux, maître des req. *Intendant*.
M. Gilbert, *subdélégué général*.

XVI. GÉNÉRALITÉ DE LIMOGES, *pays d'Election.*

Cette généralité s'étend sur les dioceses de Limoges, de Tulles & d'Angouleme ; elle comprend cinq élection, dont 3 en Limousin, une dans la Marche, & la derniere en Angoumois. On y compte 894 paroisses, & 114296 feux.

1783 M. Meulan d'Ablois, maître des req. hon. *Intendant.*

XVII. GÉNÉRALITÉ DE LORRAINE ET BARROIS, *pays d'Etat.*

Cette généralité, dont le siege est à Nancy, s'étend sur les dioceses de Nancy & de S. Diez, elle comprend 26 bailliages en Lorraine, & 10 en Barrois. On y compte 950 paroisses, & 40350 feux.

1778 M. de la Porte de Meslay, m. des req. *Intendant.*

XVIII. GÉNÉRALITÉ DE LYON, *pays d'Election.*

Cette généralité qui s'étend sur tout le diocese de Lyon, comprend cinq élections, dont 4 sont en Forez, & la derniere en Beaujolais. On y compte 739 paroisses, & 90759 feux.

1767 M. de Flesselles, m. des req. hon. *Intendant.*

XIX. GÉNÉRALITÉ DE METZ, *pays d'Etat.*

Cette généralité, comprend les 3 évêchés de Metz, Toul & Verdun ; le gouvernement y a établi successivement 6 bureaux de recettes des finances, fixés à Metz, Toul, Verdun, Sedan, Vic & Thionville. On y compte 1012 communautés, & 40266 feux. Les naissances annuelles y sont d'environ 13500 personnes des deux sexes. On y fait communément 2600 mariages.

1778. M. Depont, m. des req. hon. *Intendant.*

XX. GÉNÉRALITÉ DE MONTAUBAN, *pays d'Election.*

Cette généralité s'étend sur trois dioceses, Montauban, Vabre & Rhodés. Ellle comprend 6 élections.

1783 M. de Trimond, maître des req. *Intendant.*

XXI. GÉNÉRALITÉ DE MONTPELLIER, *pays d'Etat.*

Cette généralité qui comprend tout le Languedoc, s'étend sur 23 diocèses, dont 11 appartiennent à la généralité de Toulouse, & les 12 autres a celle de Montpellier; savoir ceux de Toulouse, Lavaur, Rieux, partie de Comminge & de Montauban, Limoux, Mirepoix, Carcassonne, Castres, Aleth, Alby, Montpellier, Saint-Pons, Narbonne, Beziers, Agde, Lodeve, Nismes, Uzès, Alais, le Puy, Mende & Viviers. On y compte 3716 paroisses, & 320909 feux.

1751 M. de Guignard de Saint-Priest, cons. d'état ord. *Intendant.*
1764 M. de Guignard de Saint-Priest, fils, *Adjoint.*

XXII. GÉNÉRALITÉ DE MOULINS, *pays d'Election.*

Cette généralité est située entre celles d'Orléans, Paris, Dijon, Lyon, Clermont, Limoges & Bourges. Elle s'étend sur le diocèse de Nevers qui est le seul dont le siege soit dans la province, & sur ceux d'Autun, Clermont, Bourges & Limoges. Elle est divisée en 7 élections, dont 3 sont en Bourbonnais, une dans la Marche, une autre dans le Combraille, & les deux dernieres en Nivernais. On y compte environ 800 paroisses & 1100 collectes. Le nombre des habitans n'en est pas bien connu; mais nous sommes autorisés à assurer qu'il excede 712000 ames.

Toute la généralité est dans le ressort du Parlement de Paris pour les affaires civiles, & dans celui des Cours des Aides de Paris & Clermont pour celles qui concernent les impositions. La Jurisdiction des Eaux & Forêts est divisée en quatre sieges établis à Nevers, Moulins, Montmarant & Gueret, le Nivernais & le Bourbonnais sont en pays de gabelle; une partie du Bourbonnais reçoit même le sel par impôt. Le surplus de la province, à l'exception d'une partie de l'élection de Gannat, le reçoit par dépôt.

1781 M. Terray, maître des req. *Intendant.*

XXIII. GÉNÉRALITÉ D'ORLÉANS, *pays d'Election.*

Cette généralité s'étend sur 4 diocèses, Orléans, Blois, Chartres & Bethléem. Elle comprend 12 élections, dont 3 sont dans l'Orléannais, 3 dans la Bauce, 2 en Gatinois, une en Sologne, une autre dans le Blezois, la 11 dans le Hurepoix, & la derniere dans le Nivernais. On y compte 1153 paroisses, & 157064 feux.

1760 M. de Cypieries, maître des req. hon. *Intendant.*

M. Bretonneau, *subdélégué pour la partie militaire, les villes, les commun. & la mendicité.*

M. Parent, *pour le contentieux, les impositions, les corvées & les presbyteres.*

XXIV. GÉNÉRALITÉ DE PARIS, *pays d'Election.*

La généralité de Paris est située entre celle d'Amiens, qui la confine au Nord; de Soissons, Châlons & Dijon, à l'Orient; de Moulins au Sud; d'Orléans & de Rouen, à l'Occident. Elle a 65 lieues dans sa plus grande longueur, depuis l'extrémité de l'élection de Vezelai, jusqu'à celle de Beauvais, & 36 dans sa plus grande largeur, depuis les confins de l'élection de Dreux, jusqu'à celle de Coulommiers. Elle renferme les dioceses de Paris, Beauvais, Meaux, Sens & Senlis, pour la plus grande partie, & a de plus plusieurs paroisses dans les dioceses, de Rouen, Chartres, Langres & Auxerre, Autun.

Elle comprend le gouvernement de l'Isle de France, & partie de celui de Champagne.

La généralité de Paris, qui a pour siege la capitale du royaume, mérite, sans doute, beaucoup plus que toute autre, de fixer l'attention du public. Aussi nous proposons-nous de placer ici, chaque année, une notice propre à la faire parfaitement connaître. Forcés de respecter les bornes du plan que nous nous sommes tracés, nous indiquerons seulement aujourd'hui une manufacture, qui mérite de tenir une place distinguée parmi celles qui enrichissent cette généralité. C'est la manufacture de toiles peintes de Melun, sous la raison Perrenod & Compagnie. Elle est très-considérable; & les ouvrages qui en sortent, joûtent avantageusement avec ceux que l'on fabrique à Jouy, près Versailles.

1768 M. Bertier, maître des req. *Intendant.*

PRINCIPAUX OFFICIERS DE LA GÉNÉRALITÉ.

ÉLECTION DE PARIS.

Président, M. Marry, rue des Bernardins.
Procureur du Roi, M. Marmottant, rue de Bievres.

SUBDÉLÉGUÉS, *Messieurs*

Brie-Comte-Robert, Pinon du Coudray, rue Pavée au Marais.
Choisy-le-Roi, Christophe, rue des Fossés Montmartre.
Corbeil, de Courville, à Corbeil.

DE FRANCE.

Messieurs

Enghien.	Marmottant, rue de Bievres.
Gonnesse.	Sprote, rue S. Honoré, près celle des Poulies.
Lagny.	Delacorre, à Livry.
Montlhery.	Lorgerie, Enclos des Mathurins, ou à Linas.
Saint-Denis.	Maillard, rue S. Louis au Marais, ou à la Cour neuve.
Saint-Germain.	Cousin, à S. Germain-en-Laye.
Versailles.	Duval, à Versailles.

RECEVEURS PARTICULIERS DES FINANCES.

Exercice pair, M. Duchestret, rue de Bondy.
Exercice impair, M. Clouet, à l'Arsenal.

ÉLECTION DE BEAUVAIS.

Président, M. Regnault.
Procureur du Roi, M. le Febvre.
Subdélégué, M. Regnonval de Rochy.
Receveur particulier des Finances, M. Auxcouseaux.

ÉLECTION DE COMPIEGNE.

Président, M. Poulthier.
Procureur du Roi, M. de Mouchy.
Subdélégué, M. de Prosnay.
Receveur particulier des Finances, M. de Croüy.

ÉLECTION DE COULOMIERS.

Président, M. Liégeard de Licubaron.
Procureur du Roi, M. Prevot.
Subdélégué, M. Huvier.
Receveur particulier des Finances, M. Leroi de Marcheville.

ÉLECTION DE DREUX.

Président, M. Foucher.
Procureur du Roi, M. Revel.
Subdélégué, M. le Prince.
Receveur particulier des Finances, M. Milard.

ÉLECTION D'ETAMPES.

Président, M. Piccard.
Procureur du Roi, M. Baudy.
Subdélégué, M. Gabailles.
Receveur particulier des Finances, M. Bouraines.

GÉNÉRALITÉS

ÉLECTION DE JOIGNY.

Président, M. Dufaufoy.
Procureur du Roi, M. Ragon des Effarts.
Subdélégué, M. Dufaufoy.
Receveur particulier des Finances, M. Malut de Montarfis.

ÉLECTION DE MANTES.

Président, M. Cezile.
Procureur du Roi, M. Hua.
Subdélégué, M. Gervaife.
Receveur particulier des Finances, M. Duprey.

ÉLECTION DE MEAUX.

Président, M. Bocquet de Chantreine.
Procureur du Roi, M. Pelletier.
Subdélégués, { à Meaux. M. de la Noue, *dél.* Devernon, *subd.*
{ à la Ferté-Sous-Jouarre. La Goupelliere.
Receveur particulier des Finances, M. Veillet de Vaux.

ÉLECTION DE MELUN.

Président, M. Simon.
Procureur du Roi, M. Cadot.
Subdélégués, { à Melun. M. Guerin de Cercilly.
{ à Fontainebleau. M. Jamin.
Receveur particulier des Finances, M. Guerin de Vaux.

ÉLECTION DE MONTFORT.

Président, M. Thomas.
Procureur du Roi, Gibourg.
Subdélégué, M. l'Epine.
Receveur particulier des Finances, M. l'Epine.

ÉLECTION DE MONTEREAU.

Président, M. Mefnidrieux.
Procureur du Roi, M. Fauquez.
Subdélégué, M. de Villemont.
Receveur particulier des Finances, M. de Villemont.

ÉLECTION DE NEMOURS.

Président, M. d'Outreleau.
Procureur du Roi, M. Menager.
Subdélégués,

Subdélégués, { à Nemours. M. Prieur de la Comble.
{ à Courtenay. M. Dumas.
Receveur particulier des Finances, M. Desnaudieres.

ÉLECTION DE NOGENT.

Président, M. Beaugendre.
Procureur du Roi, M. Taffoureau.
Subdélégué, M. Missonnet.
Receveur particulier des Finances, M. de Valville.

ÉLECTION DE PONTOISE.

Président, M. Fontaine.
Procureur du Roi, M. Langlois.
Subdélégué, M. Pihan de la Forêt.
Receveur particulier des Finances, M. Chappron.

ÉLECTION DE PROVINS.

Président, M. Giloson.
Procureur du Roi, M. Rivot.
Subdélégué, Chaillot de Samondé.
Receveur particulier des Finances, M. Martin de Bouval.

ÉLECTION DE ROZOY.

Président, M. Fadin.
Procureur du Roi, M. Piccault.
Subdélégué, M. Piccault.
Receveur particulier des Finances, M. Mahon.

ÉLECTION DE S. FLORENTIN.

Président, ...
Procureur du Roi, M. Jeannest.
Subdélégué, M. l'Enfume.
Receveur particulier des Finances, M. Sallot de Magny.

ÉLECTION DE SENLIS.

Président, M. Desmarets, fils.
Procureur du Roi, M. Boucher.
Subdélégué, M. Roze. *Adjoint*, M. le Blanc.
Receveur particulier des Finances, M. Cancel.

ÉLECTION DE SENS.

Président, M. Billebaut.
Procureur du Roi, M. de Chalembert.

Subdélégué, M. Baudry, pere. *Adjoint*, M. Baudry, fils.
Receveur particulier des Finances, M. Foacier.

ÉLECTION DE TONNERRE.

Président, M. Deschamps.
Procureur du Roi, M. Roze.
Subdélégués, { à Tonnerre. M. le Prince. *Adjoint*, M. Berry.
à Auxerre. M. Billetou, conseiller. *Adjoint*, M. Billetou de Guilbaudon.
Receveur particulier des Finances, M. Després de Fontenay.

ÉLECTION DE VEZELAY.

Président, M. Barbier de la Brosse.
Procureur du Roi, M. Pillon du Chaumont.
Subdélégués, { à Vezelay, M. Grossot de Vercy. *Adjoint*, M. Vassal de Grandpré.
à Avalon. M. Préjan.
à l'Isle-sous-Montreat. M. Rives. *Adj.* M. Aubry.
Receveur particulier des Finances, M. Chauchon.

XXV. GÉNÉRALITÉ DE POITIERS, *pays d'Election*.

Cette généralité s'étend sur 7 dioceses, Poitiers, Luçon, Limoges, Angoulême, la Rochelle, Nantes & Angers. Elle comprend 9 élections toutes situées en Poitou. On y compte 1020 paroisses, 150020 feux, & environ 1000000 d'ames. La population, année commune, est de 25000 naissances.

1750 M. de la Bourdonnaye de Blossac, maître des requêtes, hon. *Intendant*.
1781 M. de la Bourdonnaye de Blossac, fils, maître des req. *Adjoint*.

SUBDÉLÉGUÉS, *Messieurs*

N. des par.	Subdélégations.	Subdélégués.
96	Poitiers	de Beauregard, *général*.
40	Sivrai	le Long.
39	Lusignan	de Montfrault.
28	Montmorillon	du Mesnier.
20	Chauvigny	Delauzon.
20	Partenay	Ayrault.
16	Airvault	Pavin.
87	Niort	Ducoudray.

DE FRANCE.

N. des par.	Subdélégations.	Subdélégués.
8	Aunay	de la Jonkaire
28	Chef-Boutonne	Gilbert
4	Lamothe	Pallardy
103	Fontenay	Majou
40	la Chataigneraye	Mallet
20	Luçon	
34	S. Maixent	Picoron
28	Melle	Aymé
82	les Sables	Dupleix
10	la Roche-sur-Yon	Fayau
2	Noirmoutiers	Mafon
2	l'Isle Bouin	Burgaud des Bouchauds
55	Chatillon	de la Roche
20	Montaigu	Auvinet
90	Thouars	de la Charpagne
12	Bressuire	Blaclot
4	Argenton-Château	Perreau
22	Confolens	de la Fordie
22	S. Laurent-de-Ceris	de la Brenanchie
31	Rochechouart	Perigord
6	l'Isle Jourdain	de la Ganne
55	Chatellerault	Herault

ÉLECTIONS DE LA GÉNÉRALITÉ.

N. des par.	Sieges.	Présidents.	Proc. du Roi.
259	Poitiers	Barbier	Robin
62	S. Maixent		Garnier
123	Niort	Poudret	Clemenseau
163	Fontenai	Majou	Savary
96	les Sables	Dardel de la Martiniere	Mercier
75	Chatillon	Poupard	Gusteau
106	Thouars	de Raze	Orré
55	Chatellerault	Millet	
81	Confolans	Dubois	Deverdillac

Présidents, Trésoriers de France, Généraux des Finances, Grand Voyers, Juges Conservateurs des Domaines, *Messieurs*

Gaudin.
Aubineau d'Insay.
Dupuy.
Budan de Russé.

Imbert de la Cholletiere.
Beauvisage de Montaigu.
Espron de Beauregard.
Merland de la Guichardiere.

M ij

GÉNÉRALITÉS

Messieurs

Duval de la Vergne.
Poirier de Clisson.
Goursault de Merlis.
le Breton de Neüil.
Rabilhac de Lavareille.
Turquand de la Chuttelière.
Dansays de la Villate.
Fernvyau.
Arnaud Desrühes.

Miron de Villereau.
Guillon de la Palinière.
de Nesde de Fromenteau.
Fouqueteau de Mortier.
Durand de la Patelière, *av. du P.*
de la Besge, *pr. du Roi.*
Pelletier, *pr. du Roi.*
Mautrot, *av. du Roi, altern.*

Officiers de Finances, *Messieurs*

Dejully, *direct. & recev. gén. des dom. & bois.*
Houllier, ... ⎫
Robert de Beauchamps, ⎬ *contr. gén. des fin. dom. & bois.*
.... ⎭
Dauvilliers, *direct. de la recette gén. des fin.*
Gremion, *directeur des vingtiemes.*
Poiraton, *contr. principal.*
Jahan de Belleville, *direct. des fermes.*
Darlus, *recev. gén. des fermes.*
Daguin, *controlleur.*
Vigier, *directeur de la régie.*
Chaillot, *receveur général.*
de Jully, *direct. & recev. gén. des contrôls.*

Ponts et Chaussées.

1744 M. Barbier, *ingénieur.*

Inspecteurs des Haras, *Messieurs*

Bouchet, *pour le haut Poitou*, à Niort.
Bouchet de la Jettiere, *bas Poitou*, près Chatillon.

Manufactures de la Généralité.

M. Vaugelade, *inspecteur.*

XXVI. GÉNÉRALITÉ DE RENNES, *pays d'Etat.*

La généralité de Bretagne fixée à Rennes s'étend sur 9 diocèses, Rennes, Nantes, Vannes, Quimper, Dol, S. Malo, S. Brieuc, Treguier & S. Pol de Leon. On y compte 1445 paroisses, & 32427 feux.

1774 M. de Caze de la Bove, maître des req. hon. *Intendant.*

OFFICIERS DES ÉTATS DE LA PROVINCE, *Messieurs*

de la Bourdonnaye de Boishulin, *proc. gén. synd.*
le c. de Robien, *pr. gén. synd.*
de la Bintinaye, *greffier.*
Beaugeard, *tréf. gén.*
le Chapelier, *conf. des Etats.*

Geslin, *substitut.*
de la Villeon, *herault.*
Barthomeuf, *comm. au greffe.*
du Roscœt, *maréc. des logis.*
d'Esclabissac, *aumôn. ordin.*

XVII. GÉNÉRALITÉ DE RIOM, *pays d'Election.*

La généralité de Riom est composée de 988 collectes, qui ne forment que 822 paroisses, dépendantes des diocèses de Clermont & de S. Four. Il y a environ 640000 ames, & 138235 feux.

1771 M. de Chazerat, maître des req. *Intendant.*
1770 M. Lambert, *Subdélégué gén.*

XXVIII. GÉNÉRALITÉ DE ROUEN, *pays d'Election.*

Cette généralité s'étend sur les diocèses de Rouen & d'Evreux. Elle comprend 14 élections en Normandie, 1871 paroisses, 183420 feux, & environ 733804 ames. On comprend dans ce dénombrement, la ville même de Rouen, & 27 paroisses de la banlieue, la ville d'Honfleur, le bourg d'Yvetot, & les villes du Havre & de Dieppe, qui ne sont pas assujettis à la taille.

1767 M. Thiroux de Crosne, maître des req. hon. *Intendant.*

XXIX. GÉNÉRALITÉ DU ROUSSILLON, *pays d'Etat.*

Cette généralité, dont le siege est à Perpignan, s'étend sur les diocèses de Perpignan & de Pamiers, & comprend 3 vigueries. On y compte 317 paroisses, & 41583 feux, dont 2580 compoix, & le reste allumans.

1777 M. Raymond de Saint-Sauveur, maître des req. *Intendant.*

XXX. GÉNÉRALITÉ DE SOISSONS, *pays d'Election.*

Cette généralité s'étend sur les diocèses de Soissons & de Laon.

Elle comprend 7 élections en Picardie, 1109 paroisses, & 92600 feux.

1765 M. le Pelletier de Mortfontaine, *Intendant*.
M. le Blanc, *premier Secrétaire*.

XXXI. GÉNÉRALITÉ DE TOURS, *pays d'Election*.

Cette généralité s'étend sur l'archevêché de Tours, & les 6 évêchés d'Angers, le Mans, Poitiers, la Rochelle, Séez & Blois. Elle est composée de 16 élections & d'autant de subdélégations, qui contiennent ensemble 1614 paroisses.

1783 M. Daine, maître des req. *Intendant*.

XXXII. ISLE DE CORSE.

L'Isle de Corse, dont le terrein est pierreux & peu fertile, à 35 lieues de long. Ce fut en 1768, que les Genois auxquels elle appartenait, la cédèrent à la France, & en 1769, elle fut entièrement soumise. Bastia en est la capitale, & la résidence du gouvernement.

1775 M. Bertrand de Boucheporn, maître des req. *Intendant*.

CHEFS
DES CAPITAINERIES ROYALES,

Messieurs:

1780 *le Louvre*, le duc de Coigny.
1749 *les Thuileries*, le maréchal prince de Soubise.
1749 *Madrid & le bois de Boulogne*, le prince de Soubise.
1781 le prince de Guemené, *en survivance*.
1754 *S. Germain-en-Laye*, le maréchal duc de Noailles.
1754 le duc d'Ayen, *en surv*.
1766 *Corbeil*, le duc de Villeroy.
1774 *Senars*, MONSIEUR.
1774 le marq. de Montesquiou, *en surv*.
1766 *Compiegne*, le vicomte de Laval.
1740 *Halatte*, le prince de Condé.

Messieurs

1774 *Monceaux*, le duc de Gevres.
1722 *Fontainebleau*, le marq. de Montmorin.
1750 le comte de Montmorin, *en surv.*
1752 *Vincennes & Livry*, le duc d'Orléans.
1774 le duc de Chartres, *en surv.*
1760 *Meudon*, le marq. de Champcenetz.
1766 M. son fils, *en surv.*

GRANDS-MAITRES
DES EAUX ET FORÊTS DE FRANCE.

DÉPARTEMENT DE GUIENNE.

M. Bastard, *grand-maître*, à Agen.

Maîtrise de l'Isle Jourdain. Messieurs

Laporte, *maître particulier.*
Soulery, *lieutenant.*
de la Gaze, *garde-marteau.*
Sudria d'Aubere, *proc. du Roi.*
Darech, *greffier.*

Gruerie de Fleurance. Messieurs

Depis, *gruyer.*
Lagrange, *substitut.*
Mazeis, *greff.*

Maîtrise de Rhodès. Messieurs

Rogery, *m. part.*
Second, *lieut.*
Rispal, *g. mart.*
Jouery, *pr. du Roi.*
Vedeilhie, *greff.*

Maîtrise de Pamiers. Messieurs

du Chalonge, *m. part.*
Barthet, *pr. du Roi.*
Muraffé, *greff.*

Maîtrise de S. Gaudens. Messieurs

Villa de Gariscay, *m. part.*
Tartareau, *lieut.*
de Belloc, *g. mart.*
Danizau, *pr. du Roi.*
Mainies, *greff.*

Maîtrise de Pau. Messieurs

Laclede, *m. part.* | de Canet, *pr. du Roi.*
Prat, *lieut.* | Puyon, *greff.*
Peyrot, *g. mart.*

Gruerie de Lixharre. Messieurs

Meharon de Maytie, *gru.* | Casenave, *greff.*

Maîtrise de Tarbes. Messieurs

de Coture, *m. part.* | de la Teulade, *pr. du Roi.*
Lacay, *g. mart.* | Duthil, *greff.*

Maîtrise de Bordeaux. Messieurs

Guiet de la Prade, *m. part.* | la Fourcade, *pr. du Roi.*
la Fourcade, *lieut.* | Chiegne, *greff.*
Delpeche, *g. mart.*

DÉPARTEMENT DU HAYNAULT.

M. de Saint-Laurent, *grand maître*, à Paris.

Maîtrise du Quesnoy. Messieurs.

Ambepin, *m. part.* | Delegouve, *pr. du Roi.*
Lalon, *lieut.* | Navetear, *greff.*
Canone, *g. mart.*

DÉPARTEMENT DE BLOIS.

M. Duquesnoy de Mouffy, *grand maître*, à Paris.

Maîtrise de Blois. Messieurs

Boisnier, *m. part.* | Celier, *pr. du Roi.*
Legroux, *lieut.* | Ferrand, *greff.*
Pajon, *g. mart.*

Maîtrise de Chambord. Messieurs

Bourdon, *l. de R. longue.* | Fournier, *pr. du Roi.*
Dutems, *g. mart.* | Trumeau, *greff.*

DÉPARTEMENT D'ALSACE, DE FRANCHE-COMTÉ ET DE BOURGOGNE.

M. de Marisy, *grand maître*, à Paris.

Maîtrise d'Enfisheim. Messieurs

Nanfe, *m. part.* | Fellman, *proc. du Roi.*
Hertzog, *lieut.* | Frongoffer, *greffier.*
Knoff, *g. mart.* |

Maîtrise d'Haguenau. Messieurs

Kekulée, *m. part.* | Marchal, *proc. du Roi.*
Schammas, *lieut.* | Scheir, *greffier.*
Grosset, *g. mart.* |

Maîtrise de Besançon. Messieurs

Monot, *m. part.* | Bevalet, *proc. du Roi.*
Villay, *lieut.* | Guillemin, *greff.*
Brullot, *g. mart.* |

Maîtrise de Dole. Messieurs

Balland, *m. part.* | Louvrier, *pr. du Roi.*
Vallon, *lieut.* | Remond, *greff.*
Drugne, *g. mart.* |

Maîtrise de Gray. Messieurs

Faton, *m. part.* | Andriot, *pr. du Roi.*
Marlot de Mantoche, *lieut.* | Mathey, *greff.*
Harpin, *g. mart.* |

Maîtrise de Vesoul. Messieurs

Viney, *m. part.* | Billerez, *pr. du Roi.*
Cuny, *lieut.* | Clerc, *greff.*
Jacoutot, *g. mart.* |

Gruerie de Château-Lambert.

M. Koll, *greff.*

Maîtrise de Baume. Messieurs

Clerc, *m. part.* | Grangier, *pr. du Roi.*
Bourqueney, *lieut.* | Marchand, *greff.*
Saint, *g. mart.* |

Maîtrise de Salins. Messieurs

Marmet, *m. part.* | Oudey, *g. mart.*
Raclet, *lieut.* | Bouzon, *pr. du Roi.*
Baviley, *g. mart.* | Serrette, *greff.*

Maîtrise de Poligny. Messieurs

Legerot, *m. part.*
Maigrot, *lieut.*
Bulabois, *g. mart.*
Paillard, *pr. du Roi.*
Portier, *greff.*

Maîtrise de Dijon. Messieurs

Vallée, *lieut.*
Aubriot, *g. mart.*
Dardelin, *greff.*

Maîtrise de Chatillon. Messieurs

Panponne, *m. part.*
Voilles Lambert, *lieut.*
Berlier, *g. mart.*
Verdin, *proc. du roi.*
Philippon, *greff.*

Maîtrise de Bar-sur-Aube. Messieurs

Bourbonné, *lieut.*
Chaponnay, *g. mart.*
Chanson, *greffier.*

Maîtrise de Châlons. Messieurs

Boisserand, *m. part.*
Paradés, *lieut.*
Disson, *g. mart.*
Niepce, *proc. du roi.*
Reverdy, *greffier.*

Maîtrise d'Autun. Messieurs

Lescue, *m. partic.*
l'Homme, *lieut.*
Rerolle, *g. mart.*
Fouras, *proc. du roi.*
Neetoux, *greffier.*

Maîtrise d'Avalon. Messieurs

de Bresse, *m. partic.*
le Toit de Crecy, *lieut.*
Lemoult, *g. mart.*
Dondenne, *proc. du roi.*
Seguin, *greffier.*

Maîtrise de Bellai. Messieurs

Cullet de Pugieux, *m. partic.*
Favier, *lieut.*
Sibuel, *g. mart.*
Jogeat de la Battés, *proc. du roi.*
Amoudru, *greff.*

DÉPARTEMENT DE MONTPELLIER ET DE TOULOUSE.

M. de Cheyssac, *Grand-Maître*, à Paris.

Maîtrise de Montpellier, Messieurs

Durand, *m. partic.* | Aurés, *greffier.*
Fayoncis, *proc. du roi.* |

Maîtrise de Villeneuve de Berg. Messieurs

Genton, *m. partic.* | Pihon, *proc. du roi.*
Daizac, *lieut.* | Talhant, *greffier.*

Maîtrise de Toulouse. Messieurs

Granal, *m. part.* | André S. Pierre, *proc. du roi.*
Fabre, *lieut.* | Fauré, *greffier.*
Rigal Foncave, *g. mart.* |

Maîtrise de Quillan. Messieurs

Marsol, *m. part.* | Marloc, *proc. du roi.*
Jobert, *lieut.* | Roilet, *greffier.*
Loubel, *g. mart.* |

Maîtrise de Castres. Messieurs

Boulade d'Espine, *m. partic.* | Fossé, *proc. du roi.*
de Vignelavit, *lieut.* |

Maîtrise de Castelnaudari. Messieurs

Pagan, *m. partic.* | Rodiere, *proc. du roi.*
Rouger, *lieut.* | Fauré, *greffier.*
Escaffre, *g. mart.* |

DÉPARTEMENT DU POITOU, &c.

M. Cosson de Guimps, *Grand-Maître*, à Paris.

Maîtrise de Moulins, Messieurs

Legros, *m. partic.* | Giraudet, *proc. du roi.*
de Leage, *lieut.* | Urban, *greffier.*
de Villars, *g. mart.* |

Maîtrise de Cerilly. Messieurs

Huguer Duhis, *m. part.* | de la Landre, *proc. du roi.*
l'Huilier Dupleix, *lieut.* | Taquais, *greffier.*
Grimard, *g. mart.* |

Gruerie de Cosne. Messieurs

Rolland, *gruyer.* | Perceau de la Bourderie, *greffier.*
Minard de Belleret, *substitut.* |

Eaux et Forêts

Maîtrise de Montmaraut. Messieurs

Michelon de Felines, *m. part.*
Boucaumont, *lieut.*
Advenier, *g. mart.*
Camus, *proc. du roi.*
Giraud, *greffier.*

Maîtrise de Gueret. Messieurs

Tourniel, *m. partic.*
Chorlou de S. Leger, *lieut.*
Pineau de Montpyroux, *g. mart.*
Perroneau, *proc. du roi.*
Bonniaud, *greffier.*

Maîtrise de Poitiers. Messieurs

Mallet, *m. partic.*
Dutiers, *lieut.*
de la Bardonniere, *g. mart.*
Chauveau, *proc. du roi.*
Goupy, *greffier.*

Maîtrise de Fontenay-le-Comte. Messieurs

Bonnamy, *m. part.*
Biaille de Germont, *proc. du roi.*

Maîtrise de Niort. Messieurs

Piet Berton, *m. partic.*
Hugueteau, *proc. du roi.*
Piet, *greffier.*

Maîtrise de Châtellerault. Messieurs

Creuzé, *m. partic.*
Ducoufay, *g. mart.*
Fleury, *proc. du roi.*
Millet, *greffier.*

Maîtrise d'Angoulême. Messieurs

Augerdias, *m. partic.*
Beaudel, *lieut.*
Dechargey, *g. mart.*
du Tillet, *proc. du roi.*
du Clufeau, *greffier.*

Maîtrise de Bellac. Messieurs

Malbay, *m. partic.*
Rivaud, *lieut.*
Dubois, *g. mart.*
de Gouttepagnon, *pr. du roi.*
Dunoyer, *greffier.*

Maîtrise de Cognac. Messieurs

Fé, *juge-prévôt.*
Cothu, *proc. du roi.*

Maîtrise de Brives. Messieurs

Dufaure de Murat, *m. part.*
Moutel, *lieut.*
Pagnon de la Faye, *g. mart.*
Gramond, *proc. du roi.*
Guifier, *greffier.*

DÉPARTEMENT DE BRETAGNE.

.... *Grand-Maître.*

Maîtrise de Vannes. Messieurs

du Bodan, *m. partic.*
Jamet, *g. mart.*
le Monnier, *proc. du roi.*
Launay, *greffier.*

Maîtrise de Cornouailles. Messieurs

de Penanster, *m. partic.*
Pourcelet de Treveret, *lieut.*
Proux, *proc. du roi.*
Hervé, *greffier.*

Maîtrise de Villecartier. Messieurs

Anger, *m. partic.*
Jousselain, *g. mart.*
Poussin, *proc. du roi.*
le François, *comm. greff.*

Maîtrise de Fougeres. Messieurs

de Monthierry, *m. partic.*
le Mercier, *lieut.*
le Tanneur, *g. mart.*
de Villecourte, *proc. du roi.*
Frain, *prop. eng. du greffe.*

Maîtrise de Rennes. Messieurs

Estancelin, *m. partic.*
Martin, *g. mart.*
Parsy, *proc. du roi.*
le Tanneur, *greffier.*

Maîtrise de Garre. Messieurs

Gazon, *m. part.*
Barbier, *g. mart. com.*
de la Gauveriais, *proc. du roi.*
Pigeon, *greffier.*

Maîtrise de Nantes. Messieurs

Felonneau, *m. partic.*
Alexandre, *lieut.*
Gautier d'Aigremont, *g. mart.*
Thebault, *proc. du roi.*
Montreux, *greffier.*

DÉPARTEMENT DE FLANDRE ET DE PICARDIE.

M. de Caulet de Wasigny, *Grand-maître*, à Paris.

Maîtrise de la Motte-aux-Bois. Messieurs

de S. Hubert, *m. partic.*
Le Clerck, *lieut.*
Mouton, *g. mart.*
Camerlynk, *g. mart.*
de Roc, *greffier.*

Maîtrise de Lille. Messieurs

le Sage, *m. partic.*
Millaud Cennequin, *lieut.*
le Thierry, *g. mart.*
Savarin, *proc. du roi.*
le Roi, *greffier.*

Maîtrise d'Amiens. Messieurs

Carrey, *m. partic.*
de la Porte, *lieut.*
Baron, *g. mart.*
Despreaux, *proc. du roi.*
Lamy, *greffier.*

Maîtrise d'Abbeville. Messieurs

le Seigneur, *m. partic.*
Saugnier, *lieut.*
Rousseau, *g. mart.*
Bouville, *proc. du roi.*
Michault, *greffier.*

Maîtrise de Boulogne. Messieurs

Blanquart, *m. partic.*
de la Sablonniere, *lieut.*
Ternaux, *g. mart.*
Guerlain, *proc. du roi.*

Maîtrise de Calais. Messieurs

de la Poulie, *m. partic.*
Dufaux, *lieut.*
Audibert du Pont, *g. mart.*
Blanquart, *proc. du roi.*
Durier, *greffier.*

DÉPARTEMENT DE TOURAINE.

.... *Grand-Maître.*

Maîtrise de Tours. Messieurs

de Lormeau, *m. partic.*
de Launay, *lieut.*
Douve, *g. mart.*
de Tournay, *proc. du roi.*
Dauvergne, *greffier.*

Maîtrise de Château-du-Loir. Messieurs

de la Borde, *m. partic.*
Guymier, *lieut.*
Vérité, *g. mart.*
Jannin, *proc. du roi.*
Lavalette, *greffier.*

Maîtrise de Beaugé. Messieurs

de la Boiserie, *m. partic.*
Bariller de la Palée, *lieut.*
de la Houssaye, *g. mart.*
de Genevraye, *proc. du roi.*
Quattier, *greffier.*

DE FRANCE.

Gruerie de Beaufort.

M. Beconnais, *greffier.*

Maîtrise de Loches. Messieurs

Murgallée, *m. part.*	Robin, *proc. du roi.*
Hamelin, *lieut.*	Meusnier, *greffier.*
Charbonnier, *g. mart.*	

Maîtrise de Chinon. Messieurs

Auvinel, *m. partic.*	Philippon, *proc. du roi.*
Goujon, *lieut.*	Dusoul, *greffier.*
Charpentier, *g. mart.*	

Maîtrise d'Angers. Messieurs

Bucher, *m. partic.*	Millet, *proc. du roi.*
Guillotin du Bignon, *lieut.*	Dupont, *greff.*
Filouhx, *g. mart.*	

Maîtrise de Perseigne. Messieurs

de Rocquemont, *m. part.*	du Noyer, *proc. du roi.*
Mouchet Dumont, *lieut.*	Ciron, *greffier.*
Collet de la Bertherie, *g. mart.*	

Maîtrise d'Amboise. Messieurs

Sellier, *m. partic.*	de la Brosse, *proc. du roi.*
Perceval, *lieut.*	le Gendre, *greffier.*
Portier, *g. mart.*	

Maîtrise du Mans. Messieurs

de Blanchardon, *m. partic.*	de Launay, *g. mart.*
Boisnard de la Faye, *lieut.*	

DÉPARTEMENT D'AUVERGNE, DU LYONNAIS ET DU DAUPHINÉ.

M. Amat de la Plaine, *Grand-maître*, à Paris.

Maîtrise de Riom. Messieurs

Bruchieres, *m. partic.*	Lavigne, *proc. du roi.*
Duchamp, *lieut.*	Paradec, *greffier.*
Piffis, *g. mart.*	

Maîtrise de S. Flour. Messieurs

de Vaure, *m. partic.*
Coutel, *lieut.*
Girard des Courtilles, *g. mart.*
Chazeledes, *proc. du roi.*
Lamouroux, *greffier.*

Maîtrise d'Ambert. Messieurs

Godheux, *m. partic.*
Duval, *lieut.*
Vimal, *g. mart.*
Chaix, *pr. du roi.*
Nicolas, *greffier.*

Maîtrise de Lyon. Messieurs

Vialle, *m. part.*
Perrin, *g. mart.*
Lamareuille, *proc. du roi.*
Royon, *greffier.*

Maîtrise de Villefranche. Messieurs

Bottes, *m. part.*
Ducreux, *pr. du Roi.*

Maîtrise de Montbrisson. Messieurs

Dupery, *m. part.*
Barien, *lieut.*
Javogne, *g. mart.*
Dupuy, *pr. du Roi.*
la Chaise, *greff.*

Maîtrise de Mâcon. Messieurs

du Brie, *m. part.*
Garnier, *lieut.*
Chamonard, *g. mart.*
Poncet, *pr. du Roi.*
Chaumel, *greff.*

Maîtrise de Grenoble. Messieurs

Martus de Cette, *m. part.*
Perrin, *lieut.*
Colignon, *pr. du Roi.*

Maîtrise de Die. Messieurs

Reymond, *m. part.*
Jullien, *lieut.*
Tortel, *pr. du Roi.*
de la Morte, *greff.*

Maîtrise de S. Marcellin. Messieurs

du Colombier, *m. part.*
Vincendon, *lieut.*
Charbonnier, *g. mart.*
Revol Anisson, *pr. du Roi.*
Verchart, *greff.*

DÉPARTEMENT DE METZ.

M. Coulon, *grand-maître*, à Charleville.

Maîtrise de Châteauregnault. Messieurs.

Perard, *m. partic.*	Douval, *proc. du Roi.*
Rouyer, *lieut.*	Grimblot, *greff.*
Genin, *g. mart.*	

Maîtrise de Sédan. Messieurs.

Desliars, *m. partic.*	Gerard, *proc. du Roi.*
Gibon, *lieut.*	Rambourg, *greff.*
Rambourg, *g. mart.*	

Maîtrise de Thionville. Messieurs

Elmingen, *m. partic.*	Limbourg, *proc. du Roi.*
Collas, *lieut.*	Couturier, *greff.*
Pierson, *g. mart.*	

Maîtrise de Phalsbourg. Messieurs

L'Hotte, *m. partic.*	Henri, *proc. du Roi.*
Demange, *lieut.*	Lequay, *greff.*
Lemasson, *g. mart.*	

Maîtrise de Metz. Messieurs

de Jubécourt, *m. partic.*	Colin de Combles, *proc. du Roi.*
Couteaux du Barquel, *lieut.*	Rouyer, *greff.*
Mangin, *g. mart.*	

Maîtrise de Vic. Messieurs

Ballaud, *m. partic.*	Devay, *proc. du Roi.*
Chapouille, *lieut.*	Claude, *greff.*
Dalligny, *g. mart.*	

DÉPARTEMENT DE LORRAINE.

M. Mathieu, *grand-maître*, à Nancy.

Maîtrise de Nancy. Messieurs

Calet, *m. partic.*	Durand, *proc. du Roi.*
Froment, *lieut.*	Henry, *greff.*
Neret, *g. mart.*	

Maîtrise de Luneville. Messieurs

Poinsignon, *m. partic.* | Malhorty, *proc. du Roi.*
Georgeal, *lieut.* | la Cretelle, *greff.*
de Lépée, *g. mart.* |

Maîtrise de Saint-Diez. Messieurs

Bazelaire, *m. partic.* | Doridant, *proc. du Roi.*
Clément, *lieut.* | Souhait, *greff.*
Demilliere, *g. mart.* |

Maîtrise de Neufchâteau. Messieurs

Mouzon, *m. partic.* | Thouvenot, *proc. du Roi.*
Thouvenot, le jeune, *lieut.* | Aubertin, *greff.*
Bailly, *g. mart.* |

Maîtrise de Darney. Messieurs

le Maillot, *m. partic.* | Claudel, *proc. du Roi.*
Pelgrin, *lieut.* | Drouot, *greff.*
Giolmond, *g. mart.* |

Maîtrise d'Epinal. Messieurs

de Launoy, *m. partic.* | Drouot, *proc. du Roi.*
Mathieu, *lieut.* | Guyot, *greff.*
Brouillard, *g. mart.* |

Maîtrise de Sarguemine. Messieurs

Huyn, *m. part.* | Castelain, *proc. du Roi.*
Bloncatte, *lieut.* | Dumaire, *greff.*
Keringer, *g. mart.* |

Maîtrise de Dieuze. Messieurs

Richer, *m. partic.* | Guyon, *proc. du Roi.*
Cunin, *lieut.* | le Clerc, *greff.*
Saulnier, *g. mart.* |

Maîtrise de Boujonville. Messieurs

Marchal, *m. partic.* | Tailleur, *proc. du Roi.*
Dumolard, *lieut.* | Scholture, *greff.*
Pelgrin, *g. mart.* |

Maîtrise de Bar. Messieurs

de Noirel, *m. partic.* | Rougeot, *proc. du Roi.*
Gerard, *lieut.* | Hernonnet, *greff.*
Poirot, *g. mart.* |

Maîtrise de Bourmont. Messieurs

de S. Balmont, *m. partic.*
Henry, *lieut.*
Huot, *g. mart.*
Henry de Tillancourt, *proc. du Roi.*
Didret, *greff.*

Maîtrise de Pont-à-Mousson. Messieurs

Pichon, *m. partic.*
Lombard, *lieut.*
Voirot, *g. mart.*
Fabvier, *proc. du Roi.*
Lafond, *greff.*

Maîtrise d'Étain. Messieurs

Jeantin, *m. partic.*
Gerard, *lieut.*
Sponville, *g. mart.*
Mengin, *proc. du Roi.*
Louis, *greff.*

Maîtrise de Briey. Messieurs

Beaucreux, *m. partic.*
Pichon, *lieut.*
Laurent, *g. mart.*
Delorme, *proc. du Roi.*
Pasquin, *greff.*

Maîtrise de Saint-Mihel. Messieurs

Regnault, *m. partic.*
Thomassin, *lieut.*
Lombard, *g. mart.*
Collin, *proc. du Roi.*
Martin, *greff.*

DÉPARTEMENT DE PARIS.

M. Duvaucel, *grand-maître*, à Paris.

Maîtrise de Paris. Messieurs.

Cavelier de la Guillaumye, *m. p.*
Metayer, *lieut.*
Brelu de la Grange, *g. mart.*
Bonnefont, *proc. du roi.*
Duplès, *greffier.*

Maîtrise de Saint-Germain-en-Laye. Messieurs

le maréc. de Noailles, *m. part.*
de Santeuil, *lieut.*
Blésimare, *g. mart.*
Baumier, *proc. du roi.*
le Febure, *greffier.*

Maîtrise de Crecy. Messieurs

Dumoulin, *m. partic.*
Duhois, *lieut.*
Violet-le-Duc, *g. mart.*
Caulon, *proc. du roi.*
Morin, *greffier.*

Maîtrise de Sezanne. Messieurs

de Longchamps, *m. partic.* | Barost, *proc. du roi.*
Bruley de la Bruniere, *lieut.* | Vignou, *greffier.*
de Jouy de la Touche, *g. mart.* |

Maîtrise de Dreux. Messieurs

Prevot, *m. partic.* | Auvry, *proc. du roi.*
Beaunier, *lieut.* | de l'Angle, *greffier.*
St. George, *g. mart.* |

Maîtrise de Châteauneuf. Messieurs

de Moulin, *m. partic.* | Clouet, *proc. du roi.*
Vae, *lieut.* | Mathon, *greffier.*
Labours, *g. mart.* |

Maîtrise de Fontainebleau. Messieurs

le M. de Montmorin, *m. partic.* | Dubois, *proc. du roi.*
Marier, *lieut.* | Rondeau, *greffier.*
Audinet, *g. mart.* |

Maîtrise de Provins. Messieurs

Ausonne, *m. partic.* | Pellet de Vaux, *proc. du roi.*
Boudier, *lieut.* | Geoffroy, *greffier.*
Daage, *g. mart.* |

Maîtrise d'Auxerre. Messieurs

Menassier, *m. partic.* | Leblanc, *proc. du roi.*
Billetour de Guilbaudon, *lieut.* | Burat, *commis-greffier.*
Carrouge, *g. mart.* |

Maîtrise de Sens. Messieurs

Baudry, *m. part.* | Bourlier, *proc. du roi.*
Respinges du Ponty, *lieut.* | Rose, *greffier.*
Blanchet, *g. mart.* |

Maîtrise de Beaumont-sur-Oise.

M. Touzé, *m. partic.*

DÉPARTEMENT DE SOISSONS.

M. Desjobert, *grand-maître*, à Paris.

Maîtrise de Villers-Cotteret & Laigue. Messieurs

le Caron, *lieut.* | de Crouy, *proc. du roi.*

Maîtrise de Compiegne. Messieurs

de Bournonville, *lieut.* | Bertin, *proc. du roi.*
Estave, *g. mar.* | Aubert, *greffier.*

Maîtrise de Clermont-en-Beauvoisis. Messieurs

Havart, *m. partic.* | Chrétien, *proc. du roi.*
Derlebergue, *lieut.* | Bosquillon, *greffier.*
de Férolle, *g. mart.* |

Maîtrise de Senlis. Messieurs

Delorme ✠, *m. partic.* | Germain, *proc. du roi.*
Boulon, *lieut.* | Séguin, *greffier.*
Didot, *g. mart.* |

Maîtrise de Coucy.

....

Maîtrise de Chauny. Messieurs

Lemaire, *g. mart.* | Cholet, *greffier.*

Maîtrise de Lafere. Messieurs

Cioche, *m. partic.* | Fontaine, *proc. du roi.*
le Bœuf, *lieut.* | Collas, *greffier.*
Morial, *g. mart.* |

Maîtrise de Laon. Messieurs

Cadot, *m. partic.* | Mabyre, *proc. du roi.*
Gallien, *lieut.* | de Morieux de Beaumont, *greff.*
Menechet de Vauvillé, *g. mart.* |

Maîtrise de Soissons. Messieurs

Petit, *m. partic.* | Grevin, *proc. du roi.*
Chapron, *lieut.* | Burel, *greffier.*
Boudet, *g. mart.* |

Maîtrise de Noyon. Messieurs

Charbonnier, *m. partic.* | de Florimond, *proc. du roi.*
Margerin, *g. mart.* | Valon, *greffier.*

DÉPARTEMENT D'ORLÉANS.

M. Taffin de Chaffonville, *grand-maître, ancien,* à Orléans.
M. Boucault, *grand-maître, alternatif,* à Orléans.

Maîtrise d'Orléans. Messieurs

Lambert, *m. part. ancien.*
Dugaigneau, *m. part. altern.*
Grignon de Bonvalet, *lieut.*

Colas de Brouville, *lieut.*
Barbot, *greffier.*
Bruere, *recev. des amendes.*

Maîtrise de Beaugency. Messieurs

de Meule, *m. part.*
Gouthiere, *lieut.*
Rousselet, *g. mart.*

Savart, *proc. du roi.*
Sarrebourse, *greffier.*

Maîtrise de Montargis. Messieurs

de Lombrenil, *m. partic.*
Duchemin de Chasseval, *lieut.*

Bavault, *proc. du roi.*
Billault, *greffier.*

DÉPARTEMENT DE ROUEN.

M. de Mondran, *grand-maître,* à Paris.

Maîtrise de Rouen. Messieurs

Parnnil, *m. partic.*
le Prevot, *lieut.*
de Baude, *g. mart.*

Brunet, *proc. du roi.*
Saquepée, *greffier.*

Maîtrise de Caudebec. Messieurs

de la Briere, *m. partic.*
Desmarres, *lieut.*
Benard, *g. mart.*

Quesnel, *proc. du roi.*
Duchattard, *greffier.*

Maîtrise de Arques. Messieurs

Chauffée, *m. partic.*
Levarlet, *lieut.*
Elye, *g. mart.*

Fouché, *proc. du roi.*
de la Croix, *greffier.*

Maîtrise du Pont-de-l'Arche. Messieurs

Gruchet, *m. partic.*
Besnard, *lieut.*
de la Fleuriere, *g. mart.*

Lamelevée, *proc. du roi.*
Paysan de la Fosse, *greffier.*

Maîtrise de Vernon. Messieurs

de la Niepuduplis, *m. partic.* | Rigault, *proc. du roi.*
Grimoult, *lieut.* | Adam, *greffier.*
Hebert, *g. mart.* |

Maîtrise de Lions. Messieurs

de Maupertuis, *m. partic.* | Havet, *proc. du roi.*
Huilard de Breholles, *lieut.* | Beaufils, *greffier.*
Duverger, *g. mart.* |

Maîtrise de Pacy. Messieurs

Lavertu, *m. partic.* | le Rouyer, *proc. du roi.*
Capel, *lieut.* | Cébron, *greffier.*
Duval, *g. mart.* |

DÉPARTEMENT D'ALENÇON.

M. Geoffroy, *grand-maître*, à Paris.

Maîtrise d'Alençon. Messieurs

Turpin, *m. part.* | Brossin, *g. mart.*
Thomas-des-Chênes, *lieut.* | de Roussigny, *proc. du roi.*

Grurie de Moulins. Messieurs

de Grandpré, *gruyer.* | de la Frenaye, *greffier.*
Renault, *substitut.* |

Maîtrise d'Argentan. Messieurs

Duhameau, *m. partic.* | Poulain, *g. mart.*
Grancher, *lieut.* | Dumesnil, *greffier.*
Guyot du Buisson, *g. mart.* |

Maîtrise de Domfront. Messieurs

de Martigné, *m. partic.* | de la Forgerie, *proc. du roi.*
Venaquin des Bouillons, *lieut.* | Rageot de la Roche, *greffier.*
Clouet, *g. mart.* |

Maîtrise de Mortagne. Messieurs

Abot de Lignerolles, *m. partic.* | Berte, *proc. du roi.*
Dubois, *lieut.* | Hurel, *greffier.*
Duchâtel, *g. mart.* |

Maîtrise de Bellesme. Messieurs

de Lavye, *m. partic.*
le Prince, *lieut.*
Paris, *g. mart.*

Dugué, *proc. du roi.*
Clinchamps, *greffier.*

Grurie de Falaise. Messieurs

Beroult, *gruyer.* | Moller, *substitut.*

DÉPARTEMENT DE CAEN.

M. Guyon de Fremont, *grand-maître*, à Paris.

Maîtrise de Caen. Messieurs

Barbey, *m. partic.*
Marescot, *lieut.*
Pinçon, *g. mart.*

du Mesley, *proc. du roi.*
Beaugendre, *greffier.*

Maîtrise de Vire. Messieurs

Cahours, *m. partic.*
le Chevalier, *g. mart.*

de la Jouardiere, *proc. du roi.*
Langevin, *greffier.*

Maîtrise de Valogne. Messieurs

Herpin, *m. partic.*
Foncave, *lieut.*
le Page, *g. mart.*

Mariage, *proc. du roi.*
Tassin, *greffier.*

Maîtrise de Bayeux. Messieurs

des Tanneries, *m. partic.*
Maheust, *lieut.*
Herpin, *g. mart.*

Madeleine, *proc. du roi.*
la Roze, *greffier.*

DÉPARTEMENT DE CHAMPAGNE.

M. Tellès d'Acosta, *grand maître*, à Paris.

Maîtrise de Troyes. Messieurs

de Mauroy-Vauthier, *m. partic.*
Garnier, *lieut.*
Flechey, *g. mart.*

Camusat, *proc. du roi.*
Vérollot, *greffier.*

Maîtrise de Saint-Dizier. Messieurs

Demongeot, *m. partic.*
Martin, *lieut.*
Dehault, *g. mart.*

Varnier, *proc. du roi.*
Berthemy, *greffier.*

Maîtrise de Vitry-le-Français. Messieurs

Sergent, *m. partic.*
Barbié, *lieut.*
Ludinard, *g. mart.*

de la Motte, *proc. du roi.*
Bontems, *greffier.*

Maîtrise de Chaumont. Messieurs

Aved, *m. partic.*
Ragon, *lieut.*
le Clerc, *g. mart.*

Froussard, *proc. du roi.*
Froussard, *greffier.*

Maîtrise de Reims. Messieurs

Carbon, *m. part.*
Baron, *lieut.*
Oudin, *g. mart.*

Pierret, *proc. du roi.*
Savard, *greffier.*

Grurie d'Epernay. Messieurs

Chertems, *gruyer comm.*
Gillet, *substitut.*

Cazin, *greffier.*

Maîtrise de Vassy. Messieurs

le Masson, *m. partic.*
Baudot, *lieut.*
Perrin, *g. mart.*

Chanlaire, *proc. du roi.*
Raulot, *greffier.*

Maîtrise de Sainte-Menehould. Messieurs

Dupin, *m. partic.*
Collin, *lieut.*
Mouton, *g. mart.*

Regnault, *proc. du roi.*
Hannonet, *greffier.*

Fin de la seconde Partie.

TABLE
DES MATIERES.

Nota. Les chiffres romains désignent la I. & II. Partie.

Ambassadeurs de France près les cours étrang I, p. 67
Archiduché d'Autriche, I p. 236
Armée d'Espagne, I, 95
—— d'Angleterre, I, 146
—— de Russie, I, 176
—— de Danemarck, I, 194
—— de Suéde, I, 207
—— de Hollande, I, 317
Chambre des comptes de France, II, 97
—— de Paris, II, 97
—— de Bourgogne, II, 101
—— de Montpellier, II, 102
—— de Rouen, II, 105
—— de Dauphiné, II, 107
—— de Bretagne, II, 108
—— de Lorraine, II, 110
—— de Provence, II, 111
—— de Bar-le-Duc, II, 112
—— de Nevers, II, 113
Chambre de Wetzlar, I, 167
Change de France, I pag. 7
—— d'Espagne, I, 87
—— de Sardaigne, I, 115
—— d'Angleterre, I, 126
—— de Russie, I, 174
—— de Danemarck, I, 190
—— de Berlin, I, 215
—— de Bohême, I, 234
—— d'Autriche, I, 238
—— des Pays-bas Autr. I, 250
—— de la Lombardie, I, 260
—— de Florence, I, 264
—— de Venise, I, 279

Change de Gênes, I, pag. 286
—— de Bâle, I, 299
—— de Genève, I, 307
—— de Hollande, I, 313
—— de Hambourg, I, 328
—— de Brême, I, 331
Chapitres nobles de France, II, 6
—— d'hommes, II, 6
Tous ces chapitres sont distribués par ordre alphabétique.
Chap. nobles de dames, II, 14
Ces chapitres sont également distribués par ordre alphabétique.
Clergé d'Espagne, I, 101
—— de Sardaigne, I, 103
—— de Russie, I, 178
—— de Danemarck, I, 198
—— de Suéde, I, 213
—— de Hongrie, I, 231
—— de Bohême, I, 235
—— d'Autriche, I, 246
Comtat d'Avignon, I, 268
Conseils de France, I, 61
Conseils supérieurs d'Alsace, II, 93
—— du Roussillon, II, 95
—— d'Artois, II, 96
—— d'Ecosse, II, 97
Conseils de France, I, 80
Cours souveraines de France, II, 61
Cours des Aides de France, II, 114
—— de Paris, II, 114
—— de Bordeaux, II, 116

Cours des Aides de Clermont-Ferrant, II, p. 117
—— de Montauban, II, 118
Cours des Monnoies de France, II, 119
Diete de Ratisbonne, I, 163
Duché de Courlande, I, 274
Electeurs d'Allemagne, I, 332
—————— de Mayence, I, ibid.
—————— de Trêves, I, 335
—————— de Cologne, I, 338
Empire d'Allemagne, I, 153
—————— de Russie, I, 171
—————— de Turquie, I, 183
Europe, I, 1
Evêché de Basle, I, 309
 Les autres évêchés princip. d'Allemagne sont placés par ordre alphabétique.
Forces militaires d'Europe, I, 2
Généralités de France, II, 163
 Toutes ces généralités sont rangées par ordre alphabétique.
Grand-conseil, II, 61
Grands d'Espagne, I, 89
Gr. officiers de France, I, 63
 Les grands-officiers des autres états sont placés à l'article qui leur convient.
Gouverneurs des provinces de France, II, 42
 Tous ces gouvernemens sont distribués par ordre alphabét.
Gouverneurs des provinces d'Espagne, I, 95
—————— de Russie, I, 178
—————— de Suéde, I, 206
—————— d'Autriche, I, 247
—————— de Gênes, I, 288
Intendans des provinces de Sardaigne, I, 118
—————— de France, II,
Lombardie Autrichienne, I, 258

Maison d'Uzès, I, pag. 11
—— d'Ebeuf, I, 12
—— de Guémené, I, 13
—— de Rohan-Rochefort, I, 14
—— de la Trémoille, I, 15
—— de Béthune, I, 15
—— de Luynes, I, 20
—— de Brissac, I, 21
—— de Richelieu, I, 22
—— de Fronsac, I, 23
—— de Rohan, I, 25
—— de Piney, I, ibid.
—— de Gramont, I, 27
—— de Villeroy, I, 28
—— de Mortemart, I, ibid.
—— de S. Aignan, I, 29
—— de Gêvres, I, 30
—— de Noailles, I, ibid.
—— de Noailles-Mouchy, I, 31
—— d'Aumont, I, 32
—— de Charost, I, ibid.
—— de Harcourt, I, 33
—— de Fitzjames, I, 34
—— de Chaulnes, I, 35
—— de Rohan-Rohan, I, 36
—— de Brancas, I, 37
—— de Valentinois, I, 38
—— de Nivernais, I, 39
—— de Biron, I, 40
—— d'Aiguillon, I, 41
—— de Fleury, I, 42
—— de Duras, I, 43
—— de Lavauguyon, I, 44
—— de Choiseul, I, ibid.
—— de Choiseul-Praslin, I, 45
—— de la Rochefoucault, I, 47
—— de Clermont-Tonnerre, I, 49
—— d'Aubigny, I, ibid.
—— de Broglie, I, 50

TABLE

Maison de Coigny, I, p. 51
—— d'Estissac, I, 52
—— de Laval, I, 53
—— de Montmorency, I, 55
—— de Tingry, I, 56
—— de Lorges, I, ibid.
—— de Crouy, I, 57
—— de Villequier, I, 59
—— Duchâtelet, I, ibid.
Maréchaux de France, I, 65
Marine de France, I, 66
—— d'Espagne, I, 96
—— d'Angleterre, I, 147
—— de Russie, I, 177
—— de Danemarck, I, 195
—— de Suéde, I, 208
—— de Hollande, I, 322
Ministres de France près les cours étrangeres, I, 67
—— d'Espagne, I, 99
—— du Pape, I, 109
—— de Portugal, I, 104 a
—— des deux Siciles, I, 105 b
—— de Sardaigne, I, 122
—— d'Angleterre, I, 150
—— d'Allemagne, I, 169
—— de Russie, I, 182
—— de Danemarck, I, 197
—— de Suéde, I, 212
—— de Prusse, I, 222
—— de Pologne, I, 228
—— de Venise, I, 281
—— de Gênes, I, 288
—— de Lucques, I, 291
—— de Raguse, I, 292
—— de Malte, I, 296
—— de Hollande, I, 323
—— des villes Anséat. I, 332
—— de Mayence, I, 335
Modene, I, 267
Monnoies de France, I, 6
—— d'Espagne, I, 86
—— de Sardaigne, I, 114
—— d'Angleterre, I, 126

Monnoies de Russie, I, p. 174
—— de Turquie, I, 185
—— de Danemarck, I, 189
—— de Suéde, I, 203
—— de Berlin, I, 215
—— de Pologne, I, 225
—— de Bohême, I, 234
—— d'Autriche, I, 238
—— des Pays-bas Autrichiens, I, 250
—— de la Lombardie, I, 259
—— de Florence, I, 263
—— de Venise, I, 278
—— de Gênes, I, 285
—— de Lucques, I, 291
—— de Malte, I, 295
—— de Bâle, I, 299
—— de Genève, I, 307
—— de Hollande, I, 312
—— de Hambourg, I, 328
—— de Brême, I, 331
—— de Mayence, I, 333
Ordre de S. Lazare, I, 69
—— de S. Michel, I, 73
—— du S. Esprit, I, 75
—— de S. Louis, I, 78
—— du mérite milit. I, 80
—— de la toison d'or, I, 97, 242
—— de Charles III, I, 98
—— de l'annonciade, I, 120
—— de S. Maurice & de S. Lazare, I, 121
—— de la jarretiere, I, 149
—— du bain, I, ibid.
—— du Chardon, I, 150
—— de S. Patrice, I, ibid.
—— de S. André, I, 181
—— de Ste. Catherine, I, ibid.
—— de Saint Alexandre Newsky, I, ibid.
—— de S. George, I, 182
—— de S. Wolodimer, I, ibid.
—— de Ste. Anne, I, ibid.
—— de l'éléphant, I, 196

DES MATIERES.

Ordre de Dannebrog, I, p. 197
— de l'union parfaite, I, ibid
— des chérubins, I, 208
— de l'épée, I, 209
— de l'étoile polaire, I, 211
— de Wasa, I, 212
— de l'aigle noir, I, 222
— de l'aigle blanc, I, 228
— de la croix étoilée, I, 243
— de Marie-Thérèse, I, 244
— de S. Etienne, I, ibid.
— de Malte, I, 293
Pairs d'Angleterre, I, 128
— d'Ecosse, I, 135
— d'Irlande, I, 141
Pairs ecclésiastiques de France, I, 10
— laïques, I, 11
Voyez le mot maison, *pour chacune de ces familles*.
Parlements de France, II, 63
——— de Paris, II, ibid.
——— de Toulouse, II, 68
——— de Grenoble, II, 71
——— de Bordeaux, II, 73
——— de Bourgogne, II, 76
——— de Normandie, II, 78
——— de Provence, II, 81
——— de Bretagne, II, 83
——— de Navarre, II, 84
——— de Metz, II, 87
——— de Besançon, II, 89
——— de Flandre, II, 91
——— de Nancy, II, 92
Parme & Plaisance, I, 166
Pays-bas Autrichiens, I, 249
Population de l'europe, I, 2
Présidiaux de France, II, 121
Tous ces présidiaux sont distribués par ordre alphabétique.
Princes & comtes de l'empire, I, 370
Les noms de toutes ces maisons sont placés par ordre alphab.

Princip. de Monaco, I, p. 271
——— de Bouillon, I, 272
——— de Neufchâtel, I, 308
Républiques d'europe, I, 275
——— de Venise, ibid.
——— de Gênes, I, 282
——— de Lucques, I, 290
——— de Raguse, I, 291
——— de S. Marin, I, 292
——— des Suisses, I, 296
——— de S. Gal, I, 302
——— de Mulhausen, I, 303
——— de Bienne, I, ibid.
——— des Grisons, I, 304
——— du Valais, I, 305
——— de Genève, I, 306
——— des Provinces-unies, I, 310
——— de Lubeck, I, 327
——— de Hambourg, I, ibid.
Revenu des états d'europe, I, 3
Royaume de France, I, ibid.
——— d'Espagne, I, 84
——— de Sardaigne, I, 111
——— d'Angleterre, I, 123
——— de Danemarck, I, 186
——— de Suède, I, 202
——— de Prusse, I, 213
——— de Pologne, I, 223
——— de Hongrie, I, 229
——— de Bohème, I, 233
Sénateurs de Pologne, I, 225
——— de Gênes, I, 287
Sociétés littéraires d'Angleterre, I, 152
——— de Russie, I, 176
——— de Danemarck, I, 198
——— d'Autriche, I, 249
——— des Pays-bas Autrichiens, I, 256
Table de marbre, I, 66
Toscane, I, 262

Fin de la Table.

CHANGEMENS
survenus pendant l'impression de l'Ouvrage.

I. PARTIE.

Page 8, *ligne derniere*, Mademoiselle, *morte.*

Page 32, *ligne* 8, né 12 Nov. 1767, *lisez*, né 27 Nov. 1762.

Ibid. lig. 17, dont une fille, *lisez*, dont Alexis, né 1 Juin 1783.

Page 64, *ligne* 24, premier écuyer, le duc de Coigny, *lisez*, le duc de Luynes.

Page 70, *ligne* 14, le comte de Beauvilliers, commandeur de Saint-Lazare, *mort.*

Page 79, *ligne* 20, Barathier, marquis de Saint-Auban, commandeur de Saint Louis, *mort.*

Page 80, *ligne* 18, à l'article des *grands-croix de l'ordre du mérite militaire*, *ajoutez* :

1783 M. la baron de Salis-Mayenfeldt.
1783 M. d'Hartmanis.

Et à l'article des commandeurs, même page, *ajoutez* aux commandeurs,

1783 M. le baron de Dierbach.
1783 M. de Steinen, *surnuméraire.*
M. Lullin de Château-Vieux n'est plus surnuméraire.

Page 102, *ligne* 6, Jean de Santivan y Valdivielso, *mort.*

Page 140, *ligne* 20, ôter Nath. Newnham, & mettre à sa place, Peckam.

Page 150, *ligne* 33, ôter sir Jacques Harris, & mettre à sa place, Fitz-Herbert.

Page 175, *ligne* 8, *ajoutez* : *Petite-fille.* Alexandra Paulowna, née 9 Août 1783.

Page 175, *ligne* 10, & pag. 176, lig. 29 & 35, le prince de Golitzin, *mort.*

Page 182, *ligne* 32, *aulieu* de M. Markow, *mettez*, M. de Kalitescof, *envoyé extraordinaire & ministre plénipotentiaire.*

Page 182, le comte de Mocenigo, conseiller d'état, chargé d'affaires à la cour de Toscane.

II. PARTIE.

Page 3, *ligne* 25, M. de Raigecourt, *mort.*

J'ai lu par ordre de Monseigneur le Garde des Sceaux, un Manuscrit intitulé : *Etat des Cours de l'Europe & des Provinces de France*, nouvelle Edition, & je n'y ai rien trouvé qui m'ait paru devoir en empêcher l'impression. Fait à Paris, ce 15 Novembre 1783.

BRET.

Le privilége se trouve à la fin de l'Edition de 1783.

www.ingramcontent.com/pod-product-compliance
Lightning Source LLC
Chambersburg PA
CBHW071011240426
43673CB00056B/1604